·新闻与传播系列教材·

History of Mass Communication of China:
A Perspective of Media Sociology

中国新闻传播史：
传媒社会学的视角（第二版）

陈昌凤 著

清华大学出版社
北京

版权所有,侵权必究。举报:010-62782989,beiqinquan@tup.tsinghua.edu.cn。

图书在版编目(CIP)数据

中国新闻传播史:传媒社会学的视角/陈昌凤著.—2版.—北京:清华大学出版社,2009.1(2024.3重印)

(新闻与传播系列教材)

ISBN 978-7-302-18872-8

Ⅰ.中… Ⅱ.陈… Ⅲ.新闻事业史—中国—高等学校—教材 Ⅳ.G219.29

中国版本图书馆CIP数据核字(2008)第173673号

责任编辑:纪海虹
封面设计:傅瑞学
责任校对:王凤芝
责任印制:曹婉颖

出版发行:清华大学出版社
   网 址:https://www.tup.com.cn,https://www.wqxuetang.com
   地 址:北京清华大学学研大厦A座 邮 编:100084
   社 总 机:010-83470000 邮 购:010-62786544
   投稿与读者服务:010-62776969,c-service@tup.tsinghua.edu.cn
   质量反馈:010-62772015,zhiliang@tup.tsinghua.edu.cn

印 装 者:三河市龙大印装有限公司
经 销:全国新华书店
开 本:185mm×235mm 印 张:26.5 字 数:527千字
版 次:2009年1月第2版   印 次:2024年3月第9次印刷
定 价:78.00元

产品编号:030562-04

序一

　　新闻传播史是一门考察和研究新闻事业发展规律及其衍变规律的科学，是新闻传播学的重要组成部分。中国新闻传播史的研究已经有 100 多年的历史。从 1917 年第一部新闻传播史专著问世，到建国前，这方面的专著已不下 50 种，其中最具代表性的是 1927 年出版的戈公振的《中国报学史》。中华人民共和国成立以后，特别是 1978 年十一届三中全会以来，新闻传播史的研究取得了空前的进展，通史、断代史、编年史、专业史、地方史、专题史、媒介史、新闻教育史等方面的研究全面开花，研究思路和视角不断拓展，新闻传播史方向的教学研究工作者新人辈出，不断有厚重的佳作问世，教材也不断更新，为新的研究奠定了坚实的基础。

　　新闻传播史的研究，隶属于人文社会科学领域。传统的新闻学，基本上是纳入人文科学范畴的，注重的是其人类的文化特质。之后新闻学经过拓展，逐渐引用社会科学的理论和方法，通过传播学延伸到比较广阔的领域，人文科学与社会科学在新闻传播学中汇流。关于新闻传播学科渊源的问题,本书作者的另一本著作《中美新闻教育:传承与流变》中有过阐述。传统的新闻学是以人文科学的思想、方法为取向的,重视描述性,也有一些解释和分析。随着社会的不断变迁,新闻学的内容也变得更加复杂,社会科学的理论和方法,甚至自然科学里的统计和计算方法也都引用到新闻传播学里,在此背景下,新闻史和传播史的研究,从领域、视角到方法,都变得更加多元了。

新中国成立以前的数十部新闻史专著,主要以传统的描述性研究方法为主。1949年至1978年,中国新闻史研究的重点是中国共产党的党报党刊史,对于共产党报刊以外的一般报刊的历史研究明显不足,偶尔提到那些报刊,也是把它们作为共产党报刊的对立面,当成靶子进行批判,缺乏实事求是的辩证分析。由于思想、理论与方法的局限,整个新闻传播史的研究,既不够全面,也不够深入。1978年以后,新闻传播史的研究才有了空前的进展,从单一的中共党报史研究,扩展到包括国民党在内的其他党报史的研究,以及地区新闻史、军事报刊史、企业报刊史、报业经营管理史、广告事业发展史、广播电视史、通讯社史、新闻学术发展史、新闻教育史、新闻编辑史、新闻评论史以及新闻界历史人物等方面的研究。这些研究,视野拓宽,成绩显著。近一二十年,特别是20世纪90年代以来,西方传播学的专著开始被大量地译介到中国来,西方人文社会科学的一些理论和研究方法,也逐渐被大量引进,这些,对新闻传播史的研究,也正在起着一定的影响。

呈现在读者面前的这部著作,就是在新形势下诞生的一部新的新闻传播史的著作。这部书从传媒社会学的视角展开,从体例、内容到研究手段上,都有令人耳目一新的感觉。全书基本上是在三个层次下展开的:第一个层次,主要从传媒与社会的宏观的框架里谋篇布局;第二个层次,着重从传媒的社会功能,考察中国历代传媒的变迁,确定各章的主题和论述的线索;第三个层次,则是从现代化的视角,深入地考察传媒的社会功能。全书按照这样的层次,进行剖析。如抽丝,如剥茧,层层深入,颇具逻辑性。

这部书的每个章、节、目的标题,基本上就是观点的提炼。一些章节如果单独成篇,也会是颇有见地、论证周密的论文。全书抓住了中国各个历史时期新闻事业的特征和规律,不同时代各有其主题,比如:古代部分侧重在新闻事业对古代中国社会形态的维护;近、现代部分着重阐明新闻事业对中国现代化的影响,包括在中国物质的现代化、制度的现代化、思想的现代化中传媒扮演的角色;当代部分侧重在泛政治化,以及改革开放以后传媒生产力的释放。在全书中,还能感觉到有一条贯穿始终的线索,即中国自古至今的各种政治力量对传媒的控制和利用,而在社会的政治、经济、文化诸方面合力作用下,各个时期的新闻传媒各有表现,新闻思想和理念得以形成,传媒的社会功能得以发挥。全书以这种论题方式来结构布局,同时又兼顾到历史发展的时间线索,做到内容丰富、旁征博引而有条不紊,显示了作者对新闻史料的融通和驾驭能力。

这部著作不仅注重研究的视角和方法,而且重视新闻的专业性。过去有些新闻史的研究往往以政治、思想、文化或其他问题作为主要元素,而忽略了作为专业史的特性。如有些历史上的报刊,虽然意义重大,但可能只出过几期,存在的时间很短,影响其实很有限,只是因为某种原因,才被放大到不恰当的地位。这部著作不存在这个问题,它从专业的角度出发,尽可能实事求是去阐释和面对。比如对于现代的新闻业,本书用三章的篇幅,概括提炼了文化视角、经济视角、政治视角为主要取向的传媒及其功能、理念,对于五四时期报刊(文化视角)的论述,着重在文化启蒙、文学革命、民主科学、文化思潮等方面,将马克思主义的传播当作主流文化思潮之一(而不是全部),对其他文化思潮也有比较公允的评价。对于民营商业性报刊(经济视角)的论述,除了阐述其宗旨方针、业务特色外,还强调了其经营模式和自由主义的新闻理念,重视商业报刊的企业化经营,对生产力大发展的当代传媒有借鉴价值。对于政党报刊(政治视角)的论述,着重论述了国共两党的传媒及其新闻思想,对这一时期国民党的新闻业的阐述相对来说也比较充分。书中还专门论述了中国新闻专业化的形成。

这部著作还有不少值得关注的地方。比如,对现代史上曾经一度在中国有过一定影响但不为人关注的日伪报刊,书中作了较深入而且专门的研究;对发行量巨大,短时期内曾经风行一时的"文革"小报,也有所论述;研究中能够吸收国内外最新的成果;对当代正在发生中的历史,梳理得相当全面、丰富、新鲜,时限直达 2006 年底;对于历史上的知识点,书中或扼要介绍,或以注解补充,要言不烦;书中征引和参阅颇广,涉及历史、新闻史、文化史、政治史、经济史、社会学、传播学等多个领域。在资料的梳理方面也下了工夫,自制了不少图表,便于读者征引和省览,一些琐细的知识点整理得井然有序、一目了然。虽然本书作为系列教材之一公开出版,其实其研究性和学术性还是很强的。

值得一提的还有一点,就是这部书的视野非常开阔。正如书的"绪论"中所说的,本书的作者考察借鉴了美国等西方新闻传播史研究的范式和方法,并密切联系中国新闻传播的自身规律,研究思路比较开阔。近、现代的一些问题,在书中被置于国际视野下,在与美、英、法、日等国比较后,分析中国新闻传播发展水平和态势。作者曾多次出入国门,访问过欧、美、亚多个国家和地区,她勤于学习和借鉴,能够把所学所感运用到自己的研究中,这种精神是值得称道的。

我和本书作者相知相识近 20 年,在新闻史研究领域有过长时期的交流和切磋,对她的好学敏思、博闻强识、注意积累、勇于探索的精神,有着很深的印象。20世纪90年代中,她从我攻读新闻史方向的博士学位,所作博士论文《香港报业纵横》(论文的原题是《当代香港报业史研究》)公开出版后,曾获北京市和北京大学哲学人文社会科学奖。此后,她又主持或参与了多项新闻传播史方面的课题和项目的研究,迭有新著问世。近年来,她在北京大学国际关系学院、新闻与传播学院任教,对新闻传播教育充满了理想和热情,曾深入研究过国内外新闻传播教育的潮流、课程设置、教育者和受教育者、业界的人才需求等方面的问题,为我国新闻教育的发展,倾注了自己的力量。她正当盛年,富于春秋。不论在新闻教育还是在新闻传播学研究,特别是新闻传播史研究方面,都将有广阔的发展前景,希望她在自己熟悉的领域,不断地作出新的贡献,这是相关领域内的学者和学子们的期待,也是我的期待。是为序。

方汉奇
2007年元月于北京宜园

序二

　　几年前,陈昌凤说起她想写一本中国新闻传播史的教材,而且想从一个新的视角写。我表示赞同。新闻史的教材、著作在我国已经出了很多,从一卷本到多卷本都有。我向她谈了我学新闻史的体会。传统写法的新闻史,与历史学家写的中国近、现代史差不多,按革命阶段分期,是以报刊资料叙说历史而已。至于新闻业本身的发展阶段划分,不但不能体现于章的标题,见于节的标题也不多。体现新闻规律的某一方面的内容,本来放在一起谈更符合逻辑,但是由于会突破政治分期只好按下不表。所以,一本新闻史看完了,头脑里装满了各种政治活动、革命斗争的背景材料,以及这些时期的说不完、记不清的各种报刊的言论及其斗争。头绪繁杂,留下深刻印象的不是很多,尤其是对这个时期的新闻业本身发展的特点及其在新闻业发展史中反映的新闻规律,不甚了了。有这种体会的,我想不只我一个。这并不是贬低传统写法的新闻史的价值,而是说在读过这类新闻史之后或同时,还有没有一种能满足后一种需求的新闻史呢？

有需求就去满足，不失为一种好的选择。陈昌凤对媒介社会学素有钻研，我赞同她从媒介社会学的视角来写一本中国新闻传播史。抓住不同时期新闻业表现的主要特点，用翔实史料去体现传媒在某一领域的社会功能，以及自身在实现这一功能过程中的发展变化。

说起来容易，做起来难。传媒无所不至，政治、经济、文化、军事、国际、国内、外地、本埠，再加上要处理新闻业本身的大量史料（既然是新闻史，就不能因为选择了媒介社会学的角度而匆匆带过），从编辑、经营、广告、发行，到知名的报纸、报人，这给这本书的结构安排、章节设置带来许多困难，许多内容既不能挂一漏万，又不容拖泥带水。我担心没有可行性，后来一直也不敢问她进展如何。没想到她一直在琢磨，后来曾就两个提纲征求我的意见。其中一个提纲把书名确定为"新闻传播与中国社会变迁"，分上、下两编：上编是"传媒与生态变迁"，下编是"传媒的变迁"。我觉得颇有新意。不过，后来曾听她说进展很难，主要原因是"社会变迁"过于庞大发散，而且这个体例作为教材恐不合适。

转眼四年多的时间过去了。两三个月前，陈昌凤给我发来电子邮件，说她的书稿基本完成，她是重新调整了框架和思路后写的。她让我先看几章，并写个序言。她担心我会觉得书稿与当初的设想差距较大。我看了书稿，感觉很好。觉得每一章都做到重点突出，史论结合，纵横捭阖。观点都是从史实中来，既解放思想，又实事求是，没有那种被无形的手掐着脖子说违心话的现象。且表述简约，文字老到。我读后获新知甚多。我当时回复她说："你以后外出讲学，随便讲哪一章都是学术水平很高的讲演。"

最重要的是，这本书开创了另一类新闻史的写法。这本书以新闻业为经，以社会变迁为纬（这里的"社会"是广义的，含政治、经济、文化等领域），在此基础上安排各章。每一章都是在大量的史料中反复筛选，选出亮珠，挂在主题主线和分题支线组成的网络上。为此也会突破政治分期，把某一时期之前和之后的某些史料用上。我在其他各家新闻史书上看到的、因为拘泥于革命阶段划分而显得支离破碎的材料，在这里统统码放得整整齐齐。在集中论述各种材料的基础上导出的新观点，将它们串起来，显得更加有条有理，逻辑严密。这种写法最适宜于做研究生的新闻史教材。对于本科生来说，这本教材无疑能起到升华的作用。

这本书完稿的时间毕竟有限，可能还有一些值得设置的章节没有写，资料的选择也有可以增删、可以推敲之处。陈昌凤说历史需要在距离中体现客观，因此对正在变迁中的当代部分未敢多做解析。外国教科书有出过十几版、二十多版才成为公认的精品的。这本书值得不断修订,自然会成为教材精品。

  正如陈昌凤在绪论中提到的,在美国,新闻史的研究多种多样,有描述性研究、解释性研究,还有以传播学史的方式做新闻史研究。各种研究方法各有所长。中国新闻史学园地人才济济,如果都用一种方法和视角研究,实在是浪费生产力。我们应该鼓励研究方法、研究视角的多样化,让新闻史学园地百花齐放。

孙旭培
2006 年底于武昌喻家山麓

目录

序一 ……………………………………………… 方汉奇　I
序二 ……………………………………………… 孙旭培　V

第一章　绪论 …………………………………………… 1
　第一节　新闻传播史是一门科学 …………………… 1
　第二节　研究路径：传媒的社会功能与媒介社会学 …… 4

第二章　新闻传播活动与古代中国社会 ……………… 9
　第一节　传播活动发端于人类社会的产生 ………… 9
　第二节　古代报纸的诞生和形态 …………………… 12
　第三节　古代报纸的内容和形式 …………………… 17
　第四节　古代官报的管理与发行体制 ……………… 21
　第五节　坎坷的历代民间报纸 ……………………… 27
　第六节　中国古代的新闻控制 ……………………… 30
　第七节　古代社会条件下的新闻传播事业 ………… 32

第三章　中国近代新闻业：西学东渐的产物 ……… 37

- 第一节　近代传媒诞生的社会背景 ……… 37
- 第二节　西方人在中国办报的开始 ……… 40
- 第三节　鸦片战争后的在华外报 ……… 48
- 第四节　近代外报的社会功能 ……… 68

第四章　近代化图景中的国人报刊 ……… 76

- 第一节　国人报刊与近代化同步发端 ……… 78
- 第二节　报业与近代政制改良：维新报刊主导的国人办报热潮 ……… 92
- 第三节　报业与近代政体革命：革命报刊主导的国人办报高潮 ……… 106
- 第四节　近代化的重要标志：新闻法制建设 ……… 126

第五章　五四时期报刊与文化现代化 ……… 136

- 第一节　《新青年》与文化启蒙 ……… 138
- 第二节　五四报刊与文学革命 ……… 146
- 第三节　五四报刊与民主科学 ……… 149
- 第四节　马克思主义等主流思潮的传播 ……… 155
- 第五节　五四时期新闻业务的改革 ……… 162
- 第六节　新闻专业化的形成 ……… 166

第六章　商业报刊及其资本主义企业化运营 ……… 171

- 第一节　资本主义商业报刊及其方针 ……… 173
- 第二节　商业报纸及其业务发展 ……… 185
- 第三节　商业报纸的经营模式 ……… 202
- 第四节　商业报刊与自由主义新闻思想 ……… 213

第七章　新闻传媒与中国现代政党政治 ……… 216

- 第一节　主导性政治力量：国民党的官方新闻体系 ……… 219
- 第二节　国民党的"三民主义新闻思想"与新闻控制 ……… 230
- 第三节　独立政治力量的崛起：共产党的新闻事业 ……… 237
- 第四节　马列主义主导下的中国共产党新闻思想 ……… 255

第五节　日占时期沦陷区的敌伪报纸：反动的准党报 …………………… 264

第八章　泛政治化的新闻传播：1949—1976 ……………………………… 270

第一节　新体系：新中国的新闻事业 ………………………………… 272
第二节　经济恢复时期：传媒显示社会发展功能 …………………… 283
第三节　1956年的新闻改革：新闻专业主义无果而终 ……………… 291
第四节　"反右"运动：传媒成为阶级斗争的工具 …………………… 300
第五节　"大跃进"：媒体对新闻原则的反叛 ………………………… 306
第六节　十年"文革"：传媒工具论登峰造极 ………………………… 312

第九章　改革开放的新闻传播 ……………………………………………… 322

第一节　拨乱反正中，传媒重塑形象 ………………………………… 323
第二节　改革开放后，新闻传播全面变革 …………………………… 327
第三节　新中国新闻教育和研究的发展 ……………………………… 341
第四节　中国共产党领导人的新闻观点 ……………………………… 346

第十章　生产力大释放的传播媒介 ………………………………………… 359

第一节　新闻业面临的机遇与挑战 …………………………………… 361
第二节　传媒体制的困境与变革 ……………………………………… 365
第三节　新生态下的新旧媒体 ………………………………………… 369
第四节　传媒产业化：体制性变革 …………………………………… 398

本书图表索引

图

图 1-1　新闻史研究的变迁 …… 3
图 1-2　媒介与社会的关系 …… 5
图 1-3　本书的研究层面 …… 7
图 4-1　1895—1898 年新增报刊数量比较 …… 94
图 4-2　1901—1911 年间每年新办报纸数量示意图 …… 114
图 6-1　《申报》的"三驾马车"管理架构 …… 204
图 6-2　公司化报业管理结构 …… 205
图 6-3　大公报股份有限公司的管理结构 …… 206
图 7-1　国民党党报结构图 …… 222
图 7-2　中央日报社长负责制组织系统图（1932 年 5 月） …… 226
图 7-3　上海中央日报社企业组织结构图 …… 228
图 7-4　国民党中宣部主要下设机构图 …… 234
图 7-5　新华社早期机构设置图 …… 248
图 7-6　延安时期中央机关媒体的组织结构图 …… 249
图 7-7　新华社新闻发布程序图 …… 251
图 8-1　政务院新闻总署组织图 …… 272
图 8-2　新闻出版管理机构的变迁图 …… 273
图 8-3　1950 年公营和私营报业的比例图 …… 275
图 8-4　1953 年各类报纸比例图 …… 275
图 8-5　解放初省级以上党报体系图 …… 275
图 8-6　我国党团报纸的管理体系图 …… 277
图 8-7　广播电视管理部门的历史沿革图 …… 281
图 8-8　我国广播电视系统组织图 …… 281
图 8-9　1949—1956 年《人民日报》批评报道的量化图 …… 286
图 8-10　1965—1967 年报刊数量逐年下降图 …… 316
图 9-1　1976—1990 年报纸数量图 …… 328
图 9-2　1981 年与 1987 年主要报纸发行量比较图 …… 328

图 10-1　1996—2005 年各类媒体营业额走势图 …………………… 360
图 10-2　2005 年各级报纸分布图 ………………………………………… 370
图 10-3　2005 年各类报纸分布图 ………………………………………… 370
图 10-4　39 家报业集团分布示意图 …………………………………… 372
图 10-5　1996—2005 年广播营业额统计图 …………………………… 375
图 10-6　1980—2005 年无线电视台数量走势图 ……………………… 377
图 10-7　1995—2005 年中国互联网用户人数走势图 ………………… 391
图 10-8　湖南电广传媒的组织结构图 …………………………………… 403

表

表 1-1　传媒的社会功能 …………………………………………………… 6
表 2-1　古代主管报纸及其发行的机构 …………………………………… 21
表 3-1　近代最早的中文刊物比较 ………………………………………… 43
表 3-2　近代最早的外文报刊比较 ………………………………………… 46
表 3-3　香港的主要近代英文报纸 ………………………………………… 51
表 3-4　上海的申、新、沪三报主创资料 ………………………………… 62
表 3-5　19 世纪外国人主办的主要中文报刊 …………………………… 67
表 4-1　中国主要城市最早的国人报刊 …………………………………… 81
表 4-2　维新时期最著名的政论报纸 ……………………………………… 100
表 4-3　海外革命报刊与改良报刊的论战阵营 ………………………… 113
表 4-4　清末近代新闻专门法规 …………………………………………… 130
表 5-1　五四时期倡导社会革命（马克思主义思潮）的主要报刊 …… 156
表 5-2　五四时期倡导自由主义（社会改良思潮）的主要报刊 ……… 158
表 5-3　五四时期倡导新传统主义的主要报刊 ………………………… 158
表 6-1　30 年代初期主要城市的外报分布概况（1932 年止）………… 176
表 7-1　国民党全国党报统计表（1936.6）……………………………… 225
表 7-2　中共中央机关报一览表 …………………………………………… 240
表 7-3　《解放日报》改版前后的版面对比 ……………………………… 253
表 8-1　新中国成立初期新闻出版法规及相关条例 …………………… 274
表 10-1　1996—2005 年各类媒体营业额统计 ………………………… 360
表 10-2　2004 年人均收视时间排名前 10 位的娱乐栏目 …………… 382
表 10-3　几家大型传媒上市公司情况 …………………………………… 404

第一章 绪论

第一节 新闻传播史是一门科学

一、新闻传播史的研究及其理念

传播史属于历史学的范畴。在传统史学经历了以描述为主的阶段之后,历史学家开始到社会科学中寻找理论和方法。社会科学可以帮助历史学的研究从个别转向一般,从重视个人的活动转向重视个人在其中活动的基本社会结构。专业史的研究也因此有了新的思路,西方的大众传播、新闻传播史研究,是在不断推陈出新的。中国的新闻传播史研究,从理论和方法来说,也已经有了长足的发展。

中国新闻传播史学界已经确立了"新闻传播史是一门科学"的理念。这就意味着,传播史应以科学的理论架构和方法去研究。中国新闻传播学界泰斗方汉奇教授曾指出:"新闻史是一门科学,从事新闻史的研究,必须有一个科学的态度。"要在深入的调查和正确的理论指导下进行。传播史研究的是整个人类传播活动的历史,尤以大众传播史研究为重要内容,其中报刊、广播电视是被研究的主要媒介。传播史属于文化史的一部分,与政治史、经济史有着紧密的联系,与文化史其他部分如思想、哲学、文学、艺术等等也有着异常密切的联系。[①]

中国新闻传播史的研究已经有 100 多年的历史。从 1917 年第一部新闻史专著问世,到 1949 年中华人民共和国成立前,新闻史专著不下 50 种,以传统的描述性研究方法为主,其中最具代表性的是 1927 年出版的戈公振的《中国报学史》。1949 年至 1978 年,中国新闻史研究的重点是无产阶级的革命报刊史,由于思想、理论与方法的局限,研究不全面也不够深入。1978 年以后,新闻传播史研究取得了空前的成就,成果包括通史、断代史、编年史、专业史、地方史、专题史、媒介史等全方位研究,有些著述已经尝试社会科学的研究方法,视野较以前开阔,开掘也更深入。最见功力、影响最大的数方汉奇教授著述或主编的《中国近代报刊史》、《中国新闻事业通史》、《中国新闻事业编年史》等。

传播史在整个历史研究中占据越来越重要的地位。美国的一些历史学家就是围绕历史上文化传播的结构及其功能进行社会历史研究的。[②]

二、他山之石:美国新闻史的研究视角

美国新闻史研究,曾经以描述性研究、解释性研究为主要潮流,重视一手资料的描述和解释,最近的研究,则开始以传播学史的视角做新闻史。

描述性研究是早期美国新闻史的主要手法,基本上是按报刊、广播或电视媒体的产生、发展和演进的脉络,收集考证新闻史料、描述新闻事业发展的过程,以史料翔实、描述丰富取胜。19 世纪 70 年代开始,美国的新闻史研究即以描述性为主。到 20 世纪 20 年代以后,新闻史研究开始重视政治条件对新闻业的影响,强调新闻业与民主思想的发展关系,30 年代的研究转向以传媒与社会的关系为中心,从报纸的"公共机构的本质",研究新闻工作者、所有权、管理、发行方式、集团和组织以及美国媒体在世界格局中的地位等等,关注媒体的生产经销过程中所暗含的社会意义,关注社会使用媒体的情况、媒体对社会的影响。这种趋向发展到 40 年代,就出现了解释性研究的代表作,如莫特(F. L. Mott)的《美国新闻史》(*American Journalism*,1941),爱默里(E. Emery)的《报刊与美国:大众传媒解释史》(*The Press and America: An Interpretative History of the Mass Media*,

---

① 方汉奇.新闻史是历史的科学.新闻纵横.1985,(3)
② 杨豫,胡成.历史学的思想和方法.南京:南京大学出版社,1999,320

1954),他们都力图从当时的政治、经济以及社会变革的大情境中解释新闻事业的走向,强调媒体产生、发展和演进的原因,强调个体,即所谓伟大人物(如发行人)对新闻事业的影响。新闻史研究由此变得更全面、更宽阔。尤其是爱默里的研究轰动一时,从此解释性研究一下子遍及各国新闻史。

解释性新闻史研究,能深入新闻媒体、事件、人物与社会政治、经济、文化的更深层面,但它基本上还停留在人文学科的背景中,与传播学式的研究相比,缺少较深入的理论支撑。因此,20世纪70年代开始,以传播学及相关学科理论和方法为支撑的新闻史研究,就令人耳目一新。这种研究解剖新闻事件、人物、潮流,重视新闻现象或媒体发展的社会大背景,将新闻事业置于社会政治、经济、文化的立体背景中加以考察,从而用理论去解释和阐述新闻事业的发展变迁。

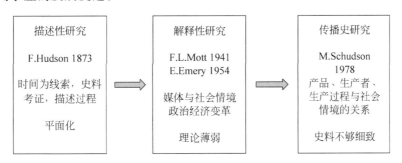

图 1-1 新闻史研究的变迁

(新闻史不同视角研究的代表性人物、代表性作品出现的时间、主要特征及不足)

传播史研究包括产品(报纸、电影等等)、生产者(印刷人、出版人、合作者)、生产过程(思路和生产的结合)、情境(意识形态的、政治的、经济的、社会的)及它们的相互作用,还有现存的或已经解体的机制情况。如麦克卢汉的《理解媒介》,就被列入传播史研究的范畴。而传统新闻史将焦点放在过程或现存机制方面,由于过分强调产品或生产者,模糊了情境或互动的影响。新闻史也很少有明确的概念化的框架,研究的问题往往不很明确,资料显现出什么问题,就做什么问题的研究,随意性较强。而传播史视角的新闻史研究,就弥补了传统新闻史的不足。

美国学者舒德森[①](Michael Schudson)的专著《挖掘新闻——美国报业的社会史》(*Discovering the News: A Social History of American Newspapers*)[②],为我们提供了社会学视角的美国新闻业变迁史,其理论框架与研究方法对传统新闻史都有突破。这项研

---

① 也曾译作"夏德森"。
② Michael Schudson. *Discovering the News: A Social History of American Newspapers*. Basic Books, N. Y.: 1978. 该书中文版由陈昌凤、常江译. 北京:北京大学出版社,2008

究,将报业融入社会体系之中,又以新闻专业主义为主线,紧紧抓住"客观性"理念的变迁过程的及相关的新闻表现手段及其缘起、目的,从而研究新闻专业性理论的变迁及媒介机构发展的历史。舒德森特别强调在社会体系中研究新闻史,他呼吁新闻史学家应将新闻史的研究与其他领域的历史研究结合起来,否则,就会犯各种错误,比如总是把媒体误当成历史事件或历史过程的中心,认为技术决定一切等等。①

舒德森还在后续研究中不断拓展和更正了《挖掘新闻》一书的成果。在《好公民——美国公民生活史》(1998)一书中,他分析了美国政党政治的发展对新闻业的影响力;在《美国新闻业的客观性标准》(2001)一文中,他进一步探析了客观性所隐含的人性与社会实践内涵;在《美国新闻模式:是例外还是典范?》(2005)一文中,他还探讨了美国新闻业及其规范的"美国特色",换言之,他悟觉了不同国家民族之间新闻业及其规范是有差异的。

中国的新闻史研究,目前从史料的整理到描述性研究,都已经比较详尽完备,而且也体现了某些解释性研究的思路。本书主要是按解释性的思路,并借鉴传播学史的框架从传媒与社会的关系视角谋篇布局的。

第二节 研究路径:传媒的社会功能与媒介社会学

一、关于媒介社会学

媒介社会学,是20世纪中叶以后从传播学和社会学的交叉中形成的一门年轻的边缘学科,又称为"传播社会学"。它是以社会学和传播学的基本理论,来分析、解释和研究传播和社会之间相互影响的各种问题。或说是运用社会学理论,分析传播过程、研究媒介和社会的相互作用、相互影响。②

因为是社会学和传播学的交叉性的研究,因此就出现了两种角度:一是根据社会学的理论,把传播当作社会中的一项制度,研究它的结构、功能以及责任、表现;二是从传播学的理论,研究大众传播对社会所产生的影响和效果。③ 由于传播学理论本身也是在发展中,因此媒介社会学就更不确定。

媒介与社会的关系,从结构上来说是呈发散性的。从英国学者巴勒特的模式里,就可以看出其思路:④

---

① 陈昌凤.从哈德森到夏德森:美国新闻史研究的视角和方法谈.成都:四川大学出版社,2003
② 戴维·巴勒特.媒介社会学.北京:社会科学文献出版社,1989,"译者前言"
③ 杨孝溁.传播社会学.北京:商务印书馆,1995,1
④ 戴维·巴勒特.媒介社会学.北京:社会科学文献出版社,1989,56

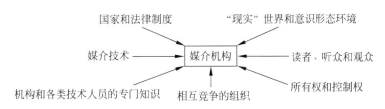

图 1-2 媒介与社会的关系

可以说,媒介社会学只是一个研究范畴、一种研究路径,还没有形成科学的体系,还没有完整的理论框架。上图显示的模式,甚至连基本的逻辑关系都不重视。

本书之应用媒介社会学,主要是将媒介社会学视为一种研究视角和范畴。

二、从社会功能的视角,考察中国新闻传播的变迁

媒介社会学只是大致界定了一个研究范畴,并未具体到研究范式和视角。因此,本书依此范畴确定了一个总体思路,主要是从传媒的社会功能的视角,来考察中国新闻传播媒介的发展与变迁。明确地说,从近代以后,本书开始在社会功能的框架中考察传媒的变迁。

梅尔文·德弗勒在《大众传播诸论》一书中总结了大众传播研究的 4 种社会学范式,其中把结构功能理论作为一种主要的媒介功能论。本书基本是在结构功能的框架下,研究中国新闻传播媒介的变迁发展。结构功能理论是西方社会学的主流理论,出发点是把社会比作一个有机体,有机体内各部分(即结构,包括政治、经济、文化,其中包含传媒)互相依存,每一部分都为体系的平衡作出贡献,各部分在动态变化中保持协调、平衡。① 该理论用于研究传播时,大众传媒就成了社会有机体中的不可或缺的一部分,具有沟通、协调的功能,对社会体系的平衡有重要影响。结构功能理论虽然有一些缺陷,但它为探讨大众传媒与社会的关系提供了理论依据。它也有助于描述媒介的主要活动同社会结构和进程的其他方面的关系,并且将媒介制度与媒介工作规范联系起来进行考察。②

传媒的社会功能,是包括政治、经济、社会等多个方面的。施拉姆等曾经作如下概括:

---

① 李良荣.西方新闻事业概论.上海:复旦大学出版社,1997,2~3
② 麦奎尔.大众传播理论.上海:复旦大学出版社,2003

表 1-1　传媒的社会功能①

政治功能	经济功能	一般社会功能
监视（收集情报）	资源和买卖的机会的信息	社会规范、作用等信息；接受或拒绝它们
协调（解释情报，制定、传播和执行政策）	解释信息，制定经济政策，活跃和管理市场	协调公众的了解和意愿；行使社会控制
社会遗产、法律和习俗的传递	开创经济行为	向社会的新成员传递规范；娱乐

但中国的传媒，从古至今，主要是在政治功能的框架下变迁和发展的。古代报纸主要是传递朝廷的政令信息。近代外国人在华的报刊，对中国社会的政治变革，产生了影响。早期国人报刊、维新时期的报刊、革命派的报刊，都是在传媒的政治功能的框架中变迁和发展的。而近现代的政党报刊，都以政治功能为主旨。按照西方的观点，在传媒的政治功能中，传媒应当推动政治走向现代化。但中国的政治框架有所不同，现代化诉求并不明显，结果，中国传媒的政治功能，最终只是作为政党的附属，也只在政党的权力和斗争中消长。

中国传媒社会功能的单一化，与政治体制、社会形态相关。中国新闻史上，仅有五四时期的传媒，其政治功能是不那么直接的，是通过文化的方式影响社会的，但它的出发点和回归点，都还是政治。

关于中国传媒的经济功能，一直只是政治功能之后的一条隐线。外资的商业性媒体、中国民营媒体的经济功能曾经比较显性，但中国传媒的经济属性来得太迟，退得又太早，终究没有茁壮成长起来。当代市场经济体制确立后，传媒本质上具有的经济属性逐渐释放出来，其经济功能才真正有所发挥。

三、从现代化视角，考察传媒的社会功能

从近代以后，本书主要把现代化作为传媒与社会发展关系的考量指标。现代化研究在西方已遭到许多批评、渐趋冷落，欧美学者已经把热点放在了后现代化、反现代化的研究上。但中国有自己的国情，中国的各方面的建设，仍是以现代化为目标的。近代以来，现代化成为中国发展的主题，多少代仁人志士为探寻中国的现代化之路前赴后继、殚精竭虑，新闻媒介作为社会的特殊组成部分，从近代至今，对国家和社会的现代化作出了贡献。现代化理论无论是作为一种历史的思维，还是作为一种研究方法，都为新闻史研究提供了一个重要的视角。

现代化是什么？本书第四章将有所论及。这里另引一种界定：现代化包括非农业的

---

① 威尔伯·施拉姆，威廉·波特.传播学概论.北京：新华出版社，1984，31～34

相对迅速增长,商业化、与国际市场的紧密联系,经济的稳定而持续增长,城市化、人口流动,多层次迅速发展的文化、教育,收入分配渐趋协调平衡,组织、技能和专业化,科层化,群众政治参与程度的增进等等。① 本书所涉及的,主要在宏观的政治、经济、文化层面上,不同时期因为时代特点不同,传媒对现代化的影响又各有侧重。但是在政治层面上,除了近代传媒对政治的现代化建设有所影响,进入政党报刊时期后政治的现代化并不明显。

中国的现代化过程与西方的不同,既没有英美那样的产业革命,也没有经历法国那样的思想解放启蒙运动。中国的资本主义发生于19世纪70年代,但力量薄弱,中国正式启动现代化,是从废除封建帝制的辛亥革命开始的,是五四时期全面启动的。② 但从五四开始的现代化却不了了之。直到改革开放,中国仍然把现代化当作我们建设的目标。

综上所述,本书的研究视角,从媒介社会学视角入手,再深入到传媒的社会功能层面,在近代以后更深入到传媒与现代化的关系层面。基本的思路如下图。

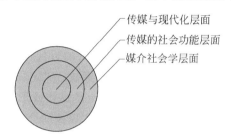

图1-3 本书的研究层面

四、继承传统,尝试创新

中国的新闻学研究已经有约100年的历史。但是中国传媒业基本上一直处于政党报刊形态,因而一直注重从新闻与政治的角度研究新闻传播,自康梁维新派、资产阶级革命派到中国共产党,新闻传播研究一脉相承,形成了强大的政治(政党)新闻学的研究传统。③ 本书努力在以下几个方面做出尝试:

删繁就简。本书试图在新闻传播与社会的政治、经济、文化的关系中,梳理和论述中国新闻传播的变迁与发展。新闻传播史上传媒及事件纷繁复杂,人物灿若繁星,这些在前辈的宏著、专论中已有记述,这里无意一一复述。本书只是从不同时代、不同社会形态中

---

① 章开沅,罗福惠主编.比较中的审视:中国早期现代化研究.杭州:浙江人民出版社,1993,4
② 彭明.五四运动与二十世纪的中国.北京:社会科学文献出版社,2001
③ 陈力丹.最近几年我国新闻传播学的学科发展.传媒学术网,http://academic.mediachina.net/academic_zjlt_lw_view.jsp? id=1444

新闻事业与社会联系最密切的那些方面和角度切入,论述各个时期新闻传播史中主要的事实、变迁,力求删繁就简,"蹊径"通幽。对于那些过去因为主流政治的原因强化了的内容,如一些创办时间很短、从专业角度尚无法总结出其特色和规律的报刊,就轻笔带过。当代部分的内容极其丰富、繁杂,本书力求以最简捷的逻辑加以论述。时限上,努力做到最新,多数资料能更新至2005年甚至2006年。

重视归纳。学习新闻史的最大苦恼,是内容丰富繁杂,学了却记不住,常常不得要领。本书尽可能从体例结构、内在逻辑到行文资料方面,都作归纳性梳理,总结了数十个图表,希望能突出重点、史论结合,力求符合认知规律、记忆规律,同时希望从范式上给予学习者一些启发,努力激发而不是限制学习者的思维。

历史逻辑与思维逻辑的统一。作为专业史的著述,无疑是要在历史的逻辑中展开。本书力图以时间为经来构建全局。这个历史的逻辑基本上与思维的逻辑相一致,只是某些章节在媒介与社会的视角中比较独立,比如中国近代新闻业发端于西方文化的传播,而中国的仁人志士将西方的媒介手段应用于政治传播及政治变革,虽然在同一历史阶段,却可以归入两方面的逻辑——新闻业的近代化和政治的近代化。

新闻学与传播学的融合。两个学科的整合、相融已成定局,新闻学很早就不再局限于传统的报学,而包括广播电视、网络传播等各种传播媒体或形态,而且必然涉及大量的非新闻类的媒体传播的内容。① 本书在构思的过程中以及研究范围方面,都力求进行融合。

本书作者一直反对高等教育仍以一本教材建构一门课程甚至一个学科方向的方式。这种方式既不利于学生主动学习、培养思维能力,其内容也多有局限。近年教材的更新频率已经在加速,但是这并不能从根本上解决问题。根本的问题不是有什么样的教材,而是要给学生充分的选择机会。教材式的教育,已经剥夺了学生一部分独立思考和选择的权利,弱化了他们的能力,仍然把他们限定在中学式的应试教育的轨道上。因此,本书虽可作教材,却不希望成为一门课唯一的教本,而希望学生拓展阅读面。

本书之所以能够尝试从一个视角展示新闻传播史,完全得益于前辈们的研究成果和丰富的经验。本书从2002年"开工",结稿于2006年12月,其间因为忙于杂务,荒疏了时日。有几章成稿于四年前,又有些章节写成于国外,所以在思路的连贯性以及资料的全面性等方面,可能会有欠缺。特别遗憾的是,由于出版时间的紧迫和水平的限制,本书未能完全按照理想的研究思路执行。初版(北京大学出版社,2007年2月)由于种种原因,只出了前6章,今补齐后4章。同时恩师方汉奇教授和孙旭培教授所作的序,亦能付印了。希望有一天,本书能修订得令自己、也令读者满意。

---

① 陈力丹.最近几年我国新闻传播学的学科发展.传媒学术网,http://academic.mediachina.net/academic_zjlt_lw_view.jsp? id=1444

第二章　新闻传播活动与古代中国社会

第一节　传播活动发端于人类社会的产生

　　传播是人们相互联系、结成社会关系的基本手段。人类社会中一切信息交换和沟通都是传播[①]，它包括人际的、组织的、大众的传播。大众传播是通过大众传播媒介即书籍、报刊、广播、电视、电影、网络等媒体进行的，新闻传播则是通过新闻传播媒介即报刊、广播、电视、网络等进行的。新闻传播又被界定为"人类获取新情况、交流新

---
①、黄旦.新闻传播学.杭州：杭州大学出版社,1995.5

信息的社会传播活动"。①

传播是与人类社会同时产生、一起发展的,是人类和人类社会赖以生存与发展的一种基本方式,也是除了劳动和语言之外,人类区别于动物世界的又一个重要标志。② 最早的传播研究,在西方可以追溯到古希腊时期,如柏拉图的著作、亚里士多德的《修辞学》。就中国而言,甚至还可以追溯到更早的年代,与柏拉图、亚里士多德同为"伟大的精神领袖"的孔子③,早于他们100多年前,就已经有了与传播相关的经典论述,中国的经史子集大量记载了各种传播技巧。《易经》中已经出现了"消息"一词:"日中则昃,月盈则食,天地盈虚,与时消息",这里的"消息"虽是指客观事物的运动和变化,却也显示出古人对信息的一种把握。

一、传播:人类社会化的工具

信息传播是社会存在的先决条件。④ 美国传播学者施拉姆打过这样一个比方:如果把单细胞动物发展到爱因斯坦这么长的时间比作传播时钟的24小时,那么,到1200年前人类登陆夏威夷岛时,传播的时钟已经转到了23点59分。他还用了这样的比拟:狗在追逐猫时肯定是传播信息的,但是它们从来没有在事后停下来说:"这次追逐很精彩,但还没有昨天那么出色。"⑤只有人类具备了处理和利用信息的能力,并能按照自己的需要和目的运用传播媒介和技巧。人是社会性动物,传播最基本的功能,就是满足人的社会化需要。

早在远古时期,群居的人类就开始了原始传播活动,最初的传播是通过体态语言、原始声音符号进行的。此外还有一些辅助性符号传播,如结绳、标识、图画、烽烟、旗鼓等。中国还出现过一种特殊的媒介——木铎。⑥ 语言的产生,是人类历史的第一次传播革命,标志着人类完成了从动物传播到人类传播的飞跃,人类进入了语言传播时代,口头传播成为一种主要手段。最著名的口头传播莫过于与马拉松比赛来历相关的一次。公元前490年9月,波斯帝国派遣重兵大举侵犯希腊城邦,在雅典东北部的马拉松平原登陆。希腊人奋起反抗,战胜强敌,取得了辉煌的胜利。士兵菲迪皮茨奉命从马拉松战场以最快的速度跑回40多公里外的雅典,他向聚集在中央广场的人群激动地喊道:我们胜利了!雅典得救了!然后仆地而亡。语言传播更具能动性和创造性⑦,使人类沟通更方便,传递的信息

---

① 黄旦.新闻传播学.杭州:杭州大学出版社,1995,5。在方汉奇主编的《中国新闻传播史》(中国人民大学出版社,2002)中,古代通过非新闻媒介的传播也被界定为新闻传播。
② 孙旭培主编.华夏传播论.北京:人民出版社,1997,3
③ 房龙.人类的故事.北京:三联书店,1998,264
④ 戴维·巴勒特.媒介社会学.北京:社会科学文献出版社,1989,13
⑤ 威尔伯·施拉姆,威廉·波特.传播学概论.北京:新华出版社,1984,6
⑥ 方汉奇,张之华主编.中国新闻事业简史.北京:中国人民大学出版社,1995,2
⑦ 郭庆光.传播学教程.北京:中国人民大学出版社,1999,27

更复杂,不过语言传播范围小,不易保存,容易失真。

文字的出现带来了人类传播史上第二次革命,公元前三四千年,中国、埃及、印度、两河流域,出现了象形文字,并以之记录了人类早期的社会生活和文化,标志着文明时代的开始。文字传播可以突破时空的限制,传播的功能也更丰富了:传播可以更准确地传承文化了。中国最早的文字传播载体是甲骨、金属铸件和岩石,后来又发展到竹、帛和露布。甲骨和钟鼎这些材料还是不便于信息的交流和传播的,竹简的出现,第一次把文字从社会最上层的小圈子里解放出来。

二、传播:社会整合的手段

传统社会是通过政治、宗教、民族等手段整合维系的。中国古代的传播,成为这些手段的一个工具。著名学者金耀基认为,古典中国,在某种意义上说,只是一个文化,而不是一个国家。这并不是说那时人民没有"国家"的观念,而是说因为自然的阻隔,人民无法交通、无法互相沟通。那时的中国是由许多孤立的"小社会"组成的,而未成为一个全国性的大社会,因为没有一个"沟通网",更无法形成舆论或民意。[①] 这种观点虽有可商榷之处[②],但大抵与现实相符。古代社会的阻隔状态,是经过了漫长的变迁、通过传播手段的提高和普及逐渐改变的。

早在春秋战国时代,信息传播就成了社会整合的重要手段:统治者用以发布政令通报军情,政客用以宣扬政治主张,诸子百家用以弘扬学说,百姓用以聚会议事。这些在中国早期的文学、历史如《诗经》、《春秋》、《左传》中均有记载。中国最早的历史文献,如甲骨卜辞、钟鼎铭文,是为了传承后世,并非是向当时的公众传播。春秋战国时期,通文字的人越来越多,各国诸侯开始有意识地用文字来传递信息,但并未出现面向大众的传播媒介。秦汉开始,萌生了以书面形式向民众传播的官方新闻。三国至南北朝时期,出现了一种上行官文书"露布",是专门向朝廷奏报战绩的。[③] 信息传播自封建时代就成为一种政治传播,用以发布政令,控制舆论。汉代以后,邮驿系统逐渐完备,封建政府内部的信息传播体制逐渐完善,官方可以布告天下,向全国的百姓发布政令。

汉代造纸术的发明提高了文字传播的能力。东汉时代的蔡伦在前人试验的基础上,完善了造纸术,造出了结实耐磨的植物纤维纸,这是中国对世界文明的一大贡献。先秦时期沉重的竹简给人带来很大的不便。据说,著名学者惠施出外讲学,要带书五车;墨子出

---

① 金耀基.从传统到现代.北京:中国人民大学出版社,1999,68~69
② 王鸿泰教授认为,明清社会"未必真的没有一个全国性的沟通网的存在"。参见王鸿泰.社会的想像与想像的社会——明清的信息传播与"公众社会".武汉:湖北教育出版社,2001
③ 孙旭培主编.华夏传播论.北京:人民出版社,1997,121

外,要带书三车;秦始皇治理朝政时,每天批阅竹简公文达120斤;汉代名士东方朔写了一篇文章送呈汉武帝,竟用了3千根竹简,后由2名壮汉吃力地将文章抬上宫殿。[1] 竹简之后,还出现了帛书,但是比较昂贵。可以想见,纸对于人类传播能带来多少方便。不过,纸在发明之后的相当长的一段时间内,只是皇宫的珍品,魏晋初期简、帛、纸曾同时并存,直到西晋时期,纸张依旧是贵族的专用品。当时有的官员做官10年,不书官纸,以示为官之清白。东晋大书法家王羲之练字时,就不敢用纸张,而是用木板或布帛,《晋书·王羲之传》说他先在白色的布帛上练字,用完后将布帛染黑,再制作成衣服。不过中国人在造纸工艺上不断改进,使纸终于大众化。公元403年,从东晋王朝手里篡夺政权的桓玄下令废简用纸,结束了简的数百年历史。中国的传播介质,进入了纸的时代。不过,在印刷传播出现以前,文字传播基本上还属于统治阶层、官吏的特权。活字印刷术的发明,为批量生产的印刷报纸创造了必要的技术条件。

在唐代以前,官方新闻是借用官文书的形式及其传播途径进行的,这样的官文书都不是新闻传播。新闻传播是从唐代开始的。

第二节 古代报纸的诞生和形态

按照传播规律,新闻传播会受社会政治、经济、文化等多方面的制约。有学者将交通的发达、传播工具的发明和改进、思想言论的自由视为制约新闻传播活动的因素。[2] 中国古代出现的报纸雏形,是与政治经济的形态密不可分的。中国封建的政治结构和自然经济,决定了中国古代报纸的形式、组织、运行和报道内容范围,也决定了中国古代报纸的社会功能:它是为封建统治阶级服务的,是一种政治的控制和运行的工具。古代中国报纸的社会功能,是非常狭窄的。

一、报纸及其诞生

1. 什么是报纸?

要说明报纸的诞生,首先要弄清什么是报纸。报纸是以刊载新闻和时事评论为主的定期连续向公众发行的散页出版物。[3] 以20世纪的标准,一份报纸必须符合以下条件:它必须是定期出版的,每日一期或每周一期;它必须诉求读者的普遍兴趣,而不是某种特

---

[1] 尹韵公.古代中国社会的传播现象——先秦至唐宋.走向未来:第3卷,2002(2)
[2] 朱传誉.先秦唐宋明清传播事业论集.北京:商务印书馆,1988
[3] 甘惜分主编.新闻学大辞典.郑州:河南人民出版社,1993,65

殊兴趣；它必须提供及时的新闻。① 但是在古、近代中国，或近代西方，这样的标准是过高了。本书借用埃默里父子在《美国新闻史》中论及近代报纸发端时用的标准：采用尽量及时的、能引起普遍兴趣的材料的连续出版物。②

2. 何时出现了原始状态的报纸？

中国何时出现了报纸？对此学术界说法不一，有周朝说、汉代说、唐代说，其中唐代说目前被学界广为接受。

认为中国在周朝就有了报纸的，主要是日本的几位学者，认为中国的报纸已经有3000年的历史了。美国的学者、在燕京大学任教多年的白瑞华教授（Roswell Sessoms Britton）附和过这种观点，说公元前620年，中国周朝出现了叫"公报"的报纸。中国宋朝的王安石曾经把孔子编辑的《春秋》称为一种"朝报"。近代的梁启超等人也说《诗经》"犹如后世民报"。但这些都只是揣测之辞，没有足够的史实根据。

持汉朝说的，有中外学者。日本有学者持此说，认为中国的报纸是世界最古老的新闻纸，白瑞华也附和过这种观点，1935年在上海的一次演讲中他说中国的报纸出现于公元前140年左右汉武帝时期，是写在竹简或木片上的。1979年英国牛津大学的学者安东尼·史密斯在《报纸·国际历史》一书中写道："中国汉朝（公元前206年到公元219年）的统治者曾安排通过一个有条不紊的收集网，得到他们辽阔国土上的新闻报道。官吏写好报道，由邮驿传递。报纸经核正后，在称之为'邸报'或'朝报'的手抄报纸上发表。"③中国人中最早提出这种说法的是现代著名新闻学者戈公振，他在1927年出版的《中国报学史》中曾辟有专节论述，但并不十分肯定。④ 受其影响，现代不少学者如黄天鹏、曾虚白等持此看法，只是没有充分的材料加以证明。

关于中国报纸的诞生，其他还有晋朝说、宋代说。目前有据可查的、最权威的一种学术观点是：中国最早的报纸出现于唐代。

著名新闻学家方汉奇教授1983年在其论文《从不列颠图书馆藏唐归义军"进奏院状"看中国古代的报纸》中，以翔实的考据和论证，提出唐代的"进奏院状"应为中国最古老的报纸，也是世界最古老的报纸。⑤ 这篇论文在学界引起极大反响和热烈争鸣，其意义除了其不同凡响的结论，更在于"抓住了一个衍生力极强的学术话题"，以通达的识见提出了一

---

① M.埃默里,E.埃默里.美国新闻史.北京：新华出版社,2001,9
② M.埃默里,E.埃默里.美国新闻史.北京：新华出版社,2001,9
③ 参考消息,1979-6-14。转引自方汉奇主编.中国新闻事业通史.北京：中国人民大学出版社,1992,30
④ 戈公振.中国报学史.北京：三联书店,1955
⑤ 方汉奇.从不列颠图书馆藏唐归义军"进奏院状"看中国古代的报纸.新闻学论集.第五辑.1983

个举一反三、触类旁通的问题,带动起许多相关研究。① 方教授更以其宽广的学术胸襟去对待不同的学术观点,认为"不同的看法,可以通过学术上的争鸣和探讨,逐步地求得一致"②。十年后,方教授又在其著述中对其观点作了进一步的说明,认为唐代的进奏院状,已经具有一定的报纸的作用,是一种原始状态的报纸。③

二、古代报纸雏形:中国的"新闻书"

唐代出现的最早的原始状态的报纸,是在当时的政府机构内部发行和传递的官报,是从官文书游离出来的传播媒体,是一种与后来的邸报相类似的新闻传播工具。

1. 或许不存在的"开元杂报":中国的《每日纪闻》?

关于中国报纸的溯源中,焦点最集中的当属对"开元杂报"的争论。源头则是《读开元杂报》一文。

《读开元杂报》是唐代后期散文家、政府官员孙樵的文章。孙樵字可之,韩愈门下的再传弟子,韩派古文的继承人。他在文中记载了他称为"开元杂报"的"数十幅书",是他在湖北襄汉一带闲居时看到的,文中详细描述了"开元杂报"的外观和内容(节略):

> 樵曩于襄汉间得数十幅书,系日条事,不立首末。某略曰:某日皇帝亲耕籍田,行九推礼;某日百僚行大射礼于安福楼南;某日安北奏诸蕃君长请扈从封禅;某日皇帝自东封还,赏赐有差;某日宣政门宰相与百僚廷争一刻罢。如此,凡数十百条。樵当时未知何等书,徒以为朝廷近所行事。有自长安来者,出其书示之,则曰:"吾居长安中,新天子嗣国及穷房自溃,则见行南郊礼,安有籍田事乎?况九推非天子礼耶?……"语未及终,有知书者自外来,曰:"此皆开元政事,盖当时条布于外者。"樵后得《开元录》验之,条条可复云。然尚以为前朝所行不当尽为坠典。及来长安,日见条报朝廷事者,徒曰今日除某官,明日授某官,今日幸于某,明日畋于某,诚不类数十幅书。樵恨生不为太平男子,及睹开元中书,如奋臂出其间,因取其书帛而漫志其末。凡补缺文者十三,改讹文者十一。是岁大中五年也。④

关于"开元杂报"为何物,学界有多种说法,有称古代报纸,有说是书不是报,有说是编年史,有说是新闻信。有一种说法,较多被采纳,即"开元年间政府公报",是最早一份定期发布的政府公报。它与西方称为第一份报纸的古罗马时代的《每日纪闻》(Acta Diurna),

---

① 李彬.唐代文明与新闻传播.北京:新华出版社,1999,5
② 方汉奇主编.中国新闻事业通史.北京:中国人民大学出版社,1992,60
③ 方汉奇主编.中国新闻事业通史.北京:中国人民大学出版社,1992,45
④ 摘引自戈公振.中国报学史.北京:三联书店,1955,26~27

在社会功能上存在着内在的对应①,所以不少学者称之为中国最早的报纸。《每日纪闻》是古罗马时期的一种官方公报,是一种公告式的手写新闻传播。公元前59年,古罗马的执政官恺撒下令公布元老院及公民大会的议事纪录,用尖笔书写在罗马议事厅外一块涂了石膏的特制木板上,后人称之为《每日纪闻》,被西方学者当作新闻历史的源起。不过那时纸还没有发明。"开元杂报"与《每日纪闻》都是官方公报,都是每日发布,都是单本而不是批量,只是"开元杂报"形态上内容上均较《每日纪闻》先进。

不过,据考证,所谓"开元杂报",很可能是赝品。②

2. 记载邸报存在的文献:关于大历才子韩翃与邸报

还有文献提到了唐代的邸报,说的是唐代大历十才子之一韩翃授官的事。此事出于南宋孟棨的《本事诗》,《全唐诗话》中也有记载,分别谈到"留邸状报"、"邸报"上有这件事:知制诰一职阙人,中书省提名两次又未被采纳,末了皇帝御笔亲批,官位"与韩翃"。当时江淮刺史也叫韩翃,录的是谁?中书省不明白。皇帝只得再批,官与"春城无处不飞花,寒食东风御柳斜。日暮汉宫传蜡烛,轻烟散入五侯家"(《寒食》)的作者韩翃。此韩翃早年不太得意,屈居下僚。有消息灵通者听说邸报消息,连夜敲门报喜。③ 知制诰是专门负责起草"中央文件"(参议表章,草拟诏敕)的中书省要职。

两文献成于南宋,其记载的真实性受到置疑,所以不足为唐有邸报的证据。

3. 敦煌进奏院状:世界现存最古老的原始状态报纸

目前被发现、仅存的两份唐代官报,是1900年在敦煌莫高窟出土的两张"进奏院状"的残页,都是唐僖宗时期由驻地在沙州的归义军节度使张淮深派驻朝廷的进奏官发回沙州的。沙州在今敦煌地区,两份进奏院状均属敦煌文物,所以新闻史学家定名为"敦煌进奏院状"。这两份报纸是世界上仅存的最古老的原始状态的报纸。

藏于伦敦大英图书馆的那一份,是英籍奥地利考古学家斯坦因于20世纪初从敦煌石窟窃取的文物之一,发现于1982年,新闻史学家方汉奇教授托请新华社伦敦分社记者到伦敦大英图书馆誊录后,对抄件进行了缜密的研究。

这份进奏院状长97厘米、宽28.3厘米,是一张横条卷,发报于唐僖宗光启三年(公元887年)。报道的主要是光启三年二月十七日至三月二十三日期间发生的事,主要内容是归义军节度使张淮深派往朝廷的三批专使们为代节度使向僖宗求旌节而在兴元、凤翔两地活动的情况。

---

① 李彬.唐代文明与新闻传播.北京:新华出版社,1999,73
② 方汉奇主编.中国新闻事业通史.北京:中国人民大学出版社,1992,52
③ 方汉奇主编.中国新闻事业通史.北京:中国人民大学出版社,1992,39~42

藏于巴黎国立图书馆的那一份,发现于1986年,是唐僖宗乾符五年(公元878年)前后派驻首都的归义军进奏官从长安发回给节度使张淮深的进奏院状。

两报证实了唐代进奏院状的一些特点:没有报头,开端和结尾部分还保留着官文书的痕迹。发报方式:各藩镇派驻朝廷的进奏官发给他们的主官;所有的信息都是进奏官们自行采集的,内容是朝廷大事,特别是与他们地区相关的事。

以"开元杂报"和敦煌进奏院状为代表的唐代报状,是一种从官文书游离出来的传播媒体,与后代邸报相似,是一种新闻传播工具。它以传报来自朝廷的信息为主要内容,由地方一级军政单位派驻在首都的机构向地方传发,因而带有一定的官方性质,但还不是中央政府统一审定发布的正式官报,与宋以后的邸报有很大的差别。① 它是官文书向官报转化过程中的传播工具,颇似公元前500多年古罗马出现的新闻信中的官方新闻信,用以传递政情军情。又近似于16世纪诞生于欧洲的、作为西方近代报纸远祖的"新闻书":内容有新闻性,不定期,书本或单张样式。只是晚了800多年的西方新闻书已经是印刷品,并且是作为一种商品发售的。

三、"邸报"的诞生和印刷报纸的出现

宋代出现了在政府中枢部门统一管理下统一发布的正式官报"邸报",负责邸报发布工作的机构是都进奏院。邸报这一名称,最早也是出现于宋朝,是古人对封建官报最经常、最习惯使用的一种称呼。《宋会要辑稿》第166册中所说的"国朝置进奏院于京师,而诸路州郡亦各有进奏官,凡朝廷已行之命令,已定之差除,皆以达于四方,谓之邸报",是对宋代官报的一个经典性概括。② 邸报还被称作进奏官报、进奏报、邸状、邸吏状、朝报等。

邸报本来是政府的行政文书,但经过传抄之后,也就变成了一种信息传播载体。较之唐代的进奏院状,宋代的"邸报"具有更多的报纸的特征和政府官报的色彩。它已经是由中枢部门统一管理下,按一定制度、统一编发的中央一级官报。它已经完全从官文书中分离了出来,传播的信息量逐渐加大,成为一种官方的新闻传播工具。它的读者已经扩展到京朝官、地方各级行政官员和广大的士大夫知识分子。它已经由不定期发行转为定期发行,有日刊、五日刊、旬刊、月刊,时效性有所加强。

邸报的稿件是进奏官从中枢相关部门抄录来的文件和朝廷政事消息,进奏官是邸报的直接"把门人"。抄录的过程也是选择和采集的过程,所以进奏官带有官报记者的性质。门下省的起居郎中、中书省的起居舍人等,也负责采集、记录并提供皇帝起居言行等动态信息。

还有一个很重要的改变:宋代的邸报发出后,允许传抄复制,并允许这些复制件以朝

---

① 方汉奇主编,方汉奇,丁淦林,等.中国新闻传播史.北京:中国人民大学出版社,2002,10
② 方汉奇主编,方汉奇,丁淦林,等.中国新闻传播史.北京:中国人民大学出版社,2002,12

报或邸报的名义在社会上公开发售。这说明古代报纸已经具备了一定的大众传播的性质,其读者已经扩大到政府官员和一般士大夫知识分子。

中国最早的印刷报纸大约出现于南北宋之际。印刷传播是人类历史上继语言、文字之后的第三次传播革命,它是建立在纸张和印刷术发明的基础上的。中国继造纸术之后,在印刷方面对世界文明又作出了一大贡献。早在公元7世纪的唐朝,中国已经出现了雕版印刷。1045年,宋代的毕昇发明胶泥活字印刷术,已包括了活字印刷的三个主要步骤:制活字、排版、印刷,与近现代的铅字排版印刷基本原理完全相同。[①] 印刷术的发明标志着人类已经掌握了复制文字信息的技术,可以批量生产信息了,这是传播走向大众化的必备条件。宋代邸报或其中的一部分材料是用雕版印刷的。元、明两朝,中国又先后出现了木活字和锡、铜、铅活字,但元代根本未及建立全国性官报体系,明清两个朝代的官报,也并未因为印刷术的进步而有变革,很长时期里,中国的报纸还主要是手抄的,直至清朝中叶以后,印刷报纸才成为主流。

第三节　古代报纸的内容和形式

一、古代报纸的内容及新闻源

唐代的进奏院状报(或称状报),内容主要是政治性信息,其中多当政者的信息,包括皇帝的活动,皇帝的诏旨,官吏的任免,臣僚的章奏,军事、政治方面的重要信息。显然,对新闻价值的最初认识就是从传播目的出发的,所谓重要性、突出性等等,皆因需要而定。最高层的政治信息永远是有重大新闻价值的。古时只要是皇帝的信息,几乎都是记载或报道的内容。属于皇帝言行方面的,由门下省(后改中书省)负责记录,整理出来的文字,称为起居注。属于臣僚们廷议奏对和重大政事活动的,由宰相负责记录,整理出来的文字,称为时政记。属于进奏表章、赏功罚罪等方面的,由中书舍人整理、起草、署行。这些政治信息和时事性政治材料,有的直接移送史馆,供编写日历、实录时用,有的经皇帝画敕后,通过中书省,然后公布。这些信息都是进奏官们向所在的各个地方传报消息的主要来源。

唐代进奏院状是不定期由首都向地方传发的,读者主要是各地的藩镇和诸道长官。它带有某种下行公文的色彩,但不等同于一般公文。它所提供的信息,绝大多数属于朝廷的政事活动,与收阅者没有直接关联。它所提供的信息,有不少是进奏官们自行采集的。

唐代可以自由传递中央的消息,也体现了其言论自由、思想宽松之一斑,有学者认为

---

① 闵大洪.传播科技纵横.北京:警官教育出版社,1998,11

唐代言论自由达到古代空前绝后的高度。① 汉代的邸吏若胆敢如此,是要冒杀身之险的。

宋代以后历代的邸报,主要内容也基本相似,包括:皇帝的诏旨,皇帝的起居,官吏的任免,臣僚的章奏,军事情报,刑罚等。宋代还有新近制定颁发的法令条例,三省枢密、六曹、寺、监、司的宣札符牒,皇帝或宰辅要求条布报行的有关材料。

明代邸报上还出现了社会新闻,如文献记载"弘治末,随州应山县女子生髭,长三寸余,见于邸报"。② 还有女子"化为男子"的,有妇生了畸形孪生女,均"一眼一耳四齿"的,有犍牛犊"一身两颈两头四眼四耳两口一尾四足"的,都是些奇闻轶事。有一则故事情节完好的社会新闻,说的是偷国库的两小偷抵死狭窄的下水道的事,见载于冯犹龙《古今新谭》:

> 太仓库于万历戊戌(二十六年)中有偷儿从水窦中入,窦隘,攒以首,无完肤矣。亦得一大宝,置顶际,如前出。至窦之半,不意复有偷儿入,俱不能退,两顶抵,槅死,而宝在其中。久之,拥水不流,治潢始见。见邸报。③

这类对于异常现象和社会奇闻的报道,是人类追逐趣味性之本性使然,所以在新闻价值观中,趣味性成为自古至今新闻判断中一个永远的衡量标准。

明代邸报上也报道过一些非政治性的时事新闻。如报道过著名外国传教士利玛窦逝世的消息。利玛窦(1552—1610)是明万历十年(公元1582年)来中国的意大利籍耶稣会传教士,在中国经过许多曲折,终于进入了宫廷,博得皇帝垂青,取得了传教的合法地位,结交了许多知名的士大夫。利玛窦于万历三十八年闰三月十八日(公元1610年5月11日)病逝于北京。④

据推测,明代邸报信息量已经不小,每期刊登的消息当在10条左右,基本每天发行,按平均每条消息500字估算,每期邸报的字数最低限度为5000。有台湾新闻史学者估计,每期邸报的发行字数"常在七八千字以上"。⑤

清代官报的内容,基本上还是宫门钞、上谕、臣僚章奏三大部分。宫门钞主要报道皇帝起居、大臣陛见陛辞以及礼宾祭祀赏赐等朝廷动态消息。臣僚章奏部分,是折件目录、少量折件原文选录。这些材料,多来自六科。

二、个案记录:明代《天变邸抄》

明代官报、民间报都混称为邸报。流传下来的抄本或文集录辑中,有《万历邸抄》,有《天变邸抄》。《万历邸抄》记载了万历元年至万历45年的事,《天变邸抄》则只报道了一件

---

① 李彬.唐代文明与新闻传播.北京:新华出版社,1999,12
② 尹韵公.中国明代新闻传播史.重庆:重庆出版社,1990,193
③ 转引自方汉奇主编.中国新闻事业通史.北京:中国人民大学出版社,1992,135
④ 利玛窦、金尼阁.利玛窦中国札记.桂林:广西师范大学出版社,2001,中译者序言
⑤ 尹韵公.论明代邸报的传递、发行和印刷.新闻研究资料.第48辑.北京:中国社会科学出版社,1989

发生于1626年5月30日的灾异事件。

这是发生于北京城王恭厂的特大爆炸事件。《天变邸抄》开头部分如下：（括号内为笔者所加）

> 天启丙寅五月初六日巳时，天色皎洁，忽有声如吼，从东北方渐至京城西南角，灰气涌起，屋室动荡。须臾，大震一声，天崩地塌，昏黑如夜，万室平沉。东自顺城门大街（今宣武门内大街），北至刑部街（今西长安街），西及平则门（今阜成门）南，长三四里，周围十三里，尽为齑粉，屋以数万计，人以万计。王恭厂一带糜烂尤甚，僵尸层叠，秽气熏天……此真天变，大可畏也。①

这件事不少文献都有记载。当时在街上行进的官员薛风翔、房壮丽、吴中伟的大轿被打坏，街上伤者甚众，工部尚书董可威双臂折断，御史何廷枢、潘云翼在家中被震死，两家老小"覆入土中"，宣府杨总兵一行连人带马并长班关7人没了踪影。承恩寺街上行走的女轿，事后只见轿俱被打坏在街心，女客和轿夫都不见了。《天变邸抄》中描述"所伤男妇俱赤体，寸丝不挂"，"长安街一带，时从空飞堕人头，或和鼻，或连额，纷纷而下，大木飞至密云，石驸马大街上有5000斤大石狮飞出顺城门（今宣武门）外"。中心区以外也受到强烈的冲击波影响，皇上感到大震，起身便冲出乾清宫直奔交泰殿，情急间"内侍俱不及随，止（只）一近侍掖之而行"，这时"建极殿槛鸳瓦飞堕"，正中近侍头部、脑浆迸裂，而"乾清宫御座、御案俱翻倒"，正修建大殿的工匠，因"震而下堕者二千人，俱成肉袋"。

这次事件现象奇特、灾祸巨大、死伤惨重，至今原因不明。1986年配合新华社大楼的选址，北京从事地震、天文、地质、军工、核物理等方面研究的自然科学工作者，曾专门召开"1626年北京地区特大灾异综合研究学术研讨会"，对于灾异事件，会上提出了七种观点，但未能求得一致。《天变邸抄》的报道，成为这次学术讨论会的重要参考材料，被与会者广泛引用。《邸抄》中描述的那些奇异的细节，不少自然科学家认为绝大部分都可以作出科学的解释。② 中国新闻史学家方汉奇教授也应邀参加了这次讨论会。这次事件与3000多年前印度"死丘"事件、1908年6月30日俄罗斯西伯利亚通古斯大爆炸并称"世界三大自然之谜"。科学家进行了深入研究，但至今仍然莫衷一是。有人认为是地震引起的，有人说是火药自爆，也有人认为陨星坠落，认为隐火山热核强爆有之，认为是由地震、火药及可燃气体静电爆炸同时作用亦有之，认为是龙卷风、旋风、飓风亦有之，更有甚者，认为是外星人入侵、UFO降临等。但每一个观点都没有摆出无可辩驳的证据，使人完全信服。③

---

① 转引自方汉奇主编.中国新闻事业通史.北京：中国人民大学出版社，1992，164
② 方汉奇主编.中国新闻事业通史.北京：中国人民大学出版社，1992，162、165
③ 陈康.王恭厂大爆炸：自然之谜难破解.北京青年报，2002-5-30

《天变邸抄》全文约 2000 字,开头部分有导语式的概括性描述,后面的文字,都很有层次,按时间和地区依次有"天变"那一刻的情形描述、当天各方面的情况、"天变"前 10 天内发生的各种征兆。报道涉及的时间跨度近一个月,涉及地区方圆六七百里,涉及的人物上至皇帝、钦天监、部院长僚和知府、总兵等政府官员,下至吏目、蒙师、内侍、一般士绅及太监、庙祝、道士、赤脚僧、巡更逻卒、长班、轿夫、卖棺者等社会各阶层人士,描述细致生动。写法上与现代新闻十分接近。

三、古代报纸的形式

中国早在南北宋之际就出现了印刷报纸。据推测,宋代邸报或其中的一部分材料是用雕版印刷的。但是中国的印刷报纸发展迟缓。明代中叶以前的邸报,基本上是手抄方式辗转抄传的。明代官报没有一个统一的发行机构,也因此各省的提塘官和报房,每个环节都只需要少量复制,没有必要使用印刷。手抄不仅量少,而且准确性较差,容易出错,有文献谈到"每阅邸报中有妙绝章奏,一经抄报人录写,千差百讹,读不能竟"[1]。到崇祯末年,明代邸报才使用活版印刷。但并非所有邸报皆用印刷,之后明代邸报的复制方式,依然是印刷与抄传并存。清代的邸报,也是如此,只是随着发行量的增加,印刷部分的比重也逐渐加大。

古代报纸很长时期并没有"邸报"报头,初期样式有单页卷成卷儿的,后来则是"新闻书"了,也就是书本的样式,页数不等,刊期不等,有三日刊、五日刊、半月刊、月刊。

清代邸报已经以日刊为多。乾隆、嘉庆年间邸报每期一册,每册 4 至 10 页,页的长、宽各约 24 厘米、18 厘米,没有封面。这大概就是早期的官报和民间报房出的报纸的样式。同治以后各朝,民间报房出的报纸,形式上有了明显的变化:普遍加了封面,普遍有了报头,通常是"京报"二字,并印有报房的名称。每期也大致是 4 至 10 页,每页折之后用纸捻装订成册,一般长、宽各约 22 厘米和 9 厘米。乾隆以后各民间报房所出的京报,基本上都是印刷的,有的用活字印刷,有的用泥版印刷。光绪末年以后,才开始陆续采用铅印。京报全部为竖排,一行到底,每行一般 22 个字,每页 14 至 18 行不等,每期的总字数不完全一样,少则 1000 字,多则 5000 字。京报的全部稿件都来自内阁和科抄,没有自己采写的新闻,也没有任何言论。编辑工作很简单,把收到的宫门钞、上谕、章奏适当选择一下(因为无法全部刊载),大体分一下类,照发就行了,无须标点,也不加任何标题。[2]

---

[1] 语出沈国元.《两朝从信录》自序.引自方汉奇主编.中国新闻事业通史.北京:中国人民大学出版社,1992,136
[2] 方汉奇.清代北京民间报房与京报.新闻研究资料.第 52 辑.北京:中国社会科学出版社,1990

第四节 古代官报的管理与发行体制

中国古代官报是在封建官僚机构内部发行的政府官报,其管理、发行,是与古代历朝封建行政制度紧密相连的。这也是封建政治对古代官报的最大影响机制。政治对传媒的影响,最大的体现是政治制度对新闻体制的影响。[①] 中国古代合法的报纸基本上是官报,是按官营体制运作的。而官营的发行体制,又决定了古代历朝报纸在长时期里,都只是手抄式少量复制,不需要,也不能通过印刷大量发行。

一、管理机制

自唐代有原始形态报纸以后,各朝主管报纸及其发行的机构是:

表 2-1 古代主管报纸及其发行的机构

朝代	主管官报机构		主 官		职责
	初 名	更名/新设	称 呼	职称/下辖官	
唐朝	邸; 上都留后院	上都知进奏院	进奏官	上都邸务留后使,上都知进奏院官	呈递章奏,下达文书
宋朝	进奏院	(新设)都进奏院	门下省给事中	(下辖)进奏官	报行天下
元朝*	通政院(负责驿传)		中书省(负责收发官文书)		未建官报体系
明朝	通政司—六科—提塘		通政使—给事中—提塘官		
清朝	通政使司—六科—提塘		通政使—给事中—提塘官		自上而下抄传政事信息

* 说明:元代只有不到 90 年时间,没有官报,也就没有发行系统。其通政院隶属于军事部门,只负责驿传,没有报道朝廷政事的职责。中书省负责官方的新闻传播活动,将汇集的政事信息上达于最高统治者。地方官员主要通过下行的官文书获知朝廷的信息。

各个朝代的统治者都十分重视官报发布,派最亲信的人掌管。不过,其中多位主管官员未能善终,有的下狱,有的被砍头,明代还有主管官员被剐成 1350 块的悲惨结局。

1. 唐代进奏院及其传播功能

唐代的传播系统中,邸、进奏院这些机构是中枢。早期的邸,是在首都长安设了供地

---

① 李良荣.新闻学导论.北京:高等教育出版社,1999,220

方官员和周边属国"通奏报,待朝宿"的,中央政府部门设有负责接待和通报工作的主官和属官,此外还设"公车司马令"一人,"主受章奏",设"御史"若干人,充当皇帝的秘书,负责接受官员们的报告和皇帝诏书的制颁等事宜。封建政府内部的信息传播体制日趋完善。官方还将法令和皇帝的诏旨公之于众,向全国百姓发布政令的体系也逐渐规范化、经常化。① 汉代以后各王朝,也允许地方在首都设邸。隋朝时期,仅东都洛阳上春门外夹道南北,就设有"诸侯邸百余所"。唐初,首都长安城内也有不少京外诸道和诸州设置的邸舍。这些邸,主要是供地方长官和诸侯们进京朝觐时,作居舍的。

唐代中期,开始在一些边疆地区建立藩镇,设节度使。安史之乱爆发后,中央与地方、朝廷与藩镇之间的明争暗斗,成为历史的主线。到 9 世纪中叶,全国节度使已经有 40 多个。这些节度使,是地方上的实权人物,拥兵辖州,势力大的辖十多个州,势力小的辖三四个州,在全国范围内出现了藩镇割据的形势。各节度使后来纷纷在京都设邸,除了作为居舍,还成了派驻朝廷的办事机构。这些邸,后来改称为上都知进奏院,简称进奏院。进奏院的负责人称进奏官,其正式职称,最初叫上都邸务留后使,后改称上都知进奏院官,简称进奏官,社会上称为邸官、邸吏。唐代的进奏官是由地方派遣的,因此只对派遣他的藩镇和诸道长官负责,不受朝廷管辖,任务是为所代表的长官呈递章奏,下达文书,办理需要和政府中枢各部门请示汇报、联系交涉的各项事宜,也为地方了解、汇集和通报各项政治消息。进奏院成为藩镇们了解朝廷和全国情况的信息中心,是藩镇和朝廷间的联络机构。②

2. 宋代进奏院体制:中央集中管理

北宋初期,沿用了唐、五代的旧制,由各路州郡在首都东京汴梁各自设置进奏院,归各州自行管辖,最多的时候曾达 200 个左右(全国有 250 个州)。宋代进奏院状的发报制度,以太宗太平兴国六年(公元 981 年)都进奏院成立为界,前后有所不同。前此由地方诸州设在首都的进奏院和进奏官们自行发行,没有统一的章程。太宗太平兴国六年起,对散处于首都各州的进奏院进行整顿,设立了都进奏院,业务活动集中管理、统一发报,加强了权威性,具备了中央官报的性质。

新成立的都进奏院,由门下省的给事中负责领导,其职责主要是收受和传递官文书,传播范围是封建官僚内部。都进奏院管辖下负责信息采集和传报工作的是进奏官,一般由地方委派,由门下省(中枢部门)统一管理,多的时候曾达 200 多人,少的时候 60 多人。他们是邸报的直接"把门人",日常工作包括到中枢相关部门抄录可以通报的文件和朝廷政事消息,向他所联系的部门和单位传报。③

---

① 方汉奇主编,方汉奇,丁淦林,等.中国新闻传播史.北京:中国人民大学出版社,2002,3
② 黄卓明.中国古代报纸探源.北京:人民日报出版社,1983,30
③ 参阅方汉奇主编.中国新闻事业通史.北京:中国人民大学出版社,1992,63~72

宋代负责邸报传发的部门,有上级拨给的经费,但非常有限。有记载"镂板纸墨之费"每年给钱1000贯。①（当时开封府抓贼能奖500贯。)其发行数量也应当十分有限。

宋代邸报的编辑审定事项,自都进奏院成立后即由中书省、门下省的检正、检详官负责,后来又增加了由门下省的给事中负责"判报"这一环节。他们主要是决定发报稿件的取舍。皇帝和进奏官有时也部分参与。经审定允许传报的稿件,到了进奏官手里还会做一些删改。这是最早的新闻审查。对涉及灾异、军情、朝廷机密等方面的信息和未经批准公布的臣僚章疏,都限制发布。宋朝为了加强对邸报传报活动的管理,当局对邸报的发行,从宋真宗咸平二年（公元999年)起还实行过"定本"制度。

3. 明代的传抄发行体系：层层抄传

明代不设进奏院,官报由中央政府统一安排发布和抄传,主要是通过一个周密的体系来完成的：通政司汇集各类章奏和地方上报的消息；六科收集和发布有关的诏旨和章奏；提塘选抄这些诏旨和章奏,复制后传发到省,省发到府县。

体系的第一个环节是通政司。始设于明太祖洪武十年（公元1377年）,其主官是通政使,官品三级,"掌受内外章疏敷奏封驳之事",也就是"出纳帝命,通达下情",来自地方和在京官僚们的章奏,绝大部分都必须经过通政司。所以,这个部门被认为是"于政体关系甚重"的"朝廷之喉舌",通政使往往由皇帝任命。英宗以后各朝的通政使大多为当权的首相或宦官把持,从而可以控制臣僚章奏呈留出纳这一环节。可见在中央一级的政府机构中,通政司是一个至关重要的部门,是朝廷信息的汇集处。

第二个环节是六科。始设于明太祖洪武六年（公元1373年）,包括吏、户、礼、兵、刑、工六科,共设七品的给事中12人。曾隶属通政司,明成祖以后成为独立的机构。六科给事中职权范围很广,权力很大,特别是自朱元璋起就指令六科执掌封驳大权,也就是负责中央诏旨批文下达前的审核。② 六科管事很多,其中与邸报的抄传关系密切的有二：一是将皇帝看过、作过指示同意发布的臣僚们的章奏,公开抄发,供在京各衙门互相传报,供邸报抄传；二是记录皇帝接见大臣时的"谕旨"。

第三个环节是提塘。明代各省都派有提塘官长驻京师,担任军情及各项文报的呈递下达等任务,另一任务就是抄传邸报。提塘官的工作类似唐宋时代的邸吏、进奏吏,只是没有进奏院这样的机构,所以他们居无定所。明中叶以后,一些提塘官开始在京师购置房产或自建馆舍,作居住和办公之用,通称提塘报房,简称报房。

经提塘报房发出的官报通称"邸报"。它是层层抄传的,要经过长长的传播过程才能

---

① 参阅方汉奇主编.中国新闻事业通史.北京：中国人民大学出版社,1992,86
② 关文发,颜广文.明代政治制度研究.北京：中国社会科学出版社,1996,143

到达省级以下的各级官员读者：

提塘官从六科发抄的各项谕旨和章奏中摘抄信息，然后各报房复制→

塘马和驿站传送到各省城和总兵官驻地，分送省城或驻地的主要军政官员→

省城的相关人员复制后，分送给省城各衙门的一般官员→

省城专业人员抄出，驿传至各地方府县衙门，转给府县长官。①

明代邸报的传递，除了那种官府之间的自上而下的层层传递和那种官员转抄于同僚与亲友之间的方式之外，还有一种方式，就是互相借阅和互相寄看。②

4. 清代：明代发行体系的沿袭

清朝官报通常称邸报，也有称邸抄、阁抄、科抄、京抄、朝报、京报。京报在清代中叶以后逐渐成为官报的专称。清朝参考明代的官报发行体制，经通政使司、六科、提塘继续在全国发行官报。

通政使司是收受臣僚章奏的机关，主官是通政使，由满汉官员各一人担任。因该机关之重要性，通政使，特别是其中的满员，历来是皇帝宠信的大臣。六科是发抄皇帝谕旨和臣僚章奏的机关，每科设满汉给事中各一人。提塘主要负责官报的抄传发行。清代也未设宋代上都进奏院那样的统一管理进奏官的机构。

清代的谕旨和章奏是逐日发抄的，所以官报以每日发行为主。经提塘传发到各省的官报，有手抄的，也有印刷的。

值得　说的还有清代的两种提塘：京塘和省塘。京塘是各省设在北京的提塘，长驻者共16人，多为各省的武进士和候选修补守备，由各省负责遴选，由兵部负责管理，与地方及中央政府都保持一定的联系。他们一般都在自己的寓所设立办事机构，处理日常塘务工作。这些机构大多位于北京城南前门大街以西、宣武门大街以东、西河沿以南、南横街以北这一片街区内。这里是清代北京经济、文化活动的中心，离负责发抄六科等政府部门不算太远。大量的塘务办事机构设在这里，使这一带逐渐发展成为清代北京新闻传播活动的中心。京塘的任务主要是收受和转呈地方上报中央的各类公文，收受和下达中央各部院发给本省的一般公文、皇帝发给本省官员的一般谕旨和赏赐品，还发行邸报。

省塘是指驻在各省省会的提塘，由兵部从车驾司、捷报处两衙门中遴选，分驻各省会及黄河、运河沿线，也是16人。省塘都是高级武官，专门负责京省之间官文书和官报的传递工作。

提塘的一项重要工作仍然是抄传发行官报。清代初年出现了提塘自设的报房，以便

---

① 方汉奇主编.中国新闻事业通史.北京：中国人民大学出版社，1992，119~127

② 尹韵公.论明代邸报的传递、发行和印刷.新闻研究资料.第48辑.北京：中国社会科学出版社，1989

及时处理抄传工作,这些报房在乾隆年间取得了合法地位,具有官方性质,但报房业务相对独立,工作人员也无官职,只对提塘负责,所以又有非官方性质。这些报房,有时也被称为抄房。报房除抄发官报(雍正、乾隆以后多为印刷),还抄发过小报。

二、邮驿:中国最早的发行网络

古代信息媒介的"发行"渠道,是交通。在电子传播发明以前,新闻传播的完成只有依赖畅通的水陆交通,特别是邮驿系统。古代的驿运系统既递送信息(文书),还作运输、交通之用,是一套官方的交往系统。

早在周朝,中国已经有了驿传制度,并将紧邻的两驿之间的距离定为30里,此后各代多以此为定制。春秋战国时期,各国都设有驿站和传舍。汉代以后,邮驿系统逐渐完备,也是每30里设驿,驿各有传,传有车,负责官文件和信息的传递。魏晋南北朝时期,南方又兴起了水驿,当时江南地区的公文传递,多经由水驿。因为驿运是唯一的邮政系统,所以繁忙而迅捷,"一驿过一驿,驿骑如星流;平明发咸阳,暮及陇山头"。(岑参)每遇战事,信息尤其重要,驿传系统更是加班加点,"普快"、"特快"齐上。

在外国人眼里,古代中国的内河航运是世界其他地区望尘莫及的,世界没有一个国家的交通能与中国相比,中国"有两个帝国,一个在水上,一个在陆地,有多少城市,就有多少威尼斯"。① 唐代是中国封建社会时期空前繁荣强大的朝代,水陆交通遍及全国,交通动脉举世无双。唐代驿运制度完备,全国的驿站总数达1643所,其中内陆驿1297所,水驿260所,兼有水陆两驿的86所。驿运是一个由驿路、驿站、驿卒、驿马、羽檄等构成的古代邮政系统,也是每30里置1驿,设驿长1人,各驿站建有驿舍,配有驿马、驿驴、驿船和驿田。陆驿每站置马8至75匹不等;各道的一等驿有马60匹,二、三等驿再各减15匹,四等驿18匹,五等驿12匹,六等驿8匹。马每3匹由1人看管,每匹驿马给地4顷,莳以苜蓿,全国从事驿站的工作人员有5万人左右。唐代的驿传交通是以长安为中心向四方辐射,四通八达,相当有效。

宋因唐制,无大改变。不同的是,宋代驿传后来军事化了,从而提高了消息传播和情报传递的效率。唐代驿传最快的一天行300里,而宋代最快的一天可达500里。宋代的驿递分步递、马递、急脚递、水运步递等。南渡以后为军事需要,又创设了摆铺制度,有金字牌、急速文字牌等名目,都属于快递,用于传递紧急文件。邸报属于常程邮件,使用的是一般的步马水递,路上走的时间较长,从首都临安(今杭州市)发至安徽广德就需要六天,发至四川则要一个月。

元、明、清几代,邮驿系统基本与前代相承。明朝政府曾对京师与各地传递信息的时

---

① 布罗代尔.15至18世纪的物质文明、经济和资本主义.北京:三联书店,1993,497

间,作过严格的规定和限制,如:①

陕西都司,陆路 2650 里,计 43 站,限 86 日;
秦州卫,陆路 3320 里,计 55 站,限 110 日;
岷州卫,陆路 4100 里,计 61 站,限 120 日;
河州卫,陆路 4200 里,计 63 站,限 126 日;
洮州卫,陆路 4200 里,计 63 站,限 127 日;
阶州守御千户所,陆路 3700 里,计 59 站,限 118 日;
文县守御千户所,陆路 4240 里,计 67 站,限 134 日;
西固城,陆路 4500 里,计 61 站,限 120 日;
陕西行都司并甘州后卫,陆路 5400 里,计 87 站,限 174 日;
西宁卫,陆路 4570 里,计 75 站,限 150 日;
庄浪卫,陆路 4460 里,计 70 站,限 140 日;
四川都司,陆路 5185 里,计 86 站,限 172 日;
松潘,陆路 5965 里,计 96 站,限 192 日。

从这个时间表的安排上可以看出,当时关于新闻的概念,是多么的"宽厚"。外地省份,尤其是边远省份的官员们要读上一份邸报是多么的困难,一件发生于京城的新闻到达他们手里时,有的已过去数月,有的甚至半年,早已是旧闻了。②

三、古代报纸的发行对象:邸报的读者群

自从邸报出现于唐朝起,其最固定的读者群就是各级政府官员。唐朝的邸报是各藩镇派驻朝廷的进奏官发给他们的主官的,所以这些主官是读者对象。宋代邸报的读者已经扩展到京朝官、地方各级行政官员和士大夫知识分子了。明清两朝邸报在士大夫中影响越来越广,读者群已经以知识阶层为主了。总之在唐朝以后的中国封建时期,邸报是官员和士大夫了解信息、沟通情况的重要桥梁。

那么邸报读者群到底有多广,其发行量可能有多大?有学者对明代的邸报读者群作过研究,我们由此可见一斑。

邸报以官员和知识分子为主要读者,所以官员人数和知识分子人数直接决定和影响着报纸的抄传量和印刷份数的总和。明代社会的官吏究竟有多少呢?

据文献资料记载,明朝开国初期,官吏队伍并不庞大,到明宪宗成化之后,官僚机构急剧膨胀,史称:"历代官职,汉七千五百员,唐万八千员,宋极冗至三万四千员。本朝自成

---

① 尹韵公.论明代邸报的传递、发行和印刷.新闻研究资料.第 48 辑.北京:中国社会科学出版社,1989
② 除已注外,本目文献部分参见李彬.唐代文明与新闻传播.北京:新华出版社,1999,35~63

化五年,武职已逾八万,合问职,盖十万余"。自嘉靖以后,有许多人通过边功升授、勋贵传请、大臣恩荫各种途径,进入官僚队伍,官员总数又增加数倍。"洪武年间,军职二万八千有奇,成化五年,军职八万二千有奇,成化迄今,不知增几倍矣"。"正得年间,亲王三十位,郡王二百十五位,将军、中尉二千七百位,文官二万四百,武官十万,卫所七百七十二,旗军八十九万六千,廪膳生员三万五千八百,吏五万五千"。通过以上粗略统计可得大概:到明代末期,一定层次的官吏人数已膨胀至10万人左右。如果其中20%是邸报的读者,那么邸报在官吏阶层的抄传量就有可能达2万份左右。

武官人数虽然远远超过文官人数,明末大约有15万至20万,但多数武官不通文墨,缺乏政治意识,他们当中只有一小部分人是邸报的读者。如果他们有10%是邸报读者,那整个武官集团中就有1万左右的邸报读者。

明代邸报的另一部分读者群是知识分子阶层,特别是在京城图入仕的知识分子。到明代末期,全国知识分子人数达50万人左右。明代士大夫崇尚热心时事、关注政治、关爱天下,他们当中20%的人是邸报的忠实读者,那么邸报在知识分子阶层中的抄传量和发行量约在10万份左右。估计实际上要超过这一数字。

按照上述的这种非确定的推测,明代全国邸报的发行量为13万份左右。当时全国人口1亿3千万,也就是说平均每1000人左右就有一份邸报。这个低限度的统计数字表明,按当时的标准衡量,明代社会的新闻传播事业已是相当地发达和繁盛。①

伴随清朝民间报纸的商品化发展和社会阶层的变迁,报纸读者已经从士大夫阶层扩大到个别市井商贩,甚至目不识丁的贩夫走卒也成了报纸的订户。光绪年间流行一首竹枝词:

惟恐人疑不识丁,日来送报壮门庭。月间只费钱三百,时请亲朋念我听。②

第五节 坎坷的历代民间报纸

一、民办小报的诞生

小报是中国新闻传播史上最先出现的非官方的报纸。小报是一种以刊载新闻和时事性政治材料为主的不定期报纸。小报并没有报头和固定的名称,也并非出于一家一人之手,而是时人对这种类型的民办报纸的习惯称呼,以此区别于官报。

---

① 以上四段参见尹韵公.论明代邸报的传递、发行和印刷.新闻研究资料.第48辑.北京:中国社会科学出版社,1989

② 转引自方汉奇主编.中国新闻事业通史.北京:中国人民大学出版社,1992,218

据推测,民办小报出现于北宋初年,即11世纪初叶。它的诞生,从一开始就带有悲剧色彩,总是以非法、非常的面目出现,又总是被定性为"肆毁时政,摇动众情"、"传播差除皆出伪妄"、"造谣欺众"、"诳惑群听,乱有传播"、"撰造无根之言"①,不具权威性,又为当政者忌讳,多处于被禁、"地下"状态,所以历代小报发展都十分曲折。

《宋会要辑稿》166册中记载了宋光宗时期小报的情况:

> 近年有谓小报者,或者朝报未报之事,或是官员陈乞未曾施行之事,先传于外,固已不可。至有撰造命令,妄传事端,朝廷之差除,台谏百官之章奏,以无为有,传播于外。访闻有一使臣及阁门院子,专以探报此等事为生。或得之于省院之漏泄,或得之于街市之剽闻,又或意见之撰造,日书一纸。以出局之后,省部寺监知杂司及进奏官悉皆传授,坐获不赀之利。以先得者为功,一以传十,十以传百,以至遍达于州郡监司。人情喜新而好奇,皆以小报为先,而以朝报为常,真伪亦不复辨也。②

从这段文字可以看出小报的制作和传播诸要点:

传播者:邸吏、政府机关中的小吏,或相关的人。

信息源:主要是官员泄露的、道听途说的,甚至杜撰的。

内容:主要是官报没有报道的事,或先于官报报道官员的事,新鲜、内幕、独家,"新而好奇"。

读者:是政府衙门中的官员(还有士大夫知识分子),他们也充当了传播渠道,经过不止一级传播(主要是人际间的交流)。

传播效果:往往超出了官报,时效强、传播快、传播面较广,很受社会欢迎。而且有官报小报混淆的情况,所以有时借了官报的权威性。正因为其影响广泛,所以受到历代当政者"重视",屡禁,却又屡禁不止。

发布小报的目的:获得利润,谋取生计。而政府部门的消息灵通人士也从提供新闻中获私利。可以说,民间报纸从一开始就是商业化的,即使在封建自然经济状态下的中国也不例外。

小报还第一次与"新闻"一词联系在一起。"新闻"一词最早出现于唐代,指的是生活中的奇闻异事。但第一次与报纸联系起来,见于宋理宗端平三年(公元1236年)赵升的《朝野类要》一书:

> 其有所谓内探、省探、衙探之类,皆私衷小报,率有泄漏之禁,故隐而号之曰新闻。

---

① 方汉奇主编.中国新闻事业通史.北京:中国人民大学出版社,1992,99~107
② 方汉奇主编.中国新闻事业通史.北京:中国人民大学出版社,1992,103

文中"内",是皇帝住处或办公处;"省"为尚书省、中书省、门下省等中央级机关;"衙"即省级以下的政府机关。"探"即探听、访录新闻的人,各层"民间记者"主要是由下级官员担任,但有隐秘的色彩。

小报被称为新闻,主要因为其特点:它报道的大多是朝廷不予公开、人们无法得知的内部消息;它报道及时迅速。这也是"新闻"之特点。①

二、初步商业化运作

明代中叶以后,首都北京的民间新闻传播活动逐渐活跃,而且出现了公开的民间的报房和从事抄报工作的专门行业。早期的民办报房估计是从官方的提塘报房分离出来的。这些民间报房是为了"博锱铢之利",也就是说以盈利为目的。"抄报行"成为社会的一种专业,还得到了官家的减免税的待遇。

明代的民间报房的官方消息来源,仍然是六科,或来自提塘报房,而提塘报房的消息还是来自六科。所以官报、民报的官方消息,内容基本一致,两类报纸也都混称为邸报。大概也因此民间的报纸为官方认同接受。民间报房除发行邸报外,因为他们掌握多方面的信息,所以还从事报录,印卖缙绅录、鼎甲单,出版临时性的小本报贴,目的是以信息换取报酬,增加收入。报录很常见,是派人持报贴到当事人家里报告升官中举之类的喜讯,从而获些赏钱。明代这些民间报房,基本还是手抄,本身商品性程度并不高,也给明代萌芽状态的资本主义经济发展提供更多的经济信息。

清代的民间报房主要集中在北京,它们的鼎盛时期在乾隆、嘉庆、道光、咸丰、同治、光绪这六朝。开始时是从一部分提塘报房中逐渐分离出来的,后来逐渐独立成为民间私设报房。经营方面,民间报商业化程度不断提高,但内容没有太大的变化,形式上也很简陋,基本上是官报的翻版。京报以盈利为目的,报费是他们的主要收入。手抄时期,报费较贵,一般大约每月为一两二钱。大量刻印之后,每月报费仅需 2 钱,后来调整到 300 文,也就是每份 10 文。从报费这一点可见发达的技术使报纸有可能走向大众。原先京报还按篇幅大小制定价格,光绪 30 年,北京各报房经过协商,还以行业的名义定了一个统一的报价,这个价格一直维持到清王朝结束。

京报的总发行数,手抄时期只有数百本。刻印后价格下降、销量激增,最多时估计总数在 1 万份左右。京报实行的是直接送报至订户的发行方式,类似于今天的"自办发行",一般在上午 10 时左右就能把前一天印好的报纸送到订户。送报的都是山东人(因为早期开设报房的多为山东人),光绪 31 年他们大约有 200 人,都背着蓝布报囊,囊上钉有白布,上写"京报"二字。他们有自发的行规,各走各的路,同报馆的人不许越界送报,也常为此

---

① 成美,童兵编. 新闻理论教程. 北京:中国人民大学出版社,1993,27~28

打架甚至聚殴。他们送报的路非常重要,自己老了可以传给儿子,外人想接必须出钱买这条道,叫做"倒道"。外地的京报订户,整批发售,近的如天津是隔五天派送一次,远的省份要一个多月才能送一次,订户不多,送报成本就比较高,因此送报人还兼"多种经营",如代捎书信、代寄包裹、代购物件、代送银两等副业,生意越做越大。① 这从侧面反映了报房业务的发展,以及新闻业与经济、社会生活的关系。

清代的提塘报房也曾经发行过一种小报,又称小抄,刊载的主要是提塘官们和提塘报房的工作人员自行采录的消息,目的是为本省的官员们提供更多的朝廷消息。这些小报,主要见于清初的顺治、康熙、雍正、乾隆四朝,开始是公开存在的,算是官报的一种补充。康熙末年曾以上谕的方式禁止小报的发行,未有效果。雍正、乾隆两朝一再查处以后,才被完全禁止。

民间报纸是对古代新闻传播的一项重要贡献。它突破了官方对新闻传播活动的垄断和封锁,打破了封建官报一统天下、舆论完全一元化的局面,满足了一部分政府官员和士大夫知识分子对时政信息的需求,增加了他们议论朝政的资料和机会,更体现了新闻传播的内在需求和一定的社会功能。它也从一个侧面说明,封建官报并不能满足当时社会对新闻信息的需求,而民间新闻业正是因应这种需求发展的。只是强大的封建统治政治最终还是遏制了新闻事业的发展,新闻传播业在产生后的长达1000多年里未能有质的进步,直到清末近代化新式报纸出现,旧式的报房京报才走完了自己的历史。

第六节 中国古代的新闻控制

中国古代报纸的历史,基本上是一部封建统治阶级控制传播媒介、控制舆论、限制言论出版自由的历史。古代报纸是在封建社会政治、经济、文化下产生的,不论是官方的邸报,还是民办的小报、京报,都受到封建统治阶级的控制,正是所谓"集权主义"报刊理念下的产物。官方邸报是封建统治阶级的喉舌和宣传工具,民间报纸也不能越雷池一步。中国古代封建王朝奉行"上上禁其心,其次禁其言,其次禁其行"的统治哲学,总是想用"禁"的方式来维持稳定、巩固其政权。

一、对官报的限制

早在报纸出现以前,中国就开始了言禁,从秦朝的焚书坑儒到汉代的"腹诽"罪再到明清的文字狱,都记载了中国封建统治者对思想自由、言论自由的禁绝和控制,一些不利于

---

① 方汉奇.清代北京民间报房与京报.新闻研究资料.第52辑.北京:中国社会科学出版社,1990

封建统治的传报活动,都受到严格限制。宋代的限制包括灾异事件、兵变和起义的报道,违者获罪,因为那些有损于皇帝的威望,不利于皇权的巩固。其他诸如军事消息、朝廷机密、未经批准公布的臣僚章疏,都在严禁之列。

宋真宗咸平二年起,宋代还实行过"定本"制度。所谓"定本",指的是根据进奏官采集来的各种发报材料,经本院监官编好,送请枢密院或宰相审查通过后的邸报样本。进奏官们必须根据这一样本发报。当时规定:"进奏院所供报状每五日一写,上枢密院定本供报。"①之后定本制度曾两次取消,但未久即又恢复。宋光宗时期又规定"门下省定本,经由宰执始可报行",一直沿用到宋末。这是中国明文规定的最早的新闻审查制度。定本制度加强了统治者对邸报的控制,迫使进奏官们只能按照统治者的意图进行传报活动。

明代虽然没有制定专门的法规,但对新闻传播也有很多限制。《明会典》中规定:"若近侍官员漏泄机密重事于人者,斩。常事杖一百,罢职不叙。""若边将报到军情重事而漏泄者,杖一百,徒一年。""探听抚按题奏副封传报消息者,缉事衙门巡城御史访拿究问,斩首示众。"这些禁令都适用于新闻传播活动。明代统治者特别重视抓抄传这一环节,"非奉旨,邸报不许抄传"。天启以后各朝,禁止在邸报上抄传的包括:与皇帝及当权大臣观点相悖的稿件,军事机密,涉及诛戮大臣事件的章奏,各种机密。明代没有宋代的给事判报、枢密院审查那些环节,大权集中于皇帝。崇祯规定:"各衙门章奏,未经御览批红,不许报房抄发。"

明崇祯时期发生过陈新甲泄密被杀事件。陈新甲自崇祯13年开始任兵部尚书,崇祯15年受崇祯指示秘密主持与清方议和事宜。这件事属于高度机密,不料陈一时大意,将秘密情报放到茶几上,家僮误以为塘报,交给邸报去抄传。事情发生后,崇祯严责陈新甲,"令自陈",而陈新甲却不知道代主子承担责任,一味为自己辩解,最终下狱弃市。②

二、严控民间报纸

古代历朝都禁绝、严控民间报纸。民间小报触犯了封建统治者议论朝政之禁,有些内容还对统治集团内部的斗争、内外政策及当权人物有所议论、指责,因此小报作为非法出版物,受到各个时期封建政府和当权派官员的查禁。宋代统治者为了查禁小报,曾经颁布过很多诏旨和法令,限制出版并查缉惩治小报发行人。从北宋到南宋,各朝对小报的惩治越来越重,从"听人告捉"、"密切跟捉",发展到"当重决配"、"重作施行",增加了杖刑,流放也越来越远,给告密捉拿者的赏金也越来越高,对小报除之为快,可见小报的影响之大和统治者的忧虑之深,但直到宋亡,小报也未完全禁绝。

---

① 方汉奇主编.中国新闻事业编年史(上).福州:福建人民出版社,2000,2
② 方汉奇主编.中国新闻事业通史.北京:中国人民大学出版社,1992,90~238

明代初叶民间报纸是被禁止的,中叶以后,才允许公开营业,但要受限制。清廷允许民间报纸发行,但加以约束和限制:禁止传报未经批准发抄的章奏,禁止擅自探听写录,禁止不实报道,禁止伪造题奏和御批。看起来,有些规定不无道理,但实际控制却要复杂苛刻得多。从康熙朝兴起文字狱,经过雍正、乾隆两朝竟有文字狱一百余起。

雍正四年,发生过报人何遇恩、邵南山因报道皇帝游园活动失实被杀事件。这年五月初五日,雍正曾召住在圆明园内的王大臣等10余人,在园内勤政殿侧的四宜堂会面,并请他们吃了过节的粽子,"逾时而散"。但是端午节后,何遇恩、邵南山的报房小报上刊载了一则皇帝端午节活动的消息:

> 初五日,王大臣等赴圆明园叩节毕,皇上出宫登龙舟,命王大臣等登舟,共数十只,俱作乐,上赐蒲酒,由东海至西海,驾于申时回宫。

这则消息严重失实,而且触动了皇帝头脑中王室权力斗争那根弦,他认为消息与政敌的流言排陷有关,立即批交兵刑二部"详悉审讯,务究根源",最后以"捏造小钞,刊刻散播,以无为有"的罪名,将何遇恩、邵南山判处斩刑,于同年秋后处决。何、邵二人是中国新闻史上最早因办报获罪被杀的报人。

清末百日维新诏令中明确"允许自由创立报馆、学会",但很快因维新的失败而终结。1906年清政府颁布《大清印刷物专律》、《报章应守规则》九条,1907年又推出了《报馆暂行条规》,1908年出台了《大清报律》。清政府标榜要实行"新政",根本动因是为了限制言论自由,客观上放开过言禁,报律照搬资本主义的法规形式,某种程度上标志着中国新闻事业近代化转型。

第七节 古代社会条件下的新闻传播事业

一、中国在世界新闻传播史上的地位

1. 中国最早提供了新闻传播技术

世界报刊传播业得以发展的物质条件,是中国人首先提供的。和现代新闻传播业有着密切关系的造纸术和印刷术,首先发明于中国——中国人发明活字印刷,比德国人古登堡发明的铅合金活版印刷早了400年。马克思说过:印刷术是"科学复兴的手段"、"精神发展创造必要前提的最伟大的杠杆"。一直到明朝(公元1368—1644),中国始终是"世界文明的导航船"。世界上重要的创造发明和重大的科学成就大约300项,其中中国大约175项,占57%以上。

但是中国的印刷业受制于封建社会的政治、经济、文化、社会结构各因素,长期停滞于

小作坊手工作业的水平,此后技术上并未有大的改进,对中国新闻传播的理念和业务没有起到革命性的影响,在印刷术发明一千多年里,中国都没有很好地实现新闻自由和媒体企业化运营。著名的中国问题研究专家、美国学者费正清(J. K. Fairbank)曾说,中国在7世纪就已经出现了雕版印刷技术,868年曾印刷了一整部佛经。这一技术在15世纪才经中亚、中东传入西方,欧洲人利用字母文字的特点改进了这一技术,采用活字印刷。而中国早在1030年就开始采用木版、陶版和铜版活字印刷技术了。印刷术是中国当时最大的一项技术成就,却并未直接促进经济的发展。① 法国著名历史学家布罗代尔感叹:早在13世纪以前中国"曾经历一个生机蓬勃的时期","当时强盛的中国本来具有打开工业革命大门的条件,而它偏偏没有这样做！它把这个特权让给了18世纪末年的英国","技术只是一种工具,人并不是始终会用它的!"②

而西方,1450年前后德国缅因茨的工匠古登堡(Johnnes Gutenberg)在中国的活字印刷和油墨技术的基础上,创造了金属活字印刷技术,并把造酒用的压榨机改装成了印刷机,代替了纯粹的手工操作,提高了印刷质量和效率,文字信息从此可以机械化生产和大量迅速复制。压榨(press)一词,也因此衍生了印刷、报刊业之意。古登堡的印刷技术标志着印刷时代的新纪元。印刷术最初用来印刷书籍,在西方首先为宗教宣传服务。在欧洲工业革命的推动下,印刷技术不断革新,西方近代报刊因此诞生了。从17世纪开始,西方新闻传播活动也开始借助印刷术而迅速发展,印刷新闻的兴起极大地改变了世界的面貌,使得千万人的新闻传播观念发生了飞跃性的变化。到19世纪30年代,快速印刷技术和报纸的基本概念相结合,形成了第一批真正的大众传播媒介,现代报纸问世了。

技术的发明还促进了人类文化的变革和社会生活。原先由上层垄断的文化知识在印刷媒介的推动下扩散开来,新的思想、新的信息随之涌现。在西方,"书籍和报纸同18世纪欧洲启蒙运动是联系在一起的。报纸和小册子参与了17世纪和18世纪所有政治运动和人民革命。正当人们越来越渴求知识的时候,教科书使得举办大规模公共教育成为可能。正当人们对权力的分配普遍感到不满的时候,先是新闻报纸,后来是电子媒介,使普通平民有可能了解政治和参与政府"③。

而在中国,直至19世纪末大众传播事业才刚刚萌生。中国封建政治体制与自然经济,严重束缚了中国各项事业,包括新闻传播业的发展。各朝代的报纸并未因为印刷术或世界传播业的发展而有变革,均继续在全国范围发行"邸报",到清代中叶以前报纸大多还是誊抄,其管理方式、发行方式、发行渠道、刊载内容都与上个朝代一脉相承。

---

① 费正清.中国:传统与变迁.北京:世界知识出版社,2002,149
② 布罗代尔.15至18世纪的物质文明、经济和资本主义.三联书店,1993,341、437
③ 威尔伯·施拉姆,威廉·波特.传播学概论.北京:新华出版社,1984,18

2. 中国出现了世界新闻传播史上最早的报纸

中国新闻传播业的历史在世界上是有重要地位的,尤其在古代时期。世界上最早的写在纸上的报纸、最早印刷在纸上的报纸,都诞生于中国。唐代的进奏院状不仅是中国新闻传播史上最早的原始状态的报纸,也是世界新闻传播史上最早的报纸。北宋末年(公元十一、十二世纪)出现的印刷报纸,不仅是中国新闻史上最早的印刷报纸,也是世界新闻史上最早的印刷报纸。中国新闻事业历史之悠久,内容之丰富,是任何西方国家都难以比拟的。中国新闻传播事业有1200年以上的历史。其间,先后出现过6万多种报刊,数以千计的通讯社,5000座以上的广播电台和电视台,至少数十万新闻从业人员,这在世界各国新闻史上都是少有的。

二、社会体系制约下的古代报纸

中国古代的邸报,有1200年左右的历史,直到鸦片战争后,近代报业逐渐兴起,旧式邸报与近代报刊并存了一段时间,到1913年邸报才完全消失。中国的小报,有近千年的历史。民间报房出版的邸抄、京报,有近400年的历史。它们从诞生到结束,持续的时间都不算短,但发展不快,形式内容的变化不大。在信息量和新闻的时效等方面,都难以和近代从西方引进的新型报纸相比。①

新闻传播体系只是社会大体系中的一部分,它与政治、经济、文化、社会结构各体系是相互影响相互作用的,从某些层面来说,它甚至只是政治或经济、文化体系的一部分。而中国古代的报纸,基本上处于被动状态,受制于其他体系,是政治的一项控制手段,并没有对各体系产生应有的促进作用和影响。中国古代的官报、民报,为当时的读者提供过朝野政治、社会信息,但都受封建统治者制约。中国古代报纸的历史,基本上是一部封建统治阶级掌握传播媒介、控制舆论工具、限制言论出版自由的历史。

中国古代报纸之所以发展缓慢,最根本的原因还在于封建自然经济和社会结构的制约。小国寡民的生活,自给自足的自然经济,封闭式的人际关系和社会心理状态,低度的信息需求,都不利于新闻传播业的发展,很难产生对信息的数量和时效要求较高、商品化程度较高的报纸。明末清初,受资本主义经济萌芽的影响,一度出现过产生这类报纸的契机,但很快在激化的阶级和民族矛盾面前,被当时的封建统治者扼杀了。

中国古代的文化对新闻传播业也起到了制约作用。"罢黜百家,独尊儒术"的传统,禁忌了思想自由,封建王朝奉行的是"上上禁其心,其次禁其言,其次禁其行"的统治哲学。而中国根深蒂固的儒家文化,也不利于传播理念的进步。儒家文化之所以总是居于主导

---

① 方汉奇主编.中国新闻事业通史.北京:中国人民大学出版社,1992,241~242

地位,是因为它的结构与功能最适应中国封建社会的物质文化和制度文化,是中国封建社会的最佳观念上层建筑。① 作为文化体系的一部分,新闻传播是浸染其中的。儒家文化也不重视印刷术的发明之类,这些发明在文化中没有获得过主流地位。正如美国著名中国思想史专家列文森(J. R. Levenson)所说,儒家文人对科学成就始终不感兴趣,科学与非正统思想联系在一起。他赞同李约瑟在《中国科学技术史》中的观点:在传统中国,科学不具有社会声望,传统的中国学者从来没有想到靠发明和创造来获得荣誉。② 中国传统文化中也不注重专业主义(或职业化),那些通过科举考试的官僚,都不是专家,这种文化氛围对各方面都有深刻的影响,因此新闻传播业并没有专业化发展,从事新闻传播工作的并不是专业人士,而是小官或工人、小商。而科举、八股文式的文化,比秦始皇焚书坑儒的危害更大③,它追求的只是形式主义的文化。

中国曾是世界文明的导航船,但明代以后光辉不再。而从16世纪开始,欧洲大陆崛起,不少西方国家逐渐走到中国前面。韦伯(Max Weber)说过:"印刷在中国古已有之。但是印刷的文献,即仅为印刷而设计并且仅能通过印刷得到的文献,尤其是报纸和期刊,却只见于西方。"④

费正清认为:"导致中国衰落的一个原因恰恰就是中国文明在近代以前已经取得的成就本身。"⑤这个成就之大,竟使得古代中国社会在领先前进的道路上背上了一个沉重的包袱。

直到鸦片战争爆发,中国的封建自然经济被迫瓦解,封建的政治体制和社会结构受到巨大冲击,同时商品经济有了较大幅度的发展以后,中国新闻传播才得以变革。旧式的邸报和京报,从形式到内容都已经完全僵化,适应不了新的形势,终于逐渐被发端于西方的近代化报纸所取代。这就是中国古代报纸的最后结局。

三、从中国古代报纸看新闻传播规律

任何事业的诞生,都有其深刻的社会历史背景。中国古代报纸的诞生,有几个方面的前提,其消亡,也是历史的必然。

1. 新闻传播需要一定的物质条件

信息传播活动,依赖一定的物质条件。当中国社会生产力发展到一定水平,社会能够

---

① 张岱年,程宜山.中国文化与文化论争.北京:中国人民大学出版社,1990,151~152
② 列文森.儒教中国及其现代命运.北京:中国社会科学出版社,2000,11~12
③ 列文森.儒教中国及其现代命运.北京:中国社会科学出版社,2000,36~37
④ 马克斯·韦伯.新教伦理与资本主义精神.成都:四川人民出版社,1986,14
⑤ 费正清.剑桥中国晚清史 1800—1911(上).北京:中国社会科学出版社,1985

提供生产报刊等新闻媒介的全部必要物质条件——语言、文字、造纸术,以及后来的印刷术的发明和推广,交通、驿邮业的日益发达等,然后才有了报纸。

新闻传播总是同一定社会的生产力发展水平相适应的。

2. 新闻传播是为了满足社会需要

马克思曾经提到英国经济学家的一句名言:"需要是发明之母。"无论是语言传播还是文字传播,都是在人们的社会需求中产生的。新闻传播媒介是根据人类交往的新的需要而发明演变的。[①] 报纸的出现,说到底是为了满足信息传播的需要。政治信息、政令宣传需要信息传播,这就是中国古代官报最初的任务和功能。同时这种需要又受到封建统治者严密的控制,从而限制了邸报的发展。

明清城市的增加促进了社会对信息的需求,民间报纸因之有了市场。费正清指出,中国唐宋时期就形成了都市化的特点。8世纪中期中国有26个超过10万户的大城市,12世纪初就已经发展到52个。宋代的城市已经不是朝廷控制下的几个城市的联合,也不再执行政治中心的功能。此后,中国文化的都市化主要体现在城市与市民对社会所起的主导作用上。新的缙绅阶级与旧式贵族不同,他们主要居住在城市里,官员和富商也居住于城市,因此城市集中了社会的领导阶层,所以当时的文化品位与心态都具备了市民化的特征。[②] 正是在这种文化基础上,邸报和后来的民间报纸才成了一道新的文化景观。

3. 新闻传播必须符合社会发展需要

在一千多年的历史中,中国古代报纸始终没有发生根本性变革,发展缓慢,它是封建政治体制、自然经济、自我中心主义的文化和封闭的社会结构的产物。当社会发生变革时,古代报纸就不能适应新的社会需求。明末清初,受资本主义经济萌芽的影响,一度出现过商品化报纸的萌芽,但被当时的封建统治者扼杀了。鸦片战争爆发后,中国封建的自然经济被迫瓦解,封建政治体制受到极大冲击,封闭的社会结构也被打破。此时,旧式的邸报和京报,已经无法适应现实的需要,也无力实现历史的变革,最终被西式的近代化新型报纸取代,古代报纸从此退出了历史舞台。

---

① 童兵主编.中西新闻比较论纲.北京:新华出版社,1999,36~41
② 费正清.中国:传统与变迁.北京:世界知识出版社,2002,158

第三章　中国近代新闻业：西学东渐的产物

第一节　近代传媒诞生的社会背景

古代中国几乎与世隔绝。在很长的时间里，中国的知识分子不知世上还有其他文明能与自己的相颉颃，以为中国在地理上是文明生活中心，以为中国文化在一切方面都优于别的一切文化。美国著名学者费正清认为，中国自宋代开始基于文化的高度优越感，就逐渐形成一种民族中心主义思想（也称"文化中心主义"），中国在对待外来刺激上显得无动于衷。[①]

但是随着中西方社会的剧变，19世纪以后，古典中国

[①] 费正清.中国：传统与变迁.北京：世界知识出版社，2002.158

在西方人心中的完美形象却整个破灭了,中国在英、美基督徒的眼中变成了诈骗、不公正、没有灵魂、杀婴、奴隶、仇外主义、否认真理等的代名词。中国古代社会是一个典型的"传统社会",生产力有限,科学技术和宇宙观都停留于西方所谓"前牛顿时期",那时人类还未了解外在世界是由少数可知的法则支配的。传统社会里,社会的行为方式代代相因、很少改变。传统中国在西方文明的挑战下,整个社会结构面临全面解组,整个文化价值面临彻底消失的威胁。①

西方人是以商贸和宗教这两种途径接近中国的。早在中西形成外交关系、西方观念输入中国之前,贸易便成为中西交往的重要环节了。但是中国是一种内敛型的农业经济,长期自给自足,19 世纪初农村人口占全国人口的五分之四,不能应对西方的经济攻势,经济格局也没有能够迅速改变。②韦伯在《中国的宗教》中论述道:17 世纪中叶到 19 世纪末叶,中国人的精神生活仍然保持完全静止的状态,经济领域里虽然存在极有利的条件,但就是不见有现代资本主义的发展。③

目前较为一致的看法是中国的资本主义萌芽于明代后期。④鸦片战争以后,中国的资本主义是按两条途径进行的,一是从国外移植,一是由原来的资本主义萌芽进步、发展、过渡到机器大工业。中国近代新闻传播业就是在资本主义的前提条件下产生的,它对资本主义在中国的发展产生了重要影响,也就是说,对中国的现代化萌芽与进步产生了重要影响。

宗教方面,自明末清初,一些精通中国文化的传教士来到中国,有些获得了高官的赏识,最终打进宫廷,担任职务,如利玛窦、汤若望等。传教士在一定程度上代表着当时先进的西方文化,中国传统知识分子则抱着"重本轻末"的价值观、"西学中源"的文化观反对传教士。西方宗教在这种文化冲突中得不到中国社会主流的支持,入基督教者十分有限,直到 19 世纪 70 年代初教徒人数还不到 1 万名。传教士认识到,只有对中国文化妥协并加以利用和改造,将基督教文化与儒学结合到一起(孔子加耶稣),才能使中国人逐步理解并接受基督教。

19 世纪初,一批传教士来到中国及周边地区,揭开了中国近代新闻传播史的序幕。传教士极力寻找儒学与基督教教义之间的共同点,这一点明显体现于早期中国报刊上。林乐知于 1869 年 12 月 4 日至 1870 年 1 月 8 日在其主编的《教会新报》上发表《消变明教论》,连刊 5 期,开始儒学与基督教教义相结合的尝试,将儒学的五伦、五常、三戒等与基督

---

① 金耀基.从传统到现代.北京:中国人民大学出版社,1999,4~6
② 费正清.中国:传统与变迁.北京:世界知识出版社,2002,204
③ 参见杜恂诚.中国传统伦理与近代资本主义.上海:上海社会科学院出版社,1993
④ 参见许涤新,吴承明主编.中国资本主义的萌芽.北京:人民出版社,1985

教教义相对应。《万国公报》上发表的《救世教成全儒教说》，也将儒学与基督教教义相融合。①

中国近代资本主义经济的萌芽与发展，为报业的产生和发展提供了物质条件。近代以前的中国是一个以农业为基础的传统社会。自19世纪后半叶开始，随着新机器工业的产生与发展，中国逐步出现了向现代社会即工业社会变迁的征兆。西方资本主义的入侵，使中国传统的社会结构开始变迁，政治结构受到冲击，经济方面，中国被纳入世界资本主义市场，不能不受世界市场的影响。1894年中国有大约216个机器矿厂和小轮公司，包括官办、官督商办、官商合办、私办，工人总数大约9万至10万。中国城市也在1840年以后发生变化，一些城市在开辟通商口岸、建设工厂企业中兴起。1843—1893年，中国城镇人口由2072万增至2350万，在全国总人口中由5.1%升到6%。城市是中西文化的交汇地。1839—1860年，传教士在中国办的约38所学校全部集中在5个口岸城市。19世纪60年代至90年代，洋务官僚办了约24所新式学堂，主要集中在12个城市②，为报刊培养了最早的读者群。城市人口的阶层分化、流动加快，使近代城市走出传统封闭型，出现了工商业者、教师、店员、工人等不同阶层，其中形成了一支新的社会力量，即资产阶级，这也是近代报刊的物质基础。因此，社会的急剧变化，社会变动信息的大量增加和人们对信息的需求，促使各种报刊涌现。同时西方新闻传播业的发展和经济、文化的扩张，促使西学东渐，中国近代新闻业应运而生。

中国近代报刊的历史，一般界定于1815年《察世俗每月统记传》的出版到1915年《新青年》杂志在上海创办之前这段时期。外国人在中国办的中外文报刊统称为"外报"。中国最早的近代化报刊，出版时间最长的中、英文报纸，都是外国人办的。外国人在中国的办报活动，从1815年《察世俗每月统记传》的创办，到1953年《密勒氏评论报》(*The China Weekly Review*③)的停刊，共有138年的历史，较之中国无产阶级报纸、资产阶级报纸的历史都更长。整个19世纪，中国的新闻事业基本上是由外国人垄断的。

中国最早的各类语种的报刊，是随着西方各国进入中国的时间和势力强弱而消长的。中国第一份葡文报 *A Abelha da China*（《蜜蜂华报》，1822年创刊）是中国第一份外文报。19世纪60年代起，葡文报纸开始在上海出现。中国第一份英文报纸是 *Canton Register*（《广州纪录报》，1827年），英文报刊是中国外文报刊中发展最好的。第一份法文刊物为 *La Nouvelliste de Shanghai*（《上海新闻》，1870）周刊，法文报刊没有获得坚实的基础，也

---

① 黄新宪.基督教教育与中国社会变迁.福州：福建教育出版社，1996，74~75
② 熊月之.西学东渐与晚清社会.上海：上海人民出版社，1994，288
③ 原名 Millard's Review of the Far East，由《纽约先驱论坛报》驻远东记者密勒1917年创办于上海，英文周报，不久由鲍威尔接办，1923年改名 The China Weekly Review。中文名《密勒氏评论报》未变

未能大规模地发展。① 最早的德文报刊创刊于1866年至1886年间。中国最早的俄文报刊创办于20世纪初的哈尔滨。② 中国最早的一批日文报刊创办于甲午战争以前,第一份为1890年创办的《上海新报》周刊。

自1815年到19世纪末,外国人在中国一共创办了近200种中、外文报刊,占当时我国报刊总数的80%以上。外国人在中国办报可以分成几个阶段:1815—1842年鸦片战争结束,西方人在南洋和华南沿海一带共创办了6家中文报刊、11家外文报刊;1842—1890年前后,西方人的办报活动由华南沿海扩展到华中、华东和华北,先后创办了近170种中、外文报刊,约占同时期中国报刊总数的95%,大部分是以教会或传教士个人的名义创办的③;19世纪90年代以后,外国商人办报活动活跃,一批企业化运营的报纸逐渐引领中国报业主流。

第二节 西方人在中国办报的开始

一、近代第一批中文报刊

第一批来中国办报的是英国的基督教传教士。

英国在工业革命以后,很快在争夺殖民地的斗争中压倒了老牌的西班牙、葡萄牙、荷兰等国。但英国在向中国扩张的道路上,遇到了巨大障碍。当时清政府闭关锁国,从1759年开始,就只准许广州一地作为通商口岸,还对外国商人在广州的活动作了很多限制性规定。英国想尽办法要打破中国的封锁。当时西方国家的海外传教事业往往和他们的海外殖民事业结合得十分紧密。英国的海外传教组织,就是在18世纪末19世纪初在争夺海外市场的热潮中出现的。1795年英国成立了海外传教组织伦敦布道会(London Missionary Society),他们对中国有浓厚兴趣。

伦敦布道会教徒马礼逊(Robert Morrison,1782—1834)立志为英国海外传教事业献身,他请求到"困难最多"的中国传教,在接受了一系列的准备和训练后,于1807年到达中国。他是第一个来华的基督教(新教)传教士。按照伦敦布道会的指示,到中国后的最初几年,马礼逊全力以赴学习中国语文,不到3年就能顺利阅读各种中文书籍,说一口流利的中国官话和粤语,还入乡随俗,穿长袍、留长辫子。不久并译完了《圣经》,编纂了《华英辞典》。在传教过程中他发现中国语言多样,所以印刷品比口头宣传更有效,认为出版书

---

① 赵敏恒.外人在华的新闻事业.中国太平洋国际学会,1932,466
② 赵敏恒.外人在华的新闻事业.中国太平洋国际学会,1932,420~421
③ 方汉奇.中国近代报刊史.太原:山西教育出版社,1981,10~59

刊是在华传教的好方式。中国的印刷工人成了他的帮手,其中蔡高成为中国第一个基督教教徒,梁发成为中国第一个基督教传教士。1813年伦敦布道会又派了另一传教士米怜(William Miline,1785—1822)来华协助他的工作。当时外国人传教和印书都是非法的,在广州、澳门建立对华传教和出版基地都是不可能的,所以他们选择了马来半岛的马六甲作为出版基地。1815年他们在马六甲创建了出版机构英华书院以及印刷所,并于1815年8月5日创办了一份中文月刊《察世俗每月统记传》,揭开了近代中国新闻传播史的序幕。

1.《察世俗每月统记传》:中国第一份近代化刊物

《察世俗每月统记传》(*Chinese Monthly Magazine*,1815—1821)是中国第一份近代化报刊,也是外国人所办的第一份以中国人为宣传对象的报刊。米怜是创办人兼主编。英国传教士麦都思(W. H. Medhurst)为主要撰稿人,一度代理过主编。梁发是米怜的主要助手。

《察世俗每月统记传》每月出版一期,每期5页,每面8行,每行20字,木刻竹纸印。全年合订一卷,还印有全年目录、序文和封面。封面正中是刊名,左下角署有"博爱者纂"("博爱者"是米怜笔名)。该刊是非卖品,月印500册,3年后增至1000册,最高发行数字达2000册,主要在东南亚华侨居住地区散发。

《察世俗每月统记传》主要内容是阐释基督教教义、伦理道德说教、科学知识、各国概况。刊物很注重宣传技巧,最得意的手法就是用中国的儒学孔孟之道宣讲基督教义,大量引用《四书》、《五经》和孔孟言论去阐释其教义。刊物每期的封面,都印有"子曰:多闻,择其善者而从之"。写作上大量使用章回体等中国文学的手法,连载稿也多用"欲知后事如何,且看下回分解"结尾。文体多样,有长篇论文、短论、记事文、小故事、述评、笔记小品、七言诗等。

中文近代报刊上第一条消息,出现于该刊第2期上,是预告自然现象的一条短消息,题为《月食》:

> 照查天文,推算今年十一月十六日晚上,该有月食。始蚀于酉时约六刻,复原于亥时约初刻之间。若此晚天色晴明,呷地诸人俱可见之。

2.《东西洋考每月统记传》:基本具备了近代报刊特征

《察世俗每月统记传》停刊后不久,伦敦布道会又在南洋地区出版两种中文报刊:《特选撮要每月统记传》(*Monthly Magazine*)、《天下新闻》(*Universal Gazette*),前者是刊,后者是散张,两报刊阐述教义的内容有所减弱,但在近代报刊中不具代表性。直到1833年《东西洋考每月统记传》(*Eastern Western Monthly Magazine*,下文简称《东西洋考》)出版,才开创了中文报刊的一个新阶段。《东西洋考》设有新闻专栏,每期刊出编译的国际新闻、国内新闻,言论有了固定的栏目,主要回答贸易等现实问题。科学文化知识成了主要内容,宗教内容已经退居次位,伦理道德的分量也减弱了,后期加强了文学的内容。从业务上说,已经具有近代报刊的基本特征了。《东西洋考》开设的《新闻之撮要》专栏,综述西洋多国之事,有的很有新闻性。

该刊善用中国文学传播西方知识,此处仅以所刊《兰墩十咏》为例。这是一组共十首五言律句("兰墩"是指伦敦),仅举其一二:

其一
海遥西北极,有国号英仑。地冷宜亲火,楼高可摘星。
意诚尊礼拜,心好尚持经。独恨佛啷嘶,干戈不暂停。

其二
山泽钟灵秀,层峦展画眉。赋人尊女贵,在地应坤滋。
少女红花脸,佳人白玉肌。由来情爱重,夫妇乐相依。

《东西洋考》刊载过中文报刊上第一篇介绍西方新闻事业的专文《新闻纸略论》(刊于癸巳十二月),简介了"最奇"的新闻纸("加西打",Gazette)的来历,民办新闻纸的送官审查与自由出版、新闻纸的刊期,以及英、美、法三国的情况,其中有:

在西方各国有最奇之事,乃系新闻纸篇也……各国人人自可告官而能得准印新闻纸,但间有要先送官看各张所载何意,不准理论百官之政事,又有的不须如此各可随自意论诸事,但不犯律法之事也。……于道光七年,在英吉利国核计有此书篇共四百八十多种,在米利坚国有八百余种,在法兰西国有四百九十种也。此三国为至多,而其理论各事更为随意,于例无禁,然别国亦不少也。①

《东西洋考》的创办人是普鲁士的传教士郭士立(K. F. A. Gutzlaff),他有强烈的政治意识,曾接连3年乘船在中国沿海各地考察,曾为英国殖民当局刺探军事、政治、经济情报,参与走私鸦片和入侵中国的多项活动,坚信"中国的大门必将撞开"并亲身为之努力,这也是他出版《东西洋考》的初衷。郭士立曾自述创办《东西洋考》的目的:

在文明已迅速发展的今天的地球上,中国仍停留在原有水平上,仍视中国以外的其他民族为野蛮人。创办这份杂志,为的是要让中国人了解我们的艺术、科学和原则,让他们知道,我们确实不是野蛮人。②

---

① 东西洋考每月统记传.北京:中华书局,1997,66
② Britton, Roswells. The Chinese Periodical Press, 1800—1912. 引自熊月之. 西学东渐与晚清社会. 上海:上海人民出版社,1994,115

第三章 中国近代新闻业：西学东渐的产物

郭士立是一位传教士学者，学识渊博，懂得德文、英文、荷兰文、中文、马来文、泰文、日文，勤于著述，留存各种文字的著作不下85种，其中中文著作最多，达61种。

《东西洋考》是中国第一份在发行上作出努力的近代刊物。郭士立曾寄望于在中国的外国人中"发现足够订购数以支付费用"，他明白中国人并不会重视这样一份出版物。"订阅将限于六个月，每月至少一期，总共投送七期"，他还保证每期20页以上，还附送地图、插图、地理学与天文学主题的说明。①

《东西洋考》现存39期，哈佛大学哈佛—燕京学社图书馆、耶鲁大学图书馆、美国国会图书馆、大英图书馆、荷兰莱顿大学图书馆均有收藏。

表3-1 近代最早的中文刊物比较

报刊名称	《察世俗每月统记传》	《东西洋考每月统记传》	《各国消息》
创办人/主编	米怜（博爱者）	郭士立（爱汉者）	麦都思
出版时间	1815.8.5—1821.12	1833.8.1—1838.10	1838—1839
出版地点	马六甲	先广州，后新加坡	广州
刊期	月刊	月刊	月刊
篇幅	5页，8行/面，20字/行	12～13页	不详
宗旨	阐发基督教义	维护在华外国人的利益	改变中国闭塞，宣扬英国德政、国威
主要内容	基督教教义，伦理道德说教，科学文化知识。刊登过一条消息。	科学文化知识，西方宗教，伦理道德。设有新闻专栏。	国际新闻，航运消息，物价行情，历史地理知识。
印刷、样式	木刻竹纸印，雕版印刷，线装书款式	雕版印刷，线装书款式	石印
发行数量	500到2000册	900册以上	不详
发行方式	免费、散发	订阅少，散发多	不详
备注	第一份中文近代化刊物	中国领土上第一份中文近代刊物	最早使用石印的中文出版物

1815—1842年间，除表中3种刊物及《特选撮要每月统记传》、《天下新闻》外，外国传教士还办过《依泾杂说》（中英文双语），共6种中文报刊，其中在中国国内出版的有3种，出版时间最长的为6年。它们传播了宗教、科学知识，从某种程度来说，也为鸦片战争作了舆论准备。

---

① 参见黄时鉴.东西洋考每月统记传."导言".北京：中华书局，1997，12

二、近代第一批外文报刊

鸦片战争以前中国境内出版的外文报刊远远多于中文报刊,约有 17 种,一般规模都比较大,出版时间也比较长,有的达十几年或二十年之久。创办者不似办中文报刊的传教士,而是商人。

关于外文报纸,戈公振先生有精要介绍:"语其时间,以葡文为较早;数量以日文为较多;势力以英文为较优。外人在我国殖民政策之努力,可于此推而知也。"[①]

澳门在中国新闻传播史上有着特殊地位,这当然首先因为其特殊的地理位置。15 世纪欧洲出现印刷书籍后,葡萄牙人通过远洋航行就把印刷机和活字版带到了澳门,印刷术又"物归原主了"。[②] 澳门的印刷传播业也早就有了物质基础。

中国的外文报刊因此最早出现在澳门,由葡萄牙人创办,第一份至迟出现于 1822 年[③],到 1839 年间,出版过 9 种葡文报刊。目前有据可查的最早在中国出版的外文报纸是葡文报《蜜蜂华报》(*A Abelha da China*,1822—1823),创办于 1822 年 9 月 12 日,是一份周报,由立宪党澳门分部首领马坡沙和医生阿美达创办,由阿马兰特神父主编。这份报纸存在时间虽短,但作为中国第一份外文报纸、中国领土内第一份现代报纸、澳门第一份报纸,影响深远。[④] 葡文报数量多,关注的是葡萄牙和澳门当地事务,大多短命,影响不大。

外文报刊中数英文报刊影响最大。出版英文报刊的主要是英国商人,他们已经将广州建成一个初具规模的基地,第一份英文报纸也就出现在广州,名 Canton Register(《广州纪录报》,1827 年创办,1839 年迁澳门,1843 年迁香港改名 Hongkong Register),由大鸦片商、广州英国商会主席马地臣(James Matheson,1796—1878)于 1827 年 11 月创办,第一任主编为美商伍德(W. W. Wood)。初为双周刊,后改为周报,是一份商业性报纸,也是当时广州影响最大的外文报纸。

《广州纪录报》声称"我们的主要努力是发表丰富而准确的物价行情",不过它公开鼓吹侵华政策,攻击中国官员对外国人的傲慢无礼和对外国商业利益的蔑视,主张西方政府对中国采取强硬政策,相信经过斗争,"自由交往将会实现。外国的宗教、哲学、科学文化将会被这个中华帝国接受"。在英商内部,该报与东印度公司关系密切。[⑤]

《广州纪录报》的主要竞争对手有两家,一家是不同派别的英商于 1835 年创办的

---

① 戈公振.中国报学史.北京:三联书店,1955,81
② 布罗代尔.15 至 18 世纪的物质文明、经济和资本主义.北京:三联书店,1993,471
③ 学者林玉凤认为,澳门的新闻纸出现得更早。参见林玉凤.中国最早外文报纸的疑点——澳门出版史的新发现.新闻春秋.厦门:厦门大学出版社,2004
④ 参见程曼丽.《蜜蜂华报》研究.澳门:澳门基金会出版,1998
⑤ 方汉奇主编.中国新闻事业通史.北京:中国人民大学出版社,1992,271~274

Canton Press(《广州新闻》周刊,1835—1844,1839年后迁澳门出版)。两报鼓吹不同的贸易思想,但是在对中国的态度上相当一致。另一家是美商创办的《华人差报与广州钞报》。

在西方国家中,美国的对华贸易仅次于英国,在对华关系、扩大对华贸易问题上,他们与英国人持一致的态度,但在很多具体问题上美商和英商利益存在分歧,因此,美国人于1831年7月在中国出版了第一家英文报纸,名为 Chinese Courier and Canton Gazette(《华人差报与广州钞报》,1831—1833),创办人是曾任《广州纪录报》主编的美商伍德。

该报发刊词中说,在广州这么小的社会再另办一份报纸可能是多余的,但是"我们深信,我们非常需要传播媒介,以传达别人无意谈论的意见和政策"。暗示该报是作为《广州纪录报》的竞争对手出现的。该报鼓吹自由贸易政策,为美国利益辩护,并与《广州纪录报》进行激烈论争。两报的争论很快就成为两报主编之间的相互攻击。由于东印度公司和《广州纪录报》在当地外国人中具有相当的影响,因此《华人差报与广州钞报》失去了不少订户,报纸由于经济困难等原因于1833年10月停刊。

美国在华新闻业中,有一份由传教士主办的影响很大的英文月刊:Chinese Repository(《中国丛报》,1832—1851)。

《中国丛报》于1832年5月创刊于广州,创办人兼主编为美国第一个来华的基督教传教士裨治文(E. C. Bridgman,1801—1861)。刊物得到了西方在华各界人士的通力支持。英国传教士马礼逊是创办提议者、主要撰稿人。普鲁士传教士郭士立献出中国沿海航行日记,供该刊公开发表后轰动一时。美国人巴驾(Peter Parker)、卫三畏(S. W. Williams)等参加了编辑、撰稿工作,许多在华的西方外交官、商人和传教士也大力支持该刊,所以该刊拥有一支有相当文化素养的作者与通讯员队伍。

《中国丛报》的宗旨,是提供有关中国及其邻邦最可靠、最有价值的信息①。该刊介绍过中国的政府机构、政治制度、法律条例、文武要员、军队武备、中外关系、商业贸易、山林矿藏、河流海港、农业畜产、文化教育、语言文字、宗教信仰、伦理道德、风俗习惯等方面的大量信息,对中国各个方面进行详细的了解和研究,甚至连中国官吏贪赃枉法的手法和道光皇帝的软弱性格也在考察之列。而当时的中国君臣却骄傲无知,在中英战争即将爆发之际,当朝皇帝道光才问起:"英国地方在哪里?""英国到新疆有无陆路可通?"对照之下,强弱之势一目了然。《中国丛报》留存下来的资料极其丰富,至今仍是中外学者研究历史的重要资料,对中西文化的交流也起了一定的积极作用。

《中国丛报》也是西方人士讨论对华政策问题的舆论阵地,发表了不少如何认识中西关系、如何对付中国的文章,为入侵中国出谋划策,也刊载过一些不同意见的争鸣文章。该刊主张对华采取强硬政策,公开鼓吹武力侵华,其言论受到西方社会的重视,对英美政

---

① 一说"情报"。"情报"当为误译,在中文中的解释因此变成提供情报。

府曾产生过实际影响。

《中国丛报》所刊文章体裁多样,包括论文、游记、书信、大事记、调查材料、书刊评介、文件资料等,广泛应用编者按语,也有一部分消息和通讯,偶有插图。伦敦有报刊称赞《中国丛报》:"即使在英国,这个刊物也是出色的。"①关于中国的介绍,也有错讹,比如郭士立在第11期上发表的《红楼梦或梦在红楼》一文,就把贾宝玉说成"一个性情暴躁的女子",说《红楼梦》全是些"琐屑无聊之谈","毫无趣味"。②

《中国丛报》每期50页左右,鸦片战争以前印数从开始的400册增加到1000册以上。曾迁澳门、香港,最后迁返广州。1851年停刊,卫三畏撰写了停刊词。

表3-2 近代最早的外文报刊比较

报刊名称	A Abelha da China《蜜蜂华报》③	Canton Register《广州纪录报》	Chinese Repository《中国丛报》
语种	葡文	英文	英文
报刊性质	政治性报纸	商业性报纸	宗教性、综合性报纸
创办人/主编	葡萄牙执政党	英商马地臣/伍德	传教士裨治文
出版时间	1822—1823	1827—1863	1832—1851
出版地点	澳门	广州,迁澳门、香港,名Hongkong Register	广州,迁澳门、香港、广州
刊期	周报	周报	月刊
宗旨	澳门资产阶级革命派的喉舌;宣传立宪	发表丰富而准确的物价行情;鼓吹侵华	提供有关中国及其邻邦最可靠、最有价值的信息
主要内容	立宪党人的言论、政情、会议、王室谕旨与报告	商业内容,有政治性	中国的各方面信息,偶尔有宗教内容
发行对象	在澳门的葡萄牙人	在广州的西方人,南洋、印度、英美	在华西方人、美国、英国、东南亚等
发行方式	未详	订阅	订阅
发行数量	未详,量少	数百份	多时1000册左右
备注	中国境内第一份报纸;中国领土上第一份外报	中国大陆第一个外文报刊	所载中国的资料极其丰富

外文报刊比同时期的中文报刊的业务先进得多,影响也大得多。第一,从新闻理念上说,外国人在华办的报纸有更多新闻自由,因为有订约的商埠和租界,加上语言的优势,所以能够自由登载政治和军事的消息,可以比较自由地评论时事,这是本国报刊,甚至外国

---

① 方汉奇主编.中国新闻事业通史.北京:中国人民大学出版社,1992,281
② 方汉奇.中国近代报刊史.太原:山西教育出版社,1981,17
③ 参见程曼丽.《蜜蜂华报》研究.澳门:澳门基金会出版,1998

人办的中文报刊所没有的。第二,当时西方各国新闻事业已经有了相当的发展,为外国人办报刊提供了业务借鉴。第三,外国人使用本国语言办报,可以娴熟地驾驭文字。第四,这些商埠已经成为商业、政治的中心点,各国的集团和势力,所以外报的舆论,特别是英文报纸有更大的影响。① 外文报刊的读者对象是外国商人、外交官员和传教士,并受到外国政府的重视。

三、早期外报:从周边和沿海地区向内地扩展

近代中国新闻事业是外国人创办起来的,并且主要集中在周边和沿海地区。

学者把古代中国看作一个巨大的整体,在中国周围有若干原始经济与中国相连,包括日本、南洋群岛、印度支那,中国是在这个原始经济的体系中心。直到 16 世纪,中国的周围国家仍处于童年时代。但马六甲不在原始经济范畴内,它是交通枢纽,"货币不求自来"。② 16 世纪就有了马六甲城,18 世纪那里就有了 2000 华人,从物质条件到政治、文化环境和受众群体,都具备了办中文报刊的各种条件。所以传教士选择此地作为出版和办报基地。

当时国内仅从物质上来说也具备了办报刊的条件,为何外国人不在内地办呢?因为政治限制、文化不容。清朝初年,泉州等地是可以与外国进行贸易的,外国人传教也不受限制。康熙时代传教士被视为有用的、可以信赖的人才。1722 年之后,雍正皇帝开始驱逐卷入宫廷斗争的传教士,大力镇压传教活动。许多教堂被充公,北京之外的各地传教士转入秘密活动。乾隆时代北京之外的传教士一直受到官方的打击,敌视基督教的观念也深入民心。③ 当时全国外贸活动,只许在广州,广州的外贸又只许在沙面,沙面的外贸只许在十三行。外国人在广州不许久留,不许带家眷,不许坐轿子,不许借中国人的钱。他们一个月只许有 3 天出来散步。

外国人无法在中国办报,只好打外围。而且中文报纸要装得友好,唱"友谊经",主办人是"爱汉者"、"博爱者",外文报纸则比较直白,读者是西方在华商人和探险者,可以鼓吹侵略,鼓动国内发动侵华战争。

马礼逊是在东印度公司的庇护下活动的。他不仅领导创办了第一份中文报刊《察世俗每月统记传》,还创办过英文周刊《杂文编》,是创办《中国丛报》的提议者和主要撰稿人,其儿子马儒翰(小马礼逊)创办过 *Hongkong Gazette*(《香港钞报》)。

外国人在中国的新闻传播活动是随着经济中心的迁移,以及政治控制的变动而转移的。早期外报集中在外围和沿海的广州、香港、澳门、上海等地,鸦片战争以后,又在宁波、福州、

---

① 参见赵敏恒. 外人在华的新闻事业. 中国太平洋国际学会,1932
② 布罗代尔. 15 至 18 世纪的物质文明、经济和资本主义. 北京:三联书店,1993,535
③ 费正清. 中国:传统与变迁. 北京:世界知识出版社,2002,282~328

厦门等通商口岸积极从事办报活动。第二次鸦片战争以后,汉口、九江、南京、天津、烟台、潮州等地成为通商口岸,外国人的办报活动也由此从东南沿海扩展到中原内地。这些口岸和邻近地区出现的第一份报刊,大多是外国传教士创办的。外国人甚至在首都北京也办起了最早的近代化报纸《中西闻见录》(1872—1875),突破了外国人在华办报的最后一个禁区。

第三节　鸦片战争后的在华外报

1840年至1842年,中英之间爆发了鸦片战争,最终船坚炮利的英军获胜,此后中国与西方列强签订了一系列丧权辱国的不平等条约。文明之间发生对抗往往会产生悲剧,"荒唐的鸦片战争也标志着一个'不平等'时代的开始,中国从此沦为半殖民地"[①]。鸦片战争以后,殖民主义者凭借不平等条约取得了在中国境内随意办报的权利,殖民主义势力的发展,又大大刺激了其出版报刊的需要,工商业的兴起也为近代报刊创造了社会条件。此时外报有了重大变化,战前是宗教性为主,战后商业性报刊成为主流;办报者主要是商人;出版地点由原来的南洋和广州、澳门,转向中国沿海很多城市,并深入到内地直至北京;报刊的数量也急剧增加,战后到1894年,外国人所出的中文报刊约有70种,外文报刊约80多种,并且多数能坚持出版较长时间。外国人在中国办报的主要基地是香港、上海和广州。

中国早期的中文日报,也多是外国人在英文报业的基础上创办起来的。香港最早的两家中文日报《香港中外新报》和《香港华字日报》,分别是英文报纸 *The Daily Press*(《孖剌报》)、*The China Mail*(《德臣报》,或译《德臣西报》)的中文版。上海最早的中文日报《上海新报》,是上海英文报 *North China Daily News*(《字林西报》)的中文版。中国近代第一批中国人自办的报纸,也是外报影响下的产物。

一、香港的外报:中国最早的报刊

鸦片战争后,外报是从香港开始兴起并以香港为重要基地的,外报也是香港最早的一批报纸。香港于1843年4月5日成立政府后,已经处于英国的绝对控制之下,仅需一定的程序向警署报告并办理登记手续,就可以办报。随着英国统治香港,英国的商家纷纷把远东的总部设于或迁往香港,香港的人口急剧增加,商业贸易的发展,西方文化的主导和人口结构的特征,加上其最大的外轮进出口岸的地位,这些成为香港英文报纸发展的前提和条件。在战后10年,全国先后有过10份外报,均为英文,其中9份办于香港。直至1860年的战后20年,香港的中外文报刊仍超过全国其他各地的总和。之后逐渐落后于

[①] 布罗代尔.15至18世纪的物质文明、经济和资本主义.北京:三联书店,1993,117

上海,但办报经验、经营理念和技术条件,仍居全国领先地位,上海的《申报》等均得益于香港经验。在民国之前,香港几乎完全垄断了华南的英文报业。

另一方面,与整个中国的报业基础以及香港当地的社会、经济相适应,香港早期的英文报纸还称不上繁荣,日报更是迟至1857年才诞生(The Daily Press,《孖剌报》)。当时香港还未发展成为繁荣的商业港口,培养中国人阅读报纸习惯也需时日,所以中文报纸更缺少问世与生存的基本条件,香港的中文日报出现更迟。

19世纪50年代以后,香港逐渐成为一个繁忙的商港,经济有了好转,独特的地理位置和英国的治港政策,使香港成为经济贸易、商业情报、各种信息的集聚地,香港华商阶层的形成也形成了中文报纸的读者群。

1. 香港的英文报业

香港的外报以英文报纸为盛。香港的外国人口是当时全国最多的,19世纪40年代仅英国人就占香港人口的约10%,之后外国人口的绝对数一直呈上升趋势,其精英教育又在华人中培养了一批批英文读者。1841—1860年,香港割让初期报业得以迅速发展,先后出版英文报刊17种(全国共24种)。在1850年上海 North China Herald (《北华捷报》)问世前,香港垄断了当时中国的英文报业。

最早在香港出现的是半月刊 Hong Kong Gazette (《香港钞报》,或译《香港公报》、《香港宪报》)。该刊创办于1841年5月1日,创办者是马礼逊之子马儒翰(John Robert Morrison),其发刊词中有"据本岛(香港)政府授权,自即日起,本公报将每隔半月出版一期"。报纸的"目的在于使英国政府官员和英国军官不时颁布的一般命令众所周知"。[①] 可见这是一份官准的商业报纸。商业报纸 Friend of China (《中国之友》,或译《华友西报》)创办于1842年《南京条约》刚刚签署、鸦片战争结束之时。Hong Kong Gazette 不久即并入 Friend of China,成为《中国之友和香港公报》,是一份4版周报。

这段时期香港有重要影响的报纸有几家,均为英文:Friend of China and Hong Kong Gazette (《中国之友和香港公报》), Hong Kong Register (《香港纪录报》), The China Mail (《德臣报》、《中国邮报》), The Daily Press (《孖剌报》)。创办者主要是英国商人或商行,偶有美商。办报目的主要是为了盈利,比如莫罗,是一个典型的英国商人,曾经以运送苦力为主要贸易活动,办报只是他从事的商业活动中的一项,进入报界的目的,无非是为了创造财富。[②]

前三家报纸在当时基本三分天下。The Daily Press 创办于1857年,是外国人在华创

---

① 李谷城.香港报业百年沧桑.香港:香港明报出版社,2000,52
② 卓南生.中国近代报业发展史1815—1847(增订版).北京:中国社会科学出版社,2002,119~125

办的第一张日报,也是香港第一张日报,1861年改称Hong Kong Daily Press,后来还出版了香港第一份中文商业报纸,此后很长时期内,香港的英文报The China Mail和Hong Kong Daily Press一直是竞争对象。

这些英文商业性报纸,主要刊载商业行情、航运、广告,而且常按这几类内容独立刊行,其主要发行市场是在海外。当时包括英国在内的欧美国家的资本家十分关注中国的经济形势,通过报纸信息寻找商机。报纸也报道香港、全国、国际新闻,译摘北京《京报》消息,刊载英对华关系、经济政策、市政建设等方面的言论,设读者来信专栏,《香港纪录报》还译载过《三国演义》,这可能是报刊上最早的中国小说连载。

因为多家报纸生存于同一个市场,所以竞争比较激烈,内容方面主要体现在关于对华政策、香港政府等态度的分歧,报纸之间时有争论。

19世纪60年代到维新运动以前,香港英文报纸进入一个新的阶段,由于商业中心的北移等原因,香港报业发展势头显著放慢,在全国新闻界的地位已经次于上海,新创办的报纸只有10家左右。由于《中国之友和香港公报》、《香港纪录报》的相继退出,报界基本呈《德臣报》、《孖剌报》两报对峙的格局,直到1881年8月英商创办The Hong Kong Telegraph(《士蔑西报》,或译《香港电讯报》),香港报业格局才有所改变,这三家报纸也延续出版较久,《德臣报》、《士蔑西报》均出版至第二次世界大战以后。

香港秉承了英国新闻自由的传统,享有办报自由、言论自由,报纸可以比较自由地批评、监督政府。同时因为发行人与政府的关系,报纸的态度又有所不同。有些报纸与政府保持良好的关系,维护政府的利益,有些则常批评政府。

比如《中国之友和香港公报》几易其主,编辑方针也随着改变,从最初充当港英当局的喉舌,转向揭露和谴责贪官污吏。当时的港督对该报大为不满,第二任总督德庇时在1847年给英国政府的一份报告中说,这份报纸水平甚低,社会渣滓自然受其吸引,而地位或品格备受尊敬的一切人,都成为该报咒骂的对象。1850年,出身低微、当初以轮船服务员身份来华的英国人台仁特(William Tarront)收购该报后,更是不遗余力地揭露香港政府的腐败现象,继任总督文翰便报告说,《中国之友和香港公报》采用各种方式对本地官员进行侮辱谩骂,并称,这份报纸的寿命不会很长的。台仁特屡被起诉。1859年某日该报转载了一位卸任归国的律政司官员在英国的演说词,揭露当时香港政治腐败、官吏贪污的现象,并严厉抨击总督,引出一场官司,法院认为台仁特诋毁官吏、屡犯妨碍他人名誉罪,应予以重罚,判处台仁特12个月徒刑、罚款50英镑。台仁特在重犯监狱坐牢6个月后,因英国国内舆论质询,被提前释放。由于无力支付审讯费用,他又被关进债务监狱4个多月,直到支持他的公众捐款交纳审讯费后才获得自由。① 1860年他将报纸迁广州出版,几

---

① 陈昌凤.香港报业纵横.北京:法律出版社,1997,3~4

年后又迁上海,1869年停刊。

《孖剌报》的创办人莫罗(Y. J. Murrow)是一个典型的富有冒险精神与进取心的英国商人,以敢言著称,曾抨击香港政府的弊政和腐败,并指名道姓批评香港政府的高级官吏甚至总督,曾被判罪入狱。《士蔑西报》的创办人兼主编史密斯(R. F. Smith)自命为香港居民的代言人,揭露抨击香港政府,也曾因诽谤罪被判入狱两个月,出狱后仍初衷不改。

香港历史最久的英文报《德臣报》,则竭力支持香港政府,被港督德庇时称为香港"唯一像样的报纸",是唯一可认作香港政府"官方报纸"的定期印刷品,并称香港军政官员和所有正人君子都支持该报。这种评价与对《中国之友和香港公报》的态度形成鲜明对比,也由此可见当时报纸已经有了精英类与大众化的不同倾向。不过,这份报纸也曾揭露政府的腐败行为。该报早期抱着支持英国对外侵略的强烈欲望和殖民主义的偏见,曾强烈反对政府对华人囚犯采取人道主义,竟然派出记者混入监狱寻找证据,指责政府对待华人囚犯过于温和。该报1847年曾资助容闳、黄平甫、黄宽等学生赴美留学,黄平甫回国后在该报担任印刷、管理等方面的工作。①

表3-3 香港的主要近代英文报纸②

报刊名称	Friend of China and Hong Kong Gazette《中国之友和香港公报》	Hong Kong Register《香港纪录报》	The China Mail《德臣报》	The Daily Press《孖剌报》	The Hong Kong Telegraph《士蔑西报》
报刊性质	商业性报纸	商业性报纸	商业性报纸	商业性报纸	商业性报纸
创办人/主编	英商/W. Tarront	怡和洋行/英商	英商/A. Dixon	美英商/Y. J. Murrow	美牙医/R. F. Smith
出版时间	1842—1861	1827—1863	1845—1974	1857—"二战"后	1881—1951,1967临时复刊过
刊期	周报	周报	周报。20世纪50年代出日报	日报	日报
主要内容	新闻、行情、航运、广告	新闻、行情、航运、广告	新闻、行情、航运、广告	商业行情、航运、通告与广告、新闻与评论	
备注		前身为Canton Register	香港历史最久的英文报,1950年并入南华早报公司出晚报	外国人在华第一张日报	1916并入南华早报公司

---

① 方汉奇主编.中国新闻事业编年史(上).福州:福建人民出版社,2000,31
② 部分参阅 Robin Hutcheon. South China Morning Post: The First Eighty Years. Hong Kong: South China Morning Post Publications,1983

2. 香港的中文报刊

香港的第一份中文刊物创办于1853年9月3日,名《遐迩贯珍》,月刊,16开本,每期12至24页。英文名 The Chinese Serial。该刊由香港马礼逊教育协会出资,由香港英华书院印刷发行,初期主编是著名传教士麦都思(时为新教传教士的长老),一年后由其女婿奚礼尔(C. B. Hillier)接编,1855年起编务由英华书院院长、著名汉学家理雅谷(J. Legge)接任。由于主编一直都是兼任,无暇长期兼顾,又很难找到一位中英文皆通的专职主编,《遐迩贯珍》于1856年停刊。

《遐迩贯珍》刊载了比中文目录还详细的英文目录(Index of Contents)。其体例是:前半部分介绍西洋文明,主要包括政治、历史、医学、地理、化学等知识性文章;后半部分报道新闻,约占全刊的一半,栏目名称先后为"近日各报"、"近日杂报"。

该刊的新闻报道是对旧有中文报刊的一大改革。麦都思在创刊号的序言中,希望把西洋日报的概念介绍给中国人,认为"中国除邸抄载上谕奏折、仅得朝廷举动大略外,向无日报之类",所以想担起新闻报道的责任。新闻来源包括京报、广东及香港政府的公报、外报、太平天国方面传来的消息,内容面广,有广东、香港的地方新闻,也有上海、福州、厦门、宁波等通商口岸的新闻和国际新闻,是中文报刊里最早,当时也是唯一报道太平天国的报纸,而过去的中文报刊一般只重视国际新闻。报道量也大大增加,达10条到40条不等。新闻具时效性、真实性。新闻栏还刊载过中国读者的来稿,1855年起还刊有"布告编",即广告,包括船期消息、药商和牙医的告帖等,这应当是刊物经费的来源之一,开中文报刊登广告之先河,是报刊经营上的一项突破。

《遐迩贯珍》是第一家使用铅活字印刷的中文刊物,该刊用白色洋纸,印刷精美,月印3000册,免费赠送给中国读者,也有英美人士购阅。刊物从编排手段到内容体例,从新闻理念到用广告收入经营报刊的理念,都突破了鸦片战争以前传教士创办的中文月刊的传统,向近代化报刊又迈进了一步。①

传教士办的中文报刊沉寂下去,而同时香港的中文商业报纸却迅速兴起。香港商业和航运的发展,以及社会对中文信息的需求,是中文商业报纸发展的必要条件。

中文商业报纸多是英文商业报馆创办的。香港最早的中文报纸是 The Daily Press(《孖剌报》)附属的中文报《香港船头货价纸》,该报也可以说是 The Daily Press 的中文版,创办于1857年11月3日,是以船期、船务和货价、行情为主的报纸,最早由日本报史学家小野秀雄述及,后为新加坡学者卓南生从美国的一家图书馆觅得原始资料并作了论证。它是中国第一份以报纸形态出现、双面印刷的中文报纸,突破了传教士书本样式的报

---

① 卓南生.中国近代报业发展史 1815—1847(增订版).北京:中国社会科学出版社,2002,67~84

刊形态。它还重视广告，可以称为中国第一份商业报纸。① 它是当时香港繁忙商业社会（以"船"和"货价"为中心与象征）的产物，也是鸦片战争后西方势力打入古老封建王朝的中国，香港沦为英国殖民地的副产品。随着中西贸易的繁盛及中国商人阶层（特别是与洋人贸易的买办阶层）的形成，社会上便出现了对商业信息的迫切需求。

《香港船头货价纸》成为中国第一家中文日报，是《香港中外新报》的前身。改为《香港中外新报》后每周二、四、六发行"新闻纸"，一、三、五发行"行情纸"，后来变为每天发行"行情纸"，充分反映了该报的商业性特征，也表明其读者群是以商户为主。1873 年它发展成为日报，其动力也是经济利益。当时中文报已经不是宗教月刊时期的慈善机构，而成为有利可图的行业。《香港船头货价纸》从一开始便具有十分浓厚的商业报纸的色彩与特征。它除了重视商业讯息之外，也十分重视广告和读者的购阅。一年后《中外新报》脱离了孖剌报馆，成为中国人自己办的报纸，伍廷芳曾参加过编撰工作。

这时期香港的中文报都仿效西报的版面编排，后来的中文报都以《香港中外新报》为模式，其版面编排为：第一版全版为货价起落的商业讯息；第二版是中外新闻（其顺序是《京报》新闻、"本港新闻"、"外报新闻"以及转载自上海等其他各地报纸的新闻等）；第三版续登载第二版未刊完的新闻，余者为船期与广告等；第四版为广告。《香港中外新报》的办报经验与模式，为中国近代报纸所推崇，也给上海《申报》等商业性报纸的创办树立了榜样。1919 年停刊。

第一份由中国人主持笔政的中文日报《香港华字日报》（1872 年 4 月 17 日）及其前身《中外新闻七日报》（1871 年，The China Mail 即《德臣西报》中文专页）也诞生在香港，主持笔政的是陈霭亭。陈霭亭服务于英文《德臣西报》，中英文均佳，被王韬奉为"西学巨擘"。他见中文的《香港中外新报》大受香港华人欢迎，受到启发，认为香港人口百分之九十几是中国人，出版华文报纸实有需要。于是他与《德臣西报》负责人商量创办《香港华字日报》。

《香港华字日报》提供清廷消息，粤、港两地及海外的近闻，以及船舶消息、货价行情、船期、政府宪报及告示等消息，包括政府招标通告及种牛痘的通告。早年商人在该报刊登整版广告、招股启示及出版资讯。光绪末年，《香港华字日报》增加"广智录"，内容以杂文、中外轶事为主，又有"精华录"，载有"谈丛"、"粤讴"及"歌谣"。与当时其他中文报一样，该报新闻几乎不用标点符号，每则新闻只用一个圆圈符号分隔。该报出版至"二战"后的 1946 年才最后停刊。《香港华字日报》成为研究早年香港历史、晚清局势及辛亥革命的重要材料。

---

① 关于该报的研究，详见卓南生. 中国近代报业发展史 1815—1847（增订版）. 北京：中国社会科学出版社，2002，99～151

这时的中文报形式和印刷也有了进步。《香港中外新报》开始改变了书本形式。同时期的《上海新报》最早采用了白报纸两面印刷,且采用了单张的报纸形式。19世纪50年代只有个别报刊采用铅字印刷,20年后的70年代多数中文报刊都由木雕印刷改为铅字印刷了。

香港开埠至1881年,人口由2000人增至160402人,当中中国人口占了150690人,外籍人口只有9712人。在150690人中,撇除了渔民、农村的文盲人口,有104463人能阅读报纸,当然中文报纸的读者,肯定低于这10万人。当时香港的中文日报,已经有了外人办的《香港中外日报》、《香港华字日报》以及国人办的《循环日报》3份,可以说是相当可观的了。

二、上海的外报:中国最有影响的报刊

上海是中国较早开埠的地方,在近代中国,相对于"政治中心点"北京而言,它是"社会中心点"。① 也就是说,上海正在变为一个更现代、更开放、更发达的城市。上海是中国传统文化和西方文明汇合的地方,但两者在上海却都不占优势。② 在近代新闻传媒方面,早期上海明显呈现"西化"特征。

从1843年到1898年,中国共出版西刊西书约561种,其中在上海出版的达434种,占77.4%。鸦片战争后10年的10份外报中,香港之外只有1份,办在上海。1861年以后,上海的报业发展超过了香港。到1895年以前,上海报刊已初具规模,有中、英、法、德等文字的报纸,包括日报、晚报、周报、月刊、季刊、年刊,其中既有综合性日报,也有专业性的刊物如《格致汇编》。创办者有传教士,也有商人。

19世纪60年代,上海已经受到西方越来越多的关注,逐渐成为西方社会在远东的新闻信息集散地。1867年,路透电报有限公司(Reuter's Telegram Co. Ltd.)开始在上海设立代理处,目的是为伦敦总公司搜集中国消息,并为上海 North China Daily News 即《字林西报》提供部分新闻稿。《字林西报》同时又成为英国《泰晤士报》的远东信息供应基地。1871年,与国外电报线路相衔接的上海至香港、上海至长崎的海底有线电报线路铺设成功,开始通报,为国内各报收录海外电讯提供了便利条件。1872年,路透社到上海建立远东分社。《字林西报》最早采用该社的电讯,并独家垄断多年,此做法遭到上海其他外文报纸的反对,The Shanghai Mercury(《文汇报》)的老总为此专程到伦敦路透总社交涉,到1900年,路透远东分社开始向上海的4家英文报纸发稿。

上海在新闻业的地位逐渐彰显。从19世纪60年代起,上海就一直是全中国的新闻

---

① 姚公鹤.上海闲话.上海:上海古籍出版社,1989,50
② 参见墨菲.上海:现代中国的钥匙.上海:上海人民出版社,1986

中心。① 早在1867年,上海已有三四种英文日报。其他外语报纸也开始在上海出现,有葡文、法文、德文、日文报纸。在19世纪的最后30年,上海同时发行的外文报刊有7至10种,加上业务性的定期刊物,共有20种左右。在19世纪70年代到90年代以前,上海的外文报坛占主导地位的仍是英文报,到1894年,上海出版的英文报刊累计达30种左右,跃居全国之首。其他语种报纸都出版未久、力量薄弱,这主要与各国在上海的经济实力相关。英文报纸中,日报《字林西报》和晚报 The Shanghai Mercury(《文汇西报》)在较长时间里成为外文报坛的两大支柱,19世纪90年代后上海的英文报纸进入相对稳定阶段。

外国人除了在上海出版外文报纸,还不断出版中文报纸。如传教士创办的《万国公报》,字林洋行出版的《上海新报》、《字林沪报》。由商业机构出版系列报刊,也是近代西方文化传入的产物。

香港和上海曾是中国近代早期报刊的两大中心,但是香港的中文报刊"限于一隅,未能广为流布,与中国亦无预也"。② 而上海成了中国的社会中心点,"与政治中心点之北京有并峙之资格"。19世纪末,上海已经成为国际性报刊中心之一。"凡事非经上海报纸登载者,不得作为征实"。③

上海是中国最早现代化的地方,19世纪末上海已经拥有全国数量最多的中外报刊,加上历史最悠久的西书出版机构、翻译馆、规模和影响最大的中文出版社,还有邮政、电报、电话、现代印刷技术、公共图书馆、戏院、电影院、公共园林等,为新型知识分子的公共交往和社会舆论的形成,提供了别处无法比拟的优越环境。凡是有改革意向的洋务士大夫,如冯桂芬、王韬、郑观应、张涣伦等,几乎都有过在上海的经历。④ 报纸、杂志、西书和书院所培养出来的受过新式教育的阅读公众,成了舆论的主体。⑤

外报对中国近代社会和早期舆论产生过重要影响。在上海的外报中,英文《字林西报》、中文《万国公报》、《申报》等尤为重要。

1. 英文报:从《北华捷报》到《字林西报》

中国大陆最早的近代报刊出版于上海,即上海最早的英文刊物,1850年8月3日创刊的 North China Herald(《北华捷报》)。《北华捷报》是著名的英文日报 North China Daily News(《字林西报》)的前身。该刊由英商奚安门(Henry Shearman)创办,每周六出

---

① 秦绍德.上海近代报刊史论.上海:复旦大学出版社,1993,1
② 沈毓桂.兴复《万国公报》序.《万国公报》.第16册,第10112页,转引自李瞻.林乐知与《万国公报》——清末现代化运动之根源.《新闻春秋》文集.成都:四川大学出版社,2003
③ 姚公鹤.上海闲话.上海:上海古籍出版社,1989,50
④ 张仲礼.近代上海城市研究.上海:上海人民出版社,1990,930
⑤ 许纪霖.中国早期现代化研究:中国早期现代化中的公共领域.光明日报,2003-1-21

版一期,每期对开1张4页,创刊号刊有当时侨居上海的英侨共175人的名单,包括141位英国侨商侨民和他们的身份职位,及家属孩子34人。

1850年上海开埠已有6年,那里的英国人已经从舌敝耳聋的中国民宅中开辟了租界地区,同时在租界里建造公园,进行赛马、五柱戏和赛船,组织大英剧社,成立公共图书馆,他们需要信息沟通,办报首先是满足社会生活的需要。

不过,这份上海第一报《北华捷报》在其创刊号中表达了更宏大的目标。《北华捷报》创刊号刊有《致读者》一文,说明其缘起和宗旨:"上海开埠已有六年。而不到五年的时间,上海已成为亚洲第四大港口;四个月前,上海与香港之间已开辟了定期航线",所以"我们认为创办一个报刊的时机已经到来"。办这份报纸的目的,是"要为本埠造成最有利益的东西",不仅促进上海经济的发展,还要向大英帝国乃至世界各地争取对上海发展的重视,"最主要的是要竭尽全力在英国唤起一股热情,支持从现有水平上同整个庞大帝国(清廷)建立更加密切的政治联系,更加扩大对华贸易"。"若有可能,还要使公众懂得,不能只顾暂时的和眼前的利益,而应具有全局和长远的观点,认识到这样做对于英国和整个文明世界的进一步发展有着极大的促进作用,并看到这个巨大的帝国拥有惊人的丰富资源"。①

《北华捷报》的宗旨体现了近代西方传媒的社会功能观:传媒要推动和影响社会政治、经济等方面的发展。该报主要报道旅沪侨民社会的动态以及他们关心的一些新闻,还有他们对时事的议论。《北华捷报》每期只印100份,其主要读者也就是100多位侨民,也有部分报纸随着外国商船带到外国商埠的,如南洋和英国本土。虽然篇幅小、印量少,有些地方还很稚嫩,但它是一份非常完整的近代新闻纸。② 这份报纸是与英国本土新闻纸及其海外新闻事业相衔接的,当时英国的近代报业已经有约200年的历史,《泰晤士报》(The Times)已经有65年的历史,而英国人在中国办报也已经有20多年的经验,在香港至少已经办过4种英文报纸。

西方人移植来的近代新闻传媒首先是为了满足他们那个小社会的需求,创办不久《北华捷报》就增加篇幅,增设《学习上海话》、《一周天气综述》之类的专栏。同时它也继承了西方传媒的干预社会的传统,直接或间接地影响社会变迁。《北华捷报》关注中国时事。1853年太平天国成立后,《北华捷报》翻译发表了太平军的政治文件。

1854年10月21日,该报发表社论,主张对占领上海县城的小刀会武装力量进行包围和封锁,据说这一建议后来被租界当局采纳。③ 这也是近代传媒社会功能的直接体现。而同时,香港的中文月刊《遐迩贯珍》第一次刊出"时论",评论清军攻打小刀会事件,揭露

---

① 马光仁主编.上海新闻史1850—1949.上海:复旦大学出版社,1996,13
② 马光仁主编.上海新闻史1850—1949.上海:复旦大学出版社,1996,11~20
③ 方汉奇主编.中国新闻事业编年史(上).福州:福建人民出版社,2000,33

清军将领的谎报军情和夸大战功。

1854年,传教士裨治文随美国驻华公使前往太平天国辖区调查访问,回上海后在《北华捷报》上发表了长篇报告,认为"他们的政府是神治主义的,是由他们所相依的一种新宗教制度发展起来的……"他们的政府"当前在行政管理方面是强有力的",但这场革命无法成功。① 《北华捷报》向国内外及时报道了太平天国革命的消息,并从西方视角分析了革命。

《北华捷报》的出版既体现了传媒的政治功能,同时也满足西方人的经商、社会活动方面的需求,在沟通洋行之间、洋行与华商之间的商务活动方面起到了作用。它鼓吹开发中国市场特别是开发上海,对上海的商务活动起了一定的作用。从另一角度来说,《北华捷报》是上海商业发展到一定程度的产物,是西学东渐在上海的产物,是当时政治、经济、文化、社会等各因素影响的结果。

《北华捷报》后归字林洋行所有,其时新闻业已经是多家洋行的投资目标。1862年起,怡和洋行就开始投资新闻业,创办了英文日报 The Shanghai Recorder(《祺祥英字新报》,或意译为《上海纪事报》)。字林洋行也出版了系列英文报刊,但没有日报,迫于竞争压力,扩充 The Daily Shipping News(《每日航运新闻纸》),到1864年7月1日改刊为著名的 North China Daily News(《字林西报》)。此外字林洋行还筹办了上海近代最早的中文新闻纸《上海新报》,《北华捷报》则作为其附出的星期刊(中国媒体上较早出现的星期刊)。

《字林西报》重视采编业务,在中国各地包括青海、甘肃、新疆、四川、云南等边远地区均聘有通讯员,在路透社于1872年在上海建立远东分社后一度获得专用权,所以新闻报道远远胜过中国其他报刊。该报重视时效性,1883年曾与另一英文报纸合作出版了中国第一份号外,报道中、法两国在越南交战的消息。

《字林西报》重视言论,并把《北华捷报》时期提出的"公正而不中立"(Impartial, Not Neutral)的口号印在言论版上端。这个口号被后来字林洋行的众多出版物奉为圭臬,并被之后外商在华的种种报刊认同。② 《字林西报》后来发展成为英美诸国在华的总言论机关。

报纸作为社会的一项事业,一向重视与政府、官方的关系,争夺官方新闻源也成为报纸竞争的重要方面。《字林西报》的前身《北华捷报》素有"英国官报"之称,从1859年起先后为英国驻华使馆和首席商务监督公署、领事法庭、英国驻日本长崎领事馆、英国驻北京公使馆指定为公告发布刊物,《字林西报》创刊时还刊有即将上任的英国驻上海领事巴夏礼亲笔签署的文件《上海英国领事馆通告》:"从即日起到另有通告前,《字林西报》刊登的英国领事馆的通告,一律作为正式文件。"但是,1865年英王敕令在上海设立中国与日本的最高法庭 H. B. M's Supreme Court for China and Japan,《祺祥英字新报》立即创办了

---

① 顾长声.从马礼逊到司徒雷登——来华新教传教士评传.上海:上海人民出版社,1985,43
② 马光仁主编.上海新闻史 1850—1949.上海:复旦大学出版社,1996,19~20

Supreme Court and Consular Gazette(《最高法庭与领事公报》),《字林西报》的"官报"权威性受到挑战。1869年《祺祥英字新报》倒闭时,《字林西报》立即收购了《最高法庭与领事公报》,并于1870年1月与《北华捷报》合并为 North China Herald & Supreme Court Consular Gazette,一直出版到1941年12月。

2. 宗教报刊向非宗教化过渡：《万国公报》及其对中国现代化的影响

在传教士所办的各种报纸杂志中,传播西学内容最多、发行最广、影响最大的是《万国公报》。《万国公报》的前身是《中国教会新报》,于1868年创刊于上海,终刊于1907年,其间因创办人林乐知事务繁忙而停刊5年半,其发展分为三个阶段[①]：

《中国教会新报》周刊时期：1868年9月至1874年8月,计300期；

《万国公报》周刊时期：1874年9月至1883年8月,计450期；

《万国公报》月刊时期：1889年2月至1907年1月,计216期。

第一次鸦片战争以后,上海渐渐成为中国沿海的中心城市,西方传教士的在华活动和报刊基地也从广州移到了这里。上海第一家传教士报刊是《六合丛谈》(创刊于1857年1月26日),它也是上海第一家中文报刊,但出版仅一年多。19世纪60年代以后,由于《天津条约》和《北京条约》中的条款保证,传教士在中国各地从事传教活动稳步发展,传教士在上海的办报活动得以扩展,在六七十年代办了数份中英文宗教性的和非宗教性的报刊。

《中国教会新报》创刊时是一份宗教性报刊,4张、8面、书本样式,创办人是美国监理会传教士林乐知(Young John Allen)。该报发行宗旨,用林乐知在创刊号上的话说,是"俾中国十八省教会中人,同气连枝,共相亲爱,每礼拜发给新闻一次,使共见共识,虽隔万里之远,如在咫尺之间"。目的是宣传教义、加强全国教友的联系。随后该报逐渐增加京报消息转载、中外新闻、格致之学、西洋现代知识等。《中国教会新报》宣传很讲策略,将基督教义与儒家经典不断对照,以证明基督教与儒家学说"有相通,无相背",两者是"万国一本,中西同源"。

易名《万国公报》以后,报纸增加了言论,扩大了篇幅,内容改变为以介绍西学为主,并鼓吹政治革新与变法思想,读者对象由教徒教友扩展为社会各界人士。这样的变化有其深刻的历史原因。虽然鸦片战争已经轰开了中国的大门,但是中国原有的社会结构和体制并没有发生变化,中国自给自足的自然经济对西方资本主义有强大的抵御能力。此时西方在华人士包括传教士开始注意中国社会内部的变革,试图通过传播更多的西学和西艺来影响和干预当时中国的洋务运动,从而把中国引向西方的道路。1877年5月在上海举行的在华基督教传教士大会上,传教士们围绕应否出版非宗教性报刊、应否在报刊上向

[①] 李瞻.林乐知与《万国公报》——清末现代化运动之根源.新闻春秋.成都：四川大学出版社,2003

中国人传播西学和西艺展开过讨论,虽然出版非宗教性报刊未得到多数传教士的支持,但他们对在中国利用报刊媒介进行传播都非常重视。《万国公报》一度停刊5年半,但在中国社会内部发生变化、发展资本主义的愿望越来越迫切的情况下,《万国公报》这样的非宗教性报刊又应运复刊。

《万国公报》1889年复刊、成为经济实力雄厚的"广学会"的机关报后,该报进入其黄金时代,发行量逐年递增,到1906年,"每年售出数盈四五万","几于四海风行",创下了早期中文报刊发行的最高纪录。该报曾发表林乐知、李提摩太(Timothy Richard)、韦廉臣(Alexander Williamson)、慕维廉(William Muirhead)、艾约瑟、李佳白(Gilbert Reid)等介绍西学、鼓吹革新的文论多篇,其中一些文论曾出单行本,在中国的决策层和政府要员中流传,对中国的教育改革等产生过重要影响,光绪皇帝曾精读《泰西新史揽要》,袁世凯、张之洞、康有为、梁启超等都曾受该报影响。从1889年到1898年戊戌政变时止,英美传教士在《万国公报》上发表鼓吹变法的文章多达数百篇,成为影响中国领导人物思想的最成功的报纸。孙中山的第一篇重要政见文章、长达7000字的《上李傅相书》,便是发表在1894年10月和11月出版的《万国公报》第69、70期上。最早的"马克思"译名,也出现在1899年的《万国公报》上。①

美国南方监理会传教士林乐知是《万国公报》的创办者兼主编,1860年24岁时来上海,在华传教、任教、译书、主编报刊达47年,素以"中国老友"自居。他曾三次游历世界,并游遍中国,视野广阔。曾任《上海新报》主笔,1871年以后主要精力一度投于《中国教会新报》、《万国公报》,任主编达30多年。他创立"中西书院"(东吴大学的前身),著译不菲,在中国的前20年译书达20多种,因此获得清廷"钦赐五品衔",后又被封为四品,自己在署名前加"美国进士"。他的《中西关系略论》、《文学兴国策》等对当时的知识分子有一定的影响。

跟其他西人所办报纸相似,《万国公报》介绍的西学西艺,主要是自然科学、制造技艺,却很少介绍社会科学如民主、自由、平等这些思想理论,倒是他们热衷于提出各种革新变法的建议和措施,试图直接干预中国的内政外交、时局演变。林乐知在《万国公报》上开辟《中西关系略论》专栏,其中提出中国与外国通商,则非富强不可;富强之道,必须变法,而变法之根本在教育,要改革教育,又必须先废除科举制度。② 李提摩太等也发表不少时政文章,直陈对中国时局的建议和看法。

《万国公报》从早期开始,也有少量文章涉及资产阶级上升时期的自由平等思想,该报可以说是近代最早向中国人介绍西方资产阶级议会政治、天赋人权思想和三权分立制度

---

① 杨代春.《万国公报》与晚清中西文化交流.长沙:湖南出版社,2002,马敏《序》
② 李瞻.林乐知与《万国公报》——清末现代化运动之根源.新闻春秋.成都:四川大学出版社,2003

的报纸。1875年6月12日,该报刊载《译民主国与各国章程及公议堂解》,在中国近代民主思想和政治制度的传播史上,这是一篇很有价值的文献。

3. "申、新、沪"三报鼎立：报业渐趋大众化

上海的中文报刊迟于英文报刊7年才出现,第一份中文报刊是英国传教士于1857年1月26日创办的《六合丛谈》,主要介绍科学、文学和某些宗教福音,发行量很小。戈公振评价《六合丛谈》"影响不多而意义甚大"。

中文报刊最初是作为英文报刊的附属出版物出现的。比如字林洋行,在办英文报刊之余希望传播范围扩展到华人社会,于是涉足中文报刊。《上海新报》是其代表,创办于1861年底或1862年初,其宗旨从英文名称可见——The Chinese Shipping List & Advertiser(《中文船期和广告纸》),是一家商业性的报纸。它主要刊载各种商业信息,设有航运消息、货币兑换率、货品货价行情、商业告示等专栏。刊有部分社会新闻,还是最早报道时政新闻的中文报纸之一。它创刊于太平天国运动时期,报道了不少太平天国的消息。因其商业性,它的广告篇幅超出新闻。《上海新报》发行量不足400份,由各洋行商号常年包订,再赠阅给华商客户,偶有华商订阅,传播圈子已经从洋人扩展到了华人社会。在创刊后的10年中,《上海新报》是上海唯一的一家中文报纸,直到《申报》出版。

《申报》创办于1872年4月30日(清同治十一年三月廿三日),创办者是英国商人美查(Ernest Major)。初为双日刊,第5号起改为日刊(周日不出报),单面铅印,每期8版。作为商业经营项目,《申报》重视发展新闻业务,特别注重扩大发行量。在开办一个月内,在上海的发售点已经增加到40多个,到1890年销量已达2万份,据称"上海各士绅无不按日买阅"。较其早十年出版的《上海新报》很长时间销量却始终未突破400份。可以说,《申报》是资本主义商品经济的产物,是中国门户开放、西学东渐的产物。该报一直出版到1949年上海解放,长达78年,是旧中国历史最长、影响最大的一份报纸,被时人称作"中国的《泰晤士报》"。外人在上海创办中文报刊,早期并非以盈利为目的。传教士所办报刊如《格致汇编》、《万国公报》、《益闻录》(天主教刊物)等,其宗旨不是谋取利润。随着西方资本主义列强对华经济活动的逐步扩大,商业性的中文报刊应运而生,初期主要是为西方商业做广告、刊载商业告示、传递商业信息,洋行所办报刊如《上海新报》,目的是通过报刊推动洋行的商业。19世纪70年代起,随着上海的商业、工业、交通、文化事业的发展,都市化的条件使办报成了有利可图的事业。因此,以盈利为宗旨的《申报》创刊了。它的出现,标志着我国近代报纸的一个新发展,中文商业报纸进入了一个新的阶段。可以说,《申报》以及随后上海的几份商业性中文大报的出现,标志着中国大众化报纸开始发端。

字林洋行的《上海新报》原为周三刊,后来为与《申报》竞争改为日刊、压低售价,但最

终在竞争中败北,1872年12月31日停刊。之后上海还出现过几份中文报,当时上海的商业、社会发展已经为商业性中文报纸提供了更广阔的市场。《字林西报》的主笔巴尔福(F. H. Balfour)见馆中闲置全副中文铅字(原《上海新报》之用),觉得可惜,建议洋行出版中文报纸。1882年5月18日,字林洋行出版《字林沪报》,该报仿照《申报》,聘请有办报经验的中国人蔡尔康等为主笔(《上海新报》都是由外国人任主笔的)。蔡尔康曾在《申报》任职3年。

1893年,《新闻报》创刊,日后成为《申报》的劲敌。该报不是完全意义上的外人办报,最初是中外合资发刊的,后报纸股权归总董、英商丹福士独有。初创时聘蔡尔康为主笔,半年后蔡因意见不合离去,袁祖志等华人任主笔。

《新闻报》与《字林沪报》的体例、式样、纸张、印刷与《申报》大致相同。三家日报争时效、抢独家,增张压价,新闻竞争和经营非常激烈。内容方面,新闻是主体,同时每期设有言论,文艺也是必备内容,加上广告,基本具备了现代报业的"四大部件"。

光绪初年,上海的报业竞争已经十分激烈,新办的《字林沪报》与《申报》同为英商所办,手法相近。《字林沪报》的主笔蔡尔康,人称"当日报界之人杰",出身于申报馆,曾在《申报》任职3年,后来跟申报馆账房闹翻了,愤然离去,跳到《字林沪报》任主笔,他通经史、善词文,主持《字林沪报》笔政8年,颇有成效。《字林沪报》依靠实力雄厚的英文《字林西报》,外电外稿在中文报中独具优势,朝鲜壬午政变、中日两国矛盾激化时期,《字林沪报》在新闻的时效性上抢了先。不久中法战争爆发,《申报》辟出"越南军情"专栏,特派记者前往越南前线报道,但法军将中国的随军记者赶回。《字林沪报》却可以用路透社的电讯,报道深入,分析也比较透彻。

不过《申报》的实力已厚,在新闻竞争中自有优势。就以报道科举新闻为例,《申报》在北京驻有专员,乡试一发榜,专员立即用电报发送全部榜文,报纸上标明"本报馆自己接到电音"。蔡尔康买通了申报馆的排字工人,偷来清样,第二天《字林沪报》也照登,却出了破绽,《申报》电码译错的地方,《沪报》也跟着照错。申报馆马上加强戒备,报纸不出街,不让任何人出馆。蔡尔康只得又买通电报局的电报生,要他们收到《申报》的北京来电后多留一份。不过申报很快把电报明码改成密码。最终蔡尔康买通上海报贩的头目,他的报纸编好后空着头版的位置,等报贩将凌晨领到的第一份《申报》火速送来,再抢排付印。就此一例,可以看到,19世纪末上海的新闻战已经相当激烈。《申报》在1882年中日派兵于朝鲜政变期间、1883年以后对中法战争、1884年中越军民抗法斗争的报道中,都派出记者[①],并于1884年8月6日晚7时出版中文报纸的第一张号外,报道中法战争期间福州最近的情况。

---

① 方汉奇.中国近代报刊史.太原:山西教育出版社,1981,51

副刊是报纸"四部件"中最后出现的,却有很强的标志性意义。它是报纸走向大众的手段之一。报纸最初是没有副刊的,但西方人办的中文近代报刊从一开始就刊有杂作性文字,特别是诗词歌赋。这是为了迎合中文读者的口味、适应中国文化的土壤。《上海新报》开始刊载些修身养性的文字,如早睡早起、养气、修寿、劝诫赌博等,内容庞杂。以后还增加了随笔、寓言、游记、图画故事、联语征对、诗词唱和、海外珍闻、本地风光。那时的副刊性文字是很随意的,与新闻混合编排,常常带有补白性质。文人雅士喜欢唱和酬答,大抵是风花雪月、感慨身世,或吹捧艺人、流连风景。所以报纸这一角成了文人们的特别园地,他们情愿出钱买版位刊载。① 有不少读者,看报主要是为了看诗词小品。副刊文字对扩大报纸的销量和影响起到了积极作用。

《申报》1872年一创刊,就广泛征集副刊稿件,创刊号上的《本馆条例》中,有这样的告示:"如有骚人韵士愿以短什长篇惠教者,如天下各名区竹枝词及长歌纪事之类,概不取值。"《申报》应征的稿件源源不断,四五年间"所积计不下三千首",报纸容纳不下,加上一些翻译小说和海外奇谈式的笔记小品,收入《申报》增出的月刊《瀛寰琐记》。这是中国最早的附属于日报的综合性副刊。

《字林沪报》是中国报纸上第一家连载长篇小说的,它每天随报送一页清初夏敬渠的154回长篇小说《野叟曝言》给读者。1897年11月24日它创办了中国第一张副刊《消闲报》。不久,《申报》也办了《自由谈》,《新闻报》办了《快活林》。副刊逐渐在各报占有了固定版面。

到19世纪末,上海的中文日报出现"申、新、沪"三报鼎立的局面。当时三报概况如下:

表3-4　上海的申、新、沪三报主创资料

报　纸	主　办　者	创办日期	主　笔	性质、宗旨	备　注
申报	美查,英国商人	1872年4月30日	蒋芷湘、何桂笙、钱昕伯、黄协埙	商业性,谋利	近代商业报纸的代表
字林沪报(初称《沪报》)	字林洋行19世纪90年代出售给华人	1882年4月2日	戴谱笙、蔡尔康	商业性,谋利	1897.11.24创办中国第一副刊《消闲报》
新闻报	中外合资后股权归英商丹福士	1893年2月17日	蔡尔康、袁祖志、孙玉声	商业性,谋利	

从《六合丛谈》开始,外人创办的中文报刊即开创了一种让中国文人进入新闻传媒圈的模式,即外国人创报、中国人办报,这些中文报刊上秉笔者不少是华人,其中一些华人是

---

① 陈昌凤.蜂飞蝶舞——旧中国著名报纸副刊.见方汉奇,李彬.报界档案丛书.福州:福建人民出版社,1999,1~7

隐姓埋名、藏在幕后的。它们培养了上海乃至中国最早的一批报人。王韬曾直接参与《六合丛谈》的撰述。长期实际主编《万国公报》的沈毓桂,早在《六合丛谈》时期就为洋人秉笔。林乐知主持《上海新报》期间,华人董觉之秉笔。申、新、沪三报,都是直接聘请华人为主笔。西方人办报的理念、手段,直接影响了中国人自办的报纸。

西方新闻观念中有所谓精英类报纸(Elite Newspaper,或 Quality Newspaper)和大众化报纸(Popular Newspaper)之分,早期大众化报纸是以廉价报的形式出现的,美国最早,始于19世纪30年代,代表报纸有《纽约太阳报》《纽约先驱报》《纽约论坛报》等,法国的《新闻报》《小巴黎人报》开创了其大众报业时代,英国在知识税取消后于19世纪60年代出现了《每日电讯报》等大众化报纸。到19世纪60年代,大众化报纸已经成为西方新闻业的主流。这些报纸不同于当时正在走下坡路的政党报纸,其特点是:以盈利为目的;政治上标榜独立;业务上重视报道地方新闻、社会新闻、人情味新闻,手法煽情;经营管理上,采用资本主义的企业方式,广告成为主要收入来源;以社会大众为读者对象;以零售为主要发行方式。它是西方工业革命后资本主义生产力和生产关系发展到一定程度的产物。

中国资本主义虽有发展,程度却不高,无法与西方高度发达的资本主义经济相比。但是上海比较特殊,它具有优越的地理环境,是一个优良的港口,交通便利,其周围地区人口密集、物产富饶,在中外贸易中的地位迅速提高,到19世纪60年代以后超过香港成为中国首要的港口。外商纷纷在上海投资兴办各种工业,租界发展迅速,中国的洋务派在上海也兴办一批近代工业,上海的人口因此大增,1866年达68万之众。上海的经济发展和社会环境,是19世纪60年代以后外报大发展的前提,上海也因此在全国成为拥有最多外报的城市,无论是中文还是外文报纸,无论是宗教性还是商业性报纸,在全国都有较大的影响。而中国最早的大众化报纸,也出现在这里。

以申、新、沪报为代表的上海商业性报纸,从创刊之初就是以平民百姓为对象,重视新闻,重视广告,以盈利为目的,虽然政治上有所倾向,但并不热衷于政治。创办者都是商人,追求发行量从而获得利润是他们的目标。《申报》早在1890年发行量就达到2万份,与30年代美国纽约的大众化报纸相当,已经开始大众化。这些商业性报纸的体制、组织、运营等经营管理理念沿袭西方,比如股份制,以及主席、经理、主笔"三驾马车"的管理架构。

中国当时生产力水平有限,大众化报业的发展程度也有限。申、新、沪三报在较长时间内,发行量还是相当有限的,虽然《申报》已经有2万以上的销量,但创办未久的《新闻报》1894年的销量却只有3000份;据称《字林沪报》1895年的销量曾经达到过1万份[1],

---

[1] 方汉奇主编.中国新闻事业通史.北京:中国人民大学出版社,1992,333

这还是一个不能确定的可能夸大了的数字。而同时期美国的大众化报纸销量达数十万份,最多的《世界报》达60万份。

中国的大众化报纸始终未能发展到西方的水平,还有更深层的原因。西方的大众化报纸是资本主义的大众民主和出版自由的产物,是市场观念和都市化的产物,是技术革新、识字率提高、报刊自然演进的结果。①

近代中国报业落后,同中国的经济落后、政治腐朽相关,落后的经济培养不出广阔的报业市场,政治制度决定了言论出版自由和新闻事业的命运。在西方,是资产阶级革命和随之确立的平等、自由等权利,为近代报业开启了发展之门。②

申、新、沪这些在19世纪末有影响的报纸,又都是外国人执掌的,它们推销西方商品、传播西方观念,是为西方人来中国谋取利润和利益的。同时期国人自办的报纸,主要还是政党报纸、政论报纸,传播范围不及这些商业报纸广泛。

三、外报向其他地区扩张

外国人在中国的新闻传播活动是随着经济中心的迁移、政治控制的变动而转移的。早期外报集中在外围和沿海的广州、香港、澳门、上海等地,鸦片战争以后,外国人又在宁波、福州、厦门等通商口岸积极从事办报活动。第二次鸦片战争以后,汉口、九江、南京、天津、烟台、潮州等地成为通商口岸,外国人的办报活动也由此从东南沿海扩展到中原内地。20世纪以后,外文媒体主要集中于上海、北京、天津等地。

传教士在华创办的中文报纸,主要是介绍西方科学技术知识、报道新闻、借科学宣扬宗教,上海的《六合丛谈》、广州的《中外新闻七日录》、北京的《中西闻见录》等教会刊物大体如此。只是各地因为政治和社会环境各异,情形会有所不同,比如在封建统治势力最强大的北京所办的《中西闻见录》,就避谈宗教与政治。商业性外报主要在上海、香港这样经济发展的地区,其他地区未有大的起色,一些小型商业性外报主要还是刊载广告和航运消息。

1. 广州的外报:仅仅是历史上的辉煌

鸦片战争以前,广州是外国人在华最主要的办报基地,传教士和商人创办了一批中英文报刊。1839年中英关系紧张,外人报刊或停或迁,鸦片战争结束后逐渐恢复,到甲午战

---

① Michael Schudson, *Discovering the News: A Social History of American Newspapers*, New York: Basic Books, 1978, pp. 12-60

② 童兵. 比较新闻传播学. 北京:中国人民大学出版社,2002,60~65

争以前广州出版9种英文报刊、5种中文报刊。数量上仅次于上海和香港,居全国第三位。① 由于广州在近代报刊史上的开创性地位,它与香港几乎成了一个参照的标准。比如,办在上海的《字林西报》,英文名称却是North China Daily,那是外国人以广州为中心看上海,上海就成为"北部"了。

本章曾述及《中国丛报》、《中国之友》等广州的重要报刊。同时,早期外国人在广州创办过几份英文商业报纸,如 *Daily Advertiser*（《每日广告报》）、*Canton Daily Shipping News*（《广州每日航运消息》）、*Canton Daily Advertiser*（《广州每日广告报》）等,出版的时间都不长,多刊载广告和航运消息。

中文报刊1865年才出现,即外国传教士所办的《中外新闻七日录》、《广州新报》两份周刊。《中外新闻七日录》由英国伦敦布道会传教士湛约翰(John Chamers)创办并任第一任主编,该报报道新闻、介绍科学知识、刊载少量时事论文和文艺稿,偶有航运、商情消息和广告,但比商业报纸要少得多。其宗教宣传,渗透于新闻、科学之中,巧妙宣扬上帝的万能与基督的博爱。《广州新报》由美国传教士、医生嘉约翰(John Glasgow Kerr)创办,刊载中外新闻,重视科学知识特别是西医西药知识,在广州街头发售,每份才1文钱,据称"观者万余人"②。

在外报的发展过程中,广州一直是比较活跃的地区,但鸦片战争以后它在全国的地位是明显下降了,原来广州作为全国唯一的对外通商口岸的地位不复存在,它在经济上的作用日益衰落,所以发展传媒的条件不如上海那样的新兴大城市。而且广州作为香港的近邻,受到发展迅速的香港报刊的挤压、影响,广州读者可以很容易获得香港的报刊。同时广州地区饱受外国侵略,人民有强烈的仇外情绪,所以外国人在广州发展报业也受限。种种原因使广州的报业发展缓慢。

2. 外报在京津：深入北中国

北京第一份中文近代化报刊,是1872年8月创刊的月刊《中西闻见录》,它是在京的英、美等国传教士成立的"在华实用知识传播会"的机关刊物,编务主要由美国长老会传教士丁韪良主持,英国传教士艾约瑟、包尔腾初期也曾参与编辑工作。该刊主要介绍科技知识,并报道新闻,旨在通过传播西方科学技术知识,消除在华传教的思想障碍,扩展与中国各阶层人士的联系。这与当时国内其他城市的传教士报纸是一致的,所不同的是《中西闻见录》处在政治中心首都,是言禁最严厉的地方,所以处处小心谨慎,比如不谈政治和宗教,介绍科学知识也尽量不触犯封建顽固势力,新闻则主要是以外国新闻为主,国内新闻

---

① 方汉奇主编.中国新闻事业通史.北京：中国人民大学出版社,1992,356
② 整理七日录,中外新闻七日录,1867-2-2. 转引自方汉奇主编.中国新闻事业通史.北京：中国人民大学出版社,1992,356～361

很少,北京当地新闻就更少。这份月刊每期印 1000 份,多免费散发,发行对象是北京的官绅学界。该刊 1875 年停刊后,以西方传教士为主的所有撰稿人及订户,都转到傅兰雅(John Fryer)在上海筹办的《格致汇编》。

虽然《中西闻见录》只出版了 3 年,影响也不广,但它意味着外国人在华办报的最后一个禁区被突破了,意味着整个中国向外国办报者开放了。

而外报在天津的发展,意味着外报宣传网络扩张到了北中国的大片地区,适应了外国殖民势力深入中国的需要。天津成为外报在华北地区的重要基地,天津的外报受到外国在华上层人士的支持以及外国官方的庇护与资助,物质条件优越,也受到中国政要的关注,其在中国报刊界的地位,很快超过广州,仅次于上海、香港而位居第三。

天津作为北方的交通枢纽,早在鸦片战争前夕就成为西方国家在北方最大的走私口岸,但因为它是北京的门户,所以受限制较多。第二次鸦片战争后天津成为通商口岸,1860—1861 年间英、法、美等国先后在这里设立租界,外商纷至沓来,英、美、法、俄、德等国在天津设立了洋行,外国报刊随之出现。天津的外报出现于 1880 年间,较有影响的是 1886 年出版的中文《时报》和英文 The Chinese Times(《中国时报》),两报均出自怡和洋行创办的时报馆。中文《时报》为日报,新闻、言论、广告、文艺稿俱全,时事性强,较上海、香港的报纸消闲性内容少,其新闻突出京津地区,地方色彩鲜明。1890 年起李提摩太(Timothy Richard)任主笔后,积极宣传改革,鼓吹新政,成为政论性报纸,与 1889 年复刊的上海《万国公报》南北呼应,在全国知识界、政界引起重大反响。英文《中国时报》为周报,英国人宓吉(Alexander Michie)主编,重视言论,广载北方地区的新闻,业务上堪称在华英文报纸中第一流。由于销量和人员调动等原因,两报均于 1891 年停刊。

《时报》的主编李提摩太,英国传教士,1870 年 25 岁时来华,之后在华生活 45 年。他交游甚广,对中国不少名流政要产生过影响,对中国早期现代化可以说有过"显性"的影响。他认识到"布道方法,从官绅入手,是自上而下,威力及人,或更容易……决定要先引领上等人入道"[①]。他与李鸿章关系密切,1880 年李鸿章约见他。他主编《时报》也是应李鸿章之邀。1895 年他到湖北会张之洞、到北京见李鸿章,建议中英联盟。同年他参加北京强学会成立大会,从此与康有为、梁启超结识并对他们产生重要影响。他与中国教育、法律、军机方面的官员都有过交往,并对这些领域的改革提出过建议。他曾建议山东巡抚由东北运粮救灾、筑铁路、开矿,以养民富国。他到山东、山西等地向官绅传教。他是一位"出色的阴谋家",是谋略型人物,曾有鸦片商开出高价请他出谋划策。1891 年林乐知回国后,由他主编上海《万国公报》。他的《泰西新史揽要》、《新政策》在当时颇有影响。晚年

---

① 苏慧廉(William Soothill).李提摩太传.上海:上海广学会,1924 年版中译本.引自方汉奇主编.中国新闻事业通史.北京:中国人民大学出版社,1992,389

回英国后著有 Forty-five Years in China(《留华45年》)。

1894年,天津印刷公司创办了北方影响最大的英文报纸 Peking and Tientsin Times(《京津泰晤士报》),初为周刊,1902年改为日报。一批有影响的英籍报人主持笔政。该报着重报道京津地区和北方各通商口岸的新闻,重视时评,旨在输入西方文化以激励中国的改革,反映英国当局的观点,是天津英租界工部局的喉舌。该报出至1941年停刊。①

附:

表3-5　19世纪外国人主办的主要中文报刊②

刊　　名	主办者	地　址	出版时间	刊物性质、刊期
察世俗每月统记传	米怜、马礼逊	马六甲	1815—1821	宗教性,月刊
特选撮要	麦都思	巴达维亚	1823—1826	宗教性,月刊
天下新闻	吉得	马六甲	1828—1829	宗教性,月刊
东西洋考每月统记传	郭实腊	新加坡	1833—1838	宗教性,月刊
各国消息	麦都思、理雅各	广州	1838—?	宗教性
遐迩贯珍	麦都思、理雅各	香港	1853—1856	宗教性
中外新报	玛高温	宁波	1854—1861	半月刊
六合丛谈	伟烈亚力	上海	1857—1858	宗教性,月刊
中外杂志	玛高温	上海	1862—1863	宗教性,月刊
中外新闻七日录	湛约翰	广州	1865—1870	宗教性,周刊
广州新报	湛约翰、嘉约翰	广州	1865—1871	宗教性,周刊
教会新报	林乐知	上海	1868—1874	宗教性,周刊
圣画新报(上海方言)	范约翰	上海	1871—1874	月刊
中西闻见录	丁韪良、艾约瑟	北京	1872—1874	宗教性,月刊
近事汇编	金楷理、林乐知	上海	1873—?	官方,月刊
小孩月报(福州方言)	普卢姆夫人	福州	1874	月刊,中国第一个儿童刊物
小孩月报	嘉约翰	广州	1874—1875	
福音新报	费启鸿夫人	上海	1874—1876	宗教性,月刊
郇山使者报	普卢姆	福州	1874	月刊
格致汇编	傅兰雅	上海	1876—1881 1890复刊	科学月刊
福音新报	伍尔斯顿姐妹	福州	1876—1877	宗教性,月刊
益智新报	林乐知、艾约瑟	上海	1876—1878	宗教性,月刊

---

① 方汉奇主编.中国新闻事业通史.北京:中国人民大学出版社,1992,365~368
② 整理自方汉奇主编.中国新闻事业编年史(上).福州:福建人民出版社,2000;宗教性报刊参阅王立新.美国传教士与晚清中国现代化.天津:天津人民出版社,1997,355~356。

续表

刊　名	主办者	地　址	出版时间	刊物性质、刊期
福音新报（上海方言）	蓝柏	上海	1878—1879	宗教性，月刊
画图新报	范约翰	上海	1880—？	宗教性，月刊
昭文日报		汉口	1880—？	宗教性，日报
西医新报	嘉约翰	广州	1880—？	月刊
基督徒新报（上海方言）	蓝柏	上海	1880—1881	宗教性，周刊
孩提画报	福斯特夫人	上海	1886—？	宗教性
训蒙画报	韦廉臣	上海	1886—？	不定期
时报	怡和洋行 李提摩太等主笔	天津	1886—1891	综合性，日报
漳泉公会报（厦门方言）	H.汤普森	厦门	1888—？	月刊
万国公报	林乐知	上海	1874—1907 中间一度停刊	宗教性，先周刊后月刊
福音新报（上海方言）	J.N.史密斯	上海	1888—？	宗教性，周刊
成童画报（日新画报）	慕瑞	上海	1889—1890	

第四节　近代外报的社会功能

中国最早的近代化报刊，出版时间最长的中、英文报纸，都是外国人办的。外国人在中国的办报活动，从1815年《察世俗每月统记传》的创办，到1953年《密勒氏评论报》（*The China Weekly Review*）的停刊，共有138年的历史，较之中国无产阶级报纸、资产阶级报纸的历史，都更长。整个19世纪，中国的新闻事业基本上是由外国人垄断的。

西方人早期在华的办报活动，对中国近代新闻事业的发展造成了很大的影响，其中有消极的方面，也有积极的方面。西方人在中国的办报活动，是和西方殖民主义者入侵中国的进程紧紧联系在一起的。它发端于鸦片战争酝酿之时，随着帝国主义势力的大举入侵，外报在中国有了进一步的发展，出版地点也逐渐由沿海扩充到内地，到19世纪末，已经形成了以英美报刊为主干，以上海、香港为主要基地的在华外报网络，出现了一大批由外国传教士和商人主办的影响深远的中外文报刊。它们在不平等条约的庇护下，积极地为外国在华的政治、经济利益进行宣传辩护，几乎垄断了当时中国的新闻事业。就总体而言，外报是文化侵略的一部分，同时也是一种西方文化输出的工具，是一种中西文化交流，它们是与炮舰一起来的，是与东印度公司、与鸦片船一起来的，所以不可避免地带有政治、经济、军事侵略的痕迹。

一、外报推动中国报业向近现代化发展

中国封建社会长期把持着舆论工具,报纸经历了上千年的历史,却一直停留在古代状态。直到外报的出现,才改变了这种局面。

第一,外报打破了政治上的言禁。

中国封建时代报纸不发展,除了经济落后、商品经济不发达外,还有更深层的政治原因。中国封建时代的言禁十分严重,清朝的文字狱非常残酷。外人办报,第一次局部突破了这种禁限。外国人在华办的报纸有更多新闻自由,因为有订约的商埠和租界,加上语言的优势,所以能够自由登载政治和军事的消息,可以比较自由地评论时事,这是本国报刊,甚至外国人办的中文报刊所没有的。

《申报》曾论及当时的新闻控制:

> 夫民间创设新闻纸,难免犯君之语,君隔九重或尚不知,官由未有不知者,一旦大肆威虐,重则封闭,故民间亦不敢冒罪开设也。近因通商开市,香港设华字新报三馆,于上海开设华字新闻一处,主笔系华人,而馆主为西人也。至于汉口新闻馆,内无西人,甫开即关闭矣!现闻粤人拟在上海另开新闻馆一所,首创捐者,上海叶邑侯也……主笔诸君,皆延请粤中名宿也。机器铅字,皆容君所承办也。馆则设立招商局侧,并闻另延西人,代为出名。堂堂粤绅,办此事尚不敢出头,反请西人露面,未负心欲大而胆欲小矣!①

即使是外报,也要受到种种禁限。《申报》到1901年发行一万号之际,发表的纪念文章里回顾这一万期:

> 无日不言朝廷之政令,而除旧去害,未闻有更张也;无日不言官吏之职务,而徇私容情而闻有更作也;无日不言邻国之举动,而鹰瞵虎视,未闻其审机戒备也……"言者谆谆,听者藐藐,本报所望于中国者,乃至一万号颓然不能自振,是岂始创刊时所意料者?"②

报业地位之低微、传播效果之微弱,由此可见一斑。

第二,外报带来了近代意义上的新闻理念、内容、形式,到后来还带来了经营管理和运作理念。

中国的新闻事业近代化历程,与第三世界的国家如印度、埃及、菲律宾、印度尼西亚等国的新闻事业都有类似的经历,所不同的是他们是殖民地,因此西方的理念迅速得以推

---

① 论新闻日报馆事.申报,1875-1-24
② 本报一万号记.申报,1901-2-4

广,而中国则是半殖民地、次殖民地,道路更加曲折。很多列强向中国伸手,八国联军一起入侵,所以中国曾经有过英、法、葡、日、俄、德、波兰、希伯来、意大利等多种文字的报刊。在新闻事业的近代化过程中,外报带来了言论自由、公正、客观等现代办报理念和操作经验,为中国报业的近现代化作出了贡献。外文报刊的业务与理念,比同时期的中文报刊要先进得多。

近代外报有相当的优越性:当时西方各国新闻事业已经有了相当的发展,为外国人办报刊提供了业务借鉴;外国人不少是使用本国语言办报,可以娴熟地驾驭文字;报纸办在商业较发达的城市,这些城市已经成为商业、政治的中心点,有各国的集团和势力,所以外报的舆论,特别是英文报纸有更大的影响。[1] 外文报刊的读者对象是外国商人、外交官员和传教士,包报也受到外国政府的重视。

早期外报以英文报馆发展迅速。1866年,香港德臣报馆已经拥有资金达2.8万元,拥有自己的印刷厂。报馆出版英文报三四种,并出版中文报。当时的英文报馆条件大致相当,上海字林西报馆条件还更好。中文报馆早期主要依附于英文报馆,如《上海新报》依附于字林西报馆,所以人员配备比较简单。独立的中文报馆要好些。

外报的影响因其国别背景而有所不同。19世纪90年代末为分水岭,有几个标志:甲午战争以前,外国人创办的中外文报刊在中国报界处于垄断地位[2];而19世纪90年代是美国为首的西方现代报业的开始,西方新闻业的现代理念和运作、经营管理对中国外报有直接的影响。同时,日本明治维新以后,日本的现代化报刊也迅速崛起,其先进的理念和实务很快带入在中国办的报刊。现代史上日文报刊"把持国内新闻凡十余年之久",直到1928年北平政府倒台。[3] 但之后日本侵华时期又把持了十几年。

第三,外报培养了中国第一批近代化的报人。

外报中的中文商业性报纸,除了少数如《上海新报》、天津《时报》由外国人主持笔政外,其他多由中国人主持,从宗旨到表现形式都很注意本土化。在这种本土化的过程中,培养了近代第一批中国的报人,如梁发、黄胜、王韬、钱昕伯、沈毓桂、陈蔼亭、蔡尔康等,他们中有些后来在国人自办报纸上做出了重要贡献。

西方文化和商业在中国造成了一个特殊阶层,即买办。他们接受西方文化,除了得之于教会学校、生活实践之外,主要是通过报纸书刊吸取中国传统文化中没有的营养。郑观应在1882年以前,就阅读西方报纸,学习各种国外的知识。19世纪90年代,他成了《万国公报》的忠实读者。他受到西方思想的影响并推崇之,有一次竟一下子买了100册罗伯

---

[1] 参见赵敏恒.外人在华的新闻事业.中国太平洋国际学会,1932
[2] 方汉奇主编.中国新闻事业通史.北京:中国人民大学出版社,1992,430
[3] 戈公振.中国报学史.北京:三联书店,1955,91

特·麦肯齐的《十九世纪史》（原译《泰西新事览要》）的汉译本，送给北京的朋友们。① 他们也因此很乐意资助报纸、书馆，乃至自己办报。② 买办成为早期的报业经营者，如《申报》的席子佩，《新闻报》的汪汉溪等。

二、外报的瞭望功能：让中国人以世界的眼光审视和改造中国

传媒就像"社会雷达"（Social radar），能让人、社会机构、国家知悉自己在整个大环境里的位置和面临的问题、危机，寻求处理的方法，这就是传媒的守望功能。因为是外人办报，所以这里将"守望"改为"瞭望"。世界最早的近代化传媒诞生地之一英国的早期大众媒介，其传播内容大多与国际社会有关，并且密切关注国际关系或与"国际社会"有关的领域和事物。任何社会为了生存都必须及时了解内部和外部环境的状况和变化，以便迅速作出必要和适当的反应。在外报基础上建立起来的大众传播系统，使中国具备了近现代化的一个方面的特征③，同时也为之后中国的现代化奠定了一定的基础。

中国两千年的古代社会，一直处于孤立状态下，几乎与世界其他文化隔绝，中国人在自己创造的优越文化中处于一种平衡、稳固、不变的状态下，从秦汉至清末的两千年，用梁漱溟先生的话说，就是"论'百年以前'差不多就等于论'两千年以来'"。从地理上说，中国东南临大海，西隔高山，北面大漠，四周为游牧民族包围，始终是文化输出者。1750年，中国出版的书籍量比中国以外整个世界的总量还多，中国古典文化在一个农业基础的社会中是相当自足的。直到1800年，中国还在许多方面超过或至少与西方相当。④ 隋唐时期，日本、高句丽等国都纷纷派学生到中国留学，18世纪初到鸦片战争，俄国也派人到清朝学习。法国著名历史学家布罗代尔在论述"15至18世纪的物质文明、经济和资本主义"时，大量列举了中国的各项物质文明，他还列举过一组数据：1800年的人均国民收入，美国是260美元，西欧是213美元，印度是180美元，中国是228美元。⑤ 美国学者保罗·肯尼迪在其名著《大国的兴衰》中指出：在全球制造业的份额中，1800年中国占33.3%，整个欧洲占28.1%，美国占0.8%，日本占3.5%；但是到了1900年，中国就只占6.2%，整个欧洲占62%，美国占23.6%，日本占2.4%。⑥ 古代中国因此拥有高度的自我满足感。但是，正如亚当·斯密在《国富论》中指出的，中国的财富和发展已经到达了法律与制度性质所能容许的最大限度，中国拒绝变化，正远离世界经济发展的潮流。哲学家黑格尔在

---

① 郝延平.十九世纪的中国买办：东西间桥梁.上海：上海社会科学院出版社,1988,245
② 杜恂诚.中国传统伦理与近代资本主义.上海：上海社会科学院出版社,1993,83
③ 郑翔贵.晚清传媒视野中的日本.上海：上海古籍出版社 2003,"绪论"
④ 金耀基.从传统到现代.北京：中国人民大学出版社,1999,44
⑤ 参见布罗代尔.15至18世纪的物质文明、经济和资本主义.北京：三联书店,1993
⑥ 转引自尹韵公.20世纪中国新闻传媒事业的发展及其全球背景.中国新闻研究中心,http://www.cddc.net

1820年的演讲中也指出,中国是东方文明的杰出代表,但是这种文明已经被人类扬弃,中国人在广袤的土地上自我陶醉于农业社会里。①

直到清朝,中国都没有设立一个外交机构,皇朝与非汉民族的关系由不同的机构和部门管理,这其中就喻示外夷文化的低劣和地理的边缘性。乾隆皇帝自诩为整个亚洲的主宰,视中国为中央王朝,因此中国很少有兴趣获取外国的精确信息进行研究。中国的典籍中关于外国的记载,依旧混杂着神秘的传说和臆想,充满了居高临下和不屑一顾的语言。②

中国自我封闭于世界之外,西方因此也很少关注到这个封闭的国度。直到18世纪中叶,中国才逐渐受到西方的关注,主要信息则来自天主教教士的书籍、信件。19世纪初传教士和商人把"新闻纸"介绍给中国读者,"通中外之情,载远近之事",成为国人最早了解世界的渠道。从最早的《察世俗每月统记传》到最有影响的《万国公报》,外报都不遗余力介绍西方的政治、文化、地理、科技,让中国人开了眼界。李提摩太等主持的广学会出版的《万国公报》,是其中的一个典型,对中国放眼看世界产生了重要的影响。正如《申报》所论:"中国不欲西法则已,欲取用西法,则必自报纸开始。"③

新闻史学家将《万国公报》视为中国现代化报业的开始:"及至《万国公报》创刊,传教士将其所知悉之西方报业思想、知识与报刊体例,透过是报传播于中土,中国报业之现代化,于兹肇始。"④辛亥革命前创下中国报纸发行量最高纪录的《万国公报》,在1891年拟定的发行计划如下:

(1) 道台以上的高级文官2289人;
(2) 尉官以上的高级武官1987人;
(3) 府学以上的礼部官吏1760人;
(4) 专科以上学校的教授2000人;
(5) 居留在全国各省会、具有举人资格的候补官吏2000人;
(6) 下列各方面知识分子的百分之五:
① 来京会试的人员;
② 在二十行省内投考举人的人员;
③ 在全国253个府县投考秀才的人员,这方面共3000人。
(7) 某些特别官吏及士大夫阶级的女眷及子女4000人。
总计:17036人。

---

① 引自史景迁.追寻现代中国:1600—1912年的中国历史.上海:上海远东出版社,2005,153
② 引自史景迁.追寻现代中国:1600—1912年的中国历史.上海:上海远东出版社,2005,135~137
③ 申报总录后.申报,1875-2-4
④ 赖光临.中国新闻传播史.台北:三民书局,1983,38

很明显,《万国公报》的主要目标"是中国的'为政者'、'为师者'和'为民者'(主要指那些掌握'经营制造之端'的'农工商贾',即地主资产阶级),重点是其中的高级知识分子和各级当权人物"。① 《万国公报》对中国政治、社会等产生过广泛的影响,尤其是在戊戌变法、维新运动中,非常令人瞩目,1898年维新运动的高峰时期其发行量高达3.8万份以上,创造了传教士在华报刊的最高发行纪录。据说光绪皇帝当时也订阅了《万国公报》。②

《万国公报》曾经是重要的思想源。光绪皇帝、康有为、梁启超等维新派人士,曾经都是《万国公报》等传教士所出版的中文书刊的忠实读者,从中吸收了不少思想。1883年,康有为"购《万国公报》,大攻西学书,声、光、化、电、重学及各国史志,诸人游记皆涉焉。……是时绝意试事,专请问学,新知深思,妙悟精理,俯读仰思,日新大进"③。他还参加了《万国公报》在1894年举行的有奖征文活动,获六等奖。康有为的1895年上清帝第二书、第三书、第四书三道奏折中,他主张的变法理论和富国养民之法实际上就是李提摩太在《万国公报》上所发表相关文章的重述。梁启超在《读西学书法》中向时人推荐西书,将《万国公报》当作必读物:"癸未、甲申间,西人教会始创《万国公报》,后因事中止。至己丑后复开至今,亦每月一本,中译西报颇多,欲觇时事者必读焉。"④

《万国公报》对中国社会的影响既有显性的,亦有隐性的。最早实践中西文化交流、为中国现代化事业作出重要贡献的报人王韬,是林乐知的至交,也是《中国教会新报》、《万国公报》的忠实读者。《万国公报》还曾转载王韬在《循环日报》发表的变法文章30多篇。1882年24岁的康有为北游京师,途经上海时读到《万国公报》,从此大攻西学。他发起公车上书时提出的"富国之法,养民之法,与教民之法",内容可以说是《万国公报》的翻版。1895年他在京创办的报纸最初亦名《万国公报》(后改称《中外公报》),可见他对西人所办《万国公报》的敬仰。1895年强学会成立时康有为、梁启超与李提摩太相识,希望与之合作来改造中国,1898年夏又与李提摩太函商变法计划,并将李提摩太的译著《泰西新史揽要》等进呈光绪皇帝。⑤ 他还推荐李提摩太任光绪帝的顾问。梁启超1895年在北京期间曾任李提摩太的中文秘书,他主编的《中外公报》就是模仿《万国公报》的,后来他在《时务报》发表的12篇《变法通议》,其主要思想就是《万国公报》的思想。孙中山也是《万国公报》的读者,并将其《上李鸿章书》交该报发表。《万国公报》对中国知识分子的启蒙,对清末中国的维新运动、革命运动,对中国建立西式教育、彻底废除八股,对政治改革等现代化运动,都有过影响和促进作用。

---

① 方汉奇.中国近代报刊史.太原:山西人民出版社,1981,29~30
② 方汉奇主编.中国新闻事业通史(第一卷).北京:中国人民大学出版社,1992,338~353
③ 戊戌变法(四).上海:上海书店出版社、上海人民出版社,2000,116
④ 戊戌变法(一)上海:上海书店出版社、上海人民出版社,2000,456
⑤ 王树槐.外人与戊戌政变.上海:上海书店出版社,1998,26~31

大量的书籍报刊对中国的维新变法之士产生过直接的影响。据康有为自述,自1879年他就开始认识到西方治国有法度,原因之一是阅读了上海出版的《西国近事汇编》。1882年他乡试返粤途经上海,大购西书。据梁启超自述,1890年他入京会试,归途经上海,购得上海出版的介绍世界的书籍,"读之,始知有五大洲各国"。①

三、直接影响中国的政治

早期一些报刊的创办者、主编、主笔,在鸦片战争期间曾担负军方职务或担任外事活动官员,对中国的政治有过直接的影响。如郭士立随英军北上担任向导和译员,并曾任英国侵略军占领舟山时期的当地行政长官;麦都思曾任英军翻译,随后成为上海工部局第一届董事会董事;裨治文曾任美国侵华海军司令的译员和美国使团的重要成员,参与签订《望厦条约》活动。上海最早的英文报纸《北华捷报》和《字林西报》,被看作英国驻沪领事馆和租界当局的喉舌,有"英国官报"(Official British Organ)之称。②

传教士通过制造舆论和提供情报,影响宗主国的对华决策,比如英、美在华传教士,积极调查中国情报,并写成报告、著作,供本国或驻华官员参考,或利用他们的在华报刊发表意见,影响舆论,从而影响对华政策。《北华捷报》、《上海新报》等发表的诋毁太平天国运动的新闻、言论,影响了美国驻华公使对太平天国的态度,从而导致了美国对华政策的转变。③ 传教士也因此改变了其本国对中国事务的舆论,比如在辛亥革命中他们及相关者引导了舆论,赢得美国舆论对辛亥革命的同情,从而推动政府迅速承认中华民国。美国一位学者曾说过:传教士做的就是帮助改造其本国的舆论。④

四、文化交流的功能:介绍西方文化

西方的哲学、文化、政治制度、科技知识,最早主要是通过外人报刊介绍进来的。如《六合丛谈》,是近代较系统介绍柏拉图、恺撒、荷马这些古希腊、古罗马名人传记的。《万国公报》所刊《译民主国与各国章程及公议堂解》,较早介绍西方三权分立制度。《申报》是近代最早提及达尔文学说的报纸。《格致汇编》则是近代最早介绍电话原理和科学家弗·培根《工具论》的刊物。林乐知在报刊上介绍西学,并归结为三个方面:"一是神理之学,即天地、万物本质之谓也;二曰人生当然之理,即诚、正、修、齐、治、平之谓也;三曰物理之

---

① 康南海自编年谱.梁启超.三十自述.引自张仲礼.近代上海城市研究.上海:上海人民出版社,1990,923
② 方汉奇.中国近代报刊史(上).太原:山西人民出版社,1981,36
③ 邹明德.美国传教士与太平天国时期的美国对华政策.上海:复旦大学出版社,1985
④ 王立新.美国传教士与晚清中国现代化.天津:天津人民出版社,1997,60~132

学，即致推知格物之谓也。"①第三方面即哲学、社会科学、自然科学。

从最早的一批传教士报刊开始，外报就大量介绍西方的宗教、文化、知识。这里仅举《东西洋考每月统记传》为例。该刊开设新闻栏目，介绍西方最新动态；重视经济商贸内容，连载《通商》、《贸易》，介绍《公班衙》(即 company, 公司)，有的结合中国而论，如《论管子之书》，由中国的管子入题，谈经济兴国；有专文介绍欧美政治制度，论述英美民主政治制度，如英吉利国的"国家之政体"，介绍陪审员制度；介绍蒸汽机，蒸汽机发动的轮船和火车，在中外科技交流史上意义重大；刊物连载《东西史记和合》，首次用中文比较中西历史，有"合"之思想。此外还发表了基督教观念的上古史。1837 年有 3 期连载了拿破仑传记，全文约 2500 字，序次分明，内容丰富有据，是最早用中文编写的拿破仑传记。②所刊《华盛顿言行撮略》可能也是最早的中文华盛顿传记。该刊传播了世界各国的地理、历史、宗教、文学、制度、经济、生物、风俗、科学、技术、新闻、行情等知识和资料。这些内容引起中国先进知识分子如魏源、梁廷枏、徐继畬等人的注意，对他们开始放眼看世界起到了重要作用，魏源的《海国图志》和其他学者在著作中多曾广泛引征《东西洋考》的世界地理资料。③

西方传教士办报的影响之一，是通过宗教融合中西文化，宣扬中外友好，鼓吹外国人来华是为中国人谋福利的。林乐知在中国近代第一个从理论上系统论证基督教与中国儒家思想必须融合，他第一个在中国系统地提出了"孔子加耶稣"的理论，认为"儒教之所重五伦，而吾教亦重五伦"，"儒教重五常，吾教亦重五常"。当然这里不排除他们的目的性。林乐知主编的《教会新报》从 1869 年 12 月 4 日至 1870 年 1 月 8 日，连续五期发表《消变明教论》，论证基督教一部分教义与儒家思想的谐和。到 1877 年，绝大多数传教士都赞成天主教与中国儒家思想的融合。1896 年 10 月，德国传教士安保罗在《万国公报》上发表了《救世教成全儒教说》，提出基督教与儒家思想应"彼此相为勉励，齐驱并辔，努力争先"。与此同时，英国牛津大学正式设置了中国学讲座，在中国居住多年的理雅各被聘为第一位教授。1877 年，美国耶鲁大学也设置了中国学讲座，卫三畏担任了第一位教授。④

外报在向中国介绍西方的过程中，给中国封建社会注入了西方资本主义文化，促进了中国逐步演变，促进了中国近代化的进程。外文外报也在一定程度上向西方介绍了中国的文化、国情，只是影响相对要小一些，没有真正做到互动式交流。

---

① 林乐知.中西关系略论.上海：申报馆代印，1882，13
② 黄时鉴.《谱姓：拿破戾翁》序说.东西交流史论稿.上海：上海古籍出版社，1998
③ 黄时鉴.《东西洋考每月统记传》所载世界地理述论.东西交流史论稿.上海：上海古籍出版社，1998
④ 刘国梁.宗教与中国传统文化.北京：教育科学出版社，1990，98

第四章
近代化图景中的国人报刊

鸦片战争以后西风东渐,对中国传统秩序形成了巨大的冲击。在突如其来的西方文化和政治、军事、经济力量的挑战下,中国的传统社会最终崩溃了。

近代新闻传播事业,是在这种背景下由西方人传进中国的。从 1815 年第一份外报《察世俗每月统记传》创刊到 19 世纪末,在近一个世纪的时间里,外报始终在我国的新闻出版界占统治地位,对我国社会的发展产生了多方面、复杂的影响,西方新闻思想逐渐传入中国,中国的有识之士认识到了报刊的重要性,开始了国人办报的实践。从 19 世纪 70 年代到甲午战争前,国人自办了约 20 种近代报刊。除福州、厦门各一种外,其余主要在上海、香港、广州和汉口。19 世纪末 20 世纪初,中国人在国内所办的报刊247种,其中上海78种、北京24种、天津12种、广州36种、武汉15种,五城市集中了全部报刊的66.7%。① 这些中心城市成为新闻事业的主要阵地,中国的改革、重商等思想,都是首先在城市出现、然后传播的。

本章将结合两个框架,即中国近代史研究的"现代化体系"和"革命史体系",对近代中国人自办报刊及其功能进行梳理研究。"现代化体系"将近代史视为在西方冲击下走向现代化(近代化)的历史,"革命史体系"则将近代史视为帝国主义入侵、中国变为半殖民地半封建社会过程和中国人民反抗外来侵略过程的历史。②

近代与现代,在英语中是同一个词:modern。近代化与现代化,也是同一指称(modernization),是指向近代文明变化、向近代文明过渡,有学者认为主要表现在三个方面:生产力方面,手工操作向机器生产的变化;生产方式方面,由封建主义向资本主义的变化;政治方面,由封建专制向资产阶级民主共和的变化。③ 中国近代化,是中国社会资本主义化的历史进程,是传统社会向近代社会的转变,包括经济上工业化、政治的民主化、新的国家家庭关系和价值观念的建立等各个方面。④ 遵从中国的习惯,这一章现代化多以"近代化"指称。

中国近代的知识分子,为寻求中国的现代化进行了不懈努力。其中,报刊传媒作为现代化努力的一个部分,成为现代化的一项指标,也成为现代化的一个工具。近代国人报刊对中国早期现代化起到了一定的促进作用。国人自办报刊是中国资产阶级报刊的萌芽,国人近代报刊的出现,基本上与近代中国资本主义的发展,即近代化相一致。中国早期现代化进程,启动于19世纪60年代的洋务运动,但以1840年后发生的各种历史因素为前提,因此涵盖了1840—1911年这一历史时期。⑤ 早期现代化有其特定内涵:中国开始发生从传统农业社会向现代社会的过渡,工业化、民主化、城市化等关键性"现代性"变量开始陆续显现于中国社会。近代化的进展为近代报刊业的产生和发展提供了条件。

中国在鸦片战争以后就被动地卷入世界体系,中国为挽回衰亡命运而开始了现代化的努力。西方的器物—制度—思想的渐次现代化模式,基本符合清末的情形:先有器物技术方面的革新,即1860—1894年的洋务自强运动;继而有政治制度方面的革新,包括1895—1898年的变法运动和1905—1911年的立宪运动,辛亥革命则是以政体为目标的革命。思想层面的变革直到五四时期,才成为主流。在这些变革中,报刊等新闻传媒发挥

---

① 戈公振.中国报学史.北京:三联书店,1955,119~121
② 徐秀丽.中国近代史研究中的"革命史范式"与"现代化范式".中国社会科学院院报.引自:http://theory.people.com.cn/BIG5/41038/4450849.html
③ 徐泰来主编.中国近代史记.长沙:湖南人民出版社,1989,绪论
④ 吴承明.早期中国近代化过程中的内部和外部因素.市场·近代化·经济史论.引自:http://economy.guoxue.com/sort.php/45/55
⑤ 周积明.最初的纪元——中国早期现代化研究.北京:高等教育出版社,1996,8

了越来越重要的影响。

上海是洋务活动的主要基地,广州、香港等地则是重要的通商口岸,商业活动相对频繁密集,国人自办报刊就诞生于这些地方。

第一节 国人报刊与近代化同步发端

一、近代国人报刊发端于近代化之潮流

国人自办近代报刊的最初尝试,可以从译报、摘报说起。鸦片战争期间,龚自珍、魏源、林则徐等人深感中国对世界的无知,便编撰书籍向国人介绍外部世界。林则徐组织翻译了澳门的 *Canton Press*(《广州周报》)和 *Canton Register*(《广东纪事报》)等外报上的消息和言论,提供给两广总督、广东巡抚、海关监督和军方,并摘其要者抄报皇帝参阅。译稿保存下来的有6册,被称为"澳门新闻纸",内容重点是禁烟和军事。魏源将部分译稿收入《海国图志》,题名为"澳门月报"。这是中国人自办报刊的前奏,这些译报资料对当时的官员有很大的参考价值。林则徐还组织翻译西书,1836年他请人翻译英国人的《世界地理大全》,编辑成《四洲志》,介绍五大洲三十余国地理、历史、政治情况。在对外国的了解和研究的基础上,林则徐逐渐改变了传统的防卫观念,形成了"师敌之长技以制敌"的思想。一部分官绅也具有了世界眼光和近代观念,以学习西方坚船利炮、科学技术为主要内容的洋务运动在中国兴起,翻译西书西报越来越普遍。1868年,中国近代军事工业的"第一厂"江南制造局还专门设立了翻译馆,是近代中国第一个由政府机构创办的翻译机构。该馆翻译了英、法、美、日等国的报刊要闻,后刊印成《西国近事汇编》,一直出版到1899年,成为当时知识分子了解世界大事的重要参考,康有为、梁启超等视之为必读书,对他们改良思想的形成产生过重要的影响。后来康、梁也曾"广译五洲近事"。

近代国人自办报刊的准备,可以追溯到西方人在中国创办的报刊上。早期外国人办的中文报纸,多有中国人参与。鸦片战争后聘任中国人任主笔颇为流行,是按"外国人出钱,中国人办报"的模式进行的。例如第一份中文商业报纸《香港中外新报》(1858年)早期的编辑即为中国人黄胜,该报19世纪90年代转为中国人自己所有。黄胜是我国第一批留美学生,曾在英国人的 *The China Mail*(《德臣报》)学习印刷。此类先由中国人参与编辑,然后转而成为中国人自己的报纸还有《中外新闻七日报》(1871年)[①]、《香港华字日报》(1872年)、《近事编录》(1864年)等。我国第一批自办报纸中影响最大、历史最为悠久的

---

① 经卓南生教授考证,该《中外新闻七日报》并不是单独发行的报纸,而是 *The China Mail*(《德臣报》)的一部分,《香港华字日报》的前身。见中国近代报业发展史:1815—1874(增订版).北京:中国社会科学出版社,2002,153~161

是《循环日报》(1874年),其创办者王韬就曾长期在外报工作。国人在西方人的报刊的工作经历,从新闻理念到编采业务上都积累了相当丰富的经验,为国人自办报刊奠定了基础。

真正由中国人自办的报纸,出现于19世纪70年代以后,是与中国近代化的发端相一致的。近代化的发端,是外国资本主义侵略和世界资本主义近代化潮流的冲击下,激起的中华民族的觉醒和中国社会内部因素的资本主义近代化的要求。① 从某个角度说,中国走的是"外生型"、防御性现代化道路。② 这也可用于解释国人自办报刊出现的动机。同时,人才的积累、西方人带来的近代化的新闻理念、传播技术和办报知识等条件,也使国人办报具备了可能性。

第一份国人自办的报纸,一说是1872年在广州出版的《采新实录》(或称《羊城采新实录》),只是该报失传,已无从考据。一般新闻史认为,艾小梅1873年8月8日创刊于汉口的《昭文新报》,是国人自办报的第一份。该报初为书册状日报,其内容以奇闻轶事、诗词杂作为主。三个月后因阅者少而改为五日刊,不久告闭。当时汉口一地对报纸的需要还不迫切,正如日本记者所记述的,汉口"十人中九人可以说是文盲,到乡间去更为蔽塞不堪,毫无事业之可言。至于新闻一事,更无成立之必要。若谈到新闻纸登载广告,在商人方面,绝无此种思想,在那种情形之下,无论鼓着如何的勇气,怀抱着如何的方法要想经营这样新闻事业,不过是虚掷金钱,付诸流水就是了"③。

香港、上海和广州的条件则比较优越,不仅是贸易中心,而且有相当丰富的外报经验,因此成为早期国人办报的重要基地。上海的第一份国人中文日报是《汇报》,创办于1874年6月16日,创办人容闳,投资者多为容闳的广东同乡,如叶廷眷(上海知县)、唐廷枢(招商局总办)。股东们为避祸求安,特聘英国人葛理(Grey)任名义上的总主笔,实际主持人是广东人邝其照。

容闳年少时就读于澳门马礼逊学校,后与黄胜、黄宽赴美国留学,成为中国近代第一代留学生,1854年从耶鲁大学毕业后回国,从广州辗转到香港再到上海,先后做过秘书、译员、茶商。他赢得了曾国藩的赏识,成为其推进洋务运动的重要成员。他目睹了洋人在中国为所欲为,把持海关、船运、对外贸易直至外交和军事,力主"师夷制夷"的教育救国理念。1872年起中国向美国派遣教育考察团,并同时向美国派送留学生,容闳任留美学生副监督。这些学生中出了著名的工程师如詹天佑,政治家、外交家如民国第一任内阁总理唐绍仪、民国外交总长梁如浩、代理内阁总理蔡廷干,教育家如清华大学创始人、第一任校长唐国安,天津北洋大学校长蔡绍基等栋梁、精英。容闳在近代教育自强的努力中功不可

---

① 徐泰来.关于中国近代史体系问题.湘潭大学学报,1988,(1)
② 罗荣渠.论现代化的世界进程.中国社会科学,1990,(5)
③ 刘望龄.黑血·金鼓——辛亥前后湖北报刊史事长编.武汉:湖北教育出版社,1991,2

没①，办国人自己的报纸，也体现了其舆论自主的理想和使命感。

《汇报》创刊后，即宣布了其不同于外人办报之宗旨："本局为中华日报，自宜求有益于中华之事而言之。故有裨中国者，无不直陈，而不必为西人讳。"早期国人报刊，都表达了这种摆脱外人报刊操纵的强烈愿望。该报多次与外国人办的《字林西报》、《申报》展开笔战，以维护民族利益。该报曾发表专文抨击外人在华的领事裁判权，指责外国人欺负中国人、得寸进尺。它批评过租界工部局的专横政策，也发表过一些兴办洋务、国家富强的言论，并曾转录香港《循环日报》的一些变法自强的论说。国人报刊维护民族利益，华文报的先驱们更将忧国忧民、关注国内外形势并积极发挥舆论作用，视为自己的使命。②

《汇报》日出两张8版，新闻和言论占4版，物价行情、船期、广告等占4版。出版共一年半的时间，其间因官府的禁止、西人所办《申报》等的攻击，经历了股东退股、数次改组，并曾两易其名，第一次是1874年9月更名为《彙报》并请葛理担任名义发行人，1875年7月16日又更名为《益报》，以示对官府有益无害，但最终维持未久。

继《汇报》之后，1876年11月23日国人自办了另一份上海《新报》，主办人是上海道台冯焌光，名义上则是由各省商帮兴办，日出对开1张，初创时为中英文合刊，因很少洋人读者，不久改为纯中文报，同时把报名由横排改为直写，以示与外国人所办报纸之不同，同时也开始刊登文人诗词。当时主笔袁祖志，襄编姚棻、杨兆均，都是江南制造总局翻译馆职员。该报转录京报和辕门抄，刊本埠新闻、各地新闻和国际新闻，一般不论国政和时弊。《新报》发表了不少学习西方科技、兴办近代实业的言论，可以看出中国近代化的时代特征。

甲午战争以前，中国人自办的上海报刊还有《侯鲭新录》(1877)、《词林书画报》(1888)、《飞影阁画报》(1890)、《华洋日报集成》(1891)、《中西文报》(1891)、《艺林报》(1891)、《告白日报》(1891)、《海上奇书》(1892)等。③ 较之同时期的外国人所办报刊，国人报刊力量薄弱，影响不广，直到20世纪初，上海的国人自办报刊才有了重要地位。但早期华人自办报刊，成为中国近代化进程中不可忽视的生力军，也是民族革命中的一支力量。

广州国人自办"新闻纸"的出现可能不会晚于1883年，这年的12月南海、番禺两县曾出告示禁私刊"新闻纸"类印刷品。④ 但目前有据可考的是1884年的《述报》。

《述报》由广州海墨楼石印书局印刷发行，每日4版，一小张，逢十无报。第一、二版为中外新闻，第三版为外国书报译录，第四版为广告、物价行情、船期信息。每月汇编为一卷，名《中西近事汇编》。该报创刊于中法战争时期，因此大量发表战事报道、相关的官方和民间舆论，并发表了不少评论，谴责法国侵略者"悖理横行，不仁不义"，反对"输金议

---

① 容闳.我在美国和在中国生活的追忆.北京：中华书局，1991
② 卓南生.从近代华文报业的演变看华文报的特征与使命.新加坡：新加坡联合早报，2003-2-16
③ 马光仁主编.上海新闻史.上海：复旦大学出版社，1996，81~85
④ 新闻研究资料.第9辑.北京：新华出版社，1981，213

和"、呼吁清朝政府加强战备,认真对付侵略者的进攻,具有鲜明的爱国立场。值得一提的是,《述报》在业务上十分重视图像新闻的报道,每期刊有一幅或多幅石印的新闻插图,与文字新闻穿插编排,以求图文并茂。该报1885年4月3日宣布"停刊"三天,但从此再未复刊,停刊原因不详。①

值得一提的是,中、法战争期间台湾基隆曾遭受侵占,西岸海口被封锁,清廷先派刘铭传驻台办理军务,随后派杨岳斌绕道东海岸登陆援剿。《述报》对于此战役纪事,特别重视采录,极具史料价值。台湾省立台北图书馆藏有此报残帙六卷,虽不完整,数据仍极丰富,堪称研究台湾史事的重要文献,并据此选辑而成3册《述报法兵侵台纪事残辑》共467页,28万字。②

1886年6月24日,广州又创办了国人自办的《广报》,向广东各地、香港、澳门、上海以及新加坡、西贡、小吕宋、旧金山等地发行。创办人是邝其照,他曾为上海第一份国人报《汇报》主持报务;吴大猷、林翰瀛、肖竹朋、罗佩琼、劳宝胜、武子韬、朱鹤等人先后担任主笔。该报设有宫门抄③、辕门抄④、上谕、论说、新闻等栏目,形式与上海的《申报》大致相同。1891年因发表一条某政府要员被参的消息触怒两广总督,被封禁。封禁令指责《广报》"辩言论政,法所不容","妄谈时事,淆乱是非"。邝其照只得将报社迁至沙面租界,由英商必文出面,改名《中西日报》继续出版。之后报纸又迁回广州城内,1900年因刊登义和团战胜八国联军的消息,被英、法等国殖民者勾结广东地方当局查封。同年报纸又改出《越峤纪闻》,但发行受阻,不久停刊。

1891年,广州又出版了国人自办报纸《岭南日报》(*The Southern Times*),内容与编辑方针与《广报》相同,1897年停刊。

表4-1 中国主要城市最早的国人报刊

报纸名称	出版地	创刊时间	创办者	备注
昭文新报	汉口	1873.8.8	艾小梅	初日报,后五日报。出版数月后停刊
循环日报	香港	1874.2.4	中华印务总局	主笔王韬,总司理陈蔼亭
汇报	上海	1874.6.16	容闳	先后更名《彚报》、《益报》。出版一年半后停刊
述报	广州	1884.4.18	不详	出版一年后停刊

---

① 李磊.述报研究.兰州:兰州大学出版社,2002,17~64
② 述报法兵侵台纪事残辑(《台湾历史文献丛刊》第253种).台北:大通书局,1994
③ 宫门抄:清代朝廷内阁将重要政事张榜于宫门外,昭告大众。外省官员欲知中枢动向,便派人驻扎京城,这些人的任务之一就是从宫门口摘录抄出宫廷动态、官员升黜等简短的政治信息,并整理出来速递外省的长官。后来有了报房或专人从宫门口抄出,或刊于各类京报,或单独印刷发售。
④ 辕门抄:清代总督或巡抚官署中抄发的分寄所属各府、州、县的官方文书和政治信息。报房抄录登于报刊上,因其从辕门(这些官署的大门)抄出,故取名"辕门抄"。

二、《循环日报》引领近代变法改良时潮

在早期国人报刊中,办得最为成功、延续时间长、对中国近代化影响最深的,要数香港的《循环日报》。其创办人王韬被称为中国近代变革的镜子。他是19世纪后几十年的改革推动者,是中西两种文明间的调停者。① 西方学者认为,《循环日报》的出现,标志着中国文人投身报界评论时事、中国报纸超越了提供事实的幼稚期。②

香港是中国近代报纸的发祥地,中国第一家中文日报《香港中外新报》及其前身《香港船头货价纸》、第一份由中国人主持笔政并转入国人之手的中文日报《香港华字日报》及其前身《中外新闻七日报》都诞生在这里,两报都于1872年至1873年间改为日刊。而1874年2月4日创刊的《循环日报》,更成为一个里程碑。

香港早期的三家中文报各有特色,也反映了早期华文报业发展的三个阶段。《香港中外新报》及其前身,其形式与内容均借鉴于英文母报。《香港华字日报》及其前身,原本是作为英文报的中文专页出现的。它们"基本上都以西人之利益为依归",虽然都由华人主持编务,实际却不是真正由华人出资、华人自办的中文报。因此《循环日报》被誉为早期中国人自办的中文日报中影响力最大、最具代表性的报纸③,是打破外国中文报刊的全面垄断,使报业史进入中国人开始办报新阶段的范例。

正如新闻史学家所指出的,1857年《香港船头货价纸》问世后的17年里,当时置身于报界的先驱们通过自己的体验与实践,充分地认识到传媒控制权与舆论之间的相互关系。他们深知外资控制下的传媒,言论受到诸多限制。这些强烈的感受与不满的情绪,成为他们决心出资自办报纸的原动力。从这个角度来看,华文媒体的先驱们在向西方学步办报的草创时期,就面对着报纸该为谁服务及如何摆脱外资操权的情况下舆论被操纵的困境。④ 就如王韬,他对清政府常常提出批评,但内心深处是一名爱国主义者,虽然他的爱国思想与改良思想是来自于他早年与西方的接触。⑤

1.《循环日报》的所有权由华人拥有

《循环日报》是中华印务总局创办的,该印务局是王韬与黄胜等人于1873年在集资买下原英华书院的印刷设备后成立的。因此,《循环日报》完全由国人所有,该报也一再

---

① 柯文.在传统与现代性之间——王韬与晚清革命.南京:江苏人民出版社,1996,1
② 费正清.中国:传统与变迁.北京:世界知识出版社,2002,388
③ 卓南生.中国近代报业发展史:1815—1874(增订版).北京:中国社会科学出版社,2002,179~180
④ 卓南生.从近代华文报业的演变看华文报的特征与使命.新加坡:新加坡联合早报,2003-2-16
⑤ 费正清.中国:传统与变迁.北京:世界知识出版社,2002,388

强调:"所有资本及局内一切事务皆我华人操纵,非别处新闻纸馆可比",而其他中文报馆"主笔之士虽是华人,而开设新闻馆者仍西士"。"西学巨擘"①陈蔼亭主持的《中外新闻七日报》在言论上显得较有中国人的意识,编者从一开始就表明要沿着中国人的意向办报,但毕竟不是中国人出资自办的报纸,虽尽量为香港华人的利益着想,却终是停留在民生问题及对港民进行启蒙教育等层次上,而对国家社会未正面提出强烈的主张。它无法摆脱 The China Mail(《德臣报》)及其宗主国的影响,特别是在香港殖民地问题、英法出兵等直接影响英国利益的问题上,它完全站在英国人一边,在一定程度上扮演着英殖民当局的"官报"的角色。只有在对待其他欧洲国家的问题上,才有一定的言论空间。在中国国内的问题上,该报在关系到英国利害的问题时,对清廷政府则极力讥讽抨击。陈蔼亭将《中外新闻七日报》发展为《香港华字日报》,虽然标榜"朝着华人意愿"方针办报,王韬也曾担任主笔,但正如《循环日报》创刊启事所指出的,"开设新闻馆者仍系西士,其措辞命意难免径庭",未能满足当时国人愿望。这份报纸也强调移风易俗,持清议,但在中国近代化时期的影响也不如《循环日报》。《循环日报》特别重视这是一份所有权真正由中国人掌控的报纸,是香港唯一一份"华人资本、华人操纵"的中文报纸。

《循环日报》突出报纸的中国人立场,强调只有由中国人自办的报纸,才能成为保障中国人利益的论坛,真正能代表华人说话。当时华人社会流传着"中国人谈中国事,未免位卑言高"的思想,王韬则要纠正华人社会对报纸的鄙视态度,宣传中国人办中国报的重要意义。他深知西方国家报纸的重要地位,感叹报纸在中国无足轻重,他认为报纸除了作为一般收集传播消息的载体外,还应对政治领域起到种种批评作用。②

《循环日报》的创办人王韬,是中国近代化进程中的一位重要人物,被称为中国早期资产阶级改良主义思想家。王韬(1828—1897),字紫诠、仲弢,自号弢园老民等,江苏甫里人,18岁考中秀才,次年赴南京参加乡试未中,从此他对科举制从怀疑发展到猛烈抨击,摒弃科举而致力于学以经世致用。1849年赴上海,到伦敦布道会所办的墨海书馆任中文编校工作。太平天国运动和第二次鸦片战争期间,屡向清廷献"御戎"、"平贼"等策,未被采纳。1862年底,因被怀疑化名"黄畹"上书太平天国地方官策划攻打上海,遭官方缉捕,被迫逃亡香港,更名"韬"。到香港后,他到英华书院,协助院长理雅各翻译中国典籍,并曾兼任《近事编录》的主笔。1867年至1870年间,随理雅各到英国协助译书,其间游历英、法、

---

① 语出王韬。引自卓南生.中国近代报业发展史:1815—1874(增订版).北京:中国社会科学出版社,2002,162

② 柯文.在传统与现代性之间——王韬与晚清革命.南京:江苏人民出版社,1996,80

俄等国。欧洲之行令王韬大开眼界，了解了西方国家的富强及其历史渊源、现实政治制度。① 他体察到报纸在西方社会生活中的重要作用，认为欧洲各国消息灵通、舆论活跃，与发达的报业密不可分，中国也应广设报馆。1870年返回香港时，他已经成为一位改良主义思想家，成为魏源"师夷长技"主张的继承者。他为《香港华字日报》积极撰稿，在该报连载他编撰的《普法战纪》。1873年起他与朋友黄胜开始筹划自己办报，集资设专营印刷业的中华印务局，在此基础上创办了《循环日报》。1884年王韬离职后，报纸影响渐弱。

王韬将西方报纸的编辑理念嫁接到中国的土壤里，为日后中国报纸的发展打下了良好基础，他所树立的传统，如"民间报刊的空间"、"经济独立"，以及"报纸主办者的人格独立"，成为"文人论证"传统得以保持并发扬的基本条件。②

2.《循环日报》的宗旨与近代化时潮相一致

《循环日报》以"强中以攘外，诹远以师长，变法以自强"为办报宗旨。这与中国的近代化的目标和努力是相一致的。中国的近代化，是从学习西方开始的。西方学者论及中国的现代化（近代化）时指出：对世界大多数国家和亚洲所有国家来说，现代化进程要求他们按照少数国家首先采用的技术模式和制度模式对自身进行修改和调整。现代知识造就的组织形式和生产方式，自愿接受也罢，由武力强加也罢，都在19世纪变成了一股强大的势力。③ 中国近代化的历史进展，是从接触近代知识以及引进这些知识的成果并使之适应自身需要开始的。

王韬在受多年西学的影响和游历欧洲的耳濡目染之后，形成了改良变法的思想，在《循环日报》上大力宣传其变法主张，第一个喊出了"振兴中国"的口号。他以"循环"二字为报名，意为："弱即强之机，强即弱之渐，此乃循环之道也。"他在报纸创刊初期连载的《循环论》，洋洋数千言，极力论述国家之盛衰循环"虽曰天意，岂非人事"，"人事"超过了天意，因此要强大振作，在"王道"之上依势而变。

王韬的《普法战纪》等著述传到了日本，引起重视，他被邀请于1879年访问了日本，共同探讨学习西法的问题。1868—1912年间日本明治维新取得了成功，而中国却每况愈

---

① 王韬坐船经新加坡、槟榔屿、苏门答腊、马来亚、锡兰，入红海天丁湾至开罗，从苏伊士运河进入地中海，到达意大利墨西拿，然后到达法国马赛，登岸抵达巴黎，游览法国后遂由巴黎至海口加莱，从那里渡英吉利海峡，经英国多佛尔，改乘火车到达伦敦，后随理雅各到其家乡苏格兰北境克拉克曼郡亨达利镇之杜拉村。王韬每到一地，都登岸考察当地的民俗风情，将自己的见闻记入《漫游随录》一书中。在英国译书之余，他遍游各地，眼界为之大开。他感受了火车的便捷，参观了电报局，看到了洒水车以及城市居民使用的自来水、煤气等公用设施，享受到了科学技术带来的生活。因此，他主张中国学习西方，扫除封建偏见，重视普及科学文化知识。王韬对英国君主立宪的政体很感兴趣，专门到伦敦英国议院国会参观，多次去旁听英国下议院会议，目睹议员们在议院中自由表达对"大政要务"的看法。
② 王润泽.王韬办报思想西学渊源考.第四届世界华文传媒与华夏文明传播国际学术研讨会，香港：2005
③ 吉尔伯特·罗兹曼.中国的现代化.南京：江苏人民出版社，1998，24

下。日本也曾被迫与西方列强签订丧权辱国的不平等条约,但在几十年内学习而且赶上了西方的先进制度与技术,1905年还打败了世界强国之一俄国。王韬到维新运动中正锐意进取的日本游历后,更坚定了变法的主张。

从1874—1884年这10年间,王韬用遁窟废民、天南遁叟、弢园老民、欧西寓公等笔名,在《循环日报》上撰写《变法》(上、中、下)、《变法自强》(上、中、下)、《尚简》、《治中》等数百篇政论文章,系统地宣传了他的"变法"主张,提出了变法图强的纲领。发展资本主义的时代潮流不可逆转,中国只有变法,才能适应时代的变化,顺应时代潮流。王韬主张"渐变"、反对"速变"。他以史为鉴,认为在眼前社会封闭、民智未开、长期不变的国情下,大多数中国人必然难以承受"突变",变法太速可能招致动荡不安,所以在目前条件下只有渐变,才能稳当有益。

关于变法图强的纲领,王韬强调,要在变法改良的基础上,治理中国内政,变革封建专制政体及其制度,仿效英国式的资产阶级君主立宪政体,进而建立新的资产阶级的国体。王韬认为,英国的立国之本就是"上下之情通,君民之分亲"的君主立宪政体,若把英国立国之本当作是船坚炮利、工商发达,是肤浅的、错误的。

那么,如何在中国通过变法,建成君主立宪政府,使中国成为一个繁荣富强的国家呢?王韬提出了一系列的改良主张。

在政治方面,王韬提出:第一,要"重民",以民为重,开言路,启民智,得民心,这样才能进而建立资产阶级的"君民共主"的政治体制。这是对当时封建政治体制的大胆否定,对几千年封建王朝思想不啻为一声惊雷。值得一提的是,在通民情方面,王韬特别提出在省会设立报馆就可以通上下之情、通中外之情。第二,裁撤冗员,清理仕途,改革律例,简化繁文。

在经济方面,王韬全面系统地提出了发展资本主义的主张。他看到西方各国工商致富、日臻繁荣富强的景象后,对传统经济领域中"农本商末"、"重农抑商"的观点进行了批判,提出了"商为国本"的新经济思想。因此经济改革的重心应放在工商业上,具体改革措施包括:一开矿源;二兴办纺织工业;三建立铁路、轮船等近代交通业,以促进资本主义工商业和国内外贸易的发展;四设立保险公司,鼓励人们投资工商业尤其是商业运输的积极性,夺回外国在华保险公司的高额利润;五采用"公司"这一经济实体把分散于各地之财聚为一股强大的经济力量,来参与同西方的竞争,而旧式传统的生产方式已经不能适应新式资本主义发展的需要;六设工商业管理总机构,协调和促进资本主义工商业发展的作用。这些主张,与当时刚刚开始的中国近代工业、商业等近代化发展模式,有一致之处,而且比实践站得更高、更系统、更宽阔。

在文化教育方面,王韬提出要改革旧的取士和科举教育制度。废除八股取士的科举制,代之以"科甲"(经学、史学、掌故之学、词章之学、舆论、格致、天算、律例、辩论时事、直言极谏)和"保举"(将孝悌贤良、孝廉方正、德著行修、茂才异等之人选举出来)并行。同时改革旧式书院为新式学校,让士子掌握各科知识,有真才实学,各成其材。王韬的改革主张,实质上是要培养有实学和技能的科技人才,为发展资本主义经济及与之相适应的政治革新服务。

王韬在军事、外交等各个领域,都提出了一系列的改革主张。他对政治、经济、文化等各个领域的论述,基本上就是一个国家近代化(现代化)的基本内容。他把发展资本主义经济、改良中国政治文化制度、抵制外国资本主义侵略与振兴中国联系在一起,希望中国成为一个资本主义强国,对中国正在寻求的近代化之路,有重要的方向性意义,对正在进行中的自强求富的洋务运动有重要的影响,是90年代维新运动的先声,也对后来的革命运动有一定的影响。据革命党人陈少白口述的《兴中会革命史要》记述,1894年孙中山在北上给李鸿章上书宣传改良的途中逗留上海,结识了王韬,王韬帮他修饰上书,并给李鸿章的一位幕僚写信引荐。①

《循环日报》成为近代中国最早传播资产阶级变法维新思想的报纸。它也最早重视报纸对近代化的影响,视之为通上下之情、通中外之情的信息和舆论工具,在政治、经济等各个领域的发展中都有重要的功能。王韬及其《循环日报》对中西文化交流也作出了重要的贡献。②

3.《循环日报》首创了一种以政论为灵魂的近代化报纸

《循环日报》的新闻占全部篇幅的三分之一,分京报选录、羊城新闻、中外新闻三栏,最精彩的则是其政论,是中国报刊史上第一份以政论为主的报纸。《循环日报》的前十年,几乎每天都有由王韬执笔的政治评论专栏(论说),这些论说立论精辟独到,开创政论风气,在国内外产生了很大的影响,《循环日报》由此成为中国近代第一份以言论著称的报纸,王韬也被公认为我国第一位报刊政论家。

《循环日报》之前的中文报纸也设有言论栏,但其内容和数量难与《循环日报》相比。《循环日报》的评论,与《香港中外新报》、《香港华字日报》的评论有着明显不同,而读者从这三家报纸立论的差异与演变,可以清楚地看出传媒控制权与舆论之间的相互关系。③

《循环日报》揭开了"文人论政"的政论报纸的序幕。报纸终于成为中国人自己论政的讲坛,积极介绍西方新知识、新制度及经常转录西方、外报的言论,批判外报的任何侵害中国主权的言论。与此同时,该报主张驻外使臣搜集外国报纸的言论,并将之译为华文寄呈总理衙门,从而使朝廷洞悉外情,而达到"通外情于内"之目的。

---

① 陈少白口述.兴中会革命史要.上海:上海人民出版社,1957
② 谢骏.王韬在近代东西文化交流中的地位.兰州:兰州大学出版社,2004
③ 卓南生.从近代华文报业的演变看华文报的特征与使命.新加坡:新加坡联合早报,2003-2-16

《循环日报》每月另出月报一册,择重要新闻和评论汇编而成,单独发行。王韬的论说精华,后来则收入《弢园文录外编》共12卷中。

《循环日报》的政论,对当时的洋务运动和之后的维新变法运动,都产生过重要而较广泛的影响。该报发行较广,包括粤东省城故衣街恒和宝号、沙面瑞记洋行、东莞城胜聚宝号、厦门怡记洋行,还有上海、镇江、汉口、澳门、日本、西贡、新加坡、旧金山等地区。该报的读者不仅来自香港,更有相当一部分来自中国大陆(以广州及华南地区为主),读者群也包括了大陆的中国商人、英国商人、中国官员及知识分子。《循环日报》的言论,普遍受到中国官员的注意。上海的《申报》,还经常引述《循环日报》的新闻和评论。康有为、梁启超都曾是该报的读者。

19世纪80年代前后,香港又相继出现了几份国人报刊。陆骥纯1879年创办《维新日报》(1909年改称《国民日报》),罗鹤明1885年创办《粤报》,谭奕翘1886年创办《捷报》,中华印务总局1889年创办文摘性期刊《日报特选》。1883年,英国人罗郎创办的中文日报《近事编录》也转入香港的国人之手。这些报刊维持几年到三十多年不等。

三、甲午战争之前国人报刊的方针、功能与理念

从19世纪70年代第一份国人报刊出现到甲午战争前,国人自办了约20种近代报刊。除福州、厦门各一种外,其余主要在上海、香港、广州和汉口。这些报业实践,也更新了报业的理念,发展了国人对于报刊的目的、功能、办报方针、新闻自由、职业观念等方面的认识。早在林则徐、魏源和太平天国将领洪仁玕的论述中,报纸的地位和功能就得以阐释。而报人王韬、郑观应等,则首次较系统地提出了报业的相关理论。王韬在《倡设日报小引》、《本局日报通告》、《论日报渐行于中土》、《论各省会城宜设新报馆》、《达民情》、《论中国自设西文日报之利》等文章中,郑观应在其《盛世危言》的专论"日报"中,论述了诸多方面的问题。王韬是最早提出言论自由的要求的中国报人,他按照西方自由的观点,认为自古圣贤都乐于征求民意,中国人论中国事不但未有不宜之处,而且应该受到鼓励。朝廷应当放宽言禁,允许民间创办报纸,允许报纸"指陈时事,无所忌讳","言之者无罪,闻之者足戒"。

结合早期的国人报刊实践,总结国人报纸的方针定位、功能特点和理念,主要有以下一些方面:

1. 早期国人报刊的办报方针、定位①

早期办报的国人先驱,对于报纸的定位,已经有了较为明确的认识:

---

① 卓南生.从近代华文报业的演变看华文报的特征与使命.新加坡:新加坡联合早报,2003-2-16

第一,国人报刊作为西学东渐与商品经济刺激下的产物,充分认识到报纸具有出售包括"商业信息、船期"及国内外消息的商品特性。同时,它与普通商品不能画等号,因为报纸还负有社会的使命。

第二,以"为华人社会服务"及"维护华人利益"为标榜或号召。

第三,重视移风易俗、开启民智,介绍包括西人、西学的新知与教育民众的工作。

第四,将忧国忧民、关注国内外形势并积极发挥舆论作用,视为自己的使命。

在确定报纸定位的基础上,报业先贤们提出了其办报的工作方针。王韬在引进和借鉴西方近代报纸的概念和经验时,提出了这样的一些看法:

第一,报纸的报道必须忠实与详尽,有所根据,不应杜撰或夸张。

第二,报纸的评论必须客观与公正,而且应该"隐恶扬善",达到教育民众、移风易俗之目的。

第三,为了杜绝部分报人滥用报纸的影响力,可以仿西方国家制定报纸法令,对报人之权力予以适当的限制,但却不能因此而扼杀新闻自由,因为"防民之口甚于防川"。

第四,报纸的文风应当是"直抒胸臆"、明白畅达。王韬说:"知文章所贵,在乎纪事述情,直抒胸臆。俾人人知其命意之所在,而一如我怀之所欲吐,斯即佳文。至其工拙,抑末也。"他痛恨当时盛行的桐城派古文,言辞激烈抨击其"时文不废,天下不治"。

第五,报纸对于其从业者要"慎加遴选",需要知识广博的"通才",报纸主笔更要"绝伦超群者"。从事报业者应当品德高尚、持论公平。对于不负责任,"挟私讦人、自快其忿"的报人与报纸,读者应予以抵制和摒弃。

2. 早期国人对近代化报纸功能的认识

第一,国人兴办报业,有助于维护国家的利益。早期报业先驱充分地认识到传媒控制权与舆论之间的相互关系,他们深知外资控制下的传媒,言论受到诸多限制,他们怀着强烈的感受与不满的情绪,决心自办报纸。他们在向西方学步办报的草创时期,就面对着报纸该为谁服务、如何摆脱外资报刊控制舆论的困境,渴望自己出资办一份真正为华人说话、为华人服务的报纸。有新闻史学家认为,早期中国近代报业史,其实就是一部中国人要求摆脱外国势力对传媒的控制,争取言论自由,从而表达国家民族意识的斗争史。当第一代办报的国人在争取并掌握传媒这项工具之后,即逐步地发挥了忧国忧民、要求改革的舆论作用。①

第二,报纸是"广见闻"、"通达时务"的工具。王韬等人都认识到,中国要适应世界大势,必须兴办报业,借助报纸传递关于世界变动的信息,使国人了解天下大事,以"广见

---

① 卓南生. 从近代华文报业的演变看华文报的特征与使命. 新加坡:新加坡联合早报,2003-2-16

闻",改变过去那种耳塞目瞽、囿于一隅的局面,从而对变化的世界作出适时的反应。郑观应的《盛世危言》在《日报》里说:"士君子读书立品,尤贵通达时务,卓为有用之才。自有日报,足不出户庭而周知天下之事,一旦假我斧柯,不致毫无把握。"

第三,报纸应当"通上下",担负"上情下达,下情上达"的桥梁功能。这是王韬办《循环日报》时提倡的报业使命。

王韬认为,君民相隔、上下不通,是君主专制制度的一大弊病。"民之所欲,上未必知之而与之也;民之所恶,上未必察之而勿之施也。"而报纸可以使"民隐得以上达",只要在各省省会设立报馆,就可以"一知地方机宜","二知讼狱曲直","三辅教化之不及",使报纸成为"博采舆论"的工具。报纸还可以使"君惠得以下逮",报纸宣扬君王的恩德,传播朝廷的政令,使"君民上下互相联络","上下同心,相与戮力",国家才能长治久安、国运兴隆。

第四,报纸与外交有着密切的关系,是"达内事于外"的媒体,是西方人了解中国的重要窗口。王韬认为,在中国之"西方日报往往借事生风,冀幸中国之有事以为荣",为了杜绝这类事情发生,他建议中国人还应当办西文的报纸,以让欧美人士知道中外关系的真相。

王韬指出:"今西国臣之在中国也,动恃一己之见辄肆欺凌,彼国朝廷多未之知也。夫中西之所以隔阂者,原以语言文字之不同耳。每岁西人在中国所行之事,其有关于中外交涉或未循乎约章,显悖乎和谊者,不妨备刊日报,俾其国人见之,庶知选事生衅者,咎不在华人而实在西人也。此所谓达内事于外也。"①

第五,运用报纸进行舆论监督,可收整饬吏治之功效。② 郑观应的《日报》篇认为,官员若有过失,报纸即直言指斥,"是非众著,隐暗胥彰,一切不法之徒,亦不敢肆行无忌矣"。王韬认为,报纸可以监督司法,从而知讼狱之曲直,"若大案所关,命采访新报之人得入衙观审,尽录两造供词及榜掠之状,则虽不参论断,而州县不敢模糊矣"。

第六,报纸有扬善抑恶的社会教化功能③。王韬在论及各省会应当设报馆时,特别提及此项功能:"乡里小民不知法律,子诟其父,妇谇其姑,甚或骨肉乖离,友朋相诈,言寿张为幻,寡廉鲜耻,而新报得据所闻,传语遐迩,俾其知所愧悔,似亦胜于间胥之觥挞矣。"王韬认为,报纸能够扬善抑恶,让人知对错、知廉耻,从而起到教化作用。

3. 早期国人报刊的特点

首先,国人报刊的创办者身份多样,但都受过西方影响,是得风气之先者。他们中有忧国忧民的知识分子,有新生的买办、绅商,也有洋务派官员,总体上都可以称作地主阶级

---

① 王韬.使才.弢园文录外编.郑州:中州古籍出版社,1998,112
② 陈玉申.晚清报业史.济南:山东画报出版社,2003,68
③ 陈玉申.晚清报业史.济南:山东画报出版社,2003,68

开明派，或由地主阶级转向改良资产阶级的人士。他们的共同之处是，他们都在中国的最先开放的城市，最早接受西学，接触西人、西事，有的还被称作西学巨擘。其中的报业从业者则多在外报从事过新闻实践，有相关的经验积累。上海第一份民办报纸《汇报》的创办者容闳，香港《循环日报》的创办者王韬，都是深受西方熏陶、最早开阔眼界的中国人。从某种意义上说，近、现代化就是西化，中国的近代化报刊就是西学东渐的产物。最早的办报者都是当时中国近代化过程中的栋梁、先导。在西方国家，实现近代化的任务始终是由资产阶级承担的，在中国，情况则不然，直到 19 世纪 60 年代中国社会还没有出现资产阶级，近、现代化的任务落到了地主阶级开明派即洋务派身上。①

中国近代的洋务运动，根本目的在于用近代的军事技术和近代的工业生产力维护其封建独裁统治。清政府所推行的现代化并不是国家和社会的现代化，而是谋求由清政府单独地掌握近代的军事技术和近代的工业生产力，以期维护其独裁统治，因此追求的是官僚垄断资本主义现代化。② 这样的背景，造成一个特别的现象，即：早期办报的国人，多与洋务派联系紧密。上海《新报》的创办者冯焌光是当时有名的洋务派官员，上海《汇报》的主办者容闳是获得了曾国藩和李鸿章支持的归国留学生，不少绅商、买办都与洋务派官员关系密切，有的还是洋务官员的幕僚。当时曾国藩幕府、李鸿章幕府中有一些就是热心办报的人，如早年在香港从事办报活动的伍廷芳。另外，早期国人报纸，为了避免清廷和地方官府的威虐迫害，有的请外商出面、挂洋旗办华报，有的迁入租界出版，有的长期与外报"合办"。

报刊主办者的背景决定了他们所办报纸对洋商和洋务派集团的依赖关系。外人出资、中国人主办的《香港中外新报》《香港华字日报》在相当长的时间内保留着与其英文母报"合办"的名义，上海《汇报》特地找了一个叫葛理的英国人来当名义上的"总主笔"，上海《新报》的一部分经费出于监管洋务的上海道库，后来又接受江南制造局的津贴③，广州《广报》被封后迁入租界更名出版。中国资产阶级先天不足的弱点，在他们的办报活动中也得到了充分的体现。

王韬的身份比较特别，他是不容于官府的流亡者，多年寄居传教士洋人门下，因此不属于当时中国的精英群体，在当时的社会和思想界扮演的是"边缘人"的角色。因此，他从早年的多次热心给上海道和江苏省的官员"上书"，到《循环日报》时的言论，在官方并未有什么回应。在 1895 年甲午战争以前，像他这样的少数改良资产阶级知识分子的呼声，并没有激起多少波澜。"除少数几个在位的学者官员和一些在通商口岸处于边际地位的人

---

① 参见胡滨.从洋务运动看中国早期近代化的特点.中国近代化与洋务运动.济南：山东大学出版社，1992
② 严立贤.中国近代早期现代化模式的滥觞(1).国学网，http://economy.guoxue.com/article.php/385
③ 方汉奇.中国近代报刊史.太原：山西人民出版社，1981，62

物之外,西方的影响几乎没有渗透到中国的学术界"。① 当时供职于报馆、以文为生,是穷困失意的表现,左宗棠甚至说:"江浙无赖文人,以报馆为末路。"王韬能走上英国牛津大学的讲台,受日本学者的追捧,但当时在"官本位"的国内却没有什么地位。他在中国社会和思想界真正发挥影响,是在甲午战争之后的维新变法时期。

第二,这些报刊都主张发展资本主义工商业,积极宣传当时的洋务运动、宣扬变法图强思想,在中国的近代化进程中发挥了先锋作用。在近代中国,帝国主义的侵略势力和封建主义的束缚不解除,要实现近代化就只能是个幻想。② 国人报刊某种意义上说,担负了从思想上和理论上清除近代化障碍的责任。洋务思想家虽不敢也不可能触动封建专制统治的根基,但他们在报刊上提出了"西学中源"论,倡导借鉴西方先进的东西"以夷制夷",为洋务运动、为近代化的发展起到了舆论宣传作用,更对后来的维新思想家和资产阶级革命派产生了巨大影响。国人报刊对洋务运动中日益暴露的弊端还进行了揭露和批评。

第三,早期国人报刊,不仅是出于论政的需要,同时也已经是一项经营业务。从内容来说,报纸不仅刊载新闻、言论,还刊载商品行情、船期信息和广告,商业意味浓厚。《汇报》每日8版,广告与文字各占一半。《循环日报》的第三四版也固定为航运信息和广告。这一时期的报刊,多数是私人集资合股而办,属于资本主义私营性质的民办报刊。可以说是中国的近代化大潮,促成了近代化国人报刊的产生。虽然国人报刊力量弱小,资金不足,但它们已经是中国早期资本主义经济的一个组成部分。

第一批国人报刊数量有限,发行不广,寿命不长,总体来讲社会影响并不大。一方面封建专制政府实行言禁政策;另一方面并未能打破外报的垄断,往往挂着洋牌,托庇于租界,官府和外国人都对国人近代报刊进行压制、排挤。然而国人报刊在新闻史上的地位、在报业近代化中的作用却是不容低估的。它们宣扬了近、现代化思想,倡导向西方学习,为中国的洋务运动起了舆论作用,为后来的维新运动起到了思想先导的作用。国人报刊也纳入资本主义经济、走商业化路线,报人的专业化地位也逐渐确立。

中国近代报刊,正如中国未竟的近代化事业,都还处在起步阶段,尤其是国人报刊,其近代化程度远不如外国人在中国的高。近、现代化的报业,以现代印刷技术和经济条件为基础,以言论自由为根本,以企业化、大众化、集团化等为标志,这在当时的中国还无法实现。在西方,新闻传播媒介是实现近、现代化的必不可少的条件之一,也是现代化实现程度的重要标志,其自身的发展历程甚至可以被认为是一国现代化进程的一个缩影。近代国人报刊的出现,是中国近代化努力的必然结果,也在近代化继续发展的过程中起着独特的作用,"媒介一经出现,就参与了一切意义重大的社会变革——智力革命、政治革命、工

---

① 张灏.梁启超与中国近代思想的过渡(1890—1907).南京:江苏人民出版社,1997,3
② 吴承明.近代中国工业化的道路.文史哲,1991,(1)

业革命,以及兴趣爱好、愿望抱负和道德观念的革命"。① 国人报刊是为了中国的变革而诞生的,无疑,它的努力对中国政治、经济、文化领域的近、现代化都产生过重要影响。从某种程度上来说,也可从国人报刊中管窥中国早期现代化努力的得与失。传媒的状况是衡量近现代化发展状况的重要指标。早期国人报刊的现代化程度不高,也成为中国政治、思想等领域变革的瓶颈之一,报刊不能进入大众化阶段,中国的思想革命就只会局限在少数精英阶层,以至于在结束君主制、推翻旧的王朝后,中国大众社会的思想和意识在很长时期内还停留于封建时代,直到五四运动时期,思想革命还未能大众化。

真正在社会上引起广泛影响的国人近代报刊,是由资产阶级维新派创办起来的。

第二节 报业与近代政制改良:维新报刊主导的国人办报热潮

1894年到1895年,日本为了吞并中国邻邦朝鲜并向中国扩张,对中国发动了侵略战争,即甲午战争。日本长期学习中国文化,一直被中国人视为"蕞尔岛国"、"东夷小国",但在历时近10个月的战争中,中国却惨败于日本,号称"东方第一"的北洋水师全军覆没,几十万中国军队溃不成军,日军侵入中国本土,肆意烧杀掳掠,清政府被迫与日本签订了丧权辱国的《马关条约》,割让台湾全岛及附属岛屿、澎湖列岛、辽东半岛给日本,赔偿日本军费二万万两白银,开放沙市、重庆、苏州、杭州为通商口岸,允许日本在这些口岸开设工厂、输入机器。

甲午战争的失败惊醒了整个中国,成为近代史上一次有象征意义的事件②,也是近代新闻史上的标志性事件。甲午战争之前,中国社会的近代化只在少数犹疑的洋务派中徘徊,国人报刊也只是少数洋务派人士和没有地位的文人的阵地。甲午战争后,主张变法维新的资产阶级改良派正式登上了中国的政治舞台,维新变法迅速发展成一股汹涌的社会思潮,维新运动席卷神州大地。报刊成为爱国的、有政见的知识分子的宣传和舆论阵地,报人的身份开始转型,维新派政治活动家成为办报的主角。在戊戌维新期间,全国兴起了第一次国人办报的热潮,引发了近代中国第一次思想解放的潮流。康有为、梁启超、严复、汪康年等人在这次国人办报高潮中发挥了重要影响,他们怀着政治理想组织学会、创办报纸,把报纸作为开展政治活动的工具,使报纸与政治运动、政治团体缔结了密切的关系。维新派创办的《万国公报》、《中外纪闻》、《强学报》是第一批中国政治团体机关报,成为开展维新变法活动的重要工具。

据不完全统计,1895—1898年间,全国出版的报刊有120种,其中80%以上是国人自

---

① 威尔伯·施拉姆,威廉·波特.传播学概论.北京:新华出版社,1984,19
② 葛兆光.1895年的中国:思想史上的象征意义.开放时代,2001,(1)

办的;报纸种数增加了3倍以上,"报馆之盛为四千年来未有之事"。国人报刊遍及全国的各主要城市,冲破了封建统治者的言禁,打破了外报在华的垄断地位,成为中国社会舆论的主要力量,促进了维新运动的高涨。同时,维新派报纸都重视介绍西方文化和科学技术,提倡新学。这次国人办报高潮,使报纸的大众化程度得以提高,报人的社会地位也得以改善,国人报刊向近、现代化又迈进了一步。值得一提的是,维新运动时期,中国出现了最早的近代公共领域,这是近代化的重要产物。中国以报纸和学会为核心形成了公共交往和公众舆论的基本空间。1896年《时务报》的创办则是一个标志,《时务报》为代表的中国近代报刊业多以政论为灵魂,公开议论国事,对社会变革和公共事务发表自己的看法,在建构现代民族国家的过程中,起到了十分重要的作用。[1]

"百日维新"期间,光绪皇帝接受维新派人士的建议,把兴办报纸作为新政的内容之一,将上海《时务报》改为官报,并肯定报纸的功能,鼓励士民办报,放宽言禁。慈禧太后发动戊戌政变后,光绪皇帝被囚禁,"六君子"被诛杀,清朝裁撤《时务官报》,下令全国报馆一律停办,并捉拿各报主笔,报坛变得血雨腥风,维新运动中新办的报纸全部被封或被迫停刊,只剩下少数托庇于租界和改挂洋商招牌的报纸。中国近代史上第一次办报高潮随着变法运动的失败而受重挫,报业的近代化与国家的近代化进程同步受阻。

维新时期的报刊,影响不只在政治变革方面,它们对中国思想文化、经济和社会生活等领域都产生过重要影响。而对于中国的变迁而言,最大的影响还在于政治方面。维新时期的报刊虽然有始而无终,但它们为随后的资产阶级革命运动奠定了思想基础,起到了社会动员的作用,正如王韬等的超前思想为维新运动作了一定的思想准备一样。维新运动为清末的新政起到了铺路作用,从1905年开始,戊戌维新中由维新派提出但遭到反对的改革思路和部分措施重新受到重视,由政府官员再次向中央提出,与此同时,宪政改革也粉墨登场。

一、维新报刊,政治之喉舌

在维新变法如火如荼开展的同时,国人自办报刊也第一次形成了办报高潮。1895—1898年,全国报纸数量大幅度增加。从图4-1可以得其梗概:[2]

这一时期的报刊分布面广至全国20多个城镇,其中上海最多,有40多种,其余依次为浙江、湖南、广东、江苏、北京、四川、天津、澳门、广西、陕西、安徽、江西、香港等地。这些分散各地的报刊,政治倾向并不完全一致,但在内容上基本是围绕着变法维新、救亡图存这一时代主题展开的。

---

[1] 许纪霖.中国早期现代化中的公共领域.光明日报,2003-1-21
[2] 根据方汉奇主编.中国新闻事业编年史(上).福州:福建人民出版社,2000所列数据自制的图表

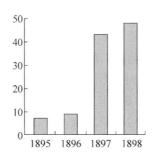

图 4-1　1895—1898 年新增报刊数量比较

1. 第一批机关报诞生，办报成为政治改良的工具

维新运动是从"公车上书"开始的。维新派一开始就把办报、译报当作政治改良的重要内容，强烈要求冲破封建专制统治的言禁，实现言论自由、办报自由。维新派领袖康有为在"公车上书"中，向皇帝提出了其变法维新主张，其中包括兴办报业：

> 近开报馆，名曰新闻，政俗备存，文学兼述。小之可观物价，琐之可见士风。清议时存，等于乡校；见闻日辟，可通时务。外国农业、商业、天文、地理、教会、政律、格致、武备，各有专门，以为新报，尤足以开拓心思，发越聪明，与铁路开通，实相表里。宜纵民开设，并加奖劝，庶裨政教。①

康有为之后给皇帝的上书中，几次提到设报馆事。维新派也是通过报刊来动员社会的。他们的动员主要还在精英层：一是皇帝；二是士大夫。他为了"广联人才，创通风气"而办的报刊，客观上对民众也产生了影响。康有为将办报作为其政治改良的手段，先后在北京、上海、澳门等地创办了 30 种报刊。戊戌变法前的《万国公报》、《中外纪闻》、《强学报》、《时务报》、《知新报》等著名改良派报纸，都是在康有为的直接领导和策划下创办的。

康有为(1858—1927)，字广厦，号长素，广东南海人，从小受到严格的传统教育，11 岁即在祖父的官舍"频阅邸报，览知朝事"。22 岁第一次游历香港，25 岁考试落第后路经上海的经历，使他大开眼界，并收集了大量的西书西报用心研读。1891 年他在广州创办长兴学舍，收徒讲学，培养了一批维新骨干，包括梁启超、麦孟华、徐勤、何树龄等人。受甲午战败的震撼，1895 年 5 月 2 日在参加北京会试期间，他联合全国 18 省在京应试的 1200 多名举人，发起了"公车上书"，要求朝廷变法维新。他把办报当作政治运动的手段，首开"政治家办报"的模式，利用办报为维新社会活动宣传鼓吹，其后我国政治家办报的传统由此

---

① 　汤志钧.康有为政论集(上).北京：中华书局,1981,132

而开。他还把办报当成产业来经营,为维新运动提供联络场所和活动经费,是报刊近代化的积极推动者。

中国资产阶级改良派出版的第一份报刊《万国公报》,就是康有为筹办的,1895 年 8 月 17 日创刊于北京。该报的经费由康有为、陈炽等筹募,康之弟子梁启超、麦孟华担任编辑。报纸名称"拷贝"了外国传教士在上海办的《万国公报》(当时已隶属于广学会),因康有为当年十分追捧该报、接受了该报的重要影响,而且该报当时在士大夫中有广泛影响,袭用此名有利推广新报。当时北京没有铅印机器,报纸便委托民间报房用木版印刷,每两日出报,不署出版时间及地点,自撰文章均不署名①,随《京报》由报贩免费分送各级官绅,起初每期千余份,最多时送出过约 3000 份。

《万国公报》每期有论文一篇,除了转录上海《万国公报》及其他报刊的文章外,梁启超、麦孟华等自撰的文章都不署名。文章主要是表达变法维新的强烈要求,宣传富国强兵之道、国家振兴之源、养民教民之法②。

在报纸渐具影响、"舆论渐明"、士大夫"渐知新法之益"之后,康有为、梁启超、文廷式、陈炽等联络部分官僚士大夫和知识分子,于 1895 年 11 月在北京成立强学会,陈炽为会长,梁启超为书记员。强学会名义上是讲求自强之学的学会,正如梁启超后来称之为"政社"③,实际是一个带有政治性质的组织,每 10 天聚会一次。学会成立后,"先以报事为主",将《万国公报》转为机关报,在广学会李提摩太建议下,报名改为《中外纪闻》,以免两同名报相混淆。12 月 16 日,《中外纪闻》正式出版,康有为亲自题写报名。报纸仍为双日刊,署有出版时间,木版印刷,每册 10 页,4000 多字,由强学书局刊行,发行地点在北京宣武门外后孙公园。梁启超、汪大燮仍主持编务。报纸大量收受了袁世凯等达官贵人的捐款,经济实力雄厚了,内容也更为丰富。康有为在《中外纪闻》发表了维新派的政治宣言《京师强学会序》,号召全国知识分子以德国和日本为榜样,开展维新运动,以救亡图存。文章写得慷慨激昂,扣人心弦,是一篇重要的维新派政治宣言,"读之者多为之泪下"。除论说外,报纸增加了外电、外报选译、阁抄、国内各报摘录,同时介绍西方国家的情况和自然科学知识,言论也考察各国强弱之原,评论中西社会得失,提出政治建议。

北京的强学会活动和报纸引起了封建顽固派的注意和反对,康有为便南下上海,1896 年 1 月创立上海强学会。成员除康有为外,包括大批江南名士,几乎囊括了江浙的维新派人士。1 月 12 日,其机关报《强学报》创刊,由康有为之弟子徐勤、何树龄主编,每 5 日一期,铅字排印,竹纸印刷,页数不等,免费派送。《强学报》的政治色彩比北京的两份报纸更为鲜明,大张旗鼓地倡导变法维新。创刊号不用大清年号而用孔子纪年,并提出:"千年

---

① 从报名以及不署出版时间、地点等项,可以推测其用意:利用旧《万国公报》已有的影响
② 陈玉申.晚清报业史.济南:山东画报出版社,2003,74
③ 梁启超.鄙人对于言论界之过去及将来.北京:中华书局,1989

一大变,百年一中变,十年一小变……穷则变,变则通,通则久,不变则不能久矣。"第二号并明确提出"明定国是"、"开议院、立议员"等激进的政治主张。

维新派学会的成立及机关报的出版,引起了封建势力的恐慌和仇视,据梁启超1912年作的《鄙人对于言论界之过去及将来》演讲,《中外纪闻》"谣诼蜂起,送至各家门者,辄怒以目,驯至送报人惧祸,及悬重赏亦不肯代送矣"。1896年1月20日,北京强学会和《中外纪闻》被朝廷封禁,当时《中外纪闻》共出18期。上海强学会也于1月25日被张之洞勒令解散,存在了14天,出版了两期、第三期印好还未及发行的《强学报》也停办。

强学会及其机关报虽然被封建顽固派和洋务派扼杀了,但它们已经具有了重要的影响。强学会的成立,标志着酝酿了数十年的变法维新,已由思想宣传转变为了有组织的政治活动。其机关报的出版,冲破了封建言禁,开风气之先,为即将到来的国人办报高潮拉开了序幕。中国的知识分子怀着政治理想组织学会、创办报纸,把报纸作为开展政治活动的工具,使报纸与政治运动和政治团体缔结了密切的关系。

2.《时务报》:维新派的耳目喉舌

1896年夏,维新派活动重新活跃,办报活动也被推向了高潮。其间的标志性事件,是1896年8月9日《时务报》在上海创刊。

《时务报》由汪康年、黄遵宪、梁启超等人发起创办,旬刊,册报,每册30多页,约3万字,连史纸石印。内容设"论说"、"谕旨恭录"、"奏折录要"、"京外近事"、"域外报译"等栏目,另附各地学规、章程等。初期汪康年任总理,梁启超任撰述(主笔),英文翻译张坤德,法文翻译郭家骥,日文翻译古城贞吉,理事黄春芳(兼印刷暨银钱业务)。《时务报》共出69期,1898年8月7日停刊。梁启超在每期卷首发表鼓吹维新变法的4000多字的政论文章,文字通俗、切中时弊。《时务报》不仅刊载一般的国外信息,而且着重介绍西方各国对中国事务的议论,以扩大国人视野、了解西方的观点。该报翻译的报纸面极广,涉及英、法、日、俄、西班牙等国报刊。筹办时在编辑方针上,汪康年主张"以广译西报为主",少发议论,以免招嫉视,不过梁启超既任了主笔,自然就要抒发言论。黄遵宪(1848—1905,字公度,广东梅县人)是清末著名的维新派官员,曾任清政府驻日、驻英使馆参赞和驻旧金山、新加坡总领事,善于调停。他调和的结果是折中处理:让汪康年不要过分"忧谗畏讥",让梁启超不要"太过恢张"。内容因此既设论说,又刊大量海外报译。

梁启超是《时务报》的灵魂人物。他一生办报生涯有27年,亲自创办和积极支持过的报刊有17家,撰写各类文章达1400万字,其新闻实践和新闻思想对报界和近代报业史产生过重要影响。梁启超(1873—1929),字卓如,号任公,别号饮冰子、哀时客、饮冰室主人、自由斋主人、少年中国之少年、中国之新民等40余个,广东新会人。幼年时在家中接受传统教育,十多岁即先后中秀才、举人,被誉为"岭南奇才"。1890年入京会试未中,归途经上海,开始接受西书西报影响。不久拜康有为为师,学习今文经学,并大量阅读西书和外报。后随其师康有为参与维新变法,参加了"公车上书",主编《万国公报》《中外纪闻》,在舆论界初露锋芒。在上引《鄙人对于言论界之过去及将来》一文中,他自述在强学会和《中外纪闻》停刊后,他的衣服、用具、书籍,都被没收,"流浪于萧寺中者数月,益感慨时局,自审舍言论外,末由致力,办报之心益切。"黄遵宪等在上海筹办《时务报》,梁启超应邀南下任主笔。1897年10月,因忍受不了该报赞助者张之洞、经理汪康年的排挤,与报馆脱离关系数月,赴长沙任时务学堂的总教习,在湖南宣传开民智、伸民权。1898年"百日维新"期间,他积极参与各项新政活动,并获六品卿衔、受光绪帝命筹办京师大学堂和译书局。戊戌变法后逃亡海外,先后在日本创办《清议报》、《新民丛报》、《新小说》、《政论》、《国风报》,在檀香山创办《新中国报》,大力介绍西方资产阶级的社会政治学说,鼓吹保皇立宪,被誉为"言论界之骄子"。辛亥革命后回国,任民主党首领、进步党理事,曾任袁世凯政府的司法总长(5个月)、币制局总裁,段祺瑞政府的财政总长(4个月),段内阁下台,梁启超随之辞职,从此退出政坛。参加过反袁斗争,主编过《庸言》、《大中华》、《改造》杂志,后在国内大学讲学,任京师图书馆馆长。1926年梁启超患便血病入协和医院治疗,1929年初病逝于协和医院。①

《时务报》创刊初期,梁启超一人担任所有的编撰工作,每天除撰写4000多字的评论外,还要撰写、修改20000多字的文稿。他在《时务报》上发表了几十篇政论,其中最有名、影响最大的是《变法通议》。创刊号上他所作的"序"从自然界的嬗变讲到人类的进化,从古代中国制度的演变讲到世界各国的兴衰交替,其排比式文字,颇有感染力。其开篇云:

> 法何以必变?凡在天地之间者莫不变:昼夜变而成日;寒暑变而成岁;大地肇起,流质炎炎,热熔冰迁,累变而成地球;海草螺蛤,大木大鸟,飞鱼飞鼍,袋鼠脊兽,彼生此灭,更代迭变,而成世界;紫血红血,流注体内,呼炭吸养,刻刻相续,一日千变,而成生人。藉曰不变,则天地人类并时而息矣。故夫变者,古今之公理也……

《变法通议》从创刊号起陆续连载了21期,时间长达一年零三个月,内容涉及当时的政治、经济、文化、军事等各个方面的问题,第一次全面系统地阐明了变法主张,警示国人不变法就要亡国、亡种。

梁启超还以"变法图存"为宗旨,在创刊号撰发《论报馆有益于国事》一文。这篇文章是中国近代新闻学产生时期的重要文献,是新闻史上最早论及报纸"耳目喉舌"功能的文

---

① 梁启超在协和医院被割去右肾。当时社会上流传的说法是:医生由于判断失误,竟将健康的肾切去,梁启超被错割了腰子。一时间,舆论哗然,西医成为众矢之的。梁启超为此写了一份英文声明,为协和医院辩护,他不希望别人以此为借口阻碍西医在中国的发展。他说:"我们不能因为现代人科学智识还幼稚,便根本怀疑到科学这样东西。"见协和医院公开特殊档案:梁启超被错割肾脏真相. 人民日报,2006-8-14

章。梁启超认为：

> 去塞求通，厥道非一，而报馆其导端也。无耳目，无喉舌，是曰废疾。今夫万国并立，犹比邻也，齐州以内，犹同室也。比邻之事，而吾不知，甚乃同室所为，不相闻问，则有耳目而无耳目；上有所措置，不能喻之民，下有所苦患，不能告之君，则有喉舌而无喉舌。其有助耳目、喉舌之用，而起天下之废疾者，则报馆之为也。

文章列述西方强国报业的发达、新闻之迅速有效、报纸的社会功能，强调报纸"有助于耳目喉舌之用"，是"去塞求通"的开端。文中认为："阅报愈多者，其人愈智；报馆愈多者，其国愈强。"这篇文章奠定了梁启超的新闻思想。可以说，梁启超是中国资产阶级新闻思想的奠基人。

《时务报》新颖、锐利的言论，变法图存的鲜明态度，加上梁启超的时务文章"笔锋常带感情"，清新流畅、激情饱满，因此深受读者的欢迎。梁启超本人几年后在《〈清议报〉一百册祝辞并论报馆之责任及本馆之经历》中这样自我"美誉"："数月之间，销行至万余份，为中国有报以来所未有，举国趋之，如饮狂泉。"因了《时务报》，梁启超被时人誉为"旷世奇才"，他的"时务文章"被时人赞为"排山倒海，尤有举大事、动大众之概"。"上自通都大邑，下至僻壤穷陬，无不知有新会梁氏者"。当时的青年学子，"对于《时务报》上一言一词，都奉为圭臬"。①《时务报》对近代中国政治、文化的发展和近代化进程发挥了重要作用。

《时务报》的成功，也要归功于该报出色的经营管理。经理汪康年是管理高手，他利用自己早年在官场的社会关系，在鄂、湘、京、鲁和苏州、镇江以及各埠通商的电报局、矿务局、官书局、书院、漕河船帮，广泛组织发行点，形成了除商办报刊、教会报刊以外的第三个全国范围的发行网络。汪康年（1860—1911，字穰卿，杭州人）曾任张之洞的家庭塾师及幕僚，深得其信任。张之洞以湖广总督的身份特地发了《鄂督张饬全省官销〈时务报〉扎》，让湖北全省"官销《时务报》"，"全省文武大小各衙门，文职至各州县各学止，武职至实缺都司止，每衙门俱行按期寄送一本，各局各书院各学堂分别多寡分送"。②接着，山西、湖南、浙江、安徽各省的巡抚，江苏、贵州的学政、江西布政使也纷纷仿效。由于读者的欢迎和官府的提倡，使得该报发行量与日俱增，从创刊时的3000多份，半年后增至7000多份，一年后增至12000多份，最高发行量达17000份，创造了当时报刊发行量的最新纪录。由于读者要求补订早期《时务报》，1897年该报将前30期缩印成合订本出版。

但是，官僚大吏对于《时务报》的支持并不是毫无保留的，当《时务报》上梁启超的言论逾越了他们认可的范围时，他们便对该报进行干涉和抑制。张之洞对汪康年频频施压，对其中觉得过于悖谬的期号则禁止在自己和同僚的辖区发行。封建顽固派和洋务派更是大

---

① 包天笑.钏影楼回忆录.香港：香港大华出版社，1971，151
② 时务报，1896-9-27

加指责。主管行政事务的汪康年便开始干预编务,在张之洞的指使下大权独揽,视梁启超为雇员,甚至擅自修改梁的文章,梁愤而离职,《时务报》从此成为洋务派之喉舌。"百日维新"期间康有为试图夺回该报,1898年7月17日上奏皇帝称该报"尽亏巨款,报日零落",建议改为官报,由梁启超主办。光绪准奏,下令改为《时务官报》,迁至北京,派康有为督办。但汪康年仗着张之洞为后台,抗旨不交,并抢先于8月改为《昌言报》继续在上海出版。光绪派黄遵宪去上海调查处理此纠纷,不久政变发生,此事不了了之。《时务报》共出了69期。

如日中天的《时务报》在短短两年间从兴旺走向衰败,主要原因在于内耗。创刊初期,汪康年与黄遵宪在报馆成立董事会问题上发生矛盾。后来康有为的弟子们与新任主笔章太炎产生矛盾,章愤而辞职。汪康年又与康门弟子发生冲突,内部矛盾不断发生,报纸质量一落千丈。而《时务报》的核心矛盾还是在黄遵宪、汪康年和梁启超之间。有研究认为,《时务报》的悲剧是近代中国政治史的一个缩影,折射出近代知识分子的一些特征。① 围绕着《时务报》进行的争夺舆论阵地的斗争,以维新派的失败而告终,其间的曲折,可以看出各种政治集团、各个阶级都视报刊为自己的工具,也可见资产阶级的软弱性。对《时务报》的内耗造成报纸的停刊,当时舆论界颇多议论,天津《国闻报》发表文章称:"新党议论盛行,始于《时务报》,新党之人心解散,亦始于《时务报》"。

3. 维新运动:中国人办报掀起高潮

在康有为、黄遵宪、梁启超等维新志士的带动下,各地的维新报刊如雨后春笋,国人争相办报,促成了近代中国第一次思想解放的潮流。在"百日维新"期间,光绪皇帝发布准许官民办报的诏书,更进一步促进了各地报刊的飞速发展。从70年代王韬等人开始的国人办报活动,第一次被推向了高潮,国人报刊终于打破外报的垄断,成为社会舆论的中心。思想解放的最终表现,是对政治变革的强烈要求。

国人办报出现高潮,首先表现在报刊数量多。从1896年《时务报》创刊到1898年9月戊戌政变发生的两年一个月时间里,全国新创办报刊达70多种,是1895年以前国人报刊总数的两倍多。第二表现在分布范围广,全国十几个省市的20多个城镇都有维新报刊。第三表现在报刊种类多样,有综合性报刊、专业性报刊,有政论性报刊、商业性报刊、娱乐性报刊,有青年报刊、儿童报刊、妇女报刊,有图画报刊、白话报刊。

政论性报刊是维新报刊的主流,其中澳门的《知新报》,湖南的《湘学新报》《湘报》,天津的《国闻报》影响最大。

---

① 马勇.近代中国知识分子的悲剧——试论《时务报》内讧.安徽史学,2006,(1)

表 4-2　维新时期最著名的政论报纸

报纸名称	创办时间	创办地点	创办人	刊期	性质
《万国公报》中外纪闻	1895.8.17 1895.12.16	北京	康有为等	双日刊	北京强学会机关报
强学报	1896.1.12	上海	康有为	5日刊	上海强学会机关报
时务报	1896.8.9	上海	汪康年、黄遵宪、梁启超	旬刊	民营
知新报	1897.2.22	澳门	康有为、何廷光	5日刊而周刊而半月刊	民营
国闻报	1897.10.26	天津	严复、王修植、夏曾佑、杭辛斋	日报	民营
湘学新报湘学报	1897.4.22	长沙	江标发起唐才常等主编	旬刊	南学会机关报
湘报	1898.3.7	长沙	唐才常主编	日报	南学会机关报

《知新报》是维新派在华南地区的重要舆论阵地,康有为选择葡萄牙的租界地澳门为办报地点,可以少受些清政府的限制,同时也是为在华南建立一个舆论阵地,与上海《时务报》南北呼应,为维新运动进行宣传。该报经理康广仁是康有为的弟弟,撰述多为康门弟子,因此仍以宣传康有为的变法主张为要旨,其编辑方针与《时务报》基本相同,但在报道和言论上都更大胆。戊戌运动失败后,国内各地的维新报刊都被禁封,只有《知新报》还能继续出版,成为同封建顽固派进行斗争的唯一报刊,直到1901年1月20日才自动停刊,共出133期。运动失败后,该报歌颂为变法死难的烈士,谴责发动政变的后党,痛骂慈禧太后等人是"逆贼"、"奸党",为光绪皇帝和康有为辩诬。

《国闻报》是维新派在北方的舆论重阵,也是维新派创办的第一份日报,由严复等人集资创办,同时创办的还有旬刊《国闻汇编》。严复(1854—1921)是中国近代启蒙思想家、翻译家,福建侯官(今闽侯县)人。1871年毕业于福州船政学堂。1877年派赴英国格林尼治海军大学学习,广泛接触西方的自然科学和社会政治学说。1879年回国,次年任天津北洋水师学堂总教习,后升任总办。甲午战败后,作为中国海军一员的严复痛心疾首,连续在天津发表《论世变之亟》、《原强》、《辟韩》、《救亡决论》,抨击列强侵略、批判君主专制理论,提出"鼓民力"、"开民智"、"新民德"的主张,对当时思想界有很大影响,他是"先进的中国人"。《国闻报》的社论大多出自严复之手。该报特别重视选译外报和新闻采访,在国内国外多个城市设有特约记者,"以通外情为要务"。在创刊号的《国闻报缘起》中,严复强调办报是为了"通上下之情"、"通中外之情"。报馆以重金聘请英、法、德、日文的翻译人员,大量译载西方资产阶级的政治学说和科学知识,刊载外电外报消息和评论。严复自己翻译的《天演论》等也在《国闻汇编》上连载。该报特别重视维新派人士如康有为的政治活动报道,但严复并不同意维新派倡民权、开议院的主张(他把自由当作中西文化的根本差别和富强的关键),也很少与康有为、梁启超交往,因此戊戌政变后未被追究。该报报馆设在天津租界,对外宣称的馆主也是不知名的国人或日本人,几位主办人从不在报馆露面,用特殊的斗争策略保全自身。政变发生后,该报大胆揭露事件真相,报道"戊戌六君子"殉难的过程。1899年2月以后报纸转入日本人之手。

《湘学新报》和《湘报》是维新派在华中地区的舆论阵地。《湘学新报》以倡新学、开民智、育人才、图富强为宗旨,设有时务学(起初为掌故学)、史学、舆地学、算学、商学、交涉学六个栏目,各由专人编辑。第21期起改为《湘学报》。1898年8月28日停刊,共出45期。该报由江标、黄遵宪、徐仁铸先后督办,唐才常、陈为镒先后主编,其中唐才常出力量最多,他的文章感情充沛,雄劲有力。该报在长沙"销千数百份",并在上海等地设立了分销处,张之洞也令湖北官署订阅。

《湘报》是湖南维新运动的领导机关南学会的机关报,"专以开风气、拓见闻为主旨",作为日报,重视言论和新闻,设有论说、奏疏、电旨、公牍、本省新闻、各国时事、商务、新书选录、答读者问等栏目,初具近代日报的样式,发行对象是南学会各州县分会和新式学堂,每张售价5文,对于"报友",则登记在册,免费送阅。该报猛烈抨击封建制度,鼓吹民权、平等学说,提出开议院、伸民权等主张,其激进程度超过《时务报》、《知新报》、《湘学报》。因此该报招致守旧势力的指责、禁限,张之洞以及湖南政界、学界的把持者都要求湖南巡抚陈宝箴下令停办。《湘报》也不甘示弱,在报上发表《上陈中丞书》,怒斥守旧势力破坏新政,表示不惜"以性命从事,杀身成仁"。守旧势力煽动流氓打手哄闹南学会,捣毁报馆,殴打编辑人员,并要求在京的湖南官吏上书皇帝控告陈宝箴。开明派官吏陈宝箴不得不令《湘报》停刊,但之后该报宣布已归商办而自行复刊。政变发生后该报勉强出版到10月15日停刊,共177期。

《湘报》主编唐才常,主要撰稿人有谭嗣同等。唐、谭二人都是湖南浏阳人,被称为"浏阳二杰",都是南学会的骨干。唐才常(1867—1900)主编了湖南的两大维新派报纸。戊戌变法失败后亡命日本,不久又回国在上海召开"国会",成立自立军,发动武装拥光绪帝复辟的勤王运动,起义失败后在汉口被捕遇害。谭嗣同(1865—1898)在甲午战败后在家乡倡立学社,后游历北京、上海,吸收新学,写下反封建伦理纲常的名著《仁学》,他是《湘报》的核心人物,组织、领导发表政论25篇。1898年8月被荐入京,任四品军机章京,协助光绪皇帝变法。9月政变后遇害,是"戊戌六君子"之一。

4. 维新时期国人报刊的特色及其贡献

较之前20年的国人报刊,维新时期国人报刊的创办者身份有所不同;报刊宗旨、内容主要为近代的政治变革服务,报刊成了政治斗争的工具;从资金来源、经营管理等方面,可以看出国人报刊向近代化报刊又迈进了一步。

首先,报刊创办者的身份发生了转型,政治家登上了报坛。甲午战争之前,国人报刊由少数洋务派人士和没有地位的文人所办。甲午战争后,先进的有识之士痛定思痛,开始探索新的救国之道,主张像日本那样变法维新,学习西方。变法维新的资产阶级改良派正式登上了中国的政治舞台,报刊成为爱国的、有政见的知识分子的舆论阵地,报人的身份开始转型,维新派政治家成为办报的主角。知识分子"似乎注定要与政治社会发生某种必然联系,他们或者以批判的姿态保持一种对政治社会无条件追问的权力,或者通过对政治社会的介入成为联系和调节各种社会集团的'中介'"。①

维新派报刊开"政治家办报"之先河。康有为、梁启超等是以维新派政治家的身份办报的,此后,"政治家办报"成为中国近代报业的主要潮流。中国的"政治家办报"在各个历史时期有不同的含义,而且"政治家"的概念也较特殊。政治家一般是积极投入到政治事务上的人,通常是在政府管理事务上有熟练经验的人,他们通常在政府中任显要职务,有行政、立法、司法的权力。但活跃在中国近代乃至现代报坛上的"政治家",主要是致力于政治活动的民间人物,维新人物康有为等是没有官职的知识分子,戊戌变法前夕,康曾受光绪帝召见,被任命为总理衙门章京,变法失败后,他自称持有皇帝的"衣带诏"而组织保皇党,但他并没有成为一般意义上的"政治家"。自维新时期开始,报业成为政治革命的工具。

戊戌维新运动中,近代中国第一次进行制度变革,是为适应世界现代化潮流的一次尝试。这次并不"过激"的改革,以失败告终,知识分子为了爱国热情和政治理想而付出了血的代价。中国的现代化进程严重受挫。但新兴资产阶级的努力,极大地刺激了中华民族的觉醒,维新运动是一次带有一定群众性的社会变革运动。资产阶级维新派的报刊,实践了知识分子与政治、社会的必然联系,在维新运动的整个过程中,他们始终强调报刊的政治性,自觉地把报刊作为政治斗争的"利器",在这场社会变革中发挥了喉舌功能,对近代中国第一次思想解放潮流起到了引导和推动作用。

第二,这个时期的国人报刊,是与学会、政治机关密切相关的,机关报从此进入中国新闻史。当时维新派资产阶级知识分子主要是通过创学堂、设学会、办报纸的方式,来实践其政治主张的。康有为在士大夫中"广联人才,创通风气"的办法,就是开学会、办报纸:"中国风气,向来散漫……思开风气,开知识,非合大群不可……合群非开会不可……办事有先后,当以报先通其耳目,而后可举会。"梁启超也认为:"欲开会非有报馆不可,报馆之

---

① 刘晔.知识分子与中国革命.天津:天津人民出版社,2004,4

议论既浸渍于人心,则风气之成不远矣。"①他们都把办报当作设学会的前提和准备。谭嗣同关于《湘报》的创办缘起的表述,就十分突出地表达了他们的计划:"假民自新之权,以新吾民者,厥有三要",即学堂、学会和报纸,其中以报纸收益最广,报纸能让"不得观者观,不得听者听",可以将学堂之所教、书院之所课、学会之所陈说传给一省(湖南)的人,使全省的人都能游于学堂、聚于书院、晤言于学会,甚至还可将风气传到其他的省,"而予之耳,而授之目,而通其心与力,而一切新政新学,皆可以弥纶贯午于其间而无憾矣"。②

有研究认为,19世纪末20世纪初的中国,报纸、学会和学校成为近代公共领域的基本元素,常常形成"三位一体"的紧密结构:报纸背后有学会,学会背后有学校。③ 报纸作为学会、团体或政治机构的机关报,开始代表机关团体发言并宣传其政治主张,以影响社会舆论。

将办报与政治活动紧密相连,主要源于维新人士对报刊政治作用和社会功能的充分认识。康有为早就提出办报能使"民隐咸达,官瘝皆知"、"通悉敌情,周知四海",梁启超强调"去塞求通,厥道非一,而报馆其导端也",谭嗣同等都重视报纸"通上下之情",严复将报纸"通中外之故"视为要务。维新派已经把办报当作民众的一种权利,当作政治改革的重要工具,已经明确提出了报刊的"喉舌"功能。

第三,维新派报刊的宗旨与维新运动的目标是相一致的。维新报刊向国人进行救亡图存的爱国主义教育,通过介绍新知新学对读者进行资产阶级思想启蒙教育,推动了维新运动的发展,促进了变法的实现。维新派报刊着重强调两方面的内容:一是通过言论和新闻,告知世人中华民族面临的严重危机,谴责帝国主义侵华的种种罪行,提出学习西方的制度和手段,要设议院、开学校、废科举、发展民族工业、与帝国主义"商战"等一系列主张。康有为、梁启超、严复等人的报刊政论,都热情提倡资产阶级新文化,大力鼓吹变革和自由、平等、天赋人权等资产阶级思想,以大无畏的姿态,对封建旧文化和封建思想进行了批判。二是传播和介绍西方资产阶级社会政治学说、科学知识,及时发布西方最新的科技信息。这些报刊一直致力于探求运动的理论性纲领,总体而言,多是用"中体西用"作为其纲领性的理论主张,从古今中外变法图强的历史中为变革寻找合理性。但"中学为体,西学为用"之说,将事物的内在实质与外在功用分割开来,因此似是而非,将理学旧论硬套在西化的新生事物上,又遭到严复等人的驳斥。严复则引入诸如达尔文的进化论等作为有力的思想武器。维新报刊都在试图引导中国的近代化方向,相当重视变法的"合理性"。可惜维新派并未从根本上找到出路,同时其宣传影响仍只限于少数知识分子和官员,远未

---

① 康南海自编年谱.光绪21.引自陈玉申.晚清报业史.济南:山东画报出版社,2003,73
② 谭嗣同.湘报后叙(下).湘报,1898-3-18
③ 许纪霖.中国早期现代化中的公共领域.光明日报,2003-1-21

深入人心,这也是变法失败的原因之一。①

第四,这一时期维新派报刊的开办经费,大都出自私人捐款或合股集资,多设有董事会,从经营管理上看已初步具备资本主义企业性质。维新派报刊虽然多有机关背景,但这些民间的学会机关并无经济来源,活动经费和报款多是通过民间筹集。《万国公报》是康有为、陈炽等筹募经费创办的,《强学报》是强学会从张之洞给的1000两公款和500两私人捐款的基础上办起来的,《时务报》最初的开办经费,主要是上海强学会的1200两余款,总体筹资由汪康年负责。《知新报》得到澳门巨商何廷光的资助。《国闻报》是集资创办的,出资人包括严复、北洋学堂总办王修植、育才学堂总办夏曾佑、内阁中书杭辛斋等人。《湘报》是集资创办的,总董是熊希龄,蒋德钧、王铭忠、梁启超、李维格、谭嗣同、邹代钧、唐才常等为董事。这是国人第一次大规模自筹资金创办报纸,从所有权来说已经向近代化新闻业迈进了一大步。同时这也检验了所有权对于报刊宗旨的重要性,比如《强学报》之受制于"大股东"张之洞,梁启超自述其与张之洞的关系,"殆如雇佣者与资本家之关系"②,最终梁启超与其他维新派激进人士纷纷离去。

维新派报刊的主要目的却不是为了牟利,而是出于政治上的考虑,这是与现代西方报业理念有较大距离的。西方是摒弃了政党报刊、进入商业性和大众化报刊时期以后,才开始其现代报业的,中国国人报业的现代化尝试却从政治报刊开始。一些报刊是免费分送读者的,如《万国公报》免费分送给在京官绅,《强学报》、《湘报》等都有免费送阅的情况,报业虽有经营,却不盈利,因此无法取得经济上的独立地位,也就无法自主,更不用说有相对充分的自由(即使排除言禁的成分)。这也是国人报刊从一开始就存在的天性软弱之处,与真正意义上的近现代报刊还有明显的距离。

第五,维新报刊改变了中国的文风,创造了"报章文体"。这种在报刊上出现的文体,不同于当时流行文坛的桐城派古文,比较通俗浅白。这种文体从王韬办《循环日报》就开始运用,只是未成气候,其他报纸仍用桐城派旧文体。维新运动开始后,旧文体已经无法表达维新派要求变革的激情和思想,也无法用以介绍西方的新思想、新知识、新事物,不能适应新知、新学的需要。同时,维新运动作为一场社会运动,具有一定的大众化特征,而用旧文体则难以普及。为此,维新报刊开始创设一种半文半白、轻松明白的文体,用梁启超自己的总结就是:"务为平易畅达,时杂以俚语韵语及外国语法,纵笔所至略不检束","条理明晰,笔锋常带情感,对于读者别有一种魔力"。这种文体以梁启超为代表作者,以《时务报》的运用最具影响,因此又称"时务文体"。梁启超后来办《新民丛报》时运用得更加娴熟,因此又被称为"新民文体"。而梁启超则特别得意于他的"《清议报》时代",他富于激

---

① 雷颐. 探索戊戌失败之文化因素. 光明日报,2002-6-18
② 梁启超. 鄙人对于言论界之过去及将来. 北京:中华书局,1989

情、恣意奔放的文字,曾经激动了多少人心!他在《清议报》上的《少年中国说》成为脍炙人口的代表作,文中将少年人与老年人作了铺排式对比:

> 欲言国之老少,请先言人之老少:老年人常思既往,少年人常思将来。惟思既往也,故生留恋心;惟思将来也,故生希望心。惟留恋也,故保守;惟希望也,故进取。惟保守也,故永旧;惟进取也,故日新。惟思既往也,事事皆其所已经者,故惟知照例;惟思将来也,事事皆其所未经者,故常敢破格。老年人常多忧虑,少年人常好行乐。惟多忧也,故灰心;惟行乐也,故盛气。惟灰心也,故怯懦;惟盛气也,故豪壮。惟怯懦也,故苟且;惟豪壮也,故冒险。惟苟且也,故能灭世界;惟冒险也,故能造世界。老年人常厌事,少年人常喜事。惟厌事也,故常觉一切事无可为者;惟好事也,故常觉一切事无不可为者。老年人如夕照,少年人如朝阳;老年人如瘠牛,少年人如乳虎;老年人如僧,少年人如侠;老年人如字典,少年人如戏文;老年人如鸦片烟,少年人如泼兰地酒;老年人如别行星之陨石,少年人如大洋海之珊瑚岛;老年人如埃及沙漠之金字塔,少年人如西伯利亚之铁路;老年人如秋后之柳,少年人如春前之草;老年人如死海之潴为泽,少年人如长江之初发源;此老年与少年性格不同之大略也。梁启超曰:人固有之,国亦宜然。

文章有一段文字,更令人回肠荡气:

> 故今日之责任,不在他人,而全在我少年。少年智则国智,少年富则国富,少年强则国强,少年独立则国独立,少年自由则国自由,少年进步则国进步,少年胜于欧洲则国胜于欧洲,少年雄于地球则国雄于地球。红日初升,其道大光;河出伏流,一泻汪洋。潜龙腾渊,鳞爪飞扬;乳虎啸谷,百兽震惶。鹰隼试翼,风尘吸张;奇花初胎,矞矞皇皇。干将发硎,有作其芒。天戴其苍,地履其黄。纵有千古,横有八荒。前途似海,来日方长。美哉我少年中国,与天不老;壮哉我中国少年,与国无疆!

报章文体出现后风行一时,按梁启超在《〈清议报〉一百册祝辞并论报馆之责任及本馆之经历》的自述,《时务报》出版"尔后一年间,沿海各都会,继轨而作者,风起云涌,骤十余家,大率面目体裁,悉仿《时务报》,若唯恐其不肖者然。"当然,报章文体也有不重条理、不够严谨的问题,有时过于铺陈排比,纵古论今似是而非,有赚噱头之嫌。报章文体成为文言文和白话文之间的过渡文体,为白话文运动开了先河。维新运动期间,国人报刊中还出现了白话报刊,如1895年林白水创办的《杭州白话报》,1897年上海的《演义白话报》,1898年无锡的《无锡白话报》。据统计,到20世纪初清末,我国的白话文报刊已经有140种,数量相当可观。① 这些报刊在继承前人鼓吹维新的宗旨上,更下力"普及教育,以促民

---

① 陈万雄.五四新文化的源流.北京:三联书店,1997,131~164

之大智"、"输入文明,鼓舞国民精神";在编排上安排了不少小说、戏曲等为一般民众所喜闻乐见的内容,对扩大受众群起到了很好的效果。借着维新的解放风潮,近代出现了最早的专业性报刊,如科技类的《农学报》、《算学报》,消闲性的《指南报》,学堂所设的校报。在办报热潮中,中国出现了最早的妇女报,也是最早的妇女机关报《女学报》,它是中国女学会的会刊,主笔都是妇女,包括康有为的女儿康同薇、梁启超的夫人李惠仙、创办《无锡白话报》的裘毓芳等。虽然这些报纸发行不广(发行量最小的《算学报》才发20份),但其开风气之作用是十分重要的。

总之,戊戌变法推动了中国的近代化进程,也成为中国近代报刊史上的一个重要的里程碑,其间国人报刊成为中国近代思想文化史上的一个新起点[①],而报刊对政治变革的影响尤其明显。在政治推动、舆论环境有所放松的环境下,维新报刊也让中国新闻业向近代化迈进了一步。

第三节 报业与近代政体革命:革命报刊主导的国人办报高潮

1901年《辛丑条约》签订后,中国国势日颓,国内外政治和社会危机急剧加深,包括清政府在内的各种社会力量都在寻求出路。革命派走上了武装斗争的道路,改良派投入了思想文化启蒙,而清政府先后实行了"新政"和预备立宪。这几种社会力量都把报刊作为推行自己主张的重要工具。20世纪初,大致从1901年底清政府推行"新政"到1911年清王朝灭亡这10年间,是中国报业发展的高潮时期。革命派、改良派、清政府的报纸,成为这个时期报刊的主要组成部分。清政府意识到洋务运动那样仅学西方技术是不行了,"惟有变法自强,为国家安危之命脉"。这个"变法",则是"取外国之长乃可去中国之短",除了皇权和纲常之外什么都可以变,所谓"法积则敝,法敝则更",涉及面十分广泛。变法成功的要义在人,而要培养"明悉国政"的人才,方法就是开办新式学堂、派遣士子留学和创办新式报刊。这就是当时清政府之所以要努力促进报业发展的基本思路。清政府促进报业发展的方式主要有三种,即直接创办官报、推行阅报讲报活动和颁布有利于新闻业发展的法律及政策。在时间顺序上,是前二者在先,实践先行,而法律和政策的颁行则晚于实践五六年。[②]

改良派在戊戌变法失败后首先从海外兴起办报风潮。与此同时,主张武力推翻清王

---

① 李侃.戊戌维新与中国近代思想文化史.载龚书铎主编.近代中国与近代文化.长沙:湖南人民出版社,1988,376~377

② 李斯颐.清政府与清末报业高潮(1901—1911). http://www.mediaresearch.cn/user/erjiview.php? list=3&&TxtID=292

朝的革命力量已悄然出现于海外,革命派也逐渐掌握了报刊以之为利器,开始了其宣传活动,并发展成为国人报刊中的主导力量。海外报刊以留日学生为主力军,迅速发展。这两支力量从起初的界限不清,到后来政见各异,从报刊合作到最终发生了双方报纸的"遭遇战",折射了中国政治力量强弱,以及报刊与政治的密切关系。

一、革命报刊:革命派的舆论阵地和组织机构

19世纪末在维新派登上政治舞台的同时,以孙中山为首的主张武力推翻清王朝的革命派也已出现,他们以海外为主要活动基地,于1894年在檀香山成立兴中会,以"振兴中华,维持国体"。兴中会成立之初,孙中山等忙于组织会党和准备起义,没有重视报刊这一宣传武器。1895年广州起义失败,时人视革命党为乱臣贼子,使孙中山感受到唤醒民众对革命之重要。1896年孙中山在伦敦被清政府驻英公使诱禁,他在香港时的英国老师康德黎获悉后在当地报纸披露此事,舆论轰动,孙中山终于获释后,更认识到报纸左右社会的力量,报纸甚至能成就政治力量所不能做的事。戊戌变法后,流亡海外的康有为、梁启超以《清议报》等为宣传阵地,吸引了一些海外侨胞退出兴中会、加入保皇会。孙中山终于决心创办报刊作为宣传革命的武器,与保皇会抗衡。1900年以后,革命派做了大量的报刊宣传工作,为辛亥革命作了舆论准备,为中国的民主革命进程、政治现代化做了思想上的先导,中国的新闻事业也因此逐渐走上了现代化的历程。

1. 为革命而办的机关报《中国日报》及革命报之兴起

兴中会创办的第一份机关报是《中国日报》,1900年1月5日创刊于香港(中环士丹利街27号),在日本的孙中山负责筹集资金、采购机器和铅字、选定人员,报名也由孙中山亲自拟定,取"中国者中国人之中国也"之意。因港英当局禁止孙中山入境,因此由陈少白主持具体筹备办报事宜,并任第一任社长兼总编辑。陈少白(1869—1934)是广东新会人,1889年在香港结识孙中山,后入兴中会。广州起义失败后随孙中山流亡日本,1899年冬用化名"服部次郎"潜回香港筹办《中国日报》,之后在香港从事革命活动,1905年同盟会成立后被推举为香港分会会长。他与孙中山、尤列、杨鹤龄在革命初期于香港昌言革命,被并称"四大寇"。因香港为清廷势力所不及,所以一批革命报刊在那里诞生,仅郑贯公(1880—1906)一人就先后创办了《世界公益报》、《广东日报》、《有所谓报》,可叹这位报界奇才26岁就在香港的一场瘟疫中不幸染疾而亡。

《中国日报》每天出版4开一张半,设有论说、国内新闻、外国新闻、广东新闻、香港新闻、来稿、来件等栏目,版式仿日本报纸横排、短行。当时革命派与改良派在思想上尚未划清界限,加上摸不清港英的对华政策,因此创刊之初该报革命色彩并不鲜明,办报宗旨也有些模棱两可:"以开中国人之风气识力,祛中国人之萎靡颓庸,增中国人奋兴之热心,破

中国拘泥之旧习,而欲使中国维新之机勃然以兴。"该报同时出版姊妹刊《中国旬报》,所刊文章还把康有为尊为"英雄",给他很高评价,一些文章也并没有超越改良主义的范畴,有的则提出"革命维新"的主张。半年之后,两报的革命色彩日渐鲜明,开始宣传反满,鼓吹民权主义,号召人们推翻君主专制制度,建立民主国家。

《中国日报》不仅是兴中会的宣传机关,同时也是革命党的党务军务活动据点,革命党在报馆谋划武装起义、转运军火、印刷文告、联络同志,报馆成了组织机关和联络据点,这种模式以后被多家革命派报馆采用。革命派把办报和武装起义紧密结合在一起,也具开创性。辛亥革命后《中国日报》迁广州出版,1913年8月被袁世凯势力查封。

中国资产阶级革命派报刊发展初期,其中有一支重要力量,即留日学生创办的报刊。日本是中国改革派的榜样,1907年以前也是中国革命者的大本营。1896年起中国开始向日本派留学生,1899年已有200人,1903年已达1000人,1905年达8000人,1906年更达13000人。① 留日学生创办报刊,谴责清朝统治者的无能、卖国,反满排满,鼓吹民主革命,介绍西方社会政治学说,推动革命运动。第一份刊物为1900年11月1日由留日学生团体开智会创办的《开智录》,郑贯公、冯樊龙(冯自由)、冯斯栾三位创办人,分别用自立、自由、自强的笔名,发表文章宣传资产阶级自由民主思想,倡言"排满革命"。不久郑贯公被梁启超聘为《清议报》助理编辑,便利用此机会由《清议报》代印代发《开智录》。保皇党发现《开智录》的革命倾向后,解聘了郑贯公,《开智录》随之停刊。1900年冬留日学生还创办了《译书汇编》,译载西方资产阶级学者的名著。1901年留学生又创办《国民报》月刊,总编秦力山也曾任《清议报》编辑。1902年以后,随着留日学生人数的激增,各省留学生纷纷成立同乡会,创办了一批以省区为单位的报纸,先后有湖南同乡会的《游学译编》,湖北同乡会的《湖北学生界》,直隶留日学生的《直说》,浙江同乡会的《浙江潮》,江苏同乡会的《江苏》等。清末国人在日本创办的报刊共109种,其中革命报刊65种。

2.《民报》树"三民主义"大旗

革命思潮如火如荼,新的革命团体不断出现,在此基础上,1905年8月20日孙中山在日本东京组织成立了中国同盟会,将原有的地方性团体兴中会、华兴会、光复会等联合起来,以"驱除鞑虏,恢复中华,创立民国,平均地权"为宗旨。同盟会成立后,在各省留日学生联合创办的《二十世纪支那》的基础上,于同年11月26日创办《民报》。

《民报》是一份大型时事性政论刊物,原定每月一期,但实际未能按月定期出版。该报由孙中山指导,先后主编为胡汉民(1—5期)、章太炎(6—24期,其中19—22期由陶成章代理)、汪精卫(25—26期,秘密编发),参与编撰的还有张继、陈天华、朱执信、宋教仁、马

---

① 费正清.中国:传统与变迁.北京:世界知识出版社,2002,475

君武、汪东、廖仲恺、刘师培、黄侃、苏曼殊、田桐等。每期6万至8万字,设有论说、时评、纪事、译丛等栏目。《民报》的办刊宗旨,就是宣传民族、民权、民生"三民主义"政治纲领,孙中山亲自撰写了《发刊辞》,第一次将其革命主张概括为三民主义。《民报》因此有3个方面主要内容:以排满为中心的民族主义,以建立共和政体为中心的民权主义,介绍西方新文化、新思潮和民族解放运动。该报受到国内外同盟会员和倾向革命的知识分子的热烈欢迎,最高发行量达17000份,其中半数以上是在国内秘密发行的。其创刊号再版了7次,第2、3期再版了5次。同时,《民报》引起了清政府的惊恐和仇视,清廷通过外交途径请日本官方查禁《民报》等7种刊物。日政府也视之为不稳定因素,1908年10月,日政府以第24期《革命之心理》一文"扰乱秩序"、"破坏治安"为由下令禁售该期,以违犯《新闻纸条例》为由起诉《民报》及其主编章太炎,经公审,日本法院于12月12日强行宣布章太炎及《民报》有罪,处以罚款115元。《民报》被迫暂时休刊。之后《民报》在东京秘密发行过两期(假称在法国巴黎出版),因汪精卫赴北京谋刺清摄政王,而于1910年2月终刊。

革命派在日本创办的报刊还有十多家,影响较大的有李叔同等主办的《醒狮》,柳亚子等主办的《复报》,各地留学生主办的《鹃声》、《四川》、《晋话报》、《滇话报》、《河南》、《洞庭波》、《秦陇》、《粤西》、《江西》等。海外其他地区也办起了一批革命报刊,如在新加坡出版的《图南日报》、《中兴日报》、《星洲日报》、《南侨日报》,在槟榔屿出版的《槟城日报》和《光华日报》,在吉隆坡出版的《吉隆坡日报》、《四州日报》,以及在印尼、西贡、仰光、马尼拉、檀香山、旧金山、温哥华、秘鲁、墨尔本、悉尼出版的革命派报刊,在辛亥革命前的10年间海外革命报刊总数达40家以上。

二、革命派与改良派的遭遇战:《民报》战《新民丛报》

改良派与革命派在甲午战争后,抱着爱国图存的愿望相继登上中国的政治舞台,他们都试图为中国寻找一条出路,两派力量曾一度谋求合作。康有为和梁启超逃亡到日本后,时在日本的孙中山曾派人与康有为联系,商谈合作,继续革命。但康有为却心存偏见,态度也极傲慢,断然拒绝。由于双方在社会变革的目标和方式上分歧越来越大,最终导致对立。特别是戊戌政变后,改良派由维新转向保皇,日俄战争后又转向立宪,在社会革新的大潮中,与革命派之间互争成败,此消彼长,矛盾更加尖锐,斗争更加激烈。在以报刊为中心的思想宣传阵地,两派都视对方为最主要的斗争对象。在革命派看来,在阻碍革命宣传方面,保皇党甚于清廷,一定得以言论战胜保皇党。改良派也认为,"今者我党与政府死战,犹是第二义;与革党死战,乃是第一义。有彼则无我,有我则无彼"。① 双方的斗争已经进入你死我活的状态。改良派的《清议报》、《新民丛报》时有批评革命派的言论,1905年革命

---

① 梁启超.与夫子大人书.丁文江,赵丰田.梁启超年谱长编.上海:上海人民出版社,1983,373

派创办《民报》以后,立即笔战康、梁立宪派,出现了我国近代新闻史的第一次大论战。

1. 改良派的海外舆论阵地

戊戌政变后,康有为、梁启超流亡日本,很快在横滨创办了《清议报》。该报创刊于1898年12月23日,旬刊,由梁启超主持,康有为的弟子麦孟华、欧榘甲协助。报纸的宗旨是主持清议、开发民智,并首先打出"尊皇"、"保皇"的旗号,把中国改革的希望都寄托在"皇上之有权无权"之上。在《清议报叙例》中,梁启超又一次提出报纸"为国民之耳目,作维新之喉舌"的主张。所谓"主持清议",就是抨击"逆后贼臣"把持朝政,呼吁救出光绪,恢复"百日维新"的新政。梁启超曾写过一篇感情澎湃的《论保全中国非赖皇帝不可》。因距政变时间不久,他们要把政变的详情向天下公布、总结教训,因此梁启超发表了戊戌六君子的传记和他们的诗文遗作,及《戊戌政变记》、《论戊戌八月之变乃废立而非训政》、《论皇上舍位忘身而变法》等文,文中猛烈抨击慈禧、荣禄,大声疾呼兴师勤王讨贼,拥护光绪复位。在起义勤王的自立军被张之洞镇压、唐才常等人遇难后,梁启超又抨击张之洞。"开发民智",是向读者大量介绍西方资产阶级的社会政治学说和文化科学知识。该报提出民族主义的口号,并大力倡导民权思想。梁启超根据西方资产阶级国家学说提出了"国民"这个概念,并视之为与"奴隶"的对立面,认为中国没有"国民"而只有"奴隶",所以必须伸张民权。《清议报》的思想显然较政变以前又进了一步。梁启超的文字恣肆奔放、一泻千里、酣畅淋漓,前述《少年中国说》,就刊于该报第35期。《清议报》获得海内外人士的欢迎,销量达3000份,因清廷下令严禁入关,该报主要通过租界秘密发往各省。其间梁启超曾频繁与孙中山、陈少白等革命党人接触,思想上有所影响,他和欧榘甲曾发表一些谈破坏、自由、革命的文章。但思想保守的麦孟华向康有为告密,康有为下令保皇党的报刊上不得出现革命、民权、自由、独立等字样,并派梁启超、欧榘甲去檀香山和旧金山进行保皇活动。1901年12月21日,《清议报》出版了100期后的第二天,报馆被大火焚毁。梁启超视《清议报》为一生的骄傲,称那个时期为"清议报时代",他的《本馆一百册祝辞并论报馆之责任及本馆之经历》,成为新闻史和新闻理论的一篇重要文献。

《清议报》停刊一个多月后,1902年2月8日,梁启超在旅日华侨的支持下又在横滨创办了保皇党的另一份刊物《新民丛报》。这是一份半月刊,样式仿外国的大型杂志(32开),设有论说、学说、时局、史传等20多个栏目,涉及社会科学、自然科学的各个领域,一创刊就广受欢迎,虽清廷严禁,但依然盛极一时,发行量最高达14000份,创刊号再印4次,以后各期"皆须补印"。该报在国内外的寄售点达97处,远至云、贵、陕、甘。在创刊号的《本报告白》中梁启超就阐明:"欲维新吾国,当先维新吾民",报纸将"以教育为主脑,以政论为附从,但今日世界所趋重在国家主义之教育,故于政治亦不得不详"。他提出了自己的"新民说",从创刊号起,梁启超就开始发表他的论文《新民说》,从1902年2月份创刊号开始刊登,持续至 1905 年刊完,共 11 万字 20 节。这 20 节的篇目包括《叙论》、《论新民为今日中国第一急务》、《释新民之义》、《就优胜劣败之理以证新民之结果而论及取法之所宜》、《论公德》、《论国家思想》、《论进取冒险》、《论权利思想》、《论自由》、《论自治》、《论进步》、《论自尊》、《论合群》、《论生利分利》、《论毅力》、《论义务思想》、《论尚武》、《论私德》、《论政治能力》、《论民气》。报纸用大量篇幅介绍西方国家的各种理论学说,内容涉及政治、经济、哲学、法律、历史、地理、实业、科学等许多方面,并重视宣传资产阶级世界观、人生观和社会思想。该报尤其重视宣传民主、自由的思想,把思想自由看作是社会进步的必要条件。

可以说,《新民丛报》在 1903 年以前,是适应时代潮流、办得虎虎有生气的刊物,吸引了海内外的知识分子和有志青年。黄遵宪在致梁启超的信中称赞:"《清议报》胜《时务报》远矣,今之《新民丛报》又胜《清议报》百倍矣。惊心动魄,一字千金,人人笔下所无,却为人人意中所有,虽铁石人亦应感动,从古至今文字之力之大,无过于此者矣。"① 直到 1923 年,胡适在《致高一涵等四人关于〈努力周刊〉的停刊信》中还这样评价:"廿五年来,只有三个杂志可以代表三个时代,可以说是创造了三个时代。一是《时务报》,一是《新民丛报》,一是《新青年》,而《民报》与《甲寅》还算不上。"

但是,对于中国的政治制度,梁启超主张渐进的改良。他赞同日本维新运动式的"无血之破坏",不赞成法国式的"有血之破坏",同时认为中国国民程度太低,不可能马上运用民主权利。1903 年底梁启超从美洲游历考察后,折服于美国的繁荣,认识到美国的富强是有民主制度作基础,更重要的是有高素质的国民,他认为中国人的素质太差,根本不具备共和制度的条件。因此他公开宣布不再谈革命,认为中国需要的是理性的、和平的改革,而不是非理性的暴力革命。这样,《新民丛报》就站在了主张破坏、武装推翻政权的革命派的对立面。1905 年冬革命派《民报》一创刊,就向《新民丛报》发起了攻击,展开了中国新闻史上未曾有过的、空前激烈的思想宣传战。

2.《民报》与《新民丛报》的论战②

《民报》从创刊之日起,就以"主帅"的身份,选择最有影响的保皇派报纸《新民丛报》作为论战对象。创刊号上刊有汪精卫的《民族的国民》、陈天华的《论中国宜改创民主政体》和朱执信的《论满洲虽欲立宪而不能》,指名道姓地批判君主立宪的主张。梁启超随即应战,发表《开明专制论》、《申论种族革命与政治革命之得失》两篇长文反驳《民报》,并汇编成《中国存亡一大问题》的小册子,广为散发。接着,《民报》第 3 期发表汪精卫的长篇政

---

① 丁文江、赵丰田编.梁启超年谱长编.上海:上海人民出版社,1983,274
② 参见陈玉申.晚清报业史.济南:山东画报出版社,2003,225~238

论,列举《新民丛报》的观点,逐条予以批驳。第3期还特发号外,刊布了胡汉民撰写的《民报与新民丛报辩驳之纲领》,将两报重大分歧问题归纳为12条,宣称从第4期起分类辩驳,论战从此全面展开。

其时梁启超已经是身经百战的"言论界之骄子"、"宣传界执牛耳者",面对一帮年轻的革命小将,气势何其盛哉!他单枪匹马出来迎战,四面出击,动辄下笔万言,常常抓住《民报》论战中的一些弱点穷追猛打。随着论战的深入,梁启超渐渐感到力不能支,而《民报》那些握有革命真理的初生牛犊,越战越勇。章太炎从第7期起主编《民报》后,一气发表了《革命之道德》、《中华民国解》、《排满平议》等13篇论文及多篇杂文,博征经史指陈时政,虽奥涩难懂,却也所向披靡、气势逼人。

《民报》与《新民丛报》的论战焦点,正是革命派和改良派的政治主张。论战围绕4个方面进行,在辩论中"正反方"观点都很明确。

第一,要不要进行民族革命,推翻清朝政府?《新民丛报》反对实行种族革命,否认满清政府实行民族压迫,认为满人已同化于汉人,排满必然引起民族相互厮杀,造成天下大乱,因此主张拥戴皇帝进行自上而下的改革。《民报》则认为,清朝政府对内实行民族压迫,对外奉行卖国政策,所以要救国就必须进行民族革命,用武力推翻清朝政府。

第二,要不要进行民权革命,建立共和政体?《新民丛报》认为,中国国民长期处于专制政体之下,既没有自治的能力,也不懂团体的公益,只知各营其私,不具备共和国公民的资格,因此只能在中国实行君主立宪或开明专制。《民报》则认为必须进行政治革命,君主专制下国家秩序和人民权利无以保证,自由、平等、博爱是人类共有的精神,国民完全有民权立宪能力,应废除君主、建立民主共和国。

第三,要不要进行社会革命,土地国有、平均地权?《新民丛报》认为,中国不同于欧美的贫富悬隔到不能不革命的地步,当务之急是"生产问题",而不是"分配问题"。土地国有、平均分配将导致生产停滞、报酬平等、遏绝劳动动机,带来政府滥用职权。梁启超指责社会革命论者是妄言惑众以"博一般下等社会之同情,冀赌徒、光棍、大盗、小偷、乞丐、流氓、狱囚之悉我用",立言:敢有言社会革命与其他革命并存者,"中国之罪人也,虽与四万万人共诛之可也"。《民报》认为,中国已有放任自由竞争、绝对承认私有财产的制度,那将必然会产生贫富悬隔,不如趁早进行社会革命,关键就是实行土地国有,使国家成为唯一的地主,人人都可以根据需要向国家租用土地。

第四,革命会不会导致内乱和瓜分?《新民丛报》认为,革命将会带来极大的危险,旧政府既倒而新政府未能成立之时,将会"内乱并起,战祸不休,流血成河,民不聊生,而外侮乘之,遂至亡国灭种"。《民报》宣称革命事业以建设为目的,破坏只是它的手段。革命只是推翻清朝政府,并不排外,因此不会导致内乱和瓜分之祸。如果不革命,中国会越来越弱,那才会导致瓜分之祸。

《民报》与《新民丛报》之间的论战持续了一年半。由于清政府并不打算真正实行"新政",它宣布的"预备立宪"只是一场骗局,原来拥护君主立宪的人最终多转而倾向革命,梁启超越来越感到形势不可逆转,论战不利,就在1906年7月《新民丛报》的第83期上发表《劝告停止驳论意见书》,表示了休战的愿望,却遭到革命派断然拒绝。由于革命学说深入人心,拥护立宪派的人纷纷转向,《新民丛报》的发行数一落千丈,经济发生困难。《新民丛报》被认为是清政府的"御用新闻",撰述者转向别的杂志投稿,开始发生稿荒。梁启超被视作清政府的"弄臣",被斥为"文妖"。他灰心丧气,在1907年冬出至第96期以后,就借口《新民丛报》的上海分社失火而停刊了。

这次论战以革命派的《民报》获胜而终。就内容而言,并不能说革命派的主张全部正确、改良派的主张全部错误,甚至改良派的一些看法和思想是正确的,关于革命共和的恶果的一些预见在后来有部分还成了事实。但是有几个方面决定了胜负的局面:一是《民报》的革命道路比《新民丛报》的改良道路更加符合当时人民的愿望;二是《民报》一方人力雄厚,有20多人参战,而《新民丛报》只有一人,势单力薄孤军奋战到这么多回合,终是寡不敌众、殚精竭虑;三是《民报》以事实为论据,列举清朝政府的腐败、立宪的虚伪等看得见的事实,十分感性,而《新民丛报》认为革命必然引起内乱外扰,只是主观推测,说服力不强。

这场论战其实不仅限于两报之间,其波及范围极为广泛,在日本,几乎所有的中国留学生都卷了进去,各自阵线分明;在香港、檀香山、温哥华、旧金山、新加坡、曼谷、仰光、广州、印尼,都发生了革命派与保皇派报刊之间的论战;在国内,革命派和立宪派也在进行着不懈的斗争。有的论战一直持续到1911年辛亥革命爆发,才以革命派报刊的最后胜利而告终。下面仅列海外主要地区论战报刊之阵势,以见当时气势之盛。论战不仅使资产阶级民主革命思想得到广泛传播,还对辛亥革命发挥了组织方面的功能。这次论战,也推动了中国政治报刊的发展,促进了革命派报刊的繁荣。

表4-3 海外革命报刊与改良报刊的论战阵营

地 点	论战双方阵营之报刊	
	革命派	改良派
日本	民报	新民丛报
香港	中国日报	商报
檀香山	自由新报	新中国报
温哥华	大汉日报	日新报
旧金山	美洲少年	世界报
新加坡	中兴日报	南洋总汇报
曼谷	华暹新报	启南新报
仰光	光华报	商务报

三、"新政"引发第二次国人办报高潮

1900年八国联军入侵中国,清政府迫于内外压力不得不改弦易辙,1901年1月清廷宣布"更法令、破旧习、求振作、议更张",开始了晚清最后十年的"新政"时期。清政府允许办报,事实上承认了近代报刊的合法地位,还正式允许朝政信息的公开传布,部分开放了"言禁"。中国的民族报刊蓬勃发展,国人办报进入了第二次高潮。从辛亥革命及其前10年,遍布全国的新办报纸,11年共达1091种,特别是在1906年预备立宪开始,新办报刊首次历史性地超过了100家,1906—1911年6年间,新办报刊竟达800多家,可见当时办报风潮之盛!

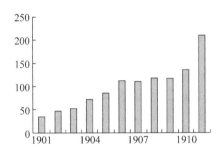

图4-2　1901—1911年间每年新办报纸数量示意图

1. 革命派报刊引领时代潮流

资产阶级革命报刊是第二次国人办报高潮的主流,上海、武汉是资产阶级革命派在国内的两大办报基地。

上海开风气之先,是最早开始现代化的城市,经济发达,交通方便,印刷条件先进,而且还有外国租界可以庇护,因此成为革命派最初的国内办报地点,也是革命报最密集的所在。资产阶级革命派在国内创办的第一份报刊《大陆》,1902年12月9日即创刊于上海,是一份政论性月刊,倡言革命,1906年1月停刊,共出47期。第一次国人办报高潮期间问世于上海的《苏报》,1902年以后也开始转向革命,并逐步发展为资产阶级革命派的重要宣传阵地,该报因"苏报案"而于1903年7月7日被查封。

1903年8月7日上海还创办了《国民日日报》,由谢晓石出资,用外国人的名义在英国驻沪领事馆注册,以避清政府干涉。原《苏报》主笔章士钊任主编,张继、陈去病、刘师培、陈独秀、苏曼殊等参与编撰工作。该报在"苏报案"审理期间声援章太炎、邹容在法庭上的斗争,详细报道北京新闻界发生的"沈荩案"。清政府在长江一带下《通饬禁阅国民日日报令》,外务部又下文总税务司转告邮政局不得代寄该报,但当时报纸多由民间信局递

寄,所以无法杜绝该报的发行,禁令倒是使该报更具"神奇"色彩,销量大增。不过该报内部因经理、编辑两部争权,竟至于各向外国公堂提出诉讼,上海的革命党人奔走调停也无效。香港《中国日报》社长陈少白亲赴上海调解,双方才放弃争执,但出资人自此不再支持,该报经费无着,于1903年12月3日停刊。

1903年12月15日,革命报刊《俄事警闻》又在上海创刊,王季同任主编,参与编撰的有蔡元培、林白水、江允宗、刘师培、陈去病、柳亚子等。1904年2月,日俄战争在我国东北爆发,东北从俄国独据进入日俄并争,因此既要对付俄国又要对付日本,2月26日报纸便更名为《警钟日报》。蔡元培、江允宗、刘师培先后主编。该报初期关注日俄战争战况,反对帝国主义侵略,后期更着力于揭露清政府、宣传排满革命,公然提倡暗杀。1905年春因揭露德国企图侵占山东半岛的阴谋被查封。

1905年至1911年,革命派在上海创办了16家报刊,其中较著名的有《中国女报》、《神州日报》、"竖三民"报。《中国女报》由著名女革命家秋瑾创办于1907年1月,月刊,"以开通风气,提倡女学,联感情,结团体,并为他日创设中国妇人协会之基础为宗旨",要"为醒狮之前驱,为文明之先导","使我女界生机活泼,精神奋飞,绝尘而奔,以速进大光明世界"。该报将妇女的前途同中国的前途紧紧联系在一起。报纸办得十分艰难,只筹到数百元资金,其余四处募资勉强付印,但出版了两期就被迫中辍。1907年秋瑾回绍兴准备武装起义期间,还积极为该报第3期的集稿、编辑和付印而奔忙,但未等第3期问世,她就被捕遇害了。

革命党人于右任在上海创办了《神州日报》和"竖三民"共4份革命报纸。于右任(1878—1964)字伯循,陕西三原人,年轻时中过举人。《神州日报》(创于1907年4月2日)是他创办的第一家报纸,也是革命派在国内创办的第一家大型日报。报名"神州",是为了"唤起中华民族之祖国思想,激发潜伏之民族意识"。该报详细报道了秋瑾烈士遇害的经过、各地武装起义的消息,批判贪官污吏的罪行,揭露列强的侵略阴谋。创刊80天后报馆遭火灾,于右任无力恢复而退出,杨毓麟等接办。1909年于右任重新集资在上海公共租界创办《民呼日报》(创刊于是年5月15日),报名取"大声疾呼,为民请命"之意。该报宣传同盟会纲领和介绍西方社会政治学说,因揭露官吏侵吞救灾赈款,报馆于9月8日被查封,于右任被逐出公共租界。20天后,于右任又在法租界创办《民吁日报》(创刊于1909年10月3日),报名"民吁"有三层含义:一是"呼"字去掉了两点成"吁",表示"民呼"被查封就如挖掉了两只眼睛,但即使如此仍要反映人民疾苦;二是"吁"由"于"字加"口",表示出自于右任之口;三是官府不许"大声疾呼",暂且就"长吁短叹"吧。该报对当时日本前首相伊藤博文来我国东北的阴谋活动大加揭露。伊藤在哈尔滨车站被朝鲜志士安重根刺死后,报纸赞扬安重根的英勇,说伊藤死有应得。日政府便串通清政府与租界当局,于11月19日查封了该报。不到一年后,于右任又在上海创办《民立报》(创于1910年10

月11日),该报编辑力量雄厚,宋教仁、范鸿仙、景耀月、陈其美、章士钊、叶楚伧、张季鸾、吕志伊、马君武等曾任编撰。该报开始较温和,随着革命形势发展而日趋激烈,设"民贼小传"专栏专门揭露贪官污吏,公开支持四川的保路风潮,详尽报道广州黄花岗起义,大胆揭露日、美、俄的侵略阴谋。宋教仁以"渔父"、"桃园渔父"等笔名发表的政论,豪迈激昂,深受读者欢迎。该报日销量达到2万多份,是当时发行量最大的日报。1911年同盟会中部总会成立后,《民立报》成为其机关报。于右任创办的《民呼日报》、《民吁日报》、《民立报》都带"民"字,时间又先后衔接,因此被称为"竖三民"报。

武汉向称"九省通衢",是长江流域仅次于上海的第二大商埠,1889年张之洞督鄂被视为武汉现代化发展历程的重要界标,武汉的早期现代化进程由此明显快于一般地区,"新政"也推行最广。① 武汉是日知会、共进会、振武学社、文学社和群治学社等革命派组织比较活跃的地区。1905—1911年武昌起义之前,革命党人创办或掌握的报刊有十多家,其中比较重要的是《楚报》、《商务报》和《大江报》。《楚报》创刊于1905年,是武汉地区最早的倾向革命的报纸。为防清政府干涉,该报在香港注册,在汉口英租界出版,由外国人担任名义上的社长。实际主持笔政的是张汉杰、陆费逵。这年冬天该报公开了张之洞向外商借款修铁路的草约,并在按语中斥为"丧权辱国",报馆随即被查封,张汉杰被判入狱。《商务报》创刊于1909年,不久被革命人士宛思演盘进,更名《商务日报》,改组为群治学社的机关报,由群治学社成员詹大悲任主笔,何海鸣任编辑。该报言论激昂,抨击无所顾忌,成为武汉报界革命之先锋。学社以报馆为秘密联络点,并储存枪支弹药准备起事,事露后报馆被查封。《大江报》的前身是《大江白话报》,创刊于1910年12月14日,原由商人投资,詹大悲、何海鸣任正副主笔,因为詹大悲之敢言,报纸影响渐大,大悲之名也喧腾于报界。投资者因担忧而撤资,詹大悲只得自募3000元接办并兼任总经理,更改报名,宛思演、黄侃、何海鸣、温楚珩等湖北著名革命党人参与编撰。不久该报被确认为文学社机关报。该报以新军士兵和下级军官为主要读者,大量反映新军士兵的疾苦,并鼓励他们投稿。在该报影响下越来越多的士兵愿意与之共图革命,湖北新军总数的约1/3共数千士兵加入了文学社、共进会,为武昌起义奠定了基础。该报非常激进,时评惊世骇俗。何海鸣的《亡中国者和平也》,警告国民如不亟起革命,必然招致亡国,詹大悲的《大乱者救中国之妙药也》,疾呼和平无望,"大乱者,实今日救中国之妙药也",振聋发聩,令统治者惊恐不安,在武昌起义前3个月,报馆被查封,詹大悲、何海鸣被判监禁。

此外,各地的革命报刊也如雨后春笋。广州先后创办过十多家报纸,广西、福建等地都有多家革命派报刊。革命派还深入内地,创办《重庆日报》(1904年)。清朝的统治中心北京,也有革命派的舆论机关《国风日报》。革命报多数寿命都不长,创办不久就被查封,

---

① 陈锋.张之洞与武汉早期现代化.光明日报,2003-2-3

不少革命报人因文系狱,有的还献出了生命。广州《廿世纪军国民报》和《天民报》主笔卢谔生被捕入狱,《重庆日报》主办人卞小吾入狱后被一个受收买的囚犯乱刀捅死。

为了向下层民众宣传革命主张,革命派还在上海等地创办了一批白话革命报刊。主要有:上海的《中国白话报》(创刊于1903年12月19日),初为半月刊,后改为旬刊,林白水(林獬)主编,是当时影响最大的白话报,发刊词中说:"现在中国的读书人没有什么可望了,可望的都在我们几位种田的、做手艺的、做买卖的、当兵的以及那十几岁的小孩子阿哥、姑娘们……",把救国的希望寄托于广大的下层群众。该报主张用革命手段推翻清政府,"巴不得我这本白话报变成一枚炸弹,把全国的各种腐败社会炸裂了才好"。杭州的《杭州白话报》①(创刊于1901年6月20日)曾是一张受改良主义思想影响的报刊,1903年孙翼仲主编后转向革命。孙翼仲加入光复会后,该报成为该会的舆论机关和革命党人的秘密联络点,1910年2月停刊,是辛亥革命时期寿命最长的白话报刊。芜湖也有《安徽俗话报》(创刊于1904年3月13日),陈独秀为主编,目的是"要用顶浅俗的话说,告诉我们安徽人,教大家好通达学问,明白时事"。号召"各人尽心国事","人人保卫国家"。

革命派报刊站在时代的最新潮流中,以打破旧制度、建立新秩序为着眼点,号召人民推翻腐朽的封建制度,建立一个人民的中国。革命派报刊的宣传使革命思想更加深入人心,为辛亥革命打下了思想基础,对于报刊传媒的大众化作出了努力。从报刊的运作模式等方面来看,革命党人的报刊仍沿袭了维新报刊的做法,突出了报刊的政治工具作用和舆论宣传功能,使近代报刊成为政治斗争的工具。

2. 改良主义报刊对于"新政"的推动

"新政"时期,随着国内政治气氛的松动,以保皇和立宪的姿态出现的改良主义思潮再度涌起,尤其是清统治者于1905年派五大臣出洋考察,并在次年下令"预备仿行宪政"后,立宪的呼声越发高涨。国内第二次办报热潮中,在1906年到1911年新办的800多种报刊中,近半数是这一时期政治上非常活跃的立宪派创办的。这里仅述及几家影响较大的报刊,包括《大公报》、《东方杂志》、《时报》、《京话日报》。

《大公报》于1902年6月17日创刊于天津法租界。该报主要由天主教堂总管柴天宠及朱志尧、王郅隆等人投资,部分股份来自法国传教士、法驻华公使,维新派人士严复也入股千元。英华主持报务,自任社长,他曾到上海请汪康年、马相伯等人帮助寻找主笔,但未能满意,自己不得不担任起主笔的重任,总揽言论和经营大权。英华(1867—1926),字敛之,满洲人,出生于北京寒微家庭,22岁皈依天主教,与法国神父来往密切,接触到一些西方的社会政治学说。维新运动期间他追随康有为,政变后逃往云南蒙自,曾受聘为法国领

---

① 林白水于1895年也曾创办同名报纸。参见陈万雄.五四新文化的源流.北京:三联书店,1997,135~138

事馆雇员。1912年2月退隐北京香山，潜心宗教、慈善、教育事业，不问报事。1916年后报馆卖给王郅隆。《大公报》初创时为书版式直排，竹纸印刷，日出8页，每页两面，每面字数17行×42字，除报头、广告占3页外，每天大约刊登消息、文章1万多字。创刊之初日印3800份（赠阅3天），3个月后增至5000份，在上海、济南、青岛、盛京、南昌等国内外40个城市设有代办处。①

《大公报》深受西方思想的影响，报头刊有法文报名"L'Impartial"（无私），其报名取"忘己之为大，无私之谓公"之意，办报宗旨"在开风气、牖民智，挹彼欧西学术，启我同胞聪明"。政治上，该报持改良主义思想，主张变法维新、保皇、立宪。认为学习西方，要学其内在精神，即"合群上下相爱，彼此一心，上不以压制夺民权，下即以国事为己事"，要学习西方开议院、伸民权，官员是国民之公仆，国民是一国之主人。报纸敢于揭露清政府的黑暗和官吏的腐败，为劳动人民鸣不平。直隶总督袁世凯曾下令不许在租界以外发行，反而提高了该报在读者中的声誉。该报对外先是亲法，后转而亲日。《大公报》不仅大力鼓吹立宪，还积极倡导改良社会风俗，反对迷信、反对妇女缠足，提倡改革剪辫易服，希望政治与社会同步革新，还举办过多次赈济灾民的社会活动。《大公报》深受广大读者的欢迎，逐步发展成为华北地区最有影响的报纸。该报是中国新闻史上出版时间最长的中文日报，至今仍在香港出版，其100多年的发展历程，数易其主：1902—1916年，英敛之主办；1916—1926年，王郅隆接办，成为一张亲日的报纸；1926—1949年，由新记公司接办，成为全国性大报；1949年至今，成为共产党领导下的报纸。

《东方杂志》由商务印书馆于1904年3月创办于上海，是一份模仿日本、欧美杂志的大型月刊，以"启导国民、联络东亚"为宗旨，除自撰论说外，广泛译录国内外报刊内容，按现代学科门类（文学、哲学、工业、商业、理化、博物等），"广征名家之撰述，博采东西之论著，萃世界政学文艺之精华，为国民研究讨论之资料"，设有社说、时评、谕旨、内务、军事、外交、教育、财政、实业、交通、商务、丛谈等专栏。《东方杂志》政治上主张维新变法，实行君主立宪。辛亥革命后该刊认为西方的道德观念已毁，须用中国的精神文明来救治西方的物质文明。五四运动后采取兼容并蓄的方针，开辟"世界新潮"、"时论介绍"等专栏，大力评介东西方各种学说和国际形势。抗战爆发后该刊号召全民抗战，社会影响不断扩大，销量达五六万份。《东方杂志》一直出版到1948年12月，其资料翔实丰富，时政性与学术性兼备，成为中国近代出版时间最长的大型综合性文摘月刊，也是一个非常宝贵的资料文库。

《时报》于1904年6月12日创刊于上海，是改良派在政变后创办的第一份报纸，康有为、梁启超亲自指挥，报刊名称及发刊词与体例，都由梁启超拟定。创刊时挂日商牌子，请

---

① 方汉奇等.百年大公报史.北京：中国人民大学出版社，2004，1~12

日本人担任名义发行人,实际主持者为狄葆贤(字楚青,号平子)。创刊时狄葆贤接受康梁指挥,后来与他们关系渐远,与江浙立宪派张謇关系趋近。《时报》馆楼上辟有一个"息楼",是江浙立宪派的聚会之处,一时名流云集、思想交汇。《时报》主张清政府效仿日本维新,改制君主立宪,介绍西方民主学说,向国民进行宪政知识的教育,坚决反对列强对中国的侵略。《时报》对近代报纸编辑业务的改革作出了贡献:首先,它在日报上创造了"时评"文体(时评:时事评论;时报的评论),短小精悍,切中时弊,深受欢迎。该报新闻按内容分为要闻、外埠新闻和本埠新闻三大部分,每一部分都配有一则一二百字的评论,对当日新闻择要评点,称为"时评一"、"时评二"、"时评三",聘请陈景韩(冷血)、包天笑、雷奋分别主持,一事一议,犀利明快,一改当时报纸上的长篇论说之冗,将梁启超在《新民丛报》上创造的"时评"在日报上发挥到极致。第二,版面编排上务求醒目,采用1至6号铅字排版,按新闻的重要性,字号由大到小分排,新闻标题和评论中的要点则用圈点识别。第三,《时报》首创报纸周刊,从周一到周日分设不同专版,包括教育、实业、妇女、儿童、英文、图画、文艺7个专版,各请专家负责编辑。第四,最先将报纸分为一、二、三、四版,两面印刷,彻底摆脱了书册式痕迹。《时报》在短时间内即立足于上海,竟能与老报《申报》《新闻报》抗衡,并称"申、时、新"三报鼎立。有西方学者认为,《时报》以改进人民生活、提倡公民教育提升国民政治意识为己任,是清末文化改革的一个基地。[①]《时报》的出版,给报坛吹来了一股清新之风,老报纷纷革新业务、效仿改版。用狄葆贤的话说:"吾办此报,非为革新舆论,乃欲革新代表舆论之报界。"他主持《时报》达17年之久,后皈依佛教,1941年在上海病逝。

《京话日报》于1904年8月16日创刊于北京,是一张以城市百姓为读者对象的报纸,文字上用的是通俗北京话,创办人彭翼仲(1864—1921)做过小官,在社会底层生活过,了解和同情底层人民,一生办过3张报纸,影响最大的是《京话日报》。该报以"输进文明,改良风俗,以开通社会多数人智识为宗旨",日出一小张,设有演说、紧要新闻、本京新闻、各省新闻、各国新闻、宫门钞、告示、电报、小说、时事新歌、讲书、来函等栏目,注意使用插图。该报主张变法维新,倡导社会改革运动。1906年南昌教案发生后,该报连续报道事件真相,刊登被法国传教士残害致死的南昌知县江如棠的遗体照片,揭穿江是自杀的谎言,激发起读者对帝国主义的极大义愤。报纸还连续揭露清朝王府活埋侍妾的事件、驻京淮军经常骚扰百姓的事实。彭翼仲还于1904年底创办过《中华报》,日出一期,每期以"册"为单位,1906年9月29日被官方查封,主办人彭翼仲、杭辛斋被逮捕。[②]清廷同样以"妄议朝政,容留匪人"的罪名查封了《京话日报》。彭翼仲被处流放新疆10年,1907年春天在

[①] Joan Judge. *Print and Politics: Shibao and the Culture of Reform in Late Qing China*. Standford University Press,1997

[②] 彭望苏.清末的中华报.第四届世界华文传媒与华夏文明传播国际学术研讨会,香港,2005

他启程的时候,"市民去送者数千人,赠送程仪者无数",还有位外号"醉郭"的讲报人自愿陪他一夜。1913年他从新疆回京后,复刊《京话日报》,但不久又因触怒袁世凯再度被封。袁死后再度复刊,终刊于1922年。

改良派在立宪时期创办的报刊可以算是维新派报刊的卷土重来,仍以建立议会制度为目标,同时革新官制、教育,并从事经济建设。由于"新政"有"假维新"、"假立宪"之嫌,因此追随新政和立宪的报刊最终是被时代潮流抛弃或改造了。然而,新政立宪运动的推行,又确实引发了某些实质上的变革,如科举的废除、奖励实业、举办学校、派遣留学生等措施,对当时的中国社会起了一定积极作用,促进了中国早期现代化的进程。有学者认为,"清廷在其垂危的晚年,不过三四年间,制定了许多有现代性的措施,虽然并不完全令人满意,当知这仅是四年的成果。假使中国持续维持清末最后数年间的稳定,相信中国现代化的进展必定会有较大的成就"。① 改良派的报刊未能立于革命的潮流,但其对于中国早期政治、经济、教育等方面的现代化,作出了一定的贡献。

3. "新政"时期中国官报的近代化

官报是由官方主办、为官方服务的政府机关报。中国自古就有官报,即邸报。清代承袭明代方式,设内阁总揽机要,重要的谕旨、奏疏由各省驻京提塘官(督抚派驻京城传递文书的官员)抄录发往各地,即仍是"邸抄"。甲午战争战败后,清政府不得不广征善后之策,在华传教士提出了一条由清政府办报的主张,李提摩太在《新政策》一文中多处提到创办"国家日报":"欲使中国官民皆知新政之益,非广行日报不为功",在各种报纸中,"国家日报,关系安危"。② 百日维新期间,光绪皇帝允准《时务报》改为官报,然而未及筹备,即在政变后夭折。官报不同于一般的机关报,它是政府开设的机关报,因此具有一定权威性。晚清最后十年清政府开办的官报总数达100种以上③,中央各政府部门及各省都出版了官报,形成了一个从中央到地方的比较完整的官报体系。

维新运动时期,在维新志士的一再呼吁下,1896年被封禁的维新派强学书局被改建为官书局,负责印售新书、选译各国报纸内容,并创办了《官书局报》和《官书局汇报》,成为近代由政府公开发行新式官报的发端。两报形式同《京报》,内容除奏折上谕外,还有"路透电新闻"、"西国近事"、"本国新闻",各种电讯只择"原文抄录,不加议论,凡有关涉时政,臧否人物者,概不登录"。"新政"时期,面对革命舆论渐兴的局面,清政府曾经大规模推广官报,以此主导舆论、鼓吹新政、开通风气。1902—1905年间,陆续出现了20多种官报,其中大部分是各省出版的。1906年后,新办官报达70多种。官报刊期不一,从月刊、半

---

① 张朋园.知识分子与近代中国的现代化.南昌:百花洲文艺出版社,2002,276
② 戈公振.中国报学史.北京:三联书店,1955,42
③ 陈玉申.晚清报业史.济南:山东画报出版社,2003,292

月刊、旬刊、双日刊到日刊均有。官报在各省一般均设立有官报局或官报处,报馆普遍衙门化,编撰人员官僚化。官报文字以文言文为主,内容普遍官气十足,极为死板,大多一再声明不议论人物和时政,而且"凡私家论说及风闻不实之事",也"一概不录"。经营形式以官办为主,还有官商合办、官督商办等。发行主要靠行政派发,对象是所属官府和学堂,报费层层摊派。

　　清末官报主要由各省主办。1901年底,直隶总督袁世凯在天津设立北洋官报局,创办《北洋官报》作为鼓吹直隶新政的宣传工具。这是清末第一份作为地方政府机关报的行政官报,标志着清末官报大发展时期的到来。北洋官报局设总办一人总理局务,下设编纂处、翻译处、绘画处等六股,分别负责撰述论说、翻译外国报刊书籍、刊摹外国舆图等。之后山西也创办了官报《晋报》。湖广总督张之洞于1901年底开始筹办官报。他手谕湖北商务报馆兼办《湖北官报》,经费核定后由善后局支给,并委派官员办理,还亲自订立办报宗旨:"一曰崇正黜邪,二曰益智愈愚,三曰征实辩诬。"①但是由于他在1903年入京主持学制的重新修订工作,《湖北官报》迟至1905年才出版发行。

　　直隶、山西两省设立行政官报的做法得到清统治集团的关注与呼应。1903年,办理商约事务大臣吕海寰、伍廷芳奏请推广官报。光绪帝准奏,要求各省一体办理。于是各省纷纷奏请开办行政官报。地方督抚大员们都认识到,大力创办官报不仅能够开通风气、沟通上下之情,更重要的是可以"端趋向而息邪说"。尤其是1907年清政府发行中央级《政治官报》后,地方官员更是将设立官报视为"不容稍缓"的大事。私家报纸林立、反清舆论遍传的浙江等地,更把官报当作"纠正其失,示之准绳"的工具。据不完全统计,1901—1911年,由各省督抚奏请创办的行政官报共有21种。官报在技术方面也有一些创新,如《北洋官报》在1902年就率先采用了铜版照片,而四川那样近代工业比较落后的地区,是从国外聘请技师、购买印刷机器创办官报的,交通不便的边远地区如西藏,官报就成为当地历史上第一家近代报刊,都是开风气之先。

　　官报内容以官文书为主,占将近60%,新闻比重不大,只有10.88%,其余有一些论说、艺文、广告等。② 各省行政官报,体例上大致有两类。第一类效仿《北洋官报》,除了登载圣谕外,主要是发布本省的政治、经济、军事、教育等方面的情况,道德教化的色彩不太明显。大部分官报体例属于此类。《北洋官报》"首载圣谕广训直解,次上谕,次本省政治,次本省学务,次本省兵事,次近今时务,次农学,次工学,次商学,次兵学,次教案,次交涉,次外省新闻,次各国新闻"③。第二类则效仿《湖北官报》,除了登载与《北洋官报》相同的

---

　① 张之洞.札商报馆兼办湖北官报.张文襄公全集：第2册,中国书店,1990,827
　② 李斯颐.清政府与清末报业高潮(1901—1911). http://www.mediaresearch.cn/user/erjiview.php?list=3&&TxtID=292
　③ 戈公振.中国报学史.北京：三联书店,1955,55

那些内容外,还增加了思想和舆论导向的内容。张之洞认为:"官报与民间开设之报馆不同,务须宗旨纯正,体裁谨严,凡所录必裨实用,凡有记载力戒虚妄,庶足以正人心而开民智,息邪而助政教。"①他亲自订立《湖北官报凡例十则》,对官报要求十分严格。

清政府虽然明令各省推广官报,但是并没有也无力给予财力上的支持。经费的短缺成为推广地方官报的掣肘,加上行政官报内容比较单一、说教气息浓重,远不如民营报吸引人。有鉴于此,直接负责官报运作的地方官员不得不设法变通,在经营方式、体制上采取一些灵活的办法。首先,在经营方式上,各省或采取官商合办的形式,或采用官办商报的手段,以扩大官办报纸的范围。如《江西官报》经费短缺,难以推广,后来改由官商合办,更名为《江西日日官报》,情形有所好转。在内地省份,因风气未开,民间所设报馆很少,地方官报主导舆论的作用似乎比较明显。而沿海地区尤其是上海,由于开埠通商较早,报馆林立,舆论纷陈,清政府想通过一纸官报来纳归众口,难以实现。为此,地方政府便采用"官办商报"的办法,通过收购民间报纸商股,达到控制舆论的目的。1908年,上海道蔡乃煌以上海民办各报"诋毁时政,激动风潮"为由,将《舆论报》、《时事报》、《申报》、《沪报》陆续收购,合并为《舆论时事报》,委派官方人员经理。但是,官方不可能悉数收购所有的民间报纸,官办商报也名不副实,因此最终还是退还已购的商报股份。

同时,为了弥补官报的缺陷,加强宣传效果,各地的官报还在形式和种类上作了调整。一些地方创办官办学报、官办白话报、教育官报、实业官报等。北洋官报局就附带发行《北洋学报》和《北洋政学旬报》。1905年四川总督锡良也奏请发行《四川学报》,以"敬教劝学",使风气"画一整齐"。他们也认识到白话报在民众中的影响,为适应"预备立宪",便以白话报形式向广大民众宣传新政。民政部尚书善耆认为,在预备立宪阶段,"开通民智实为要着,而白话报纸尤为最良之法,拟咨各省督抚各办官立白话报,注重立宪意旨及地方自治利益,发行各州府县,每日于宣讲所宣讲,以期进化而开民智"。天津北洋官报局于1905年冬开始增编白话报,随《北洋官报》分发各州县,不另收价,作宣讲之资。河南官报局以行政官报程度太高,不合下等社会阅览,特禀准河南巡抚开办《河南白话演说报》,每月出6册,发往各州县,派人宣讲。山西巡抚以该省民智不开,创办《山西白话报》,定其宗旨为"普及民智,报中所载者,皆以京话演讲,不讲辞藻,务令阅者易于记忆"。该报以低廉的价格分派给大县150份,中县100份,小县50份。

官报的发行,主要是通过行政命令分派给下属各级机关,对于外省则采用赠送或推销的方式。由于先天的缺陷,许多省份并未达到预期的宣传效果,不得不屡次更张。山西的官报《晋报》停办后,又办《学报》及《白话报》,但都是"不久遽废"。《湖南官报》办了几年,却"于社会毫无影响",只得改为旬报。南洋官报局的报纸,亦是"购阅者寥寥,近来竟有愿

---

① 刘望龄.黑血·金鼓——辛亥前后湖北报刊史事长编.武汉:湖北教育出版社,1991,90

交报资而不需报馆给报者"。可见官报之难!①

1907年10月26日,中国历史上第一份由中央政府直接出版发行的机关报《政治官报》创办,标志着清末官报活动达到高潮。同一天,清政府发布命令,责令《京报》附出的报纸停刊,此后又由宪政编查馆饬令《京报》不得使用铅印,延续千年之久的中国古代形态报纸终于寿终正寝,近代形态的报刊从此成为报业的主流。清政府创办与推广官报,其主要目的是压息"邪说","以发表行政之方针,杜悠言之淆惑",试图压制革命派等进步言论,主导舆论导向以达"定民志,遏乱萌"的效果,其办报宗旨带有浓厚的封建专制色彩,本身就不符合时代潮流,必然没落。不过,从积极的方面来说,在中国新闻传播史上,官报的出现具有划时代的意义。官报既可刊发谕旨章奏,又可传递各类信息,所以它较古代形态的《邸报》、《京报》要进步得多。和《京报》之类的古代形态报纸相比,官报属于近代形态的新式报刊,报社内部设有各类编辑部门,版面按内容分类编排,少数官报还可以直接接受外电。新政时期的官报,对开通社会风气起到了一定的作用。在各省督抚的倡导与推动下,近代化官报逐渐兴起,促使封建时代的官报融入时代的新潮流,宣扬西学知识、本国时事、科学实业等,对于启蒙民众、开通风气有一定的影响,也为官报这种新闻体制的近代化作了有意义的探索。

自1901年到1911年,清政府还在全国范围内推行了阅报讲报活动,即设立固定场所阅读和讲解报章,读报者一般是"有心阅读、无力订购"的"寒士",听读的对象一般是不通文墨的下层劳动者。创办阅报讲报所的主体是政府官员和士绅,使用的报刊约半数是时政新闻类,1/3为白话报,约1/5为官报,侧重介绍国内外大势和科学知识。阅报讲报活动将报刊的影响直接推向了社会最底层,起到启迪民智的作用。②

四、第二次国人办报高潮的特点及新闻理念

在"新政"的背景、较为松动的政治氛围下,出现了第二次国人办报高潮。这次办报热潮较之前一次,数量更多,地区更广,势头更猛,报纸的政治取向和类型也更多元,其中以革命派报纸为主流,立宪派报纸从数量来说也有不小的规模。改良派与革命派的报刊的新闻业务有所改进,对新闻业的近代化作出了贡献,同时他们在借鉴西方的新闻理念的基础上,通过新闻实践提炼了资产阶级新闻思想。中国资产阶级新闻思想,在早年王韬等国人办报及其前后就已经出现,到维新运动时期渐趋成熟。

---

① 关于地方官报,参阅张小莉.清末"新政"时期的地方官报.福建论坛,2005-11
② 李斯颐.清政府与清末报业高潮(1901—1911). http://www.mediaresearch.cn/user/erjiview.php? list=3&&TxtID=292

1. 资产阶级改良派的新闻思想

以康、梁为首的资产阶级改良派,代表了资产阶级的上层分子。他们在办报实践和政治革新的努力中,逐渐形成了较有体系的新闻思想。这些思想主要形成于1903年以前。

第一,他们对于报刊的社会功能有自己的认识。维新派人士已经认识到,报刊是维新变法的重要武器,具有重要的宣传功能,办报是维新运动中最成功的一项举措。康有为认为办报能使"民隐咸达,官慝皆知",如前所述在"公车上书"中,康有为就提出:"近开报馆,名曰新闻,政俗备存,文学兼述,小之可观物价,琐之可见士风。……宜纵民开设,并加奖劝,庶裨政教。"① 在随后的上清帝第四书中,康有为再次提出开报馆的主张。"百日维新"期间,康有为上呈《奏改时务报为官报折》,将报纸的作用归纳为4个方面:匡不逮、达民隐、鉴敌情、知新政。②

梁启超成为资产阶级新闻思想的奠基人和集大成者,为中国资产阶级新闻理论的形成奠定了基础。梁启超强调"去塞求通,厥道非一,而报馆其导端也",认为"欲开会,非有报馆不可,报馆之议论,既浸渍于人心,则风气之成不远矣"。③ 他以西方资产阶级新闻理论为借鉴,在总结报业实践的基础上,提出了比较系统的新闻思想。他一生发表的新闻学方面的专论达30篇以上。他在《论报馆有益于国事》、《清议报第一百册祝辞并论报馆之责任及本馆之经历》、《舆论之母与舆论之仆》、《敬告我同业诸君》等专论中提出了办报思想。梁启超把报纸比作"耳目喉舌",说它是"国家之耳目也,喉舌也,人群之镜也,文坛之王也,将来之灯也,现在之粮也";强调报纸具有"去塞求通"的功能;认为报纸是"人道总监督"。④ 在维新运动以后他进一步阐述了其思想,1902年在《新民丛报》上他发表的《敬告我同业诸君》,总结报纸的"两大天职":"一曰对于政府而为其监督者,二曰对于国民而为其向导者。"

不少维新派人士都认识到报刊的重要功能。他们特别把报纸看作"民口",即民众诉求和社会舆论的代言人。⑤ 谭嗣同认为报纸能"通上下之情",在《湘报后叙》中他认为,报纸要"求新",成为"助新之具";报纸要代民立言,成为"民史"、"民口"。严复在《国闻报缘起》中,强调报纸能"通上下之情,通中外之故","尤以通外情为要务"。陈炽认为,报纸是"国之利器,不可假人"。

第二是对于办报原则的认识。梁启超在《清议报第一百册祝辞并论报馆之责任及本

---

① 汤志均.康有为政论集(上).北京:中华书局,1981,132
② 徐松荣.维新派与近代报刊.太原:山西古籍出版社,1998,54
③ 丁文江,赵丰田.梁启超年谱长编.上海:上海人民出版社,1983,40
④ 胡太春.中国近代新闻思想史.太原:山西人民出版社,1987,117~145
⑤ 张育仁.自由的历险——中国自由主义新闻思想史.昆明:云南人民出版社,2002,163

馆之经历》中提出办报的方针有4条：一是"宗旨定而高"，二是"思想新而正"，三是"材料富而当"，四是"报事确而速"。这4条办报原则，立意高远，简明而全面。他还提出了报刊要健全舆论的基本要求（"五本"），在《国风报叙例》和《读十月三日上谕感言》中，阐述了其观点：持论者要有广博的知识，要以维护国家利益为目的，要有不畏强暴的精神，要出自公心，不能怀挟学派思想，以个人好恶判断是非，要导之以真理不能因感情而故作有偏向之论。

第三是对于新闻自由的认识。维新派人士主要把办报自由、发表自由作为其争取的权利。他们一方面呼吁朝廷给予这些自由，另一方面又以实践冲破了清廷的层层限制，在海内外广泛开展办报活动。王韬可以说是近代中国最早倡导报刊言论自由的先驱者，梁启超是中国自由主义新闻思想史上的又一个重要人物。他在《敬告我同业诸君》一文中强调："西人有恒言：'言论自由，出版自由，为一切自由之保障。'……而报馆者即据言论、出版两自由。"文中他还论及报刊的独立："报馆者非政府之臣属；而与政府立于平等之地位者也。"从他认识的报刊"对于政府而为其监督者"，可以看出他是提倡报刊批评政府的。只是，维新派人士把开放言禁、获取报刊言论自由，寄托在君主的开明和恩赐上，所以终究是无法实现的。

此外，维新派人士还对于报刊业务提出了自己的设想。梁启超提出了新闻写作应当做到"博、速、确、直、正"，评论写作应当做到"公、要、周、适"等观点。至于手段方面，梁启超认为报刊宣传的方法，主要有浸润和煽动两种。"浸润"就是"旦旦而聒之，月月而浸润之"，让读者在潜移默化中接受宣传的观点。"煽动"是要"故作惊人之语，造极端之词"。

2. 资产阶级革命派的新闻思想

孙中山之前的启蒙者们，大都视报刊为"民口"，而孙中山却用鼓吹"党口"代替了"民口"，热衷于办"党报"，宣传党的纲领和路线，是最早在中国新闻思想史上提出报纸应该充任"党的喉舌"的革命家。他认为，新闻宣传是民族革命和政治革命的须臾不可离弃的重要武器，革命时代和建设时代都少不了报纸的鼓动宣传。他曾说过："武昌起义，当时能够达到目的……完全是由于我们宣传的效果！"[①]

以孙中山为代表的资产阶级中下层的新闻思想，是在其新闻实践和政治运动中形成的。1903年以前他们还没有很成形的理论，1903年以后，在《苏报》、《国民日报》的实践中，特别是在1905年《民报》发刊时，孙中山认识到报刊为"舆论之母"，新闻思想有了新的高度，1907年《神州日报》和"竖三民"创办后，更提出了报纸作为"正确的言论机关"和"言论独立"的思想。纵观革命派的新闻思想，主要有以下几个方面：

---

① 张育仁.自由的历险——中国自由主义新闻思想史.昆明：云南人民出版社，2002,163

第一，报刊是引导人民进行革命的有力舆论工具。革命派办报的宗旨，就是要利用报刊这一舆论工具来教育人民、引导人民，让人民觉悟进而起来革命。因此在《民报》发刊词中，孙中山称报刊是"舆论之母"。在推翻清王朝的斗争中，他认识到必须革命舆论与武装起义并重，宣传工作与组织工作并重，革命必须舆论先行。而理论宣传是革命舆论成败的关键。他的海外报刊网不仅宣传了革命思想，还有力地促进了武装起义的筹款等工作。

第二，党报是"革命宣传机关"和"党务军务之进行机关"。为了革命宣传的需要，必须创办机关报，而机关报必须把宣传革命政党确立的民族、民主、民生的纲领和主张作为首要任务。他在《民报》的发刊词中写道："抑非常革新之学说，其理想灌输于人心而化为常识，则其去实行也近。吾于《民报》之出世觇也。"他希望《民报》能成为同盟会的"喉舌"，担负起"先知先觉之天职"，发挥好"舆论之母"的作用。

辛亥革命前，孙中山组织起义十多次，创办报刊也达十多种，在香港、日本、檀香山、加拿大、暹罗、新加坡、缅甸、美国、马来西亚、菲律宾等地创办或改组、团结了十多种报刊，他在海外活动常常以报社为据点。他十分重视舆论工作，经过数年经营，在海外建起了一个强大的报刊宣传网。报刊不仅要大力宣传"党义"，还要毫不留情地进行路线斗争。革命党必须有高度的思想统一，党报应"造就健全一致之舆论"，同化不同的思想舆论。

第三，人民享有言论自由和出版自由。孙中山一再痛斥清朝的专制统治，指责清朝"压制言论自由"。他历数清朝十大罪状，其中第六条就是"禁制吾人之言论自由"。辛亥革命后，孙中山主持南京政府参议院制定了《中华民国临时约法》，其中明文规定"人民有言论、著作、刊行及集会、结社之自由"。①

革命派的报刊和报人还介绍了西方资产阶级的报刊理论，如推崇西方的"第四权力"说、"言论独立"说、"言论自由"思想。革命派报人重视报刊作为平民的舆论反映、作为"国民公仆"的思想，郑贯公、于右任等革命者以报刊实践为革命作出了重要贡献。

第四节 近代化的重要标志：新闻法制建设

近代新闻法制建设是从维新变法运动开始的，是国人办报热潮兴起的必然要求，也与清末的宪政运动呼吸相通。宪政的直接目的是对国家的权力进行监控以保障个人的权利，言论出版的自由既是个人权利的重要内容，也是监控国家权力的重要手段，需要专门的法律予以确认和保障。对于清政府来说，"开民智"是推行宪政的迫切任务，创办报刊则是一种有效手段。因此需要法律对报刊的创办予以鼓励和保护。同时，许多报刊充斥反清言论，严重威胁着满清王朝的统治，也迫切需要法律对报刊进行约束和规范。

---

① 胡太春.中国近代新闻思想史.太原：山西人民出版社，1987，150~170

近代新闻法制建设中,维新人士康有为等公开提出废止封建文化专制主义的法律制度,建立以言论出版自由为本的近代新闻法律制度的要求。国人要求办报的呼声由来已久,但清政府一直实行其"言禁"、"报禁"政策,直到维新运动时期,从设官书局开始,"报禁"才有了松动。清政府虽未表态支持民间办报活动,但减低了报纸的邮寄费用,从经济上扶助了报业的发展。1898年6月至9月的百日维新期间,光绪皇帝多次发布具有法律效力的上谕,正式承认官报、民报均具有合法地位,国人第一次得到了办报的自由权利。其间7月26日的上谕,成为中国历史上第一个公开宣告开放"报禁"的法令。① 上谕确认报刊的社会功能:"报馆之设,所以宣国是而达民情,必应官为倡办。"并拟将上海《时务报》改为中央机关报,派康有为督办;对天津、上海、湖北、广东各地的报馆都准许"据实昌言",也就是承认了各地报馆的合法地位。此后,光绪还发布过多道上谕,扶持鼓励官绅士民创办近代报刊。百日维新期间,报律即新闻法的制定,也第一次提上了议事日程,光绪就康有为的相关上书发布上谕:"泰西律例,专有报律一门,应由康有为详细译出,参以中国情形,定为报律,送交孙家鼐呈览。"②(孙为工部尚书)。只是不久维新运动遭到镇压,报馆连同会社一起被封禁,报律也胎死腹中。

1903年开始的"苏报案",是清末最后一起文字狱,也对新闻法制的制定有一定的刺激作用。

一、"苏报案"与新闻法制意识的萌芽

《苏报》(创刊于1896年6月)于第一次国人办报高潮中诞生于上海公共租界,创办者胡璋以日籍妻子生驹悦名义注册,挂的是"日商"牌子,是一份格调低下的小报,常以黄色新闻招徕读者。1899年以后,因经济难以为继,胡璋将《苏报》出售给了罢官后蛰居上海、"愤官场之腐败,思以清议救天下"的陈范。陈范利用报纸来宣传变法,社会影响并不大。1902年蔡元培等人在上海成立革命团体中国教育会和爱国学社,当时南洋公学发生学生反对学校当局干涉言论自由引发的退学风潮,上海、南京、杭州等地学潮不断。《苏报》开辟"学界风潮"栏目,及时反映学潮,以此为契机,《苏报》柳暗花明,逐渐成为爱国学社的喉舌,报纸为全国学界注目,俨然成为号召学潮的旗手。爱国学社的师生每天轮流为《苏报》撰写论说,《苏报》实际上成为当时上海资产阶级革命派的言论机关。章太炎、蔡元培、吴稚晖、黄宗仰、张继等为《苏报》撰稿。

1903年5月27日,学潮中带领30多名同学从南京陆师退学后加入爱国学社的学生章士钊任《苏报》馆主笔,大胆革新,明确提出"第一排满,第二排康"的办报方针,发表言辞

---

① 黄瑚.中国近代新闻法制史论.上海:复旦大学出版社,1999,65~79
② 戊戌变法文献汇编第2册.台北:台北鼎文书局,1973,51

激烈的论说《论中国当道者皆革命党》。6月1日,《苏报》宣布"本报大改良",发表论说《康有为》,认为革命"如铁案之不可移"。6月9日,章士钊以"爱读革命军者"的笔名发表《读〈革命军〉》文,热情洋溢地赞赏少年邹容的《革命军》,称之为"今日国民教育之第一教科书"。同日在"新书介绍"栏刊出《革命军》广告,称"笔极犀利,语极沉痛,稍有种族思想者读之,当无不拔剑起舞,发冲眉竖"。第二天该报又发表章太炎的《〈革命军〉序》,称之为"雷霆之声"、"义师先声"。6月22日,《苏报》刊论说《杀人主义》,鼓吹暴力革命,"借君颈血,购我文明,不斩楼兰死不休,壮哉杀人!"6月29日,《苏报》又摘录发表章太炎的《驳康有为论革命书》中的主要内容,题为《康有为与觉罗君之关系》,反驳改良派的"只可立宪,不能革命"的主张,以饱满的激情赞美革命:"然则公理之未明,即以革命明之;旧俗之俱在,即以革命去之。革命非天雄大黄之猛剂,而实补泻兼备之良药矣。"嘲骂光绪皇帝为"载湉小丑,不辨菽麦"。这篇文章是1903年以前革命派思想发展的理论总结,并吹响了鼓舞革命志士继续前进的号角,对革命运动的发展起到了很大的作用。

《苏报》这些言辞激烈、充满革命气概的言论,终于触怒了清政府,再加上几起聚会、演说的事,慈禧下令立即严密查办。清政府多次与各国领事多方交涉,最终达成协议,上海公共租界巡捕房拘捕相关人士,所拘的人必须在租界会审公廨由中外官员会审。6月29日、30日,警探逮捕了章太炎、陈范之子陈仲彝、账房程吉甫、办事员钱宝仁等,章太炎在巡捕房写字条劝邹容、龙积之自首,二人遂自投捕房,陈范走避。章士钊因与清廷派来办案的俞明震有师生之谊未被列入拘捕名单。① 按租界旧例,案未审定之前不能封禁报馆,因此《苏报》仍出版了7天并继续疾呼"革命排满"。7月6日,《苏报》刊出章太炎针对《新闻报》对自己和革命的诋毁而作的《狱中答新闻报》,严厉谴责当局,指出"苏报案"是"满洲政府与汉种四万万人"的"大讼","吾辈书生,未有寸刃尺匕足与抗衡,相延入狱,志在流血,性分所定,上可以质皇天后土,下可以对四万万人矣"。7月7日下午《苏报》被查封。这就是中国封建王朝的最后一桩文字狱案"苏报案"的开端。

清廷不惜以出卖沪宁铁路筑路权为交换条件,要求将章太炎、邹容交给清廷审判,但遭到了租界当局的拒绝。在租界当局看来,发表文章、举行集会、批评政府都在言论自由的范围内,是公民的权利。即使有证据证明章太炎他们是"犯罪",也属于"国事犯",按国际惯例也应该保护,更何况这是在特权租界内。7月15日上海租界会审公廨第一次会审"苏报案",具有讽刺意味的是,名义上这是清王朝在租界设立的最基层的一个法庭,实际上外国享有治外法权。清政府委托洋人律师指控《苏报》"污蔑今上,挑诋政府",指控章太炎、邹容"大逆不道,谋为不轨",要求判处章、邹死刑,遭到拒绝。7月21日会审公廨第二次会审"苏报案"。清廷外务部与各国公使关于引渡的交涉也毫无进展,恰在此时"沈荩

---

① 陈玉申.晚清报业史.济南:山东画报出版社,2003,195～196

案"发生,7月31日,记者沈荩因为披露中俄密约的消息在北京被活活杖毙,天津《大公报》等报道后,举世震惊,当时在上海狱中的章太炎也写诗悼念。沈荩之死对租界当局最终拒绝引渡章、邹等产生了直接的影响。8月5日,英国首相向驻华公使直接发出"现在苏报馆之人,不能交与华官审判"的训令。9月10日,清廷最后放弃了引渡"苏报案"犯的努力。1903年12月3日"苏报案"第三次开庭,之后租界会审公廨判处章、邹永远监禁,其余人开释。这一判决遭到国内外的强烈反对,上海领事团认为判刑过重,租界当局不得不于1904年5月21日重新开庭作出判决:章太炎监禁3年,邹容监禁2年,《苏报》永远停刊。

在狱中,章太炎、邹容被罚做苦工,经常遭到拳打脚踢,章曾绝食以示七天抗议。虽然环境极其严酷,他们还是以诗唱和,他们的《绝命诗》联句已载入文学史。1905年2月邹容病倒,就在会审公廨同意保释出狱的前一天,4月3日凌晨去世,年仅21岁。章太炎入狱之后,诗文仍不断见诸报刊。1906年6月29日,他熬过3年的刑期,出狱当天就由同盟会派人接他登上赴日本的轮船,受到英雄般的热烈欢迎。《苏报》被封仅一个月,章士钊就创办了"苏报第二"的《国民日日报》,此后革命派报刊风起云涌。

影响"苏报案"的因素,在中国方面有中央政府、两江总督和上海道台,在租界方面,有外国政府、英美等国驻华公使、英美等国驻沪领事团、公共租界工部局,还有一个中外混合的会审公廨。在案件审理背后,有不同利益、不同法律制度、不同文化的冲突和妥协。最后的结果,是各方面妥协的结果。"苏报案"是按照西方司法程序进行处理的,有法庭,有审判员,有原告、被告,双方各请了两位外国律师。这种审判方式在当时中国是个创举。律师制度来自西方,中国是没有辩护制度的,大清律例是严禁讼师的。审判两名罪犯,还要朝廷出面向会审公廨起诉,而会审公廨在名义上属于中国的司法机构,也就是由中央政府向自己的下属机构告发几位百姓,请求下属机构对这几位百姓定罪量刑,甚至还要聘请律师辩护,朝廷确实大丢脸面。审判结果,几经交涉,直到审判期限截止时,清政府才无可奈何地同意章太炎、邹容分获三年和两年的监禁。如果清政府仍不同意,租界当局就会以拘押超期将章、邹无条件释放。逮捕的6人,经审讯,4人均以无罪或证据不足而释放,没有株连。① 这些都是对封建旧传统的突破,也可见西方新闻法制观念对中国产生了一定的刺激作用。

二、近代新闻法制的初步形成

1901年"新政"开展之后,清政府允许民间办报,并部分开放了言禁,允许朝政信息公开,1902年清政府派沈家本、伍廷芳等修订法律,正式开始了近代新闻法制建设。清末相

---

① 熊月之.晚清上海政治运作特点:以小车工人抗捐斗争与苏报案为个案.视角(中文版),2001-11-30

继制定颁布了5个近代意义上的新闻法规：

表4-4 清末近代新闻专门法规

法规名称	制定时间	备 注
《大清印刷物专律》	1906年7月	中国第一部有关报刊出版的专门法律
《报章应守规则》	1906年10月	9条,禁令性质
《报馆暂行条规》	1907年9月	10条,禁令性质
《大清报律》	1908年3月	参照日本新闻纸法
《钦定报律》	1911年1月	《大清报律》之修订

在清末筹备立宪期间，报律的制定再次被提上议事日程。1906年7月，清政府颁布由商部、巡警部和学部共同拟订的《大清印刷物专律》，这是中国第一部有关报刊出版的专门法律。分大纲、印刷人等、记载物等、毁谤、教唆、时限，共6章41条。适用的对象是包括报刊在内的印刷出版物，明确规定了一般出版物的注册登记、禁载事项、毁谤与教唆及违律行为的惩罚。

"新政"后报刊数量激增，为了加强对新闻舆论的规范与控制，清政府巡警部于1906年10月颁布《报章应守规则》，共9条，基本属禁令性质，前8条都是防范报刊宣传危及其政治统治的规定，只有最后通牒一条是有关开办报馆的呈报事宜："除已开报馆之外，凡欲开设者，皆须来所呈报批准后，再行开设。"该规则只有禁载事项而无对违禁行为的惩罚规定，行政执法官吏据此可任意惩处报刊，遭到了报界的强烈反对，认为从此言论自由尽失。《申报》对其中的规定逐条予以批驳，指出其"乃箝束民口，塞绝监，使言论出版失其自由，而欲政治社会之渐以进化，岂不远哉"！① 而清政府出于对新办报刊"挟私攻讦、借端诋毁、甚或煽动异议、蛊惑人心"的担忧，由民政部出面，对该规则重加厘定，于1907年9月颁布《报馆暂行条规》，内容与《报章应守规则》基本一致，对其中的一些限制条件稍作放宽，但特别对新开办报馆的审批更为严格，不仅坚持新开设报馆要经审批，而且要求已经开设的报馆都应一一补报审批。这一规定在《报律》颁布以前即作为管制出版物的法令。报界更是一片哗然，纷纷谴责批判。而此前一个月，即1907年8月，清廷颁布了中国历史上第一部宪法性文件《钦定宪法大纲》，以根本法的形式确立了臣民在法律范围内有言论、著作和出版的自由，从国民权利的角度对言论出版问题做了规定。

1908年1月，商部参酌日本新闻纸法起草了《大清报律》，经巡警部略加修改，由民政部和法部会同具奏，清廷交宪政编查馆审核复议，并发奕劻、载沣、世续、张之洞、鹿传麟、袁世凯六大臣修改补正，于同年3月14日颁布。《大清报律》共45条，收入了之前制定与

---

① 论警部颁发应禁报律,申报,1906-10-14

颁行的报刊禁载的全部规定,还新增了不少限制性条款。《大清报律》对言论自由设定了诸多的限制,招致报界的普遍谴责和反抗。国人对付的办法就是挂洋商的招牌在租界内出版,连注册手续都可以不办理,因在半殖民地条件下外国人办报不受中国法律的管制。报律形同虚设,难以有效施行,民政部于1909年11月奏请修正报律,酌情放宽限制和减轻处罚。1911年1月《大清报律》改名为《钦定报律》后颁行。修订后的报律共38条,另有4个附条,保存了原报律的主要内容。

尽管满清王朝不久便被推翻,但《钦定报律》在立法上所体现的时代进步性不应忽视。报律的出台,标志着中国近代新闻法律制度的初步形成,也表明中国的新闻业向近代化的迈进。

三、清末新闻法的内容

清末"新政"时期颁布的新闻法律、法令,以及由此构成的新闻法律制度,借鉴吸收了资本主义法律制度的内容,是开风气的结果。清末报律的制定与国家的性质、社会的变革进程及报业的发展状况密切相关,仍然是半殖民地半封建社会的社会条件,以及仍在近代化进程中的新闻事业状况的反映,其出发点并不是为了保障民众的言论、出版自由,而是清政府力求用以控制报刊、保证其"新政"的贯彻和推行,它们还不具备资产阶级的新闻法制性质。

1. 关于办报和采访自由

言论出版自由首先是办报的自由。"新政"推行、"报禁"开放后,国民可以自由创办报刊,获得了一定的言论出版自由权利。《钦定宪法大纲》作为第一部近代宪法,以根本法的形式确立了臣民在法律范围内有言论、著作和出版的自由:"臣民于法律范围以内,所有言论、著作、出版及集会、结社等事,均准其自由。"关于办报人的资格的规定,律令也从无到有并趋于完善。《大清印刷物专律》忽略了办报人资格的问题,没有作出明确规定,随后的《大清报律》第2条则规定:"凡充发行人、编辑人及印刷人者,须具备下列要件:一、年满20岁以上之本国人;二、无精神病者;三、未经处监禁以上之刑者。"《钦定报律》又将上述第三个要件修改为没有被"褫夺公权或现在停止公权者"。

言论出版自由还包括采访的自由、发表的自由。1905年起,民间报馆被允许现场采访大规模的军事演习。1907年,经民政部批准,司法审判庭特为记者添设旁听专席。1909年各省谘议局成立后,均明文规定记者可以旁听议员辩论。1911年资政院召开首次会议,20多名记者被允许与会采访。① 报刊对国家政治法律的言论自由按说是宪政的应

---

① 方汉奇,丁淦林,黄瑚等.中国新闻传播史.北京:中国人民大学出版社,2002,124~125

有之义,但由于清政府在实行宪政上缺乏足够的诚意,因而允许报纸作为监督政府的舆论工具而存在的同时,法律对报道自由、评论自由又进行了诸多限制。《钦定宪法大纲》虽然规定了臣民于法律范围内有言论出版的自由,却没有规定不得制定限制言论出版自由的法律,因此有名而难有其实。尽管如此,清末的新闻自由已经得到了法律的承认,具有进步意义。

2. 报刊创办制度:从批准制到注册登记制

具备办报资格的人需要履行法定手续才能办报。1906年《大清印刷物专律》中采取的是审批制,规定:"京师特设一印刷注册总局,隶商部、巡警部、学部。所有关涉一切印刷及新闻记载等,均须在该局注册。"[①]凡是印刷或发卖各种印刷物的人,须向所在地的巡警衙门提出申请,申请书一式两份,其中必须载明申请人的姓名、籍贯和住址。巡警衙门收到申请后负责审核,如认为合乎条件,则报于京师印刷注册总局,以申报之日为注册之日;如认为不合乎条件,必须将不准注册的理由详报京师注册总局,并及时通知申请人。申请人如果不服,可在接到通知后12个月以内,"迳向京师印刷注册总局递禀上控,或亲身投递,或请代表人投递,或由邮政局投递"。另外申请人须交注册费10元;如果因巡警衙门不批准而向京师印刷注册总局提出上控的,不需再交注册费,并明确规定不得超额或另外收取其他任何费用。凡是未经注册的印刷人,不论承印何种文书、图画,均以犯法论,可以单处或并处150元以下的罚金和5个月以内的监禁。同年的《报章应守规则》和1907年的《报馆暂行条规》也坚持采用审批制,《条规》还要求以前开设的报馆,要办补报手续。1908年的《大清报律》取消了审批制,采取了注册登记加保证金的制度。凡具备办报资格的人,只需于发行20日以前,将报刊的名称、体例、发行人、编辑人和印刷人的姓名、履历与住址以及发行所、印刷所的名称、地址各项,"呈由该管地方衙门申报本省督抚,咨明民政部存案"即可。另外,《大清报律》还减轻了对违犯者的处罚,未经呈报登记的发行人处10元以上100元以下罚金,呈报不实的处5元以上50元以下的罚金。发行人在呈报登记的同时,还须交纳一定的保证金(学术、艺事等刊物除外)。1911年的《钦定报律》沿用了《大清报律》注册登记加保证金的制度,只略调整了保证金的数额。

由审批制改为注册登记制是一个很大的进步,合乎世界新闻制度的潮流,是保障言论自由的一个重要体现,但保留西方废除了的保证金制度,虽在初期具有一定的合理性、对报刊发展的主流影响不大,但还是有损注册制的进步性。

---

① 刘哲民.近现代出版新闻法规汇编.上海:学林出版社,1992,2

3. 报刊审查制度：从事先核查到事后存查

清政府不可能给予国民以真正的言论出版的自由权利。对新闻自由限制最为严厉的规定是报刊审查制度。《大清报律》第 7 条规定："每日发行之报纸，应于发行前一日晚 12 点钟以前；其月报、旬报、星期报之类，均应于发行前一日午 12 点钟以前，送由该管巡警官署或地方官署，随时核查，按律办理。"违者，发行人处 3 元以上 30 元以下之罚金。由于该规定引起的反抗过于强烈，《钦定报律》将事先核查改为事后存查："每号报纸，应于发行日递送该管官署及本省督抚或民政部各一份存查。"虽然事先核查和事后存查制度都是为了加强对报业的控制，但还是有了一定的进步。《大清报律》还规定了更正制，报纸如有失实，必须于下一期更正，甚至还规定了一般情况下更正字数若是原文的 2 倍以上，须按广告的标准计字收费。

4. 禁载事项的规定

1906 年《报章应守规则》9 条中，前 7 条规定：不得诋毁宫廷、妄议朝政、妨碍治安和败坏风俗，不得揭载内政外交之秘密，词讼案件不得在案件判决之前妄下断语和庇护犯人之语。1907 年的《报馆暂行条规》对前述禁载事项做了如下修改：将"妄议朝政"改为"淆乱国体事项"；内政秘密限于军事，"词讼案件"改为"重要刑事案件"。在随后制定的《大清报律》和《钦定报律》中都有类似的规定。《大清报律》规定了 6 项禁载事项，包括禁止旁听的诉讼事件、未经公判的预审事件、禁止登载的外交和海陆军事件、未经阁抄和官报公布的谕旨章奏，以及第 23 条的诋毁宫廷、淆乱政体、损害公安、败坏风俗之语，发行人和编辑人不得受人贿赂颠倒是非、不得挟嫌诬蔑损人名誉。1911 年清政府对该报律进行了修订，军机处资政院拟定的相关条文，禁登的内容从官署禁止的"外交陆海军事件及其他政治上秘密事件"改为官署禁止的"外交陆海军事件，及其他政务"，也就是禁登的内容更广泛了。

《大清印刷物专律》设"毁谤"专章，将其分为普通毁谤、讪谤和诬诈三种，讪谤是专门为保障皇室和国家政权而做出的规定。"讪谤者，是一种惑世诬民的表揭，令人阅之有怨恨，或侮慢，或加暴行于皇帝、皇族或政府；或煽动愚民违背典章、国制，甚或以非法强口；又或使人人有自危自乱之心，甚或使人彼此相仇，不安生业"。遇有讪谤情形的，可将一干人逮捕提讯，查封报刊，经审理确属讪谤可以单处或并处 10 年以下的监禁和 5000 元以下的罚款，并取消印刷人、资本人或经理人再从事该行业的资格。

四、清末报律对新闻业近代化的意义

清末报律照搬资本主义的新闻法规形式，但目的却是为了限制和规范日益发展的新闻事业，保证其"新政"的实行。1903 年的"《苏报》案"中清政府曾经颜面扫地，他们深知报刊的作用和对之加以限制的必要。报律内容带有封建主义的色彩,君权神圣不可侵犯的原则并没有从根本上动摇,统治者在实践中间接或直接侵犯新闻自由的现象时有发生。报律无权制裁在华外报更显示其半殖民地色彩。它们的出台,正是革命思潮风起云涌的时候,因此任何法规都招致当时新闻界的强烈抵制。尽管如此,对于长期处于封建专制制度下的中国来说,其中所体现的突破性意义是不容忽视的,它们的出台也标志着中国新闻事业的某种近代化转型。①

首先,报律体现出新闻业及其从业者的地位有了明显的提高。宪政编查馆在考核报律的奏折中明确指出:"报纸之启迪新机,策励社会,俨握文明进行之枢纽也。"②这是清末宪政中的代表性观点。报刊从业者的身份得以承认,地位有了提高,司法审判、咨议局和资政院会议、军事演习等重要活动都允许记者参加,有些还为记者设有专席。有些地方记者还获特殊待遇,广东巡警总局特邀记者每周一次列席巡官会议,以谋求社会的信任和报界的监督。

其次,新闻媒体与政府的关系有了很大的转变。在中国传统社会中,君主不仅是国家权力的控制者,而且也是精神的领袖和智慧的象征。在专制政治中,新闻媒体、教育等思想传播手段附属于政治权力,是政治统治的工具。清末新闻媒体具有了相对独立性,不完全从属于政府,国民个人办报自由、新闻从业者的采访和发表自由某种程度上得到了法律的确认和保障。当然,报刊审查制度颠倒了宪政体制中新闻舆论与政府的关系。对权力的监控是宪政最直接和最首要的目标,而要实现对权力的有效监控,除了立法、行政与司法诸权力的相互制衡外,报纸的新闻舆论监督也是一个极其重要的方面。报刊审查制度是限制新闻自由最为严厉的规定,由于清末管理的失控,事实上一些报馆并没有遵此规定。

再次,减轻了对违法者的处罚,大大缩小了刑罚的适用范围并减轻了刑罚。《大清律例·刑律》在"谋反大逆"、"谋叛"之后,就是"造妖书妖言","凡妄布邪言,书写张贴,煽惑人心,为首者,斩立决;为从者,皆斩监候",可见冒犯统治者的言论被视为多么严重的犯罪。在清末报律中,对违法行为的处罚以行政处罚和民事处罚为主,以刑事制裁为辅,甚至泄漏国家机密这样严重的行为都仅做罚款处理,只有鼓动反对皇室和推翻现行政权的言论须依照刑律治罪。在实践中,《大清报律》颁行以后,尽管以暴力推翻满清统治的言论比比皆是,但处以刑罚的案件很少,一般量刑也不重。

新政时期清政府陆续对报界采访司法审判、省咨议局和资政院会议开禁,报社电讯费用也给以减少收费的优惠,报界的采访权和传播权呈扩大的趋势。而对于报道和评论,只

---

① 以下除注明外参见屈永华.宪政视野中的清末报刊与报律.法学评论,2004,(4)
② 刘哲民.近现代出版新闻法规汇编.上海:学林出版社,1992,35

要不是直接号召用暴力推翻清王朝的,即使是对清廷大政方针和王室的尖锐批评,报律都未加限禁。清末报律没有采用许多西方国家早期的特许制、印花税、禁止批评时政等限制民间报纸发展的措施,而吸收当时西方资本主义的一些成果,肯定了报刊的合法地位,规定了报业活动应遵循的一般规则,使得报业有了明确的活动范围和自我保护的依据,对报业的发展是有利的。不过,清末的新闻自由在很大程度上是国家政治失控、内部矛盾加剧的产物,是各种政治力量的激烈冲突所导致的巨大裂缝给新闻自由的发展提供了空间。没有统一的、强有力的国家政权,新闻自由就很难有生存和发展的空间,清末出现的一些违背新闻自由的案例,以及后来袁世凯政府时期新闻自由的倒退,就说明了这一点。

第五章 五四时期报刊与文化现代化

五四时期,一般是指 1919 年 5 月 4 日五四运动前后的那段时期,其上限至少可以追溯到 1917 开始的文学革命,下限则可以 1927 年的北伐战争为界。① 五四新文化运动实际上是以 1915 年 9 月 15 日《青年杂志》的创刊为标志的,经过 1917 年北京大学新文化运动倡导力量的集结,运动得以风靡全国。② 五四运动经过引申,实际代表的是五四前后几年中国知识分子阶层的思想和活动的整个发展过程。③ 广场上的五四反帝爱国运动,可以说是五

---

① 余英时.五四运动与中国传统.中国思想传统及其现代变迁.桂林:广西师范大学出版社,2004,82~90
② 陈万雄.五四新文化的源流.北京:三联书店,1997,2~3
③ 费正清.美国与中国.北京:世界知识出版社 2003,215

四时期启蒙运动成就的一次检阅。①

五四时期是中国现代化进程中特别重要的一个阶段,是中国现代化的一个重要里程碑。如前所述,中国的近代化也是按照西方模式,从器物层次、制度层次、思想行为层次的顺序,逐渐走向深入的。洋务运动崇尚坚船利炮,是器物层次的改革;维新运动追求君主立宪,是以政制改良为目标的;辛亥革命推翻清王朝,是一场政体革命。但复制西方式的器物改革、制度革命,都失败了,有些更深的问题需要解决。于是,一场迟到的文化启蒙运动,到五四运动时期才在古老的中华大地上兴起。这是中国自先秦以来最具革命性的一次思想解放运动。

1919 年底,《新青年》在宣传重印前五卷的广告里,有这样的自我概括:"这《新青年》,仿佛可以算得'中国近五年的思想变迁史'了。"②在五四运动 80 周年的纪念会上,也有这样的"定性":五四运动是中国历史上一次空前的思想解放运动,既是一场文化运动,也是一场思想运动。③ 中国的思想文化、价值观念,在与西方传入的以现代化为核心的文明体系的冲击、碰撞下,从信仰、知识、意识形态各个层面展开了一场新运动,形成了一个多层面的、初步具备了现代化特征的思想体系。

五四时期的报刊,发动了一场现代文学革命。这场文学革命,是和白话文运动合二为一的。它倡导的白话文运动点燃了五四新文学运动的火炬,采用白话文、新式标点符号、刊登新体诗,推动了文学革命运动的兴起,对文学界、思想界影响深远。这场革命性运动,最终导致将白话定为国语。白话文不仅是文字上的变化,更引进了西方的文法、语法结构,成为一种分析性的语言,是一种思维模式的变革,也是一场大众化文化的革命,推动了大众的文明化程度,也成为思想广泛传播的基础。报刊在这次运动中,既是号召者、推动者,也是受益者。报刊推动文化进步的同时,自身也走向了现代化。

《新青年》发起的新文化运动,早期主要精力都集中于思想文化与教育的改革上,直到 1919 年,陈独秀才开始用民主与科学取代人权与科学,作为新文化运动的基本口号。此后,宣扬民主,成为报刊唤起国民觉悟的重要武器;宣扬科学,也成为五四新文化宣传的工具。科学与民主,也成为中国现代化发展的方向。

新文化运动随着推进,运动逐渐趋于政治化,最终形成了不同的思潮,当时占主流的有三大思潮。报刊也因此分属于不同的阵营,《新青年》、《每周评论》、《新潮》、《学灯》、《少年中国》、《新生活》等大量报刊,成为传播马克思主义思潮的主要媒体;《改造》、《努力周报》等报刊是传播自由主义的主要阵地;《东方杂志》、《学衡》等则代表着 20 年代崛起的新传统主义。不同的思潮交流、激荡,在报刊上形成不同的思想派别,对社会产生了极大

---

① 葛红兵.五四文化的内在矛盾.http://www.confucius2000.com/poetry/54whdnzmd2.ht
② 新青年,1919-2
③ 龚育之.纪念"五四"的历史回顾和当代意义.北京:社会科学文献出版社,2001,14~22

的影响。

五四运动对中国的现代化有极其重要的作用,同时,它也是世界不同文化和文明相互比较、融合的一次尝试,有着重要的意义。① 在现代化进程中,新闻业自始至终,都既是其推动者,又是其受益者。在新文化运动中,新闻业务在自由的学风、现代的文风方面有所发展,现代副刊得以出现。而且,中国第一次形成了新闻专业化,出现了新闻学研究、新闻教育,本章将从报刊与五四新文化运动的功能角度,阐释新闻传播的这段历史。

第一节 《新青年》与文化启蒙

一、《新青年》的创办背景:时代需要思想启蒙

《青年杂志》月刊的创办,有其特殊的社会背景和新闻专业发展的基础。现代化的努力从19世纪末就开始了,辛亥革命废除了帝制,使现代化真正启动,但辛亥革命在政治、军事方面的失败,使得近代化的政治向往、经济图景都成为纸上谈兵。现代化受阻,原因何在?政治和军事斗争的失败迫使人们转移战场,以陈独秀等为代表的新一代知识分子将眼光转向思想文化领域,他们悟出了一条道理:他们为之奋斗了十多年的民主共和政体,之所以名存实亡,是因为中国广大国民思想还不觉悟,还没摆脱封建文化思想的束缚。中国的当务之急,不是继续进行过去的政治运动,而是要在思想文化领域内批判封建主义,进行资产阶级民主思想启蒙。中国缺少了从意大利的文艺复兴到法国的启蒙运动这一过程。在这样的背景下,陈独秀于1915年9月15日在上海创办的《青年杂志》(后改称《新青年》),发动了一场声势浩大、意义深远的启蒙运动,并称这场运动为"最后之觉悟"。

如前所述,近代报刊经过清末的大发展,已具备一定的专业性,尤其是戊戌维新运动期间,大量知识分子成为报刊工作者,报刊工作已经基本具备了职业化特征,商业性报刊、机关报刊、同人报刊已经颇具规模。在这样的背景下,曾经参与过办报活动的陈独秀,创办了《青年杂志》,曾经参与过办报活动的蔡元培、吴稚晖、章士钊、钱玄同、马君武、高一涵、李大钊、胡适等人,投入到《新青年》的工作中。有学者强调:"《新青年》是在中国近代第一份中文刊物出现整整一百年后创刊的。"②

辛亥革命后中国政局动荡,平均每一年半就发生一次政权更迭,在1928年南京政府以前,有7位总统(其中一人两度出任),战乱频繁,平均每两年发生一次战争,但是现代工

---

① 周策纵.我所见五四运动的重要性.北京:社会科学文献出版社,2001,36~39
② 周策纵.周子平等译.五四运动:现代中国的思想革命.南京:江苏人民出版社,1996,59

业获得了长足的发展,在此基础上,现代自由报刊业已经崛起。短短几年间,各地就创办了400多份支持新文化的报刊。虽然出现过一些封报和逮捕新闻记者的事件,也有反复,特别是在《青年杂志》创刊前一个月,1915年8月23日,支持袁世凯的筹安会在北京成立,帝制活动转入紧锣密鼓阶段,反对帝制的报纸大受摧残,报纸数量减少,一段时期,北京只余20家,上海只余5家。① 但新的报刊只要登记即可创办。这是继民国元年、二年后,言论最为自由的时期。再加上蔡元培1917年出任北京大学校长后,按照世界通行的现代大学原则改造这所学校,学术自由也得到了切实的保障。在思想和言论自由有所保障的状态下,各种思想可以自由竞争,多种声音并存,互相牵制,不用你死我活、互不相容。《北京大学学生周刊》上,经常出现最极端的鼓吹无政府主义的文章,也有师生组成研究会,公开、自由地研讨最革命的马克思主义。学术自由、教授治校,以及无畏地追求真理,成为北大治校的准则。在北大的影响下,甚至各地的中学也沿袭了北大的组织制度,提倡思想自由。② 《青年杂志》引发的新文化运动,是在思想和言论比较自由的环境下开展的。

1915年冬到1917年夏,中国发生了两次帝制复辟逆流,守旧派知识分子为了复辟帝制寻找理论依据,曲解和宣扬中国正统的儒家教条。成立不久的中华民国,外受日本压力,内遭旧军阀、旧官僚、旧士绅阴谋的威胁,岌岌可危。为了挽救民族危亡,具有新知识、新思想的知识分子,开始了文化思想上的革命。

陈独秀成为这场运动的领袖,他创办的《新青年》成为这场运动的旗帜。陈独秀(1879—1942),字仲甫,安徽怀宁人。自幼随祖父修习四书五经,17岁中秀才,19岁入读清末南京著名新式书院"求是学堂",学习法文和新学,因有反清言论被逐离南京。1901年后,数次去日本或留学或避难,在那里参加过《国民日日报》、《甲寅杂志》的工作,在国内办过《安徽俗话报》(1904—1905)。他是五四新文化运动的发起者,毛泽东1945年在中共七大预备会议上,称陈独秀是"五四运动时期的总司令",他发起并领导的新文化运动为五四运动准备了思想条件和组织条件,在运动中他与新文化运动的战友们及时报道时事、提出行动口号和纲领,引导了运动的开展。五四之后,他收获五四运动的成果,组织共产党,把五四运动引上了新民主主义革命的轨道。③

二、《新青年》的宗旨:发动思想改造运动,重建社会价值体系

《青年杂志》的出版宗旨虽然用语模糊,目的是"与青年诸君商榷将来所以修身治国之道",但陈独秀从一开始,就怀着启蒙社会的抱负,是要进行一场思想改造运动的。在创刊

---

① 方汉奇主编.中国新闻事业编年史(上).福州:福建人民出版社,2000,777
② 袁伟时.新文化运动与激进主义.东方文化,1999,(3)
③ 唐宝林.陈独秀与五四运动.北京:社会科学文献出版社,2001,788~803

号的"通讯"栏内,陈独秀通过答读者来信,比较明白地作了阐述:"改造青年之思想,辅导青年之修养,为本志之天职。批评时政,非其旨也。"他们说不谈时政,而突显"修身治国之道",不过是避免进行政治行动的鼓动,着重从学理的层面廓清有关问题,从而帮助人们认识处理政治和社会问题。《青年杂志》所要做的,是要发动改造国民性的国民运动,要按照此时具备新思想的知识分子所理解的现代意义和标准,来重建中国社会的价值体系。

这个杂志所发端的五四新文化运动,可以视为18世纪欧洲,特别是法国的启蒙运动的中国版。[①]《青年杂志》的副标题特别用法文"La Jeunesse"(青年),也突出反映了该刊创办者受法国革命民主思想、启蒙运动的深远影响,这也是陈独秀时代年轻人所受的影响。创刊号的第二篇,就是《法兰西人与近世文明》,推崇法国的启蒙运动思想溢于言表。在《青年杂志》的影响下,北京大学学生不久创办了《新潮》杂志,其副题更突出选用了"The Renaissance"(文艺复兴)[②],在出版宣言中,更直道是从事"文化运动"。

《青年杂志》的代发刊词《敬告青年》,既是宗旨阐述,也是五四的总号角。它开篇即解"青年"之题:

窃以少年老成,中国称人之语也;年长而勿衰(Keep young while growing old),英、美人相勖之辞也,此亦东西民族涉想不同、现象趋异之一端欤?青年如初春,如朝日,如百卉之萌动,如利刃之新发于硎,人生最可宝贵之时期也。青年之于社会,犹新鲜活泼细胞之在人身。新陈代谢,陈腐朽败者无时不在天然淘汰之途,与新鲜活泼者以空间之位置及时间之生命。人身遵新陈代谢之道则健康,陈腐朽败之细胞充塞人身则人身死;社会遵新陈代谢之道则隆盛,陈腐朽败之分子充塞社会则社会亡。

……予所欲涕泣陈词者,惟属望于新鲜活泼之青年,有以自觉而奋斗耳!

在综论陈腐朽败、窒息绝望的现状后,陈独秀对青年提出了"六义",并逐条予以论述。他为青年指引的目标是:自主的而非奴隶的;进步的而非保守的;进取的而非退隐的;世界的而非锁国的;实利的而非虚文的;科学的而非想象的。

在此后的一系列文章中,陈独秀提出了这样的方向:中国社会的改造,应当置于国民人格、素质、价值观念更新的基础上。新文化运动的主调,是求个体的解放、自由、自主与独立。这就意味着,他们要着力进行的,是重建中国社会价值体系。

陈独秀在《青年杂志》上还发表了《一九一六年》、《吾人之最后觉悟》等纲领性文章,他高举科学、民主旗帜,热情歌颂西方资产阶级自由、独立、平等、人权思想,号召青年奋起,自救解放。不过,当时陈独秀思想认识上还有不少局限性,作者们对他的办刊思想也缺乏共识,因此杂志内容较为庞杂,也未引起社会的注意,更没有陈独秀之前自称的"可以轰动

---

① 金耀基. 五四与中国的现代化. 北京:社会科学文献出版社,2001,62~68
② 彭明. 五四运动与二十世纪的中国. 北京:社会科学文献出版社,2001,23~35

一时"。杂志销售量很小,连赠送、交换在内,期印 1000 份。① 陈独秀感叹:"本志出版半载,持论多与时俗相左,然亦罕受驳论,此本志之不幸,亦社会之不幸。"② 出了 6 期后,《青年杂志》于 1916 年 2 月 15 日暂告休刊。

休刊期间,中国政局发生了变化。袁世凯复辟帝制失败,并在绝望中死去,黎元洪继任总统,总理段祺瑞成立新内阁,国会议员纷纷回到北京,8 月国会重开,并恢复《临时约法》,中国似乎在黑暗中又出现一线光明。陈独秀在此形势下,于 1916 年 9 月复刊杂志,并改名为《新青年》。

陈独秀在《新青年》杂志上继续宣传他的思想,之后成为五四新文化运动的方向。刊物的销量也逐渐上升,最多时销至 1.5 万—1.6 万份。以《新青年》为核心,聚拢了一批新的启蒙思想家,胡适在《新思潮的意义》一文中专门引述了尼采的观点,要"重新估定一切价值"(Transvaluation of all values)③。正如著名的五四运动研究专家指出的:五四新文化运动的新思潮,内容固然十分复杂,它背后却有一个思想的基调,就是胡适说的:"重新估价一切。"④

新文化运动内部是多元的:自由主义,无政府主义,新村主义,基尔特社会主义,马克思主义,民粹主义……其中且有多种复杂的排列组合。反对阵营也是多元的:国粹派,学衡派,东方文化救世派,文化民族主义者,同善社及其他鬼神迷信组织……。两极之外还有形形色色的中间派与调和论。他们凭借各自的阵地尖锐、自由地辩驳,个个自以为是,信心十足,最终的胜负则由自由的读者去裁判。⑤

五四运动是现代中国的思想革命,这种思想革命,其实与政治仍然是关联的。虽然《青年杂志》创刊时声称其旨不在批评时政,新文化运动的出发点不是出于直接的政治目的,目标比政治更大。他们声称二十年不谈政治,二十年离开政治,实际上是在教育思想文化等非政治的方面建设政治的基础,进行文化的革命。因此,新文化运动成为 1925 年到 1928 年国民革命的必要的思想准备。

三、《新青年》的思想取向:反传统

《新青年》提出的改造思想、提倡新文化的路径,首先是从批判占正统地位的儒家思想入手的。当时陈独秀也与大多数人民一样,对新政府抱着幻想,以为天下太平有望,但严酷的政治现实,使中国政局再度陷入黑暗之中。袁世凯死后分裂而成的军阀、派系斗争更

---

① 方汉奇主编.中国新闻事业通史:第二卷.北京:中国人民大学出版社,1996,6
② 通信:答陈根我.新青年,1916-9
③ 胡适语.新思潮的意义(1919 年).台北:台湾远流出版公司,1986
④ 周策纵.我所见五四运动的重要性.北京:社会科学文献出版社,2001,36~39
⑤ 袁伟时.新文化运动与激进主义.东方文化,1999,(3)

加激烈，国会成为权力的战场，最终被强力解散。与此同时，思想界出现了强大的逆流，为袁世凯帝制制造舆论的尊孔运动又活跃起来，国会重开之际，讨论的中心话题就是孔教问题，段祺瑞等公开支持保留宪法草案中的尊孔条文，孔教会再次提请国会定孔教为国教，康有为还发表了给黎元洪、段祺瑞的公开信，提出"以孔子为大教，编入宪法，复祀孔子之跪拜"。陈独秀面对严酷现实，认定反对正统儒家思想，是改造中国社会的前提。

《新青年》并非民国以来反孔思潮的始作俑者，早在之前几年就已经出现了。① 而在该杂志上首先打响批孔之战的，是易白沙。他在《青年杂志》第一卷6号、更名后的第一期（第二卷1号）上，发表《孔子平议》一文，抨击孔子"尊君权，漫无边际，易演独夫专制之弊"，"讲学不许问难，易演成思想专制之弊"，这也是独夫民贼尊孔的根本原因。文中肯定孔子学说是进步的，独夫民贼利用孔子是有悖于孔子精神的。批孔运动的发动者和主将，首推陈独秀。1916年10月至1917年6月，陈独秀在《新青年》上发表了《驳康有为致总统总理书》、《宪法与孔教》、《孔子之道与现代生活》、《袁世凯复活》、《旧思想与国体问题》、《复辟与尊孔》，这些文章猛烈抨击尊孔逆流，大力批判儒家思想，掀起了一场批孔运动。陈独秀认为，孔子的三纲五常，与西方共和立宪制度的独立、平等、自由原则相反，两者"为绝对不可相容之物，存其一必废其一"②，要实现真正的共和立宪，就必须批孔，批孔是中国各种问题之根本，其他政治、学术问题，都是枝叶。陈独秀用来批孔的思想武器，主要是西方的平等、自由、人权观，以及社会进化论思想。

陈独秀对孔学的批判，打破了思想界的沉闷，在社会上引起巨大反响，《新青年》原本没有生气的通信栏，一下子活跃起来。四川的吴虞于1917年初致信陈独秀并寄来稿件，从第2卷第6号起，《新青年》连续刊出吴虞的《家族制度为专制主义之根据论》、《儒家主张阶级制度之害》、《吃人与礼教》等文，大胆抨击孔教，痛斥孔子，影响一时。他在《儒家主张阶级制度之害》中疾呼："儒教不革命，儒学不转轮，吾国遂无新思想、新学说，何以造新国民？悠悠万事，惟此为大已吁！"接着，鲁迅在《新青年》上发表小说《狂人日记》，控诉了封建礼教的本质："我翻开历史一查，这历史没有年代，歪歪斜斜的每页上都写着'仁义道德'几个字。我横竖睡不着，仔细看了半夜，才从字缝里看出字来，满本都写着两个字'吃人'！"后来《新青年》的同仁们和其他激进青年，在其他新文化刊物上也发表了一些反孔的言论。

以陈独秀、吴虞、鲁迅等为代表的思想先锋，掀起了一场振聋发聩的反传统运动，拉开了新文化运动的帷幕。他们相信，欲救中国之积弱，必须从文化上作根本的改造。虽然他们视中国的文化传统为前进的阻力和障碍，从重估传统的价值，而走上了激进的否定传

---

① 孙玉石.五四新文化运动反孔思潮之平议.北京：社会科学文献出版社，2001,411~431
② 陈独秀.宪法与礼教.新青年,1916-11-1

统、反传统的道路,甚至提出"打倒孔家店"的口号。不过,他们是基于现实的需要,是把反尊孔、辟国教与反对复辟帝制的思想联系起来,进行政治上和文化上的批判的。这场运动声势浩大,影响深远,有力冲击了旧思想旧道德和愚昧落后的观念。

《新青年》的反传统,也在媒体上引起了强烈反响。1918年4月,上海《东方杂志》发表了其主编陈仲逸(即杜亚泉)的《迷乱之现代人心》(署名"伧父"),认为儒家为主的中国"固有文明","读圣贤之书,审事物之理",是判断是非、为人处世的标准,"人同此心,心同此理",是"国事"、"国基",决不能移易的。现在西洋学说破坏了中国的文明和标准,造成国事丧失、精神破产、人心迷乱。他攻击宣传新文化是输入"猩红热和梅毒",西方的"主义主张,是犹望魔鬼之接引以入天堂。魔鬼乎,魔鬼乎,汝其速灭!"①

《东方杂志》月刊由商务印书馆创刊于1904年,在知识界已经颇有影响,1911年进行过"大改良",按照文、史、哲、理化等现代学科分类,"广征名家之撰述,博采东西之论著",逐渐成为现代型综合性刊物。杜亚泉是科学家,1900年创办过中国最早的综合性自然科学刊物《亚泉杂志》。他主编《东方杂志》时,介绍了不少西方科技和学术知识,但思想道德方面留恋"君道臣节,名教纲常",鼓吹"东方文明"。

陈独秀知道《东方杂志》是冲着《新青年》来的,他写了《质问〈东方杂志〉记者——东方杂志与复辟》,刊于《新青年》5卷3号(1918年9月),驳斥了把君主专制时代的"固有文明"当作不可动摇的"国基"、把"君道臣节,名教纲常"当作不可改变的教条的谬论,顺便讽刺了辜鸿铭在《东方杂志》上宣扬的"至醇至圣之孔夫子,当有支配全世界之时"。杜亚泉在1918年12月的《东方杂志》上发表《答〈新青年〉记者质问》,仍然强调自己的观点。陈独秀在1919年2月《新青年》上再发表《再质问〈东方杂志〉记者》。两人在各自刊物上的争论影响一时,新文化运动对儒家思想的批判,也更加深入。

随着反对旧的伦理纲常,人权思想深入人心。《新青年》曾抓住1918年两件典型事件宣扬人权。某地一唐姓妇女,在丈夫死后98天内,不顾他人劝阻,9次寻死殉夫,终于自杀成功。有报纸竟载文大加称颂,同时另刊一例——一位19岁俞氏女在其丈夫死后绝食7日,欲殉夫未死,文章认为俞氏倘死于绝食期内"岂不幸甚",现在不死,3年后也当以死"归报地下"。另一事件是上海一17岁女子因未婚夫病夭,3小时后即服药自杀,上海县知事据此呈报江苏省长,要求予以褒扬。陈独秀、胡适等以此为契机,斥责劝人做烈女之恶行。胡适斥之"不合人情,不合天理,违背人道主义",其罪"等于故意杀人"。

五四运动倡导的是"民族国家"求自由与民主的价值意识(民族主义),以及个体的自由与自主的价值意识(个人主义),都是西方18世纪以后现代性的主要内涵。五四运动是抗议和批判的启蒙运动,报刊、出版物上介绍的各种思想学说,虽然不能如今天这么周详,

---

① 伧父.迷乱之现代人心.东方杂志,1918-4

但各种思潮都能呈现，不定于一尊，形成了一种思想的自由市场。

《新青年》的启蒙思想，对当时苦闷的青年人犹如一剂良药。1919年，24岁的恽代英给《新青年》编辑部的信是这样写的："我们素来的生活，是在混沌里面。自从看了《新青年》渐渐的醒悟过来，真是在黑暗的地方见了曙光一样。"①

四、《新青年》的组织：同人杂志模式

《新青年》一直采取编辑和发行相分离的政策，走的是商业路线。杂志的发行和印刷工作由群益书社负责，而编辑工作则由"青年杂志社"负责。编辑与经营分开，各自独立，职责分明。群益书社是清末民初开办于上海的民营出版机构，每月给《新青年》200元开办费。杂志当时的定价为每册两角。总发行所在上海群益书社，此外，北京、天津、保定等47个地方以及新加坡等海外的各大书坊，还设有分发行所。销数最大的时候，每个月可以达到16000册。广告等经营事项，也由群益书社负责。在创刊号上，有广告刊例的简介：广告价目，另有详章，如蒙惠顾，即行奉告。《新青年》的广告，绝大多数是书籍和报刊方面的，偶有其他商业广告，如一卷三号就曾刊登一则上海眼镜公司的广告。《新青年》影响广泛，群益书社即多次重印合订版本，或者将部分作者的作品结集成书。这种商业化的组织和经营模式，客观上帮助了《新青年》所承载的思想内涵的广泛传播。

编辑模式上，《新青年》走的是同人杂志的路子，与当时的商业报刊、机关报刊的运作模式有所不同。同人报刊是由志趣相投人士共同创办的，不追求商业利益，也没有政党或团体背景。《新青年》初创时吸收外面的投稿，并付以稿酬。到第四卷开始，《新青年》改由同人自撰，"不另购稿"，取消所有稿酬。

《新青年》的成功，很大程度上得益于人数颇众的一流的作者队伍。陈独秀通过杂志，成为中国新兴知识分子的领袖，在此之前，他曾与章士钊办过《甲寅》杂志，因此在《青年杂志》初创后，主要依赖安徽的旧友、学生，以及《甲寅》和《国民日日报》的编辑和作者（第一、二卷）。以后，胡适等留学欧美日的知识分子成为杂志的中坚力量，陈独秀调任北京大学任文科学长后，依赖有宽阔、深厚学术背景的北大同事（第三到第七卷）。北大在启蒙运动中建成了现代化的高等学府，成了中国年轻思想家特别是启蒙思想家的圣地和摇篮，成为中国启蒙运动的堡垒与发动机。②

第一卷的作者中，包括为人熟悉的陈独秀、高一涵、易白沙、刘叔雅、高语罕、潘赞化、谢无量等。第二卷新加入的作者中，有李大钊、胡适、刘半农、杨昌济、马君武、苏曼殊、吴虞、陶履恭、光昇、吴稚晖等，他们也成为日后《新青年》的主要作者，并且都对新文化运动

---

① 新青年，1919-3-15
② 葛红兵. 五四文化的内在矛盾. http://www.confucius2000.com/poetry/54whdnzmd2.ht

作出过自己的贡献,至此,《新青年》作者队伍已基本成型。

因陈独秀调任北大,《新青年》从第三卷开始正式在北京编辑出版,绝大部分稿件出自北大师生之手,新的作者都名享一时:如章士钊、钱玄同、蔡元培、恽代英、毛泽东、常乃德、凌霜等等。第三卷于1917年8月终刊后,中断了4个月,1918年复刊后的第四卷,作者队伍更加壮观,新加入的包括:周作人、沈尹默、沈兼士、陈大齐、鲁迅、林损、王星拱、俞平伯、傅斯年、罗家伦、林语堂等等。① 第六卷则由陈独秀、钱玄同、高一涵、胡适、李大钊、沈尹默六位北大教授组成编委会,轮流主编。近代新学的兴起,主要依靠报馆和学校,而《新青年》独得这"一校一刊的完美结合",使新文化运动得以迅速展开。与北大文科的联手,既是《新青年》获得巨大成功的保证,也是其维持思想文化革新路向的前提。②

作为同人杂志,《新青年》团体独立于政治集团之外,形成了"以杂志为中心"的知识群体。因此,《新青年》已经超越了一般意义上的新闻传媒,已经具备了社会团体的动员与组织功能,"《新青年》同人",已经不仅仅是某一杂志的作者群,而是带有明显政治倾向的"文化团体"。③

《新青年》每期出版都会开编辑会。鲁迅曾记述过编辑会给他的印象:"其时最惹我注意的是陈独秀和胡适之。假如将韬略比作一间仓库罢,独秀先生的是外面竖一面大旗,大书道:'内皆武器,来者小心!'但那门却开着的,里面有几枝枪,几把刀,一目了然,用不着提防。适之先生的是紧紧的关着门,门上粘一条小纸条道:'内无武器,请勿疑虑。'这自然可以是真的,但有些人——至少是我这样的人——有时总不免要侧着头想一想。"④非常生动地勾画出《新青年》的同仁们的形象。

《新青年》第八卷后又迁回上海,成为提倡社会主义的政治刊物,1920年9月1日出版的八卷一号,被改组为中国共产党上海发起组的机关刊物,与群益书社脱离关系,另组"新青年社"办理编辑、印刷和发行事务。不久,陈独秀南下广州,《新青年》委托给陈望道主编。同人杂志模式逐渐被改变。

《新青年》及其倡导的新思想观念,基本上在清末民初已被提出,但那时影响不广。新文化运动的倡导力量,也因此被视为辛亥革命的一部分,倡导者归于中国整个"第一代近现代知识分子"(庚子以后的留日学生,以及转化了的传统士大夫)"⑤,五四新文化运动的倡导者,也属于这一代,是第一代"近代主义者"。新文化运动的倡导者年龄较长的,如蔡元培、吴虞、杨昌济、吴稚晖,出生于19世纪五六十年代,与戊戌维新一代知识分子大致同

---

① 陈万雄.五四新文化的源流.北京:三联书店,1997,1~20
② 陈平原.思想史视野中的文学——《新青年》研究.北京:新世界出版社,2003,185~265
③ 陈平原.思想史视野中的文学——《新青年》研究.北京:新世界出版社,2003,185~265
④ 鲁迅.忆刘半农君.鲁迅全集:第6卷.北京:人民文学出版社,1981,71~72
⑤ "第一代近现代知识分子"之说,见李泽厚.二十世纪中国文艺一瞥.北京:东方出版社,1987,211

时代。其他五四新文化运动的主力陈独秀、鲁迅、高一涵、胡适等数十位干将,基本都是出生于19世纪80年代,他们的背景是中国历史上最为独特的——传统与近代新式教育参半,新旧学问兼备,中外思想的影响集于一身,多数在20岁以前已受过严格的传统教育,又率先入读新式学堂,比较系统地学过外语和西学,其中不少在国外游学过。他们是历史罕见的新旧学问、中外知识相对均衡集于一身的一代知识分子,这是他们能够倡导一次前所未有的启蒙运动的有利条件。他们思想上、政治上接受了西方的自由、民主和个人主义,但心态意识仍是中国传统士大夫的忧国忧民、关注伦理道德,只是道德内容以西方的为取向了。他们多数是集学者、革命者于一身,扮演着启蒙者和革命家的双重角色。[1]

五四的广场运动发生后,新文化运动阵营内出现了"问题与主义"之争,标志着运动趋于政治化。《新青年》同人固有的"文化"与"政治"的分歧,日益扩大,编辑委员会实际上走向分裂。分歧也反映到《新青年》的宗旨上,陈独秀主张《新青年》介入时政,将主旨放在"救亡"上;而胡适则主张免谈时政,将主旨放在"启蒙"上;鲁迅等人则主张不必声明"不谈政治",将主旨放在学术思想的建设上。

1920年起,新文化运动的同仁分道扬镳。陈独秀、李大钊等转向创建共产党,进行更激进彻底的社会革命,胡适则创办《努力周报》,提倡"整理国故",倡导对社会的渐进改良。陈独秀因从事政治活动而南下,《新青年》随他迁回上海,后又迁至广州,1922年7月出满九卷后休刊。1923—1926年间成为中共中央的理论刊物,作为季刊或不定期刊物出版,瞿秋白任主编。

第二节 五四报刊与文学革命

一、《新青年》设定文学革命方向

中国的新文学,萌芽于19世纪末20世纪初,而报刊在其中起到了重要作用,正如梁启超1901年底在《清议报》100期上发表的《中国各报存佚表》中的论断:"自报章兴,吾国之文体,为之一变。"维新时期的《时务报》、《万国公报》,发表过许多文学改良的主张。不过,直到五四时期,才发动了一场真正的文学革命。

以思想文化革新为主旨的《新青年》,从一开始就注重经营文学作品,从创刊号起每期都有著译的小说、诗歌、戏剧。第一卷有屠格涅夫的小说《春潮》、《初恋》等中译本。第二卷有苏曼殊的小说、刘半农的笔记。第三卷至第七卷,北大师生参与其中,《新青年》成为

---

[1] 陈万雄.五四新文化的源流.北京:三联书店,1997,181~185

"新文学"园地,面貌为之一新,胡适、沈尹默、刘半农、周作人、俞平伯、康白情等竞相尝试新诗,陈衡哲、胡适、陈绵则练习话剧写作,更令人激动的,是鲁迅的小说《狂人日记》、《孔乙己》、《药》、《风波》、《故乡》等现代短篇小说的经典之作,一部部在《新青年》刊出,博得满堂彩。尤其精彩的是,报刊上原来古板的政论,被鲁迅改造成了寸铁杀人的"随感"。以苏俄文化为主旨的第八、第九卷,也坚持刊发新文化倡导者的小说、诗歌。①

《新青年》发起的文学革命,是和白话文运动合二为一的。这场革命的思路主要是胡适设定,而旗帜则由陈独秀举起。1917年1月,胡适在《新青年》2卷5期上发表了《文学改良刍议》,提出"文学改良"的"八事":"一曰:须言之有物。二曰,不摹仿古人。三曰,须讲求文法。四曰,不作无病之呻吟。五曰,务去滥调套语。六曰,不用典。七曰,不讲对仗。八曰,不避俗字俗语。"文中所提出的"不用典"、"不避俗字俗语",在久被桐城派约束的文坛上,非常离经叛道。文中断言:以今世历史进化的眼光观之,则白话文学之为中国文学之正宗,又将来文学必用之利器。这样,文学革命就与白话文改革结合在一起,成为《新青年》日后推行文学革命的主要思路。

胡适提倡白话文学,是用一种商量的态度。陈独秀紧接其后的,则是以一往无前的斗士的姿态,正式举起"文学革命"大旗。在《新青年》2卷6期上,他以决绝的口气,发表《文学革命论》:

> 文学革命之气运,酝酿已非一日,其首举义旗之急先锋,则为吾友胡适。余甘冒全国学究之敌,高张"文学革命军"大旗,以为吾友之声援。旗上大书特书吾革命军三大主义:曰,推倒雕琢的、阿谀的贵族文学,建设平易的、抒情的国民文学;曰,推倒陈腐的、铺张的古典文学,建设新鲜的、立诚的写实文学;曰,推倒迂晦的、艰涩的山林文学,建设明了的、通俗的社会文学。

陈独秀在文中,对自己提出的三大主义的对立面严加抨击,并呼吁:"今欲革新政治,势不得不革新盘踞于运用此政治者精神界之文学。"这篇文章,成为"文学革命"的号角,新文学潮流从此势不可当。之后,文学革命的讨论成为《新青年》的重要话题,从二卷二号起《新青年》刊载陈独秀和胡适之间的通信,到七卷二号胡适《国语的进化》,其间陆续发表大量相关文章,从理论入手,探讨文学改革的方向和可行性,其中胡适的数量最多。

二、白话文运动:推动文学的大众化

白话文运动点燃了五四新文学运动的火炬,是与五四新文学运动相伴生的。从源流上说,倡导白话文并不是《新青年》首创。即使终其一生表彰自己是白话文学的发明者的

---

① 陈平原.思想史视野中的文学——《新青年》研究.北京:新世界出版社,2003,185~265

胡适,也承认白话文学并不是他凭空创造的,因为中国有一千多年的白话文学作品,中国的"官话"在两千年里已经推行到了全国的绝大部分地区。近代的白话文运动,在清末的白话报上就已出现了,以1887年《申报》发行的附刊《民报》为最早,到清末十年,白话报刊达140种,遍及全国及海外一些地区。同时,还有1500种以上的白话小说,还有白话教科书。白话报刊和其他白话出版物的出现,是晚清政治和社会运动的一个组成部分。它们除了为维新运动、革命运动作舆论鼓吹,更发挥了启迪民智、开导文明的功能。

五四白话文运动,是在先辈的基础上开展的。五四白话文运动的倡导者,如蔡元培、陈独秀、胡适、钱玄同等,都曾主持过清末的白话报。但是,五四白话文运动不同于历史,历史上"那一千多年的白话文学史,只有自然的演进,没有有意的革命"。而五四"这次的文学革命是以当得起'革命'二字,正因为这是一种有意的主张,是一种人力的促进"。[①]正是胡适、陈独秀等在语言文学界掀起的这场革命性运动,最终导致将白话定为国语、让白话文在中国广泛运用。

胡适(1891—1962),字适之,安徽绩溪人,1910年考取庚子赔款第二期官费生赴美留学,先学农科,后改学文科,获文学学士学位。1914年胡适到哥伦比亚大学师从杜威攻读哲学,1917年获博士学位。他对旧学和西学都有较深的了解,认为旧的文字不适合现代生活,因此坚决主张改良,宣判"古文死了!死了两千年了!"他在美国时整理了自己的改良旧文学的观点,与留美的朋友任叔云、赵元任、梅光迪等切磋时,遭到共同的反对,胡适单枪匹马与他们论战,其思想渐渐成型,于是写下了《文学改良刍议》。其时,陈独秀屡次致信胡适,要求寄些介绍西方文学的著述给《新青年》,使国人有所取法、创造自己的新文学。因此,胡适的这篇文章,就在《新青年》发表了。[②] 1917年胡适回国任教北大,同时作为《新青年》的主编之一,他大力推进白话文运动。1918年4月,胡适发表的《建设的文学革命论》,提出了文学革命的方向:建设"国语的文学,文学的国语",标志着文学革命和国语革命的合流。文中他对白话作了一次经典的解释:白话是说得出、听得懂的话;白是清白的白,就是不加粉饰的话;白是明白的白,就是明白晓畅的话。他还断言:"中国将来的新文学用的白话,就是将来中国的标准国语。造将来白话文学的人,就是制定标准国语文学的人。"

在《新青年》的倡导下,白话文运动与文教界的国语运动也合流了。早在1916年秋,蔡元培等人就成立"国语研究会",提倡"国语统一"、"言文一致",之后国语运动在全国如火如荼地展开。1919年4月,北洋军阀教育部附属"国语统一筹备会"成立。此后,《新青年》同人刘复、胡适、周作人、钱玄同等提出《国语统一进行方法》议案,商务印书馆、中华书

---

① 胡适.白话文学史.合肥:安徽教育出版社,1999,自序
② 胡适.四十自述.北京:中国华侨出版社,1994,101

局等积极编印白话文教科书。1920年,北洋政府教育部颁布命令,命国民学校一、二学年的国文,从秋季起一律改用白话文,之后令旧制的国文教科书按期废止。这样,教育界普遍采用白话文了。而且正如胡适在《新青年》上提出的目标,白话文已经被普遍称为"国语"。报刊纷纷改用白话文。

　　语言是思维模式的形式化。白话文运动对思想现代化具有重要的影响。文言文模糊、概括,与古代思想学术的特点相关。白话文不仅是文字上的变化,更引进西方的文法、语法结构,成为一种分析性的语言,模糊问题由此变得清晰而富有条理。白话文以明晰、科学、具体的语文,解释文言文的那些模糊、抽象、笼统的字词,使思维清晰化、具体化、条理化。中国的书面文化,向来远离普通大众、是少数精英阶层的专用品,五四时期的语言革命,包括形式上白话文取代文言文、简化文字、推广汉语拼音、文章加标点符号、文章排列改右行直下为左右横排、开始用阿拉伯数字、论著使用章节体裁,这些都致力于文化的通俗化、平民化,推动了大众的文明程度,也成为思想广泛传播的基础。五四以来的白话文,成为语言的正宗,直到今天,我们的文字的文法结构乃至思维方式,可以说都是五四时期语言变革的产物。报刊在这次运动中,既是号召者、推动者,也是受益者。文化大众化、传媒大众化都是现代化社会的重要指标。从这个意义上说,报刊对文化的现代化发挥了重要作用。

第三节　五四报刊与民主科学

一、请出"德先生"(democracy),启迪国民政治觉悟

　　民主是现代化政治的核心。中国第一代睁眼看世界的魏源、徐继畲,以颇为欣赏的态度,介绍过欧美的国体政教,改良派曾具体地讨论民主政治,维新派更是大力推介西式民主政治。以孙中山为代表的革命派,以西方共和主义为自己的政治理想。辛亥革命直到1914年袁世凯解散各级议会、实行独裁以前,中国实际上经历了一个自由主义时期,新闻自由、集会结社自由、多党竞选的局面形成,中国试验了某种程度的民主。1912年中国建立了代议制民主的体制,凡年满21岁的男子,具有小学同等学力或拥有财产并按规定标准付税,在选区内居住两年以上者均有选举权,当时登记的选民占全国人口的4%—6%,新的地方议会组成了,新的国会1913年4月在北京召开,革命党人在选举中获得重大成功,在参众两院都获得了明显多数。一个社会是否有民主,重要标志是其成员是否有权利、有勇气批评政府,从这个角度来说,五四时代中国社会政治上是极为开放的。[①] 但是

---

① 葛红兵.五四文化的内在矛盾.http://www.confucius2000.com/poetry/54whdnzmd2.ht

政局的动荡，造成了深刻的社会危机。

五四时期的报刊，是在社会危难中高举"德先生"(democracy)、"赛先生"(science)大旗，更深入地从思想层面让"德莫克拉西"(民主)深入人心的。这两面旗帜并不是一开始就举起了的。陈独秀及《新青年》发起的新文化运动，早期主要精力都集中于思想文化与教育的改革上，并自我设限：对《青年杂志》来说，"批评时政，非其旨也"。但是他们的追求个性自由解放，与黑暗政治的现实是如此格格不入，终于演化、激发出知识界空前的政治热情。陈独秀在《新青年》的《通信》栏里开始详陈政治。

辛亥革命推翻了封建专制王朝，建立了具有资产阶级民主共和性质的中华民国，西方的民主政治制度第一次在中国得到实践。但很快，袁世凯之流窃取了革命果实，陈独秀指出："三年以来，吾人于共和国体之下，备受专制政治之痛苦。""然自今以往，共和国体果能巩固无虞乎？立宪政治果能施行无阻乎？以予观之，此等政治根本解决问题，犹待吾人最后之觉悟"。① 正如毛泽东在其创办的《湘江评论》创刊号上指出："中国名为共和，实则专制，愈弄愈糟"②，该创刊号还说，"群众心里没有民主的影子，不晓得民主究竟是什么的结果"。

《新青年》创办后就已经在宣扬西方民主理念。陈独秀的《法兰西人与近世文明》、《吾人最后之觉悟》等文，高一涵的《关于共和国家的观念》、《民约与邦本》、《国家非人生之归宿论》、《自治与自由》、《英人戴雪的英国言论自由之权利论》、《读弥尔的〈自由论〉》，刘叔雅的《佛兰克林自传》、《美国人之自由精神》等文章，都以传播西方民主为要点。只是，这时还没有将民主当作新文化运动的口号和方向。

《新青年》创刊三年多之后，在1919年1月发表的《本志罪案之答辩书》里，陈独秀开始用民主与科学取代人权与科学，作为新文化运动的基本口号。在这篇文章中，陈独秀说：

> 本志同人本来无罪，只因为拥护那德莫克拉西(Democracy)和赛因斯(Science)两位先生，才犯了这几条滔天的大罪，要拥护那德先生，便不得不反对孔教、礼法、贞节、旧伦理、旧政治；要拥护那赛先生，便不得不反对旧艺术、旧宗教；要拥护德先生又要拥护赛先生，便不得不反对国粹和旧文学。

为此，陈独秀认定了救治中国之法：

> 西洋人因为拥护德、赛两先生，闹了多少事，流了多少血，德、赛两先生才渐渐从黑暗中把他们救出，引到光明世界。我们现在认定只有这两位先生，可以救治中国政治上道德上学术上思想上一切的黑暗。若因为拥护这两位先生，一切政府的压

---

① 陈独秀.吾人最后之觉悟.青年杂志，1916-2-15
② 毛泽东.陈独秀之被捕及营救.湘江评论，1919年创刊号

迫，社会的攻击笑骂，就是断头流血，都不推辞。

宣扬民主，很快成为报刊上唤起国民觉悟的重要武器。这里从《北京大学学生周刊》可见对民主政治追求的盛况，该刊宣称："我们与政府抵抗，不要消极的态度，要取积极的态度了"，"政府不依我们时，就可以把它推倒，再建造一个真正民主的政府了"。① 瞿秋白、郑振铎等主办的《新社会》，以社会改造为宗旨："考察旧社会的坏处，以和平的实践的方法，从事于改造的运动。以期实现德谟克拉西的新社会。"《新生活》、《浙江新潮》、《曙光》等刊物，也都表明了这样的立场。即使如声称"20年不谈政治"的胡适，他主办或者协办的一些刊物如《每周评论》、《努力周报》、《现代评论》、《独立评论》、《读书杂志》等，多数也是讨论政治的。

五四时期知识分子追求的民主政治，主要还是欧美式的资产阶级的民主制度。《新青年》直接标榜"应当拿英、美做榜样"②。他们要求保障民众的权利，要求民众享有自由、平等。1919年9月陈独秀从狱中出来后，关注的焦点转向平等，把平等看作民主主义的最基本、最主要的内容。他主张人民直接参政，选举权应当容纳各阶级的代表。李大钊在《晨报》上刊文，批判选举制度成了"高等流氓藏污纳垢的巢穴，发财做官的捷径"。③《民国日报·觉悟》刊文说，选举应当"上至于学生、教员、校长、报馆、商人，下至于叫卖耍物的，拖黄包车的，挑水的，搬运货物的"④。陈独秀等还在报刊上鼓吹"直接行动"，1919年6月他起草的《北京市民宣言》提出要"取消步军统领及警备司令两机关"，"北京保安队改由市民组织"，如不采纳则"惟有直接行动"！⑤ 结果为此被当局捉去坐监三个月。

新文化运动的倡导者希望摆脱和超越既存的政治势力（包括国民党），陈独秀在《新青年》上曾明确表示："从事国民运动，勿囿于党派运动。"1916年1月，他写道："政党政治，将随1915年为过去之长物，业不适用于今日中国也。"⑥1917年2月，他在《新青年》上《答汪叔潜〈政党政治〉》的公开信中，强调要区别政党政治和国民政治，强调《新青年》所从事的是追求国民觉悟的国民政治。1919年12月，陈独秀在《新青年》的《本志宣言》中，强调"我们主张的是民众运动社会运动，和过去及现在各派政党，绝对断绝关系"，"我们虽不迷信政治万能，但承认政治是一种重要的公共生活；……至于政党，我们也承认他是运用政治就有的方法；但对于一切拥护少数人私利或一阶级利益，眼中没有全社会幸福的政党，永远不忍加入"。五四广场运动以后，新文化运动开始与孙中山及其领导的革命运动由疏

---

① "积极"和"消极"的抵抗，见：北京大学学生会.北京大学学生周刊 1920,(8)
② 陈独秀.实行民治的基础.新青年,1919-12
③ 李大钊.青年与农村.晨报,1919-2-20
④ 倪亮.现在我们怎样的进行研究.觉悟,1919-11-30
⑤ 本志宣言.新青年,1919-12
⑥ 陈独秀.一九一六年.新青年,1916-1

离而走向合流。① 也正是在五四以后,陈独秀等开始寻求共产主义之路。

《新青年》等刊物鼓吹的,是激进的民主主义。陈独秀曾在《每周评论》上发表随感,竟然有这样的文字:"世界文明发挥地有二:一是科学研究室,一是监狱。我们青年要立志出了研究室就入监狱,出了监狱就入研究室,这才是人生最高尚优美的生活。"②他们崇尚法兰西式的革命,追求"解放",提倡破旧立新。陈独秀于1918年8月曾在《新青年》5卷2号上写过《偶像破坏论》,分析宗教偶像、解剖专制政治偶像:"其实君主也是一种偶像,他本身并没有什么神圣出奇的作用,全靠众人迷信他,尊崇他,才能够号令全国,称做元首。"呼吁大家:"破坏!破坏偶像!破坏虚伪的偶像!"陈独秀等认为,民主就是个人和社会从旧制度的桎梏下获得"解放"。

陈独秀等对现代政治理论缺乏全面系统的了解,也缺乏驾驭实际政治斗争的经验。他们未能提出一种切实可行的实行民主政治的方案。他从高举民主大旗转向否定民主,1921年他在杂志上写道:"甚么民主政治,甚么代议政治,都是些资本家为自己阶级设立的,与劳动阶级无关。"是"欺骗劳动者的"。"民主制度是甚么?乃是资本阶级在从前拿他打倒封建制度底武器,在现在拿他来欺骗世人把持政权底诡计……妄想民主政治才合乎民意,才真是平等自由,那便大错而特错"。陈独秀终于转向拒绝民主政治,卷入反西方主流的思潮。③ 俄国十月革命的消息传入中国以后,他和李大钊等开始放弃了对西方民主政治的追求,转而倾向于俄国的庶民的民主。他提倡的无产阶级民主,影响深远。中国的政治现代化,由此又出现了更新的局面。

二、请来"赛先生"(science),掀起科学热潮

现代意义上的科学,是中国近代从西方引入的。鸦片战争后以"中体西用"的态度对待西方科技文明,戊戌以前科学被称作"格致"、"实学",维新时期"科学"一词从日本引入,当时以"改革中体、以用西学"的模式,引进了化学、天文学、生物学、方法论等,建立了各种科学学会和研究机构,并创办了纯自然科学的杂志,如上海农学会创办《农学报》(1897年),杜亚泉创办的中国第一份综合性自然科学刊物《亚泉杂志》半月刊(1900年),初步奠定了近代科学技术在中国发展的框架。④ 20世纪初,一批从欧美留学归国的学子,积极着手办刊物、建社团,在传播民主的同时也传播科学,很快在中国掀起了传播和普及科学的风潮。如近代第一个有生命力的科学学会中国地学会创办并出版了《地学杂志》(1909

---

① 陈万雄.五四新文化的源流.北京:三联书店,1997,67~73
② 陈独秀.随感录.每周评论,1919-6-8
③ 袁伟时.新文化运动与激进主义.东方文化,1999,(3)
④ 段治文.中国近代科技文化史论.杭州:浙江大学出版社,1996,73~74

年),一些全国性的科研机构开设。只是这时科学远离了民众,未能形成社会力量。第一次高举科学大旗,提出"赛先生"口号,是在新文化运动时期。

《科学》、《新青年》是新文化运动中提倡科学的最主要的阵地。《科学》创办于1915年1月,双月刊,在上海出版发行,早于《新青年》,是以留美中国学生为主成立的中国科学社编辑出版的,创办者包括9位正在美国康奈尔大学学习的留学生胡明复、赵元任、周仁、秉志、章元善、过探先、金邦正、杨杏佛和任鸿隽。《科学》"以传播世界最新科学知识为帜志",专精与普及相结合、科学原理与实用知识并重,广泛介绍了世界科技知识和信息,设有科技新闻、专题等栏目,一创刊就介绍"世界最大之电灯"、"最近之南极探险队"等科技新事件,并有赵元任、任鸿隽、胡明复等撰写的科学论文《心理学与物质科学之区别》、《说中国无科学之原因》等,刊译文《达尔文动植畜养论》。《科学》还通过一篇篇专论,如《科学与工业》、《科学与农业》、《科学与商业》,以及与教育、与社会、与科学、与和平、与德行等等,将科学与社会政治、经济、文化等各个方面密切联系起来,论述科学的巨大作用,吸引社会对科学的关注。世界科技界的最新动态,《科学》上都有报道,1922年便有"原子论"、"口蹄病"的介绍,1929年爱因斯坦关于空间与时间的最新研究成果也有报道。《科学》成为民国成立以后行销最广的学术刊物,科学领域视其"至少与《新青年》一样重要"。《科学》从创刊到1950年第一次停刊的35年中出版了32卷369期,计347册,发表1000多名作者的近万篇文章约有3000多万字,包括科学的理论、科学的应用、科学的本质和科学的社会建制等方面,形成了一个完整的科学形象。

从思想上对提倡科学最力的,当数《新青年》。在创刊时的《敬告青年》中,陈独秀就把"科学的而非想象的"作为引导青年的"六义"之一,并阐明科学与人权并重之意:"科学者何?吾人对于事物之概念,综合客观之现象,诉之主观之理性,而不矛盾之谓也……近代欧洲之所以优越他族者,科学之兴,其功不在人权说下,若舟车之有两轮焉。……国人而欲脱蒙昧时代,羞为浅化之民也,则急起直追,当以科学与人权并重。"《新青年》从多方面阐明科学的意义,强调"用科学解释宇宙之谜","以科学说明真理"。

五四时期几乎所有的报刊都重视科学的介绍和普及。《东方杂志》设有《科学杂俎》,《时事新报》副刊《学灯》设有"科学丛谈",《晨报》副刊设有"科学新谈"、"科学世界",《少年中国》设有"自然科学",《少年世界》设有"科学技术",《新生活》设有"科学常识"等等。这些科学栏目,内容包括科学的各个领域,从著名科学家到科研机构,从科技发展史到最新著作,从科学理论到科学研究方法,从应用到研究,从传统科技到最新科研成果,内容非常广泛。1923年爱因斯坦讲学途经上海,各报刊更是掀起了一股科学热。

科学成为五四时期新文化宣传的工具。比如在戊戌变法时期就盛极一时的达尔文的进化论,改良派、革命派都曾将其作为救亡图存的思想武器,在五四时期,仍相当受重视,陈独秀、李大钊等,都是进化论的推崇者。他们就是以进化论为理论武器,反对封建专制主义的。① 陈独秀曾热情宣传进化论，《敬告青年》一文通篇都带着进化论的思想，如前引的第一段就有："新陈代谢，陈腐朽败者无时不在天然淘汰之途，与新鲜活泼者以空间之位置及时间之生命。人身遵新陈代谢之道则健康，陈腐朽败之细胞充塞人身则人身死；社会遵新陈代谢之道则隆盛，陈腐朽败之分子充塞社会则社会亡。"文中还以"法兰西当代大哲柏格森（H. Bergson）之'创造进化论'（L'Evolution Creatrice）"，作为教导青年"进步的而非保守的"理据。

经过报刊大量的介绍和宣传，人们对现代西方科学有了较广泛的认知，科学意识得以提高，科学研究受到重视，一批新的科研机构得以建立，众多的自然科学学科相继创立，高校里纷纷创设新的学系和实验室。一些青年在《新青年》等的影响下走上科学之路，如钱宝琮研究中国古代数学的发展历史，从1921年开始发表《九章问题分类考》、《议程算法源流考》等重要学术论文，为中国数学作了许多开创性的工作。这时的高等教育培养了一批科学人才，他们日后成为中国科学界的一代精英，并由他们造就了几代科学人才。全面引进西方自然科学，不仅奠定了中国现代自然科学发展的体制，还迅速取得了一批令人瞩目的科研成果。

中国社会怀着急迫的心情吸收西方科学，结果也难免急功近利、囫囵吞枣。"赛先生"成了"赛菩萨"，为各种政治意识形态在科学的名义下进行宣传、扩张提供了合法性，"科学"成了到处贴的标签，而忽略、误解了科学本身的内涵。胡适曾说：科学这个词三十年来"在国内几乎做到了无上尊严的地位，无论懂与不懂的人，无论守旧和维新的人，都不敢公然对他表示轻视或戏侮的态度"。②

1923年，在报刊上出现过一场"科学与玄学"之争。1919到1920年间，梁启超与张君劢等人到第一次世界大战后的欧洲考察，深感欧洲科学虽然发达，却难免世界大战的浩劫，可见科学并不万能。1923年2月14日，张君劢应邀到清华作题为"人生观"的讲演，认为"科学无论如何发达，而人生观问题之解决，绝非科学所能为力"。该文发表后，立即遭到地质学家丁文江的尖锐反击。丁称张君劢为玄学鬼，指出："科学的万能，科学的普遍，科学的贯通，不在它的材料，在它的方法"，"人类今日最大的责任与需要是把科学方法应用到人生问题上去。"梁启超、张东荪、林宰平、范寿康等以捍卫儒家道德思想的面目反对社会达尔文主义，反对关于知识的实证主义理论，对科学主义提出了批评。新文化的干将纷纷参战，吴稚晖、胡适从"科学主义"的角度阐释人生观，陈独秀和瞿秋白则用唯物史观去论述人生观问题。争论以玄学派的彻底失败而告终。

正如李泽厚所指出的，如果纯从学术角度看，玄学派所提出的问题和所作的某些基本

---

① 王章维，徐胜萍，卫金桂."五四"与中国现代化.北京：北京师范大学出版社，1999，15
② 朱效民.赛先生依旧任重道远.北京：社会科学文献出版社，2001，198～208

论断,例如认为科学并不能解决人生问题,价值判断与事实判断有根本的区别等论点论证要远为深刻,科学派的决定论虽乐观却简单。玄学派更符合20世纪的思潮。① 但在社会大背景下,科学派得到广大知识青年的支持,而"玄学鬼"遭到唾骂。从某种意义上说,"五四"时期对"科学"的推崇是非科学的,是排斥宗教、民俗、艺术、道德等等的价值的。当时普遍通行的模式,仍是从需要出发,先定性定案,后找"材料",先下结论后再"论证",理论研究则被视为等而下之的事。② 但是,五四报刊举起的科学大旗,已经成为中国现代化发展的一个方向。

第四节　马克思主义等主流思潮的传播

一、五四报刊与三大主流思潮

　　五四运动以后,中国社会主要存在着三大主流思潮。新文化运动随着推进,逐渐趋于政治化,最终导致新文化运动阵营的分裂,标志着现代中国两大主流思潮——马克思主义(社会革命理论)和自由主义(社会改良思潮)的正式形成。《新青年》、《每周评论》、《新潮》、《学灯》、《少年中国》、《新生活》等大量报刊,成为传播马克思主义思潮的主要媒体。社会改良思潮作为思想文化政治层面的变革主张,主要存在于知识阶层,五四时期的胡适、钱玄同、丁文江、傅斯年、顾颉刚等,是这方面的代表,《改造》、《努力周报》等是传播自由主义的主要阵地。第三大思潮是20年代崛起的新传统主义,它是五四时期中西文化双重危机的产物,最早是以杜亚泉为代表的《东方杂志》派,包括梁启超、章士钊等著名人士,到20年代由于一批留学欧美、学贯中西的学者吴宓、梅光迪等《学衡》派成为其中坚力量,新传统主义得以壮大,先后出现了一批在五四文化启蒙中成长起来的著名的学术思想家,如梁漱溟、熊十力、陈寅恪、陈垣、黄侃、钱穆、汤用彤等。从1923年发生在报刊上的"科学与玄学"的论战,延伸成为20世纪新传统主义(文化保守主义)和文化激进主义的长期对峙。

　　五四时期的社会思潮,对社会有极大的影响。不同的思潮交流、激荡,形成不同的思想派别。比如五四时期的北京大学的学生刊物,就是很好的一例。北大由学生独立编辑出版的刊物有三种:《新潮》、《国民》、《国故》。简单地说,这三个大型杂志创刊于1919年初,分别停刊于1922、1921、1919年,本身就是三个社团,代表着三种不同的政治思想倾

---

① 李泽厚.中国现代思想史论.北京:人民出版社,1987,59
② 郭齐勇."五四"的反省与超越——以现代性与传统为中心的思考.http://www.confucius2000.com/20century/54dfxycy.html

向①，分别代表左、中、右三派。② 粗略的定位是：《新潮》提倡白话文，反对旧礼教，不谈政治；《国故》则专门反对白话文，鼓吹封建文化和封建道德；《国民》则对新旧文化采取调和态度，并公开谈论政治。当时，北大还出版有《北京大学日刊》，加上以北大教员为主要编采力量的《新青年》，新闻媒体在北大是相当受重视的了。

五四时期报刊内容丰富，思潮迭宕，流派纷呈，本节主要论及五四时期报刊对马克思主义的传播。

以下分别梳理了五四新文化运动中倡导或拥护三大思潮的报刊。当然，新文化运动时期创办的报刊，并非都能归入三大主流思潮的，如国家主义派主办的《醒狮周报》（1924年10月10日），以及外资报刊。有些刊物在介绍思潮方面互有交叉，比如同时介绍自由主义与新传统主义，马克思主义与自由主义，还有的刊物在办刊过程中思路、宗旨发生变化，这里只是呈现一梗概。

表 5-1　五四时期倡导社会革命（马克思主义思潮）的主要报刊③

刊名/刊期	创办时间	创办者	所在地	创刊宗旨
新青年月刊	1915.9.15	陈独秀	上海，迁北京，迁上海	"与青年诸君商榷将来所以修身治国之道"
甲寅日刊	1917.1.28	章士钊创办并主编，李大钊编辑	北京	提倡民主共和，反封建，反孔教，反日帝。李大钊因与章士钊矛盾而脱离
每周评论周刊	1918.12.22	陈独秀、李大钊	北京	"主张公理，反对强权"（介绍新思潮，反映现实斗争）
新潮月刊	1919.1	傅斯年、罗家伦等北大学生	北京	介绍西洋近代思潮，批评中国现代学术上、社会上各问题
国民月刊，实际不定期	1919.1	许德珩、邓中夏、黄日葵等北大学生	北京	增进国民人格，灌输国民常识，研究学术，提倡国货
星期评论周刊	1919.6.8	孙中山领导，戴季陶、沈玄庐主编	上海	介绍新思潮
新湖南月刊和周刊	1919.6.15	湘雅医学专门学校学生会	湖南长沙	毛泽东任主编时的新宗旨：批评社会，改造思想，介绍学术，讨论问题

---

① 许德珩.为了民主与科学.北京：中国青年出版社，1987，38
② 冯友兰.三松堂自序.北京：人民出版社，1998，313
③ 说明：共产主义报刊未列入，另有章节论及。除"四大副刊"外，按创办时间先后顺序排列

第五章　五四时期报刊与文化现代化

续表

刊名/刊期	创办时间	创办者	所在地	创刊宗旨
少年中国月刊	1919.7	少年中国学会北京总会，李大钊、王光祈曾主持	北京，上海	介绍新知识，提供会员通讯
星期日周报	1919.7.13	少年中国学会成都分会	四川成都	在四川传播新思潮
湘江评论周刊	1919.7.14	湖南学生联合会，毛泽东主编	湖南长沙	传播新思潮
天津学生联合会报	1919.7.21	天津学生联合会，周恩来主编	天津	"本'革心'同'革新'的精神为宗旨"，"本民主主义的精神，发表一切主张"
建设月刊	1919.8.1	国民党理论刊物，孙中山领导，朱执信主编	上海	"鼓吹建设之思潮，阐明建设之原理"
新生活周刊	1919.8	北京新生活社，李辛白编辑	北京	反日帝、反军阀、反封建礼教，文化普及（通俗刊物）
新社会旬刊	1919.11.1	社会实进会，瞿秋白、郑振铎等编	北京	讨论社会改造、劳动问题、妇女解放、知识分子前途
浙江新潮周刊	1919.11.1	杭州的学生	杭州	介绍新思潮，改造社会
觉悟（仅出1期）	1920.1.20	天津学生团体觉悟社，周恩来主编	天津	宣传新思潮，鼓吹思想改造与社会革新
新时代月刊	1923.4.10	湖南自修大学，李达主编	湖南长沙	研究改造国家、打倒帝国主义、推翻武人政权、改革教育制度等问题
民国日报·觉悟	1919.6.16	邵力子主编	上海	传播新思潮。1925年以前受国民党左派掌握，受上海共产主义小组影响
晨报副刊	1919.2.7改革	孙伏园等	北京	介绍新修养、新知识、新思想，参与新文化运动
时事新报·学灯	1918.3.4创刊	张东荪等	上海	输入新道德、新思想、新文艺
京报副刊	1924.12.5创刊	孙伏园	北京	抨击军阀、帝国主义，提倡进步文化，批判复古派

这些刊物或因反动势力的迫害，或因人事变动、经济原因，多数出版时间并不长，如《湘江评论》只出版了一个月，在出第5号时就被封停；《觉悟》仅出一期。不过，它们为推

动各地的新文化运动,作出了重要贡献。

表 5-2　五四时期倡导自由主义(社会改良思潮)的主要报刊

刊名/刊期	创办时间	创办者	所在地	创刊宗旨
解放与改造 1920年更名《改造》半月刊	1919.9	政团研究系,张东荪、俞颂华、梁启超主编	北京	社会革新,反封建反军阀。鼓吹社会改良主义,研究社会主义,但反对俄国革命和马克思主义
努力周报 周刊	1922.5.7	胡适等自由派知识分子	北京	倡导"好人政府",鼓吹"联省自治",系统宣传改良主义。政治刊物
语丝 周刊	1924.11.17	鲁迅、孙伏园、顾颉刚、钱玄同、林语堂、周作人等	北京	揭露社会黑暗,进行思想批评。文艺性刊物
现代评论 周刊	1924.12.13	陈源、胡适等	北京,迁上海	刊载时政文章,提倡白话文,学术性刊物,有明显政治倾向
莽原 周刊、半月刊	1925.4.29	鲁迅	北京	社会批评和思想批评
生活周刊 周刊	1925.10.11	中华教育社	上海	改良主义,引导职业青年

表 5-3　五四时期倡导新传统主义的主要报刊

刊名/刊期	创办时间	创办者	所在地	创刊宗旨
东方杂志 月刊	1904,1911改版,五四时期改革	商务印书馆 五四时期杜亚泉主编	上海	五四时期:介绍新学说。宣扬文化保守主义
国故 月刊	1919.3	刘师培、黄侃等北大学生		"慨然于国学沦夷,欲发起学报,以图挽救"
学衡 月刊	1922.1	留美归国学者,吴宓主编	上海	"论究学术,阐述真理,昌明国粹,融化新知;以中正之眼光,行批评之职事"。学术刊物
甲寅周刊 周刊	1925.7.18	章士钊	北京	倡导复古运动,主张读经救国、以农立国、恢复科举制度,反对新文化运动

二、马克思主义在中国的传播

19世纪末20世纪初,对中国人世界观影响最大的是进化论和实验主义,国人推崇的现代化是西化。五四时期的"民主"与"科学",是西式现代化在中国的更深的推进。但是"巴黎和会"列强分赃的真面目,列强在华追求商业殖民利益的卑鄙自私,以及在华势力对新思想的恶劣态度,导致中国人对西方文明的怀疑和失望,加上一战后西方文明自身的危机,国人开始反思西化的主张。在这种背景下,俄国社会主义传入了中国,产生了"对中国知识分子的诱惑力,更深刻地影响了五四运动潮流的趋向"。[①]

早在19世纪末,马克思主义就已经传入中国。1899年2月,《万国公报》杂志在介绍英国社会学家Benjamin Kidd的《社会进化论》一书时,就首次出现了马克思的名字。20世纪初康有为、梁启超等都提及马克思主义。俄国十月革命的胜利加速了马克思主义在中国的传播。俄国二月革命爆发不久,1917年5月19日,上海《民国日报》就发表了《关于俄国近期发生的内部骚乱》,简要描述了俄国社会主义运动的形势,第一次提到了列宁的名字:"毫不妥协地反对战争和提倡'极端革命主义'"的"以尼古拉·列宁为首的组织"。1917年11月8日,《中华新报》刊登了关于彼得格勒武装起义的消息。10日,《民国日报》、《时事新报》报道了托洛茨基和列宁在第二次苏维埃代表大会上的报告,托洛茨基的中译名首次出现。之后,其他报刊也纷纷出现了关于列宁、托洛茨基、布尔什维克主义和十月革命的报道。《中华新报》1917年12月28日刊载了中国第一篇阐述列宁的理论观点的文章(作者杨匏安后来参加了共产主义运动)。李大钊在《新青年》1919年1月发表了《布尔什维克主义的胜利》。[②] 后来,李大钊成为在中国系统传播马列主义最得力的一位。

《解放与改造》杂志1919年9月1日发表了列宁的著述的第一篇中译作,即《俄国政党与无产阶级的任务》。《晨报》于1919年11月7—11日,连载了托洛茨基著作的第一篇中文译作《新共产党宣言》,译者是新文化运动的最积极参与者之一罗家伦。当时世界上都把托洛茨基视为仅次于列宁的、俄国共产主义运动的第二号领袖和最卓越的理论家之一。报刊上关于俄国革命和布尔什维克的报道此后越来越多,同时,多部著作也出版了中文版。俄国著名革命家的传记和介绍也出现在报刊上,1918年3月《东方杂志》第一次刊出了列宁的照片。《解放与改造》于1919年9月15日发表了日本人写的《列宁、托洛茨基及其原则的实现》的译文,里面第一次介绍托洛茨基。1920年8月《京报》社长邵飘萍的

[①] 周策纵,周子平等译.五四运动:现代中国的思想革命.南京:江苏人民出版社,1996,214

[②] 亚历山大·潘佐夫.安东译."五四"运动与布尔什维克主义在中国的传播.北京:社会科学文献出版社,2001,1395~1407

著作《新俄国之研究》在日本出版后,国内不少报刊热烈推介,书中有列宁和托洛茨基的传记。1921年7月李大钊在《新青年》发表《俄国革命的过去与现在》,文中有14位"为新俄国的建设事业作出贡献的中心人物"的传记资料。

马克思主义在中国广为传播,逐渐形成了一股新思潮。李大钊是最早赞同布尔什维克主义的,也是比较系统地传播马克思主义的第一人。陈独秀、李达、恽代英、蔡和森等一批激进的知识分子,都接受了马列主义的学说,视之为一个能够使社会全部问题得到"终极解决"的方案,并以此为自己人生的最终信仰。① 他们在《新青年》上发表了多篇有影响的文章。毛泽东、周恩来、瞿秋白等都成为马克思主义的推崇者。

李大钊(1889—1927),字守常,河北乐亭人,1913年在天津北洋法政专门学校学习,同年冬赴日本留学,期间为《甲寅》月刊、《新青年》等撰写政论,1916年回国后任北京《晨钟报》主编,《新青年》主要撰稿人,1918—1919年任北大图书馆主任,与陈独秀等创办《每周评论》,主编《少年中国》月刊等。1920年发起成立北京共产主义小组,指导创办多份工人报刊、党团报刊。1927年4月6日在北京被奉系军阀逮捕,28日英勇就义。他是新文化运动时期研究和宣扬西方社会政治学说的代表人物之一,五四后期尤其重视历史唯物主义的传播,开始由唯心主义和达尔文主义,转向马克思主义唯物史观。他传播了西方社会政治学说,既有马克思主义的,也有非马克思主义的,马克思的唯物史观只是其中的一种。他是一位具有批判精神的学者,大力宣扬历史进步观念,但对进化论等都是以批判的态度吸收,他吸取了达尔文进化论的观点,但反对斯宾塞的庸俗的社会进化论。他在批判西方史学文化时,也批判了唯物史观。②

《新青年》等刊物1919年前后刊发的李大钊的文章《法俄革命之比较观》、《庶民的胜利》、《布尔什维主义的胜利》和《新纪元》,成为马克思主义在中国传播的标志性文章。他在文中指出,十月革命是"立于社会主义上之革命",俄国布尔什维克党的主义就是革命的社会主义。十月革命,"俄罗斯之革命,非独俄罗斯人心变动之显兆,实二十世纪全世界人类普遍心理变动之显兆",这一胜利"是世界革命的新纪元,是人类觉醒的新纪元","是二十世纪革命的先声","由今以后,到处所见的,都是布尔什维主义战胜的旗,到处所闻的,都是布尔什维主义凯歌声","试看将来的环球,必是赤旗的世界!"李大钊重视西方史学的传播,1919年5月到1923年底,他在《新青年》、《每周评论》、《新潮》、《学灯》和《社会科学季刊》等刊物上,发表了《我的马克思主义观》、《阶级竞争与互助》、《物质变动与道德变动》、《演化与进步》、《桑西门的历史观》、《孔道西的历史观》、《研究历史的任务》等文章,宣传西方的史学观念。1919年5月5日,他协助《晨报》开辟"马克思研究"专栏。1919年

---

① 陈勤,李刚,齐佩芳.中国现代化史纲(上卷).桂林:广西人民出版社,1998,209
② 张广智,张广勇.论李大钊对西方史学史的研究.江海学刊,1986,(3)

9月还为《新青年》编发《马克思主义专号》。《少年中国》、《国民月刊》、《新生活》等刊物上也有他的一系列宣传马克思主义的文章,《新青年》、《每周评论》更成为五四前后宣传马克思主义的主要阵地。

1919年在《新青年》六卷第五、六号上发表李大钊的《我的马克思主义观》,比较系统地介绍了马克思主义,成为他宣扬马克思主义的代表作。文章对马克思主义的三大组成部分——唯物史观、政治经济学和科学社会主义,都有所阐释,这标志着马克思主义在中国进入比较系统的传播阶段。至于马克思本来的观点,却没有给早期中国共产党的理论和实践留下深刻的影响。① 李大钊等对马克思主义的传播,存在着时代的局限。比如,他一直把马克思的唯物史观看成是经济史观。他对唯物史观的态度,是从批判转变为接受的。②

1919年7月,胡适在《每周评论》上发表了《多研究些问题,少谈些主义》,指出当时存在着一种空谈外国"主义"的危险倾向,脱离了社会的需要。他主张不要空谈"主义",多研究具体问题,不要对"主义"抱有包医百病的"根本解决"幻想。他的观点,引发了"问题与主义"之争。8月,李大钊在《每周评论》上发表了《再论问题与主义》,强调"问题"与"主义"难以分离,"主义"对动员社会、整合社会有意识形态功能,社会问题的解决需要有共同的理想主义作工具。胡适随后又写了几篇文章答辩。胡适与李大钊的争论,反映了新文化运动内部在思想上的根本分歧。从当年的情形看,李大钊认为胡适的《多研究些问题,少谈些主义》是针对《我的马克思主义观》一文,所以他在批驳胡适时,公开表明作为一个马克思主义者"对社会的告白",宣布:"我是喜欢谈谈布尔什维克主义的","布尔什维克主义的流行实在是世界文化上的一大变动。我们应该研究他、介绍他,把他的实象昭布在人类社会"。他号召不仅要宣传主义,而且要本着主义作实际的行动。他激烈抨击改良主义的社会改造方案,运用唯物史观,论证了中国问题必须从根本上寻求解决的革命主张。他强调中国必须以马克思主义的阶级斗争学说作指导,通过革命实现经济结构的改造。当代有研究认为,胡适写那篇文章的主观动机与李大钊发表《我的马克思主义观》一文无关,胡适在文章中批评指责的"过激主义"不是"马克思主义"而是"无政府主义",胡适在这次争论中并未根本反对马克思主义。③ 而"问题"与"主义"之争扩大了马克思主义的社会影响。1920年3月,李大钊在北京发起建立了中国最早的学习和研究马克思主义的团体——马克思学说研究会,组织青年进一步学习和研究马克思主义学说。

---

① 亚历山大·潘佐夫.安东译."五四"运动与布尔什维克主义在中国的传播.北京:社会科学文献出版社,2001,1395～1407
② 李勇.李大钊对西方史学观念的传播.淮北煤炭师范学院学报,2004,(5)
③ 李良玉.关于"五四"时期"问题与主义之争"的历史考辨.南京大学学报,1993,(1)

第五节 五四时期新闻业务的改革

一、自由讨论，蔚然成风

五四新文化运动时期，在《新青年》等刊物的倡导和北大自由主义观念的影响下，报刊上形成了学术民主、自由争辩、百家争鸣的风气，不以某派为一尊，一扫原来的腐朽沉闷。陈独秀在《新青年》2 卷 5 号的"通信"栏里强调："无论何种学派，均不得定为一尊，以阻碍思想文化之自由发展。"

自由讨论的风气，首先体现在新文化运动的同一刊物上的讨论。《新青年》杂志上，除了不刊载宣传封建复辟的稿件，其他各种不同观点的文章兼收并蓄。杂志从更名《新青年》起，特辟专栏《读者论坛》，就是让读者发表不同的观点、争鸣，拓展稿源。《每周评论》杂志上，则发生过著名的"问题"与"主义"的论战。

最具典型性的，是《新青年》的专栏"通信"。《青年杂志》自创刊起，就按照当时杂志通行的惯例，设有服务性专栏"通信"，向读者提供相关信息，或回复读者的咨询、倾听读者的意见自由讨论也成为其主要特征。陈独秀在一卷 3 号发表《现代欧洲文艺史谭》后，有读者张永言就此写来两信提出讨论，分别刊载于一卷 4 号、6 号上，陈独秀还对此作了简短的答复，初显讨论的氛围。二卷之后，随着《新青年》声名鹊起，"通信"栏日渐活跃，刊载的来信明显增多，内容更趋丰富，而且持论更加尖锐，记者对于来信的答复也更加深入，还不断鼓励有更多的质询，在编者和读者之间形成一种良好的互动关系。这种互动，从最初的问、答式，逐渐形成多回合的、有交流的讨论。特别是思想革命和文学革命成为《新青年》杂志的核心内容时，"通信"栏愈发活跃、充满生机，大量的读者来信，争相发表其《我之青年观》、《我之孔教观》、《我之文学改良观》，也有陈述各自不同的感受和经验的、有针对杂志内容和记者态度谈见解的，热烈的争鸣使杂志上的提倡新文化、反对旧文化呈现出激进的、有交锋的局面。《新青年》的编辑同人，也通过信件方式，就相关问题展开讨论、发表各自的主张，编辑还表示要以理服人、不可武断专横，"平心静气，一切有理由的反对，本刊一定欢迎，决不致不容之以讨论"。从四卷开始，"通信"的信件都被编辑加上了标题，有的标题还刊在封面的"要目"上，足见其受重视程度。鲁迅在五卷 5 号的"通信"栏内致信钱玄同《渡河与引路》中说，"《新青年》里的通信，现在颇觉发达。读者也都喜看"。该栏常常占杂志总篇幅的四分之一至三分之一，此外还有大量信件积压。① "通信"栏是《新青年》上维持最久的栏目，从创刊办到第九卷。有学者认为，"通信"栏"在许多方面成了中国杂志

---

① 李宪瑜."公众论坛"与"自己的园地".北京：新世界出版社，2003，266～281

上第一个真正自由的公众论坛,许多重要的问题和思想都在这里得到认真的讨论和发展"①。

自由讨论,在五四时期的报刊之间也非常流行。新文化运动后期,报刊的阵营越来越明显。比如北大的教授已经形成两派,一派是周氏兄弟(鲁迅和周作人)为首的"语丝派",《语丝》杂志(1924年11月创刊)是其阵地;一派是胡适代表的"现代评论派",以《现代评论》(1924年12月创刊)为阵地。两派在"女师大"学潮、"三·一八惨案"等事件中,多次交火,论战到"惊心动魄"的地步,不少报刊则各自站队帮腔。很多支持新文化的报刊,都欢迎辩难、不怕反对意见。浙江的《教育周报》曾表态:"辩难愈多,真理愈明,故思想言论之反对,乃发展学术之所必要者。"(1919年4月13日)代表不同思潮的报刊,如《新青年》、《每周评论》与《东方杂志》、《创造》之间,《新潮》与《国故》之间,都曾有过尖锐激烈的交锋。报刊上自由讨论的风气,为推动新思想和学术的现代化作出了重要贡献。

二、报刊文风,焕然一新

《新青年》提倡白话文、反对文言文运动,使报刊文风焕然一新。此前中国的报刊主要是文言文,白话文被看作不登大雅之堂的粗俗文体。在《新青年》的号召下,白话文逐渐应用于报刊。《新青年》自四卷五号(1918年5月)起完全改用白话文。一些白话报刊陆续出现,陈独秀等创办的《每周评论》、北大学生傅斯年等创办的《新潮》,都用白话文。傅斯年还提出了"欧化"的方法:"第一,白话文须根据我们说的活语言,必须先讲究说话,话说好了,自然能做好白话文;第二,白话文必不能避免'欧化',只有'欧化'的白话,方才能够传达文学的思想,曲折的理论。"关于白话文的论述,当时在众多报刊上出现,呼应白话文的队伍,也逐渐壮大。北京《晨报》、上海《时事新报》上,都开始发表白话文的通讯。报纸的副刊更是纷纷采用白话文。五四运动中,学生们为了宣传其爱国的思想,向群众发行了不少白话的小报纸。此后,白话报纸如雨后春笋般涌现,据估计,仅1919年就达400多种。1920年以后,就连较有历史的《东方杂志》、《小说月报》,也渐渐使用白话了。即使一些比较保守的报纸,也不得不改成半白半文的文体。

与此同时,《新青年》等报刊开始倡导文章分段、使用标点符号。刘半农在《新青年》三卷三号(1917年5月)上发表《我之文学改良观》,提出文章应当分段的主张,并建议使用标点符号,引发热烈讨论。最终《新青年》集思广益,在1919年2月1日出版的七卷一号上,公布了《本志所用标点符号和行款的说明》,统一13种标点符号,并首先使用,其他进步报刊也陆续使用。

---

① 周策纵,周子平等译.五四运动:现代中国的思想革命.南京:江苏人民出版社,1996,93

但是，仍然有报刊固守着旧有的立场，如北大刘师培、黄侃等人创办的《国故》月刊，以"昌明中国固有之学术"的口号，反对新文化。林纾写文攻击新派人物"覆孔孟，铲伦常"，对白话文大加嘲讽。他还在上海《新申报》上发表文言小说，影射诋毁新文学倡导者。对此，新文化阵营给以坚决反击。《新青年》六卷一号发表《本志罪案之答辩书》，猛烈地抨击旧人物，并正式提出"拥护那德谟克拉西（Democracy）和赛因斯（Science）两位先生"的口号。

这个时期，新办的报纸多数不重视新闻报道，而重视政论、时评。报纸文体形式也有了进步，尤其是杂文，成为五四时期报刊广泛运用的文体。杂文短小精悍、明快犀利，在新文化运动中发挥了重要作用。《新青年》的《随感录》，以及一些报纸的副刊上的新式杂文，具有很高的水平，尤其是鲁迅的杂文，深刻、锐利、隽永，成为杂文史上的里程碑。

三、报纸副刊的革新："沙漠中的绿洲"

报纸的副刊革新，是新文化运动的重要成果。一直以来，消闲小品、鸳鸯蝴蝶派作品充塞副刊，副刊只是"报屁股"。在文化自由的氛围中，副刊改革成为一时风气，企业化大报如《申报》，在这期间增出《星期增刊》、《汽车增刊》、《本埠增刊》、《教育消息》、《商业新闻》等。新文化运动中最有影响的，则是那些比正刊要激进、敢言，追求进步的新办副刊，它们被称作"沙漠中的绿洲"。

北平《晨报》是五四时期最早革新副刊的。《晨报》曾是一个受军阀控制的报纸，新文化运动时期在梁启超的主持下，也抵制马克思主义在中国的传播。但是，其副刊却成为传播新思潮、提倡新文学的重要园地。在李大钊的支持下，《晨报》于1919年2月率先改组第7版，即副刊。该版增加了《自由论坛》和《译丛》两个专栏，李大钊任编辑，介绍"新修养、新知识、新思想"。改革当天，李大钊就发表《战后世界之潮流》，赞扬布尔什维克的胜利。1920年起，该版由孙伏园主编，1921年10月20日改出4开4版单张，由鲁迅正式命名为《晨报附镌》，请书法家蒲殿俊题为《晨报副镌》，以后又被徐志摩改名为《晨报副刊》，"副刊"之称，就这么偶然得来。

孙伏园曾在北大做旁听生，受新文化的影响，以兼容并包的态度办副刊。《晨报》副刊上，既介绍了新文化、新思潮，也不排斥旧文化、传统国学。这个副刊上有许多专栏，如：讲演录、特载、论坛、小说、诗、歌谣、杂感、译述、通讯、游记、科学谈、卫生浅说、戏剧研究、古文艺、传记等。这里发表李大钊激进的讲演记录，也发表胡适、周作人以及梁启超的讲演辞；既发刊《马克思纪念》、《俄国革命纪念》专辑，也发表梁启超《国学入门书要目及其读法》，以及胡适的《一个最低限度的国学书目》，并且探讨古代文学家的生平和著作。《晨报副刊》对新文学的发展起着积极的推动作用，一些五四时期的重要作家，如鲁迅、冰心、徐志摩、许地山、王统照、郑振铎、林语堂、耿济之、汪静之、沈尹默、庐隐、傅东华、赵景深、许钦文、梁实秋、余上沅、冯雪峰、应修人、李伟森、熊佛西、曹靖华、焦菊隐等等,他们的作品和译文,都曾在这个副刊上发表。从1921年12月4日起,每周连载鲁迅的《阿Q正传》。鲁迅还发表了不少杂文。孙伏园因编辑部抽去鲁迅的诗稿《我的失恋》,于1924年10月愤而离开,此副刊后由新月派诗人徐志摩主编。

北平《京报》是20世纪20年代在京津沪等大城市较有影响的报纸,社长是著名报人、记者邵飘萍。新文化运动时期,邵飘萍大胆革新,利用社外力量,使仅有十几个人的报纸《京报》拥有几十种副刊,有名目的就有23种,如《莽原》、《社会经济半月刊》、《教育周刊》、《国语周刊》、《妇女周刊》、《图画周刊》、《电影周刊》、《戏剧周刊》、《诗学半月刊》、《科学与宗教》、《儿童》等,是旧中国副刊办得最多的报纸。① 邵飘萍在孙伏园离开《晨报》后,即登门邀请他于1924年12月创办了《京报副刊》。由此,报纸有时发行量一天增加2000份以上。这是一个以小说、诗歌为主的文学副刊,孙伏园带来了上述《京报副刊》的供稿作家。鲁迅不仅帮孙伏园约稿,还发表了35篇杂文和5篇译作。激进的林语堂,也曾在《京报副刊》上发表多篇战斗檄文。《京报副刊》是鲁迅、周作人、林语堂等"语丝派"的阵地之一,与胡适等"现代评论派"激烈交锋。1926年4月26日,直奉军阀以"宣传赤化"为罪名,封闭了《京报》馆,邵飘萍不幸被杀害,副刊与《京报》一起停刊。

上海《民国日报》自1919年6月6日起,取消了格调不高的副刊《国民闲话》、《民国小说》,另办副刊《觉悟》,8开2页,由报纸总经理、国民党元老邵力子主编。《觉悟》从创刊起,就以激进的姿态投入新文化运动,积极介绍马克思主义的经典著作,发表李大钊、陈独秀、恽代英、萧楚女、邓中夏、沈泽民、蒋光慈等人的文章,介绍新思潮,宣传新文化。陈望道、潘梓年、胡愈之、刘大白等也常供稿。研究系的张东荪在其主编的《时事新报》上发表文章认为"救中国只有一条路,一言以蔽之,就是增加富力……而不是欧美现成的什么社会主义……",《觉悟》连续发文,与《新青年》等一起,给以迎头痛击。从1920年5月起,该刊篇幅扩大一倍,随报附送。这个副刊常设的专栏有:评论、演讲、选录、译述、诗歌、小说、通讯、随感录等。它常介绍进步刊物,转载《新中国》、《新人》、《学艺》、《科学》、《新教育》等刊物上的文章。1920年和1921年"五一"劳动节,《觉悟》都出版了特刊,宣传8小时工作制,指出工人奋斗的目标。1925年五卅运动以后,邵力子去广州,《民国日报》逐渐被国民党右派把持,《觉悟》开始拒绝刊登共产党人的文章,并常刊反共的文章。1931年12月停刊。

上海《时事新报》是研究系的机关报,在梁启超、张东荪的主持下,在五四新文化运动中属于右翼。1918年3月4日,《时事新报》创办副刊《学灯》,初由张东荪主编,但很快由俞颂华、李石岑、郑振铎、宗白华等接任,因此《学灯》在新文化运动中发挥了积极作用。

---

① 方汉奇.邵飘萍和他创办的周刊.北京:新华出版社,1991,436~440

《学灯》创刊初期着重评论学校教育和青年修养,五四运动以后加强西方文化和科学的宣传,介绍了形形色色的西方资产阶级学术文化,偏重于教育、文化、科学等方面,引起了读者的浓厚兴趣,在上海的学生中有较大的影响。《学灯》介绍当代世界的各种思潮,包括共产主义、社会主义、空想社会主义、基督教社会主义、无政府主义等。曾发表李大钊、陈望道等人的文章,刊载郭沫若、张闻天等作家的文艺作品,成为传播新文化的一个重要阵地。《学灯》也曾转载毛泽东的《民众的大联合》(原载于《湘江评论》)。《学灯》每期都刊有新文化运动新书新刊的介绍。在《介绍新刊》一栏中,登出一批各地新办刊物的发刊词和目录,对各地新文化运动起了交流信息和推动的作用。五四以后,《学灯》逐渐右倾,成为抵制马列主义思想传播的舆论工具。1947年2月停刊。①

第六节　新闻专业化的形成

新闻的专业化,在西方是好几代报人奋斗的理想。普利策为了使新闻业能够像法学、医学那样成为一种专业,不怕艰难奔走呼吁、不惜巨资开设了新闻教育,想借此提升报业的地位、从业人员的水准。一个行业的专业化过程一般要具备一些条件,包括该行业成为全时职业、设有教育机构、设有专业协会、有自律准则等。② 中国从《申报》等近代商业报刊兴起以后,新闻业已经逐渐成为一种职业,而新闻教育、新闻学会、新闻研究的出现和发展,就成为中国新闻专业化的重要标志。从这个意义上来说,中国的新闻专业化,是在五四新文化运动时期逐渐完善的。

一、新闻学研究:发端于新文化运动中

关于报纸的知识,最早是从西方引入的,最初是外国传教士在中国办的近代报刊上的零星介绍,比如《东西洋考每月统记传》上写有专文介绍报纸。国人报刊兴起以后,改良主义思想家对利用报刊推动社会改革表现出浓厚的兴趣,发表了一批倡导办报的文章,从王韬到康、梁,都有过相关论述,尤其梁启超的相关论述,颇有见地。但这些内容相当狭窄,也缺少系统性,还不是新闻学。早期中国新闻教育的参考文献,多半是直接使用外文的著作,如北京大学新闻学研究会指定的参考书,是 Harrington & Trankenbery 的 *Essentials in Journalism*(《新闻学要义》)、Given 的 *The Making of a Newspaper*(《报纸制作》)。第一次体系性地介绍新闻学,则始于第一批新闻学译著。

1903年,上海商务印书馆出版了第一本新闻学译著,第一次提供了比较系统的新闻

---

① 陈昌凤.蜂飞蝶舞——旧中国报纸著名副刊.福州:福建人民出版社,1999,69～88
② Wilensky,H..The Professionalization of Everyone? *Ameican Journal of Sociology*.1964,70,137～158

学知识,新闻学领域就此打开。这部新闻学著作是日本松本君平的《新闻学》汉译本。它的出版,是我国新闻学术史上的重要事件,标志着西方新闻学在我国的传播进入一个新的阶段。①《新闻学》是一本小册子,共 36 章,用很多篇幅叙述了报馆各机构的职能以及新闻从业人员在报业管理、采访、写作、编辑等方面的工作,同时也介绍欧美一些主要国家新闻事业的现状,所以该书又名《欧美新闻事业》。它在日本出版后,很快受到中国新闻界的重视。梁启超和徐宝璜在写作新闻学论著时,都曾摘引过其中的内容。中译本距日文本出版的时间不过 4 年时间。

中国早年引进的另一部新闻学著作,是美国新闻记者休曼(E. L. Shumon)著的《实用新闻学》(*Practical Journalism*: *A Complete Manual of the Best Newspapers Methods*),是一本报纸的完全手册。它是美国出版的第一批教材中的一部,初版于 1894 年,以采访为主体兼及美国新闻事业发展历史、报业管理、投稿术、新闻法、广告等内容。这两部早期引进的著作,为中国带来了系统的新闻学知识和思想,对中国新闻教育、新闻实践、新闻研究领域都有着深远的影响。但是,这些西方引进的著述,直到新文化运动时期,才受到较广泛的关注。

中国最早的新闻学研究,是在五四新文化运动的背景下,在北大发端的。这自然得益于新文化运动的孕育。北大是在这种文化氛围中大刀阔斧加以改革的,蔡元培的兼容并包、学术自由的办校方针,与新文化运动相辅相成,开阔了北大师生的视野,造成了群星灿烂的学术环境。因此,第一个在大学里讲授新闻学课程、第一个公开出版自己编写的新闻学专著的徐宝璜,才会任职于北大。新闻学就是在这样的背景下在北京大学发展起来的。

中国第一部理论新闻学著作,是北大教授徐宝璜的《新闻学》。徐宝璜于辛亥革命前肄业于北京大学,1912 年官费留学美国密歇根大学,攻读经济学和新闻学,1916 年回国后担任《晨报》编辑,于 1917 年应蔡元培之邀担任北京大学教授兼校长室秘书。《新闻学》是在他授课的基础上整理出来的,全书约 6 万字,共分 14 章。其新闻学的理念来自美国,但是引证论述却是中国的。书中非常重视职业道德问题。邵飘萍在北大新闻学研究会的讲稿编成的《实际应用新闻学》,是中国最早的新闻实务教材,出版于 1923 年。全书共 14 章。1927 年商务印书馆出版戈公振的《中国报学史》,是第一本中国新闻事业史方面的著作,留有西方新闻学的深深烙印,书中自始至终都在用欧美的报学发展过程、新闻理念、业务手段、新闻教育等等进行比照。此外之前还有姚公鹤的《上海报纸小史》(1917 年)、任白涛的《应用新闻学》(1922 年)、邵飘萍的《新闻学总论》(1924 年),这些诞生于新文化运动中的著作,融会了英、德、日、中四大语种著作提供的各种观念、经验和研究方法,标志着

---

① 宁树藩.松本君平与新闻学.北京:中国新闻出版社,1987

中国新闻学的真正创立。① 早期还有外国人研究中国新闻史的著作,燕大新闻系的创始人、第一任系主任白瑞华(R. S. Britton)写的 The Chinese Periodical Press(《中国报刊》,1933年),是第一部有关中国新闻史的英文专著。这些新闻学著作对中国新闻事业的影响,宛如在沙漠中布道,但对新闻专业化有重要意义。

二、新闻教育：起步于新文化运动时期

20世纪前20年的中国,维新、革命、帝制、军阀等政治风潮云涌,各种经济势力、文化力量纷纷登上历史舞台,鼓吹各种思想和倾向的报纸不断登场,再加上半个多世纪外国人带领下的中国报业渐成气候,整个中国报业格局非常复杂,报纸的质量、报人的品格水平参差不齐。少数曾留学于欧、美、日,知悉国外办报理念和实务知识的报人和学人,不满报业现状,对西方新闻理念充满向往,他们认为,报业如此之重要,"其功不在教育之下",要使中国报业起而与世界报业相抗衡,首要的是先培养有眼光、有见识、有社会责任感的报业专才。于是他们试图在国内兴办新闻教育。早在1911年,全国报界俱进会就曾提议设立新闻学校,拟"报业俱进会组织报业学堂之提案",这是"我国知有报业教育之始"。1920年,全国报界联合会更进一步议决新闻大学组织大纲。可惜两学会不久即瓦解,未能实施其计划。②

中国新闻教育的开展与进步,与两方面的革新相适应。一是与新闻业的发展相适应。维新运动以前,以英、美为主的外国人办的报刊在中国处于垄断地位,对中国社会的政治、经济、外交、科学、文化、思想等方面造成了广泛的影响,影响了几代中国的先进知识分子,从林则徐到王韬、康有为、梁启超、胡适,无不受其影响。国人近代报刊是在西方文化和新闻学思想的影响下出现的,新闻理念与业务方面的发展,对不久后出现的新闻教育有着直接影响。二是与近代中国教育的革新,特别是五四新文化运动推动下的教育变革相适应。自近代开始,中国教育经历了一个由传统步入现代、由封闭走向开放,并逐步与世界先进教育同步的转型过程,这个过程始于清末,完成于民国时期,在五四新文化运动的强大推动下,1922年颁布和实行壬戌学制,仿效美国学制系统,吸收了美国教育精神中重视发展个人创造才能、注重个人的兴趣爱好、适应社会和经济发展需要等内容。③

北京大学新闻学研究会是中国新闻教育事业的发端,对整个中国新闻教育的历史说来,正像鲁迅在赞扬白莽的《孩儿塔》一书出版时所说的,它"是东方的微光,是林中的响

---

① 陈力丹.论中国新闻学的启蒙和创立.http://www.chuanmei.net/article/articleshow.asp?ID=550
② 戈公振.中国报学史.北京：三联书店,1955,259
③ 陈昌凤.中美新闻教育传承与流变.北京：中国广播电视出版社,2006,51～52

箭,是冬末的萌芽,是进军的第一步"。虽然还有点稚嫩,但有着深远的意义。① 邵飘萍和徐宝璜等于1918年10月14日在北大创办了中国最早的新闻教育和研究机构"北京大学新闻研究会",首设新闻学课程。学会会长是新文化运动的倡导者蔡元培。学会于1920年12月中旬停止活动,前后存在了大约两年零两个多月的时间,是中国历史上的第一个新闻学研究团体。1919年2月19日该会改名为"北京大学新闻学研究会",宗旨也由原来的"灌输新闻知识,培养新闻人才"改为"研究新闻学理,增长新闻经验,以谋新闻事业之发展",从培养从事实务的记者更多地转向学术研究。

邵飘萍在为徐宝璜《新闻学》所作的"邵序"中记述了创办北京大学新闻学研究会的动机:"余业新闻记者,窃叹我国新闻界人才之寥落,良由无人以新闻为一学科而研究之者。试观欧美及日本近年以来,新闻之学,与日俱进,专门著述,汗牛充栋,其新闻事业之发达,亦即学术进步之效果耳。去年之春,蔡校长有增设新闻讲演会之计划,余乃致书以促其成。"②据罗章龙回忆:"徐教授江西人,新从美国回来,会谈之下,十分热诚。自称:在美国时,已学习过几门有关新闻学的课程,他很愿意指导同学学习……"③

《北京大学日刊》在1918年9月17日以后先后四次以"校长布告"形式刊登了招生信息,而研究会的办公室就设于校长办公室内。同年10月14日,北京大学新闻研究会在理科16教室正式成立。蔡元培亲临主持大会发表演说,称:我国自民国元年以来,报纸骤增,"惟其发展之道,全持经验,如旧官僚之办事然。苟不济之以学理,则进步殆亦有限。此吾人所以提出新闻学之意也"。邵飘萍到会祝贺。徐宝璜明确该会的宗旨为"灌输新闻知识,培养新闻人才"。学会确定每周研究3小时。戈公振在《中国报学史》中,称该会是我国"报业教育之发端"④。

徐宝璜是新闻学研究会副会长,是实际的会务负责人,于每周一、二晚上七至八时,向会员讲授新闻学课程,内容包括新闻定义、性质、价值,新闻采写编评及报纸广告发行和经营管理等各方面,后整理成《新闻学大意》,发表在1918年《东方杂志》15卷9至12期上。邵飘萍自1918年10月3日开始为学会授课,利用周日上午10时至11时,讲授新闻学基础知识、新闻材料的采集方法及对记者的修养要求。邵飘萍是五四运动的积极参与者,他与北大的关系密切,五四、五卅、三·一八前后在北大举行的多次群众性集会,他都亲临现场,并发表演讲。1919年4月20日,北大新闻学研究会的会刊《新闻周刊》正式创立,以指导会员对一周的新闻作"系统之记载,下公允之评论,为中国唯一传播新闻学说之

---

① 方汉奇.中国新闻学和新闻教育的摇篮——写在北京大学100周年校庆之际.中国记者,1998,(5)
② 邵飘萍.徐宝璜《新闻学》之序.中国新闻出版社,1987
③ 罗章龙.忆北京大学新闻学研究会与邵振青.新闻研究资料,1980,(4)
④ 戈公振.中国报学史.北京:三联书店,1955,259

报纸"。①

　　五四运动以后,中国正式开始了院系式的新闻教育,并出现了发展高潮。1920年至1927年,我国的高等院校新闻系科先后约有12所之多。这些高校的新闻系科,集中于政治中心北京、商业中心上海两地,这两地同时又是全国的文化中心。② 中国最早的新闻学系(报学系),是1920年创设于上海的圣约翰大学。1923年北京平民大学报学系创办,成为北京最早的新闻学系。1924年创办的燕京大学新闻系,则是北京,也是中国最有影响的新闻系。1924年,北京民国大学也曾设立报学系。1925年上海南方大学也设立了报学系。同年,国民大学成立,设有报学系。1926年,沪江大学、大夏大学、光华大学都增设报学系。复旦大学在国文部的"新闻学讲座"基础上,于1926年在中国文学科下设新闻学组,1929年正式成立新闻系。共产党领导的上海大学,也开设了新闻学的课程。整个20年代,中国除了北京、上海以外,办有新闻系科的,只有厦门大学于1922年增设新闻学部,但不久即于1926年初停办。

---

① 戈公振.中国报学史.北京:三联书店,1955,260
② 方汉奇.中国新闻事业通史:第二卷.北京:中国人民大学出版社,1996,254～258

第六章 商业报刊及其资本主义企业化运营

19世纪70年代以来,中国新闻界占主导地位的报刊,其实有三个不同的源流:在文化思想界占主导地位的,如维新派的报刊、五四时期倡导新文化运动的报刊;在政治上占主导地位的,如革命党、国民党的报刊,20年代兴起的共产党的报刊;还有在传媒市场上占主导地位的,就是资本主义的商营报刊,其中主要是私营为主的民族资本主义报刊,和外资在华的报刊。前两者是更替式的主导者,其中政党报刊是中国近代以来传媒的主要特征,但从报业市场的角度来说,商营报刊则是1949年以前一以贯之的主力军。

世界商业性报纸,是政党报纸之后、工业革命完成之际发展起来的,当时的社会具备了这样的条件:工商业发展,有较大的广告需求,使报业在经济上能够自立;教育普及、识字率提高,使民众能够阅读报纸;印刷造纸技术发展,使报业成本降低、快速印行。商业性报纸标榜超党派、独立,以报道新闻而不是评论为主,报业重视经营管理,成为资本主义企业。中国近代以来的国人报纸,从改良派、维新派、革命派,性质上近似西方的政党报纸,以后国民党和共产党报纸纷踞报坛,因此直到1949年以前,中国报纸的主体是政党报纸。① 同时,中国的商业报纸,从19世纪70年代直至20世纪50年代初,却一直未间断出版,长期成为报业市场上的主角。《申报》和《新闻报》19世纪末售价是10文和7文,只是一两大米的价钱,是一个熟练工人日工资的三四十分之一。② 在此基础上商业性大众化报业已初具规模。只是中国资本主义经济受制于半封建半殖民地背景、政党的控制而未能充分发展,中国的商业报纸也未能如西方的商业性报纸那样蓬勃发展。

中国的商业性报纸,包括外资在华的报纸和民族资本主义报刊,后者则包括官商和民营,而以民营为主。本章主要是论述民族民营资本主义和外商在华的报刊,即民营商业报刊。19世纪60年代,外国人在中国创办了大型的商业日报,他们以盈利为目的,在沿海城市开拓巨大的新闻消费市场,传递各种信息,从中赚取利润,商业性报刊迅速发展起来。到19世纪末,外国人在中国办的200种中外文报刊中,有一大部分是商业性报刊。③ 国人早期所办报刊如《循环日报》,背靠资本主义有一定发展的香港,由私人投资,经济上独立,刊载广告,重视发行,经营了相关的文化事业,只是其商业化程度还不高。外商的《申报》和《新闻报》这样的规模较大、企业化程度高的报纸,逐渐催生了中国商业化报纸。20世纪初,天津《大公报》、上海《东方杂志》、《时报》、《时事新报》等以商业或半政半商的面目出现,并逐渐走向商业化。而《申报》、《新闻报》这两家大型报纸转入中国人之手,则壮大了民族商业化报纸,《申报》所有权的转让可以说是民族商业化报纸正式兴起的标志性事件。

商业报纸的发展,有赖于言论自由空间。民国以后到南京临时政府时期,资产阶级民主革命派在新闻出版方面基本上遵循了资产阶级的民主原则,推行了言论自由的政策。上海的"舰队街"④望平街的出现,以及商业化大报《申报》、《新闻报》的企业化改革,表明中国的报业商业化进入了较成熟的阶段。与此同时,一些报团雏形渐渐形成。报刊的商业化性质、社会化的运作、集团化的扩展,是西方现代报业出现的标志。这些情形在20世纪20年代前后也基本在中国新闻界实现,加上新文化运动中新闻学和新闻教育的发端,可以说,20世纪20年代,中国新闻业进入了现代化阶段。这一步骤,比西方晚了约30年,水平上则相差约半个世纪,之后又因为时局动荡受阻、政党报刊的垄断而中断。

---

① 童兵.比较新闻传播学.北京:中国人民大学出版社,2002,70~72
② 刘磊.旧时报纸售价几何.传媒,2002,(2)
③ 胡太春.中国报业经营管理史.太原:山西教育出版社,1998,20
④ 伦敦报业聚集的街名(Fleet Street),闻名遐迩,成为发达新闻业的代称

中国的商业化报刊,是在中国资本主义工商业发展的基础上兴起的,其现代化进程,与中国资本主义程度相当,由于政治和社会条件的限制,中国资本主义未能充分发展,也限制了中国商业化报纸的发展。中国民族商业性报纸并不是建立于自身市场经济的土壤上,它们或是政党报刊的转型和延伸,或是外人报刊的转手。资本主义的新闻生产方式一到中国便走了样,某种程度上说,在民国初期,无聊文人充斥报业,新闻工作成了文途末路。① 西方的现代新闻业建立在肥沃的资本主义的土壤中,有都市化、工业化、高度多元主义的政治、发达的经济支撑,有完善的社会体系做后盾,从专业角度来说,是建立在成熟的传播理念、发达的大众化媒体、高度的企业化经营基础上的,中国在这些方面明显不足。

第一节　资本主义商业报刊及其方针

一、商营报刊：民族资本主义的写照

1. 商营报刊：以民营为主导

20世纪初,中国风云突变,各种思想潮流、政治派别纷纷登上报坛,但许多报刊随着动荡的时局而昙花一现。唯有一干报刊,相对独立于政治、流派之外,不参与种种时局纷争,只一心地做商业性经营,以盈利为目标,这就是中国正在兴起的民营商业性报刊。它们为数不少,经济上占据当时报业市场的大半壁江山,到20年代,这些报业已经是实力雄厚的资本主义的企业,其运营管理已经相当完备,到30年代前后达到了历史上的鼎盛时期。

中国的资本主义是在西方资本主义的冲击下形成的,最先以国家资本主义的形式出现,19世纪70年代中国民间近代企业出现,虽寥若晨星,经营也多不顺,但中国商业资产阶级已初步形成。② 相应地,70年代出现了少量私营报业,只是尚不具备让报业完全资本主义化的土壤。甲午战争以后清政府被迫放弃国家资本主义控制产业的政策,转而倡导私营资本主义的发展,中国工业化也进入了初步发展阶段,商营报业正是在这种背景中涌现的。20世纪前十年中,据《东方杂志》、《大公报》历年调查,民办商业报刊数量多,在整个报业中的比例占主导地位,如《大公报》1905年的统计,正在出版的中文报刊152种中,商、官、外资分别为98、11、43种,民族商业性报纸占三分之二。③ 而外资报刊之后明显减少,商业报纸中民族资本几乎一统天下。当时民族商业报刊规模都比较小,这与当时私营资本主义的水平相一致。

---

① 陈力丹. 论中国新闻学的启蒙和创立. http://www.chuanmei.net/article/articleshow.asp? ID=550
② 杜恂诚. 民族资本主义与旧中国政府(1840—1937). 上海：上海社会科学出版社,1991,1~4
③ 章开沅,罗福惠主编. 比较中的审视：中国早期现代化研究. 杭州：浙江人民出版社,1993,564~572

辛亥革命是个新起点，1912—1927年中国民族资本主义得到长足进步，这一方面得益于第一次世界大战对中国物资的需求，另一方面也是中国民族资本、市场、技术、经营方面积累的成果。加上这个时期国家资本主义纷纷转为商办，私营资本主义得以较快发展。这是1949年以前中国现代化经济发展中唯一一个"黄金时期"。① 这期间中国民用工矿企业数量大增，而轻工业发展速度最快，获利速度也非常可观，金融业数量超过了外资银行，资本也足以与之抗衡。资本主义工商业的发展，为商营报业提供了广告和资金来源、广阔的读者消费市场、先进的技术设备，报业成为利润丰厚的产业。这段时期，随着资本主义的发展，中国资产阶级的社会影响日大。1914年，全国商会联合会成立后，资产阶级在经济上、政治上、组织上、思想上都发展到一个新阶段。② 他们在谋求更高的社会地位，有强烈的表达政治观点、思想意识、获取利润、提升地位的愿望，报刊成为他们的表达媒介。加上辛亥革命后，传媒控制上放松，《临时约法》规定"人民有言论、著作、刊行及集会结社之自由"，报业解除了束缚；时局动荡，人们对于信息的渴求大大增加。因此这个时期报业也长足发展，性质则不一。民国初年报刊达500余家，总发行量达4200余万份，但大部分是由同盟会改组的国民党系统创办的。之后商业性报纸明显增加，1921年全国定期报刊共1137种，其中日报550种，到了1926年，日报增为628种，以民营商业报居多。这是中国民营报业向现代化迈进的关键阶段，主要大报都是在这个时候完成其资本主义企业化的，也因此出现了一些民族报业资本家。但多数报纸的力量非常薄弱，一些所谓"报社"，实际只有一家栈房、一间茶室，挂起联络通讯点，就是一家报馆了。

1927—1937年是民族资本主义发展的又一个黄金时期，工业化也进入近代最高阶段，私营新闻业呈现出相对繁荣的景象，资本主义经济在新闻业的资本、广告、设备更新等方面都带来了有利条件。私营报刊、通讯社和电台的数量有较大增加，1937年报刊达到1030种，规模、设备和业务都有发展，一报多馆、报业联合和兼并等现象出现，报业托拉斯若隐若现。这时国家资本主义得以恢复并加强，到1935年演变成国家垄断资本主义。政府作为经济的控制者，对于报业也进行经济和政治上的多重控制。受制于国民党的政治专制和经济垄断政策，私营报业处于畸形发展状态，言论、新闻源、编辑、出版发行、经营管理方面都矛盾重重。"九·一八"后抗日救亡运动的兴起，推动了私营报业的发展。从经济上说，国营、党营新闻业以企业化手段发展，与当时的私营媒体共同分割传媒市场（见后面的章节）。

民营商业报纸的发展并不迅速，在20世纪初销量达5000份已算大，达到万份的更是凤毛麟角。因为经济文化的落后，20年代中国报业进入现代化阶段时，报纸销量最高的

---

① 陈勤，李刚，刘佩芳.中国现代化史纲.桂林：广西人民出版社，1998，188～194
② 章开沅，罗福惠主编.比较中的审视：中国早期现代化研究.杭州：浙江人民出版社，1993，95

《新闻报》和《申报》分别是5万份和3.5万份,较19世纪90年代的《申报》销量,并没有多大发展。《申报》那样的大报,30年代仅发行15万份,40年代也只20万份。与世界报业相比,规模实在不及,19世纪末西方报业进入现代化时代时,美国《世界报》的销量达60万份,日本的大报也达10多万份。

不过,商业报纸在外国人19世纪办报的基础上,在报纸大众化方面又迈进了一步。清末教育改革以后,中国的识字率上升,城市化正在发展,在当时4亿左右的人口中,已经有20%的非务农者①,这些,都为大众化路线的报纸提供了基础。20世纪初叶,在南京、武汉、杭州等11城镇的调查显示,读者不再像过去以官吏为主,官绅商学等社会大众成为主体,甚至还有普通市民。在订阅的62家报纸中,商业化的《申报》、《中外日报》、《新闻报》占前三位。② 20世纪的商业报纸主要由中下层资产阶级所办,追求经济独立,售价低廉,迎合普通民众的口味,读者范围不断扩大。

2. 商营报业中心的形成

资本主义的不平衡发展,也明显反映在各地区报刊的不平衡上。上海、广东、津京等沿海地区,资本主义发展较迅速,商业报刊密集、较成规模,1947年广东报刊数量占全国总数的十二分之一。而落后地区,如贵州遵义直到20世纪20年代才出现少量的资本主义包买商人,其报刊业就很少发展。上海是中国资本主义经济发展最快的城市,20世纪第一个十年,即成为中国的工业中心,资产阶级最为集中,有相当数量和规模的报业。1907年前后,就已经形成了三个报馆聚集的地方。

首先是四马路惠福里一带,这里戊戌以前有《游戏报》、《笑报》等4家报纸,戊戌以后又办有《同文沪报》、《时报》、《警钟日报》、《神州日报》等十多家,在1910年以前这里是上海报馆最集中的地方。另一个报业异军突起的集中地,是上海日报公会和书业公所所在地广西路宝安里小花园,1907—1908年,这里先后出版的报刊有《笑林报》、《花世界》、《上海》、《风月报》、《国华报》等十多家,一时间成为报业最集中之地,只是这里聚集的都是小报,这里的规模较大的报纸如《天铎报》、《上海》日刊,还得到望平街设发行所或委托发行。

望平街是上海报界实力最雄厚的报纸的聚集地,最早在望平街设馆的是1872年创办的《申报》,1893年《新闻报》也在此开馆,1899年《中外日报》迁入。《申报》虽经迁居,但1907年又迁回望平街,于是这条街的报界越来越成气候,在上海报业活动中的地位越来越重要,上海主要报纸都在这里设馆,或至少设发行所。武昌起义后,望平街上更是"肩摩足胼、塞街不断"。有些报家遇到紧急消息,来不及排版印刷,便把消息写在大幅白纸或木

---

① G.N.克拉克主编.中国社会科学院世界历史研究所组译.新编剑桥世界近代史:第12卷.北京:中国社会科学出版社,1987,485

② 章开沅,罗福惠主编.比较中的审视:中国早期现代化研究.杭州:浙江人民出版社,1993,564~572

板上,高高挂在报馆门口。经过几十年的发展,20世纪初这里已经有相当便利发达、行规严格的发行代理(报贩),新办报纸为了方便发行就直接到望平街觅址。到1911年7月,这里已经有《申报》、《新闻报》、《时事新报》、《神州日报》、《民立报》等7家报馆,成了上海独一无二的报业街。①

传媒不仅是资本主义发展水平的写照,更对资本主义发展起到推动作用。1867年,路透电报有限公司在上海设立代理处,1871年,上海至香港和长崎的电报连接成功,使得中国与国际的商业信息迅速沟通,其意义不下于同时期开通的苏伊士运河。1872年,路透社到上海建立远东分社,为报纸提供了快捷的国际消息。上海资本主义快速发展的同时,也成为新闻信息的集散地。早期《申报》、《字林沪报》提供洋行、商号商情,报道经济信息,报告最新交通和技术方面的情况,分析经济事件,如在1883年金融风潮中《申报》的及时报道与分析,刊载广告。到20世纪初商业性报纸更有大量的经济信息,成为资本主义经济发展的记录者、推动者,为后人研究经济史提供了大量的资料。

二、外商在华报刊业

1897年以前外资在华报刊占报业的绝对优势,但之后逐渐改变了原来的强势状态,尤其相对于正在勃兴的中国民族资本报刊,更显颓势。《大公报》(1905年5月11—25日)调查的数据显示,当时包括已佚的中文报刊共302种中,外资报刊(包括教会和外商所办)为95种,但是在继续出版的152种报纸中,外资报纸只有43种。连盛极一时的教会报《万国公报》也于1907年停刊。外资报纸是与外交局势、政府关系密切相关的,是随着外国在华势力的强弱而变化的。30年代不少主要城市有外商报刊。

表6-1　30年代初期主要城市的外报分布概况(1932年止)②

	日报	周刊	双周刊	月刊	季刊	年刊
上海	10	22	3	21	6	1
北平	3	1				
天津	7					
广州	2	2				
香港	4					
哈尔滨	8	2	2	2		
其他	9					
合计	43	27	5	23	6	1

---

① 马光仁主编.上海新闻史.上海:复旦大学出版社,1996,383~385
② 蔡铭泽.中国国民党报历史研究.北京:团结出版社,1998,125

第六章　商业报刊及其资本主义企业化运营

外资在华报刊从 19 世纪末起发生了一个重大变化，这就是日资报业的崛起。之前从数量到影响上，都是英资媒体最大。甲午战争以后的 15 年间，日资在台湾、上海、京津等地先后出版 55 种报刊，远远超过其他各国，其中有《苏报》(后售予陈范)、《同文沪报》、《上海日报》、《国闻报》(严复等售予日本人)，在华影响最大的日资报纸《顺天时报》(1901—1930，北京第一张外国人办的中文报)，以及在东北影响最大的《盛京时报》(1906—1944，奉天)。从 20 世纪初到 1919 年，日资在中国出的日文报纸累计有 50 多家，中文报 21 家，1919—1927 年还新创办了 40 多家。① 日资报刊受日本官方控制特别严密，有的实际是官方出版的，私营的有的接受了官方津贴，如《同文沪报》接受外务省津贴，有明显的为日本国策辩护的倾向；《顺天时报》后来成为外务省的宣传机关，是日本帝国主义侵华的主要宣传工具，在北洋军阀执政时期，因敢于披露重要战事和政治新闻，销量曾达 1.2 万份。一些日本来华记者同时从事谍报活动。因日资报刊受到中国人民的抵制，日本曾贿赂在华外文报纸的编辑记者，以后又贿赂中文报纸，《时报》、《新闻报》、《北京日报》等都曾受其影响。经营方面，日资报纸有的相当有成效，如《盛京时报》1926 年改组为股份有限公司，日销量达 1.6 万份。日资还在中国办英文报纸，如 1919 年在北京办 North China Standard（《华北正报》），1923 年在上海收购 The Shanghai Mercury（《文汇报》）的部分股份。日资在山东、福州、厦门、汉口、广州、香港也办中、日文报纸。日资报纸虽然是日文为主，中国读者较少，但其影响不能低估。

抗日救亡运动期间，英美人士主办的《字林西报》、《大美晚报》和《密勒氏评论报》非常重视中国人民抗日救亡运动的宣传报道，敢于披露事实真相，发表了不少中国人民要求抗日、争取民主的报道，起到了积极的作用。日军侵占中国后，对沦陷区实行新闻控制政策，强化日本在华的新闻宣传势力，建立宣传阵线，全面垄断新闻通讯与广播事业，扼杀中国人民的抗日爱国宣传。他们在东北、华北、华中、华南，都办有自己的报纸，有的是劫掠中国人的报纸而办的，如北平《新民报》是劫夺《世界日报》资产改组而成的，他们在华北办有六七十家报纸，还有十多座电台。此外，还有不少汉奸报纸，上海的《申报》、《新闻报》也曾被日军控制，成为特殊面貌的汉奸报。只有上海的租界地区，是日军未能侵占的"孤岛"，那里有抗日报刊和通讯社。

英美资本的在华报业，20 世纪初继续发展，如香港有较强实力的英文报 The China Mail（《德臣报》）、The Daily Press（《孖剌报》）、Hongkong Telegraph（《士蔑西报》），上海有在华外报中最有势力的 North China Daily（《字林西报》），天津有 The Peking and Tientsin Times（《京津泰晤士报》）。英美资本在辛亥以前又新创办 20 多种报纸，而且发行对象开始转向普通读者。影响最大的 South China Morning Post（《南华早报》），由英

---

① 方汉奇主编.中国新闻事业通史：第一、第二卷.北京：中国人民大学出版社，1992，800～807，1996，222～226

国人克银汉（Alfred Cunningham）于 1903 年 11 月创办于香港，售价仅 1 角，较一般报纸低廉，创办第二年就成为香港最畅销的报纸，100 多年来是香港最有影响力的报纸。上海的英美资本的报纸数量居多，但多数影响甚微，如新办的 *Shanghai Times*（《上海泰晤士报》），后被日资收购，抗战胜利后被国民党接收，不久停刊。华北、华中英美资本的报纸有所加强，主要是英文报，如 1901 年英国人高文（John Cowan）创办了北京第一张英文报纸 *China Times*（《益闻西报》），次年在天津出版 *Evening Express*（《晚邮报》）。美商在汉口出版了其历史最长最大的外文报纸 *Central China Post*（《楚报》，1904—1938，有中文版）。山东的威海、芝罘、烟台、胶州也各出版了英文报纸，主要是英资所办。英美在华中文报不多，原英资的《申报》、《新闻报》（1899 年转手美资）持续发展，后相继转手华人。英资《字林沪报》1900 年就售予日本东亚同文会。

五四时期掀起的反帝爱国运动，直接影响到英美在华势力，其媒体也受到影响，从外报数量上来说，原来最多的英资报刊在 20 世纪 20 年代已经明显少于日资报刊，退居第二，而且此时已经没有英资的中文报刊。英资英文报纸在中国的工人运动中都竭尽反对之能事，也反对广州革命政府和北伐战争，要求国际对中国进行惩罚，受到中国报刊的批驳和回击。美资在华新闻业，在一战后有相当的规模和影响，上海是其主要基地。美资在上海有转手前的中文报《新闻报》，英文 *The China Press*（《大陆报》，1911 年创办，1930 年卖给《申报》经理张竹平），英文期刊 *Millards Review of the Far East*（《密勒氏评论报》，1926 年英文改名 The China Weekly Review，1917—1953）等，1925 年在北京创办的 *China Digest*（《中国集评》），翌年也迁上海。他们在天津办有著名的 *North China Star*（《华北明星报》，1918—1949），在北京、汉口等地，都有美资报纸。这些报刊固然坚持其国家利益和立场，对中国的反帝运动都持反对态度，但业务上多数本着商业报纸的客观、中立理念。《密勒氏评论报》1919 年由鲍威尔（J. B. Powell）接办时，宣称"本报历来主张中国为独立自主之国家，而不为西欧或东瀛之附属品"。1927 年初，各国拟以武力干涉中国时，该报撰论反对。1941 年鲍威尔因支持中国人民的抗日斗争而被日军逮捕，刊物被封，其子小鲍威尔（J. W. Powell）于 1945 年抗战结束后复刊，仍以报道和评论中国和远东的政治经济军事为主，在 50 年代的朝鲜战争中因揭露美国使用细菌武器，被美国政府禁止邮寄国内，失去了主要读者，只得停刊。

德、法、俄等国在中国的新闻活动，在 20 世纪以后也有发展。德资 1911 年以前在华开办的德文报刊累计 20 多种，上海就有 5 种，北京、天津、山东、哈尔滨也都有德文报，其中以《德文新报》较大。德资还在北京、天津、上海、香港、青岛办有中文报，如《北京晚报》、《直报》、《北洋商报》等。1917 年中国对德宣战后，所有德资报纸停刊，1921 年复交后，上海等地开办报刊。法资 1910 年以前在上海、北京、天津先后共办有 10 种法文报刊，包括教会出资办的报纸，如法国在华和远东地区的喉舌《中法新汇报》，该报 1927 年停刊后，代之而起的是《上海日报》。法资没有办中文报刊。这些报刊多持反华态度,维护本国利益,客观上对于双方的文化、经济的互动起过积极作用。

值得一提的还有犹太报刊。从1903年到1949年,仅上海一地,就有过50多种犹太报刊,加上犹太人在哈尔滨和天津等地所办报刊,数量可观。这些报以英、德、法、俄、中、日、波兰、希伯来、意第绪等文字出版,有日报、周报、月报和各种定期不定期的刊物。这些报刊大多为犹太难民流亡上海时所办,即使在日本侵略军建立的隔离区中,陷入困境的犹太难民仍然办有一张每天出版的日报。这些报刊在犹太民族面临生存危机的时刻发挥了维系民族团结和弘扬民族传播的重要作用,成为犹太难民求生存、图发展的社会利器。犹太人对世界新闻业有巨大贡献,出过路透、普利策、李普曼那样著名的人物。[1]

英美主要报纸也在中国的重要城市派有记者,如英国的《泰晤士报》、《每日电讯报》、《每日邮报》,美国的《纽约时报》、《基督教科学箴言报》、《芝加哥论坛报》、《芝加哥日报》等,都派有驻华记者。日本的《朝日新闻》、《每日新闻》、《时事新闻》等,都派有驻华记者。在来华的美国记者中,出现了像爱德加·斯诺(Edgar Parks Snow)、安娜·斯特朗(Anna Louis Strong)这样对中国人民非常友好的人士,美籍记者史沫特莱(Agnes Smedley)曾先后作为德国《法兰克福日报》、英国《曼彻斯特卫报》特派记者来华。这三位记者为中国革命的报道作出过重要贡献,被称为"3S"。

三、商业性报纸:属性与宗旨

大众化商业性报纸出现在西方时,主要强调其超党派性、经济自立,经过发展,其企业属性得以确立。现代报业又强调在政治文化中的重要角色,并自动履行在民主和社会协调中的重要使命。在任何社会,商业性报纸并不是超脱于社会体系之外的,它是随着社会的变迁而调适其社会角色的。由于中国商业性报纸历史短,又受制于政治、战乱等社会条件,因此,除了个别报刊如《大公报》的"四不"口号外,中国商业性报纸没有能形成类似于西方的客观、公正、中立、不偏不倚那样的一个普遍遵守的、自律性的纲领或规范。

1. 外报重独立经营,民报背景复杂

兴起于19世纪30年代的西方商营报纸强调经济独立、以盈利为目标。"新闻业者认为,他们与美国其他私有企业一起,是在做生意"。[2] 中国的商业报纸也是重视企业属性的。商营报业主要集中在上海,强调自立,即使有政治背景或挂着外国人招牌的报纸,也常隐瞒自己的背景。

---

[1] 饶立华.上海犹太纪事报研究.北京:新华出版社,2003,3
[2] 丹尼·埃利奥特编.负责的新闻业.台北:台湾贤明出版社,1986,100

民营报刊的资金来源一般有几个方面，对应有几种组织和经营方式：个人或机构独资经营；办报同人分摊或自认股本，经营与所有权合二为一；合股经营，招股集资；募捐筹款，有一定的公益性质。有时一个报纸数法并用。编辑和经营权，一般都由承办者掌握，股东不干涉其独立性。一些报刊制订章程，明确规定股东只能在年终会议上稽核财政、商议规则、分取利润，不得干预馆政。《东方杂志》第1卷第8期（1904年10月4日）曾刊《创办〈皖报〉章程》，就有这样的规定。股东与承办者不是雇佣关系，这样，无论资本来源如何，报刊不至于因经济原因而成为私人的工具。

最典型的就是合股经营。外商的《申报》、国人的《大公报》以及后来的大量民营报纸，都是这样的模式。当年英商美查（Ernest Major）办《申报》，就是邀集3位友人合资开办的，每人出银400两，共1600两，用于投资印刷机器、铅字及别的设备。三个朋友只出钱，主持只有美查一人。手写的合约上规定：股款虽由四人分摊，但不论盈余及亏耗皆划为三份，其中美查独占两份，三位友人合占一份。他们是把办报作为一项商业来经营的，美查说办报"大抵以营业为生计……若本馆之开馆，余愿直不讳焉，原因谋利所开者耳"。①办报"惟以牟利为目标"，报纸成为资本主义的经济形态。所以《申报》的出现，标志着中国报业开始了一个新的发展进程。②《大公报》是柴天宠、王郅隆等大股东及一些数量的小股东集资办起来的，1926年新记公司接办时，则由吴鼎昌独自出资5万元。

中国文化是讳言谋利的，鄙视"唯利是图"，所以民族资本报业并不如洋商说得那么直白，更何况20世纪初创办的商业报纸如《大公报》、《时报》、《时事新报》，多带有政治、政党色彩。民族商业报刊多以社稷、以天下为己任，如《大公报》的创办宗旨是"开风气，牖民智，通上下之情，作四民之气"，是为了"救危亡，消祸患，兴利除弊，力图富强"。③近现代史上刊期最长的大型综合性刊物《东方杂志》（1904—1948），是由商务印书馆独资创办的，其宗旨强调其"启导国民，联络东亚"。但无论哪家商业报刊，盈利都是最重要的。资本主义的经营，成就了一批民族报业资本家、经营者，如史量才、狄楚青、张竹平、胡政之等。

中国民族商业性报刊，不少是由政治性报刊转变而来的，其资本来源并不如英商独资办《新闻报》或合股办《申报》那么清楚，比如在上海另两份先后曾与申、新两报相抗衡的商业性大报《时报》（1904—1939）和《时事新报》（1907—1949）。狄楚青创办《时报》曾得康有为、梁启超的资助累计达10万元，这些钱是"党费"支出。④《时事新报》也与梁启超等有经济方面的密切联系。此外，京津地区的民营报纸，还有多份接受政府或某政治力量的津贴。经济的不完全自立，是中国民族私营报纸的先天性弱点。而一些民族报纸的记者编

---

① 本报作报本意.申报，1875-10-11
② 方汉奇主编.中国新闻事业通史.北京：中国人民大学出版社，1992，324～332
③ 方汉奇主编.《大公报》百年史.北京：中国人民大学出版社，2004，5～12
④ 方汉奇主编.中国新闻事业通史.北京：中国人民大学出版社，1992，767～769

辑,也有明里、暗里接受官僚、军阀、大资本家津贴的情形,这其中不乏历史上赫赫有名的记者。有的报人甚至成为御用文人。

经济方面的弱势确实是中国资本主义报业一直存在的问题。作为经济形态的传媒业,在经济发展中只占很小的份额,在近代以来的经济史中,一些相关产业如造纸业、印刷业,都被列入,却惟独没有提及传媒业。① 一般认为,办报花费小、获利也少。那么报业到底在经济上占什么样的地位呢?这里不妨作个横向比较。1909年,当时中国身价最高的报纸《申报》的全部产业,以7.5万元卖给了报馆会计席子佩。相对价格是多少?据当时《商务官报》报道,1908年一位商人投资14万元,设立了苏州第二家电灯厂,是个规模比较小的厂。而最大的《申报》,却只有其一半的资产。1912年,史量才以12万元从席子佩手中买下《申报》,第一期付款6万元,其余分期付清。而1911年,上海仅投资10万元以上的丝厂就有46家。学者论及上海的面粉工业,1900—1913年新设的,平均资本"只有十几万元",其中几家大厂,"也不过40余万元"。粗粗一比,即可见报业资本,在当时的资本主义企业中,确实微不足道。再以同时期企业的盈利速度来比。《申报》资产,从1909年的7.5万,到1912年升至12万。而其他企业呢?大生纱厂1913年前的15年间,资本扩张4倍,另纯盈利几达资本的7倍。杭州一家小型织绸厂1912年创办,1914年增资10倍。1911—1915年间,荣家企业自有资本的年平均增长率接近40%。② 可见,做别的企业、经营各类生意,在当时赚钱速度几乎都比做报业的快。不过,所不同的是,新闻传媒除了经济属性,其政治、文化属性,给新闻传媒还是增添了附加值。报刊投资少而影响大,不少人从此进入社会上层、政界。史量才做《申报》十多年后,即成为政治界、文化界举足轻重的人物,就是一例。

2. 办报宗旨:体现经济与社会双重属性

商业报纸首先重视其企业性,以盈利为目标,一般言论上标榜客观、中立,超脱党派,同时,它们还具有社会性,是对社会的进步和发展起着一定作用的。商业性报纸的言论中立并不是说这些报纸没有政见,各报或为了表达一定的正义之心,阐述主笔、主编的意见,或为了迎合时潮或读者的口味、争取更多的销量,会表达一定的倾向性。

外商办的是比较纯粹的商业报。比如《申报》所有权和编辑权分开,用了"洋人出钱,秀才办报"的模式。美查聘请华人统揽编务,蒋芷湘为总主笔,何桂笙、钱昕伯协助编务。美查一般不干预编辑方针,他知道报纸毕竟有同其他物质产品不同的地方,要考虑读者的利益,因此报馆谋利不能不与读者的需要和时代发展的潮流相一致,否则报纸无法生存,

---

① 杜恂诚.民族资本主义与旧中国政府(1840—1937).上海:上海社会科学出版社,1991,1~4
② 关于企业数据,见杜恂诚.民族资本主义与旧中国政府(1840—1937).上海:上海社会科学出版社,1991,114、116、119、144

因此美查在自白里说:"本馆不敢自夸惟照义所开,亦愿自伸其不全忘义之怀也",即不会因利而忘义,"所卖之报皆属卖与华人,故依持者惟华人,对国家使除其弊,望其振兴,是本馆所以为忠之正道"。一个英国商人,为了其报纸发达,就希望中国发达,所以编务都由中国的主笔,也可谓迎合读者口味吧。因此《申报》能维护华人在租界的利益,倡言中国的发展。但作为商业报纸,美查曾经要求主笔们多登新闻、少发言论,"慎勿评品时事,臧否人物,以婴当世之怒,以取禁止之耻"。不过主笔们言论有时也相当尖锐,他也就听之任之。① 因美查让编务相对独立,所以即使美查1889年回国,报纸的运营都照旧维持。维新运动后,上海在商业性报纸之外,出现了一些维新派和革命派的报纸,这时《申报》的观点倾向显得陈旧保守、落后于时代,尤其是主笔之一黄协埙大批康梁、斥革命派为流寇,结果被读者冷落甚或不耻,发行量不断下降,于是1905年开始,在美查股份公司董事长埃皮斯脱组织下更换主笔,改革业务和舆论。及至30年代,一向持论平和的《申报》,"九·一八"事变后,更改变保守的政治态度和单纯的经营性质,转向要求抗日和民主,批评国民党的内政外交政策。由此可见,商业性报纸也是要适应时代潮流,才能立于不败之地的。

1926年新记《大公报》提出的"四不"——不党、不卖、不私、不盲的办报方针,是品格优秀的商业性报纸最好的写照和追求,也是民族商业性报纸的最有代表性的口号。新记公司在接办《大公报》后的第一天,就刊载了《本社同仁之志趣》,宣布这"四不":第一不党,即"特声明本社对于中国各党阀派系,一切无连带关系而已——吾人既不党,故原则上等视各党,纯以公民之地位发表意见,此外无成见,无背景。"第二不卖,"欲言论独立,贵经济自存,故吾人声明不以言论做交易。换言之,不受一切带有政治性质之金钱补助,且不接受政治方面之入股投资是也。"第三不私,"本社同仁,除愿忠于报纸固有之职务外,并无私图。易言之,对于报纸并无私用,愿向全国开放,使为公众喉舌。"第四不盲,即对问题独立思考、洞察事理、辩明是非,不盲从、不盲信、不盲动、不盲争。②《大公报》的这"四不",不党、不卖可以说阐述了其商业属性,不私、不盲,主要侧重于阐明社会属性。

民族资本主义报纸也抱着营业第一的目标,把生存与发展放在第一位。创办时有政治背景的报纸则逐渐淡化其宗旨,向商办民报的路子靠拢。《时报》创刊时提出的十六字诀"有闻必录,知错必改,知无不言,言之不尽",成为商业性报纸普遍遵奉的信条。商业性报纸重视专业原则和伦理,新闻注重"速"、"确"、"直"、"正",报道中有错讹的,能及时更正,努力维护读者的信任。③ 有些商业报纸是为了商业利益、为了迎合读者而表现出激进的政治倾向性的。当然,一般商业报纸都提倡政治的革新,提倡发展民族工商业,反对外国侵略,也因此形成了一定的政治思想基础。

---

① 宋军.申报的兴衰.上海:上海社会科学院出版社,1996,7~14
② 方汉奇主编.《大公报》百年史.北京:中国人民大学出版社,2004,223~225
③ 马光仁主编.上海新闻史.上海:复旦大学出版社,1996,331~334

《时报》是一张有影响的全国性商业日报,因其经济上的依赖,实际一度成为康、梁在国内的喉舌。1908年后与张謇等江浙立宪派趋近,民国初年则倾向袁世凯政府。辛亥革命后终于改为狄楚青独资经营。这种商营性质并未影响其倾向进步党,1914年后批评袁氏独裁、反对帝制。直到1921年转手黄伯惠后,政治色彩才渐趋淡薄,着重报道体育新闻、社会新闻。《时事新报》民国初年为进步党、研究系喉舌,与梁启超关系密切,但副刊《学灯》又呼应新文化运动的激进者。该报直到1926年11月才脱离与研究系的关系,之后被张竹平收购,名副其实商业化,言论趋于中立,但30年代却被孔祥熙强行收购,有所改变,其间中共党员张友渔、陈翰伯、彭平受组织指派进入该报任主笔,报纸宣传团结、民主、抗日的思想。

四、商业报纸社会化运作的基础:通讯社的建立

西方报业得以现代化运营的标志之一,是办报过程越来越依靠包括通讯社在内的各种社会力量,整个报业运作高度社会化。[①] 中国商业性报纸得以发展,很大程度上得益于通讯社的普遍设立,而日益兴盛的民间印刷和造纸业的发展,大大降低了报业的运营成本,为报刊独立、快速、大批量印行提供了条件。民族金融业、电信业、交通业、邮政业等多方面的进步也是报业经营的保证。随着发行需要的激增,出现了民营的发行机构,负责派报业务,它们或专派售一种报刊,或兼派售多种。总之,报纸产业各个生产环节,或产业链的专业化,极大地提高了报纸的企业化水平。这里主要从新闻的角度,记述中国通讯社的发展。

中国最早的通讯社,是英国的路透社1872年在上海设的远东分社,其主要任务是搜集有关中国及亚洲的重要消息发往伦敦总社,并向上海的英文报纸《字林西报》供稿。"路透社特别供给字林西报"的新闻,刊在报纸上,大大提高了其新闻报道的权威性,时效性强,内容丰富,深受读者欢迎。其他英文报刊受到威胁,最终想方设法得到采用路透社新闻稿件的权利,到1900年上海4家英文报可以采用。通讯社新闻稿件的重要作用,逐渐为中文报纸所关注,纷纷同路透社洽谈供稿关系。到1912年6月1日起,上海《太平洋报》获得路透社的"北京最快确专电",6月3日,《申报》增设"特约路透电"专栏,其他多家报纸也获得路透社的供稿,路透社在中国的报纸订户达18家。路透社又陆续在北京、南京、天津、汉口、香港等地设立分社,几乎垄断了重要新闻,特别是国际新闻,长时期内成为在华最权威的通讯社。

通讯社的作用日显,中国人也尝试自办通讯社。1904年骆侠挺在广州创办了中兴通讯社,1909李盛铎、王慕陶在比利时创办了远东通讯社,只是力量薄弱,影响都不广。

---

① 张允若,高宁远.外国新闻事业史新编.成都:四川人民出版社,1996,128

1909年11月30日,《民吁日报》发表社论《今日创设通讯部之不可缓》,曾强调设立通讯社的重要作用,只是未果。辛亥革命后在办报高潮中,又有人积极从事设立通讯社的活动。1912年6月,中华民国报界俱进会召开的特别大会上,通过了创立通讯社的议案,强调通讯社可以向报馆提供"详、确、捷"之新闻,使报馆"得以少数之代价,得至确之新闻,以资补助而促进步"。可惜由于政局多变及人力物力所限,未能付诸实施。国人一直在呼吁办国内、国际有影响的通讯社,1919年全国报界联合会成立大会上也通过了组织国际通讯社的议案,强调依赖外国通讯社之弊,但同样未能付诸实施。①

国人办过一些规模较小的民营通讯社。1912年8月,李卓民联合友人筹办"民国第一通讯社",并在31日的《申报》上刊出广告,说明西方报馆林立之地,必有通讯社"为所依据、为之补助",所以建此社补中国之缺,用以"交换智识、介绍材料",在京外各埠都派有记者,订阅费每月10元。该社有打破路透社垄断新闻之决心。之后,全国主要城市都出现了自办通讯社,1912年到1918年,新创立的新闻通讯社有20多家,如李抱一的湖南通讯社(1912年,长沙)、邵飘萍的东京通讯社(1915年,日本)和新闻编译社(1916年,北京)、国民党的国民通讯社(1918年,上海)。到1926年,全国通讯社达155家,1936年全国竟有759家民营通讯社。不过,国人私营通讯社除了国民党官办的中央社外,始终未能成规模地发展,许多都极简陋,发稿采用复写和油印的方式,有的甚至只有剪刀和糨糊,新闻是东抄西贴出来的。只有胡政之创办的国闻通讯社(1921—1936,上海)、张竹平创办的申时电讯社(1924—1937,上海)比较有影响。国闻社1925年起用电报传递新闻,新闻全面快捷,并附办了业务出色的《国闻周报》。国闻社1926年成为《大公报》的附属产业,曾建立过8个分社。申时社业务发展迅速,电讯资料丰富,每日收发电讯达6万多字,还编发英文电讯稿,国内外订户达110多家。1934年申时社正式成立股份有限公司,组成董事会,聘米星如为社长,在南京、汉口、天津、香港设立分社。

外国通讯社在中国有相当大的影响。1914年,日本留华学生波多博也在上海办了东方通讯社,并很快得到了日本政府的资助,陆续在中国各主要商业城市设立支局,与上海《申报》等大报签订供稿协议,并逐渐面向全世界发布新闻,成为日本政府对外宣传的得力工具。1917年起,日本共同通信社也在中国发稿。美国的美联社(Associated Press)1922年在中国开展业务活动,并在上海设中国总社,又在上海、北京、天津、汉口、南京、香港等地设有分社,派有通讯员,中国很多中外文报纸采用其消息,美国合众社、国际社也在中国派有记者。日本还在东北办有北满电报通讯社。德国通讯社海通社于1921年在北京建立分社(1928年迁上海),向各大城市的报纸发稿。法国的通讯社在20年代来华活动,最早来华的是政府机关通讯社太平洋社,哈瓦斯社1931年来华建立了分社。国内外多所通

---

① 马光仁主编.上海新闻史.上海:复旦大学出版社,1996,439~443

讯社的开设,打破了路透社垄断新闻的局面。

通讯社作为专门搜集和发布信息的集约化组织,是商业报的社会化运作的基础,报业因此得以以较低成本,获得较广泛丰富的新闻。

第二节 商业报纸及其业务发展

现代新闻史上,以上海、南京为中心的南方,和以北平、天津为代表的北方,出现了不少有影响力的民营大报,比如《申报》、《新闻报》、《新民报》、《京报》和《大公报》等。上海是中国最早发展资本主义的城市,成为中国的经济、贸易和金融中心,加上政治上的自由度相对较高,因此新闻业也得以迅速发展,成为中国乃至远东地区的新闻中心。京津是中国政治的核心区域,商营报纸不如上海发达,但也成就了几家有特色的大报。国民党政府成立后,南京成为政治中心,又毗邻商业中心上海,因此出现了一些有影响的商业报纸。商业性报纸的新闻业务,基本上是在20世纪二三十年代达到了高潮。

中国的新闻专业化、职业化在民初已经起步,到新文化运动前后得以成形,因此有了一批热心从事新闻工作的一代记者编辑。民国初年红极一时的名记者黄远生,曾主编《少年中国》周刊、《庸言》月刊,担任《时报》、《申报》的驻京特约记者,并为《论衡》、《东方日报》、《东方杂志》、《国民公报》和《亚细亚日报》撰稿。著名记者邵飘萍曾担任《申报》、《时报》、《时事新报》主笔,并成为《申报》驻北京特派记者,还自办《京报》任社长。民国初年活跃于商业性报刊上的著名新闻记者编辑还有林白水、刘少少、徐凌霄、胡政之、张季鸾、陈景韩、张蕴斋、朱少屏、夏奇峰、王一元、李昭实等。

商业性报刊中出现了一批紧密配合时事,关切中国时局,热心追求进步的报刊。尤其历经抗日救亡和两次国内战争之后,一些商业性报刊表现出比较明确的政治立场。

一、上海特色的商营报业

上海新闻业在中国近现代新闻业发展的各个时期,都是处于最先进的水平,是全国新闻业的引领者。从业务上来说,上海报界在1906—1911年间,基本完成了报与刊的分离、大型日报与小报的分离、报刊与书籍的分离。过去报刊多是书本式,《时报》开创了"对开报纸,分为四版,两面印刷"的现代版式,大型报纸纷纷仿效;期刊逐渐与新闻传播的内容脱钩,面向知识性、学术性、趣味性。如中国历史上刊行时间最长的大型综合性学术期刊《东方杂志》(1904—1948)1911年3月开始改版后,除中外大事记,就很少新闻性的内容。

该刊专注学术后，严肃严谨、内容丰富、印刷精美，成为"杂志的杂志"，最高发行达 6 万份。① 上海商业性报纸是中国最发达的。

上海的商业报在业务上竞争激烈，各报竞相改革，力求独具特色。20 世纪初以《时报》的改革最有影响，重视新闻、言论，配合时事要闻专辟"时评"栏，一日数篇，最著名的是陈冷（景韩）的时评，成为报业史上的名作。20 年代前后《申报》《新闻报》的业务改革，面目一新。《时报》则注重新闻图片，常用复色套版印刷。1921 年创刊的《商报》，首创"商业金融"专栏，广刊行市、汇兑信息，深受商界欢迎，很快跻身于上海大报之林。《时事新报》1924 年前后也革新编辑业务，率先采用简明标题和混合编辑。

1. 新闻报道：立命之本

现代报纸的重要业务特征，就是以新闻为中心，上海的报纸是新闻报道的典范。各报竞争激烈，都想办出自己的特色。《申报》侧重时事政治性新闻，具综合性；《新闻报》则以经济新闻为主，以工商界为主要读者对象；《时报》从 20 年代初开始，以体育、教育、文化、娱乐等新闻取胜；《时事新报》则以介绍学术见长。

上海大报中，新闻业务上最有代表性的要数《申报》，该报不断改革，引领了新闻潮流。《申报》可以称作中国第一份真正意义上的商营报纸，它在不同时期的新闻业务几乎都是当时最先进的。《申报》早期就改进新闻报道，重视言论，重视刊载文艺作品，使它们成为报纸的必备内容，并形成了中国近代报纸由新闻、言论、文艺（副刊）和广告四要素组成的模式。

作为商业性报纸，《申报》主张"不偏、不倚"的中立态度，因此能够争取到持各种政见的读者。顺应"言论报纸"日衰、"新闻报纸"日盛的世界现代报业潮流，《申报》一直遵循重新闻、轻言论的方针，视新闻为立命之本，并视之为激烈竞争中出奇制胜的法宝。《申报》新闻则务求迅速、准确、独家。首先是大量采用电讯，每天 100 多条新闻中，电讯占约一半，除抄收外国通讯社的电讯外，还有自己的新闻采集网络从全国各地拍发来的电讯。第二，重视新闻通讯的刊载，尤其是"北京通讯"专栏，长期深受读者关注，及时迅速报道北京重大政治新闻，其中有新闻事件的报道和描述，有政治人物的动态和沉浮，还有不少趣闻轶事，在读者中有广泛的影响。报馆在全国各大城市、商埠都派有记者或特约通讯员，还在伦敦、巴黎、纽约、柏林、东京等国际大城市聘有专职和兼职的通讯员，形成了高效完备的通讯网，保证国内外重大报道都有自己的特色。

在没有充分自由的言论空间里为了求生存，《申报》练就了一些业务技巧。对于政治问题，只报道、不评论，或多报道、少评论，或模棱两可、似是而非地评论。一些有倾向性的

---

① 方汉奇.《东方杂志》的特色及其历史地位. 东方, 2000,(11)

言论,也力求平缓。同时,为了适应时代变迁和读者的需求,《申报》的倾向也基本与当时形势相适应,比如它批判袁世凯复辟帝制,在五四运动中大体表现了爱国的立场,也谴责北洋军阀的内战卖国行为。

《申报》史上的独家报道成为佳话。比如当年报道最受关注的皇帝病重及驾崩的消息。1908年在光绪去世前的几个月里,《申报》连续报道其病情达30次,并刊出御医入诊的"脉案"和药方。其信息源显然是来自宫廷内部,在报道中常标有"据内廷人云"、"据内监云"。1908年11月14日下午酉刻,清光绪帝在南海瀛台涵元殿崩逝。次日下午未刻,他的政敌慈禧太后亦于南海仪鸾殿撒手西归,距光绪之死不过20小时。11月16日,《申报》独家发布光绪帝驾崩的电讯:"上病大渐,今日酉正二刻升遐。"并附按语:"此电于前夜接到,因恐不确,未录昨报。"《申报》近半年的报道并未受到清政府的干涉,信息源也安然无事。清末"出报既不报知官厅,其言论之自由,可谓有闻必录"。新闻开放亦见一斑。①

《新闻报》一直是《申报》的劲敌。汪汉溪主持该报后,新闻方面不再与《申报》正面竞争,而是另辟蹊径,以经济新闻为竞争杀手锏。汪汉溪强调:"上海人口以从事工商者为最多,我们办报,首先应当适应工商界的需要。"因此该报设"经济新闻"专栏,逐日介绍商场动态、报道商业行情,在工商界树立了权威性,1922年又增辟"经济新闻版",重金聘请专家主持。为确保经济信息来源,除派专门记者采访外,还在各行各业及一些大的工商企业聘请兼职通讯员,随时可以得到各方面的信息。因此《新闻报》经济新闻齐备,上海的各界名流和商店、工厂的老板,不看它就不敢放心,甚至江南县镇的工商界,大至公司、洋行,小至澡堂、理发店,都要订阅。那时上海的帮会势力极其厉害,横行霸道,到处揩油,常常借红白喜事、做寿生子之类的机会敛财,有红白喜事之类总到报纸上做广告,《新闻报》刊载的这方面的广告最齐全。普通百姓、大商小贩看了《新闻报》的广告,就便于"交际"、免于"失礼",因此发行广泛。《新闻报》民国初年就曾超过《申报》,跃居全国报纸发行量之首,直到20年代《申报》才又与之并驾齐驱,并终于超过《新闻报》。史量才1912年接办时,《申报》的销量为7000份,至1917年已达2万份,1922年更至5万份,1925年过10万大关,30年代初为15万份,40年代为20万份。

2. 网罗著名记者:业务成功的关键

上海商业性报纸的新闻业务之所以得以发展,是因为社会造就了一批专职从事新闻采编工作的人员,是得益于商业性报纸网罗了一流人才。《申报》早年的黄远生、邵飘萍等名记者写的"北京通讯",成为新闻史上的绝响。

---

① 陈玉申.《申报》是如何报道光绪帝病情的.南方周末,2004-7-15

黄远生(1885—1915)开创的"通讯体",比消息更详细更生动地报道人物或事件。黄远生年少即中举人、进士,又曾公费留学日本攻读法律,回国后获得官职,但他辞官专事新闻工作。他知识渊博,思想敏锐,交游甚广,有出色的新闻敏感。本来他在为上海《时报》写通讯,史量才不惜重金,聘请他为《申报》北京特约通讯员,开辟了"远生通讯"专栏,刊载他写的有关中国政治、财政、外交等方面的通讯,题材重大,不时揭露政局的黑暗和官僚政客的丑行,夹叙夹议,亦庄亦谐,文字流利畅达、风趣生动,风靡全国。中国报刊向以政论为重,黄远生却因新闻采访和写作而出名,因此他被称作"中国第一位真正意义上的记者"、"中国近代史上第一位专职记者",他的"远生通讯"在民初中国新闻界享有盛名。黄远生喜爱用"新闻记者"为称呼,自从他们一批职业记者出现于报坛,新闻报道面目一新。黄远生因为地位特殊,常常"出将入相",能够采访总统、总理、国务卿,新闻记者的社会地位大大提高。黄远生重视记者的素养,他提出的"四能",被后人当作新闻业务的经典:"新闻记者须有四能:一、脑筋能想;二、腿脚能奔走;三、耳能听;四、手能写。调查研究,有种种素养,是谓能想;交游肆应,能深知各方面势力之所存,以时访接,是谓能奔走;闻一知十,闻此知彼,由显达隐,由旁得通,是谓能听;刻画叙述,不溢不漏,尊重彼此之人格,力守绅士之态度,是谓能写。"袁世凯筹备称帝期间,黄远生被聘任御用报纸《亚细亚日报》上海版总撰述,他坚辞不就,避走上海,在上海各报刊登《黄远生反对帝制并辞去袁系报纸聘约启事》以示决绝。1915年,迫于袁世凯的压力,黄远生不得不走避美国,旅途中还为《申报》写过11篇旅行通讯,同年12月国民党人误其为袁党,在旧金山将他刺杀。[①]

邵飘萍是一位能够与黄远生比肩的报界英才。黄远生之后,《时报》、《申报》聘徐凌霄任驻京特派记者,1916年初,才聘到名记者邵飘萍。邵飘萍(1886—1926)少年也中过秀才,中学时就尝试办报,在浙江省立高等学堂就读期间,他接触了大量维新变法的报纸,年少时就为《申报》写地方通讯。大学毕业后他在浙江教书之余,也为《申报》写稿,后又与杭辛斋在浙江办《汉民日报》。后《汉民日报》被查封,邵飘萍被捕。之后因为反袁,他曾三次入狱。他只得到日本暂避,并修习法律和政治,同时为国内的报纸写评论,还设立了"东京通讯社"。1915年9月开始,邵飘萍以"东京通讯社"的名义,陆续给《申报》撰写日本通讯。1915年12月袁世凯称帝,邵飘萍回国参加反袁斗争,为《新闻报》、《时事新报》主持笔政,撰写了一系列反袁的檄文,在《时事新报》发表的社论就达36篇、时评134篇。《申报》以重金聘得邵飘萍任驻京特派记者,成为继黄远生之后最受欢迎的新闻记者。报社派人驻外地当特派记者,在我国还是第一次。邵飘萍1916年7月31日乘火车赴京任职,直至1918年自办《京报》,方终止为《申报》写稿。两年间,他为《申报》写了200余篇、共22万字的"北京特别通讯"。他将原来每天一二百字的北京专电增至500余字,后又增至日

---

① 方汉奇.明星在这里陨落——黄远生被刺现场踏勘记.方汉奇文集.汕头:汕头大学出版社,2003,621~625

发一二千字,扩大了报道面,增加了评述,加重了"北京通讯"的分量。他的报道和评论题材重大,采访深入,文字深刻犀利,分析一针见血,脍炙人口,风靡大江南北。邵飘萍到1926年遇害前,几乎毕生从事新闻工作,当过地方通讯员、特派记者、编辑、主笔、社长;办过报纸,又办过新闻编译社(1918)等两家通讯社;写过社论、短评、消息、专电等各种体裁的文字;既熟悉报纸的编采业务,又具有经营管理的才能;既做过新闻实务,又是中国最早的新闻学研究者和教育者,堪称新闻界不可多得的全才。[①]

与《申报》的"飘萍通信"同时期,《新闻报》聘张季鸾写"特约通信",《时报》聘徐凌霄写"彬彬通信",都广受欢迎。报纸为了做得出色,不惜重金从同行中挖业务高手。如史量才等将时评高手陈景韩(冷)挖去《申报》当主笔,《时报》等于被抽去了台柱子,此后销量逐年下降,经济渐趋亏空,狄楚青深受打击。

20年代以后随着新闻业的专业化,记者的社会地位得以提高,成为社会中的重要角色,涌现了几代著名记者。报业从业者的收入有所提高,伴随20年代报业企业化的发展,从业者的经济水平有不小的提高,尤其是申报、新闻报、时报这样的大报。顾执中1923年进入《时报》当记者,月薪80元。1922年《新闻报》聘徐沧水主持"经济新闻"版,月薪180元,当时的总编辑月薪200元,主任编辑记者月薪100元左右。30年代中期,采访主任的月薪是170元左右。1927年《申报》规定的工友的最低工资为每月29元,春节前发一个月双薪,还有一定奖金。《申报》总主笔陈景韩月薪600元,其他高级职员在200—300元之间。一般报纸年底都发一个月双薪和奖金。《大公报》盈利不及申新二报,30年代一般资深编辑月薪百元左右,总编辑张季鸾和总经理胡政之则四五百元,其一般记者编辑也已经达到社会中等以上收入,资深者已属高薪阶层。[②]

3. 副刊专刊:吸引读者的法宝

各报都重视在副刊上下工夫,改革原有副刊,并增设与时俱进的新版,目的是为了争取一般市民和各专业性读者。上海的副刊在民国初年基本以消闲性为主,之后逐渐多样化。

《申报·自由谈》副刊创办于1911年,历史悠久,名噪一时。1911—1932年间,王钝根、姚鹓雏、陈蝶仙、周瘦鹃等历任主编,打造了《自由谈》的"鸳鸯蝴蝶派"时期。因当时政局混乱,社会民众情绪低迷,《自由谈》的"趣味主义"、消遣文学迎合了读者,只是后来与时潮已经不相称。史量才下决心改革,撤换任主编12年的周瘦鹃,1932年12月起聘留学

[①] 方汉奇.中国近代报刊史.太原:山西教育出版社,1981,740~742
[②] 当时大学教授的薪水都在200元以上,名教授有400元以上的;中学老师的月薪大约是45元左右;著名电影明星的月薪为每月200元;工人的平均工资仅十几元,四口之家一个月的伙食费十多元。20年代,北京城内一座四合院的房租每月20元左右。参见刘磊.旧时报人身价几何.传媒,2002,(2)

法国回来、28岁的黎烈文为主编。黎烈文在《自由谈·开幕致词》中表示,世界上一切都在进步中,都在现代化,文艺也应该"进步与现代化"。因此,《自由谈》的编辑方针是"务使本刊的内容更为充实,成为一种站在时代前列的副刊,决不敢以'茶余饭后消遣之资'的'报屁股'自限"。为此,黎烈文邀请鲁迅、茅盾、叶圣陶、巴金等左翼进步作家为《自由谈》撰稿。《自由谈》成为左翼文坛活动的重要阵地,抨击国民党反动派发动内战、对日本侵略者屈膝妥协、钳制舆论的反动行径。鲁迅的杂文成为《自由谈》的一面旗帜。为了对付国民党的检查,他用了40个笔名,在大约一年半的时间里,先后为《自由谈》撰写了128篇短评,成为他在报纸上发表文章最多的一个时期。这个时期,《自由谈》作为进步文人的园地和阵地,精心组织过20多次大大小小的讨论,兼容并包,百家争鸣,《申报》的发行量也在一年半的时间内由14.54万份增长到15.06万份。而这时,《微言》和《社会新闻》两刊把《自由谈》描绘成"赤色王国"、企图建立"左联"清一色的天下。史量才担心扣上宣传赤化的帽子,他向黎烈文提出警告,责令总编室加强审稿,从1933年5月起,议论时局的文章常常被扣押,5月25日,黎烈文不得不在《自由谈》上刊登了一则启事,让作者"从兹多谈风月,少发牢骚",不要"论长议短,妄谈大事"了,但实际上《自由谈》只是改变了作文手法,方针未有大变。国民党上海特别市党部向史量才施压,史量才不得不找了张梓生来代替黎烈文。张梓生接任主编,仍继续刊登进步作家的作品,另增加了一些散文、小品。国民党加紧了对《自由谈》的检查,并利用特务小报制造谣言,威胁张梓生,1935年10月31日,张梓生登出《自由谈》停刊启事,并辞去主编职务,创办24年之久的著名副刊最终被迫以停刊告终。

《新闻报》在几十年里业务上跟着《申报》亦步亦趋。1911年起在报纸上辟副刊栏目,之后定名为"庄谐丛录",1914年起严独鹤任副刊主编,把名字改称《快活林》,以与《自由谈》相颉颃。严独鹤在"鸳鸯蝴蝶派"中很有威信,通中、西文字,会新、旧文体,被称为"庄谐并妙之老手"。他革新副刊内容,使"快活林"的部分作品能结合社会现实、反映民间疾苦。他每天给这个副刊写一篇五六百字的短文,内容多半是根据时事或社会问题,发表的议论,要言不烦,切中时弊。1918年,政客徐世昌被北洋军阀推选为"大总统"时,严独鹤讽刺他"徐娘半推半就之姿态,未必能博得人又惊又爱也",尖锐辛辣。《新闻报》的董事长福开森看后,从北京写信施压,说他这样做"违反美国报律,侮辱元首"。袁世凯称帝时,《快活林》刊登漫画"沐猴而冠",讽刺袁世凯称帝是一场猴戏、闹剧。当时副刊刊载小说成风,"快活林"云集一时的小说高手,曾连载著名的"社会小说家"李涵秋的《侠凤奇缘》、《魅镜》、《好青年》。张恨水的《啼笑姻缘》连载后,报纸销量猛增,广告客户纷纷要求靠近小说的版位。小说刊出后三年,不少读者还在给报社写信,询问主人公的下落。这部小说曾多次被搬上银幕和舞台。上海明星电影公司购得了这部小说的摄制权,由严独鹤编成电影剧本,1932年拍摄成电影,由著名影星胡蝶、郑小秋主演,很是轰动。张恨水陆续在《新闻报》副刊上发表的小说有：《太平花》、《现代青年》、《燕归来》、《夜深沉》、《秦淮世家》、《水浒新传》等。

《时报》1907年就创副刊"余兴"，由包天笑编辑，1911年增"滑稽时报"，1916年又创"小时报"，以奇谈异事为主，成为上海著名副刊。以后又增出《教育》、《妇女》、《儿童》、《图画》等周刊。《申报》在五四时期顺应潮流，开辟新专栏、新副刊，如"星期增刊"(1919)两张，专门译介世界政治、外交、经济、军事、文化；"知识"(1920)专栏，介绍法律、经济、道德、卫生、科学、宗教等知识性文章；"汽车增刊"(1921)；"教育与人生"周刊(1923)；"本埠增刊"(1924)，专门为本市读者服务，各大报竞相效仿；"商业新闻"专栏(1924)等。这些专刊面向社会各阶层读者，使发行量不断上升。《新闻报》在20年代前后也陆续增辟"新新闻"(1919)、"新知识"(1922)、"教育新闻"(1923)、"茶话"(1926)、"本埠附刊"(1926)。《申报》、《新闻报》几乎都是在同一时期开辟同一类副刊的，也可见当时商业性报纸竞争之激烈。后来《新闻报》办了趣味性为主的"新园林"，主编仍是严独鹤，解放战争时期，此副刊发有物价飞涨、物资奇缺等现实性很强的文章。《新闻报》还出版过一个叫"艺月"的文艺副刊(1946—1947年)，由安娥、田汉主编，报道进步文艺界的活动。

成舍我在上海办的小型报纸《立报》(1935年9月20日—1937年11月24日)能在短时期内发行到20万份，除了其"报纸大众化"的口号、精编的新闻和言论外，其三个各具特色的副刊各具特色，功不可没。《小茶馆》(吴秋尘、萨空了主编)以知识和趣闻为主，面向劳动群众；《花果山》(张恨水、包天笑先后主编)以珍闻掌故、名人轶事、连载小说为主，面向中产阶级；《言林》(谢六逸主编)刊著名作家、文艺青年的作品。

4. 小报：上海市民社会的写照

上海的休闲性小报是中国近代报业史上的一景，在晚清和民国时期的52年中，上海出版了1000种以上的小报。晚清末年，中国的近代市民文化开始出现，文化也因此向商业化发展，小报是在这样的背景中出现的。当时各报随《时报》版式纷纷改为对开大报，而消闲报只是4开，因此称为小报，主事者一般既有新闻从业经验，又是文坛高手，大都是失意的科场文人，视小报为讽喻入世的或风花雪月的媒体。最早的是李宝嘉创办的《游戏报》(1897)，之后《笑报》、《趣报》、《采风报》相继出版，流行一时，销量常超过大报。一些大报因此纷纷出附张随报赠送，如《字林沪报》的《消闲报》、《海上奇闻报》的《青楼报》。民初革命报刊繁荣，小报失去原有的风光，但在袁世凯政府灭亡时期仍新创有十多种，如《冷报》、《图画剧报》、《梦话日报》、《中国白话报》等。小报数量可观，但寿命长的并不多，不少只存活一两年，有的才几个月。1952年11月20日上海的最后一份小报《亦报》停刊。

上海是市民文化最发展的地区，小报正是市民社会的产物，是中下层市民世俗化的都市生活的写照。民国以后，小报把注意力投向市民的日常生活，内容主要是市民的衣食住行、吃喝玩乐。新办小报从消闲性向商业性发展,并出现了专职小报报人。当时上海工商业在一战中迅速发展,而外国人在上海经营的娱乐业却在衰退,上海出现了一批国人自办的符合中国人口味的娱乐场所,其老板为了扩大影响,雇用了一些文人创办服务于其行业的小报。《新世界》《大世界》《劝业场日报》《新舞台报》《新施乐园报》等十数家小报,都附属于同名游乐场,大量刊登娱乐场的节目广告,并附交换游券,还开展群众性活动。①

到20年代,随着工商业的快速发展,上海初步达到现代化都市水平,市民生活也随之发生了变化,小报也适应现代社会环境,摒弃单纯的风花雪月,增加了新闻信息和现代知识,出现了以《晶报》为代表的三日刊("晶"字有三个日),并成为小报的主流。《晶报》原为《神州日报》附刊,1919年独立发行,熔新闻、文艺、知识、娱乐于一炉,作者阵容强大,一纸风行。此后,综合性三日刊小报,成为上海报界的一种时尚,很快就出现了60多家,影响很大的除了《晶报》,还有以刊载小说见长的《金刚钻》、偏重于内幕新闻的《福尔摩斯》和"戏报鼻祖"《罗宾汉》,成为小报"四大金刚"。多家小报都很有特色,有的文字也很严谨,如一群大报记者办了"报外之报"《报报》,专载大报缺漏新闻、不便载的新闻,还报道新闻界的幕后新闻。到30年代,都市的进一步繁华,推动上海小报到达顶峰,短短五六年内,竟然创下700种的记录!② 这时小报的内容和形式也进一步变化,新文学开始进入小报。抗战爆发后上海处于孤岛和沦陷时期,市民文化短期内主导了上海文化,小报变得更加通俗。1945年日本无条件投降,小报又出现了短暂的兴盛。

小报的类型很多,有黄色小报、政党团体类的小报、知识娱乐类的小报,质量良莠不齐。小报的创办目的不全在商业盈利上,有的是兴趣所致,很多小报不重经营只重视编辑,小报的报贩常赚得更多。③

二、京津特色的商营报业

北京作为北洋政府的首都,政治局势极为混乱,商业未能发达,因此商业性报纸也一直未能成为报坛的主流。1913年经过癸丑报灾,整个报界一片萧条,北京原来的上百家报纸只剩下20多家。袁世凯身亡后,国会重开,北洋政府政令解除报禁,废止《报纸条例》,从而"宣达民隐,提携舆论",北京新闻界开始复苏,复刊的报纸加上新办的,一时间北京报纸达到70多家,其中最多的仍是政党报刊,几乎所有的报社都有后台老板,甚至有报纸与别报合用铅版,只是用各自的报头印刷,印上20多份,赠送给出资的军阀政客,而通讯社只是敲诈勒索,并不发稿。有人投机于乱局,如曹锟贿选时收买新闻记者,不少报社

---

① 马光仁主编.上海新闻史.上海:复旦大学出版社,1996,461~465
② 马光仁主编.上海新闻史.上海:复旦大学出版社,1996,694~702
③ 李楠.晚清、民国时期上海小报研究.北京:人民文学出版社,2005,15~75

和个人领了不同数额的"津贴"。① 民营报业也有所发展。1926年,北京报纸近60家,通讯社有30至40家,但只有少部分是真正民营,多数所谓私营报刊是军阀党派资助的,造成报格低下。经营方面,到20年代,仍只有一两家的销量达到万份,与上海的不可同日而语。而且民营报业无论如何挣扎,都未能摆脱社会控制、被迫害的厄运。

1. 不讳言政治的"京派"商业报纸

北京的商业性报纸,与上海的有较大的不同。上海的商业报植根于商业文化,重视在商言商,不愿意卷入政事。北京的商业报则因为在政治的中心,不少带有强烈的政治色彩。其中邵飘萍的《京报》就是一个代表。《京报》创办于1918年10月5日,办报目的是作为"改良我国新闻事业之试验,为社会发表意见之机关","必使政府听命于正当民意"。《京报》着重报道和评述政局、战事,时效性强,销量从创办时的300份,一个月后达到4000份。因抨击曹汝霖的亲日卖国行为,1919年8月22日被查封,邵飘萍流亡日本,编辑潘公弼被捕监禁两月。安福政府倒台后,《京报》于1920年9月7日复刊,新闻快速翔实、评论尖锐深刻,影响日大。5年内,《京报》有计划地完成了报社机构设置、版面以及排字印刷的改造,日出对开4版两大张,日销4000～6000份,并在津、杭设分馆,在津、沪、杭派驻了记者,编辑部人手增加到十多位。1925年,报馆迁入自建的二楼馆舍(宣武门外骡马市大街魏染胡同35号),是当时北京唯一有自建馆舍的。

《京报》的不回避政治,与上海的商业报风格大异。该报打出反帝反军阀的鲜明旗帜。它也介绍过苏维埃革命,报道过苏联的成就,出版过马克思诞辰纪念特刊、列宁特刊,并为中苏建交做出了贡献。邵飘萍1924年在李大钊、罗章龙介绍下秘密加入共产党。他景仰孙中山,秘密和国民党合作。他第一个在报纸上喊出"废除不平等条约"的口号,并热情提倡实行"人民的政治"。《京报》详尽报道1925年的"五卅"惨案、1926年的"三一八"惨案,并从经济上、舆论上支持被害者。《京报》成为北方革命舆论阵地。《京报》严厉抨击奉系军阀之无耻、揭露其仰仗日本势力进攻国民军的卖国行为,对张作霖、张宗昌等恣意讥弹。张作霖曾以巨款馈赠邵飘萍,遭到拒绝,并予以揭露,更与邵飘萍不共戴天。邵飘萍及其《京报》早已被段祺瑞政府列入黑名单,张作霖更是决心入城后即刻捕杀邵飘萍。1926年4月24日,邵飘萍被奉系军阀诱捕,罪名是"宣传赤化",虽经新闻界代表紧急求见张学良恳求免去死罪,但26日凌晨1时许提审时,邵飘萍还是被判处死刑,约3小时后在天桥刑场从容就义。②《京报》被迫停刊。

直奉系联军入关,治安公告第27条规定:"宣传共产、鼓吹赤化,不分首从一律处以

---

① 张友鸾等.世界日报兴衰史.重庆:重庆出版社,1982,43～45
② 方汉奇主编.中国新闻事业通史:第二卷.北京:中国人民大学出版社,1996,80～84、191～195、210～212

死刑。"北京处于一片白色恐怖之中,报界更是万马齐喑。《世界日报》社长成舍我因抨击张宗昌被捕,侥幸活命。不久警厅又捕杀了《社会日报》社长林白水。林白水(1874—1926)早年留学日本攻读法律,兼修新闻。早年曾为《苏报》等报纸写时评,任过《俄事警闻》的白话主笔,在上海创办过《中国白话报》。1917年到北京后,他先后创办了《公言报》、《新社会日报》、《社会日报》(1921—1926)。他在《社会日报》上写的《官僚之运气》,以嘲讽笔调,将奉系政客潘复与张宗昌的关系比作"肾囊之于睾丸",得罪了张宗昌。8月6日,宪兵诱捕了林白水,未经任何法律程序,几小时内就将林白水杀害了。《社会日报》被迫停刊。

2. 商业报模式的拓展:一社三报式

1924年以后,成舍我接连创办了"世界报"系——《世界晚报》(1924年4月)、《世界日报》(1925年2月)、《世界画报》(1925年10月),这是北京历史上唯一同时出3份报纸的报社。北京《世界日报》前后共出版17年。1928年和1935年,成舍我又先后创办了南京《民生报》、上海《立报》两份小型报纸。成舍我(1898—1991)曾入北京大学中文系学习,参与和创办过北京"世界报系"(1924—1937)、南京《民生报》(1927—1934)、上海《立报》(1935—1937)、香港《立报》(1938—1941)、重庆和北平的《世界日报》(1945—1949)、台湾《立报》(1988—1991)等近20家报纸、期刊、通讯社、广播,直接创办了12家。在1945年以前,他为了办报坐牢不下20次,报馆被封不下10次。他的《世界日报》最高发行数达3.5万份,是当时北京发行量最大的日报。上海《立报》30年代的发行量达20万份,是全国发行量最大的报纸。①

世界报系创办于北京报业噤若寒蝉之际。最初办的是晚报,因为成舍我只有200元资本,无法办对开日报,只能在自己的住处办了《世界晚报》。政治高压之下的报业,既无法直面时政,则只有另辟蹊径,以软性内容为主。当时北京市面上晚报大为走俏,就是这个原因。《世界晚报》创刊时,仅有百万人口的北京,晚报已有17家,同业之间的竞争异常激烈。《世界晚报》努力报道独家消息,并瞄准北京学校多的特点,以"发展教育"为号召,创设教育专栏,大量刊载教育新闻。成舍我曾故意制造笔墨官司来吸引读者。他先与《北京晚报》互揭新闻失实等内幕,之后又和《大同晚报》互相叫骂,还通过攻击段祺瑞之子、教育总长章士钊等吸引不明真相的读者。

成舍我一心想办日报。他求得段祺瑞政府财政总长贺得霖的资助,先后获得4000多元,创办了对开大报《世界日报》。初期是4版,两个月后改为8版,内容安排与同期日报

---

① 方汉奇.一代报人成舍我.新闻学论集.1999,(18)方汉奇.成舍我传略.报海生涯——成舍我百年诞辰纪念文集.北京:新华出版社,1998,3~4

大致相同:一版四版为广告,二版三版为国内外要闻,五版是画报,六版是各国新闻和地方新闻,七版是经济、教育、妇女专刊,八版是副刊"明珠"。不久,画报改出4开单张,称《世界画报》,因销行不好,由隔日刊改为周刊,后来干脆作为日晚报的附赠。

《世界日报》晚报的副刊很有特色,成为吸引读者的"要件"。晚报的《夜光》"揭载各种富于兴趣之文字",较新闻版更吸引人。《夜光》曾用57个月连载张恨水的长篇小说《春明外史》,倾倒了许多读者,张恨水也一举成名。日报的副刊是"明珠",主要刊载诗词、掌故、随笔、风月小品等,号称"明珠体"。张恨水曾同时任两副刊的主编。1927年后"明珠"用7年之久、2196期连载张恨水的《金粉世家》,风靡京华。后来日报还增出《世界日报副刊》,刘半农、张友鸾先后主编,以科学与趣味并重,曾连载鲁迅、张闻天、许钦文、沈尹默等人的小说、诗词。通过多方面努力,1926年以后《世界日报》成为北京著名的大报,1930年起销量突破万份,在北京报纸中销量最大。

3. "四不主义"和"文人论政"的《大公报》:商业报纸的新范式

天津的商营报纸,最著名的是新记《大公报》。创办于1902年6月17日的《大公报》,是中国历史最悠久的报纸,它经历了四个阶段:英敛之时期(1902—1916),王郅隆时期(1916—1925),新记公司时期(1926—1949)和1948年以后在香港办报的时期。其中,吴鼎昌、胡政之、张季鸾三人合办的新记公司以"不党、不私、不卖、不盲"方针出现,并以商业报的"文人论政"风格,开创了中国专业主义商业报纸的新范式。

新记大公报公司里,吴鼎昌出资金5万元,任社长,胡政之任经理,张季鸾任总编。大公报强调经济的独立,不接受外来资本,不允许员工兼任社外职务、不得经营抵触报社利益或影响报社声誉的业务,以此保持办报的独立性。充裕的经济保证是独立的前提,而报纸的回报周期比较长,开始要舍得赔钱。《大公报》的新闻取舍和言论方针由张季鸾等新闻专业人员掌握,因此能实践专业性商业报的理念。《大公报》创刊初期主要靠内容来打开销路,报道客观、重独家新闻,批评当政者,这也是典型的商业报的做法。

胡政之(1889—1949)既是著名的新闻记者,也是有才干的报业经营家。1907—1911年他留学日本,在东京帝国大学法律系学习,回国后任《大共和日报》的翻译、编辑、主笔、驻京记者,以消息敏捷闻名。1916年他担任《大公报》经理兼总编,常亲自采访新闻。1919年他代表《大公报》去法国,是中国唯一采访巴黎和会的记者。1920年他与林白水合办北京《新社会报》,任总编。1921年他创办国闻通讯社,自任社长。新记《大公报》时期,他负责经营的同时,还参与社评委员会,有时还亲自写社评,遇重大事件还亲自采访。《大公报》的经营、用人之权,全在他的手中。① 在他的经营下,1936年报社资本达50万元。张季鸾

---

① 方汉奇主编.《大公报》百年史.北京:中国人民大学出版社,2004,308~320

(1888—1941)是20世纪初名享一时的报人、评论家,1905—1908年官费留学日本,回国后先后创办和主编过数家报纸,因宣传反对袁世凯曾被捕坐牢。他是商业报纸中文人论政的典型,主持《大公报》笔政达15年,将王韬、梁启超等开创的文人论政的报业传统推向了顶峰,提升了商业报纸的境界。1944年胡政之在他编的《季鸾文存》序言中说:"季鸾是一位新闻记者,中国的新闻事业尚在文人论政的阶段,季鸾就是一个文人论政的典型。他始终是一个热情横溢的新闻记者,他一生的文章议论,就是这一时代的活历史。"

张季鸾的编辑实务代表了《大公报》的方针。他所主张的报纸要超党派,并不是超政治、无立场,而是提倡"对政治,贵敢言"。1941年5月15日,《大公报》获得美国密苏里大学新闻学院授予的最佳新闻事业服务荣誉奖章。面对如此殊荣,张季鸾在《本社同人的声明》中说:"中国报原则是文人论政的机关,不是实业机关。这一点可以说中国落后,但也可以说是特长。民国以来中国报也有商业化的趋向,但程度还很浅。以本报为例,假若本报尚有渺小的价值,就在于虽按着商业经营,而仍能保持文人论政的本来面目。"《大公报》的社评几乎涉及当时所有敏感的政治问题。每天在新闻和广告排完后,张季鸾按当天的新闻撰写社评,文笔犀利、议论精辟,篇幅或长或短全按版面需要,有时写到一半忽然来了更重要的新闻,就易题重写,常常是边写边付排。他的"三骂"——一骂吴佩孚称霸(《跌霸》),二骂汪精卫的领袖欲(《呜呼领袖欲之罪恶》),三骂蒋介石的不学无术(《蒋介石之人生观》),都是传诵一时的社评。西安事变发生后,他接连发表《西安事变之善后》、《再论西安事变》等社评,力主和平解决。他《给西安军界的公开信》刊发后,宋美龄派人在西安广为散发。1937年9月18日,上海战火中《大公报》武汉版创刊,他以如椽之笔写下了《中国民族的严重考验》、《置之死地而后生》等振奋人心的社评。《大公报》是蒋介石每天必读的唯一报纸,"九一八"以后蒋介石"礼贤下士",请张季鸾"共商国是",他知无不言,但他始终是无党无派的报人,以"四不主义"为方针,没有放弃对当局的批评。当然,作为受传统文化浸染的文人,他对继任总编王芸生等说过"只要不碰蒋先生,任何人都可以骂"①。

《大公报》记录了现代史上各个重大事件。采访巴黎和会的唯一的中国记者,是《大公报》的胡政之;"二战"时期长驻欧洲的唯一的中国战地记者,是《大公报》的萧乾;在波茨坦会议的现场,在日本签字投降仪式的米兰里号战舰上,在纽伦堡审判纳粹战犯的现场,都有《大公报》的记者。朱启平在米兰里号战舰上写的《日落》,成为新闻史上的著名通讯。《大公报》是中苏建交后第一个派记者(曹谷冰)到苏联采访的,1935年第一个派记者(范长江)深入西北、报道红军长征。《大公报》1934年由胡适、翁文灏、梁漱溟创"星期论文"专栏,深受文化界的欢迎,该栏办了15年,作者有200多人,发文750篇。《大公报》的副刊也很有特色。《小公园》(1928—1935)是其连续出版时间最长、影响最大的综合性文艺

---

① 王芸生,曹谷冰.1926—1949的旧大公报.文史资料选辑(第25辑).北京:北京出版社,1987,31

副刊,主编先后有何心冷、徐凌霄、曹世瑛、吴砚农、陈纪滢、冯叔鸾、萧乾等,办得轻松有趣,又多嬉笑怒骂。特别是在萧乾的改革下,《小公园》成为纯文艺性的副刊,经常刊发叶圣陶、冰心、朱光潜、巴金、靳以等的大作,后并入《文艺》副刊。《文艺》开办于1933年,由杨振声、沈从文主编,先后为周二刊、周刊,是文坛大家如郑振铎、闻一多、朱自清、俞平伯、梁思成、林徽因、周作人、叶公超、卞之琳、冰心等经常发表作品的园地,在全国文艺界很有影响。文学新人如萧乾也从此崭露锋芒,当时他还是燕京大学的学生,《文艺》发表了他的第一篇小说《蚕》后,不断发他的作品,他大学毕业后就进入《大公报》馆,历任津、沪、港版的副刊编辑、旅行记者、驻英特派员。抗战胜利后,任沪版、港版社评委员。抗战中《文艺》成了《大公报》香港版的主要副刊,在杨刚的主编下曾极度辉煌。1941年底香港版因香港沦陷停刊,杨刚到桂林版接编《文艺》,1943年奉调到重庆兼编两地版的《文艺》。此外,天津、重庆、上海、香港版上都设有《大公报》副刊。

  1936年以后,日军南侵,《大公报》逐步西移,先后出过上海、汉口、香港、桂林、重庆版,日总发行量接近20万份。1938年王芸生任重庆版总编,宣传抗日救国。抗战时《大公报》曾尖锐揭露时政。1941年太平洋战争爆发后,国民党的飞机从香港把孔祥熙的二小姐的大批箱笼、几条洋狗和女佣运到重庆,而把胡政之等大批文化人丢在香港不管,引起民愤。《大公报》借题发挥,于当年12月22日发表了题为《拥护修明政治案》的社论,揭露了国民党政治腐败的种种弊端:"此外,最要紧的一点,就是肃官箴,儆官邪。譬如最近太平洋战事爆发,逃难的飞机竟装来了箱笼、老妈子和洋狗,而多少应该内渡的人尚危悬海外。善于持盈保泰者,本应该敛锋谦退,现竟这样不识大体。又如某部长在重庆已有几处住宅,最近竟用六十五万公款买了一所公馆……"

  1942年,河南省大旱灾饿死几百万人,而国民党政府还在向河南人民勒逼征粮。《大公报》于1943年2月1日刊载了《豫灾实录》通讯,揭露了河南人民灾难的惨况,令人动容。2月2日又发表了社评《看重庆·念中原!》,说:"河南灾情之重,人民遭遇之惨,……那三千万同胞,大都已深陷在饥馑死亡的地狱。饿死的暴骨尸肉,逃亡的扶老携幼,妻离子散,挤人丛,挨棍打,未必能得到赈济委员会的登记证。吃杂草的毒发而死,吃干树皮的忍不住刺喉绞肠之苦。把妻女驮运到遥远的人肉市场,未必能换到几斗粮食。这惨绝人寰的描写,实在令人不忍卒读。……尤其令人不忍的,灾荒如此,粮课依然。县衙门捉人逼拶,饿着肚子纳粮,卖了田纳粮。……今天报载中央社鲁山电,谓'豫省三十一年度之征实征购,虽在灾情严重下,进行亦颇顺利'。所谓'据省田管处负责人说,征购情形极为良好,各地人民均罄其所有,贡献国家'。这'罄其所有'四个字实出诸血泪之笔!"社评接下去描写重庆物价飞涨,市场抢购,阔人豪奢的情况,然后说:"河南的灾民卖田卖人甚至饿死,还照纳国课,为什么政府就不可以征发豪商巨富的资产并限制一般富有者'满不在乎'的购买力?看重庆,念中原,实在令人感慨万千!"

抗战胜利后上海版、天津版、香港版复刊，一度反共拥蒋，1948年香港、上海版都转变态度，宣布站到人民的一边，1949年天津版改名《进步日报》，1953年上海版与《进步日报》合并，出天津版《大公报》，1956年迁北京，1966年9月10日停刊。只有香港版还继续出版。

《大公报》培养了一批新闻人才，如著名的经营管理人才曹谷冰、金诚夫、李子宽、费彝民、王文彬；著名主笔王芸生、徐铸成、李侠文、蒋荫恩、曾敏之、谭文瑞，著名记者范长江、萧乾、杨刚、子冈、徐盈、孟秋江、朱启平，著名政论家梁厚甫，著名报刊活动家金庸等等。①

三、新政治中心南京的商营报

国民党南京政府成立后，私营报业出现了重心南移的情形，集中于上海和江浙一带。据统计，1935年全国有1000家报纸，江浙地区报纸就达414家。江浙地区民族资本发展迅速，不似平津总有新军阀的混战，而且随着政治中心从北平迁至南京，各项事业发展，还是政治信息源，因此私营报业得以发展。同时，由于国民党新闻业的兴盛，以及严厉的政治控制，私营报业只能在夹缝中求生存，而上海发达的商业报纸也挤占了不少南京的报业市场。

20年代，北京的奉鲁军阀不断以暴力镇压新闻界。1926年8月，在林白水被杀的第二天，张宗昌派人逮捕了成舍我，后经多方求情才得以保释。之后一年多成舍我在报上不发一言，为了成就其新闻理想，他到南京谋求发展。1928年3月，他创办了南京第一份小型报《民生报》，自任社长，经理周邦式，总编张友鸾。这是一张4开报纸，不久从一张增加到两张，多时达4张，采取"小报大办"、"精选精编"的方针，新闻充实，重视言论，图片量多，开始发行3000份，一年后即发行到1.5万份，多的时候3万份，超过了南京《中央日报》的销量，其经营比北京《世界日报》好。成舍我与南京政要多有接触，他拥护蒋介石并为其宣传，报纸也较多采用国民党中央社的稿件。《民生报》与北京《世界日报》南北呼应，互用新闻和专电，还在南京推销了《世界日报》。1934年因揭露行政院政务处长彭学沛贪污舞弊，报纸被查封，永久不得在南京复刊，成舍我被拘禁40天，被勒令从此不得在南京办报。②

《新民报》是南京影响最大的私营报纸，创办人是陈铭德。陈铭德（1897—1989）毕业于国立法政大学，曾任职四川、重庆的报纸，1929年9月9日在南京创办《新民报》，编辑方针主要由陈铭德和一度任总编的张友鸾确定，以青年为读者对象。报纸的资金来源部分得自四川军阀刘湘，国民党中宣部也以随报发送宣传刊物为条件，几年时间给予每月津

---

① 参见方汉奇主编.《大公报》百年史.北京：中国人民大学出版社，2004
② 陈昌凤.从《民生报》停刊看国民党南京政府控制下的民营报业.新闻研究资料，1993-3

贴,孙中山文化教育馆经费中也曾给予津贴。与当时许多民营报纸一样,虽然标榜报纸是"代民众以立言,超乎范围之外"[①],但因为经济的不能独立,早期被当作国民党的"准党报",报纸的政治立场、观点态度、内容取舍都受到一定的影响。比如对刘湘的活动,报纸曾用过不少版面加以报道,蒋介石让刘湘阻挡红军北上,《新民报》就站在国民党的立场上,照中央社的消息口径刊发相关新闻,发表了不少有利于刘湘的反共言论。《新民报》新闻较丰富,版面编排、标题制作都比较讲究,但与一般民营报纸一样,言论方面特别谨慎。30年代初《新民报》很少发表言论,有时几乎一个月都没有一篇社评,但在抗战前后,该报旗帜鲜明主张抗战、支持群众的抗日爱国行动。《新民报》的副刊最富特色,初期条件简陋,没有印刷设备,印刷质量差,而且经常不能按时出报,1931年由工商界人士出资办了印刷厂,报纸即从4开一张改出对开一张。经过苦心经营,到1936年春《新民报》的发行量已增长到1.6万份左右,广告收入达总营业额的50%以上。报社从日本《读卖新闻》购回该报的旧轮转印报机一部,并添置了有关印刷设备,改换了字模,印刷质量得以提高,出报时间也提前了,篇幅增加为两大张,内容充实可读,发行数又上升到约2万份。

《新民报》出过"五社八版",在新闻史上独一无二。因抗战爆发,1937年《新民报》西迁重庆,先出日刊,后出晚刊。因晚刊更受欢迎,1943年在成都先出晚刊,再出日刊。抗战胜利后,1946年恢复南京版,也是先出晚刊,后出日刊。同年,又在北平出版日刊、在上海出版晚刊,即唯一留存至今的《新民晚报》。《新民报》在抗战期间最辉煌,舆论受重视,发行蒸蒸日上。西方通讯社常派车守候其门口,等报纸大样一出就发布消息。副刊为《新民报》作出了重要贡献。

二三十年代,报纸很盛行"杂志化",办名目繁多的副刊。《新民报》30年代初出过十多种副刊,如"葫芦"、"新园地"、"南京版",后改为《新民副刊》。抗战爆发,副刊用通栏大字刊出:"我们要打个你死我活","抗战!抗战!抗战!抗战!抗战!","请政府即日领导全国民众抗战到底"等口号,副刊名称并改名为"战号",以示参加抗战的决心。抗战后《新民报》南京版晚刊的副刊叫"夜航船",主编先后为张慧剑、郁风、叶冈。1946年10月,正在蒋介石大做六十寿诞之际,它出《西太后六十寿》专辑。1947年国民党大张旗鼓地宣传"行宪"选举、为蒋介石当"总统"鼓吹时,"夜航船"出"袁世凯"专辑以暗比。那时龚德柏的《救国日报》攻击《新民报》是"共匪第五纵队"。重庆版的副刊"最后关头"、"血潮"等副刊先后有30来个,当时的言论非常不自由,不好用社论发表的言论,可以通过副刊发表。张恨水在"最后关头"连载抗战小说《八十一梦》,也是一种揭露黑暗的方式。活跃在副刊上的,有著名的"三张一赵",即张恨水、张慧剑、张友鸾和赵超构。重庆副刊"夜谭"还于1945年11月14日首次发表毛泽东的杰作《沁园春·雪》,轰动了山城,并流传全国。世

---

① 新民报七周年纪念词.新民报,1936-9-9

人从此知道了毛泽东不独是伟大的政治家、军事家,而且还是卓越的文学家、诗人。

这份私营报也几经磨难。1948年6月17日人民解放军攻下开封,国民党派三个机群日夜轮番轰炸开封,市民死伤无数,市区大半成为废墟。南京《新民报》经理、时任立法委员的邓季惺,就领衔在立法院呈交"反对轰炸城市"的提案,报纸则作了专访《开封逃京学生余生谈浩劫》、发表社评《水灾·战祸·民生》和短评,抨击内战。7月8日,在蒋介石"手令"下,国民党命南京《新民报》永久停刊,依据则是北洋政府时代留下的出版法"第二十一条第二、三两款出版品不得损害中华民国利益,依照出版法第三十二条之规定"。消息传出,中外舆论大哗,国内外多家报纸都寄予同情、表示抗议。上海《大公报》于7月10日发表题为《由〈新民报〉停刊谈出版法》的社论,要求废止与宪法抵触的出版法,给新闻界以言论出版自由,并刊发上海新闻界、文化界、法学界的胡道静、曹聚仁、万枚子等24人联名抗议书《反对政府违宪摧残新闻自由,并为南京〈新民报〉被停刊抗议》。

四、抗战烽火中的商业报纸

中国商业报纸的发展,一直是曲折而多难。在战争连绵不断的社会,时局的动荡虽然也给了商业报纸一些生存的机会,但总体而言,控制、挫折和困顿是商业报纸的主调。日本帝国主义侵略中国以后,中国军民在抗日民族统一战线旗帜下,以国共第二次合作为基础,同仇敌忾,前赴后继,奋战8年,终于取得了最后胜利。抗战中,一部分民营性质的报纸已经几乎脱离了商营的目标,而以宣传抗战为使命。商业性报纸和民营报纸竟然发展成了两个潮流。

1937年7月抗战全面爆发,国统区迅速出现一批以宣传抗日为使命的报刊,其中影响较大的有政党类的《救亡日报》和民间的《抗战》。年底,南京、上海先后失守,武汉成了国统区的新闻活动中心,许多新闻机构从沿海大城市迁到那里,1938年10月武汉沦陷后,重庆成为国统区的政治中心,新闻机构又纷纷迁到重庆,同时成都、昆明、桂林等"大后方"的重要城市,新闻业也比战前更为发达。不过,商业报纸或其他非国民党的报纸,都饱受新闻检查制度之苦。

上海是"八·一三"抗战的主战场,率先出现了一大批抗日爱国报刊,成为全国抗日宣传的中心。1937年8月19日,被国民党政府释放仅19天的救国会领袖邹韬奋,创办了《抗战》三日刊,16开12页。这个刊物内容力求适合抗战紧急时期的需要,积极宣传中国共产党的抗日救国主张,曾刊载中国共产党对时局的宣言;坚持团结与民主,揭露各地压制抗战工作的事实;及时报道与评论抗战的局势与国内外的反响。该刊重视政论、述评与战地通讯,精心编辑,每期还有《战局一览》的附图。同时,邹韬奋继续保持他主办报刊的特有作风,重视"读者信箱"栏目,亲自解答读者提问,反映民众的意见与要求。因鲜明的抗日立场,受到上海租界当局的钳制,第7期起改名《抵抗》。

第六章　商业报刊及其资本主义企业化运营

国难临头,1937年10月,上海10家消闲性小报《上海报》《小日报》《大晶报》《金刚钻报》《东方日报》《正气报》《世界晨报》《铁报》《明星日报》《福尔摩斯报》联合出版了一张面目一新的报纸《战时日报》。《文学》《文季》《中流》《译文》4家杂志联合创办了《呐喊》(后改名《烽火》),由茅盾、巴金主编。《世界知识》等4家杂志联合出版《战时联合旬刊》,金仲华等主编。国难教育社创办了《战时教育》,上海市职业界救亡协会创办《救亡周刊》。这些抗战报刊都短小精悍、通俗易懂,密切结合抗战实际。国统区各大中城市也创办了一些报刊。《申报》《新闻报》《大公报》《立报》等商业性大报,也积极报道抗日战事,以宣传抗日为主旨。《大公报》还创办了汉口版。

1937年11月12日上海沦陷至1941年12月8日太平洋战争爆发,上海租界地区孑然立于日占区的包围中形同"孤岛"(居住着200多万中国人民的地区),史称"孤岛时期"。这段时期,上海租界的政治、经济、文化与日占区、国统区、抗日根据地以及世界各国均有千丝万缕的联系,各种政治力量都隐伏于此,新闻界形势十分复杂,既有国共两党的抗日报刊,又有汉奸报刊,一些苟且偷安的商业性报纸、广播电台则屈节接受日伪的新闻检查或管理,在日军的控制下生存。《申报》因不接受日军检查被迫于1937年12月15日停刊,1938年出汉口版、香港版,10月10日在上海复刊时,因遭受各种困难,以美商哥伦比亚出版公司的名义注册。

全面抗战正在进行中,上海沦陷敌手后,不少有影响的报纸或停刊,或迁至外地,"孤岛"只剩下《时报》等几家甘愿受敌人钳制的大型日报,那里的人民及邻近的爱国同胞,渴望了解抗战形势,需要一张宣传抗日斗争、表现中华民族气节的报纸。1938年1月25日,严宝礼等留居上海的爱国人士集资,在"孤岛"创办了《文汇报》,以英商报纸的名义发行。英国人克明(H. M. Cumine)任董事长兼总主笔,实际主持报务的是经理严宝礼,胡惠生、徐铸成先后主持编辑工作。创刊时日出对开一大张,不久扩为两大张、三大张,新闻丰富,副刊可读,销量也与时俱增,不到半年即达5万份,超过了当时的《新闻报》。《文汇报》政治上拥护中共的抗日民族统一战线政策,积极宣传国共合作一致对敌的主张。《文汇报》坚持抗日宣传,大力报道中国军民抗战业绩,注重爱国主义宣传教育,头版头条的报道90%以上都是中国军民抗击日本侵略者的战斗捷报。当年2月《文汇报》受到了袭击,敌人的鹰犬向报馆投掷了手榴弹。第二天,副刊《世纪风》创刊号上宣告:报馆被敌人投掷手榴弹,"这给予被击者只有光荣",并在后来不断表态:"我们决不会屈服!"《世纪风》成为"孤岛上的文学堡垒"。5月16日,《文汇报》报道了周作人附敌的消息《武汉文化界声讨周作人》。汪精卫叛国投敌后,该报也进行无情的揭露和抨击。《文汇报》一直饱受压力,1939年5月15日,因刊登重庆来电关于蒋介石在生产建设会议上的演说词,说要加紧经济建设、完成抗战建国任务,被指为"未符业经通知手续",被英国驻沪总领事署通知暂行停刊两周。之后在战时未能复刊。1945年8月,在日本投降的第二天《文汇报》复刊,初期曾短暂有亲国民党色彩,美化国民党,但后来革新内容,支持政治协商会议,具有鲜明的战斗性,批评美国对华政策,要求美军退出中国。1947年5月,因支持学生运动,报馆被国民党查封。之后部分人员赴香港参加香港《文汇报》的创刊工作。1949年6月21日,即上海解放后的第25天获得新生。①

太平洋战争爆发后,日本军队进占上海公共租界,商业大报《申报》、《新闻报》均沦于日军之手,日本侵略者让它们在表面上仍保持往日"商办"的性质,将其改造成具有特殊面貌的汉奸报纸。1941年12月9日两报被查封,但同时又传话要求他们早日复刊。15日,日军报道部命令两报以美商名义复刊,但实际上则由日本驻沪陆军报道部部长直接控制,当天出版的两报报头下均刊有"Incorporated Delaware U. S. A."的字样,表示两家报纸是在美国特拉华州注册的,《新闻报》一版上沿还刊有"Publishers: Pacific Publishing Co."(抗战时期即以福开森组织的"太平洋公司"名义出版),表示仍由美商发行。《申报》1942年3月报头下所标英文字也改为"Published By Columbia Co.",明确表明该报由美商哥伦比亚公司发行。为蒙骗读者,日军报道部还为《申报》规定三条办报准则:内容与停刊前同,不予变动;作为上海公共租界中立性报纸,不刊载任何方面的政治新闻;只受工部局的管理与工部局警务处的新闻检查。日军还严防汪伪政权染指,不准两报刊登汪伪政府的新闻与广告。因此复刊之后的头半年,两报的新闻报道,特别是国际新闻远比沦陷区报纸丰富,还可大量采用路透社等外国通讯社的电讯,有时还能刊重庆国民党中央社的电讯,报道一些国统区的情况,甚至还用重庆中国政府的口气表达抗战必胜的信心。《申报》还有过多篇介绍苏联的特稿。《新闻报》则保持经济信息为主的特色。但不久,日军对两报的编辑方针作了调整与修改,要求它们:转变态度、支持日本及汪伪政府;两报人事、经营及编辑大纲,都得由日军报道部管辖;美籍法人不变;编辑方针要发扬中日提携精神、宣明大东亚战争的意义等等。两报成为赤裸裸的汉奸报。②

第三节　商业报纸的经营模式

20世纪初,主要商业性大报逐步超越初级阶段,开始了资本主义的现代企业化经营管理。民营报纸纷纷通过健全报纸各项管理制度、进行内部股份制改造、引进先进的印刷设备与技术、加强广告和发行经营业务等措施,提高运营效率。

大报在企业化过程中,有了一定的资金积累,因此可以在馆舍、印刷等方面加以改进。史量才还清了与席子佩涉讼败诉后应偿还的巨款,还清了其他股东的股金,《申报》成为史

---

① 参见文汇报史略.北京:文汇出版社,1988,1~124
② 方汉奇主编.中国新闻事业通史:第二卷.北京:中国人民大学出版社,1996,900~905

量才的个人资产。《新闻报》也在1923年还清了最后一笔抵押贷款。申、新都重视先进的机制建设,重视新闻业务带动发行和广告,大力发展馆舍和印刷,开展多项经营;《大公报》以"营业与事业并行"的理念经营,也就是注意商业性与社会责任之间的平衡;《时报》、《立报》以内容特色争取发行量;世界报系善于降低成本;邹韬奋的生活报系以热心服务读者作为经营的一大特色。报纸的管理者不仅善经营,并熟悉新闻业务,在复杂的政治和社会环境中,能够协调报纸投资、管理、经营与编辑、言论等各个方面。这里主要论及商营大报,而当时为数不菲的商营报纸,远远未达到现代企业化的标准。

中国新闻学一开始很重视新闻生产商品化的讨论,由此也可见中国商业性报纸对经营的重视。早在1917年,姚公鹤在其《上海报纸小史》中已意识到市场经济的发达与报业独立的关系问题。新闻学最初的研究者如徐宝璜和任白涛是经济学家,邵飘萍和戈公振均是出色的报业经营者,因此他们都在著述上论及报业组织、广告、发行、纸张、印刷等等经营问题。戈公振甚至用数量分析方法具体解剖了几家中国大报纸的经营情况。①

20世纪上半叶,中国出现过一些非常有成就的报刊经营家,如《申报》的史量才、张竹平,《大公报》的胡政之,《新闻报》的汪汉溪,《时报》的狄平子,还有成舍我、陈铭德、邹韬奋等一批民营报业主。其中尤以史量才最受瞩目。史量才(1880—1934)曾中秀才,杭州蚕学馆毕业后在学校教书,并创办女子蚕桑学堂,因儿时好友雷继兴及其内弟陈景韩(冷)任职《时报》,因此他经常出入,了解到《时报》的业务和经营经验,并结识了当时上海最有影响力的人物。1907年在收回苏杭甬路路权运动中表现出色,获得著名实业家、立宪派领袖张謇的赏识,后来得到张謇的多方帮助。上海光复后,凭人际关系和能力,他主持清理上海海关和松江盐局账务。1912年他以12万元购下《申报》②,他首先组建了一个强有力的编辑和经营班子,从《时报》挖得朋友陈景韩管编务,请来朋友兼远亲张竹平管经营。他的思路是"子弟兵能尽忠",将本家、亲友、同乡招入报馆保守重要岗位,同时知人善任,锐意进取,使《申报》成为拥有资本数百万元的企业化大报,自己成为旧中国最大的报业资本家。随着事业的蒸蒸日上,他的声誉和社会联系也愈来愈广,1919年他当选为世界报业大会副会长,成为一方名流。他在全方位扩张个人势力。他一边办着《申报》,一边利用申报带来的名誉和影响,把触角伸向了金融界、实业界,办过钱庄、金号、米铺,代理外商的银行,开办民办生纱厂,担任中华书局、职业社董事,购买药房股票,从中获得丰厚利润。他还收购了当时全国发行量最大的《新闻报》的控股权。"九一八"以后,他积极参加抗日爱国活动,发起上海市民地方维持会并当选会长。史量才抵制国民党上海"新闻检查所"向《申报》派员指导,在邓演达事件中《申报》揭露国民党当局,对蒋介石发起的"剿共"运动

---

① 陈力丹.论中国新闻学的启蒙和创立,http://www.chuanmei.net/article/articleshow.asp?ID=550

② 一般说法,是张謇等人出资,但据秦绍德《上海近代报刊史论》考证,张謇并未出资。是上海名妓、史量才的第二位妻子沈秋水资助他盘下《申报》的

《申报》予以抨击,一系列事件埋下祸根,蒋介石下令禁止邮递《申报》。国民党当局担心史量才不断扩大的、与当局相抗衡的势力,1934年11月13日,史量才从杭州休养地回上海的途中,被国民党军统特务枪杀。史量才的罹难,是新闻自由被扼杀的又一起事件,同时也显示出南京政府对资产阶级的容忍度相当有限。20世纪30年代,快速发展的中国民族资本主义,其经济实力已经达到一定水平,因此在政治上有所要求、有所表现。史量才是这些民族资产阶级的代表之一,他希望凭藉报纸舆论和报业托拉斯这样的经济实体,成为一支新的政治力量。这对于当时的南京国民政府,对于蒋介石代表的官僚资本主义来说,是极大的禁忌。说到底,民族资产阶级,还是中国的弱势群体。

一、现代报业经营管理制度的建立

1. "三驾马车"管理体制

报业管理体制,是报社内部所采用的行政管理体系和业务操作方式。管理体制一般分为独资或集资经营的企业制,即商业性报业的股份有限公司形式,和政党、政府出资的总编辑或社长负责制。商业性报业的管理模式是外国人奠定的。其中最著名的是其三驾马车的管理机制和资本化的股份制或有限公司,《申报》是其中的典型。从《申报》创办开始,中国就引入了西方现代化雏形的报业管理机制,这种机制在旧中国时期一直沿用下来:总编(主笔)负责制和"三驾马车"体制。这是1817年由英国的《泰晤士报》开创的体制,《申报》19世纪90年代便发展成西方式的"三驾马车",时间上几乎与西方先进国家的报业现代化同步,是中国近代报业最先进的结构模式,一般商业大报都采用了此模式。《申报》奠定的架构如下:

图6-1 《申报》的"三驾马车"管理架构

1909年席子佩从美查手中购得《申报》后,沿用原来的经营方式,通过改进业务两三年内资产增至12万两银子。史量才接手后经营上得以大发展,其现代企业化程度代表了中国报业的最高水平。其他大报,均以此组织模式进行管理。新记《大公报》在筹备之际,胡政之就从他原有的国闻通讯社和《国闻周报》调来人员组成编辑、采访人员,并以旧《大公报》的职工组成经理部,建起了三驾马车式的组织。以后,上海、汉口、香港、重庆、桂林各馆,也都是依此方式,设置编辑部和经理部。比较特殊的是,《大公报》自吴鼎昌1935年底辞去社长一职后,无论总馆或分馆,即不设社长一职。1937年中,"大公报社股份有限公司"按公司法成立,胡政之任总经理,各分馆只设经理、编辑主任,重庆馆才开始设总编。胡政之和张季鸾分头坐镇、穿梭往来,指挥各分馆的全盘工作。

2. 实行股份制,公司化运营

股份制是以集股经营的方式自愿结合的一种企业组织形式,以此组成公司。1906—1907年办报高潮时期,上海的主要报纸多实行了公司化运营。这种运营方式所有权与经营权相对分离,非常适合商业报纸的特点。随着报业经营的扩大,这种以利益为基础的体制更显示出活力,经营风险也由股东们共同分担,众多股东的关注使报业的重大决策趋于优化,有利于报业的规模化发展。《申报》、《大公报》等大型报纸都是这样办成的公司,二三十年代的《新民报》以及邹韬奋的《生活日报》等都以此方式经营。

图 6-2 公司化报业管理结构

20世纪初,有规模的商业性大报开始实行股份制,有的公开募集股份。上海《新闻报》、英文《文汇报》、香港《士蔑西报》都改组为有限公司,公开募股,当时《新闻报》的中国股东占的股份达35%。1912年《申报》以5人合伙的形式,由张謇、赵竹君、应德闳、史量才、陈景韩合伙,一般记载是张、赵、应三人出资,史量才出任总经理,陈景韩任总主笔。不少史料记载实际是史量才在沈秋水资助下购《申报》,张謇、赵竹君、应德闳是支撑台面的。

股份制也有一些灵活的形式,如新记《大公报》的股份是以资金股和劳力股组成的。创办之初约定:吴鼎昌出资金股,胡政之、张季鸾二人"以劳力入股,每届年终,须由报馆送与相当股额之股票"。吴鼎昌出资5万元,自任社长;胡政之任总经理,张季鸾任总编辑,胡、张得到了报社赠予的"劳力股",他们和25位同事还获赠"荣誉股",李子宽以1000元现金入股。后来还增加了一些临时股东,如1945年胡政之作为中国代表团的成员赴旧金山参加联合国成立大会之后,在美国为战后《大公报》的发展选购新型轮转印报机。因所带美元不够,曾接受美国华侨首领李国钦的5万美元入股。抗战胜利后恢复津、沪版,耗尽财力,1948年筹备恢复香港版时资金吃紧,胡政之接受了王宽诚2万美元入股。1948年核定资产时,《大公报》股票共有6万股,48位股东。解放初期内地的《大公报》实行了公私合营,没收吴鼎昌等人的股份2.2万份为公股;商请一些股东交出的"荣誉股"1.69万股;1.95万私股中实际投资在海外的占7000股,暂未处理;胡政之、张季鸾的

1.25万股,由上海《大公报》每月给其家属生活补助费。① 解放初期的内地《大公报》实际已是国营企业了。从组织上来说,1941年张季鸾病逝后,《大公报》又成立了"大公报股份有限公司董监事联合办事处",地位与董事会平等,对重庆、香港、桂林三馆实行"集体领导"。1942年办事处公布了大公报的组织系统:②

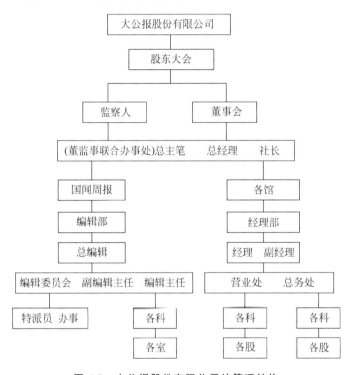

图 6-3 大公报股份有限公司的管理结构

南京《新民报》又是另一种情况。因国民党加紧对新民报的压迫,形势严峻,陈铭德一人很难挡住政治风险,便于1937年7月成立《新民报》股份公司,共集资5万元。这是一个特殊的董事会,董事长为萧同兹(中央通讯社社长),常务董事为彭革陈(国民党中宣部新闻事业处处长)、王漱芳(南京市政府的秘书长);董事有仇视《新民报》的CC头目方治,还有民族资本家、报馆的管理层等,国民党官员和《新民报》高级职员都是赠股。陈铭德由社长改称总经理,邓季惺任经理。政界人物几乎包括了国民党的各派各系的人物。董事长萧同兹从未对报社发过任何指示,也没干预过任何行政工作,但他在国民党内,为《新民

---

① 王鹏.《大公报》的资金与股份变动情况.《百年潮》,2001-8
② 方汉奇主编.《大公报》百年史.北京:中国人民大学出版社,2004,312

报》受到过蒋介石的斥责,1945年被迫辞去此名义。《新民报》股份公司的组成,不仅是企业经营的改进,也是一家民营报业在政治夹缝中求生存的案例。

邹韬奋(1895—1944)是新闻史上杰出的报人,一生创办、编辑过10多种报刊。他以"股份两合公司"方式,经营了他办的唯一一份日报《生活日报》。1926年他接手主编《生活》周刊(生活书店的前身),以服务理念使之从职业教育刊物转为讨论社会和政治问题的新闻评论刊物,"九一八"以后邹韬奋逐步走向革命,《生活》日益成为抗日救亡、反对不抵抗政策的大众喉舌。到1933年,销量从原来的两三千份增加到15万份。他的重要经营理念是开展社会服务,热心为读者解决疑难问题,发行量大增。他曾以"股份两合公司"即无限责任股东和有限责任股东共同出资组成的方式,和新闻界同仁共同发起筹办《生活日报》,以促进抗日,拟由邹韬奋担任无限责任股东,邹韬奋、杜重远、李公朴、毕新生、戈公振等8人共同行使经营管理权。由于《生活》周刊的服务理念赢得了大量读者的支持,所以《生活日报》还没出版就得到了大家的信任和支持,短时间内筹集到15万资金,股东数量几千人。可惜"迫于环境"不得不中途作罢,筹备组只得将股款连同银行利息发还。①邹韬奋1935年11月创办的《大众生活》周刊,积极宣传抗日救亡,发行量创20万份,1936年2月就被查封。6月他又在香港创办《生活日报》,8月返回上海改出《生活星期刊》。

3. 报社内部的制度建设

报社内部管理的薪酬制度、人事制度、财务制度、分红制度各项,都非常重要。商营报纸在这方面积累了相当多的经验。新记《大公报》重点建设财务制度、内部分配制度、人员考核和任用制度,以调动员工的积极性。财务核算制度要求各分销处按时缴费,不得拖欠;广告收费制度规定,即使是经理和总编为私事刊登广告,也必须照章交费;《职工任用及考核规则》中有奖励勤勉的条文;还规定报社职员都不得在外兼职。吴鼎昌辞职后胡政之升任总经理,随即制定了《大公报社股份有限公司章程》。1941年张季鸾病逝后,又成立董监事联合办事处,并制定了规章,同时制定《大公报社职员薪给规则》,"薪给"包括月薪、特别费、年终酬劳金、生活补贴、年资薪,按工作分量、能力、成绩、年资考核确定,借鉴日本企业的经验,鼓励员工终身为报社服务。《申报》在向现代化企业发展中,薪酬制度逐渐规范化,采取"用人少,工资高"的方法刺激员工积极性。在春节前,报馆发双薪一月,并且根据一年来营业状况,加发若干月的工资作奖金,最多时一年加发四个月。1927年第一次成立工会,与老板史量才商定了工人的最低工资,以及其他的报酬。南京《新民报》在1937年陈铭德之妻邓季惺担任副经理后,首先建立健全了财务会计、广告、发行、印刷等方面的制度,报社走上了企业化经营的道路。过去所刊广告没有登记,广告费也没有严格的标准,现

---

① 邹韬奋.事业管理与职业修养·生活史话.北京:三联书店,1998,156~157

在广告每天做一张报表,财务科据此收钱。发行也有日报表。当时面临抗战,纸张十分紧张,而报纸销量激增,需要更大量的纸张,邓季惺派专人负责,及时购进所需纸张木材等,印刷中对白报纸的损耗抓得很紧。报社所赚的钱也及时换成美元或黄金,以防货币贬值。

二、现代报业的基础设施建设

报社的馆舍,既是实力的表征,也是赖以经营的重要基础。20世纪20年代前后,有实力的商营报开始兴建大楼。1918年,史量才筹集贷款盖起一座拥有100多间房间的《申报》五层大楼。大楼按照报纸流程设计建造,是一座编辑业务、营业广告和排字浇铸、照相制版、机器印刷以及生活卫生设施一应俱全的现代化新闻大厦。底层还有印刷厂。《新闻报》、《时报》也兴建了报馆新厦。

为了提高效率,大报又更新印刷设备。1914年,《新闻报》率先进口了两层轮转印报机,结束了平版印报的历史,每小时可以印报7000多份,1916年该报日销量已达3万多份。又购进波特氏三层轮转机一架,四层轮转机两架,大大提高了印刷速度,缩短了出报时间,成了全国发行量最大的报纸。1922年《新闻报》又购进两架先进的高速轮转印报机及其配套设备。《申报》过去使用手摇机,每小时仅能印几百张。史量才在新大楼建成后,报馆从美国先后购进双滚筒机、何式32页卷筒印报机等好几种最新式的印报机,两小时内能印10万份报纸。此外,还配套了铸字机、压纸版机、浇铅版机、铅字同模等机器。1930年到1934年间,又陆续添置套印新印机、同式印机和美国最新式司各脱直线式轮转机,最快速度达到每小时可印一张4.8万份报纸,报道、印刷和发行的效率都显著提高,凌晨4点获得的消息,可从容刊于6点出版的报纸上。1934年,发行量号称突破15万份大关。这些基础设备的改良,使得《申报》成为当时全国设备最新、最完备的报纸。《时报》1927年从德国购进四色轮转印报机,每小时可印16万张报,其副刊首次用该机负责制彩色铜版图片,1932年在国内第一次使用复色套版印制其一万号纪念版。

收发电设置也得以更新。1922年,《新闻报》在报馆内设置了无线电收报,直接抄收外国通讯社电讯,立即翻译,用"本报外国专电"电头,抢先刊发。这些基础设施方面的建设,是报业企业化的重要条件,只是当时国内一般报纸,尚未具备。

三、发行网络的建设及竞争机制

发行网络是报纸能够独立运营的基础。由于邮政业务落后,无法建立统一稳定的发行系统,各报便自设代售处,利用学堂、书局、阅报所、书社、会馆、公司等组成独立的发行网,很少受制于人。到20年代前后,大报都已经建立起自己的发行网,而且社会上也有了专门的发行公司,如上海的"捷音派报工会"已有几十年的历史,为商业报的社会化运作提供了基础。

为了提高发行效率,各报想尽办法。报贩都是步行或乘坐公交车,报纸送到订户的时间不确定,张竹平就请朋友出面成立一个递送公司,买来自行车,雇人以递送公司的名义每天清晨送报上门,兜售《申报》,时效超过报贩,但成本太高,中间人便联络《新闻报》,由两家大报一起做投递公司,费用平摊以提高效率,但遭到汪汉溪拒绝。

为了招揽更多的广告客户,《申报》还扩大了在外埠的发行。《申报》在各地设立了分馆和分销处。当时已经有了火车,《申报》发行科根据火车时刻精心设计邮政路线,发向外地的报纸先印刷,尽早捆齐送上车,使邻近上海的若干城市,能读到当天的《申报》。完善的发行体系能够保证上海四周的市、县,可及时看到当日报纸,外地也可与信件同时收到,迅捷的投递服务赢得了订户的满意,因而外埠订户不断增加,销量接近15万份时,外地差不多占一半,成为畅销全国的报纸。为了争夺发行市场,张竹平想出了一个附送画报的办法。当时上海有照相版设备的印刷所只有一家,张竹平托这家印刷所代印画报,合同订明,不许承印第二家画报。附送画报后,《申报》的销路大增,《新闻报》就也出画报,托一家有橡皮版的印刷所代印。此时,史量才已经购得《新闻报》50%的股份,成为大股东,但他有言在先,并不干涉《新闻报》的内容制作。因此在新闻业务和发行方面,《申报》和《新闻报》仍然维持着竞争的局面。在外埠报业市场上,两报的合作机会增加了。《新闻报》编印内容丰富的杭州附刊送订户,每月只加收送费一角五分,与地方报同时出报,订户清晨收到附刊,下午再看上海《新闻报》,很受欢迎。《申报》见状便与《新闻报》商量两报联合出附刊,定名为"申报新闻报杭州附刊"。此举吸引了大批的订户和广告,对地方报是沉重的打击。国民党为了维护其党报《东南日报》的利益,通过决议限制报纸的发行范围:报纸不得易地发行,一份报纸不得分两次发行,报纸不得不取分文,全部赠阅。两报杭州附刊的出版执照就被吊销了。

新记《大公报》也大力加强发行网,初办时发行量仅2000多份,一年后发行量最高达1.2万份,5年后超5万份。1936年上海版创刊时,全国分销机关达1300多处,发行量超过10万份,积累资本达50万元,成为全国性大报。实力弱的报纸,也有自己的发行方式。北平世界报系开始时非常艰难,只能以高利润吸引报贩,成舍我甚至和报社同人携报纸去闹市自卖自买,造成抢手的假象。后来又以"一元钱看三份报"相号召,发展直接订户,雇专人按时按片送报。南京《新民报》1936年发行量也达到1.6万份,后通过大力发展晚刊和地方版,最高发行量曾达10万份。

四、现代报业的广告机制

广告是中国资本主义经济的写照,19世纪下半叶得以发展。广告是报业的生命线。在广告还未引起国人重视的时候,外国人办的《申报》、《新闻报》,就曾以低廉的价格吸引中国订户,由于上海的工商业相对发达,因此能供养多家商业报纸。而北京、天津的报业,广告收入一向不丰,无法支撑报业。

随着报刊广告的发展,广告主与广告经营者逐渐分离,广告代理商得以出现。中国广告代理商最早是报馆广告代理人和版面买卖人,他们为报馆招揽业务、收取佣金,如1872年《申报》创刊时那样。之后报纸广告业务扩大,报馆纷设广告科,代理人成为广告科的雇员,有实力的企业也自办广告部,没有条件的企业就依靠广告代理商,专营广告制作业务的广告社和广告公司就应运而生,20世纪20年代,上海、京津都有较大的广告公司。广告趋于专业化,1911年美国成立世界广告学会,外国人联合中国广告界人士还发起成立过中国广告公会。[①] 国家也加强了对广告的管理,20年代的《民律法案》就有相关条文,30年代国民党迫于各界压力,对广告进行有限制的管理。30年代初到抗战前夕是中国广告业的鼎盛时期,上海有30多家广告公司,其中联合、华商等四大广告公司已有相当实力,它们以报纸广告为主要业务。

1913年张竹平任《申报》经理后,致力于广告部门的改进,设"广告推广科",分外勤组、设计组。外勤组四处招揽广告,设计组按广告分类、性质,代客户绘制广告图样,撰写文字说明,直至客户满意。报社根据报纸版面的地位等级,分别推出了定价不同的广告等级:"论前广告"(封面广告)、"后幅广告"、"中缝广告"、"紧要广告"、"特别广告"等几大广告等级,1918年起《申报》又在每版沿边上下,另辟狭长地位,作为特别广告。因此广告业务迅速发展,到1915年4月广告面积已超过新闻面积,报纸由日出对开3大张半扩为4大张半,5张。20年代前后,汪汉溪经营下的《新闻报》占据"广告报"的地位,《申报》对之挑战,将《新闻报》不用心做的游艺广告分类刊出,虽营业额小,数量却众多,颇有效益。《新闻报》总结教训,立即设立一个准备科,把当天柜台上收进的广告全部送到准备科汇总整理,先由主任审查,分成报头下、提要、封面旁、正张分类、本埠附表分类、戏目等各大类,分别交给各课员。课员再将相同性质的广告整理在一起,按次序排列,封面广告要把律师、启事、报丧、营业广告分开;分类广告要把遗失、招租、拍卖、寻人等分开;戏目广告把京剧、越剧、沪剧、淮剧、话剧、电影、评弹分开。在排先后次序时,将新登的排在连登的前面,以示公允。因经营有方,《新闻报》成为上海各界名流和商店、工厂的老板不得不看的报纸。

没有实力的报纸,则用一些很初级的手段,如北平世界报系开始是从其他报纸的广告中选出几份擅自刊出,然后再派人持据上门收费,不计较钱数;也曾派人四处兜揽广告,收费可以灵活掌握;甚至还自己编广告刊登,造成广告很多的样子去招徕广告客户。后来广告业务发展了,就开始重视机制建设了。

---

① 陈培爱.中外广告史.北京:中国物价出版社,2002,35~44

五、报业的多种经营和集团化的雏形

现代西方报业的重要特征,是经营多项产业,并呈集团化发展。中国的商业报早期是自发性的多项经营,如美查在《申报》之外还有药水厂、火柴厂。与报业最相关的是出版业,因此多家报纸都有这方面的经营。

《申报》出版过中国最早的文艺期刊《瀛寰琐记》(1872年11月创刊),创办过非教会系统最早的通俗报纸《民报》(1876年3月26日),只是当时还不具备报业大众化的基础,不久即停办。报馆还出版过近代最早的画报《环瀛画报》(1877年5月),出版过一些销行很好的书籍。① 其最著名的副刊,是中国第一个石印的时事画报《点石斋画报》(1884年5月—1898年8月)。那时画报在西方已经十分盛行,美查发现中国报纸中独缺画报,因此以特有的经营头脑引进西方的画报样式。1878年底《申报》馆添置了石印设备,在报馆外另设"点石斋",然后创办画报。画报封面为彩色纸,以时事为主,每旬出版,每期8页,内容具新闻性,令人耳目一新。当然,那些战争、外资之类的新闻画多半出自画家的想象,倒是那些风俗画和以租界市井小民为题材的社会新闻画比较接近真实。② 除了摹画时事,还刊载了不少介绍新知识的内容,包括西方的声光电化、坚船利炮、法律制度、学堂医院、西洋游艺等等。画报曾以每幅两元的价格广征稿件,成为新闻史上最早有稿酬的报刊。《点石斋画报》成为晚清西学东渐大潮中的标志性事件,它开启了图文并茂、雅俗共赏的"画报"体式,既注意新闻性,追求逼真新奇,又注重美感,在其出版的15年间,刊发过4000多幅配文字的图画,展示晚清社会图景,传播新知识与文化,有多方面的重要意义。由于其题材的广泛性、纪实性,该画报被郑振铎称为"画史"。③ 画报继承了中国历代人物线描画传统,又吸取了西方的焦点透视技法,极大地拓宽了中国绘画的写实功能,因此有学者将《点石斋画报》视为海派文化的起点。④《点石斋画报》,被称为《申报》功能的图像化延伸。在其影响下,出现了一批"专画新闻"的画家和一批画报。报纸还重视以多项服务事业促进经营。"九一八"事变后,《申报》趋于激进,在改革服务社会的同时促销报纸,如举办申报流通图书馆、申报新闻函授学校、申报业余补习学校等,还创办《申报》月刊,发行《申报年鉴》等。

集团化是报业现代化的重要标志,在19世纪80年代美国出现第一家报团之后,即成为世界报业的潮流。中国的商业化报纸,虽未形成组织、管理、经营机制统一的集团,但现

---

① 鲁道夫·瓦格纳.申报馆早期的书籍出版(1872—1875).武汉:湖北教育出版社,2001
② 方汉奇.中国近代报刊史.太原:山西教育出版社,1981,54~55
③ 陈平原.晚清人眼中的西学东渐——以《点石斋画报》为中心.武汉:湖北教育出版社,2001
④ 余秋雨.点石斋画报:海派文化的起点.《点石斋画报》大可堂版序言.新民晚报,2001-8-30

代史上已经出现了集团的雏形。首先是以商业大报为核心的"一报多刊"式,如《申报》及其文化事业。第二种是不同业主的联合形式,如 1932 年组成的"四社",包括《时事新报》、英文《大陆报》、《大晚报》、申时电讯社(1924 年 11 月成立,当时最大的私营通讯社),《申报》经理张竹平为总经理。"四社"汇集一时显要新闻人士,如《时事新报》的总主笔陈布雷、经理汪英宾、总编潘公弼,《大陆报》的总经理兼总主笔董显光,《大晚报》的总经理兼总主笔曾虚白。董显光、汪英宾曾经留学于美国密苏里大学新闻学院、哥伦比亚大学新闻学院等名校,潘公弼曾留学日本,曾虚白毕业于上海圣约翰大学,他们新闻观念先进,勇于进取。"四社"被史学家称作"最早的报团",报人曾虚白则称之为"政治化与企业化报纸合流"。① 可惜 1935 年四社产权全部被孔祥熙收买。第三种是同一个业主出版的报系,主要是跨地区的,如《大公报》的津、沪馆,及抗战时的渝、港、桂各馆;《新民报》的"五社八刊";成舍我以《世界日报》为中心的私营报业。第四种是收购和兼并式,最著名的是史量才的报业托拉斯②之梦。

  国民党在南京建立政府以后,年事已高的福开森自觉"大势已去",1928 年决心出售《新闻报》,回美国养老。这时《新闻报》正值鼎盛时期,日发行量已高达 15 万份,雄踞全国报纸之首,刚购进最新式的司各脱卷筒印报机,每小时可印对开大报 4.5 万份,报馆四层新大厦刚刚落成,一直是《申报》的强大对手,两报进行过不少恶性竞争。当时《申报》正如日中天,史量才雄心勃勃,要做中国的"北岩勋爵"③,要办中国的《泰晤士报》,要实现报业托拉斯之梦,若能让报纸从外国人手中购回,也可把"最高言论权威"掌握在自己手中。经过秘密谈判,1929 年 1 月史量才以 70 万元买下当时中国销量最大的报纸《新闻报》的控股权。④ 入主《新闻报》,对史量才来说除了能够扩展其经营、希望藉此组建报业集团,还能增强史量才的影响力、经济实力和社会地位。结果,却引来一场轰轰烈烈的反对报业托拉斯的风暴。那时汪汉溪已经去世,他的两个儿子汪伯奇、汪仲韦兄弟在主持《新闻报》,报馆内贴满了反对的口号,抗议"史量才的阴谋",1 月 13 日《新闻报》在要闻版前的广告栏中刊登出《本馆同人紧要宣言》,要求收回股权,防止舆论被把持,维护舆论独立。报馆成立"股东临时干事会",把最大的股东史量才排斥在外,在报上发表宣言,还以上海商会、全国总商会的名义,刊登巨幅广告反对报业垄断,推选职工代表与史量才交涉。史量才收购《新闻报》,也引起国民党当局的极大震动。当时国民党对全国实行高压,但"新闻统制"

---

  ① 赖光临. 中国新闻传播史. 台北:三民书局,1983,175
  ② 报业托拉斯(trust),是西方现代报业的一种垄断行为,主要是通过兼并、扩张,增强自己的实力。建立报业托拉斯需要一定的社会条件、经济基础,如比较充分的新闻自由、相对发达的社会经济
  ③ Lord Northcliff(1865—1922),英国现代报业奠基人之一,创办《每日镜报》等报纸,1908 年购得世界影响最大的《泰晤士报》的控股权,拥有英国最大的报团
  ④ 据美国经纪公司重估资产:《新闻报》起码值 110 万元,还未计算《新闻报》的影响力和关系渠道所具有的巨大的无形价值

政策在上海收效甚微,党报在上海新闻界历来不占优势,史量才的并购无疑会增加控制上海新闻界的难度,因此也想尽办法阻止这场并购的生效,市党部1月14日在《新闻报》上发表公开信,警告"不得将福开森股份售予反动分子",并声称要"呈请中央收买福开森所有股份"。市党部控制的《民国日报》也连日发动宣传攻势,谴责并购《新闻报》一事,新闻界进一步推波助澜,《新闻报》对商界有重大影响,商界人士担心报纸舆论全部集中在一个人手中,会损害报道的公正性和客观性,因此几大商会纷纷支持收回股权。之后,史量才开始与《新闻报》谈判,最后达成协议:改组《新闻报》为华商股份公司,重估资本为120万元;股份仍为2000股,史量才让出已购下的1300股中之300股,持股50%,让出之股份由银行界钱新之、吴蕴斋、叶琢堂、秦润卿等承购;成立新董事会,新老董事均加入,吴蕴斋任董事长,徐来丞为史方监察人;馆务由原总经理主持,人事制度不变更,馆内人员不动,不再另派人员入馆。这样,20天的股权风波才得以平息。

第四节　商业报刊与自由主义新闻思想

自由主义传播思想是西方的资产阶级思想文化在传播观念上的反映,是传播领域的主导思想。它产生于近代西方报业发展的过程中,随着民主政治而发展,内涵随着时代的演进而丰富,基本的内涵是新闻自由。理论上说,新闻自由是新闻业得以现代化的基础。中国近代报刊诞生后,新闻自由的思想逐渐闪耀在新闻实践中。19世纪70年代起,从王韬、康有为、梁启超、孙中山到民国初年的著名记者黄远生、邵飘萍,都在进行争取言论自由的斗争。商业报人英敛之、史量才、胡政之、张季鸾等,都深受西方自由主义思想的感染,并试图在其经营报业中实践其理念。只是由于反自由主义的统治者过于强大,新闻自由始终是中国报人的一个渴望。

清朝"光绪末叶数年,出报既不报知官厅,其言论之自由,可谓有闻必录"。[①] 当地方官欲强行购买商业报股本、官营商报时,地方咨议局要求停止,以保障报纸"人民之喉舌、官吏之监史"的性质,自由主义思潮高涨,办报采用宽松的注册登记制,而不是批准制。清朝政府被推翻后,《大清报律》被废除,新闻自由有了希望,如同美国的新闻自由以宪法第一修正案为依据,中国宪法性质的《中华民国临时约法》,将"言论、著作、刊行及集会、结社之自由"列入其中,这在中国历史上是从未有过的。各地军政机关也做出尊重言论自由的姿态,袁世凯的国务院也设立了记者接待室,国务院秘书长每日接待记者的采访。北京政府邮传部还下令减免了新闻邮电费。1912年,在各地报纸联合会联合发起给孙中山的电报的强烈要求下,南京临时政府立即取消颁布仅一周时间、只有三章的《民国临时报律》,

---

① 管翼贤.北京报纸小史.新闻学集成(第6辑).中华新闻学院,1943

民主自由观念得以更广泛的传播,报纸数量在此后的十年中增加了4倍,达500多种,其中既有大量政党报刊,也有不少商业报刊。虽然这种繁荣极其短暂,并不足以聚集相当的思想和实践力量,但这个短暂的自由期却是永远值得纪念的。① 后在袁世凯残酷镇压下,报业遭受摧残,国民党政党报刊所受迫害最深,商业性报纸虽然也受高压和利诱,但总体来说,所受的震荡要小一些。商业性报纸的独立特质,无形中成了一种自我保护。

袁世凯死后,因为中国权力政治的暂时失控,商营报刊大规模涌现,它们或多或少带着自由主义倾向。民族工商业者作为一支社会力量逐渐增强,报刊成为他们的一种经营和表达的手段。因此商业报纸既有资本主义的企业特质,又表达了自由主义的政治、文化愿望。北洋末期所爆发的国民革命,对商营报业产生了重要影响。北洋军阀政府对新闻业采取了最野蛮的管制,邵飘萍和林白水的遇难,对商营报业的自由主义理念是沉重的打击,但自由主义新闻思想成了新闻工作者从事职业活动时的普适性价值准则。②《申报》、《新闻报》、《大公报》、《京报》、《社会日报》、《世界日报》、《益世报》、《庸报》等,都是以独立、客观的自由主义新闻观相标榜的。《大公报》的"四不"方针,是中国报业史上亮出的最鲜明的旗帜,其追求独立舆论的精神,正是西方新闻自由的核心。

1928年,国民党南京政府成立后,开始了新的专制统治,先后颁布了《出版法》(1930)、《出版法实行细则》(1931)、《修正出版法》(1937)、《新闻记者法》(1945)。此外,相关的命令、制度繁多,如《危害民国紧急治罪法》(1931)、《宣传品审查标准》(1932)、《新闻检查标准》(1933)、《重要都市新闻检查办法》(1933)、《戒严法》(1934)等,抗战期间以"战时新闻管制"为借口又颁布了许多法规条令。仅抗战前后就有40多个新闻法令,其中专为新闻检查而设的法规达20多个。其间还相继颁布《设置党报条例》和《指导党报条例》,强行用"党报思想"统管报刊舆论。1945年10月废除检查制度后,政府仍保持以前的出版批准制度。1947年10月,国防部下令恢复戒严地区的邮电检查。

商营报业本着在商言商的原则,一般在报道和言论方面持中立、谨慎的立场,这本是商业报专业性的体现,尤其是在政祸、言祸不断的中国,中立和谨慎还可免遭封禁之灾。但在以文论政传统的中国观念里,商业报显得"落后"、未担当"领导舆论"的责任,因而受到批评。特别是,有时还会出现商业原则与社会舆论职责相抵触的情形,"诚言"事件就是一例。事件发生在1925年,英国巡捕开枪镇压游行的学生,造成了上海开埠以来租界最大的惨剧"五卅惨案"。公共租界为掩人耳目、压制工人的抗议活动,由工部局精心策划、大量印制宣传品,《诚言》就是其中一种,共出版了3期,除了印制5万份在街头巷尾张贴、散发外,还在《大陆报》等报上刊载。工部局以克劳广告公司的名义要求在《申报》、《新闻

---

① 张育仁.自由的历险——中国自由主义新闻思想史.昆明:云南人民出版社,2002,193
② 张育仁.自由的历险——中国自由主义新闻思想史.昆明:云南人民出版社,2002,317~326

报》刊登。申、新两报抱着报馆对客户出钱的广告不必担负责任的心态,7月11日在广告栏以大半个版的篇幅,全文刊登了《诚言》第一期,内容是英国外交总长张伯伦在下议院为"五卅惨案"进行辩解的答辩词,其中有:"惟在乱时,不能不施弹压。因聚众游行以致乱,暴徒拟攻捕房、劫枪械,故而则以枪击散乱党,此乃是杀一儆百。"这则被视作帝国主义的辩解之辞,竟然在中国最大的两张报纸上刊出,简直是火上浇油,引起爱国新闻界和社会各界的极大愤慨。两报受到舆论的强烈谴责,陷入危机中。在强大的压力下,两报接受报纸的批评和各团体的要求,于7月17日刊出启事,向全市及全国人民公开道歉,接受各界对刊登《诚言》的指责,并以刊登《诚言》同样的版位和篇幅登"辟诚言"广告一则。两报还印发《诚言是英国人的谣言》传单20万份,广为散发。此外,还同意向工人群众支援银币。这次广告引起的风波终于平息。因一则广告而引发如此大的波澜,这在中国新闻史上还是第一桩。风波暴露了两报政治上的软弱,以及与租界当局割不断的联系,这也是在半殖民地条件下商营报业的局限性。商业性报纸只能以政治的谨慎换取生存、营业和业务的发展。

正如《大公报》所倡言的,商业报要充当"中国公民之独立言论机关","不隶籍政党,除服从法律外,精神上不受任何拘束","同人等亦不兼任政治上有给之职,本报言论记载不作交易,亦不挟成见,在法令所许范围,力求公正"①。张季鸾等向以自由主义标榜:"我们这班人,本来自由主义色彩很浓厚的。人不隶党,报不求人,独立经营,久成习性。所以在天津在上海之时,往往与检查机关小有纠纷","中国报人本来以英美式的自由主义为理想,是自由职业者的一门。其信仰是言论自由,而职业独立。对政治,贵敢言,对新闻,贵争快,从消极的说,是反统制,反干涉"。中国报业"走着英美路线,而在近来已具有相当规模,在社会上确已成为一种大的力量"②。《大公报》曾发表多篇与言论自由相关的社评,如张季鸾执笔的就有《本社同人之志趣》(1926年9月1日)、《国府当局开放言论之表示》(1929年12月29日)、《关于言论自由》(1935年1月25日)、《论言论自由》(1937年2月18日)等。新中国成立后,《大公报》因对国民党政府有"小骂大帮忙"之说,而戴上了沉重的政治帽子。其实,报业与政府的关系,正如西方资产阶级的报业那样,做到"小骂大帮忙",也算是自由主义思想的一种功能表达。监督政府、维护现存秩序,是西方现代报业社会功能的体现,极少有报纸超越时代、超越社会体系,又或是总"革政府的命"。何况,《大公报》对国民党当局不光有"小骂",也有大骂、怒骂和痛骂。《大公报》不仅帮过国民党的忙,也帮过共产党的忙。③

---

① 张季鸾.今后之大公报(社评).大公报(上海版),1936-4-1(创刊号)
② 张季鸾.抗战与报人(社评).大公报(香港版),1939-5-5
③ 方汉奇.再论大公报的历史地位.方汉奇主编.《大公报》百年史.北京:中国人民大学出版社,2004

第七章 新闻传媒与中国现代政党政治

新闻传媒自诞生之日起,就与政治产生了错综复杂的互动关系。传媒通过介入、参与或者消解,对政治产生了重要的影响,尤其是资产阶级报刊,对民主政治等现代议程有重要的推动作用。资产阶级革命时期,政党为了进行政治和思想斗争、宣传政治主张,开始创办政党报刊。资产阶级革命胜利后,随着议会民主和多党政治体制的确立,西方各国都经历过以一个政党报刊为主的时期。不同党派纷纷创办和控制报刊,作为政治斗争工具,宣传政见,争取舆论,甚至党同伐异,激烈论战。政党报刊政治上有明显的倾向性,经济上依赖政党,内容上侧重于时政新闻和言论,报刊体现政党的利益和意志,读者对

第七章　新闻传媒与中国现代政党政治

象是政界和上层社会。① 政党报刊以政治宣传为宗旨，不以盈利为目的。本章主要阐述中国的政党和政治力量是如何运用传媒为自己服务的。为了对各个时期政党传媒有个总体把握，这里先介绍一下概况。

中国的政党报刊发轫于19世纪90年代，清末最后几年和民国以后在曲折中发展。封建清朝被推翻、民国成立后，在民主政治的口号下，中国短时间里一度出现300多个资产阶级、小资产阶级的政党、政团，其中不少办有报刊，当时的500多家报纸多数为国民党系统所办。较重要的有北京的《亚东新报》、《中央新闻》、《民立报》，上海的《民立报》和"横三民"(《民权报》、《国民新闻》、《中华民报》)，武汉的《大江报》、《震旦民报》、《民国日报》、《大汉报》，长沙的《国民日报》，南宁的《民风报》，广州的《中原报》，四川的《四川公报》等。随着政治斗争的相对缓和，这段时期的报刊政论性文章不再是主导，而新闻通讯日益增多。不过，以袁世凯为代表的新专制主义很快沿用《大清报律》内容强行颁布《报纸条例》和《出版法》，残酷镇压资产阶级各党派报刊。1912—1916年间全国至少有70多家报纸被查封，近50家报纸被审讯，9家被捣毁。袁党大力扶植自己的报纸，对国民党一派的报纸暗地里以"虚荣及金钱笼络"，不从者则通过军队、警察进行迫害，北京《中央新闻》的主笔和经理被捕，武汉《大江报》的主笔被杀害，头颅被悬挂示众，长沙《大汉民报》被捣毁⋯⋯新闻自由的梦想，很快破灭。1913年(癸丑年)袁世凯为达到专制独裁的目的，派人刺杀了宋教仁，革命党人为此发动了"二次革命"，报纸兴起了反袁浪潮，袁世凯政府则加紧了新闻预检和迫害，对国民党系统的报刊以及异己报刊进行了大规模的扫荡，各地国民党报刊均被以"敌党报纸"的罪名查封，不少报人被杀害。年初的500多家报纸到年底只剩下130多家，这就是史无前例的"癸丑报灾"。② 袁世凯镇压了国民党报刊和反袁报刊的同时，先后创办了《亚细亚日报》、《金刚报》等御用报刊，并用各种方式收买一些报刊为己所用。

到了北洋军阀专制统治时期，袁世凯死后政局更加混乱，大一统权力失控，政党报刊又得以发展。第一，北洋军阀各派系都控制、豢养报刊，如段祺瑞掌握的《甲寅》周刊、张宗昌掌握的《新鲁报》和《黄报》、孙传芳把持的《新申报》和吴佩孚把持的《上海报》等。第二，出现了形形色色的党派、政客创办与操纵的报刊，如国家主义派的《醒狮》周刊、《国光》、《国魂》、《自强》、《狮声》，研究系的北京《晨报》和上海的《时事新报》等。第三，激进的共产主义的追随者也开始创办报刊，如《向导》、《先驱》、《中国青年》、《劳动周刊》、《工人周刊》，并逐渐走上政治舞台。第四，国民党创办和主持的报刊，如《政治周报》、《中国农民》、《农民运动》、《民国日报》、《中国军人》、《黄埔日刊》等，到国民党主政后，成为政党报刊的主导者。③ 随着政治的消长，最终形成两个最大政党的媒体体系——国民党和共产党的机关

---

① 张允若,高宁远.外国新闻事业史新编.成都：四川人民出版社,1996,18～21
② 方汉奇主编,中国新闻事业通史.北京：中国人民大学出版社,1992,1021～1049
③ 张育仁.自由的历险——中国自由主义新闻思想史.昆明：云南人民出版社,2002,317～326

媒体,而以《中央日报》、中央通讯社、中央广播电台为中心的国民党机关媒体在其执政时期占主导地位。国民党政府在几个重要历史时期都制定了一系列管制新闻传媒的政策条例。

民国时期,中国新闻业一直是多元结构。当时新闻业以报业为主,报业除了国民党官方报业体系,共产党的报刊也得以生存并发展,同时还有实力雄厚的商业化报业。这些报纸相互影响,相互竞争,形成了一个错综复杂的报业系统,与当时中国的政治同消长。

抗日救亡运动中,报刊蓬勃发展,包括许多民间报刊,如北平的《华北烽火》、《学联日报》、《北大周刊》,上海的《大众生活》、《新生》[①]等。上海沦陷后,日军实行新闻检查,《申报》、《新闻报》停刊抗议。抗日战争时期的新闻业,主要由国民党、共产党、日伪三种政治势力主办,分别在国统区、解放区、沦陷区占主导力量。国统区有4个报刊中心:上海、武汉、重庆、桂林,《申报》、《新闻报》、《大公报》、《时事新报》、《救亡日报》、《新华日报》等都在出版。国统区主导力量是国民党的报刊,其中央机关报《中央日报》分布全国,有11个社30个版;传统党报《民国日报》有13个地区版;军队报《扫荡报》有50多个地方版;《阵中日报》有11个地方版。另外国民党CC派、复兴社注册的报刊有273家。国民党报纸不遗余力宣传一个党、一个主义、一个政府。解放区共产党主导的新闻事业,有中央级和各级机关报刊,中共中央机关报《解放日报》出版,还有地区性党报《晋绥日报》、《人民日报》、《东北日报》,以及《共产党人》、《八路军军政杂志》、《中国妇女》、《中国工人》、《中国文化》、《边区群众报》、《北方文化》、《北方杂志》等报刊。敌后解放区各种小型报刊纷纷创办,华北、华中两个主要敌后解放区约有700余种,著名的有《大众日报》、《晋察冀日报》、《新华日报》华北版。共产党的新华通讯社得以发展,延安新华广播电台开始起步。在沦陷区,日本帝国主义、汉奸控制了大量报刊,开始以宣传作战为中心,以后用宣传策略企图控制民心,如北平的《新民报》、《华北新报》,天津的《庸报》、《东亚晨报》,上海的《中华日报》、《新申报》等。日伪还办有通讯社以控制和制造新闻。

值得一提的是抗日战争时期,新闻传媒格局发生了剧变,在共同抗日的旗帜下写下光辉篇章。1937年8月24日,《救亡日报》在上海创刊,是中共领导下的群众性统一战线组织上海文化界救亡协会创办的,协会中也有国民党人士。郭沫若任《救亡日报》社长,总编辑夏衍(代表共产党)、樊仲云(代表国民党),30名编委会成员也有不同的政治背景,实际工作的多为共产党人和进步人士。该报4开4版,在宣传上始终以中共提出的抗日民族统一战线和全面抗战的方针为指导思想,报道抗日斗争,分析抗日形势,鼓舞抗日斗志。报纸采用精编、缩编方式,大量发表评论、通讯、文艺作品,时称"报纸杂志化"风格,是新闻来源受到控制条件下的特殊宣传手段。创刊时销行1000份,不久后增加到3500份。各报曾出联合版,成为历史上难忘的一页。1939年5月3日、4日,日军敌机对重庆狂轰乱

---

① 《新生》第2卷15期因发表"闲话皇帝"被封,主编杜重远被判刑一年零两个月,即新闻史上的"新生事件"。

炸,重庆各报馆成为轰炸的重要目标。为减少不必要的牺牲,保存有生力量以利抗战,国民党当局实施疏散计划,报馆一律向郊区疏散。各报主要负责人共商对策后决定《中央日报》、《大公报》、《时事新报》、《新华日报》、《扫荡报》、《国民公报》、《新蜀报》、《新民报》、《商务日报》、《西南日报》10家报馆暂时停刊,共同创造一个《重庆各报联合版》,该刊于5月6日问世,报道政府当局对善后工作的紧急处理,发表抨击敌寇暴行、激励军民斗志的言论及各方捐款赈灾、来电慰问等,共出了99期,直到1939年8月13日各报复刊。抗战后新闻中心从重庆迁往南京和上海,新闻业仍以商营、国民党党营和共产党党营为格局。

本章最后一节,述及日伪准党的机关报刊,因为它们对现代中国的历史、政治和政党报刊都有过不可忽略的影响。

第一节 主导性政治力量:国民党的官方新闻体系

南京国民党政府成立后,便建立和发展了以中央通讯社为中心的庞大的新闻通讯事业网,以《中央日报》、《扫荡报》为中心的党政军报纸网,和以中央广播电台为中心的广播网,构成了控制中国主导意识形态的官方新闻传播体系。但是,这种控制不是绝对的,由于历史传统,国民党统治时期中国的新闻业呈现多元结构,商业性报刊、国民党内自由派人士的报刊,以及某些民营电台和通讯社,尚有一定的发展空间,这种多元结构对国民党的新闻传播政策和媒体运作产生了影响。

20年代末至30年代中期,是国民党党报的建立时期,到1936年底,各级各类国民党党报600家以上,占全国1468家中的40.5%。抗日战争时期是其发展时期,虽经战争辗转,1944年报纸重新恢复到600家,占当时国统区1100家报纸的53.9%,初步提出了党报企业化经营管理的设想和三民主义的新闻思想。抗战胜利后和第三次国内战争时期,国民党党报迅猛扩张,建立了《中央日报》、《和平日报》和"民间党报"等几个大的报系,实行企业化经营管理,国民党党报的物质基础进一步增强,但随着国民党统治的倒台立即消失。之后,国民党的中央社、《中央日报》、中央广播电台都迁往台湾。

1949国民党执掌台湾政权以后,在1987年1月以前,国民党党报的宣传任务是反共复国、维护国民党一党专制统治,既压制了台湾民众的民主自由,又维持了台湾的稳定。1987年1月"限证"、"限印"、"限纸"、"限张"的"报禁"解除后[①],《联合报》、《中国时报》为代表的民营报纸迅猛发展,国民党党报受到挑战,逐渐消隐于历史舞台。党营《中央日报》在一蹶不振、不断裁员后,2002年转型为文教类报纸,党营《中华日报》精简人员、迁入《中央日报》大楼,两报合署办公。台湾国民党唯一在本土以外的党报《香港时报》,则于1991

---

① 参见王天滨.台湾新闻传播史.台北:台湾亚太图书出版社,2002,220~224,392~395

年停刊。国民党党营的中央通讯社则于1995年改组为所谓"国家通讯社"。

一、复杂的国民党党报体系

1. 南京国民政府建立以前的党报源流

中国国民党成立于1912年8月,前身是1905年成立的同盟会。在辛亥革命时期,资产阶级革命派在国内外创办过176种报刊,其中同盟会机关报《民报》、同盟会中央机关报《民立报》功勋卓著。这些报刊的任务是动员人民群众参加反帝反封建斗争,推翻清王朝和北洋军阀的统治,因此得到群众的拥护。改组为国民党后,机关报和党人经营的报刊蓬勃一时,遍布京津沪汉及各主要省会,其中最主要的有北京的《国风日报》、《亚东新报》、《国光新报》,南京的《民生报》①、上海的《民立报》、《天铎报》、英文《大陆报》、《太平洋报》、《民国日报》等,但很快,在袁世凯的摧残下国民党报刊一片凋零。在严酷的形势下,孙中山于1914年重组中华革命党,并于5月在东京创办《民国》杂志。

1916年1月22日,中华革命党的机关报《民国日报》在上海创刊,叶楚伧任总编辑,邵力子任总经理。叶楚伧(1887—1946)曾任多家报纸的记者、主编,以后长期主管国民党中央的宣传工作,在1924年国民党"一大"后任中央宣传部部长。上海《民国日报》是国民党人在辛亥革命失败到20世纪20年代初最主要的宣传阵地。这份报纸开办费仅500元,经济窘迫,有时到报纸上版的时候纸张还没有着落。但是报社同仁努力创业,报纸得以生存并发展。报纸紧随孙中山的主张,主旨是反袁护法,报道和宣传的重点是破除人治、建立法治,其资产阶级法治思想的宣传有相当积极的影响。五四运动中,《民国日报》大力宣传报道学生反帝爱国运动,叶楚伧亲撰社论,邵力子拿着报纸去复旦大学散发、演讲,鼓动上海学生起来游行。② 其副刊《觉悟》成为当时新思潮的阵地。很快《民国日报》将宣传基调转移到联俄联共上来。当时共产党人恽代英、向警予、瞿秋白参加了报纸的编辑和发行工作,他们发表了一系列推动国共合作的文章,标志着国共合作进入了最佳时期。孙中山逝世后,《民国日报》逐渐蜕化为西山会议派(国民党右派)的机关报,举起了反苏、反共、对抗广州国民党中央的旗帜,而《觉悟》副刊几乎成了反共专刊。1932—1946年间该报曾长期停刊。

国民党改组后到北伐战争前夕,国民党中央和各地方组织创办了一系列党报党刊。第一次国共合作时期,广州和汉口于1923年和1926年也先后出版了《民国日报》,它们为国共合作都作过不少积极的宣传。国民党中宣部主办了《政治周报》(1925年12月,毛泽东主编),中央农民部有《中国农民》,湖北、湖南、浙江等省党部也办有报刊,共约66种。

---

① 成舍我后来在南京办过一份同名的报纸。
② 蔡铭泽.中国国民党党报历史研究.北京:团结出版社,1998,1~17

这些报刊拥护国共合作,拥护工农利益,在南中国掀起了轰轰烈烈的大革命运动。不过,这些报刊大多数是共产党人创办或主持的,不是纯粹的国民党党报。

2. 国民党党报的体系特征

国民党1927年在上海发动"四·一二"反革命政变后,国共两党反目。1928年2月蒋介石控制国民党党、政、军大权,誓师北伐,6月推翻了北洋军阀政府,国民党政权初步建立。南京政府在形式上具有资产阶级民主政府的色彩,但中国的阶级结构和政治秩序并未改变,国民政府统治的基础是城市买办资产阶级和乡村豪绅地主阶级,与广大人民的利益是根本对立的。而国民党政府的专制专权,对共产党的极端仇视和镇压政策,导致国民党左派的反对和共产党的许多次武装起义。各地方军事实力派对国民党中央也形成威胁。外交方面,中苏关系破裂,两国处于战争状态,对英、美、日等帝国主义的依赖导致实行妥协退让的方针。内外交困的国民政府,不得不借助国民党一党专政的形式来推行其独裁统治,1928年10月公布的《训政纲领》以根本大法的形式确立了国民党对全国的统治。由于国民党内缺乏民主传统和健全的制度,因此一党专政实际就成了蒋介石的一人专政。蒋介石以国民的保姆和导师自诩,一方面在《训政时期约法》中规定人民群众享有言论、出版、集会、结社的自由;另一方面又颁布各种法规剥夺人民的民主政治权利。为了政治目的,国民党建立了全国的新闻传播体系。而国家垄断资本主义的形成,和国民政府推行的各项经济和文化建设政策,为国民党党报体系的建立提供了雄厚的物质基础和必要的条件。国家垄断资本主义是国民党政权的经济基础,为国民党的新闻事业提供了充足的资金以取得控制全国新闻界的地位,同时又从根本上规定了国民党新闻事业的性质和面貌。表面上看,国民党新闻事业处于一个多元竞争的新闻舆论环境中,并且按照资本主义的企业方式来组织和运营,但实际上它是一个封闭的体系,受到国民党中央宣传部及最高统治者的严密而直接的控制,同时又压制和打击非国民党报刊,与新闻界其他部分处于尖锐对立的状态,具有封闭性、排他性和独占性。①

二、多层次的国民党党报结构

国民党的报业体系非常庞大,到抗战前夕总数达600多家,占全国报刊总数的40%以上。党报分为中央直属党报、地方党报和军队党报,以及改造了的传统党报。从数量上说,地方党报590多家,占国民党报纸总数的98%。中央直属党报多设立于沿江沿海城市,这些地方商营报纸发达,报业竞争激烈,因此国民党党报影响有限。在资本主义商品经济不发达的内陆地区特别是农村和边疆,商营报纸很少、甚至是空白,国民党地方党报

---

① 蔡铭泽.中国国民党党报历史研究.北京:团结出版社,1998,35~46

和军队党报因此有了一定的生存空间。此外,按照国民党中央的规定,国民党党报分为三种,除了党报外,还有本党报、准党报。党报是指中央直属党报及各级党部主办的党报,如《中央日报》及其分版和各省市党报;本党报是指由国民党员主办,受国民党接济且影响大的党报,如《东南日报》等;准党报是指受国民党各级党部控制和接济的以民办形式出现的党报,如南京《新民报》初创时。① 这些党报由于与国民党中央和各级党部的关系亲疏不同,加上与国民党内不同派系各有关联,因此,在重大问题的报道上会有分歧。

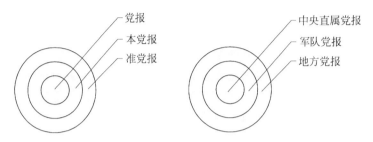

图 7-1　国民党党报结构图

1. 中央直属党报:党中央的喉舌

中央直属党报的核心,是国民党中央机关报《中央日报》。南京国民党中央虽然在政治上和军事上占据优势,但在舆论宣传上却处于相对劣势。国民党不同派系都有报刊。国民党中央迫切需要一份自己的言论机关报。

《中央日报》最初创办于武汉(1927 年 3 月 22 日—9 月 15 日),与南京国民党中央并无直接关系,是武汉国民党中央的机关报,中宣部部长顾孟余任社长,陈启修任总编,日出中文版和英文版各一大张。在国民党左派人士的主持下,坚持"指示国民革命之理论与实践,以领导全国民众实现国民革命"的宗旨,传达武汉国民党中央的声音,并发表过大量的反对蒋介石和南京国民政府的文章。1927 年 7 月武汉"分共"后,立即转变态度,发表过不少反共文章,成为拥护汪精卫和蒋介石的工具。"宁汉合流"后,国民党中央决定停刊,另在上海出版《中央日报》。

经过精心的筹备,上海《中央日报》(1928 年 2 月 1 日—10 月 31 日)创刊,机器设备是买自刚刚倒闭的《商报》(陈布雷曾主持),社址设在望平街,社长由前国民革命军东路军敌总指挥部政治部主任潘宜之兼任,总编辑为彭学沛,总经理为陈君朴。国民党中央一次拨出巨款 5 万元,以后每月拨给 9000 元,作为报资。报纸日出 3 大张 12 版,报头从孙中山墨宝中集字而成。2 月 10 日,报纸发表《本报的责任》,表示:"本报代表本党之言论机关,

---

① 通过电子邮件访问蔡铭泽教授所得赐教,2006 年 11 月

一切言论,自以本党之主义政策为依归。"文中详列近期该报的任务:与民更始,摒弃共产党理论,进一步宣传三民主义,准备宣传方案,打倒一切恶势力。之后的实践遵循此任务,极力反对共产党及其理论,不厌其烦图解三民主义。一段时期内忠实地充当南京国民党中央及其国民政府的喉舌。但随着国民党内部派系斗争纷起,报纸表现出了与国民党中央特别是蒋介石个人日益明显的分歧。蒋介石主张"以党治国",《中央日报》强调党内必须有民主的精神;蒋介石强调民族主义为根本,《中央日报》强调民权主义、民生主义;蒋介石主张言论管制,《中央日报》强调"平民政治就是舆论政治",要"让一般人民有相当程度的言论自由权,让党员能够在党纪内抒发意见"。[①] 蒋介石对此大为不满。为了克服日益严重的离心倾向,国民党中央及宣传部通过文件,严格掌控党报的人事权和言论权,为国民党党报框定了基本模式。在此基础上,国民党中央常委兼中宣部部长叶楚伦提议《中央日报》迁南京出版。

南京《中央日报》于1929年2月21日发行,序号接上海版。国民党中宣部部长叶楚伦兼任社长,严慎予任总编,曾集熙等先后任总经理。日出3大张,版面安排依上海旧例。虽贵为国民党最高党报,但当时《中央日报》条件十分简陋,体制极不完备,人员变动不定,内容也显空泛。1932年3月,蒋介石委任上海《时事新报》总编辑程沧波出任《中央日报》社长。程沧波(1903—1984)毕业于复旦大学,1930—1931年曾在英国伦敦政治经济学院留学,回国后任《时事新报》总编辑。他提出了"经理部要充分营业化,编辑部要充分学术化,整个事业当然要制度化效率化"的口号,从四个方面改革报纸:第一,领导体制上,改总编辑负责制为社长负责制。经过中央和蒋介石的批准,《中央日报》与中宣部在名义上脱离关系,依照《纽约时报》的模式实行社长负责制,由社长直接向国民党中央党部负责,确立了党报社长制的管理体制。这样,报纸虽仍是中央喉舌,但形式上成了独立的法人,对外改变人们的观感,对内统一了人事权,提高了行政效力。第二,在编辑方针上,加强采访力量,充实新闻内容,"人人做外勤,个个要采访",连社长也亲自跑新闻,改变原来的只有一位专职记者、依靠通讯员的状态。还增辟"读者之声"专栏和《中央副刊》,从此内容充实,版面清新。第三,在言论方针上,既强调党派性,又标榜"人民性",声明要充当"人民的喉舌"。此口号新人耳目,在揭露一些贪官污吏方面也有一定的作用。第四,经营管理上,积极更新设备,完善财务制度,将党中央每月拨付的8000元用妥,并扩大发行网络。国民党中央在资金和人力上也大力扶持该报,1932年9月和11月分别增出《中央夜报》和《中央时事周报》,1935年10月后又在南京建造了中央日报大楼,购进新式轮转机,销量也由6000份上升至3万份,成为名副其实的中央第一大报。

南京政府成立后,中国社会仍处于激烈的动荡之中。共产党人在举行大规模的武装

[①] 蔡铭泽.中国国民党党报历史研究.北京:团结出版社,1998,52~53

起义的同时,并联合全国知识界发起了争民主、争自由的运动,包括胡适在内的资产阶级自由派公开与国民党唱反调。国民党内部,各反蒋派别联合起来,由暗斗明争到称兵竞雄,两广、华北相继爆发战争。国民党政府在武力征伐的同时,更加强各地的宣传,1929年以后在各地建立大规模的中央直属党报,有《华北日报》(北平)、《武汉日报》、《天津民国日报》、《西京日报》(西安)、The Peking Leader (《北平导报》)、《民国日报》(山东)、《福建民报》(后改为福建《中央日报》)。它们与南京《中央日报》组成了国民党党报的主力阵营,直接听命于国民党中央宣传部,为维护和巩固政府的统治卖力。这些报纸都反对共产党、排斥异己,同时也积极反抗日本的侵略、反映人民的抗日要求。①

2. 传统党报的演进与改造

上海《民国日报》和广州《民国日报》与南京国民党中央没有直接的关系,未被确定为中央直属党报。在《中央日报》之前它们是两家主要的国民党党报,标榜孙中山的三民主义信仰,以国民党的正统党报自居,对南京国民党中央表示了不满,也充当了国民党的反共喉舌,同时积极支持反对帝国主义的运动。在归附南京国民党中央的过程中,两报显得比较复杂。

上海《民国日报》有明显的"反蒋"和"抗日"色彩。1927年底曾在要闻版发表宋庆龄痛斥蒋介石反俄反共罪行的通电,1931年还在国民党人的通电中列举蒋介石的六大罪状,号召全党共弃之,随后招来蒋介石政府的打击报复。该报在一些重大问题上常常与《中央日报》态度不一。因《民国日报》的抗日言论,日本人迫使上海公共租界工部局封闭该报,报纸在表示了严正不屈的立场后,于1932年1月26日接受工部局通告,自行停刊。

广州《民国日报》随波逐流于混乱的局势中,充当过国民党各派的舆论工具,俯仰于各派的枪口,成为国民党党报的耻辱。南京国民党中央对它进行了艰难而复杂的改造,1928年在资深报人戴季陶的主持下改组,最终确立了其在华南地区最大党报的地位。随着政局的动荡,该报听命于粤系地方实力派,掀起一次次"反蒋"浪潮,而随着蒋介石军事上的胜利,它又唱起蒋介石的颂歌。直到1936年"两广事变"和平解决,报纸面貌才彻底改变,当时已易名为《广州中山日报》,改属于国民党中宣部直接领导。

3. 数量庞大的地方党报和军队党报网

国民党十分重视地方党报的建立,到1935年年底,建立了一个遍布东西南北的国民党地方党报网络。地方党报的数量庞大,结构复杂,分布广阔,发展不平衡。地方党报在中央通讯社和中央广播电台业务拓展、消息来源稳定的基础上得以普及。其中东部省份党报密集,几乎占全国国民党党报的80%,中原和西北、西南大片地区才占20%。

---

① 蔡铭泽.中国国民党党报历史研究.北京:团结出版社,1998,50~62

国民党还办有一批军队党报,以政治动员为目的、以报道军事新闻为主和以军队官兵为读者对象,北伐战争前已有30家。军队党报中最有影响的是《扫荡日报》,1932年6月创刊于南昌,对江西红军的围剿结束后,国民党在武汉成立"鄂豫皖三省剿匪总司令部",该报也于1935年5月迁至武汉,并扩充版面、更新设备、改善经营,还增加了抗日爱国的内容,讨伐日本侵略者的报道和言论引起较大反响,发行量达2万份以上。

表7-1 国民党全国党报统计表(1936.6)[①]

省市	报刊总数	党报数量			党报总数	占所在地报纸比例/%	备注
		党报	本党报	准党报			
上海	69	3	1	2	6	8.7	
南京	75	14	2	7	23	30.7	
江苏	272	75	15	3	103	37.9	
浙江	101	49	4	1	54	53.5	
安徽	61	28	2	0	30	49.2	
福建	35	9	1	0	10	28.6	
广东	121	31	2	0	33	27.3	含港澳
广西	13	6	0	0	6	46.2	
江西	49	38	1	0	39	79.6	
湖北	69	25	3	2	30	43.5	
湖南	89	57	2	3	62	63.7	
山东	123	52	1	4	57	46.3	含青岛、威海
四川	83	35	2	1	38	45.8	
贵州	1	1	0	0	1	100	
云南	20	3	4	0	7	35	
河南	39	19	1	1	21	53.8	
北平	62	2	1	1	4	6.5	
河北	105	34	1	1	36	34.3	含天津
山西	24	2	0	0	2	8.3	
陕西	9	3	0	0	3	33	
察哈尔	7	6	0	0	6	85.7	
绥远	10	5	0	0	5	50	
宁夏	3	3	0	0	3	100	
甘肃	17	15	0	0	15	88.2	
青海	5	5	0	0	5	100	
全国	1468	519	40	28	599	40.5	未含东三省和新疆

---

① 许晚成编.全国报馆刊社调查录.上海:上海龙文书店,1936,转自蔡铭泽.中国国民党党报历史研究.北京:团结出版社,1998,105~106

三、国民党党报的企业化经营管理

国民党党报经营管理经过了三个阶段。第一阶段从辛亥革命时期到20世纪30年代初,以政治宣传为要旨的传统党报,经营管理无足轻重。作为党的言论机关和联络机构,人员配置、经费来源、业务开展都是党的领袖直接指派或党员个人负担。第二阶段是1932年春《中央日报》改组到1945年抗战胜利,主要采取社长负责制的经营管理体制,报纸仍为党的言论机关,但已取得独立的法人资格,社长负责,报社有人事自主权和财务独立核算权。第三个阶段是抗战胜利后,国民党党报普遍实施股份制,实行企业化经营管理。

第一阶段的管理,以1928年6月和9月通过的《设置党报条例草案》《指导党报条例》《设置党报办法》三个重要文件体现得最为充分,规定:"凡中央及各级宣传部直辖之日报杂志,其主管人员及总编辑由中央或所属之党部委派之","中央及各级党部对各党报除将所定各项宣传纲要及方略先发给以资遵守外,并应随时指导宣传以为立言取材标准"。第二阶段,国民党中央常委制定了《中央宣传委员会直辖报社组织通则》《中央宣传委员会直辖报社管理规则》《中央宣传委员会指导与党有关各报办法》《中央执行委员会津贴新闻机关办法》四个重要文件,对国民党党报的组织形式、人事制度、经费来源、财务管理重新作了具体规定。党报从形式上已经摆脱了由党中央直接控制的模式,而改为党中央间接控制的社长负责制模式,开始重视经营,向企业化迈进了一步。同时,以此形式淡化了党报色彩,标榜既当"党的喉舌",又当"民众的喉舌"。

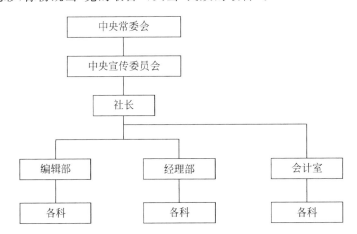

图7-2　中央日报社长负责制组织系统图(1932年5月)

1945年抗日战争胜利后,国统区新闻事业的中心随着政治中心由西部向东部转移而重新返回上海、南京一带。9月,国民党政府行政院颁布了《管理收复区报纸通讯社杂志电影广播事业暂行办法》,规定:"敌伪机关或私人经营之报纸、通讯社、杂志及电影制片、广播事业一律查封,其财产由宣传部向当地政府接收管理。"9月5日,国民党中央机关报《中央日报》以出席南京受降仪式为名,派员由重庆飞回南京,接收了汪伪《中央日报》、《中报》和兴中印刷所的设备与资财,在战前旧址重建起中央日报馆。9月10日,南京《中央日报》复刊,马星野任社长。至1946年5月国民党政府宣布"还都"时,国民党在接收敌伪新闻机构的基础上,重建起一个较战前更为庞大的国民党新闻事业网。以报纸为例,国民党中央直接主办的报纸即中央直辖党报发展到23家;省级党部主办的报纸27家。此外,国民党人士主办的准党报、县市级党部主办的地方党报以及国民党军方主办的报纸,为数也不少。[1]

1946年7月起,国民党党报开始实施企业化经营管理,到1947年春,南京、上海、成都的《中央日报》等国民党党报都组建了报业股份有限公司,停领津贴,向民众发售股份,并自称要做民间报纸,标榜以"经济自给自足为最高营业方针"。其实,国民党党报仍然是国民党中央及其政府的宣传工具,仍是为一党专政统治服务的。其企业化经营管理,政治上是适应国民党从"训政"到"民主宪政"统治方式的转变,经济上是迅速壮大的国家垄断资本主义在党营新闻事业中的反映。党营新闻业合法、有效地接收和利用敌伪财产和民产,以加强自身力量。

国民党还利用控股的方式改造了那些曾陷入日伪敌手的民营大报,如《申报》和《新闻报》。国民党当局以"战时附逆"为由,抗战后实行"党化"政策。蒋介石亲自审批国民党中宣部拟定的《上海敌伪报纸及附逆报纸处置办法》,并对如何处置《申报》、《新闻报》多次作出指示。据此,国民党中宣部拟定了《管理申报新闻报办法》和《申报新闻报报务管理委员会组织规程》等文件,组建报务管理委员会,分别由潘公展、萧同兹担任主任。通过这些措施,国民党实际上接管了申、新两报及其附属事业。1946年3月9日,国民党又拟定了申新两报的改组方案,在两报股额中国民党官股占51%以上。[2] 申、新两报虽保存了民营性质,但却被纳入了国民党党报体系,以民营立场,尽宣传职责。

股份制模式的确立,使国民党党报在组织形式上基本等同于民营报纸,实现了财产所有权和经营权的分离。报纸企业有了高度自主权,在利益机制的刺激下实行严格的科学管理,结构趋于合理,效率得以提高。中央日报社在战后发展成一个拥有12家分社的报团组织,在南京、上海、重庆、贵阳、昆明、桂林、长沙、福州、厦门、海口、沈阳、长春等12个城市同时出版,影响遍及全国。其中上海《中央日报》实行企业化以后,发行量升至第4位,仅次于《申报》、《新闻报》和《大公报》。和平日报社也拥有9个分社,在南京、上海、

---

[1] 丁淦林.中国新闻事业史.北京:高等教育出版社,2002,346
[2] 马光仁.战后国民党对申、新两报的控制.新闻研究资料,1985-11

汉口、重庆、兰州、广州、沈阳、台北、海口等9个城市同时出版。《武汉日报》《中山日报》、《东南日报》等也纷纷改建为报团组织,在其他城市建立分社,出版地方分版。一批具有现代经营意识和新闻工作经验的报人脱颖而出,担任各党报社长,如南京《中央日报》社长马星野、《新闻报》社长程沧波、《东南日报》社长胡健中、重庆《中央日报》社长刘觉民。马星野(1909—1991),毕业于美国密苏里大学新闻学院,回国后长期主持中央政治学校新闻系,曾任国民党中宣部新闻事业处处长,1945年接任南京《中央日报》社长,1949年去台湾后继续担任《中央日报》社长,1964年担任台湾中央通讯社社长后,于1973年将中央社改组为股份有限公司。国民党党报企业化经营管理体制,迎合了当时中国报纸企业化的潮流,探索了中国政党报纸企业化的新路。当然,在这种管理模式中还存在不健全、不合理的地方。

1949年4月24日,《中央日报》在大陆出了最后一期。

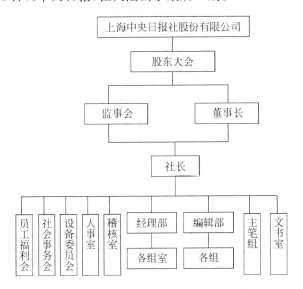

图7-3　上海中央日报社企业组织结构图①

四、国民党的通讯社和广播事业

中央通讯社1924年创办于广州,只是国民党中宣部的一个附属小机构,1927年5月迁往南京,直到1932年独立经营后才发展成为一个全国性的通讯社。中央社与《中央日报》是同步改革的。1932年5月中央党部任命中央宣传部秘书萧同兹为社长,负责改组

---

① 蔡铭泽.中国国民党党报历史研究.北京:团结出版社,1998,290

"中央社"。萧同兹(1894—1974)后来主持中央社达32年之久,被称为"中央社先生",是"中央社的灵魂人物"。① 他向国民党中央提出三项原则,征得国民党中央的同意:迁出国民党中央党部独立经营,做成社会文化事业机构;以新闻为本位,自设无线电新闻专业电台,发稿有自行决定权,不受外界干涉;社长有自行决定用人权。萧同兹将此三条解释为"工作专业化"、"业务社会化"、"经营企业化"。这样,中央社受国民党内各种派别势力的掣肘少了,又便于蒋介石的直接控制,提高了效率,也从形式上淡化了其党部工具的色彩。当时商营的申时电讯社、国闻通讯社是国内新闻的主要来源。中央社努力革新,充实采编电讯各部门,社务一新。国民党政府除了从军事部门拨给大量电讯设备外,还多次拨专款从意大利、德国购买无线电收发报机和器材,于是中央社的规模得到迅速扩大。第一,中央社在国内建起了通讯网,在各大城市设立了10多个分支机构,同时设20多个"通讯员办事处",基本上覆盖全国,垄断了国内新闻;第二,自设无线电台收发新闻,时效超过了国闻社和申时社;第三,建立了国外新闻采访网。1933年派戈公振为特派记者,出席了日内瓦国际新闻会议。第四,在政府的支持下,中央社逐渐从外国通讯社手中收回它们在中华民国的发稿权,从而能自主发布新闻,免受外国通讯社的控制,还先后与路透社、哈瓦斯社、合众社等国际著名通讯社签约,交换新闻。中央社直接对全国250家报社发稿,每天发出中文电讯8000字到12000字,边疆地区也能得到当天的新闻。抗战时期,日军曾对中央通讯社总社实施两次猛烈的空袭,其他的分社也未能幸免,但整个战争期间中央社从没有停止供稿。抗战胜利后迁返南京,规模不断扩充,分支机构国内达52个、国外25个。

1949年中央社随国民党迁到台湾,曾虚白任社长。1973年4月中央社改制成立"中央通讯社股份有限公司"。在国民党"一党独大"的执政时期党政之分不明,党营的中央社就一直以"国家通讯社"自诩。报禁解除、新闻自由进步,加上在野党派对政府的监督日增,结果国民党党营的中央社由政府单位编列预算予以补助之举,在"立法院"受到在野党派的强力反对,最后在国民党立委的多方协调下,国民党承诺积极改制为"国家通讯社",反对党才同意中央社的预算过关,并削减了十分之一的预算。1995年底经"立法院"同意,中央社正式脱离党营时代,转型为一个企业化、专业化的"国家通讯社"。改制后中央社仍然设有董事会与监事会,人事任用权由"行政院"院长主导。

广播电台的出现,在中国新闻传播史上是一项创举。1922年美国人奥斯邦(P. Osborn)为推销无线电器材在上海办起一座无线电台,1926年10月1日,哈尔滨广播电台开播,北洋政府交通部筹办的天津、北京等地的官营广播电台相继播音,以娱乐节目为主。国民党定都南京后,陈果夫、戴季陶、叶楚伧等首倡设立广播电台。1928年8月1日,

---

① 郑贞铭.百年报人.台北:台湾远流出版公司,2001,85~87

中国国民党中央执行委员会广播无线电台(简称中央广播电台)正式开播,这是国民党广播网的中心。电台初创时功率只有 500 瓦,电波仅及东南少数省份,每天间歇播音 4 小时,内容主要为传达政令和阐扬党义,附带报道新闻和播送音乐节目,所播新闻稿件都由中央通讯社提供。1932 年 11 月新台装竣开播,功率之大为东亚之冠,不但全国各地能清晰收听,日本、菲律宾等地也都在电波的覆盖中。播出的节目中,新闻所占比例近三分之一,此外还有杂谈、演讲、教育、文艺等节目,1934—1935 年间开播广播剧。广播语种已经有汉语、英语、蒙语、藏语、日语等。各省市的广播电台,也在 1928 年后逐步建立起来。此外,抗战前中央广播事业管理处还建立了福州、河北、西安、南京、长沙等地方台。抗战胜利后,中央广播电台由重庆迁回南京,还开办了对国外广播,规模较战前更加扩充。此外,国民党当局接收并改建 20 多座日伪电台,成为国民党的官办电台。当时并存的还有 103 家民营电台,竞争也相当激烈。

第二节　国民党的"三民主义新闻思想"与新闻控制

一、三民主义的新闻思想

　　以孙中山为代表的革命报人,为中国政党报刊思想的完成作出了重要贡献。郑贯公、章太炎、于右任、孙中山都在实践中阐述了报刊思想。他们强调的主要有:报纸非常重要,是"舆论之母"(孙中山《〈民报〉发刊词》);党报的党派性,不必讳言;办报的首要任务是革命,报刊的作用是政治斗争;报纸不仅反映舆论,还可以影响舆论和制造舆论。关于党报,其意有三:党报是党组织的一个组成部分,必须服从党的领导,宣传党的纲领;党报是革命信息的交流中心,革命活动的联络枢纽;党报不仅仅是党报编撰人员的事,而且是全党的事。① 革命党、国民党的党报、机关报思想,明显受了俄国革命党人,特别是列宁领导的俄国社会民主工党的办报活动的影响,并以之为榜样。②

　　政党的机关报纸曾为了达到政治宣传目的而不择手段制造假新闻,并美其名曰"革命造谣",大量刊载虚假新闻,报道为革命需要而造。③ 这是西方政党报纸最黑暗时期常用的手段,这种不良传统对国民党党报一直有影响。

　　早期的新闻思想,在国民党执政后又有发展。1930 年,国民党提出"党报原则":以三民主义为最高指导原则,以党的政纲为宣传材料;坚持党的立场,以中央的态度为态度,

---

① 蔡铭泽.中国国民党党报历史研究.北京:团结出版社,1998,21~24
② 方汉奇.中国近代报刊史.太原:山西人民出版社,1981,636
③ 李良荣.从"原始失实"到"官方谣言".新闻大学,1982-6,(5)

严守党的秘密,绝对受上级党部的指挥;尽量避免为一派一系所利用,维持党德。此后,围绕三民主义的最高原则,国民党人又阐述了其新闻思想。马星野在任中央政治学校新闻系主任、教授时,发表过长篇论文《三民主义的新闻事业建设》①,第一次明确论述"三民主义的新闻事业"。

1. 新闻事业的目标

马星野认为,"一切制度的背后,有着理想,一切方法的核心,有着目的。因为共产主义的理想,所以产生苏联现状下的新闻事业。《真理报》、《新闻报》,塔斯社都是工具,无产阶级的利益才是目标。因为个人主义、自由主义的理想,所以产生了英美法等国的新闻事业,北严兄弟的托辣斯,哈斯脱连环报等等都是工具,资本家的牟利总是目标……"而"三民主义社会的新闻事业之目标,不是为资本家赚钱,不是为统治阶级说谎,而是为着全社会中每个分子(国民),为全社会的整个生命(民族)服务。记载时事,领导舆论只是一个手段,解放民族,建设文化才是目标"。"民族至上国家至上,这是中国新闻界的第一个指南针!"

按照对民族主义、民生主义、民权主义三方面的理解,新闻事业中的民族主义是关于报业在国家民族中的地位和作用问题,即报业的生存和发展的问题;民生主义是关于政府和人民的关系问题,即报业怎样实现自己的目标,怎样为国家和民族服务;有人认为言论出版自由是民权主义的最好保障,马星野认为英美式的言论出版自由理论上能充分表示民意、发展民权,实际上却令人怀疑。他也反对言论统制、新闻统治的主张,反对将报纸仅仅作为政治工具。报纸应当记载时事(真),批评时事(理),才是人民所求的真理。

2. 报业的地位和作用

报业的地位如何? 国民党特别重视报业的地位。蒋介石以国民的导师自居,他也将报纸比作国民的导师:"报纸是国民的导师,报纸的言论记载,影响国民的心理甚大……所以舆论界的责任,比任何(事业)都大。"②1940年3月23日蒋介石在中央政治学校新闻专修班甲组毕业典礼上作《今日新闻界之责任》③训词,强调:"新闻记者应为国家意志所由表现之喉舌,亦即社会民众赖以启迪之导师。"国民党将新闻业的重要性,提高到关系"革命事业"成败的地步。蒋介石在该训词中说:"我国50年来国民革命之事业,由萌芽而发生、而成熟,皆与新闻界有极深之关系,其消长进退之机,亦视为新闻界之认识与努力以为断。凡新闻界之努力与建国方针相适合,革命之进展必迅速,反是则必迟滞,今当全国努力抗战之时,我新闻界为国奋斗责任之重大,实不亚于前线冲锋陷阵之战士。如何宣

---

① 刊青年中国创刊号,1939-9-30
② 蒋主席对记者之演说词.中央日报,1929-7-11
③ 新闻学季刊,1940,(3)

扬国策,统一国论,提振人心,一致迈进,达到驱逐敌寇,复兴民族之目的,而完成三民主义国家之建设,实唯新闻界积极奋斗是赖。"蒋介石十分重视新闻业,1940年7月16日在中央政治学校新闻专修班毕业典礼上又作另一训词《怎样做一个现代新闻记者》①:"我们以后要抗战胜利,建国完成,新闻事业作为宣传工作主要部门所负的责任是特别重大!大家都知道:我们要实行三民主义,建设现代国家,一定离不开下面三件事:即(一)人与社会的组织,(二)干部与群众的训练,(三)宣传事业的推动,末者尤为重要!我们要实行主义,尤先要阐扬主义,要建设国家,就先要宣扬国策,能发动民众,群策群力,以收事半功倍之效。"

3. 报业与政党和人民的关系

国民党高级官员一再宣称,党和国家的利益,就是人民的利益。蒋介石在公开言论里还表示:党报代表党和代表人民,是统一的,为党和国家发言,就是替人民大众讲话,新闻事业在党、国家和人民之间充当了一种桥梁作用。蒋介石还强调,新闻第一要迅速,新闻之所以成为新闻,就在于内容的新颖;第二要确实,如果新闻宣传失实,或者完全虚构,结果必然失掉读者的信任;第三不仅报道官方政治新闻,而且应面向经济建设、面向工农大众的新闻方向发展。过去"报纸所采取之新闻之主要对象为官署,为机关,今后应为农村工场,为合作社,为一切生产之组织"(《今日新闻界之责任》)。②《中央日报》社长程沧波在改组该报的社论《敬告读者》(1932年5月8日)中提出:"依吾人所见,党之利益,与人民之利益,若合符节。换言之,人民之利益即党之利益,为人民利益而言,即为党之利益而言。故本报为党之喉舌,即为人民之喉舌。"蒋介石在训令中要求新闻工作者要有爱国救国的高尚情操和艰苦卓绝的奋斗精神,"新闻记者必自待甚厚,而自修甚笃",要和蔼可亲、礼貌周到,要自爱自重。③

4. 报业的体制和管理理念

按照马星野对民生主义新闻事业的解释,民生主义是以生产工具国有化为最终理想,所以中国报业最后应当是国有体制。第一,要发展国营的新闻事业,采用最新的科学方法,为将来纯国营新闻业奠定基础。第二,对于私营的新闻业,凡不合于需要及贻害国家民族及社会者,要加以取缔及扑灭。第三,对于善良的新闻报纸,国家要高度予以保护,使其欣欣向荣,作为国营新闻事业的辅助。要重点发展国营新闻业,即党报和军报两个国营新闻事业体系。马星野推崇苏联的新闻业,"苏联国民新闻事业,许多部分是值得我们参

---

① 新闻学季刊,1940,(3)
② 新闻学季刊,1940,(3)
③ 蔡铭泽.中国国民党党报历史研究.北京:团结出版社,1998,244～248

考的。苏联的党报与政府机关报,在技术方面差不多百分之百是采用英美方法的,新闻之传递迅速,印刷之精美钜量,管理之严密与发行之有效率,都可以直追英美"。他在《三民主义的新闻事业建设》中还强调,对民生主义新闻业的研究,是要研究新闻业如何经营、如何组织、怎样生产、怎样分配。① 在这样的理念下,国民党一直很重视对党营新闻业的经营管理,以淡化党性来达到经营之效。

另一方面,蒋介石十分强调党报应以宣传为本位,营业仅是达到宣传目的的手段,不可倒果为因。"我们从事党国的宣传工作,无论办报纸、办刊物,一定要求其销行之普及,而不可以盈利为目的。本来现代新闻事业的经营,绝不是纯粹商业的性质,而是要求达到宣达民意,指导舆论,贯彻国家宣传政策的目的",新闻事业"不仅不能以盈利为目的,而且要不惜成本,不惜牺牲,充实内容,提高效率"。(《怎样作一个现代新闻记者》)②

5. 以民权主义为新闻控制的理论基础

马星野在上述《三民主义的新闻事业建设》中,论及民权主义的新闻事业时强调,第一,"凡鼓吹阶级利益,少数人利益,及派别利益的报纸,都要予以限制或不许其存在"。第二,"革命人权,不是天赋人权,凡是反革命者不许享受民权"。"凡是反革命的人,显然不许其享有言论自由与出版自由,换言之,创办报纸,记载时事与批评时事,只有服膺革命的人民才有此权利……凡是叛国叛党乱臣贼子,都不许在民权主义的社会中,借口言论自由与出版自由,肆无所忌。为了使反革命分子不至于盗窃此项自由,所以任何人在出版报纸之先,要由国家审查其合格与否,而颁给许可证。在报纸出刊以后,国家不许其有危害党国及公安之言论记载。出版法之订立即在完成此二任务"。第三,权能分开,政府有充分的治权,人民有充分的政权,因此"当政府行使其充分的治权的时候,报纸不能作不负责之攻击;当报纸领导人民,训练人民行使其充分的政权的时候,政府也不许对报纸作不必要之束缚"。文中还引述孙中山的话:"报在专制时代,则利用攻击,以政府非人民之政府。报纸在共和时代,则不利用攻击,以政府乃人民之政府",同时推崇列宁的话:"在群众从事于建设新社会之斗争中,报纸是最好的组织者与领导者"。第四,民权主义主张"扩大自由之意义,注意团体尤其是国家之自由,不注重个体的自己;注重个人对他人之义务,而不注重于争个人之权利"。因此"当报纸的记载自由及批评自由与国家利益社会利益有冲突之时,报纸要牺牲其自由;当报纸之记载权利与批评权利,侵入其他个人或团体应有权利之时,报纸也应守着义务而牺牲其权利"。总之,他不主张英美的自由主义或德意的统制主义,也不许资产阶级或无产阶级垄断言论自由,而且"为顾全民族利益与国家自由,报

---

① 刊青年中国创刊号,1939-9-30
② 新闻学季刊,1940,(3)

纸要牺牲其自由之一部分"。这些理论,成为国民党控制新闻业的基本出发点。

二、国民党的新闻控制

国民党的新闻主管机构是国民党中央宣传部,成立于1924年,直接受国民党中央执行委员会的领导。抗战爆发后,国民党中宣部部长是邵力子,1938年改组后,顾孟余为中宣部部长,周佛海、董显光是副部长,以后历任宣传部长的有叶楚伧、王世杰、张道藩等。①

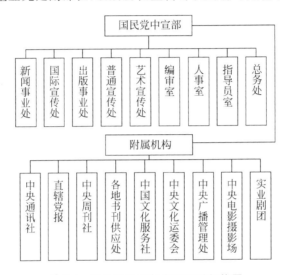

图 7-4　国民党中宣部主要下设机构图

1. 对党报的管制：严格要求

国民党执政后,出台了大量以审查新闻舆论为目的的法令、法规,其中有对党营新闻业的严格掌控。1928年颁布的《设置党报条例草案》、《指导党报条例》和《设置党报办法》三个文件,规定:"凡中央及各级宣传部直辖之日报杂志,其主管人员及总编辑由中央或所属之党部委派之","中央及各级党部对各党报除将所定各项宣传纲要及方略先发给以资遵守外,并应随时指导宣传以为立言取材标准。"

蒋介石明确声称《中央日报》是代表政府发言的机关,对《中央日报》、中央社和中央广播电台要求非常严格,从宣传方针、人事制度、经费来源、组织纪律等方面严行控制,几家媒体稍有差错,必遭训斥。

---

① 王晓岚.喉舌之战　抗战中的新闻对垒.桂林:广西师范大学出版社,2001,141

2. 新闻检查体制：机构严密

国民党中宣部成立了一系列的专门机构，形成了严密的检查体制。中宣部设审查处负责审理报纸的电讯和稿件，设中央图书杂志审查委员会负责处理图书杂志的原稿，设戏剧审查委员会和图书杂志处共同处理戏剧剧本。在各省市也都有相应的审查分支机构。

据不完全统计，从1929—1936年，国民党中央宣传部各处室查禁了所谓"普罗文艺"书籍309种。1939年春，国民党中央成立军委会战时新闻检查局，统一新闻检查大权。"军检局"在全国设立了重庆、成都、西安、桂林、昆明五大特级新闻检查处，各省新闻检查所升格为新闻处，负责人升格为少将或上校级别。省以下都设立新闻检查室，各县市政府设立专门管理新闻报纸的部门。

3. 新闻法规政策：从登记制转向审查制

1930年12月，国民党制订的《出版法》对于出版限制主要是申请登记和出版品内容的限制。但1932年11月，国民党中宣部又公布了《宣传品审查标准》，将宣传共产主义的视为"反动宣传品"，将批评国民党视为"危害民国"，而且动辄"反动"，凡此等等一律禁止出版。此《标准》预示着注册登记制向审查制的发展倾向。

新闻管制除了成文的法规外，主管宣传的国民党高级干部对新闻检查均有原则性的指示，如胡汉民曾说："党义是我们检查一切的总标准。"陈布雷则重视自我审查的作用："愿行法之人顾大体而略小节，谙法意而少运用……故除诚心反动之宣传品外，对于一般，与其严毋宁恕，必使舆论出版界有发乎爱党国之真诚而自知审慎。"

4. 战时新闻管制：以查禁为主题

抗战爆发后，国民党藉口战事，更严格地控制舆论。其新闻统制、加上日伪新闻压制与法西斯意识形态的影响，法西斯新闻思潮在国统区与敌占区产生了极坏的作用。1938年11月2日，国民党中央作出《确立战时新闻政策的决议》，要求在全国实行"战时出版管制"。所有出版书刊，"未经原稿审查者，概予依法取缔"。报纸出版申请"暂缓办理"，新登记的报纸多是官营和半官营的。蒋介石手谕中宣部和军事委员会，加强新闻审查。

1941年至1945年间，国民党的相关临时性指示就达200余种。而《修正战时新闻检查标准》和《修正图书杂志原稿审查办法》这两个法规中规定的禁载事项达70余项。限定内容涉及政治、军事、外交、经济与财政、文化、社会事务等各方面，禁刊批评国民党党纲、党义和总裁个人内容，禁刊鼓吹"过激思想"的内容。1943年8月中宣部发布了《抗战期间宣传名词正误表》，规定："边区政府"、"抗日政府"等词不许用；"两面派"、"亲日派"、"团结"、"解放"、"国共合作"、"各阶层人民"、"抗日民族统一战线"等词为"谬误名词"；

"革命的三民主义"、"真正的三民主义"要改为"三民主义";"拥护革命的领袖"、"拥护抗日的领袖"必须改为"拥护领袖","妇女解放"要改为"妇女复兴"。

1938年1月至1941年6月,国民党中宣部、中央图书杂志审查委员会先后通令查禁的书刊有961种。1941年4月28日,查封了中国青年新闻记者学会以及《救亡日报》、《全民抗战》等5种报刊、生活书店及在各地的48个分店、读书生活社、新知书店等新闻出版发行单位。随后,《学习生活》、《新闻记者》、《国民公议》等几十种报刊被查封。国际新闻社总社被缴销营业证,全民通讯社遭查封。1942年,又封闭了《世界知识》等500余种报刊。这种对于报刊、出版社的追惩制,使全国报刊数量锐减。1939年,全国有报刊1031家,而1940年11月在大后方获准发行报刊只有273家,这其中绝大多数又是亲国民党的报刊和消遣、娱乐性的刊物。

抗战胜利后,当时社会政治力量更加活跃,出现的各类政党不下百种,各党派纷纷出版报刊作为舆论喉舌。在这种情况下,国民党更是加紧控制。1945年9月至1946年8月,被国民政府查封及遭迫害的报刊达724家。仅1946年,政府借登记问题查禁的报刊,重庆有20家,北平有77家,昆明有46家。同年1月,内政部通令新申请登记的报刊资本数额提高,想藉此增加报刊申请的难度。1948年,全国有19家报刊被查封,12家报社、通讯社受到警告或停刊处分。

后来迫于压力,国民党宣布废除出版检查制度,但又把"收复区"视为军事戒严区并依然施行新闻检查。各级新闻检查机构也纷纷移师上海、北京、南京、武汉等大城市,目的在于维持国民党在东南中国舆论管理上的垄断地位。

1947年,国民政府公布《特种营业限制办法》、《白报纸配给标准》等一系列具体法规,对纸张、印刷、发行实施统制。国民政府竟然把书店业、印刷业与理发业、洗澡业、乐户业、娼妓等混为一谈,统称为"特种营业",以这些行业易"窝藏歹徒"为名加强管理。对于舆论的钳制,随着政治、军事上的节节失败而愈加疯狂。1948年底重庆市国民党党部新闻官员举行的招待会,新闻官员发下书面指示共计13条,包括:不得诋毁政府及元首;不得刊载动摇民心、降低士气的消息言论;不得刊载刺激物价之消息等等。他们还给新闻界出了16个题目,如《我们为什么而战?》、《剿匪战争就是反侵略战争》、《为国家民主自由而战》、《为民族独立生存而战》等等,要求各报围绕着这些题目配合政府的宣传。①

在实行审查制度的同时,国民党政权也实行了一套对新闻舆论的追惩制度。当时,还有一些相关的宣扬新闻控制的新闻著作,如孙义慈的《战时新闻检查的理论与实际》,国民政府宣传部中央报业经理处的《新中国新闻论》,以及管翼贤纂辑的《新闻学集成》的部分章节。

---

① 本目内容,主要参见江沛,纪亚光.民国时期对新闻出版的审查与追惩.传媒观察(http://www.chuanmei.net).摘自毁灭的种子:国民政府时期意识管制分析.西安:陕西人民教育出版社,2000

第三节 独立政治力量的崛起：共产党的新闻事业

中国共产党的党报作为党的事业的一部分，是与党的创立、发展一样，在斗争中曲折前进并逐渐壮大起来的。"五四"新文化运动时期，马克思主义在中国的广泛传播，成为中国共产党成立的基础。文化运动的领袖们思想取向的差异日趋明显，以陈独秀为代表的一派，后来接受了马克思主义，从1920年9月第8卷起改组《新青年》，广泛传播马克思主义，实际成为中共上海组织的机关刊物。1921年7月中国共产党成立后，《新青年》一度成为中共中央理论刊物。中国第一代共产党人，当时虽然只有五六十人[①]，但他们开始进入并领导工人阶级运动，在中共领导下，一批工人报刊、青年报刊、学生报刊、军人报刊纷纷创办，声势空前，在反帝反封建的斗争中起到了积极影响。国共合作后，两党报刊一度并肩战斗。土地革命战争、抗日战争和解放战争时期，共产党人办的报刊进行了艰苦卓绝的斗争，并先后创办了通讯社和广播电台，到20世纪40年代初，共产党在延安建起了中央级的报刊（《解放日报》）、通讯社（新华通讯社）、电台（延安新华广播电台）三位一体的新闻事业。共产党的新闻事业在斗争中得以生存并最终得到了广阔的发展空间。

一、共产党报刊：代表独立的政治力量

在上海共产党组织的联络推动下，北京、武汉、长沙、广州、济南等地1920年相继建立了早期的党组织。在筹建中国共产党的过程中，迫切需要新闻舆论工具来作理论上的和思想上的大力宣传、发动和组织工人运动。在共产国际的指导和俄共帮助下，中国共产党早期新闻事业诞生了。中国共产党、共青团、工会的中央机构都曾设在人口密集的上海，那里印刷和传递条件都比较好，因此中央级的报刊，也与国民党报刊一样，都从上海办起。之后共产党报刊经历了从城市向农村、再回到城市的曲折路线。战争时期，共产党的根据地一般都建立在经济文化比较落后的农村地区，艰难困苦的环境中共产党始终坚持创办新闻事业。在农村的党报经历了十年内战、抗日战争、解放战争的严峻考验，克服物资、技术、人才等各方面的困难，以顽强的战斗力生存下来，并最终得以发展。中华人民共和国诞生前后，中共中央的机关报及各省市机关报，都有组织地创办和发展起来。

1. 共产党早期机关刊物

首先是《新青年》改组成为党组织的机关刊物，发表了一系列阐述马克思主义、社会主

---

① 中国共产党组织史资料汇编.北京：红旗出版社，1983.2

义的重要文章,翻译俄共大量文献进行共产主义宣传,其中陈独秀、李大钊、李达等是宣传主力。1920年11月7日,上海党组织出版了理论机关刊物《共产党》月刊,半公开出版,目的是为在中国建立一个走十月革命道路的布尔什维克式的共产党作宣传。《共产党》介绍了共产国际和共产主义运动的情况和文献,探讨只有社会主义和共产主义能够救中国,主张用革命手段夺取政权,并向读者灌输马克思主义、报道国内工人运动的情况。

中国共产党非常重视报刊宣传工作,1921年7月党的第一次全国代表大会上通过的第一个决议就对出版党报的原则性问题作出了规定,提出:"每一地区,均可视其需要而发行一份工会杂志,一份日报或一份周报,以及小册子,临时传单等。"决议把工人运动列为首位,并成立专门机构中国劳动组合书记部,创办上海《劳动周刊》为该机构的机关报,其北方分部的机关报是北京《工人周刊》,山东、武汉、长沙的分支部也出版了工人刊物,称《劳动周报》或《劳动周刊》。上海《劳动周刊》发行量多时达5000份,被公共租界以"登载过激言论"、"鼓吹劳动革命"的罪名勒令停刊,主要编撰人李启汉被捕关押,后被租界逐出。①

2. 中共中央机关报

1922年7月党的"二大"制订了反帝反封建的民主革命纲领,8月的"西湖会议"专门讨论国共合作问题,认为必须加强对党的民主革命纲领的宣传,特别是加强对国共合作的宣传,决定出版《向导》周报。《向导》于1922年9月13日在上海创刊,经费由共产国际资助,是一份政治评论刊物。陈独秀题写刊名,蔡和森、彭述之、瞿秋白先后担任主编。起初,中共各大区、省、市党组织的领导人是其主要撰稿人,如罗亦农、周恩来、赵世炎、彭湃、毛泽东等七八人,后期发展到近百人。《向导》是中共中央第一份政治机关报,它的目标是建立"统一、和平、自由、独立"的中国,表明中国共产党已经成长为独立的政治力量。《向导》最初不分栏,后设"时事短评"栏,之后该栏又分为"中国一周"、"世界一周",再后来设"寸铁"栏刊载小随感,另外又设了"各地通讯"、"读者之声"、"余录"、"什么话"等栏目。起初每期8页,后增至12页、再至18页。《向导》的编辑部处于不断迁徙中,1922年10月随中共中央迁往北京,之后又被迫迁往广州,不久又从广州迁往杭州,接着又从杭州迁往上海。上海租界曾搜查、严禁出售,北洋政府一再下令禁邮、没收,但《向导》坚持出版,发行量从开始的几千份,增至几万份,最高时竟达10多万份(与当时公开发行的最大商营报相当),受到广泛的欢迎,分销处由最初的几大城市发展到全国的大中城市,影响波及穷乡僻壤,并被誉为"黑暗中的中国社会的一盏明灯"。1923年12月在北京大学25周年纪念日的"民意测量"中,《向导》列全国周刊的榜首,获得最多"各界爱读"票。1925年中共"四大"认为党中央机关报《向导》"立在舆论的指导地位"。1926年底《向导》从上海迁往汉

---

① 郑保卫主编.中国共产党新闻思想史.福州:福建人民出版社,2004,6~10

口。蒋介石发动"四一二"反革命政变后,《向导》于1927年7月18日停刊,共出版201期,载文1474篇,累计346万多字。①

1927年"四一二"政变后共产党的报刊几乎全部停刊。8月中共中央发出通告,要求各级党部努力恢复和加强党的宣传鼓动工作。1927年10月24日,中共中央机关报《布尔塞维克》在上海秘密创刊,瞿秋白等5人组成编辑委员会,瞿秋白为主任。《布尔塞维克》所设专栏与《向导》相似,初为周刊,后改为半月刊、月刊、双月刊,采用伪装封面出版②。1928年11月20日,中共中央又创刊了机关报《红旗》,由中宣部主编,初为周刊,后改为3日刊。1930年8月15日,中共中央决定《红旗》与通俗报纸《上海报》合并,出版《红旗日报》,李求实为首任主编。《红旗日报》报头左署"全世界与被压迫民族联合起来!",右署"中国共产党中央委员会机关报",除了发表消息、评论、中共中央文件外,还经常刊载革命根据地来信、莫斯科通讯、欧洲通讯,每周有一篇系统分析国内外形势的时事赏评。1930年10月30日,《红旗日报》增出独立副刊《实话》。当时处于秘密状态的中共中央,以通告形式指导各级党组工作、分析形势和政策,1931年初中共中央决定以党报的社论代替通告。1月27日,中共中央政治局通过《关于党报的决议》,规定4个中央机关报的性质:《红旗日报》为中央机关报,《实话》为中央经济政治机关报,《布尔塞维克》为中央理论机关报,《党的建设》为中央组织问题的机关报。4报各设1位主笔,4主笔组成中央党报编辑处,同时成立中央党报委员会负责领导。在极艰难的条件下,中国共产党重建了中央级的党报网络。但是,由于"左"倾错误的影响,刚刚建立的党报网络损失殆尽。1933年1月,临时中央被迫从上海迁往中央革命根据地,党报也随之转移。

大革命失败后,共产党决定创办工农红军,开辟农村根据地。毛泽东强调:"红军的宣传工作是红军的第一个重大的工作。"根据地多处于偏僻落后的数省交界之处,四周遭国民党严密封锁,人力物力奇缺。第一个根据地井冈山,主要是采用标语、传单、布告、壁报、简报等形式宣传的。1931年,中共在中央革命根据地江西瑞金创办第一个机关报《红色中华》(12月11日)、机关通讯社"红色中华通讯社"(红中社)。《红色中华》铅印4开,每期出2~8版不等,最多时10版。初为周刊,首任主笔周以栗,起初是中华苏维埃共和国临时中央政府的机关报,1933年2月改出3日刊,成为中国共产党苏区中央局、中华苏维埃临时中央政府、中华全国总工会、中国共产主义青年团的联合机关报,后又改为双日刊。1934年因红军长征而休刊,1936年1月在陕北复刊。1937年1月29日,为适应新的形势,改名为《新中华报》,首任社长是博古(秦邦宪)。该报初期为中华苏维埃中央政府机关报,1939年2月7日改组为中共中央机关报兼陕甘宁边区政府机关报。

---

① 蔡铭泽.《向导》周报研究.福州:福建人民出版社,2004,14~17
② 封面曾用假刊名如:《中国文化史》、《中央半月刊》、《新时代国语教授书》、《少女怀春》、《平民》、《经济月刊》、《金贵银贱之研究》和《虹》。

随着革命根据地和红军的日益壮大,红军报刊有了进一步发展,基层连队普及了墙报,各师、军区、军团、方面军和中央军委,都出版了油印或石印小报,甚至铅印的报纸,仅中央根据地就有30多种。中国工农红军军事委员会机关报《红星报》,同样于1931年12月11日创刊于瑞金,由总政治部主办,邓小平、陆定一先后任主编,编辑部一直只有三五人,通讯员有500多人,包括党和军队的各级领导和战士。铅印毛边纸印刷,4开(曾出过32开油印),2~8版不等,两天到半月不定期出版,介绍苏联红军的政治工作经验,大量报道红军各级机关的政治、文化、卫生等工作情况和经验,1933年仅在江西苏区发行就达1.73万份。在长征途中,《红星报》坚持油印出版,每期印七八百份发到连队。工农红军到1933年下半年先后在14个省的边界地区开辟出10多块革命根据地,建立起红色工农民主政权,出版了一批党政军机关和群众团体的报刊。

1941年5月16日,在《新中华报》和《今日新闻》合并、改组的基础上,中共中央在延安创办机关报《解放日报》,这是中国共产党在抗日根据地出版的第一份大型日报。毛泽东题写报名、并撰写了发刊词,博古为首任社长,杨松为首任总编。《解放日报》创造性地宣传了中共中央的各项主张,为抗日战争和解放战争的胜利作出了重要贡献。1947年3月27日《解放日报》停刊,此后的两年多中共中央没有再办机关报,而是加强了新华社的工作。1949年3月,中共中央华北局机关报《人民日报》迁入解放了的北平,8月改为中共中央机关报。1949年起设社长,由胡乔木、范长江、邓拓等先后担任;实行总编辑制后,邓拓、吴冷西等先后任总编辑。此后,《人民日报》一直是中共中央机关报,是历史最长的中国共产党机关报。

表7-2 中共中央机关报一览表

报刊名称	创刊—停刊时间	地 点	主要编辑	刊期
向导	1922.9.13—1927.7.18	上海、北京、广州、杭州、汉口	蔡和森、彭述之、瞿秋白	周
布尔塞维克	1927.10.24—约1932.7	上海	瞿秋白等	周、半月、月、双月
红旗	1928.11.20—1930.8.14	上海	中宣部	周、3日
红旗日报	1930.08.15—1931.03.08	上海	李求实等	每日
红色中华	1931.12.11—1934.10.03 1935.11.35复刊—1939.1.29 改名《新中华报》—1941.05.15	江西瑞金 陕北瓦窑堡	周以栗等	周、3日、2日、周3
解放日报	1941.05.16—1947.03.27	延安	博古、杨松等	每日
人民日报	1949.08至今	北京	胡乔木、范长江、邓拓等	每日
新华日报	1938年1月11日—1947年2月28日	汉口、重庆	潘梓年、熊瑾玎、华岗	每日国统区

此外，中共中央在各个斗争时期都创办过一些非常重要的报刊，如《热血日报》、《新青年》、《前锋》、《红旗》、《红旗周报》、《战斗》周刊、《实话》、《斗争》周刊、《群众》周刊、《解放》周刊等，它们都为中国共产党的事业作出过重要贡献。《热血日报》是共产党创办的第一个日报，与《向导》都是共产党领导五卅运动的指导报刊，于1925年6月4日至6月27日间共出24期，主编瞿秋白。

3. 地方党委机关报

中国共产党在稳固了中央报刊后，还创办了一些省级报刊。如北京地委的《政治生活》周刊（1924年4月27日创刊，停刊时间不详），赵世炎主编；广东区委的《人民周刊》（1926年2月7日—1927年4月30日，广州），张太雷主编；豫陕区委的《中州评论》（1925年8月—1926年初，开封），萧楚女主编；湖南区委的《战士》周报（1925年12月—1927年4月，长沙），夏曦主编；湖北区委的《群众周刊》（1926年10月—1927年4月中旬，武汉）。此外，浙江、江西、福建等省的党组织也在此间创办了自己的机关报，这些省级党报的形式和宣传中心，一般与《向导》相类似。

十年内战时期，随着共产党组织的重建，在国民党统治区也出现了一批宣传革命的秘密报刊，如中共广东省委的《红旗》。在各革命根据地，一些地方党报也先后出现，如：中共湘赣省委的《湘赣红旗》，闽浙赣省委的《突击》，湘鄂西省委的《红旗日报》、《布尔塞维克》，鄂豫皖省委的《列宁报》、川陕省委的《共产党》等报刊。这批报刊绝大多数已在战火中被毁或散失。

抗日战争时期，各敌后抗日根据地创办了一些地方党报，如：晋察冀根据地的《抗敌报》（1937年12月11日，河北阜平），1940年11月7日改名为《晋察冀日报》，邓拓任社长、总编辑，1948年6月14日停刊，是抗日根据地第一份党报；晋、冀、鲁、豫根据地的《新华日报》华北版（1939年1月1日，山西沁县），1943年10月改为太行版；晋绥根据地的《抗战日报》（1940年9月18日，山西兴县），1946年7月1日改名《晋绥日报》，1949年5月停刊；山东根据地的《大众日报》（1939年1月1日，山东沂水县），社长刘导生、总编匡亚明；华中抗日根据地的《江淮日报》（1940年12月2日，江苏盐城），中原局书记刘少奇兼任社长，总编辑王阑西，1941年7月22日停刊。这些地方党报在动员广大群众武装起来、抗击日本侵略者方面起到了重要作用。

抗战后各解放区的报业迅速发展，主要有：华北《晋察冀日报》、《人民日报》、《大众日报》，华中《新华日报》（华中版），东北《吉林日报》、《东北日报》等。全国解放后，各大行政区都办有区党委机关报，后来，随着行政区的撤销而相继停刊。同时，中共各省、直辖市、自治区一级的党报陆续创刊。①

二、《新华日报》：共产党在国民党统治区的中央机关报

1. 在国统区合法出版的中共机关报

中国共产党在国统区还出版了自己的合法机关报。抗日战争开始后，为了直接向大后方人民宣传共产党的抗日民主主张，周恩来在同国民党谈判时，多次提出要在国统区办一张报纸。国民党方面一开始坚决拒绝，后来作了让步，达成协议。国民党中宣部部长邵力子签署文件，正式批准中共在南京筹办《新华日报》。因南京战况吃紧，报馆人员撤往武汉。经过一系列的紧张准备，《新华日报》于1938年1月11日在汉口创刊，10月25日在战火中迁重庆（未中断一期），1947年2月28日因国民党的迫害而停刊。王明、博古、吴玉章、董必武、何凯丰、邓颖超等组成董事会，王明任董事长，潘梓年为首任社长，熊瑾玎任总经理，华岗、吴克坚、章汉夫先后任总编。《新华日报》以"坚持抗战，反对投降；坚持团结，反对分裂；坚持进步，反对倒退"为旗帜，宣传了中国共产党的纲领路线和方针政策，声讨日寇法西斯暴行，支持人民的抗日救亡运动，向国民党统治区人民宣传人民军队抗战的成绩和抗日民主根据地的情况，为中共在国统区赢得了民心。与此同时，共产党的《群众》周刊也在出版。中共中央非常重视《新华日报》的出版发行，1938年专门发出关于党报的指示，要求"每个同志应当重视党报，读党报，讨论党报上的重要论文"；同时规定，《新华日报》上的社论和《新华日报》、《解放》、《群众》上中央政治局负责同志的文章，应"当作是党的政策和党的工作方针来研究"。

《新华日报》能够出版，是共产党斗争争取得来的，也是当时中国政治的反映。一方面是中国再次出现民主运动的高潮；另一方面，抗战以前建立了"中华苏维埃共和国"的共产党已取得合法地位，八年抗战使中国历史上第一次出现了类似于两党并立的局面，国统区人民言论自由的空间有了相当的扩大。1946年中国举行了有广泛代表性的民主政治协商会议，讨论如何实现中国人民的百年大愿民主宪政，并通过了《和平建国纲领》，但最终未能和平解决，国民党未实践承诺，国共谈判破裂。

《新华日报》在各界人士中广交朋友，报头是请国民党元老于右任题写，请各界名人题辞、写文章。也重视与新闻界同行的合作与团结。《新华日报》及时报道国民党的重大活动。国民党政权建立以后马克思主义宣传是被取缔的，而《新华日报》的出版实际上使马克思主义宣传取得了合法地位，该报刊载了许多阐释马克思主义理论或用马克思主义观点分析中国实际问题的文件和文章。《新华日报》多次宣布，本报是中国共产党的报刊，也

---

① 本目参见丁淦林，陈巧云.中国共产党党报史略.新闻记者，2001，(7)

是全国人民的喉舌,积极反映人民的愿望,重视与人民的联系。《新华日报》最高发行量达5万份,国民党统治区人民称它为"灯塔"、"北斗报"。毛泽东说它如同八路军、新四军一样,是党的又一个方面军。《新华日报》设有专论、国际述评、时事问答、经济述评、编余杂谈等栏目,副刊有工人生活、妇女之路、社会服务等,后来还开辟了"友声"专栏(刊载民主党派朋友们的言论和意见)、《自然科学》副刊。

1942年《新华日报》在周恩来的领导下开始了整风改版,按照毛泽东在《解放日报》的整风运动精神,向"增强党性和反映群众"方向改进。同时加强了制度建设,对内设机构也进行了改革。改版后隆重推出了大型综合性副刊《新华副刊》。《新华副刊》博采各种副刊之长,形成了党报副刊的特色,栏目新颖,文字通俗,内容丰富,形式多样,深得各类读者的欢迎。《新华副刊》还以单页形式印发,每月印行合订本单独发行,销量达到8000册。主编过这个副刊的有胡绳、林默涵、徐光霄、刘白羽等,都是一时大家。

2. 与国民党新闻控制的斗争

为了争取言论出版自由,《新华日报》与国民党当局的新闻控制进行了不屈不挠、"有理、有利、有节"的斗争。1940年1月6日,报纸的两篇社论均被国民党的新闻检查机关无理扣押,社论位置上只以大字刊出了"抗战第一!胜利第一!",第一次也是以最大篇幅"开天窗"。1941年皖南事变中,《新华日报》最先透露"新四军最近在向北移动中被敌寇重重包围"(文中有:"新四军最近在向北移动中被国民党反动派重重包围")。面对国民党中央通讯社的不实消息,《新华日报》全体同志连夜走访《新民报》、《新蜀报》、《国民公报》、《大公报》等夜班编辑部,向同行朋友说明真相,并以假版面骗过国民党新闻检查官,刊出周恩来的题词:"为江南死国难者志哀!"(第2版占6栏),"千古奇冤,江南一叶,同室操戈,相煎何急!?"(第3版占5栏)这满腔悲愤的题词手迹,震撼人心,揭穿了事变的真相。许多工人和青年学生对着当天的报纸失声悲哭,报纸从原1000份销到5000份。

国民党加剧对《新华日报》的迫害,密令将张贴的《新华日报》秘密撕去,后来又做出"只准印,不准卖"的规定。新闻检查机关大量扣发报纸送审稿件,以造成稿荒。为了开拓销路,《新华日报》除派自己的工作人员上街发行外,专门组织了自己的发行队伍,采取伪装、分散邮寄的办法,把报纸寄到外埠读者手中。《新华日报》还招收培养了一些穷苦劳动人民出身的报童。

抗战胜利后,国统区新闻界掀起了争取新闻自由的浪潮。《新华日报》刊载了不少关于新闻自由的论述文章。1945年3月31日,还集刊了一组"在各种困难下的中国舆论界对于新闻自由的痛切呼吁,和对民主主义政策的殷切向往的部分材料",按语部分说:

> 在中国,提起"新闻自由"真是令人啼笑皆非。据统计,国民党政府为管制报纸、通讯社、新闻记者及图书杂志出版事业、书店、印刷所和戏剧电影,颁布了二十九种

特别法规。……此外，尚另有内政部公布的两种。除明令公布的种种法规外，还有各种临时指示电文。……三十三年六月（即一九四四年六月），国民党政府公布的《战时出版品书刊审查办法》，内容无所不包，例如其中规定的禁载标准十二条中第一项："违背我国立国之最高原则者，"就笼统抽象，可以任意解释；而照现行情况，所谓"立国的最高原则"，就是党治。在这种情况下，主张民主的中国报纸，就厄运重重，动辄得咎。

集刊以"言论出版自由是民主政治的基本"、"言论出版限制使人民愚昧和无知"、"是民主还是独裁就看有无言论自由"、"作恶扣压新闻必造成自由的衰落"、"要以坚毅精神争取实现民主政治"、"不做懦夫，不做奴才，使报纸为民主服务"等主题，摘编了《新中国日报》、《云南日报》、《正义报》、《华西日报》、《自由论坛》等报刊上的文章。《新华副刊》则嬉笑怒骂皆成文章，曾刊载过这样的小杂文：

  街头问答：
  A：什么叫民主？
  B：这就是"你是民，我是主"的意思。（1945年8月5日）

在争取新闻自由的斗争中，"拒检运动"影响很大。1945年8月7日，重庆国讯书店在其他进步出版机构的支持下，不顾国民党当局审查而自行出版了黄炎培撰写的《延安归来》一书，揭开了"拒检运动"的序幕。重庆16家杂志社拒检声明一发表，立即得到了整个文化界的支持与响应。9月1日记者节这天，《新华日报》发表社评《为笔的解放而斗争》。此后，由重庆出版界发起的拒检运动扩展到成都，并由出版界扩展到新闻界。拒检运动的兴起与发展，使国民党当局陷入被动局面。为了缓和国内外矛盾，国民党当局被迫宣布自10月1日起废止战时新闻检查制度，但留了一个尾巴，即收复区在军事行动尚未完成以前除外。至此，拒检运动获得了巨大的胜利。

《新华日报》1946年1月11日创刊8周年时，刊载的纪念文章中有陆定一的《报纸应革除专制主义者不许人民说话和造谣欺骗人民的歪风》，指出"有两种报纸。一种是人民大众的报纸，告诉人民以真实的消息，启发人民民主的思想，叫人民聪明起来。另一种是新专制主义者的报纸，告诉人民以谣言，闭塞人民的思想，使人民变得愚蠢。""在抗日战争中，人民是谁？就是工人、农民、小资产阶级、自由资产阶级、开明士绅，以及一切爱国分子。他们就是国家民族的真正主人。专制主义者，则压迫人民，剥削人民，使人民求生无路。"《新华日报》8年的历史，是一篇辛酸苦辣的历史，它所受的压迫是一切压迫形式的集中。

国民党废除新闻检查制度后，《新华日报》发挥了更大的舆论带头作用。1946年2月，重庆大渡口钢铁厂工人为要求增加工资而罢工和示威，遭到国民党政府的镇压，一些工人被打死,工厂被戒严。《新华日报》发表了21条消息和大量来信,在社论中把这场工潮定性为"民主与独裁的斗争,文明与黑暗的斗争",呼吁"立即唤起舆论制止国民党屠杀逮捕工人的恐怖行动",否则这种恐怖"会光顾到我们每个人头上"。在《新华日报》的带领下,重庆各界舆论一致谴责国民党政府,声援罢工工人,使得政府同意增加工资,实行8小时工作制。1946年下半年内战爆发后,由于国共和谈名义上还在进行,国民党政府允许《新华日报》在国统区发行。《新华日报》开辟了"被俘国民党军官介绍",共刊发35期,介绍了484名被俘军官的简历和在何处被捕的情况,要亲属通过《新华日报》在上海、南京、重庆、成都和昆明的通讯联络处和他们联络。《新华日报》通过对国民党军属的影响,瓦解国军的士气。

3. 与《大公报》的论战

抗战胜利后,新闻界反内战、争取民主的斗争十分激烈。《大公报》一方面警告国民党"莫失尽人心";另一方面警告共产党"勿以兵争"。《大公报》抗战前坚决反对共产革命,主张取缔共产党、剿灭工农红军;抗战中《大公报》的副刊开始赞扬共产党,正张上也有一些赞扬八路军、新四军英勇抗战的文字;抗战胜利后承认共产党为中国最有力量之第二大党,并认为国家政局的好坏全在国共两党是否团结。但它只视共产党为"在野党",并从资产阶级宪政观点出发,认为党派不应有军队,警告共产党交出军队,勿以兵争,要求共产党像西方国家的在野党那样,走政争的道路。1945年10月,重庆谈判还在进行,蒋介石却发动对解放区的进攻,结果在上党、邯郸之战中大败而退。《大公报》不辨是非,于11月20日发表社评《质中共》,指责共产党是造成混乱局面的根源,希望共产党放下军队。《新华日报》11月21日发表社论《与大公报论国是》,指出:"《大公报》的领导层始终把自己绑在蒋介石的战车上,一直追随着蒋家王朝,为国民党的内战政策帮腔。它一面侈谈'和平',装着为民请命的样子;一面却又公然袒护蒋介石发动内战,把国民党军队大举进攻解放区说成是理所当然的事,颠倒是非,硬将内战的责任推到共产党身上。"社论对《大公报》的"小骂大帮忙"作了解释:"在若干次要的问题上批评当局,因而建立了自己的地位的《大公报》,在一切首要的问题上却不能不拥护当局,这正是《大公报》的基本立场。"

国民党在美国的支持下,于1946年4月14日苏军撤离后与共产党在长春展开争夺战,15日《大公报》在要闻版头条刊载消息《长春苏军昨已撤去,共军攻击接踵而来 国土既归来,还流同胞血》。17日重庆版、天津版都刊载总编王芸生写的社评《可耻的长春之战》说:"苏军刚刚迈步走去,国军接防立脚未稳,中共的部队四面八方打来了,且已攻入市区。多难的长春,军又在喋血……中国人想想吧!这可耻不可耻?"还说中共军队"常常用徒手的老百姓打先锋,以机枪、迫击炮在后面督战。徒手的先锋队成堆成群地倒了,消耗了对方的火力以后,才正式作战"。18日,《新华日报》发表题为《可耻的大公报社论》,坚决反击:"大公报里是有好人的,但它的社论作者,原来是这样一个法西斯的有力帮凶,在平时假装自由主义,一到紧要关头,一到法西斯要有所行动时,就出来尽力效劳,不但效劳而且替法西斯当开路先锋,替吃人的老虎当虎伥,替刽子手当走狗。"

《新华日报》不但受到国民党当局的行政限制,还要面对国统区其他报纸的竞争。在这样艰苦的环境下,《新华日报》坚持原则的坚定性和策略的灵活性,成为中国共产党联系国民党统治区群众的重要工具和桥梁,并取得了积极的传播效果。①

三、共青团的早期报刊:重视宣传和组织作用

中国社会主义青年团的报刊差不多与中国共产党的报刊同时出现,其发展状况与中国社会主义青年团建设状况密切相关。1920年8月上海共产主义小组成立后,派最年轻的成员俞秀松筹建,于当月就成立了上海社会主义青年团,北京、天津、广州、长沙、武昌等地很快也成立了社会主义青年团。第一个出版的报刊,是天津的青年团的《劳动》日刊,目的是对青年工人进行马克思主义教育,只出20多天即被查禁。1922年各地方青年团相继出版了团刊,北京社会主义青年团的机关刊物《先驱》影响最大,从1922年1月出至1923年8月,共出25期,是中国社会主义青年团的第一份机关报,刘仁静、邓中夏、蔡和森、高尚德、施存统先后任主编。

1923年第二次团代会上,团中央决定出版中央机关刊物《中国青年》周刊。在邓中夏、恽代英的筹划下,《中国青年》于1923年10月20日在上海创刊,32开,每期16页,设有社评、时事述评、讨论、寸铁、新刊批评、新书介绍、青年界消息、文艺等栏目,以后还辟"通讯"、"我们的时代"等专栏,并增加了漫画和插图,图文并茂,生动活泼,发行一般有1.2万份,最高时达3万份。《中国青年》积极传播马克思列宁主义,用生动活泼的形式宣传党的民主革命纲领,引导青年投入到反帝反封建的斗争中,培养青年的革命人生观,提出"到民间去"的口号。这是中共建党时期和第一次国内革命战争时期出版时间最久的革命报刊之一,至1927年10月以后停刊,共出版了168期。

《中国青年》长期由恽代英、萧楚女主编。恽代英(1895—1931)毕业于中华大学文科,创办过好几份刊物,1921年加入中国共产党,创办《武汉星期评论》。在《中国青年》发表了130多篇文章和30多封通信,用生动的语言和满腔的热情,对广大青年讲道理、作指导。后被任命为团中央宣传部部长。曾主编《新建设》月刊,担任《民国日报》副刊的编辑。萧楚女(1891—1927)毕业于新民实业学校,曾加入清政府新军参加武昌起义,担任过武汉几份报纸的主笔和编辑。1924年协助主编《中国青年》,同时为《向导》、《新建设》、《民国日报》等撰稿。后曾任《新蜀报》主笔,主编中共豫陕区委机关刊物《中州评论》,协助毛泽

---

① 熊复.新华日报的历史地位及其特点.新闻研究资料,1981,(4).北京:新华出版社,第12页

东编辑国民党的《政治周报》。1927年在广州"四一五"大屠杀中惨遭国民党反动派杀害。

《中国青年》停刊后,1927年、1928年曾先后更名《无产青年》、《列宁青年》出版。《列宁青年》的主编是陆定一。曾多次采用伪装封面发行。按照1929年的《团报工作决议案》,《列宁青年》主要发表共青团的主张,共青团对于各种青年问题、政治问题的态度及意见,不仅起宣传鼓动作用,还要起组织作用,组织广大青年群众在共青团的影响之下学习和工作。《列宁青年》大约坚持出版到1932年上半年。

工农红军和革命根据地创建后,中国共产主义青年团在苏区也创办了中央局机关刊物《青年实话》(1931年7月1日),总编辑所设于江西零都,总发行所设于福建长汀,后来都迁到瑞金。一度因国民党围剿而停刊,开始是张贴的方式,后改为墙报,再后改为油印32开小册子,主要是周刊,长征开始时停刊。它有鲜明的青年报刊特色,形式活泼,内容多样,文字通俗。[①]

四、中国共产党通讯社事业:从红中社起步

中国共产党成立前后,为了广泛传播马克思列宁主义、报道和推动革命运动,中国共产党先后办过一些通讯社。最早成立的是中俄通讯社(后改名华俄通讯社,1920年7月),是在共产国际的帮助下组建的。稍晚的有北京的劳动通讯社,是《工人周刊》编委会附属的一个宣传机构,后期与邵飘萍的《京报》和新闻编译社关系密切,双方合作业务,邵飘萍遇害后劳动通讯社被迫停办。国民党政权建立后,中共在上海创办过工农通讯社。1931年11月7日中华苏维埃共和国临时中央政府成立之日,红色中华通讯社也诞生了。

1. 红中社时期

红中社播发的新闻稿,由《红色中华》的人员编辑,内容是《红色中华》刊登的中央革命军事委员会发下来的红军打胜仗的战报和中央政府各部门关于中央苏区经济建设的报告。红中社没有专用电台,最初使用的是临时中央政府的无线电台,后来改用中央军革委的电台。1933年中央军革委拨了一部电台给红中社,才建起了专用的新闻台。电台只有两名工作人员,呼号是CSR(Chinese Soviet Radio,中华苏维埃无线电台),此呼号一直被新华社沿用至1956年9月改用汉字模写机发布新闻为止。除对外播发新闻外,它还抄收国内外新闻,编辑油印成《无线电材料》,供中央领导同志参阅。红中社播发的电讯,全国都可收到,一些根据地的党组织和国民党统治区的地下党,都曾抄收过其电讯稿。1934年10月16日红军开始长征,红中社停止发稿,仍抄收国内外新闻电讯。1935年10月19

[①] 方汉奇主编.中国新闻事业通史:第二卷.北京:中国人民大学出版社,1996,133~143,270~301

日红军经过艰苦卓绝的长征,与陕北红军胜利会师,11月25日红中社与《红色中华》报在陕北瓦窑堡同时恢复,一报一社仍是同一个组织,统称红色中华社。红中社恢复出版《参考消息》。1936年7月红色中华社随党中央和苏维埃中央政府,迁至保安县,不久廖承志负责红中社的工作,向仲华负责《红色中华》报工作。

2. 新华社的起步

1937年1月,红色中华通讯社改名为新华通讯社。第一任社长博古,主要工作人员有廖承志(负责外电翻译,包括英文、日文、德文等)、李柱南(负责中文译电),每天播发2000字中文电讯稿。4月,新华社设立了新闻台,有两部3灯机和一部100瓦的发射机,台长为沈一立,美国人马海德为英文顾问。抗战开始后,工作人员增加到20人,每天播发四五千字的稿件,并编辑油印《参考消息》(后改名《今日新闻》,铅印),供中央领导同志和各机关参阅。1939年初脱离红色中华社,成为独立的新闻机构,中共中央任命向仲华为社长。抗战时期,新华社在延安和敌后抗日根据地的组织机构和业务规模迅速扩展,建立了精干的编辑记者队伍和广泛的通讯网。报道业务方面,除原来的中文广播外,还创办了口语广播和英文广播,影响遍及全国。① 新华社的机构也作了调整,已经初具规模。

图7-5 新华社早期机构设置图

1939年开始,新华社建立了敌后的分社,首先是在华北和晋察冀设分社,继而又在山东、华中和晋西北根据地设立分支机构,这些分社大多依托当地报社,采取"报、社一家"的联合形式,担负着采访当地新闻供给总社和抄收总社电讯供给当地报纸的任务,这样,新华社的通讯业务就从过去以延安为中心的陕甘宁边区,逐步扩大到敌后各抗日根据地。电台抄收的稿件多了,总社每日发稿量增加到5000字,稿件除发给大后方报纸外,还向国统区的重庆《新华日报》、《国民公报》副刊以及香港进步报刊寄发特稿。为扩大国际影响,新华社还开展对国外的宣传活动,向苏联对外新闻社提供八路军、新四军的抗日作战材料,并且接办原中宣部主办的外文刊物 *Report from China*(《中国通讯》,1941年3月创刊),向国际人士报告抗日斗争和根据地的建设情况,从英、法、俄文改为只用英文,从蜡纸刻印改为打字机打印。这是新华社最早的对外宣传刊物,太平洋战争爆发后停刊。

3. 中央媒体的组织体制:加强党中央的领导

1941年陕甘宁边区和各抗日根据地进入了最困难的阶段,而年初发生的"皖南事变"

---

① 方汉奇主编.中国新闻事业通史:第二卷.北京:中国人民大学出版社,1996,293、317~324、772~792

使共产党内的左倾观念进一步抬头,个别根据地在宣传中发生过若干不符合党的政策的情况,甚至公开提出"另立中央政府",对党的政治、军事斗争不利。因此加强宣传工作的纪律性,统一全党的宣传思想,成为亟待解决的问题。国民党的第二次反共高潮被击退以后,共产党的威望和影响迅速提高,加强宣传、扩大报道面更显迫切,要用具体事实回答国民党媒体对边区抗日根据地的不实报道和诬蔑攻击,在国内外扩大共产党及其军队的影响,党报的宣传任务加重了。① 5月,中共中央决定将新华社出版的《今日新闻》与《新中华报》(已改为陕甘宁边区政府机关报)合并,出版《解放日报》,社址都设在延安清凉山,《解放日报》和新华社成立统一的领导机构,由中央党报委员会领导。当时抗日根据地还设一些地方通讯社,由于组织不统一,方针不明确,在发稿中存在着分散性和无政府状态,发表了一些违反党的政策和中央指示的言论,造成了不良影响。1941—1942年,中共中央发出了一系列通知,决定:一切党的政策,通过《解放日报》和新华社向全国宣达;通讯社应成为对外宣传的重要机关,各地方报纸的通讯社,应一律改为新华社某地分社,受延安总社的领导;各地报纸应经常发表新华社广播。带有党、军性质的文件、电文、讲演,必须事先征得中央同意,否则不准发表与广播。这些措施,有力地加强了新华社在中国共产党宣传系统中的地位和影响,扩大了新华社的组织系统。

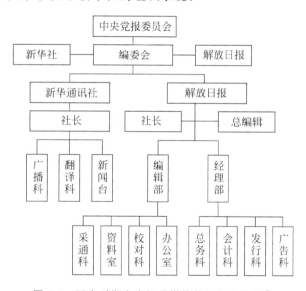

图 7-6　延安时期中央机关媒体的组织结构图②

---

① 王敬主编.延安《解放日报》史.北京:新华出版社,1998,3～5
② 根据历史资料绘制。

按照惯例,中央党报委员会由中共中央政治局委员组成。编委会主持社务工作,成员由报社和新华社的领导和报纸各版主要负责人组成,成员有博古、杨松、吴敏、曹若茗、向仲华、余光生。一般每周举行一次会议,研究国内外形势,确定宣传报道重点,讨论报社存在的问题,部署下一周的工作。

新华社的新闻是《解放日报》等各根据地的主要来源。新闻台的报务员日夜轮流值班,利用简陋的电讯设备,细心寻找、监听、捕捉空中的讯号,把国民党中央社的文字广播、汪精卫伪政府中华社发布的新闻和外国通讯社的电讯抄收下来,将其中的外文电讯送翻译科翻译。翻译科有20多位人员,分英、日文和明码三个组,分上半夜和下半夜两个班,将外电译成中文,交广播科,广播科将稿件分批分类整理后,全部交给《解放日报》编辑部国际版的人员。广播科还要将当天收到的国内外重要新闻摘编后,与当天报纸的社论、专稿等,编辑成一套广播稿,经吴文焘核定后,交明码组翻译。清晨原稿经过博古审阅后,由一位通讯员骑马把译稿送到20多公里外的延安新华广播电台播发。不宜在报上刊发的,就编成《参考消息》,供中央领导和各部门负责人参阅。

1940年12月30日,新华社口语广播部(延安广播电台)开始播音。从此,共产党在延安建起了报刊、通讯社、广播电台三位一体的新闻事业。1942年,新华社工作人员参加了延安整风运动,经过马列主义学习和教育,政治思想素质和业务水平都有所提高。

新华社的首任社长向仲华(1911—1981),湖南溆浦县人,1930年以前先后参加共青团、红军、共产党,红军到达陕北后,任《红色中华》报、《新中华报》社长,新华社社长,陕甘宁晋绥联防军政治部宣传部副部长。在办党报的同时,还参与创建延安广播电台的工作,1941年调离新华社,由博古兼任新华社社长。

抗战胜利后,解放区、国统区的人民十分关注时局的发展,因此要向全国范围内传播共产党的声音,主要依靠报纸显然不能适应新形势。于是党中央加强通讯社的工作,于1946年初夏,对《解放日报》和新华社进行了机构大改组,在胡乔木的协调下,合并解放日报社和新华社,确定以新华社为主。并提出"全党办社"的方针。新华社的编辑部也得以扩充,下设5个部:国际部,国民党区新闻编辑部,解放区新闻编辑部,口头广播部,英文广播部。此外还设有材料室和翻译科,电务机构人员增加,所有的消息均由新华社统一编发。同时《解放日报》只留下要闻编辑室、副刊部,分别负责第1、第4版,干部由新华社统一管理。1947年3月27日《解放日报》停刊后,中共中央在一段时期内未创办中央机关报,新华社同时担负起党中央机关报、通讯社和广播电台的三重任务。

五、《解放日报》:列宁主义的党报

随着共产党事业的发展,解放区新闻事业得以较快扩展。对中央级报刊,加强《解放》周刊和《新中华报》的工作,1939年还创办了《共产党人》、《八路军军政杂志》、《中国妇

女》,1940年创办了《中国工人》、《中国文化》、《边区群众报》等。在敌后解放区,抗战初期,随着敌后解放区的建立和发展,各种小型报刊纷纷创办起来。据不完全统计,在华北、华中两个主要敌后解放区,约有小型报刊700余种。主要有:《大众日报》、《晋察冀日报》、《新华日报》华北版等。

1.《解放日报》的起步

为了加强和统一根据地的宣传工作,毛泽东为中共中央书记处起草了创办《解放日报》的通知,明确规定将办的是中共中央机关报,"一切党的政策,将经过《解放日报》与新华社向全国宣达"。并规定社论将由中央同志及重要干部执笔。① 1941年5月16日《解放日报》发刊了,这是中国共产党在革命根据地的第一份大型的中共中央机关报。毛泽东亲自题写报头并撰写《发刊词》,也是《解放日报》的第一篇社论。《发刊词》明确提出了报纸的编辑方针:"本报之使命为何?团结全国人民战胜日本帝国主义一语足以尽之。这是中国共产党的总路线,也就是本报的使命。"

《解放日报》起先出中张2版,9月16日扩充为大张4版,分别为国际版(1、2版)、国内版(3版)、边区版和副刊版(4版),宣传报道的重点显然是国际问题。

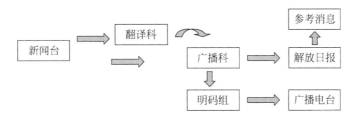

图7-7 新华社新闻发布程序图

报纸的领导机构如上图,报和社基本上是两家领导合一,以博古为首统一领导,以报纸为主,新华社的社长向仲华代表新华社参加报社的编委会。编辑部内实行各版主编制。报纸成立了由党、政、军领导组成的社论委员会,成员有:谢觉哉、林哲、叶剑英、王稼祥、凯丰、任弼时、乔木、陆定一、贾拓夫、彭真。初期每天都发表一篇社论。报纸刊登的国内外重要新闻,都是由新华社供给的。边区版的稿件,则主要由采通科采访、编辑。采通科一般只是处理来稿,只有到夏季洪水暴涨、通讯员无法过延河投递稿件,或冬天大雪封山、邮递受阻时,才全部出去采访。②

《解放日报》也是有经营的。刊登的广告分甲、乙两类,甲类为长期广告(一个月以

---

① 毛泽东新闻工作文选.北京:新华出版社,1983,54
② 王敬主编.延安《解放日报》史.北京:新华出版社,1998,16~19

上),乙类为短期广告。广告的位置在一版报头两侧(每侧收费30元)、二版最末半栏(10行每天收费4元),广告内容由客户自拟,刊登日期由广告科决定。由于条件所限,《解放日报》每天下午4时才能出版。出报时各中央首长和中央机关的通讯员到清凉山下中央印刷厂的收发室领取。报纸送达延安各单位的时间在晚上7时左右。初创时发行科尚未开展业务,暂时委托新华书店办理外埠邮购业务。报社设了两处卖报员,每天正午时左右叫卖零售。中张2版时每份国币1角,每月3元,全年30元,扩充为大张4版后价格提高1倍。

2.《解放日报》的改革

《解放日报》担负了党报的任务,但未完全尽到党报的责任,党性不强,反映群众生活不够,还不是一张完全的党报。1941年和1942年,中共中央为度过最困难时期,制订了一系列政策,其中整风和大生产是中心环节。《解放日报》对此缺乏应有的敏感,宣传报道不力。毛泽东在延安干部会议上作的《改造我们的学习》(1941年5月19日)这么重要的报告,《解放日报》都没有报道。1942年2月1日,毛泽东在中央党校开学典礼上作了著名的演讲《整顿党的作风》,标志着整风运动普遍开始,对于这一重大活动和决策,报纸第二天只在第3版的右下角发了一个3栏题的简讯。不少牵动千家万户的重大新闻都没有报道,报纸的国际报道占大半,反映党的活动和群众生活的内容太少了,而且报道公式化,千篇一律,甚至还有一些不实新闻。

1942年《解放日报》的改革,成为中国共产党党报史上重要的里程碑。改版之前,报社同志学习毛泽东《改造我们的学习》、《整顿党的作风》和《反对党八股》等重要报告,学习中共中央宣传部《为改造党报的通知》等,清算新闻工作中资产阶级的影响。之后边改革版面,边整顿组织。1942年4月1日,《解放日报》在改版社论《致读者》中,拉开了改组、改版的序幕。这次改版中,毛泽东亲自指导解放日报社的工作,并撰写和修改重要的社论、消息和评论,为全党树立了领导报纸工作的典范。《致读者》检讨了"没有完成真正的战斗的党的机关报的责任","未能成为党中央传播党的路线、贯彻党的政策与宣传组织群众的武器",要办成具有党性、群众性、战斗性、组织性的党的喉舌,一张真正的党报。其办报理念、对报纸功能和理论的阐述,与列宁办报方针十分契合,是一张列宁主义的党报。在这次改革中,共产党的新闻思想得以提炼并形成体系。关于改版中的新闻思想,将在下一节论及。

《解放日报》改版后,面貌焕然一新。国内新闻、与群众密切相关的新闻受到了重视,头版不再以国际新闻为中心,报道的范围也有了扩展,形式活泼多样。特别值得一说的是,劳动人民第一次登上头版头条,1942年4月30日的头条报道"模范农村劳动英雄吴满有",社论是《边区农民向吴满有看齐》,第2版上还有关于吴满有的长篇通讯。这也反映了中国共产党党报的典型报道模式。《解放日报》开辟的专栏有"军事"、"卫生"、"科学园地"、"敌情"、"文艺"、"中国妇女"、"青年之页"及"中国工人"等。1943年4月25日秧歌剧《兄妹开荒》在副刊上发表,之后马可的《夫妻识字》、赵树理的《李有才板话》、丁玲的《田保霖》、欧阳山的《活在新社会里》及古元、力群、彦涵的木刻优秀作品,如雨后春笋般地出现。在初步改版后,报纸又在加强党性等方面进一步深入改革。

表7-3 《解放日报》改版前后的版面对比

	第一版	第二版	第三版	第四版
改版前	国际版	国际版	国内版	边区版、副刊版
改版后	国内外要闻	边区版、国内版	国际版	副刊版

1942年9月20日,毛泽东甚至亲自拟订了《解放日报》副刊版的征稿"部署":

荒煤同志:以文学为主,其他附之,每月12000字。①

江丰同志:以美术为主,其他附之,每月8000字。

张庚同志:以戏剧为主,其他附之,每月10000字。

柯仲平同志:以大众化文艺及文化为主,其他附之,每月12000字。

范文澜同志:以历史为主,其他附之,每月12000字。

邓发同志:以工运为主,其他附之,每月8000字。

彭真同志:以党建为主,其他附之,每月15000字。

……(还有9人)

《解放日报》作为中共中央、西北局、陕甘宁边区和各解放区的喉舌,它记录了这个时期风云变幻的历史,报道了大量的战胜法西斯战争的胜利过程,全面反映了延安时代的革命风貌。1947年3月27日停刊,共出版2130期。

《解放日报》第一任社长博古,后为廖承志,第一任总编杨松,后为陆定一、余光生。博古(1907—1946)又名秦邦宪,江苏无锡人,先后就读于苏州工业专科学校、上海大学英文系,1925年加入共产党,曾任共产主义青年团中宣部部长、团中央书记、中共临时中央主要负责人,因犯"左倾"错误在遵义会议意见中离开中央的主要领导岗位,任中共中央书记处书记。后曾任中组部部长。作为《新华日报》的董事,他参与了该报和《群众》周刊的工作,在报上发表多篇文章。1941年博古在延安主持新闻出版工作,年初任中央党报委员会主任,5月任解放日报社社长,11月兼任新华社社长,并兼任中央出版局局长。杨松(1907—1942)早年参加过新闻工作,1926年加入共青团、共产党,后赴莫斯科中山大学学

---

① 陈昌凤.蜂飞蝶舞——旧中国著名报纸副刊.福州:福建人民出版社,1999,176~177

习,回国后做过不少新闻工作,1938年到延安,任中宣部秘书长兼宣传科科长,为当时多家延安刊物写稿。担任《解放日报》总编后,除了日常事务,还担起撰写社论的重任,创刊第一个月就写了29篇社论。1942年11月因积劳成疾,在延安病逝。

六、报道中国革命的外国记者

近代以来中国一直不乏外国记者。民国以后,有的外国名记者甚至直接参与了中国的事务,如英国《泰晤士报》名记者乔治·莫里森(George E. Morrison),曾经担任袁世凯的政治顾问;澳大利亚人、香港《德臣报》、美国《纽约先驱报》记者威廉·端纳(William H. Donald),曾做过两广总督的顾问、临时大总统孙中山的顾问、张学良和蒋介石的顾问,帮助孙中山起草过中华民国第一个政治纲领《中华民国宣言》;美国的约翰·鲍威尔(John B. Powell)在华办《密勒氏评论报》25年,他的儿子继承父业,回国后受到政治迫害;共产国际在中国的总顾问鲍罗廷,是位记者身份的革命家;苏联驻华外交官伊文,在《真理报》开专栏介绍中共活动和中国局势;德国记者汉斯·希伯是位国际主义新闻战士,向世界报道了中国局势……其中,对中国共产党事业报道最力的,是著名的美国人"三S"。

安娜·斯特朗(Anna L. Strong,1885—1970)是最早报道中共活动的外国记者。她毕业于芝加哥大学,获哲学博士学位。1921年后留居苏联30年。她一生6次访华。1925年她第一次来到中国,在广州结识了宋庆龄、鲍罗廷,成为省港大罢工委员会允许登陆采访的唯一外国记者。在报道中她称这次罢工是世界革命的一部分。稍后她到汉口采访了不少中共领导人。1927年"四一二"反革命政变后,她与鲍罗廷一起逃往苏联,从汉口出发,经陕西、甘肃、宁夏、蒙古抵达苏联,风餐露宿,经历了许多危险,也加深了对中国西北地区的了解,为后来深入报道中国革命的全貌打下了基础。不久她出版了长篇纪实报道《千千万万中国人》,第一次把中国共产党人的真相及许多中国革命内幕公诸于世。① 1937年底、1940年底她先后到武汉、重庆、华北敌后,报道人民抗日战争,曾两次会晤周恩来,全面了解中共抗日民族统一战线政策。在美国报刊上最早报道"皖南事变"的真相。1946年访问延安和华北、东北解放区,报道了毛泽东在会见她时发表的著名谈话《帝国主义和一切反动派都是纸老虎》。1958年来中国定居北京,主编《中国通讯》,用6种文字向世界报道革命和建设成就,去世于北京。她以敏锐的洞察力、客观的态度报道新闻,著有40多本著作。

艾格尼丝·史沫特莱(Agnes Smedley,1890—1950),美国人,1919年侨居德国,1928年底以德国《法兰克福日报》特派记者的身份来到中国,采访农村、工厂,支持左翼文化运动,结识鲁迅、宋庆龄、茅盾等,同情中国革命。她寄往美国的第一篇报道是《沈阳的五位

---

① 张功臣.东方梦寻——旧中国的洋记者.福州:福建人民出版社,1999,102~109

妇女》,刊于《新共和》杂志。她关注中国妇女的处境,她还给《法兰克福日报》写了《献身革命的女战士》和《共产党员单菲》等特写,向西方读者解释中国妇女解放与共产主义运动之间不可分割的联系。1934年底她作为英国《曼彻斯特卫报》特派记者,第二次来中国,报道中国红色区域的情况,"西安事变"中她把张学良扣押蒋介石的真实情况在西安电台用英语向世界广播。1937年春史沫特莱到达延安,访问八路军总部,会见朱德总司令、彭德怀等将领,准备为朱德写传。抗战爆发后她身着戎装,随八路军和新四军转战采访,并参加战地救护工作。回到美国后被麦卡锡主义迫害,被迫流亡英国,病逝于英国。她热爱中国,希望自己的骨灰能和许多中国革命烈士埋葬在一起。根据她的遗嘱,北京八宝山革命公墓立了墓碑,朱德委员长亲笔题字。[1]

埃德加·斯诺(Edgar P. Snow, 1905—1972),美国密苏里大学新闻学院的学生,22岁时他开始到世界各地漫游冒险,于1928年秋到了中国。在中国北方农村饿殍遍野的可怕景象中,他在中国停留下来,为中国的命运而大声疾呼。最初任职《密勒氏评论报》,兼《芝加哥论坛报》驻华记者。后任美国统一新闻协会驻远东游历记者,记述日本侵略中国的背景和经过。1933—1937年任燕京大学新闻系讲师,兼任美国《星期六晚邮报》的撰稿人,《纽约太阳报》和英国《每日先驱报》特派记者。1936年进入陕北红军区域采访,会晤毛泽东、周恩来等中共领导人,广泛采访红军指挥员、战士、工农群众,发表了大量报道,并在美国《生活》画报刊发70多幅陕北照片,1937年在英国出版了《红星照耀中国》(中译本《西行漫记》),第一次真实生动地向全世界介绍了中共领导的革命斗争。二三十年代他在中国度过了13年。[2] 1941年因报道"皖南事变"真相,被迫回美国,1942—1945年,作为《星期六晚邮报》的记者活跃在中国和远东、中东、北非、苏联、西欧等地。新中国成立后他又3次来华访问。病逝于瑞士,部分骨灰安葬在北京大学未名湖畔。

第四节　马列主义主导下的中国共产党新闻思想

从五四新文化运动开始,马克思主义新闻思想在中国得以传播和发展。新中国成立以前,以马克思主义新闻学为主导和核心的中国共产党党报学说经过30年发展,已日臻完备与成熟。20世纪40年代,在中国共产党领导下,新闻事业有了很大发展,随着延安党的整风运动的结束,以《解放日报》改版为代表的新闻改革的深化,中国马克思主义党报理论宣告形成。这一理论形成的标志是:积20余年党报实践经验,共产党人对于党报的

---

[1] 艾格尼丝·史沫特莱.大地的女儿.北京:新华出版社,1991,序言1~9 纪念史沫特莱.北京:新华出版社,1987,307~318

[2] 埃德加·斯诺.红星照耀中国.石家庄:河北人民出版社,1996,序言1~3

性质和功能，党委与党报之关系，党报工作的方针与原则，党报工作者的队伍建设等问题，有了系统的、深刻的、科学的认识，并以具有一定规范的学术语言将其阐述出来，同时，全党和全体新闻工作者对此有相当的认同。中国共产党党报理论的学术和实践来源是：20世纪20年代至40年代无产阶级报刊工作的经验与教训；列宁、斯大林、马克思和恩格斯以及共产国际、苏联党和政府的新闻学论述及文献；毛泽东、刘少奇、陆定一、博古、张闻天、胡乔木等新闻工作领导人与指导者的新闻论述；中共中央、中宣部、党的各高级领导机关关于新闻工作的文件；《解放日报》等重要党报的社论及新闻学论文；萨空了、恽逸群等学者型新闻工作领导人的新闻学著作。中国共产党的一系列文件、领导人的论述、党报言论表明，中国共产党受到马克思主义新闻理念的深刻影响，尤其是列宁新闻思想和共产国际新闻政策的影响。① 中国共产党在确定党报的指导思想和基本原则时，贯彻了列宁的思想，借鉴了俄国党报的经验，许多文件中都引用了列宁有关党报的观点。

毛泽东对中国共产党新闻思想的形成做出了伟大贡献。他的新闻思想萌生于20世纪20年代，形成于三四十年代，是他在长期新闻实践中不断积累、提炼的结晶。20世纪20年代毛泽东较有代表性的新闻著述主要有《〈湘江评论〉创刊宣言》、《〈政治周报〉发刊理由》和《红军宣传工作问题》。在延安《解放日报》整风和新闻改革的过程中，毛泽东的新闻思想有了极大发展。30年代的代表性论著是《普遍地举办〈时事简报〉》，40年代是《对晋绥日报编辑人员的谈话》。② 他的新闻思想包括一些重要的观点，如：要增强新闻报刊宣传的党性，要政治家办报，要真实，要有群众观点，要有中国作风、中国气派。③ 他的新闻思想基本上成了体系，在此基础上，共产党新闻思想在新中国成立以前已基本形成。

一、党报的定位：党的宣传者和组织者

党报的组织者定位是列宁提出来的。1901年《火星报》第4号，列宁撰写的社论《从何着手？》中说"报纸的作用并不只限于传播思想、进行政治教育和争取政治上的同盟者。报纸不仅是集体的宣传员和集体的鼓动员，而且是集体的组织者。"④

1929年12月，毛泽东论及《红军宣传工作问题》时就认为："红军宣传工作的任务，就是扩大政治影响，争取广大群众。由这个宣传任务之实现，才可以实现组织群众，武装群众，建立政权，消灭反动势力，促进革命高潮等红军的总任务。"⑤1931年1月，《中共中央政治局关于党报的决议》中批评过去党报注重单纯的对外宣传，忽视发挥党报对群众的组

---

① 童兵,林涵.中国理论新闻传播学研究百年回顾.新闻与传播研究,2001,(1)
② 童兵,林涵.中国理论新闻传播学研究百年回顾.新闻与传播研究,2001,(1)
③ 中华全国新闻工作者协会编.毛泽东与新闻工作大型展览图集.北京：学习出版社,2004,52
④ 列宁全集第5卷.北京：人民出版社,1984,6～8
⑤ 毛泽东新闻工作文选.北京：新华出版社,1983,15

织者作用,"以后党报必须成为党的工作及群众工作的倡导者,成为扩大党在群众中影响的有力的工具,成为群众的组织者"。

在《解放日报》改版前夕,1942年3月16日中宣部发出了《关于改进党报的通知》,明确指出:"报纸是党的宣传鼓动工作的最有力的工具,每天与数十万群众联系并影响他们。因此,把报纸办好,是党的一个中心工作。各地党委应当对自己的报纸加以极大的注意","报纸的主要任务,就是宣传党的政策,贯彻党的政策,反映党的工作,反映群众生活,要这样做,才是名符其实的党报。""如果报纸只是以极大篇幅为国内外通讯社登载消息,那么这样的报纸是党性不强,不过是为别人的通讯社充当义务宣传员而已。这样的报纸是不能完成党的任务的。"

1942年9月22日,经毛泽东亲自审定的《解放日报》社论,《党与党报》提出:"报纸是集体的宣传者和集体的组织者,一方面做党的喉舌,另一个方面,还有另一个重要条件,这就是党必须动员全党来参加报纸的工作。"要有许多积极的党员参加党报工作,"这样,党报才真正能成为党的喉舌,成为集体的宣传者与集体的组织者"。1944年3月,毛泽东更指出报纸是"组织一切工作的一个武器,反映政治、军事、经济又指导政治、军事、经济的一个武器,组织群众和教育群众的一个武器"。①

1948年4月,毛泽东接见了《晋绥日报》编辑部人员,发表了《对晋绥日报编辑人员的谈话》,精辟地阐述了无产阶级党报理论的几个基本问题,其中包括无产阶级党报的作用与任务,毛泽东指出:"报纸的作用和力量,就在于它能使党的纲领路线,方针政策,工作任务和工作方法,最迅速最广泛地同群众见面。"

二、党报的特性:党性为根本

党报的特性,也就是党报的品格、品质。《解放日报》改版社论《致读者》明确提出,党报必须有四个品质,即党性、群众性、战斗性和组织性。第一,贯彻坚强的党性。要在所有篇幅上都能贯彻党的观点,党的见解,报纸必须与整个党的方针、党的见解、党的动向密切相联,报纸应该成为实现党的一切政策、一切号召的尖兵和倡导者。第二,密切联系群众,反映群众的情绪、生活需求和要求,记载他们可歌可泣的英勇斗争的事迹,反映他们身受的苦难和惨痛,宣传他们的意见和呼声。第三,洋溢着战斗性。报纸必须根据当前的政治事变而进行热忱的鼓动,揭露一切黑暗和腐败,打击一切有害于抗日团结的阴谋和企图。在思想战线上,应反对一切反动、复古、黑暗、愚昧。第四,增强组织性,成为各种群众运动的积极组织者和倡导者。《解放日报》提出的党报的品质,成为之后党报工作的依据。

---

① 中国共产党新闻工作文件汇编:下册.北京:新华出版社,1980,54~56、71

党性原则成为党报的根本。《解放日报》在第二阶段深化改革的过程中,就着重强调加强党性。1948年8月陆定一被调任《解放日报》总编辑,他强调:"报纸不能有独立性……应当在统一领导下进行,不能有一字一句的独立性……这是关系到党的事情。"编委博古、余光生在自我批评后,工作人员也都作了自我批评,大家统一了认识:要牢固地树立党的观念,把《解放日报》置于党中央的绝对领导之下,并加强请示报告制度。编采人员进一步认识到办好党报的关键在于党性原则。增强党的观念,绝非抽象的、概念化的,而是具体到每一篇稿子、每一条新闻都是代表党的,都必须同党的政策相符合,从党的影响来考虑。9月22日社论《党与党报》更明确而详尽地阐述了党与党报的正确关系、党报的性质和任务,提出"党报是党的喉舌",批判了"同人办报"、"无冕之王"的错误思想,明确指出:"一切依照党的意见办事,一言一动,一字一句,都要照顾到党的影响。""党报不但要求忠实于党的总路线,总言论自由,而且要与党的领导机关的意志呼吸相关,息息相通;要与整个党的集体呼吸相关,息息相通","这是党报工作人员的责任。这是办好党报的必要条件之一"①。

毛泽东一再强调,要坚持党性原则,首先就得加强党委对报刊的绝对领导。1942年在给陈毅的电报中强调:"务使报刊宣传服从于党的政策";在为中共中央书记处起草的指示中强调:"克服宣传人员中闹独立性的倾向";在给中央晋绥分局书记林枫的电报中,要求党委"经常注意掌握新闻政策和社论方针"②。

三、党报的体制:服从党委的绝对领导

为了加强党对新闻工作的领导,中国共产党建立了类似于列宁创设的党报体制。1905年,列宁主编的俄国社会民主工党机关报《无产者》创刊,标志着中央委员会领导中央机关报的党报体制已经诞生。③ 中共"一大"的文件表明,马列主义新闻思想已经对中国共产党产生了直接的影响。一大的第一个决议,规定了党的报刊必须遵循的组织原则:"一切书籍、日报、标语和传单的出版工作,均应受中央执行委员会或临时中央执行委员会的监督","每个地方组织均有权出版地方通报、日报、周刊、传单和通告","不论中央或地方出版的一切出版物其出版的工作均应受党员的领导","任何出版物,无论是中央的或地方的都不得刊登违背党的原则、政策和决议的文章"。④

在党的思想指导下,《向导》等党报奠定了党报的组织原则。在第一次国内革命战争

---

① 王敬主编.延安《解放日报》史.北京:新华出版社,1998,39~42
② 毛泽东新闻工作文选.北京:新华出版社,1983,96~98
③ 陈力丹.马克思主义新闻思想概论.上海:复旦大学出版社,2003,154~164
④ 中央档案馆编.中共中央文件选集.北京:中共中央党校出版社,1982,7~8

时期,中共中央曾经成立中央机关报编辑委员会,"主持中央一切机关报的工作","同时指导各地参与国民党报纸的同志"。1929年中共中央通过的《宣传工作决议案》,对于宣传工作的组织问题规定:"自中央、省委以至有党报的地方学部,都应当将党报委员会与宣传部在组织上划分清白。党报委员会在中央以政治局全体委员充当,在省委及地方学部应以全体党委充当",宣传部应与党报委员会发生最密切的关系,但宣传部不能代替党报委员会"。在这种理念下,党报开始实行党报委员会制。1931年初通过的《中共中央政治局关于党报的决议》中,有"成立中央党报委员会,负责中央党报的一切领导",当时因王明上台改组中央政治局,所以重申党报委员会制度。[1] 20世纪40年代延安时期的新华社和党报的组织方式,充分体现了党报的组织原则,也奠定了党报的组织体制。1943年中共中央政治局会议决定成立宣传委员会,由毛泽东、王稼祥、博古、凯丰组成,毛泽东任书记,王稼祥任副书记,胡乔木任秘书,统管中宣部、《解放日报》社(包括新华社、广播电台)、中央党校、文委、出版局,中央党报委员会撤销,但其职能和最高管理的理念被继承了下来。

四、党报的办报方针:全党办报

也是在《解放日报》改版的第二个阶段,"全党办报"成为党报的办报方针。全党办报有两个方面的内容:一是从中央到各级党委、党的领导机关,都高度重视对报纸的领导,充分利用报纸推动工作,并为报纸撰写稿件;二是动员全党办好党报,发动党员和基层群众为党报写稿。

党中央在这方面是表率,毛泽东、朱德、刘少奇、周恩来、任弼时等领导同志,都为《解放日报》撰写社论、代论、文章,特别是毛泽东,在国内外、党内外重大问题上,都亲自动笔撰写社论。他有过亲身办报的经历,以后在革命生涯中一直参与写消息、评论、按语、广播讲话,指导众多革命报刊的出版。《解放日报》建立了广大的撰稿队伍和广泛的通讯员网络,到1944年2月创刊1000期时,在陕甘宁边区有经常写稿的600多人的通讯网,这期的社论中总结改革经验时说:"我们的重要经验,一言以蔽之,就是'全党办报'四个字。"全党办报的方针,是马克思主义群众路线在新闻工作领域的生动体现。

1948年4月在《对晋绥日报编辑人员的谈话》中,毛泽东强调:"报纸的作用和力量,就在它能使党的纲领路线,方针政策,工作任务和工作方法,最迅速最广泛地同群众见面。""我们的报纸也要靠大家来办,靠全体人民来办,靠全党来办,而不能只靠少数人关起门来办。"

---

[1] 见中国共产党新闻工作文件汇编:上册.北京:新华出版社,1980

五、党报的功能：党和人民的耳目喉舌

喉舌论是政党办报的产物，是资产阶级维新派、革命派都曾鼓吹过的思想，并不是共产党的独家发明，但有自己的阐述。它产生于革命年代，是革命党办报的产物。喉舌功能的基本含义，是指党报无条件宣传党的理论路线方针政策，反映人民呼声。①

1929年，《党的生活》在出版启事中就提出："《党的生活》与其他刊物的区别，不仅在于它要讨论党内的问题，而更在于它是一般党员的喉舌。"

1942年毛泽东在审定《解放日报》的《党与党报》、《致读者》等社论文章中强调："报纸是党的喉舌，是一个巨大集体的喉舌。"报纸"不仅要在自己一切篇幅上，在每篇论文，每条通讯，每个消息……中都能贯彻党的观点、党的见解"。在关于《解放日报》改版中，毛泽东提出："使《解放日报》成为真正战斗的党的机关报，同时也就是要使它成为是天下人的报，成为一切愿意消灭民族敌人建立民族国家的人底共同的喉舌。"

刘少奇等也多次论及喉舌论。1948年刘少奇在与华北记者团谈话中谈道："你的笔，是人民的笔，你是党和人民的耳目喉舌。"②

1948年4月毛泽东在《对晋绥日报编辑人员的谈话》中强调："我们的政策，不光要使领导者知道，干部知道，还要使广大的群众知道。"怎样使群众利用党的政策？渠道之一就是报刊。因而"有关政策的问题，一般地都应当在党的报纸上或者刊物上进行宣传"。"报纸的作用和力量，就在它能使党的纲领路线，方针政策，工作任务和工作方法，最迅速最广泛地同群众见面"。

六、党报的作风：就是党的作风

党的作风就是党报的作风。党的三大作风：理论与实践相结合，密切联系群众，批评与自我批评这也是党报的作风。党的作风要体现在党报的方针、业务和管理等各方面。其中，从新闻业务角度来说，最重要的是解决业务指导思想和文风问题。

《解放日报》改版中重点解决的问题之一，是改进文风。1942年1月，毛泽东主席在中央政治局会议上，对如何加强并改进报纸工作，提出了比较系统的意见，政治局作出决议"同意毛主席指出今后《解放日报》应从社会、专论、新闻及广播等方面，贯彻党的路线与党的政策、文字须坚决废除党八股"。社论《报纸和新的文风》（1942年8月4日）指出"生动有趣的材料被格式束缚了，新鲜活泼的思想，被格式窒息死了。自己在地上画了圈子，让它限制了自己，跳不出它的圈外，所以打破固定格式是第一要事"。打破固定格式，从社

---

① 黄扬略.党报新论.北京：中共中央党校出版社,2007,66~67
② 中国共产党新闻工作文件汇编：下册.北京：新华出版社 1980,19、55、52、259

论开始,如社论不必天天有,重在提高质量,去除八股腔。新闻要新,改变过去千篇一律的状况,做到内容新、文字新、题材新、角度新,要深入实际、深入群众,挖掘丰富的材料和题材,用群众语言来写新闻通讯。报纸因此变得生动活泼、丰富多彩,成了一种党中央得心应手的宣传工具,也密切联系了群众。《解放日报》还重视刊登群众来信,反映群众的呼声和要求,成为把握群众情绪的晴雨表,和沟通党与群众的精神桥梁。

1942年毛泽东在给周恩来的电报指导《新华日报》的工作时,指出"党报应吸收党外人员发表言论",他还在起草的文件里,要求"一切善意批评,不论是文字的、口头的或其他方式的,党员及党组织都应虚心倾听"。"《新华日报》、《解放日报》及各抗日根据地的报纸刊物,应吸收广大党外人员发表言论,使一切反法西斯反日本帝国主义的人都有机会在我党党报上说话,并尽可能吸收党外人员参加编辑委员会,使报纸刊物办得更好"。①

毛泽东在《对晋绥日报编辑人员的谈话》中,阐述了无产阶级党报的风格,毛泽东指出:"我们党所办的报纸,我们党所进行的一切宣传工作,都应当是行动的,鲜明的,尖锐的,毫不吞吞吐吐的,这是我们革命无产阶级应有的战斗风格。"

七、建设党的新闻队伍:遵从唯物主义新闻观

延安时期,结合整风运动,党报将改造好新闻工作者的思想,作为改造好党报的首要任务。整风期间,新闻界从树立无产阶级新闻观抓起,进行了一系列反复教育。党报的工作者必须明确,党报记者、编辑是党和人民的公仆,不是"无冕之王",要增强党性,忠诚党的事业,立志献身大众利益;要解决好政治与技术的关系,政治立场问题为首,随之也要提高业务技术水平;必须树立唯物论的新闻观,反对唯心论的新闻观,提倡调查研究,注重新闻的真实性;应当深入群众,勇于实践,不怕艰苦。整风中,记者编辑检查了自己的新闻观点和报道作风,对新闻本源问题也有了认识,明确新闻来源于客观事实,从根本上解决了新闻观点,树立了革命的人生观。

针对新闻不真实的问题,在整风运动后期,陆定一发表了《我们对新闻学的基本观点》,明确提出新闻的本源是事实,新闻是事实的报道,事实是第一性的,新闻是第二性的。"事实在先,新闻在后",这就是唯物主义的新闻观点。文中批判了唯心主义的新闻定义,明确指出:新闻的性质,是由新闻报道所报道的事实决定的,而不是性质对事实有决定作用。

新闻的真实性问题,在党报实践中不断得以强调。1947年,在晋绥根据地土地改革逐渐深入之时,《晋绥日报》不断收到读者来信,揭露报道失实,有的还涉及政治立场问题。报纸上报道地主如何拥护土改,一派"和平"土改的虚幻景象。6月起《晋绥日报》认真检

---

① 毛泽东新闻工作文选.北京:新华出版社,1983,93~94

查了新闻报道工作中"右"的倾向和存在的新闻失实问题,与新华社晋绥分社联名发布《不真实新闻与"客里空"①之揭露》专栏,发动群众揭露假报道,维护新闻真实性原则。专栏陆续发布数次,刊出来信数十件。以后又刊出《关于"客里空"之检查》,刊登记者的检讨。这些专栏文章经新华分社发往总社,由新华社全文播发,各解放区的报纸均转载,引起极大震动,并相继开展了类似的揭露与批评。运动在《晋绥日报》前后达4个月。当年8月底,在"九一"记者节前夕,新华社发表社论《学习〈晋绥日报〉的自我批评》和编辑部文章《锻炼我们的立场与作风》,对反"客里空"运动给予高度评价。这场运动发扬了批评与自我批评的优良传统,检查、纠正了新闻报道失实现象,维护了新闻真实性原则;克服了土改宣传中的"右"的倾向,改造了新闻工作者的立场与作风,提高了新闻工作者的政治素质。但是运动中把一些未经核实就点名批评记者的读者来信公开发表,批评不够慎重。个别记者为此被开除出党,造成了冤案。②

1948年中共中央在西柏坡举办由华北人民日报社、新华社华北总分社的部分记者参加的学习班,10月2日,刘少奇亲自去学习班作长篇讲话,即著名的《对华北记者团的谈话》,他提出了党和人民的新闻工作者必备的四个条件:"第一要有正确的态度,第二必须独立地做相当艰苦的工作,第三要有马列主义理论修养,第四要熟悉党的路线和政策。"1949年7月31日,华东新闻学院举行开学典礼,范长江在会上提出了新闻工作者的四个信条:消息绝对真实;思想要正确;建立群众观念;建立自我批评。政府需要的新闻工作者,首先是革命性的文化战士。

八、党报工作中的教训:从"野百合花事件"说起

党报在曲折的斗争发展历史中积累了许多宝贵经验,也留下了一些教训。在整风和政治运动中,党报抱着宁"左"勿"右"的态度,造成了一些错误。上述反"客里空"运动中的问题就是一例。另外一起由王实味的杂文《野百合花》引起的事件,波及最广,结局最具有悲剧色彩。

1942年春,延安和边区革命根据地在政治上和经济上都处于极其困难的境地。从大后方来的知识分子对艰苦的生活条件缺乏思想准备,极端民主化的政治幻想和绝对平均主义的物质要求,导致一些错误思想蔓延。整风以前《解放日报》副刊上发表的丁玲的《三八节有感》(3月9日)、王实味的《野百合花》(3月13日,3月23日)等就有这样的倾向。《野百合花》包括一篇前记和4篇相对独立的杂文。文中说延安"歌啭玉堂春,舞回金莲步的升平气象",与"每一分钟有我们亲爱的同志在血泊中倒下"不太和谐;批评"大头子"、

---

① 客里空是苏联戏剧《前线》中的一个惯于吹牛拍马、弄虚作假的记者的名字,后来成为虚假新闻的代称
② 甘惜分主编.新闻学大辞典.郑州:河南人民出版社,1993,640

"小头子"官僚主义,对下级漠不关心,"到处乌鸦一般黑",延安生活里缺少"人对人的同情心";衣分三色,食分五等,害病的同志喝不到一口面汤,青年学生一天只得到两餐稀粥,而"干部服小厨房阶层"、"大人物"有非常不必要不合理的享受。

王实味的这些思想,在青年知识分子中得到了不少同情,引起了思想上的混乱。此时正值整风运动即将开始,《解放日报》正为改版搜集各方面的意见,毛主席和社长博古召开了一个延安各部门党内外负责同志及作家的座谈会,在会议将结束时,毛主席不点名地批判了《野百合花》,说有些人是从不正确的立场说话的,这就是绝对平均的观念和冷嘲暗箭的办法。此后,《解放日报》副刊发表了不少批评王实味的文章。王实味所在的中央研究院也召开全院座谈会,主题是"党的民主与纪律"。会议一共开了16天,其间开了14次大会。座谈会很快变成了批判王实味的斗争会。座谈会开到最后(第4阶段),延安地区70个机关1000多人参加,会上陈伯达的批判定性最高,言辞最激烈:"王实味的思想是包含一个反民众的、反民族的、反革命的、反马克思主义的、替统治阶级服务的、替日本帝国主义和国际法西斯服务的托洛茨基主义。""所有人类最肮脏的东西的成分,在他那里都可以找到各种某些不同的表现。"在最后一天,丁玲对自己主编《文艺》专刊时发表《野百合花》作了自我批评。她还批评了自己的《三八节有感》"是一篇坏文章"。李维汉在最后一天的发言中,对王实味也还是留有余地的,并作了挽救:"王实味还有最后的机会从反革命的茅坑里爬出来。"

康生担任整风运动的中央总学习委员会副主任,兼中央直属机关总学习委员会主任。在6月份反对王实味的斗争会结束后,他要继续扩大战果,使斗争深入。经过七斗八斗,把王实味及与其相熟的4人定为"反党五人集团"。1942年10月23日,中共中央研究室党委会作出决定,开除王实味党籍。31日王实味的问题正式定性,罪名是"反革命托派奸细分子、暗藏的国民党探子、特务、反党五人集团成员"。1942年底,康生下令逮捕王实味。在关押期间,王实味被用"逼供信"的办法审讯,1946年被再次强行认定"反革命托派奸细分子"的结论。1947年3月,胡宗南军队进犯延安,中央机关人员撤离,在从延安转移到山西兴县时,王实味被处决。1991年2月7日,公安部作出《关于对王实味同志托派问题的复查决定》,对"1946年定为'反革命托派奸细分子'的结论予以纠正",对王实味"在战争环境中被错误处决给予平反昭雪"。[①]

毛泽东等的党报使命观偏重于党报的政治功能,是在报刊作为政治斗争工具的意义上讲的。在战争年代这是可以理解的。然而新中国成立后,尤其在当经济建设成为共产党头等大事的情况下,仍然过分强调这种偏重于政治功能的使命观,就不利于党报事业的

---

① 陈昌凤.蜂飞蝶舞——旧中国著名报纸副刊.福州:福建人民出版社,1999,179~186

发展了。①

第五节　日占时期沦陷区的敌伪报纸：反动的准党报

日本的新闻媒体忠诚于军国主义是其传统，在侵华战争和"二战"期间成了军国主义者控制的工具，包括在华的传媒。自1937年卢沟桥事变至1945年8月15日日本宣布无条件投降，中国华北被日本帝国主义蹂躏逾8年。史书总会提及8年里日本帝国主义企图奴化华北民众，而奴化的工具，主要是日伪中文报纸。如日伪新民会就是一个准政党，它在各地创办的《新民报》，就是准机关报。

一、军国主义时期日本的新闻理念和新闻控制

19世纪末20世纪初日本媒体在一系列对外侵略中一直鼓吹战争，加上半个多世纪天皇制绝对主义的"国权论"下的新闻政策，使日本媒体在1931年"九·一八事变"后，再次积极地卷入了战争宣传。报刊和通讯社采用无线电发报、传真和飞机运送稿件等当时最先进的传播方式，极为快速地报道日军进攻中国东北、攻打上海的战况，支持政府的侵略方针。报上随处可见诸如"冰天雪地中激战的皇军"、"保卫帝国的生命线"等煽动战争的新闻标题。1932年9月16日，日本全国132家报社联名发表共同宣言，讴歌伪满洲国成立。②

自"九·一八事变"后，日本的各种新闻媒体更是"被绑在侵略战争的战车上，为军国主义利用"③。从1932年起，日本政府对报刊等实行了空前严厉的检查和取缔，主要是禁止那些可能不利于军部直接统治的新闻报道和言论，要求发动全面侵略战争的"国策"与"国论"必须完全一致。陆军省的新闻负责人本间雅春发表谈话："国策与国论毫不相干的时期持续了相当长的时间。近年来，舆论虽然不断增长着可贵的力量，但还没有像日中事变这样发挥过威力。一旦我们的报道机关阐明正义观念、统一国内舆论、指出前进方向，使国民紧密团结、燃烧起火一般的爱国热情，即使以整个世界为敌也毫不畏惧，那就是为国家立了大功，无论谁在它面前都不能不脱帽致敬。"④这反映了当时的新闻控制思想。

1932年，日本还成立了情报委员会，由外务、陆军、文部、内务、邮政等省派出委员和

---

① 张昆.论毛泽东新闻思想体系.http://www.woxie.com/article/list.asp?id=15231
② 陈力丹.论日本媒体"二战"时的法西斯化.引自中国新闻研究中心网站 http://www.cddc.net/shownews.asp?newsid=3404
③ 张国良.现代日本大众传播史.上海：学林出版社，1992,1
④ 内川芳美,新井直之.日本新闻事业史.北京：新华出版社，1986,51

干事,统一协调对舆论的控制。1937年该机构列入编制,内阁情报部直属首相领导。1940年,内阁各省和军队各兵种的情报部门合并为统一的新设"情报局",对所有涉及传播的载体,包括报刊、广播、通讯社、电话、电影、戏剧、曲艺、绘画、唱片等等实行直接控制。

日本帝国主义在整个侵华战争中实行新闻统制政策,具体有4个方面:扼杀中国人民的抗日爱国宣传活动,实行新闻封锁;强化日本在华新闻宣传势力,建立在华新闻宣传阵线;建立法西斯新闻统制机构,从上到下机构重重,各地的军部报道部具有最高权威;全面垄断新闻通讯与广播事业,控制和垄断新闻来源。

日本以媒体作为教化的工具。1935年日本政府发起"国体明征运动",("明征"即"明确"),目的是彻底消除明治维新时期传入的自由民主思想,完全回归到神权天皇制。于是兴起了"新理念"的教育和国民教化,反对偏重智育,禁止高级享乐,电影中只有行军、射击、高呼万岁的镜头,书籍不得破坏国体观念,主张思想自由。1938年又发动"国家总动员运动",全面实行经济统制、国民统制和精神统制。政党被完全禁止,原有的各种社会团体解散,按职业、年龄、性别分别被纳入官方直接控制的全国性单一社团。因此,无论是日本本土的传媒还是在本土之外的传媒,理所当然成了教化的工具。

媒体的教化与影响是非常巨大的。美国社会学家在论及广播时说:"日本的广播更为极端,甚至说在战斗中,精神可以战胜死亡这种生理上的现实。"这种精神的力量能让一个已经死去的英雄在汇报完战情之后才倒下,"受过教育的日本人对这种广播却并不发笑。他们相信,日本的听众肯定不会认为这是荒诞无稽的故事"。① 因此,日本占领中国时期的媒体,将"思想教化"作为中心目标。

二、沦陷区的日伪报刊

日本帝国主义发动侵华战争后,立即派遣了大批日本新闻工作者来华从事侵略性的新闻宣传工作,有的随军担任战地宣传报道工作,有的在沦陷区内从事办报与宣传活动。1937年卢沟桥事变发生后的4周内,日本政府派遣来华的新闻工作者有400人之多,不久增至1000人,人最多时仅陆军随军记者就有2586人。日本政府还指示国内重要新闻机构来华设立分社,出版报刊,仅《朝日新闻》、《大阪每日新闻》的驻华记者,最多时就有1000人。

日本媒体还在华创办了报刊,同时侵略者还采取劫夺、收买、扶持等各种手段,迅速地在我国沦陷区建立起一个新闻宣传阵线,其中心是日本各地军部主办的中文机关报,如天津的《庸报》、上海的《新申报》、广州的《迅报》。军部的机关报,一般都在重要城市出版。

---

① 本迪尼克特.菊与刀.北京:商务印书馆,1990,18

此外，日本侵略者还大力发展以日本人为名义主办的中、日文报刊，调整原有的日商报纸转入战时轨道，积极扶植各傀儡政权和落水报人从事办报宣传活动，利用汉奸报刊作其宣传上的应声虫。1942年日寇报纸197种、杂志94种。日伪的宣传，开始以作战为中心，以后用宣传策略以图控制民心。

日本侵略者竭力控制和垄断新闻来源。日本官方通讯社同盟社特设华文部，规定沦陷区所有日伪报纸均需采用该社的新闻通讯稿件。同盟社还在沦陷区各个重要城市与交通要道遍设分社。根据其"以华制华"的侵略方针，先后炮制了几个以伪政权名义创建的新闻通讯社，如伪满洲国通讯社、中华通讯社、中央电讯社等，实际是同盟社的子机关。

1932年日本帝国主义在东北炮制了"满洲国"，此后对东北人民实行法西斯统治达14年之久，并建立了严格管制东北新闻事业的"满洲弘报协会"。1937年加入者已达31家，包括日文《满洲日日新闻》、中文《盛京时报》等。当局还颁布了《通讯社法》、《新闻社法》与《记者法》（弘报三法）。至1940年东北地区仅剩39种报纸，绝大多数由日本人主办，其中中文报16种、日文报17种，中日文双语的3种，英、俄、朝鲜文各1种。还办有通讯社、广播电台。

华北被侵占后，日本迅速建立起殖民地性质的传媒系统。日本在华北的新闻最高统治机构是日本侵略军北支派遣军报道部和当地日本陆军特务机关，报道部长是大佐级。日伪在华北的传媒，一部分是收买的地方报，大部分是派人去控制的，小部分是日寇侵入前就勾搭好的。主要有：伪临时政府机关报《新民报》晨刊、晚刊，以及到各地办的《新民报》。北平先后有30多种日伪报纸。天津有十多家，其中《庸报》是天津第一家汉奸大报，在华北仅次于北平的《新民报》。其他各地也有不少，大概在华北先后出版的日伪报纸共六七十种之多。同时还办有不少通讯社，仅北平就有十多家。它们利用造谣、撒谎、欺骗的手段，大肆攻击共产党，离间抗日民族统一战线，宣扬"东亚圣战""建立东亚新秩序"，鼓吹"中日提携"等。国民党在北平、天津、太原等地的广播电台也相继陷入日军之手。

华中、华南的汪精卫伪政权，也创办了一大批报刊，建立了拥有报刊、电台、通讯社的庞大的汉奸传媒网。在汪伪集团叛国投敌前，日本侵略军已办起了一批报刊，上海的《新申报》、广州的《迅报》影响最大。另外，还有伪华中"维新政府"等汉奸组织或汉奸报人出版的汉奸报刊，如《南京新报》等，以及通讯社。香港是汪伪第一个报刊宣传中心，创有《南华日报》等。上海的《中华日报》、南京的《中报》等，都是汪伪报刊，他们在统辖区内建立起一个庞大的新闻宣传网络，报纸是最重要的组成部分，仅华中地区就有报纸68种，华南7种。这些报刊为"和平运动"、"东亚联盟运动"摇旗呐喊。汪伪政权还颁布了不少统制报业的法令和条例。其通讯社、广播电台都颇有规模。①

三、《新民报》：准政党组织的机关报

日伪新民会是抗日战争期间日本帝国主义在华北沦陷区建立的反动政治组织。日本侵略军的军队里配有宣抚班，对被占领区人民进行"思想教化"。宣抚班的人身着军服，引起沦陷区人民的极大反感，工作进展不利。因而日本侵略者便采取"以华治华"的手段，仿照"满洲国"的协和会，在华北建立由汉奸组成的新民会。新民会不仅执行宣传和"教化"的功能，而且还与华北伪维新政府，即后来的伪华北政务委员会紧密联系在一起，同时执行组织、管理等功能，所以新民会虽然不称为党，但却在沦陷区发挥了政党的作用。日伪《新民报》便是这个准政党组织的机关报。它是在接收了最初由成舍我创办的《世界日报》社的设备后于1938年1月1日在北平创刊的，1944年4月30日停刊，与北京的《实报》、《民众报》和天津的《庸报》、《新天津报》合组为《华北新报》。

《新民报》宣传宗旨非常明确：以新民主义为纲领鼓动中国民众服从日本的在华利益，建设所谓大东亚共荣圈。《新民报》的组织结构和人员安排体现了其政党性、机关报纸的特征。报纸的社长是日本人武田南阳。由武田南阳、角田清彦、铃木新一郎、陈重光、富田广吉、徐日章、吴菊痴、村上秀雄、金自任等九人组成社长室。② 据日文档案记载，《新民报》还有田中敏夫和刘孔璋作为顾问。新民报社为社团法人，下设总务局、社论委员会、编辑局、经理局、公务局、事务局。③ 编辑局局长早先为吴菊痴④，后为陈重光，社论委员会主笔徐日章，事业局局长富田广吉。

创办之初，《新民报》只有晨刊，对开8版。一版和二版为新闻，三版是国际新闻和社论，四版是"经济界"（报道经济行情）和周刊，五版是"教育界"（报道新民教育和学校新闻）和"天地明朗"板块（后增"新民画刊"），六版是北京新闻和"菊苑"版块，七版是社会新闻，八版是"明珠"副刊（原《世界日报》的副刊）。以后又曾扩至10版。不久出夕刊4版，晨刊恢复为8版，所有的周刊都从晨刊转移到夕刊上。夕刊4个版面分别为：一版、二版新闻、三版"黄尘"版块和周刊、四版小说连载。后因战事紧张、资源短缺，夕刊终止，周刊转移回晨刊。此外它还设有各种版面和专栏，"天地明朗"上是关于孔孟和论证新民主义的论文；"菊苑"介绍戏曲艺术、名旦名角的文章；"明珠"则刊诗歌、散文、小说等文学内容。此外，还有各类周刊，如艺术周刊、科学周刊、妇女周刊、社会服务周刊、亚洲黎明会周

---

① 方汉奇主编.中国新闻事业通史：第二卷.北京：中国人民大学出版社，1996，871～900
② 中国社会科学院新闻研究所编.新闻研究资料（总第五十五辑）.北京：中国社会科学院出版社，172
③ 北京档案馆编.北京档案史料（1999·4）.北京：新华出版社，1999，239
④ 1940年7月7日吴菊痴在北京和平门外南新华街被中共地下工作人员暗杀。中国人民政治协商会议北京市委员会文史资料研究委员会编.日伪统治下的北平.北京：北京出版社，1987，161

刊、儿童周刊、戏剧周刊、电影周刊、日本文化周刊。后期只剩下回教周刊、佛教周刊、小学生周刊、学生生活周刊、社会服务等几种。由周刊之创设可见其报道内容、宣传手段之一斑。

根据1940年11月6日《新民报》的纪念增刊《本报一千号之回顾》记载，报纸初创时，发行"不过数千份而已"。而北京档案馆中一份日文档案中记载《新民报》发行量最多时达20多万份。《回顾》一文中罗列该报支社分社270余处，分布于冀、晋、鲁、豫、"满洲国"、朝鲜、日本。随着日寇占领范围的扩大，《新民报》还出版了天津、河北、蒙疆、西北、山西、山东等地方版，在《新民报》主报基础上加1版当地新闻。而苏北、青岛等新民会分部则出版内容独立的《新民报》。《新民报》完全按照日本模式，鼓励人们订阅朝夕刊，每天一元钱。在发行上，采取送报上门的服务方式，并且登广告招聘发行代理，各支社除了搜集新闻外，同时也负责发行，这样它就建立了一个遍布华北的发行网。

在设备上，报社接受了原《世界日报》的设备，并于1940年购置当时最先进的德国耳巴特式高速度轮转机，《回顾》中说该机器"……速度一小时可印三十二万份，八页以上三十二页以下，可叠成一份，同时并可印全版三色，不仅成为华北报纸第一家，即华中华南以及满洲国，自中国有新闻史以来，亦未见有如此划时代之进展也"①。

《新民报》非常讲究宣传技巧，很懂得"劝服"之道，以满篇的"新中国"、"新民"、"讲卫生"、"讲道德"、"苏生"、"中华"、"反殖民"等等作为其宣传内容，以满篇仁义道德，力求起到教化功能，重视用中国本土文化作为宣传形式，报纸聘用中国人去实践其宣传策略。无论从用语、文体，还是从思维方式、内容，都力求中国化，为奴化目的覆上了中华文化的外衣。在内容上，《新民报》通过恢弘中华文化贩卖中日亲善、中日同义同种的思想，进而为日本侵略者奴化中国人民服务。

《新民报》社论以政治为主题的居多，可见其政治性主旨。其中1/3以上以对付国共两党为要，针对国民党政府的社论占政治类社论的14.4%，针对共产党的占17.9%；针对国共双方的占3.6%。报纸责难国民党，目的是为了鼓吹大东亚共和、中日共存共荣。《新民报》一贯打压中共，在即将终刊时仍然阐明其主旨之一是"与夫共产邪说做思想搏斗"。另一方面，该报矛头也指向英美两国。社论在宣传上常用一种三段论的套路：首先证明某个儒家文化的思想是如何伟大，然后说日本是这一思想的忠实继承者，而中国受西方、国民党和共产党影响已丢失了这个思想，最后结论是要中国向日本学习以恢复这一思想。孔教和孙中山的"三民主义"，都是其宣传的利器。早期《新民报》曾讽刺孙中山与宋庆龄的婚姻，但随着时局的变化，对孙中山开始尊称"国父"、"总理"，每到孙中山逝世和迁陵的日子都要纪念一番。《新民报》社论的另一个套路，即先否定英美等反轴心国家，说它

---

① 新民报，1940-11-6

们是没有道义的,如西方国家殖民,只重物质忽视精神,然后说日本领导的战争是反对它们的,所以日本的战争是正义的,对中国的占领是合理的。

《新民报》与新民会经常举办各种社会活动,配合宣传,办"新民学院"、征集"新民歌",讲卫生、兴健身、做赈灾济民的社会服务,活动对其宣传产生了一定的作用。《新民报》的版面设计、发行、技术水平在当时都属领先水平,但先进的形式掩盖不了它本质的堕落,它实践的是侵犯别国主权的非正义的理念,注定会被历史和人民所唾弃。①

---

① 刘扬,陈昌凤.日占时期《新民报》研究.京都:日本龙谷大学国际社会文化研究所纪要 2004,(6)

第八章 泛政治化的新闻传播：1949—1976

1949年中华人民共和国的成立，开辟了中国历史的新纪元，中国新闻事业史随之也翻开了新的一页。新闻事业的使命发生了急剧的转变，从过去为革命战争、夺取政权服务，转向为治理国家、建设国家服务。新中国的新闻事业，是在革命战争年代解放区创办的新闻业和在国民党统治区的新闻事业的基础上发展起来的。解放区的新闻业，为新中国的新闻业提供了干部、组织体制和办报理念；国统区的新闻业，主要提供了物质技术力量，还有一些新闻人才。[①]

建国后，共产党在原来创建的新闻事业基础上，又对

[①]、孙旭培.新闻学新论.北京：当代中国出版社,1994:255～258

第八章 泛政治化的新闻传播：1949—1976

旧中国遗留下来的新闻事业实行了人民民主改革和社会主义改造，有步骤地接收、改造旧中国遗留的报社、电台等新闻机构。逐步建立起以中共各级党报为核心的、多种人民报纸并存的新中国报业结构。这个时期的报业，曾出现党报、非党报并存，国营、公私合营、私营报纸并存的局面，而以党报和国营报纸占绝对优势。同时将新华通讯社建设成国家通讯社，又对广播事业实行了全部国有化，组建成了以《人民日报》、新华社、中央人民广播电台为中心的比较完备的党的新闻事业网，并在"文革"前基本建成了初具规模的社会主义新闻事业体系。在国家治理和建设的过程中，新闻事业积极正确地报道宣传国民经济恢复和过渡时期总路线的实现，指导推进了各项工作，团结教育了人民；新闻业务也不断改革进步；新闻工作继承发扬了党的三大作风的优良传统。新闻传媒在抗美援朝时期也发挥了相当积极的作用。当然，在新中国初期媒体就已出现过一些"左倾"现象，党的某些领导人对新闻规律注意不够。到1956年，新中国已经初步构建了新闻事业体系、与经济政治基本适应的新闻体制和新闻政策，总结出了一套行之有效的新闻业务指导思想，建立了一支立场、观点、作风和业务素质各方面符合要求的新闻工作队伍。

1956年从《人民日报》开始，全国新闻业开始了改革，初步探索了社会主义时期中国新闻事业的走向。这年的五六月，刘少奇曾对新闻工作做了三次重要的指示，指出了新闻改革的目的、方向、要求和重大决策。改革的根本，在于提倡和引导中国新闻界走自己的发展道路，闯出一条有中国特色的社会主义新闻事业的新路。其后，以《人民日报》改革为头阵的全国新闻工作改革全面展开，力求媒介回归本位，全国的新闻业一片繁荣。可惜，这次的改革因"反右"斗争中断，改革只是昙花一现，无果而终。

从1957年"反右"开始，到1966年，中国的报纸、广播和电视，完成了从新闻媒介到"阶级斗争工具"的演变。新闻界充满了"火药味"，批判之声不止，征伐笔战不绝。这10年，新闻史册上写满了亲者忧痛、仇者渔利的憾事。毛泽东在"反右"过程中提出的"阶级斗争工具论"，把媒介的传递消息、提供服务和娱乐等其他功能给掩盖了，新闻媒介的性质发生了畸变。[①] 1957年后的几年间，党报宣传中出现了片面、浮夸等问题，这种"左"的倾向对以后中国共产党新闻事业也带来极大的干扰。之后中央和各地党报对前三年的宣传工作进行总结反省，大兴调查研究之风。1962年中共八届十中全会强调阶级斗争，媒体以宣传典型的方式跟风。

"文革"十年，中国全局性的严重"左倾"错误泛滥，新闻业成为林彪、江青两个反革命集团的舆论工具，新闻事业备受摧残。这十年是运用新闻媒介这样一个"阶级斗争工具"实施"全面思想专政"的最得心应手的时期。[②]"文革"期间新闻的真实性原则被完全践

[①] 童兵. 主体与喉舌——共和国新闻传播轨迹审视. 郑州：河南人民出版社，1994，72

[②] 童兵. 主体与喉舌——共和国新闻传播轨迹审视. 郑州：河南人民出版社，1994，111

踏,事实要为政治服务,长期培养起来的马克思主义文风,被"假、大、空"所替代,优秀的新闻工作者被迫害,新闻教育被否定,新闻界成了"文革"中的重灾区。纵观建国后27年,尤其是1957—1976年的新闻事业,基本上呈现出一种泛政治化的倾向,其间的教训需永远铭记。

第一节 新体系:新中国的新闻事业

新中国成立后,中国共产党中央和中央人民政府从管理机制、新闻法制等方面,加强管理和领导新闻事业,组建成了以《人民日报》、新华社、中央人民广播电台为中心的比较完备的党的新闻事业网,并着手改造旧中国的新闻事业。关于三大块新闻业的关系,1950年新闻总署调整分工,规定全国性及世界性的要闻、报纸和广播电台应主要依靠新华社;广播电台的新闻来源,除新华社外,应采用报纸的言论和消息,并应有自己的新闻和评论;社论和专文主要集中于报纸,新华社可采用各报社论与专文的全部或摘要。

一、转变期的新闻管理:改变单一模式

新中国成立以前,中共的新闻管理是由党政一体进行管理的,党中央设宣传部负责管理;对于中央级媒体,则另设党报委员会(由政治局委员组成)管理。建国后,单一的管理模式得以改变,政府机构也成立了新闻管理机构,这就是中央人民政府政务院(后改为国务院)下设的新闻总署(1949年11月成立),胡乔木任署长,范长江、萨空了任副署长。新闻总署的职能是负责领导全国的新闻事业,管理国家的新闻机构。它的成立,改变了原先党对新闻事业的一元化控制,首开政府参与新闻管理与政策制定之先河。

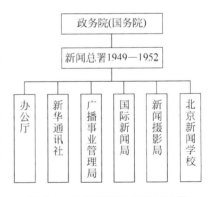

图8-1 政务院新闻总署组织图

新闻总署首先抓了改进报纸的经营管理问题,其次对不同新闻工具之间和不同报纸之间的分工进行了统一调整。1949年底召开的全国报纸经理会议决议要求报纸发行工作逐步地全部移交邮局办理,在邮局尚不能担负报纸发行任务的地区,各报社应力求报纸发行面扩大,批发折扣一般应不低于7折。1950年春中国报纸发行即逐步开始实行"邮发合一",报纸发行成为各级邮电局主要业务,报纸被划分为全国、大区、省城、专区、直辖市等各种级别,并限定各自的发行范围。各报交由邮局发行时,原有发行人员调归邮电局领导,列入邮电

局编制。① 私营报纸也与邮电局签订了"邮发合一"协议。政府规定实行"邮发合一",目的在于节约发行力量,扩大报纸的发行面,简化发行系统。

1950年3月,新闻总署在北京召开全国新闻工作会议,这是建国后第一次全国性新闻工作研讨会。这次会议对全国的新闻媒体的分布情况、新闻从业者状况等情况作了调查,会议集中讨论的看法是:改进报纸工作的中心问题是加强报纸与人民的联系;必须统一新华社的组织和工作;应在全国建立广播收音网,使广播发挥宣传教育作用。中央党政领导人毛泽东、朱德等接见全体会议代表,毛泽东作了讲话。在此基础上,新闻总署向全国连续发布了三个重要决定:《关于建立广播收音网的决定》《关于统一新华通讯社组织和工作的决定》《关于改进报纸工作的决定》。此外,新闻总署还下发了不少对新闻业务的指导文件。1952年政务院撤销了新闻总署,新华社改由政务院文化教育委员会直接领导,国际新闻局改为外文出版社,以后在相当长一段时间内,新闻事业均由中宣部领导。

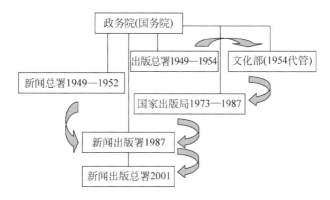

图8-2 新闻出版管理机构的变迁图②

二、基本法规和新闻政策:保障人民的自由;改造旧新闻业

新中国成立以前,共产党制定了相当细致严密的新闻政策,对新闻媒体的管理卓有成效。随着革命的节节胜利,中共的事业转向城市,新闻媒体也逐渐转向以城市为中心,1948年中宣部发布了《关于城市党报方针的指示》。1949年初中央又发出《宣传约法三章,不要另提口号》《勿擅自向外表示态度》两项指示,对统一党的新闻纪律、宣传党的方

---

① 中央人民政府邮电部新闻总署关于邮电局发行报纸暂行办法(1950年2月).中国共产党新闻工作文件汇编:中册.北京:新华出版社,1980,32~33
② 新闻出版署改为总署后,升格为正部级单位。

针政策、防止敌人的破坏宣传,起了积极作用。

1948年11月,中共中央明确规定了接管、清理旧中国新闻事业的政策方针,即:保护人民的言论出版自由,剥夺反人民的言论出版自由。建国后,1949年第一届全国政协会议制定的"共同纲领"中规定:保护报道真实新闻的自由,禁止利用新闻进行诽谤。1954年第一届全国人大会议制定的第一部《中华人民共和国宪法》第87条规定:中华人民共和国公民有言论、出版、集会、结社、游行、示威的自由。这些条文,是指导新中国新闻事业、保障人民言论出版自由的总纲。在人民民主专政制度下,人民的新闻出版自由得到了国家根本大法的保证。依据"共同纲领"和宪法,建国初期一些单行法规相继出台。

表8-1 新中国成立初期新闻出版法规及相关条例

法规名称	公布时间	主要内容
全国报纸杂志登记暂行办法草案	1950年	报纸杂志(公营和私营)须申请登记,经地方初审转呈新闻总署核定,获登记证后才可出版
期刊登记暂行办法	1952年	期刊的发行应申请登记,由受理机关上呈上级机关核准,发给登记证后才能发刊
中共中央关于报纸和期刊的创办、停办或改刊的办理手续的几项规定	1956年	从中央到地方各级各类报纸创办、停办或改刊的办理手续,及各级批准权限
管理书刊出版业印刷业发行业暂行条例	1952年	向当地行政出版机关申请核准,取得营业许可证后,再向当地工商行政机关申请登记
保守国家机密暂行条例	1951年	第11条:凡报刊、电台内容均不得涉及国家机密,各新闻机构应制定保密审查办法; 第13条:以反革命论罪惩处的内容
中华人民共和国惩治反革命条例	1951年	进行反革命宣传鼓动、制造和散布谣言者,应以反革命论罪惩处

三、新中国报业体系的初步建成

新中国成立前后,随着各大中城市的解放,中共完成了对旧中国新闻业的清理整顿,接管关闭了国民党政权经营的报业,没收其一切设备资财,用于发展共产党的新闻事业。并很快建起了以《人民日报》为中心的机关报体系,同时并存的还有其他类型的报纸。据1950年的调查,全国有报纸253种(其中日报175种),其中有50多家私营报纸(另一说总数336家,私营58家),到1952年继续出版的已全部实行公私合营,进而改为国营。1953年,全国专区以上的报纸有258种。

第八章 泛政治化的新闻传播：1949—1976

图 8-3 1950 年公营和私营报业的比例图　　图 8-4 1953 年各类报纸比例图

1953年,共产党机关报151家,占总体报业的56%。其中,中央级的1家;6大行政区的党委机关报5家(华北已有中央机关报),即东北局的《东北日报》,西北局的《群众日报》,中南局的《长江日报》,华东局的《解放日报》,西南局的《新华日报》;省(市)、自治区一级的党委机关报30家(1953—1956年又另创3家);还有地市级等机关报。① 与此同时,中共中央青年工作委员会也有机关刊物《中国青年》(1948年12月创刊)。

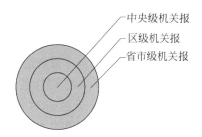

图 8-5 解放初省级以上党报体系图

中共中央机关报是《人民日报》。《人民日报》原为中共晋冀鲁豫分局机关报,1948年6月与晋察冀分局机关报《晋察冀日报》合并改为华北局机关报。1949年8月1日起,中共中央决定将《人民日报》转为中共中央机关报。当时未作任何声明,期号也未重新编排。从此,新中国建立起以《人民日报》为中心的党报体系。《人民日报》以前发行量是4万份左右,改为中共中央机关报后,1949年底为9万份,1950年底为19万份,1951年为33万

---

① 方汉奇主编.中国新闻事业通史:第三卷.北京:中国人民大学出版社,1999,2~25

份,1952年达48万份,成为全国发行量最大的日报。该报报道评论国内外要闻,介绍各地的情况与中心工作,开展思想和工作的讨论,刊载文艺作品,发表读者来信。党政各部门积极运用《人民日报》宣传政策、推行政令、传播经验。

中央机关报《人民日报》第一任社长是胡乔木,继任社长为范长江,第一任总编为邓拓,行政级别都是正部级。胡乔木(1912—1992),江苏盐城人,抗战时期即从事新闻工作,曾主编《中国青年》。1941年起任中共中央政治局秘书,曾为延安《解放日报》、重庆《新华日报》撰稿,1949年曾任新华社社长、中央新闻总署署长、《人民日报》社长,1950—1956年历任中宣部副部长、中共中央副秘书长、中共中央书记处候补书记,长期主管新闻工作。范长江(1909—1970),四川内江人,30年代曾任职于多家报纸,1934—1938年为《大公报》记者,曾因采访红军长征(汇集《中国的西北角》)、延安通讯、抗战新闻名享一时。1939年加入共产党,之后参与中共新闻事业。建国前后历任新华社副社长、上海《解放日报》社长、新闻总署副署长、《人民日报》社长。

按照1950年新闻总署的规定,报纸各有分工。首先,报纸分为全国性与地方性。全国性报纸有3家:《人民日报》,中华全国总工会机关报《工人日报》(1949年7月15日创刊于北京),各民主党派、中华全国工商联和无党派人士联合报《光明日报》(1949年6月16日创刊于北京,1953年以前是中国民主同盟的机关报)。全国报纸以刊载全国各地专电与通讯为要,与新华社相配合;地方性报纸则要加强地方特色。其次,规定公、私营报纸所面对的不同读者对象和各自报道内容的不同侧重面。如《人民日报》的主要读者对象应为干部与先进的群众,主要内容应是报道评论国内国际主要时事、思想、政策情况,介绍交流中心工作经验,开展各种思想与工作的批判,发表代表性文艺作品及文艺工作经验,刊登读者问答等;《光明日报》应以各民主党派及小资产阶级、知识分子为主要对象,侧重报道时事、文化、学术、思想及业务学习等方面,并应当特别提倡讨论的风气;《新民报》以北京的小资产阶级及比较无组织的劳动群众为读者对象,特点在通俗文艺的副刊。① 这种分工,使新闻业初步统一、有序,但私营报纸失去特色,新闻报道无法满足读者的需求,分工体制使私营报纸的读者只能局限在一定范围之内,而且要求私营报纸本地化的措施,使原来具有全国影响的私营大报只能放弃外地市场,条块分割使私营报业受到约束。

我国的新闻管理体制,是党、政共同管理。共青团的媒体,同时归属团委系统管理;专业、行业、企业性媒体,同时归属其本系统管理。

---

① 方汉奇主编.中国新闻事业通史:第三卷.北京:中国人民大学出版社,1999,44~46

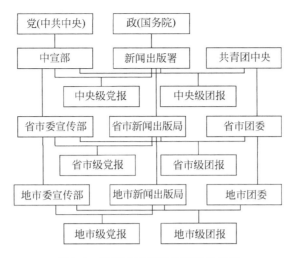

图 8-6　我国党团报纸的管理体系图

四、私营新闻业的改造

解放前夕,随着解放军的节节胜利,旧新闻事业有的歇业,有的散摊,有的负责人逃走。北平 1948 年 1 月有报纸 176 家、通讯社 65 家,到年底只剩下 26 家报纸、20 家通讯社。天津解放较早,解放军入城后,曾令所有报纸一律停刊。中共中央及时纠正了这一错误做法,指示"应按报纸性质属于进步、中间、反动等类采取分别对待的办法"。于是,天津准予《大公报》等 5 家私营报纸复刊。此后解放的各大城市都是先派人接管国民党各派力量的报纸及其他报纸,利用其房产、设备和技术力量,创办人民的报纸。对进步的、中间状态的报纸一面让它继续出版,一面进行审查,审查合格后,准予登记继续出版。如上海继续出版的有《大公报》、《文汇报》、《新民报》、《字林西报》、《密勒氏评论报》等;《新闻报》改组为《新闻日报》;《申报》在 1949 年 5 月 27 日上海解放的当天,被上海军管会接管,于 5 月 28 日改组为《解放日报》(沿用原中共中央机关报的名称),作为中共华东局的机关报(1954 年华东局撤销,改为上海市委机关报)。1949 年 10 月 15 日广州解放,迁至广州的国民党《中央日报》被接收改为《南方日报》。私营报纸最少的大城市是北京,只有《新民报》一家。[①] 1950 年全国还有私营报纸约 50 家,但以后呈迅速下降趋势,一年后只剩下 25 家。少数报纸因出现歪曲政策报道而被停刊,多数则是由于报纸销路下降、广告减少,经营难以为继而停办,或是公私合营被改造为党报。

---

① 孙旭培.新闻学新论.北京:当代中国出版社,1994,258~263

共产党对私营报纸实行经济扶助（即私营公助），或实行公私合营。开始时中共对部分私营报纸实行扶助政策。1949年11月30日，中宣部致电华东局宣传部："私营报纸及公私合营报纸，在现阶段，有其一定的必要，故应有条件予以扶助"；并要求华东局宣传部扶助《大公报》："拨给适当数目纸张，作为公股投入该报。"这种经济扶助有别于银行贷款，直接作为股份投入，使得私营报纸的产权结构开始发生转变。1950年7月《大公报》开始实行公私合营，当时新闻总署指示，不正式对外宣布也不故意否认这一改变。《文汇报》亏损严重，1950年9月董事会不得不请求政府扶助，华东新闻出版局、上海新闻出版处与《文汇报》达成协议："《文汇报》应以自力更生为主，在政府扶助下，争取于1951年2月底以前，做到自给自足。"政府一次性拨给补助费，并商请银行给予贷款。这实际上是使《文汇报》走上了"私营公助"的道路。1951年4月，《文汇报》再次向上海市政府新闻出版处呈文请求再拨补助款。

另一种做法就是直接进行公私合营，在私营报中购入部分公股，或直接全部买下，改造为党报，如武汉《大刚报》（1953年易名为《长江日报》，作为中南局机关报），重庆《大公报》（1951年12月改名为《重庆日报》，作为中共重庆市委机关报），《新民报》成都、南京、重庆、北京四社先后公私合营，北京《新民报》由北京市人民政府收购，出了半年后改出《北京日报》，作为北京市委的机关报。解放前五社八版的《新民报》就只剩下上海《新民报晚刊》（即今《新民晚报》）。1952年底，经历了三反五反、思想改造等历次运动，为数不多的私营报纸全部公私合营，实际上，所谓公私合营，只是在经济上有些私股暂予保留，而报纸实际上已成为党报。在保留私营报纸最多的上海，共产党进一步加强对私营报纸的管束，同时宣布《文汇报》、《新闻日报》、《新民晚报》同时进行公私合营。《文汇报》由市教育局、市青联、市学联及市教育工会等指派负责干部一人为编委，于是成了面向学校师生的专业化报纸。《新民报晚刊》亦实行公私合营，陈铭德、邓季惺被聘为顾问，原来仅有的两张私营小报《大报》、《亦报》并入其中。上海《大公报》另迁天津合并已改名为《进步日报》的原《大公报》，仍称《大公报》，作为全国性报纸，分工报道国际新闻与财经政策。1953年，所有私营报纸都转变为公私合营报纸，后来又逐渐退还私股，实际上都是公营。

1951—1953年私营报业公私合营进程中，私营报纸经营困难的客观因素和共产党改造私营报纸的动机都起了重要作用。但更深层次的原因在于，当时实行的一系列政策使私营报业面临的制度环境逐渐演变为政府管制的计划体制，报业赖以生存的经济来源（发行和广告）逐步萎缩。在新闻总署关于报纸经营管理方面的指示下实行"邮发合一"后，私营报纸处于不利地位，私营报纸的发行统一交由邮局代理，剥离了原有的发行部门和人员，原先经理部和编辑部并重的商营组织结构，演变为以编辑部为主。这就意味着，私营报纸的生产仍由报社进行，但销售已经纳入整个报纸生产消费的计划体系。在这个体系之中,生产者(报社,特别是中共党报)享受国家财政补贴,作为产品的报纸在质(报道内容)上受到严密的管制,在量(发行)上也受到定期定额的严格管理;消费者以各机关和干部为主,公费订阅。报纸的生产—流通—消费都依靠财政补贴,从而形成了一个财政资金的循环。它面向的不是竞争的市场,而是计划体制。因此,从"邮发合一"开始,私营报纸的发行从原有的多渠道、竞争定价、开放的市场模式,向单一渠道、统一定价、定额定量、封闭的计划模式转变。这种转变实际上等于国家控制了报纸的经济来源。因而,在计划体制占据主体地位、市场日渐萎缩的情况下,私营报业只有融入到这个计划体制中去,才能生存。①

共产党在改造旧新闻媒体的过程中,对旧有的一些符合新闻规律的办报、办刊及出版方式不加区别地予以改造废止,忽视了新闻遗产的传承性;对经验丰富的新闻工作者不能充分尊重和有效利用,挫伤了不少新闻工作者及知识分子的积极性。新闻工作中,"左"的东西开始抬头。一些党政机关、国营企业和其他基层单位不信任私营报纸记者,有的不让采访,有的敷衍了事,党报记者也瞧不起私营报纸记者。一些苏联式的新闻套套也开始被搬移过来,私营报纸所用的国际新闻和评论,对全国、全市的重大政治新闻,均须以新华社的稿件为准;不得解释共产党及政府的法令政策。私营报纸不能在党报之前抢发消息,重大新闻的发表格式都得按上级部门的指示办理。在对旧媒体改造的过程中,完全依靠行政力量,为新中国新闻宣传构建了基本范式,报道宣传化等办报方针由此确定下来,很大程度上影响了今后新闻报道的客观、及时、公正和规范。②

五、1949—1956年报业的企业化经营

1949年底,中共中央批转了新闻总署党组"关于全国报纸经理会议的报告",要求全国报纸、特别是公营报纸,转变战争年代解放区长期的供给制思想,把报纸作为生产事业来经营,逐步实行报价核算制,整编臃肿机构,厉行精简节约,逐步改变依靠政府定期定额补贴的现状,实现经费全部或大部分自给。1950年,中宣部发布了《关于报纸实行企业化经营情况通报》,肯定了报纸实行企业化经营的成效,明确指出,报纸的"企业化经营方针是完全正确的,可以实现的"。

企业化改造是在当时报业亏损严重的情形下的改善办法。当时一些私营报纸如《进步日报》、北京《新民报》、《新闻日报》已能全部自给而略有盈余,但《大公报》、重庆《新民

---

① 以上三段参见施喆.建国初期私营报业的社会主义改造.新闻大学,2002年春季号。
② 张仁善.1949年前后中共的新闻政策及历史效应.二十一世纪.转载于:传媒观察(http://www.chuanmei.net),2002-6-14

报》等亏损严重。公营报纸的亏损相当严重,如1949年底"仅据《人民日报》等16家报纸不完全统计,每年赔耗即达5000万斤小米",但他们能够得到不同形式的财政补贴,"凡在实行上述办法后仍不能自给的报纸,均由政府新闻行政部门与财政部门在审核报社预算后实行定期、定额的补贴制度";号召实行企业化经营之后,"其确有困难不能自给者,亦应据实呈报新闻总署,请求批准补贴,并将赔耗减至最低限度"。[1]

各大报的企业化经营的措施,大致有以下方面:一是适当调整报价。《人民日报》、《光明日报》1949—1956年间的启事和广告显示,至少京津各报联合调价7次。二是重视广告业务经营。全国报纸经理会议决议中指出:广告在目前的城市报纸上是必要的,城市报纸应当以适当的地位主动地刊登有益于国计民生的广告,以推进生产和文化事业,并服务于人民群众的日常需要,同时也由此增加了报社的财政收入。这样,许多报纸改变了旧的观念,开始经营广告业务,广告收入的比重逐年增加。1950年前后《北京日报》、《解放日报》、《文汇报》等全国53家报社相继恢复和开设广告版面。三是实行"邮发合一"。从1950年3月始,各报可以只做编辑工作,报纸陆续交邮局统一发行,邮局主要是做好报纸收订、发运和投递工作,两者既分工又合作,以谋求各自发展。另外,邮局可以发展私人发行力量,如代销处、报童、报贩等。实行民主管理,激发了职工的积极性、创造性,提高了各项工作效率。此外,还包括:精简节约,紧缩编制,节省材料和印刷费用,从而减低报纸生产成本;建立各种必要的规章制度,例如登记、统计、月结、预算决算,以及按期总结经营情况等;采用国产纸张,提早出版时间;适当组织报社人力,从事副业经营。[2]

当然,企业化经营的前提,仍然是把宣传放在第一位,报业经营是第二位的。而且企业化过程中,国营报纸得天独厚,条件优越,私营报纸则处于弱势地位,因此最终导致报纸所有权向单一化发展。

六、广播事业的调整和体系化

新中国十分重视广播事业,首先建立健全了从中央到各大行政区、省市以及省以下各级政府的广播领导机构,它们同时是新闻宣传机关和事业管理机关。

广播局管理方面的负责人先后有:廖承志、李强、梅益、张香山。1982年以后直属国务院领导,负责人先后为吴冷西、艾知生、孙家正、田聪明、徐光春、王太华。在建国初所建体系的基础上,广播电视事业形成了网络。

---

[1] 中国共产党新闻工作文件汇编.北京:新华出版社,1980,上册294、中册20
[2] 宁启文.1949年—1956年大陆报业企业化经营概述.新闻与传播研究,2001,(2)

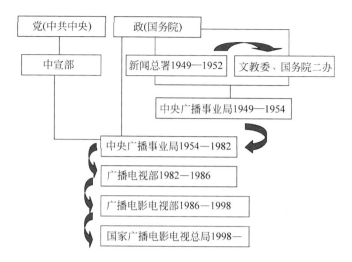

图 8-7　广播电视管理部门的历史沿革图

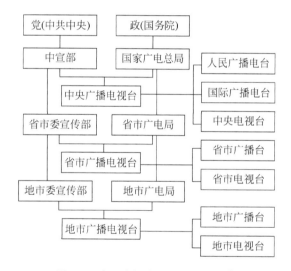

图 8-8　我国广播电视系统组织图①

新中国清理改造了旧广播电台,接管和没收国民党的广播电台,并准许部分私营商业广播电台继续营业。中央电台(原红色中华广播电台)和各地方电台开始广播。1950年,华东、东北、中南、西南、西北人民广播电台相继成立,当时全国共有人民广播电台65座,

---

① 近期在文化产业试点改革中,个别地区组织系统有所变化。

除西藏外,全国各大行政区、省、直辖市都建立了广播电台;当时全国有私营广播电台34座,其中上海有26座。1952年,完成了对7个大城市33座私营广播电台的社会主义改造,全部收归国家所有。

1950年,新闻总署规定了广播宣传的三项任务:发布新闻,传达政令;社会教育;文化娱乐。各电台开办了各种新闻性、教育性和文艺性节目。同时新闻署还发布了《关于建立广播收音网的决定》,规定各地收音站要负责抄收中央和地方广播电台的纪录新闻,向群众预先广播节目,组织群众收听。到1952年,全国建立了23731个收音站。

七、新华社的调整和通讯社事业的发展

新中国成立后,新华通讯社从中共中央的宣传机关,改组为中华人民共和国的国家通讯社,代表中央人民政府;同时仍然是党中央的通讯社,受党的领导。作为国家新闻统一发布机构,授权发布中央人民政府的一切公告及公告性新闻,并负责每天向全国报纸、广播电台提供国内国际重要新闻。在改组过程中,新华社首先把各地总分社、分社迅速与地方报纸分开,改变"报、社合一"的状况,独立发展通讯社业务;同时从组织上、工作上完全统一起来,各地的总分社、分社和支社,在组织、工作、财务上都受新华社总社统一指挥与管理;还改进了总社的领导机构,树立集体领导核心,改组社务委员会、编辑委员会,加强总编辑的全盘领导。经过调整和改进,到1952年结束国民经济恢复时期时,新华社作为国家通讯社已初具规模,当时吴冷西任社长。

新中国还成立了另一家通讯社,这就是1952年9月14日成立的中国新闻社。它是由国内一批热心新闻事业的知名人士发起组织的,理事会由33人组成,社长是金仲华。当时它的规模较小,编辑机构隶属新华社地方新闻编辑部,对内称华侨广播组,对外用中新社的名义,对海外100多家华侨报纸广播汉语新闻。中新社按照华侨爱国统一战线的基本方针和政策,广泛报道祖国政治、经济、文教、卫生的建设成就,特别重视侨乡的新闻。1957年脱离新华社,成为独立的中新社,该社到80年代有了飞跃性发展。

对于私营和国外通讯社,中共在解放前后也作了清理和接管。1948年底中共中央颁布了《关于新解放城市中中外报刊通讯社处理办法的决定》,指出:清理、接管工作的基本出发点是"报纸刊物与通讯社是一定的阶级、党派与社会团体进行阶级斗争的一种工具……",清理、接管工作的基本原则是"保护人民的言论、出版自由,剥夺反人民的言论出版自由"。1949年7月,人民政府下令停止美国新闻处等帝国主义国家在华设立的新闻机构,8月下令外国通讯社停止活动,禁止它们对中国报纸发稿。对国民党政府及其地方政府系统下的通讯社,连同其一切设备与资财,一律予以接收;对属于反对帝国主义、反对国民党的民主党派及人民团体所办的通讯社,予以保护;对中间性的通讯社,不禁止其依靠自己的力量继续运作;所有继续运作的通讯社,一律向当地政府登记。

第二节 经济恢复时期：传媒显示社会发展功能

新中国成立时，国家满目疮痍：工业破产，农业凋敝，交通阻塞，经济混乱，失业严重，人民困苦，真是百废待举。经济恢复和发展，无疑成为压倒一切的中心工作。从战争走来的党和人民的新闻事业，面临着一个崭新的课题：为发展经济、促进生产服务，成为新中国经济建设的工具。新闻总署成立后明确指出：国家正处于激变中，报纸和广播必须毫不动摇地把报道和指导经济建设作为压倒一切的中心工作，经常和系统地反映经济建设，指导劳动人民的生活和斗争，是新中国新闻工作者的光荣职责。①

经济建设政策的推行、中心工作的实施，都亟待新闻传媒发挥积极的作用。按照发展传播学的经典理论，传媒可以唤醒国家意识，促进国家的整合，加速社会变革的进程，是社会发展的重要推动力量。② 建国初的几年，以《人民日报》为核心的党报和各类报纸，以及通讯社、广播电台积极正确地报道宣传国民经济的恢复，指导推动了各项工作不断前进。只是后来由于惊心动魄的政治斗争、纷繁复杂的政权建设，以及一些新闻工作者对经济宣传缺乏足够的热情，导致党报工作的重心始终未能真正转到以经济建设为重点上来。

一、神圣的使命：宣传新中国的各项社会改革运动

1. 新闻传媒对经济恢复、社会改革的报道

建国之初，在经济恢复时期，党和政府对经济新闻宣传工作作了详尽的规定，目的是为了让媒体尽快适应新的任务。这些规定包括：报纸要减少会议、机关活动、负责人员的不重要的言行、没有广泛重要性的文告文电的篇幅，对重要的文告和会议要用生动通俗的方式报道；报社的组织形式和工作方法要调整，如按照公私营工商业和工人、农业与农民、军事与军队、思想文化与教育等问题实行新的分组，以加强报社同社会生活的联系；新闻从业者必须通晓社会科学知识、政策、情况和问题，养成调查研究实事求是的作风；大力发展工农通讯员队伍。③ 当时中央领导都十分重视新闻工作，亲自为《人民日报》写稿。

1956年以前的约7年时间，新中国的路线和基本政策正确、党风端正、社会风气良好，同时新闻事业也得以迅速发展。新闻媒介围绕恢复和发展国民经济这一中心任务，有

---

① 童兵.主体与喉舌——共和国新闻传播轨迹审视.郑州：河南人民出版社，1994，3~4
② 理论的代表人物有 Daniel Lerner，Wilbur Schramm，Everett M. Rogers 等。
③ 童兵.主体与喉舌——共和国新闻传播轨迹审视.郑州：河南人民出版社，1994，6

计划地系统宣传了中央有关统一国家财政经济工作、调整工商业、增产节约等方针政策，大力宣传报道各地执行这些政策的情况、问题、成绩和经验。《人民日报》全文刊登毛泽东在中共第七届三中全会上的报告《为争取国家财政经济状况的基本好转而斗争》，还连续发表中央财经委员会负责人撰写的几篇重要社论：陈云的《为什么要统一国家财政经济工作》，薄一波的《税收在国家工作中的作用》，李立三的《学会管理企业》。这几篇社论，新华社及时发布，全国各大报纸转载，产生了广泛影响。

这一时期各种新闻工具大力报道了农业战线开展劳动竞赛的热潮，"李顺达互助组"发起的农业战线爱国增产竞赛，"马恒昌小组"提高工业产品质量的经验，曲耀离的棉花丰产经验，郝建秀的细沙操作法等等，都得到了广泛的传播推广，有力地推动了全国增产节约运动的开展。

土地改革、镇压反革命、"三反""五反"等社会改革运动的进行，是争取全国财政经济情况根本好转的重要保证，对这些改革运动，《人民日报》、新华社等都作了大量报道。土改的宣传，旨在揭露封建半封建的土地所有制的剥削罪恶，反映贫下中农要求土地改革的愿望。《人民日报》刊登了刘少奇《关于土地改革问题的报告》，中央人民政府颁布的《中华人民共和国土地改革法》和《关于划分农村阶级成分的决定》等文件，并配发了《为实现全中国土地改革而奋斗》的社论。

关于镇压反革命运动的报道，报纸、广播等着重于揭发反革命分子的阴谋和罪恶，提高人民群众的政治警惕性。《人民日报》首先刊发了《中华人民共和国惩治反革命条例》，并配发了多篇阐释性社论《为什么必须坚决镇压反革命》等，从理论和法律上阐述和贯彻中央关于"镇压与宽大结合"的正确方针和具体政策，使之深入人心。据统计，仅1951年2月份，除东北地区外，全国5大行政区19家省级以上报纸刊发的有关镇压反革命的新闻、评论稿件共450多篇。

2. 新闻传媒对过渡时期总路线的宣传

1953年，中央制定了从新中国成立到社会主义改造基本完成这一过渡时期的总路线：逐渐实现国家的社会主义工业化，并逐步实现国家对农业、手工业和资本主义工商业的社会主义改造。根据总路线精神，制定并实施经济建设的第一个五年计划。如何通过新闻报道，从政治上、思想上动员广大人民和推动各项工作为实现总路线和"一五"计划而奋斗，成为新闻事业的基本任务。

其实早在一年前，即1952年，《人民日报》在5月1日发表的社论已经打响了过渡时期总路线的宣传战役。从这篇社论发表到1956年社会主义改造基本完成的四年多时间里，共和国的新闻大军打了一场新闻大战。

首先，新闻媒介以"一化三改"（工业化，农业、手工业和资本主义工商业改造）为重点，持久不懈,集中相当篇幅,在一个较长时期大抓特抓,形成气候。据1953年新华社全年发稿统计,这年新华社集中主要力量报道重工业,也相应重视交通运输业和轻工业的报道。报道工业生产的稿件共518件,其中重工业401件,占77.4%;轻工业117件,占22.6%。重工业中,有关钢铁工业发稿148件,煤炭工业89件,电力工业37件,机械工业127件。重工业的宣传,充分体现了中央指出的精神。①

在"一化三改"的宣传报道中,新闻媒介通过树立典型、以点带面的方式推动全国人民夺取"一化三改"的胜利。在报道农业合作化进程时,媒介宣扬了耿长锁、李顺达、郭玉恩等一批典型人物。《人民日报》曾发表《组织起来十周年——记耿长锁农业生产合作社的发展经过》的长篇通讯,全面介绍了该社走社会主义道路的经验和体会。接着又连发两篇通讯《一个平常人的高贵品质——记共产党员耿长锁》、《记耿长锁农业生产合作社的超额增产斗争》,以及由耿长锁写的体会文章《五公乡农业社实行"包工包产"的经验》。在资本主义工商业改造中,新闻媒介集中宣传了上海市工商联副主任委员荣毅仁。荣家迎接公私合营的事迹在全国有不小影响。媒体发表了《访问荣毅仁》、《私方人员怎样主动搞好同职工的关系——荣毅仁回答本报记者提出的问题》、《庆祝高潮一年 加强自我改造》等,都产生了很好的影响。②

总的说来,这一时期的宣传报道,品种繁多,形式各异,生动活泼,富有特色,集中体现了新闻媒介对社会发展的巨大促进作用。只是这一时期的经济新闻报道还是习惯从领导角度看问题,指示、教训的口吻偏多,能够满足群众需要和兴趣的报道较少。

二、开创舆论监督的范式:积极开展报纸批评

积极开展批评与自我批评,是新中国成立初期报刊舆论监督的一种范式。取得全国胜利之后,中国共产党敏锐地意识到自己已处于执政党地位,掌握着全国政权,工作中的缺点和错误很容易危害到人民的利益。由于政权领导者的地位、威信的增长,就容易产生骄傲情绪而拒绝或压制批评。因此,在1950年4月19日,中共中央发布《关于在报纸刊物上展开批评和自我批评的决定》。《决定》指出:"因为今天大陆上的战争已经结束,我们的党已经领导着全国的政权,我们工作中的缺点和错误很容易危害广大人民的利益",就不能完成新中国的建设任务,因此,"在一切公开的场合,在人民群众中,特别在报纸刊物上展开对于我们工作中一切错误和缺点的批评与自我批评"。这是从政权建设和党的建设的高度,肯定了报刊批评的重大意义。这一重要文件一方面要求共产党的各级领导机关教育党员干部,认识这一措施是巩固党和人民群众的关系、保障党和国家的民主化、

---

① 童兵.主体与喉舌——共和国新闻传播轨迹审视.郑州:河南人民出版社,1994,22~23
② 童兵.主体与喉舌——共和国新闻传播轨迹审视.郑州:河南人民出版社,1994,24~25

加强社会进步的必要方法,因而,对于来自群众的批评,要采取热烈欢迎和坚决保护的革命态度。另一方面,要求教育报刊工作人员和人民群众,提倡正确的批评,反对破坏性的批评。为了保障报刊能够顺利而有效地进行批评和自我批评,《决定》还规定了4项重要办法。

1950年4月22日,《人民日报》在第一版显著位置发布了这一《决定》,同时将《决定》连同其中规定学习的列宁《论我们的报纸》、毛泽东《论自我批评》等5个材料印成专页,免费随报附送。此后,报刊上的批评稿件日渐增多。而《人民日报》在这方面起了带头作用。它先后发表了《开展批评与自我批评》《坚决反对命令主义》《克服以功臣自居的骄傲自满情绪》《加强党的纪律性》《动员全党同坏人坏事作斗争》等多篇社论或述评,对典型事件"就实论虚",阐述贯彻中共中央《决定》的精神,加强干部的党性锻炼和法纪观念,并及时总结交流经验,引导全国报刊正确开展批评和自我批评。可以说,这一时期媒介开展的广泛、热烈的批评,初步形成了惩治腐败、从严治党、从严行政的社会风气,为建国初期的经济恢复和发展,创造了稳定的社会环境。

《人民日报》走在最前面,据统计,该报的批评报道和文章,数量相当可观。

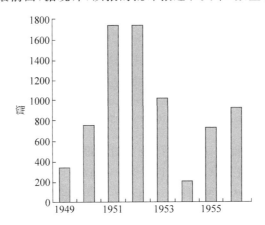

图8-9　1949—1956年《人民日报》批评报道的量化图

从图中可知,1951—1953年,《人民日报》这张仅有4版的报纸在3年时间里,平均每天刊登批评稿件达4篇之多。批评稿许多是围绕"三反""五反"及后来的"新三反"(党政机关开展反官僚主义、反强迫命令、反违法乱纪运动)进行的。报纸集中揭发和批评了一批重大典型事件,如中共天津地委书记刘青山、天津专署专员张子善盗窃国家资材被处死刑案件的连续报道,关于山西省交通局多起重大贪污案的报道,关于上海奸商王康年唯利是图用破旧脏棉充作药棉坑害志愿军的报道,关于重庆非法资本家组织和盗骗国家资财的报道,都形成了强大的社会舆论。

但是,由于是政治运动式的批评,有些缺乏实事求是的做法,给报纸批评带来了消极影响。比如,中共中央华东局在"打老虎"(抓贪污分子)之前,先规定须打大老虎5000只、中小老虎20000只,然后规定各省的老虎数。结果是层层加码,有的县分得的老虎指标,其贪污的数额比其国民总收入还要大。报纸配合这种扩大化的政治运动,曾伤害了无辜,连报纸也要抓老虎,《皖北日报》的社长兼总编辑王维是新闻界的受害者,被捕入狱、险些丧命。报纸拟发的有关王维的一篇长篇报道揭露其贪污、走私,都是捕风捉影,后来才冤情大白,他被释放出狱。①

建国初期的报纸,在批评干部和群众中的错误思想方面,采用群众自我教育的方式,取得了比较好的效果。1956年4月,《安东日报》记者了解到安东市一些工厂的领导不关心职工生活,新婚夫妇只能住集体宿舍,长年住对楼不能相聚,于是这位记者撰写了《夫妻对楼不相逢》的短文,批评工厂领导人情味淡薄,漠视职工生活。文章送审时,市委书记却以该文标题有"小资产阶级情调"为由,扣压了这篇批评稿。鞍山《工人生活》报发表通讯批评鞍山钢铁公司运输部和炼钢厂的个别领导人,也受到鞍山市委主要负责人的斥责和压制。

鉴于各省市地区的部分领导干部缺乏对舆论监督的支持和鼓励,1954年7月,中共中央又作出《关于改进报纸工作的决议》,认为全国不少党组织和新闻机构对于1950年的《决定》,不是执行得很好,而是基本上执行得不好,希望把监督进行到底,深入到底。毛泽东主席在对胡乔木等人的谈话中还提出:"报纸上的批评,要实行'开、好、管'的三字方针。开,就是要开展批评。不开展批评,害怕批评,压制批评,是不对的。好,就是开展得好。批评要正确,要对人民有利,不能乱批一阵。什么事应指名批评,什么事不应指名,要经过研究。管,就是要把这件事管起来。这是根本的关键。党委不管,批评就开展不起来,开也开不好。"此外,通过问题讨论的方式,批评和克服一些错误认识,也是新中国初期报纸批评的常用形式。当时报纸还发表了不少同压制批评的现象作斗争的评论、社论和批评报道;批评了干部中间蔓延的不良作风;要求被批评者在报纸上公开检讨等等。这些形式,是新中国最早的舆论监督手段,对当时党的各项路线和政府的中心工作,都起到了积极作用。②

不过,建国初期的7年,新闻媒介很少报道党和政府的决策过程,经常强调无条件地维护全党的统一,深刻地影响了人民群众参政议政、对领导干部实行舆论监督的积极性与可能性,使人民忽视甚至淡忘了党的统一和团结是奠基于民主基础之上的原则。新闻媒介经常出现各地肃清腐败贪污分子的报道,却少有廉洁奉公、全心为人民服务的干部典型

---

① 参见孙旭培.新闻学新论.北京:当代中国出版社,1994,270~275
② 参见孙旭培.新闻学新论.北京:当代中国出版社,1994,276~278

的报道。这使报纸刊物所进行的批评和自我批评很不平衡,缺乏应有的广度和深度。党中央多次强调新闻批评中存在不够准确、不够真实等问题,却很少提及一些地方党委不重视甚至压制批评的现象,把舆论监督不够深入的责任,片面地集中到新闻机构和新闻工作者身上,放松了对官僚主义者的批评。

三、到朝鲜去!——抗美援朝中的宣传战役

1950年6月25日,朝鲜战争爆发。两天后,美国第七舰队侵占我国台湾,美国总统杜鲁门宣布出兵朝鲜。10月19日,中国人民志愿军怀着战必胜的信心,雄赳赳气昂昂渡过鸭绿江,进入朝鲜国境。他们高举着爱国主义、国际主义的旗帜,投入到抗美援朝保家卫国的反侵略战争中去。从抗美援朝开始的第一天起,中国新闻工作者就投身其中并置身前列,在这场以爱国主义、国际主义为主题的宣传运动中,新中国的新闻大军显示了自己的强大威力。这是中国新闻事业历经的第一次大规模政治宣传战役,从1950年6月26日到1954年9月22日,《人民日报》从报道战争爆发到发表社论《欢迎中国人民志愿军七个师的胜利归来》,历时4年之久。

这场声势浩大、旷日持久的宣传运动,对新中国建立后年轻的新闻工作者来说,是一次力量的检验和严峻的考验。在物质条件不足和缺乏经验的情况下,我们的新闻工作者以对祖国的无限忠诚和对志愿军的无比热爱,出色地完成了党和人民赋予自己的使命,并为今后从事长时期、大规模的新闻宣传工作积累了经验。尤其是由战争报道引发的关于新闻真实性的讨论,为中国当代新闻事业的健康发展奠定了基础。

1. 新闻媒体投身战争

新华社、人民日报社等新闻单位最早派出记者奔赴前线采访。除了关于抗美援朝的日常时事报道以外,《人民日报》自1950年12月4日起至1954年9月止,在第一版开辟《抗美援朝》专刊(先后为旬刊、周刊、半月刊),连续发刊190期。《光明日报》同时转载该专刊。新华社集中力量,及时地对抗美援朝战争进行了报道。报道形式丰富活泼,不仅有大量消息、通讯,而且有一系列署名评论和述评。1951年1月,在朝鲜前线成立了新华社中国人民志愿军总分社。

北京、天津、沈阳三地广播电台共组"抗美援朝广播收音工作团",向朝鲜战场播音。北京电影制片厂派出战地新闻摄影队,活跃在战地火线进行实地拍摄。地处抗美援朝斗争前沿地区的《东北日报》也多次派出随军记者。上海《解放日报》、《新闻日报》、《大公报》和《东北日报》等普遍举办时事问答、读者讨论会,在分析战争局势中宣传爱国主义。中央人民广播电台开办《美国真相》、《美帝侵华史》讲座,播送战地录音报道和通讯,举办对侵朝美军英语广播。全国各地广播电台协助志愿军代表举办了28次广播大会,听众达1亿

人次以上,成为名副其实的"精神食粮空中供应站"。

朝鲜战争期间,新闻工作者们用汗水和血水,真实地记录下中国人民志愿军战士对祖国深沉真挚的爱和高度的政治觉悟。1952年,人民文学出版社以《人民日报》的《朝鲜通讯》专栏为基础,结集出版《朝鲜通讯报告选》,在全国引起极大轰动。《朝鲜通讯报告选》中收录的《不朽的杨根思英雄排》《伟大的战士邱少云》《不朽的国际主义战士》(罗盛教烈士)、《谁是最可爱的人》等大批优秀作品,真切感人地揭示了志愿军战士的崇高品质和不可战胜的力量源泉。正如周恩来总理所言,这些作品"感动了千百万读者,鼓舞了前方战士"。

1952年11月20日《人民日报》发表了新华社通讯员消息《马特洛索夫式的英雄黄继光》;12月21日,《人民日报》又在头版《朝鲜通讯》专栏中再度发表新华社记者石峰、王玉章撰写的同名通讯,号召全国人民向黄继光学习。正是这篇通讯,在新闻界引起了建国以来第一次关于新闻真实性的讨论。

2. 关于新闻真实性的讨论

通讯《马特洛索夫式的英雄黄继光》报道的是朝鲜战争中著名的上甘岭战役。上甘岭战役是朝鲜战争中一次著名战役,从战争时间之长到战争伤亡之巨,都是引人注目的,当时和之后,出现了大量以上甘岭战役为题材脍炙人口的新闻、艺术作品,如张鹏撰写的通讯《上甘岭大捷中的英雄们》,陈沂撰写的报道《从上甘岭坑道中传来的信》,享誉国内外的电影《上甘岭》等。

通讯是在新华社同名消息的基础上,详细描绘英雄黄继光的个人背景和英雄事迹。在战场上,黄继光在身中9颗子弹、一阵短暂的昏迷后,"为了胜利而战斗的强烈意志把他唤醒了",为了扫除前进道路上的障碍,他猛扑到敌人的火力点前,用身体堵住了敌人的机枪眼,光荣地献出了21岁的年轻生命。在这篇通讯中,作者对黄继光堵枪眼时的描写,采用了文学中全知全能的叙述视角,细腻生动地描写了黄继光用身体堵枪眼时的内心活动:

> "一阵阵冷雨落在黄继光的脖子上,敌人的机枪仍在嘶叫,他从极度的疼痛中醒来了。他每一次轻微的呼吸都会引起胸膛剧烈的疼痛……黄继光又醒来了,这不是敌人的机枪把他吵醒的,而是为了胜利而战斗的强烈意志把他唤醒……后面坑道里营参谋长在望着他,战友们在望着他,祖国人民在望着他,他的母亲在望着他,马特洛索夫的英雄行为在鼓舞着他……黄继光一跃扑上了敌人的枪眼……"

这段关于黄继光内心独白的描写,迅速引起新闻界的广泛讨论。新闻界存在两种意见:一种认为这种想象也是合乎情理的;另一种认为"合理想象"不符合新闻真实性的要求。讨论持续近一年,讨论的焦点是"合理想象"是否有悖新闻的真实性。最后新闻界基本上达成共识,否定了"合理想象"符合新闻真实性的看法。新华社老记者华山以《文学不能代替新闻——〈马特洛索夫式的英雄黄继光〉一稿讨论的结论》最后为这场讨论画上句号,华山指出,通讯中黄继光的这段内心活动不符合新闻真实性原则。新闻界普遍认为,"合理想象"只不过是记者的主观想象,不是建立在事实基础上的新闻报道。这场新闻真实性的讨论,实质上是1942年延安整风运动后新闻界反对向壁虚造、维护新闻真实性原则,和1947年党报开展的反"客里空"运动的继续和深化。50年代的这场争论,已从方法论的层面上升到理论研究的层面,呈现了由现象到本质的回归。①

四、新中国传播范式的建立:学习苏联经验

如何进行社会主义建设,我们没有经验,因此20世纪50年代中期曾经强调向苏联学习,实行"一边倒"。一个普遍的口号就是"苏联的今天就是我们的明天"。在反复宣传向苏联学习的同时,新闻界也走在学习苏联的前列。新闻界与其他行业一样,不断去苏联访问、学习取经。1954年,新闻界掀起学习苏联的热潮,先后有中国新闻工作者访问《真理报》代表团、新华社代表团、中国广播事业局代表团等,访问苏联,归来后都纷纷编印苏联的各类媒体经验。《人民日报》1950年就开辟《新闻工作》专栏,两周一期,共出了26期,翻译介绍苏联新闻工作经验。新闻工作者和新闻系学生的学习用书上,也是苏联的新闻经验。

苏联经验中,确有积极的方面,如为了联系社会实际,苏联报纸的编辑部下设各专业部,中国报纸也采用了这种办法。苏联报纸重视刊登读者批评信,中国报纸也吸收了这种做法,仅《人民日报》从1950年到1953年,发表的批评信就有2077件。但是,在学习苏联的经验时,也出现了教条主义、照搬照套的弊病。如《真理报》标题简单,都是一行题,《人民日报》等也做一行题;《真理报》不登广告,《人民日报》等也不登广告;《真理报》上只有真理,没有错误,从不刊登更正,《人民日报》等也就提出"为没有错误的报纸而奋斗",有一段时间错了也不发更正;《真理报》每天一篇社论,《人民日报》就每天必上一篇,不管有无必要。塔斯社对社会主义国家报喜不报忧,对帝国主义国家报忧不报喜;对本国与外国领导人的会谈,一般不报道谈话内容……新华社也都一一照搬。苏联广播总局提出每天"宣传那些提高农作物收成、提高畜牧业和机器、拖拉机站的生产率的最宝贵的可靠的工作方法,直到生产中被采用为止",中国的广播也就离开新闻特点,几乎把广播宣传变成反复督促、催耕催种的喊话筒。这些不利的学习,有的及时得到纠正,有的长期保持。

中国的新闻事业管理体制和报业结构,也在学习苏联的做法。比如,苏联没有民办报纸、民主党派报纸,中国本来有的,就统统也改掉;苏联政府没有下设专管新闻事业的部

---

① 本目参见方汉奇,陈昌凤主编.正在发生的历史:中国当代新闻事业上卷.福州:福建人民出版社,2002,3~8

门，中国就把新设的新闻总署撤销。不到几年，中国的新闻管理结构，与苏联基本相同，没有自己的特色。①

第三节 1956年的新闻改革：新闻专业主义无果而终

新闻传播是一定社会的经济和政治动因的反映。在新中国成立后的前7年，新闻宣传存在不少问题。首先是未能真正实现从政治斗争向经济报道的战略性转移；其次是党的某些领导人，特别是毛泽东本人，运用新闻规律来领导新闻宣传工作注意不够，主观意志随意驰骋，党委干预报纸业务太多；不恰当地限制了党报对党政机关的批评；版面强调对群众的灌输，不重视群众的反馈；新闻自由缺乏相应的法律保障，新闻工作者的积极性、主动性受到限制和影响。② 当时对于苏联模式的照搬，原本是想借鉴经验，却成了教条主义，带来了新的麻烦。从1956年开始，国内外的政治生活发生了许多重大变化。在此影响下，我国的新闻事业也展开了总结经验教训、开拓发展的改革。以刘少奇的关于新闻工作的三次谈话和《人民日报》的改革为标志，新中国开始了第一次新闻改革。在对于新闻理论进行新的探索的气氛下，新华社、《人民日报》、中央广播事业局都作了改革，并带动了全国新闻传媒的改革。这次改革以重视新闻自身规律为要点，以新闻专业主义为依归，为新中国的新闻业留下了光辉的瞬间。虽然一些设想做到了、不少还没有做到，但都成为新闻史上的宝贵财富。

一、改革的初衷：以新闻专业性适应新形势

1956年，我国对农业、手工业和资本主义工商业的社会主义改造基本完成，从而实现了从新民主主义向社会主义的转变，党的工作重心也转入经济建设。早在这年的一月中旬，中共中央就召开了关于知识分子问题会议，周恩来总理在会上作了《关于知识分子问题报告》。一个月后，中央政治局发出《关于知识分子问题的指示》，明确指出知识分子"已经成了劳动人民的一部分"，要求同志们克服"不把他们当作自己人，不用同志式的态度同他们工作"的宗派主义。在四月，毛泽东提出"百花齐放，百家争鸣"的方针。五月下旬，当时任中央宣传部部长的陆定一作题为《百花齐放，百家争鸣》的报告，系统地阐述了"双百"方针，代表中央郑重地揭示了党对知识分子，对教育、科学、文化工作的政策。这样，知识和知识分子，以及如何贯彻"双百"方针问题，成为报纸工作的一个新领域。

在这年年初，被中国人亲切地称为"老大哥"的苏联发生了一起颇让国人震动的事件。

---

① 本目参见孙旭培.新闻学新论.北京：当代中国出版社，1994，278～279
② 童兵.主体与喉舌——共和国新闻传播轨迹审视.郑州：河南人民出版社，1994，51～56

2月召开的苏共第二十次代表大会公开批评了斯大林的个人错误和对斯大林的个人崇拜。消息传来,在《人民日报》引起强烈反响,在苏共"二十大"尚未结束之时,编委会已两次开会,重新评估学习苏联的经验,反思学《真理报》的得失。此时,报道面狭窄、报喜不报忧倾向严重、缺少自由讨论的气氛等问题开始受到重视;由于报社的许多同志长期在农村根据地办报,惯于直接代替党政机关发言,进行自上而下的指导和直接的灌输,带来了沉闷的风格;而长期"以苏联为师"盲目照搬所产生的教条主义、死板的气氛,这些违背新闻专业性的东西,也让报社上上下下的工作人员感到不太满意。原来老解放区一套以阶级斗争为主的办报方式方法和仅有的4个版面,已经不能适应新的变化和要求。党中央要求《人民日报》办成名副其实的党中央机关报,人民群众希望《人民日报》办成既代表党又代表人民说话的报纸。总之,《人民日报》的改革时机成熟了。

新中国的第一次新闻改革,是以《人民日报》1956年7月1日发表改版社论《致读者》为标志的。作为这次改革的思想纲领与主导方针,这几个文件包括早在1954年就下发的《中共中央关于改进报纸工作的决议》,以及刘少奇两次对新华社的指示、一次对广播事业局的指示。

二、《人民日报》的改版:一次向大众传播转变的尝试

1. 改版的准备:重视读者的意见

1956年4月2日,《人民日报》编委会讨论通过了《关于讨论改进〈人民日报〉工作的计划》。讨论主要针对的是如何丰富和改进报纸的内容,如何消灭错误以及怎样处理版面等内容,并对讨论的内容、时间、步骤等作出了具体详细的规定。编委会还决定成立7人小组,在编委会的领导下具体实施改版工作。7人小组成员都是建国初期从各大行政区集中到报社来的优秀新闻工作者,办报经验丰富。他们很快就制定出《搜集读者对报纸意见的计划》,要求编辑部各部门向中央和国家机关、各省市区党委书记、宣传部长、首都6家新闻单位以及各方面读者广泛征求意见。编委会采取了召开座谈会、致通讯员公开信和分别致函、专人拜访等多种方式,听取各行各业代表人士的意见。其间还专门征求了一些外国驻华使馆新闻处的意见。各方面的反应都十分积极,在两个多月的时间里,报社收到的意见书达300多件,大都明确表示支持《人民日报》的改版,并为改版献计献策。

编委会还组成了8个业务改革研究小组,对改进新闻、社论、理论宣传、版面编排、美术作品等各个环节进行了认真的讨论并提出了具体意见方案。国外报纸经验小组在4月20日举办了"国内外报纸展览会",展出了解放区报纸、香港报纸以及《泰晤士报》、《纽约时报》、《朝日新闻》、《人道报》等欧美报纸,并对各报编辑、版面的特点加以介绍,以开拓眼界;国内报纸经验小组编印了《国内报纸栏目研究资料》,选辑了解放区及国统区各类报

纸的100多种栏目。

在充分准备的基础上,《人民日报》总编辑邓拓、副总编辑胡绩伟等起草了《〈人民日报〉编辑委员会向中央的报告》。《报告》经过一个月的讨论修改,最后由邓拓定稿,于6月20日报送中央。《报告》检查了报纸的严重缺点,比如对党的政策宣传不及时、不系统、没有力量;新闻少,并且有很大的片面性;通讯内容贫乏,不能反映国内国际生活的实际;教条主义和党八股严重;没有不同意见的讨论;技术性错误太多等。针对这些问题,《报告》提出了改进意见:坚决克服教条主义和党八股习气,努力改进评论工作,提高评论的质量,增加各种体裁的文章,努力改进文风,讲究写作技巧;增加工作问题和思想学术问题的讨论,使各方面的不同意见能在《人民日报》上发表;增加新闻和通讯,改进版面安排,竭力满足读者的多方面需要;改进编辑部工作。《报告》还提出,报纸上的文字,除了党中央少数负责人的文章和少数社论以外,可以不代表党中央意见,也可以不代表编辑部的意见,因此,都有讨论的余地。《报告》得到了中央的肯定。

2. 改版实践:也要办成人民的报纸

根据中央的批复,《人民日报》正式改版。1956年7月1日,《人民日报》不再是对开4版,而是对开8版。在头版头条《致读者》的社论中,报纸向广大读者阐述了扩大报道范围、开展自由讨论、改进文风等改版要求,并强调《人民日报》是"党的报纸,也是人民的报纸"。改版后的《人民日报》,较好地将贯彻党性和人民性统一起来,取得了很大的进步。

首先,报道范围有了很大的扩展。头条新闻不再是改版前多见的政治新闻、会议新闻,取而代之的是能反映国家经济建设状况的经济新闻。在改版后第一个月的61篇头条新闻中,经济新闻占了31篇。改版一个月,平均每天登出新闻74条,约占全部版面的40%,比以前增加一倍半。

其次,报纸组织了关于"百家争鸣"方针的专题讨论,发表不同观点的文章,为不同意见提供相互切磋的平台。报纸还曾发表《略论百家争鸣》的本报评论员文章,消除了人们的顾虑,不扣帽子,不打棍子,畅所欲言的气氛跃然纸上。此外,文章的体裁也增多了,除社论外,还经常刊发编者按、小言论,比如第7版的《炎风小语》,短小精悍,富有哲理,很受读者的欢迎。同时,通过《读者·作者·编者》、《读者往来》等新栏目,报纸加大了与读者交流的力度,改版后一个月内,报纸平均每天见报的读者来信近10篇,约有4000字。

此外,报纸僵化、死板的文风也有了很大的改变。报社约请萧乾、杨朔等名作家作为特约记者,撰写了不少脍炙人口的文章。第8版更是划为综合性的文艺副刊,固定刊登杂文、散文、小说、诗歌、掌故、游记等各种体裁的作品,思想性与知识性俱备,读起来也饶有趣味。

3. 带动全国报纸的改革：重视新闻本身的特性

改版后的《人民日报》受到了读者的欢迎和支持，也得到了中央的肯定。1956 年 8 月 1 日，中共中央批转了《人民日报》编委会的报告，认为《人民日报》改进工作的办法是可行的，希望各地党委所属的报纸也能够进行同样的检查，以改进报纸的工作。一场全国性新闻事业的改革，也随之在《人民日报》的牵头下开展起来。改革的实际做法，就是加强了新闻的专业主义，注重新闻本身的规律和特性。

各省市地方报纸在扩大报道面、加强批评报道、开展百家争鸣、提倡通俗化等方面都进行了改革，除提高思想性外，也增加了知识性、趣味性。许多报纸办得更有特色。打开这一时期的报纸，可以感受到一片百花绽放、欣欣向荣的景象。《中国青年报》、《大公报》从"刷新门面"做起，先改进报纸版面编排和标题制作。上海《文汇报》于 1956 年 10 月 1 日复刊，它强调独家新闻，力争新、短、多、广，复刊时计划发行 5 万份，但一个月后发行达到了 13 万份。《新民报》晚刊提出了改进报纸工作的三个口号："短些，短些，再短些；广些，广些，再广些；软些，软些，再软些。"它以各类市民感兴趣的栏目，吸引着城市家庭的不同成员，一个月之内发行量就由改版前的 2 万份一下上升到 9 万份，近一年后又增加到 14.5 万份。①

4. 无果而终，意韵深长

然而，改版后的《人民日报》好景并不长，到 1957 年 6 月"反右"派斗争开始时，改版工作不得不全面中断。而在此期间发生的几件出人意料的事情，似乎已经预示着这场改革的未果之局。

第一件事是反冒进的宣传受到严厉批评。改版前夕，《人民日报》根据中央确定的既反对保守又反对冒进，在综合平衡中稳步前进的国民经济建设方针，发表了由邓拓亲自审定的著名社论《要反对保守主义也要反对急躁情绪》。社论提醒全国各地纠正社会主义建设事业中出现的一些急躁冒进现象，并指出急躁冒进问题的症结，"是因为它不但存在于下面的干部中，而且首先存在于上面各系统的领导干部中，下面的急躁冒进有很多是上面逼出来的"。这篇社论受到了毛泽东的反复批评。1957 年毛泽东在省、市、自治区党委书记会议上批评说，反"冒进"结果弄出个"右倾"。在 1958 年初召开的南宁会议上，他再次提到《人民日报》的这篇社论有原则性错误，形式上是两面反，实为反"左"。

第二件事是关于最高国务会议和宣传工作会议的报道问题。1957 年 2 月，毛泽东在最高国务会议上作了《关于正确处理人民内部矛盾的问题》的报告，报社对此制定了宣传

---

① 参见方汉奇主编.中国新闻事业通史：第三卷.北京：中国人民大学出版社，1999，168～183

报道计划并写了文章,只是这些计划和文章送审后并未得到批复。当年 3 月,毛泽东又作《在中国共产党全国宣传会议上的讲话》。由于上次的报道计划并未批复下来,加上中央规定报纸若要对中央领导人的讲话进行宣传,必须经过中央的批准,因此《人民日报》对这两次报告未作宣传。

1957 年 4 月 10 日,毛泽东召见《人民日报》总编辑邓拓、副总编辑胡绩伟、王揖、林淡秋等,对报纸的改版直接提出批评,对报社没有宣传党的政策感到十分不满。毛泽东指责《人民日报》在最高国务会议后无声音,非党的报纸在起领导作用;党报被动,整个党的领导也被动;参加会议却不发社论,多半是对中央的方针唱反调。虽然当时在场的胡乔木站出来说明情况,但毛泽东并未能听进解释。两天后,胡乔木来到《人民日报》,在编辑部全体大会上做长篇讲话,批评报纸一个时期以来的工作。[①] 至此,报纸改版中断的局面已成定局。1957 年 6 月,随着"反右"斗争的普遍开展,迫于形势,《人民日报》重新回到改版前的老路。以《人民日报》为首的这次全国报纸工作的改革,虽然无果而终,却是新中国成立后第一次重大的新闻改革,也是一次思想的解放。这次改革冲破了教条主义的束缚,破除了盲从迷信,注意联系实际,对国外报纸抱以"取其精华,去其糟粕"的态度,一定程度上反映了时代的声音。

三、新华社的改革:"把地球管起来"

1954 年和 1955 年,中国政府代表团参加了两个重要的国际会议:日内瓦会议和万隆会议。新华社派出了大批记者,对这两次会议作了详细、全面、客观的报道。这是新华社业务的重要突破。万隆会议以后,中国的国际地位迅速提高,在国际局势中的影响和作用也越来越大,因此,新华社面临了一个新的任务,即向世界性通讯社的方向发展。

1948—1955 年,新华社在国外相继建立了 9 个分社:布拉格、莫斯科、柏林、平壤、越南、新德里、雅加达、华沙和仰光分社。当时新华社的国际新闻主要是依靠塔斯社和西方各大通讯社,对于很多重大的国际事件都没有自己的记者的报道。[②] 1955 年 12 月,毛泽东批评了新华社在发展国外工作方面思想保守、行动迟缓的状况,指出:"驻外记者派得太少,没有自己的消息,有,也太少。""应该大发展,尽快做到在世界各地都能派有自己的记者,发出自己的消息。把地球管起来,让全世界都能听到我们的声音。"[③]

其后,1956 年 5 月 28 日,在新华社编委会向中央的工作汇报会上,刘少奇作了原则性的指示。6 月 19 日,刘少奇又召集胡乔木、吴冷西、朱穆之等人谈新华社的工作。两次

---

① 童兵.主体与喉舌——共和国新闻传播轨迹审视.郑州:河南人民出版社,1994,77~82
② 新华社新闻研究所.新华社回忆录.北京:新华出版社,1986,374
③ 毛泽东新闻工作文选.北京:新华出版社,1983,182

谈话,涉及了学习塔斯社、改进国内和国际新闻报道、新闻报道的基本要求、新华社的性质和任务、建设世界性通讯社、记者的工作和作风等多方面的问题。

刘少奇在谈话中指出:新华社既要成为国内集中统一的通讯社,又要成为世界性通讯社。对于新闻的要求,除了要有普遍兴趣、多种多样、简短、及时以外,还要有更重要的更根本的要求。新闻报道不能是超阶级的,不能有客观主义,而应该有坚定的阶级立场。新闻报道要真实、客观、公正、全面,同时必须考虑利害关系,要有利于人民,有利于党,有利于当前的斗争。新华社同报纸的关系应该是合作的关系,新华社要为报纸服务,要适应报纸的需要、读者的需要,提高报道的质量,要报道本质的东西,同时又要写得生动活泼。做好了这些,人家就需要新华社的稿件,不怕没有出路、没有市场。应该发挥记者的积极性,除了写新闻外,应该写些通讯、评论,写各种文章,应该让记者在文章上署名,加重记者的责任。新华社要发挥自己的创造性,创造一些办无产阶级通讯社的经验。要学习社会主义国家通讯社的先进经验,同时也要学习资产阶级通讯社的有益经验。关于新华社的性质,刘少奇还说,新华社是做国家通讯社好,还是当老百姓好?"我看,不做国家通讯社,当老百姓好。""新华社如果当了老百姓,不搞国家通讯社,国务院可以成立新闻处,发公报新闻、声明、辟谣由它来做。"

毛泽东和刘少奇的讲话,代表了中共中央在新的形势下对新华社的工作的要求。根据这些指示和当时国内外形势的要求,新华社在1956年制定了改进工作和建设世界性通讯社的全面规划。规划再次强调了新华社应成为"消息总汇"的任务,并对此作了新的解释,即:新华社应成为消息总汇,就是在全国和全世界收集和发布有关中国和外国的政治、经济、文化以及其他一切引起共同兴趣的新闻。规划提出,根据新华社的任务和国际形势的发展,新华社应该尽快成为真正的世界性通讯社。这就意味着,新华社必须在世界上大部分国家派遣记者,迅速发展国外记者网,收集和发布世界各地的重要新闻。实现这一目标具体计划分两步进行:第一步,在7年内把新华社建设成为以报道东方新闻为主的世界性通讯社;第二步,在12年内把新华社基本上建设成为世界性通讯社。[①]

新华社首先在亚非地区建立报道网。他们从全国抽调了一批新干部、从国内分社抽调了一部分记者,并进行了短期的培训后,迅速派到国外。1956年也成为新华社国外事业大发展的一年,卡拉奇、开罗、喀布尔、金边、乌兰巴托、索非亚、布加勒斯特、布达佩斯、地拉那、伦敦10个国外分社相继建立,原有的国外分社在人力上也得到了加强。新华社的对外广播工作也得到了改进和加强,比如调整了对外广播时间、改善了国际报道的广播内容、增加了发稿字数等等。这年的10月间,新华社还建立起了俄文电传广播,直接对苏联塔斯社发稿。

---

① 方汉奇主编.中国新闻事业通史:第三卷.北京:中国人民大学出版社,1999,185

在国内报道工作方面,新华社也进行了大力的改革。克服片面性是提高报道质量的重要方面。国内报道过去只注意报成绩,不注意报困难与缺点;只反映与领导机关意见相吻合的情况,不反映不同的或相反的情况;只报道已有定论的问题,不报道虽然重要但还没有定论的问题;只注意如何完成工作任务,不注意群众的意见和呼声等。为此,新华社提出了报道应该全面地、真实地反映实际情况,不仅要大量反映我国人民在社会主义建设和社会主义改造中的成就,介绍先进人物和先进经验,而且要及时反映工作中的困难和问题,揭露工作中的缺点和错误,批评坏人坏事;不仅要贯彻和宣传党和国家的政策,反映政策顺利执行的情况,而且要反映政策在执行中发生的问题和偏差,以及解决这些问题和偏差的情况。总之,新华社的报道既要报喜,也要报忧;既要反映党政的意见和要求,也要反映人民群众的意见和要求。

此外,新华社还重视扩大报道面,不仅报道有关生产、工作和学习的问题,也报道和广大人民有关的、群众普遍关心的问题,增加社会新闻的报道;报道形式多样化,以短新闻为主,也要有通讯、评论、特写、访问记等形式,这样才能充分反映实际情况,满足报纸和读者的需要;在写作上要克服生硬、刻板、公式化、八股气的毛病,提高采访写作水平。

同时,新华社还注重提高工作效率,在组织上改进了对国内分社的管理,使之真正成为灵活机动的采访机构。过去记者集中在省、市分社,有任务时到各地采访,这使得记者对各地的情况不熟悉,消息不灵通,采访不易深入,活动范围也受到很大的限制。总社决定改革报道组织,扩大记者网,以现有的省(市)分社为中心,在全国各地重要城市、工农业地区和少数民族地区设立常驻记者或特约记者,形成密切联系实际、联系群众的记者网。1956年,新华社在全国36处派出了常驻记者,提高了工作效率,也因采访深入而加强了报道质量。

实行记者定额管理,建立好稿和超额奖励制度,是新华社提高工作效率的另一措施。过去新华社对记者没有实行定额,记者的工作缺乏检查标准,记者的积极性创造性不能得到充分的发挥。从1956年7月1日起,总社改革,正式实行记者工作定额,对总的发稿量和各类稿件的比例制定了一系列的规定。比如,京、津、沪三大城市的正式记者定额每月为15篇,助理记者12篇,见习记者9篇;一般大中城市和工矿区的正式记者定额为10篇,助理记者8篇,见习记者6篇等等。为了防止盲目追求数量,鼓励提高质量,总社规定记者每月的废品率不得超过25%。好稿和超额均予以奖励,而对不能完成定额或漏发、迟发重大新闻和犯有严重事实错误的,则给予处分。

为了更好地为报纸、广播电台服务,1956年新华社还实行了分类分级发稿,既加强了针对性,同时也在发稿方式上有了改进。过去由于过分强调统一集中,一切稿件完全由总社发布,忽视了地方的某些需要,给当地领导机关和报纸带来了不便。因此,总社决定:新华社分社发给总社的稿件,除必须经中央审查的以外,可以同时用新华社的名义发给当地的报纸和广播电台；各地分社应该采写和发布当地党委指定向当地报纸统一发布的少数重要稿件；分社在人力和时间允许的条件下，应当提供一些适合于当地报纸和广播电台采用的稿件，并且可以接受当地报纸、广播电台的少量约稿。

经过以上这些改革，新华社的业务建设取得了较大的成就。1956年，新华社完成了国内外一系列重大政治事件的报道工作，报道面比以前扩大了，发稿比过去迅速及时，受到了报纸和广播电台的普遍欢迎。新华社的国内分社31个，国外分社20个，已具备全国性通讯社的规模，并开始向世界性通讯社迈进。①

四、广播界的改革：成为共和国之声

在建设社会主义的热潮中，广播界也在广播内容和业务上开始了新的探索。1956年5月28日，中央广播事业局向中共中央汇报广播事业的发展规划。会上，刘少奇就农村有线广播、对外广播、降低收音机售价、同邮电部的关系等问题提出了一些重要的意见。此后，在七八月间，中央广播事业局召开了第四次全国广播工作会议。会议根据毛泽东《论十大关系》和刘少奇对发展广播事业的意见，对改进广播宣传工作、第二个五年计划指标、领导体制等问题进行了讨论。梅益在会上做了题为《让广播更好地为社会主义建设服务》的讲话，提出了广播宣传改革的要求和目标。

目标之一是改进新闻报道，努力做到又多又快又短又好。所谓的"好"，就是真实、生动、有兴趣和有立场。新闻报道要全面，凡是人民关心的事情都应该告诉他们。不能只报喜不报忧，只有把事情的真相告诉听众，才能有效地教育听众。

目标之二是扩大节目选材的范围。对人民不仅在政治上要关心，在生活上也要关心。社会生活的题材是十分广泛的，应该让广播节目更接近和更能体现我们的生活。同时要注意改进文风，让广播语言更接近生活。

目标之三是在广播中开展批评。原来由于苏联经验和客观形势的影响，不允许在广播中进行批评，结果是弊多利少，削弱了广播宣传的力量，听任社会不良倾向和工作中缺点、错误的滋长和蔓延，使广播脱离生活和群众。应该通过广播批评，揭露和纠正缺点和错误，以教育人民和做好工作。

目标之四是根据广播的特点进行"百家争鸣"，在广播中展开自由讨论。广播不宜播送艰深和长篇的文章。广播要选择那些多数听众感到兴趣和能够接受、同时也是有教育意义的问题，邀请有不同见解的人到话筒前发表不同的意见，进行批评和辩论，这样广播节目就变得生动活泼，改变了那种单调呆板的宣传方式。

另外还有两个目标：贯彻"百花齐放"的方针，办好文艺广播；要让听众听到更多的广

---

① 方汉奇主编.中国新闻事业通史：第三卷.北京：中国人民大学出版社，1999，183~190

播节目,要在提高节目质量的基础上,适当地增加节目的数量。①

在第四次全国广播工作会议以后,全国的广播工作有了显著的改进,节目的内容更加接近人民的生活,形式也更加生动活泼。广播的语言注意了口语化、通俗化,受到了国内外听众的广泛欢迎。内容上,各台普遍注意增加了新闻节目的次数和容量,强调了新闻时效。各台都改进本地的《联播节目》和《新闻报摘节目》,与中央台的《全国联播节目》、《新闻报摘节目》一起,组成早晚两次重点节目群,各级干部和广大听众养成了早晚收听的习惯。同时,批评性的报道也有所增加,注意了人民内部矛盾在社会上的反映。报道的题材也有了一定的扩大,更好地反映了社会主义建设的新面貌。中央台于1956年11月开办综合性的专题节目《祖国建设和人民生活》,既反映各地城乡建设的新面貌,又介绍各地的名胜古迹,同时还注意报道当地的模范人物。经过多年的努力,这个栏目成为中央台的名牌节目,吸引了大量的听众。

知识性节目的数量也增加了,选题范围广泛,又联系中心工作,邀请有关部门的领导和著名的专家、学者到电台讲解国内外形势、重大方针政策,介绍有关社会科学和自然科学等方面的新知识、新成就。节目被安排在人们休息的日子播出,因此吸引了大量的有着不同兴趣和爱好的听众。中央台先后开办了《对家长广播》、《听众服务》和《时事谈话》等节目,涉及普遍性的、群众关心的话题。少年儿童节目方面,中央台除了原有的针对少先队员的《星星火炬》外,又开办了针对学龄前儿童的《小喇叭》,成为小朋友最爱听的声音,影响了几代人。这个节目寓教于乐,对孩子们进行爱国主义、国际主义和社会主义教育,培养他们爱祖国、爱人民、爱劳动、爱科学、爱护公共财物的精神,使他们成为健壮、活泼、勇敢、诚实的社会主义新人。

广播管理也有所调整。地方广播事业的管理原来由省市和中央广播事业局双重领导,1957年以后,地方广播事业管理工作改由以省市政府领导为主。1956年起,大多数省市相继建立了广播事业管理机构。②

对外广播方面,到1956年底,每天对外播音时间已接近17个小时。各种语言节目都根据实际情况,分别确定了不同的方针,在内容和形式方面,尽可能照顾到最广泛的听众的需要和接受能力,争取最好的效果。广播不仅介绍中国的经济、文化、历史、地理、民族、名胜古迹等基本情况和教育、科技、体育等事业的新发展,而且及时报道国际形势的发展变化,阐述我国的对外政策和对国际事务的立场、观点。文艺节目从临时性、偶然性逐步走向正规化,有计划地向外国听众介绍中国的民歌、民乐和现代作品,报道中外文化交流。

到1956年底,全国广播电台的发射总功率比1952年增加了4倍。全国有线广播站

---

① 方汉奇.陈业劭主编.中国当代新闻事业史.北京:新华出版社,1992,93~94
② 赵玉明.中国广播电视史文集.北京:中国广播电视出版社,1993,97

发展到 1458 个，比 1952 年增加了 3.4 倍。中央电台第一、二套节目的播音时间增加到 23 小时 55 分，加上少数民族语言广播和对台湾广播，每天总计播音 38 小时 40 分，比 1949 年增加了 6.7 倍。①

第四节　"反右"运动：传媒成为阶级斗争的工具

1957 年夏季开始，新中国进入了一个曲折多难的时期。之前中国共产党用 7 年时间将一个烂摊子收拾得井井有条后，接着的 10 年间掀起的各种"风"，又将中国重新带入混乱。作为政治神经的中国新闻界，未能独立于"风"潮之外，而成为"阶级斗争的工具"，新闻事业的优良传统屡受破坏。从反右派斗争开始，新闻传媒为"左"的错误推波助澜、火上浇油。

一、百家争鸣，从报纸开始

1956 年社会主义改造基本完成后，中国共产党"八大"会议明确指出了国家的状态："现在，革命的暴风雨时期已经过去了，新的生产关系已经建立起来，斗争的任务已经变成保护社会生产力的顺利发展。"对于知识分子的地位问题，"八大"指出，知识分子已经改变了原来的面貌，成为一支为社会主义服务的队伍。为此，"八大"开始采取调动知识分子建设社会主义积极性的政策，并要求在艺术和科学领域贯彻"百花齐放，百家争鸣"的方针。

自中央提出"百花齐放，百家争鸣"的方针后，报纸上就开始注意"鸣放"的宣传了。《人民日报》在此期间发表了不少有关"鸣放"的文章。1957 年 1 月 7 日《人民日报》发表了陈其通等人的《我们对目前文艺工作的几点意见》，对提出"双百方针"后的文艺工作现状，做出了悲观的估计。其他报刊针对此文发表了一些文章，开展了不同意见的争鸣。之后，《人民日报》也在社论中批评了陈其通等人的意见，指出"党内还有不少同志对于'百花齐放，百家争鸣'的方针实际上是不同意的"，这是"教条主义和宗派主义"的表现，强调"党的任务是要继续放手，坚持贯彻'百花齐放，百家争鸣'的方针"。这些宣传对进一步贯彻"双百"，排除"左"的干扰发挥了重要作用。《人民日报》还辟有"笔谈'百花齐放，百家争鸣'"栏目，对此方针进行生动活泼的宣传。《文汇报》也在 1956 年底至 1957 年初开展了一次关于电影问题的讨论，对新中国电影事业的发展，提出了许多意见，"鸣放"空气十分活跃。②

1957 年 2 月，毛泽东作了《关于正确处理人民内部矛盾问题》的重要讲话，全面分析

---

① 方汉奇主编.中国新闻事业通史：第三卷.北京：中国人民大学出版社，1999，194
② 方汉奇主编.中国新闻事业通史：第三卷.北京：中国人民大学出版社，1999，198～199

了社会主义社会的矛盾：在社会主义制度下，人民的根本利益是一致的，但在人民内部仍存在各种矛盾，必须严格区分和正确处理敌我矛盾和人民内部矛盾。敌我之间的矛盾和人民内部矛盾性质不同，处理和解决的方法也不相同。敌我矛盾只能用专政的方法，人民内部矛盾只能用民主的方法，就是团结——批评——团结。正确处理人民内部矛盾，已成为我国政治生活的主题。

对于解决大量存在的人民内部矛盾的方法，《人民日报》的社论中说："要在全国采取扩大民主生活、扩大批评与自我批评的办法，使领导者和群众之间的矛盾变得容易发现和容易解决，使全国人民在社会主义社会中有充分的自由、平等和主人翁的感觉。这样，他们就更加容易脱离旧社会的影响，更加积极地建设社会主义经济和文化。"①

二、报纸"大鸣大放"，却成了"引蛇出洞"

在上述背景下，中共中央决定在党内进行整风。1957年4月27日，中共中央发出了《关于整风运动的指示》，指出，整风主要整的是，"对于各级领导机关和干部，主要的是要检查处理人民内部矛盾问题的情况……检查那些脱离工人群众、农民群众、士兵群众、学生和知识分子群众的官僚主义现象，检查那些不从团结六亿人民出发，不从全党出发的宗派主义现象，检查那些不从实际情况出发的主观主义现象"。简单地说，也就是要整顿官僚主义、宗派主义、主观主义。对于这次整风运动，毛泽东和中共中央下了很大决心。

《指示》出台后，报纸把整风运动作为一项重大的中心工作来宣传报道。提出批评和意见被称为"鸣放"，并发展成"大鸣大放"。按照"没有社会压力，整风不会收效"的开门整风精神，中央统战部在5月8日至6月3日，邀请民主党派和无党派人士举行座谈会，共达13次，有70多人次发言。与此同时，中央统战部还与国务院八办在5月15日至6月8日，联合召开了工商界座谈会，达25次，有108人次发言，而且所有发言第二天立即见报。这些对党和政府的批评、建议和意见，基本上都是中肯的，为此毛泽东主席还曾在《中央关于对待当前党外人士批评的指示》中说："这些矛盾的详细情况，我们过去几乎完全不知道。现在如实地揭露出来很好。"

但是，党外有些人士对和风细雨式的整风方式不太满意，提出把运动开展得更轰轰烈烈一些，这一意见也得到了中央的支持。这时，一些名副其实的资产阶级右派分子错误估计了形势，利用共产党鼓励党外提意见的机会，发表攻击性言论。譬如有人提出要改变一党天下的局面，让共产党和各民主党"轮流执政"等谬论。

根据中央和毛主席的指示，《人民日报》和各地方党报在5月份间都"不登或少登正面意见，对资产阶级反动右派的猖狂进攻不予回击"，"让魑魅魍魉、牛鬼蛇神'大鸣大放'，让

---

① 方汉奇、陈昌凤主编.正在发生的历史：中国当代新闻事业：上卷.福州：福建人民出版社，2002，126

毒草大长特长","等待时机,实行反击"。① 这就是所谓"引蛇出洞"的手段。譬如《人民日报》在一次报道座谈会的消息时,用的总标题是《大胆开展批评,热情进行争论》,其中一个小插题是《章伯钧(民盟副主席)说：现在工业方面有设计院,可是政治上没有设计院》。对这样的意见,报纸并没有进行批判。这一时期,《人民日报》还发表社论《继续争鸣,结合整风》,提倡"大鸣大放",一时间,各报均放开了手脚,"大鸣大放"起来,其中表现突出的是《文汇报》和《光明日报》。②

《文汇报》是中共上海市委领导下的以知识分子为主要对象、以宣传党的文教方针政策为主要任务的社会主义报纸,不是党的机关报,总编辑为徐铸成。该报很注意贯彻党的"双百"方针,在这方面做了不少有益工作。整风刚开始时,《文汇报》就发表了许多报道,批评某些地方没有"鸣放"起来或者"鸣放"得很不够,知识分子对"鸣放"有很多顾虑。这些报道对促进整风起了一定的推动作用。《文汇报》刊登的各种批评意见,许多是正确的,但也有不少是偏激的,有较大的片面性。该报很少登正面意见,而且在编排上突出偏激的,甚至是错误的意见。

《文汇报》于5月27日发表了通讯《北京大学"民主墙"》,报道了北京大学采用大字报这种形式帮助党整风的情况,较为客观地报道了学生们的各种不同意见,并赞扬北大召开辩论会"就像是海德公园"一样。这篇报道在很多学校引起了强烈反响,学校纷纷效法,以贴大字报的形式来参加整风"鸣放"。此外,在反"右派"的前夕,对毛泽东主席接见青年团代表这一消息,《文汇报》只用一栏地位刊出,而《人民日报》当时用的是三栏题,还在标题上标出毛主席说的"一切离开社会主义的行动是完全错误的"。③

《光明日报》在整风初期也进行了"大鸣大放"的宣传。该报当时是各民主党派和无党派民主人士共同主办的一张报纸。社长是由中国民主同盟副主席、农工民主党主席章伯钧兼任的,总编辑是"九三学社"中央宣传部副部长储安平。储安平上任之初,就赶上整风"鸣放",因此紧抓"大鸣大放",派记者分赴9个大城市,以报社的名义邀请民主党派人士和高级知识分子,对正确处理人民内部矛盾、"双百方针"和"长期共存、互相监督"方针进行座谈,在5月份内,发表座谈纪录11次,共占12个版,约13万字,还发了有关的专电近20个,有关的通讯10多篇。不论意见是正确的或偏激的,《光明日报》一概不加分析地全文登出,在标题处理上也常常突出偏激错误的意见。④

在此期间,中国新闻工作者第一次代表会议于1957年3月在北京召开,正式宣布成立中华全国新闻工作者协会(简称中国记协)。记协主要有两个任务：一是提高理论水平

---

① 《文汇报》的资产阶级方向应当批判.人民日报,1957-7-1
② 方汉奇主编.中国新闻事业通史：第三卷.北京：中国人民大学出版社,1999,199~200
③ 方汉奇主编.中国新闻事业通史：第三卷.北京：中国人民大学出版社,1999,200~201
④ 方汉奇主编.中国新闻事业通史：第三卷.北京：中国人民大学出版社,1999,202~203

和业务水平,在国家建设中发挥好组织、鼓舞、激励等作用;二是与各国新闻工作者团结合作,为持久和平和人类进步事业而奋斗。记协当时共约有6万名会员,整风"鸣放"开始后,记协也投入了这场运动。

在这期间,有两件事件造成了很大的影响,对新闻界伤害极大。一件是"左叶事件",一件是第一次首都新闻工作座谈会的召开。①

"左叶事件"发生于1957年4月中旬。刘少奇陪同苏联最高苏维埃主席团主席伏罗希洛夫参观中国农业展览会,在场负责维持秩序的农业部部长助理左叶与现场卖力采访的记者发生了冲突,引起记者不满。《中国青年报》就此事发表了《部长助理和摄影师》的报道,批评左叶态度粗暴。之后《文汇报》、《人民日报》、《工人日报》、《大公报》等纷纷发表文章,其中提到左叶对记者的"你重要,还是我重要?"一类的态度,报纸还发表了对其他采访中受到限制的不满。同时,《中国青年报》等也批评了记者当时在采访中秩序不好的现象。本来这只是一起个别官员与新闻记者之间的冲突事件,但是新闻界在"鸣放"气氛下连续大做文章。在后来的"反右"运动中,一些新闻工作者为此被打成"右派"。②

1957年"鸣放"期间,第一次首都新闻工作座谈会于5月中旬在北京举行,参加会议的有来自各地的新闻界人士200多人。会议主持者动员大家充分"鸣放",会上有30余人发言,对新闻实际工作和新闻理论中的很多重要问题发表了意见。在讨论到新闻事业的性质、任务和作用时,发言者主张,不能再"因袭长期把报纸作为阶级斗争工具的观念";不能把报纸办成"布告牌"、"留声机"、"翻版书",而要重视读者需要;在报纸有政治性、思想性的同时,应有商品性、趣味性。在谈到新闻自由与新闻体制时,有的主张同人办报,应多办几种非党报刊;有的主张通讯社不能一家独放,应同时办几家;有的认为,可否修改报纸不能讨论党的政策的规定。《大公报》的与会者说:必须重视《大公报》的传统,迅速改变目前死气沉沉的局面。"鸣放"不无偏激言论,但大多数意见是建设性的。"反右"运动中,复旦大学新闻系教授王中、陆诒受到批斗,发过言的顾执中、陈铭德、邹震等多位资深新闻工作者被错划为"右派分子"。③

三、反"右派"斗争中,报纸成重灾区

"大鸣大放"一段时间后,党中央、毛主席开始组织力量反击"右派"分子的"猖狂进攻"。1957年6月8日,毛泽东为中央起草了《关于组织力量准备反击"右派"分子进攻的指示》,这个指示中,他对形势作了过于严重的估计,认为"这是一场大战(战场既在党内,

---

① 孙旭培.新闻学新论.北京:当代中国出版社,1994,292
② 孙旭培.新闻学新论.北京:当代中国出版社,1994,292
③ 孙旭培.新闻学新论.北京:当代中国出版社,1994,292~293

又在党外),不打胜这一仗,社会主义是建不成的"。同日,《人民日报》发表社论,是毛泽东亲自撰写的《这是为什么?》,对组织"反右"斗争的原因进行了说明:"在'帮助共产党整风'的名义下,少数"右派"分子正在向共产党和工人阶级的领导权挑战,甚至公然叫嚣要共产党'下台'。他们企图乘此时机把共产党和工人阶级打翻,把社会主义的伟大事业打翻……"从这篇社论开始,运动从"争鸣"转入"反右"。斗争扩大化了。①

反"右派"的帷幕拉开后,媒体相继发表了一系列社论配合这场斗争。《人民日报》发表了《工人说话了》(6月10日)、《全国人民在拥护社会主义基础上团结起来》(6月11日)、《不平常的春天》(6月22日)。这些社论有些是毛泽东亲自起草或修改的,其核心是指出右派分子妄想推翻社会主义制度。在斗争中,《文汇报》是受批判最猛烈的一家报纸,《光明日报》、《新民报》等都成为批判的对象。

《人民日报》对新闻界的反"右派"斗争,起了推波助澜的关键作用。6月14日,该报发表编辑部文章《〈文汇报〉在一个时间内的资产阶级方向》,批评《文汇报》以及《光明日报》,"在一个时间内利用'百家争鸣'这个口号和共产党的整风运动,发表了大量表现资产阶级观点而并不准备批判的文章和煽动性的报道",《文汇报》和《光明日报》"变成了资产阶级报纸的方向","混淆资本主义国家的报纸和社会主义国家的报纸原则区别"。6月16日,《文汇报》以社论《明确方向 继续前进》,作了自我检讨。但7月1日,《人民日报》又发表了毛泽东亲自撰写的社论《〈文汇报〉的资产阶级方向应当批判》。这是当时指导反"右派"斗争、特别是指导新闻界反"右派"斗争的一篇极为重要的文章。社论认为,《文汇报》"根本上没有做自我批评",反而"替自己的错误做了辩护"。社论认定《文汇报》有一个"民盟右派系统",把报纸的政治方向改变成了"资产阶级方向",执行了民盟中央反共反人民反社会主义的方针。文中还指责中国民主同盟和中国农工民主党"在百家争鸣过程和整风过程中所起的作用特别恶劣",是"有组织、有计划、有纲领、有路线的,都是自外于人民,是反共反社会主义的","右派"分子的猖狂进攻,"其源盖出于章罗同盟"("章"指章伯钧,"罗"指罗隆基)。在对于"章罗同盟"及其他方面的"右派"批判中,《人民日报》等媒体同样是最得力的武器。

从6月24日开始,第二次新闻座谈会又在北京举行,由《人民日报》、《文汇报》、《光明日报》和复旦大学新闻系联合举办,与会者400多人,直到8月中旬座谈会才结束。这次座谈会的主要内容是揭露资产阶级"右派"分子篡夺某些报纸领导权的活动,批判资产阶级新闻观点,实际成为新闻界反"右派"斗争的前沿阵地。会上集中火力批判了《光明日报》社长章伯钧、总编辑储安平的"反党活动",批判了中国民主同盟中央副主席罗隆基、《文汇报》编辑部及副总编蒲熙修的"右派活动",批判顾执中的新闻观点,批判王中的"反

---

① 方汉奇主编.中国新闻事业通史:第三卷.北京:中国人民大学出版社,1999,206~207

党新闻学纲领《新闻学原理大纲》。1957年上半年,王中借助《解放日报》、上海人民广播电台等媒体,多次鼓吹其报纸具有商品性的观点和读者需要论,他还创造性地提出创办经济区域报纸,都受到批判。《文汇报》许多人被扣上了"资产阶级右派分子"的帽子;与此同时,上海、辽宁、重庆等地也分别召开了类似的以"反右"为主题的新闻工作座谈会。

《光明日报》受到《人民日报》的批评后,社务委员会立即举行会议进行了检查。《人民日报》的"7.1"社论指出,《光明日报》工作人员"严肃地批判了方向错误","立场根本转过来了"。还说《新民报》犯的错误比《文汇报》小,它一发现自己犯了错误,就认真改正,表现了这张报纸的负责人和记者们对于人民事业的责任心"。不少报刊纷纷发表文章,公开检查自己在整风"鸣放"中的错误。如《大公报》发表该编辑部文章《关于本报几个错误报道的检查》,《中国青年报》发表《整风以来本报几个错误宣传的初步检查》等。这些报刊检查的问题,有的并没有什么错误,有的有一定程度的错误,但在当时的情况下,批判者无限上纲,检查者夸大错误,甚至有人还给自己扣上了"反党"、"反社会主义"的大帽子。①

反"右派"斗争,在全国各地新闻界普遍开展起来。《人民日报》从6月11日至9月底,报道的新闻界"右派分子"就有104人,其中总编辑5人,副总编辑11人。8月16日,《人民日报》发表《使斗争深入,再深入!》的社论,在当时反"右派"斗争已经扩大化的情况下,号召把反"右派"斗争再深入进行下去。实际上,全国新闻界被划为"右派分子"的人中,绝大多数是被错划的,新闻界的反"右派"斗争严重地扩大化了。②

在毛泽东制定的新闻政策和斗争政策的指导下,这一阶段的全国新闻界普遍施展了"阳谋"。事实证明,以报纸作为"渔具"来"钓鱼"并非一点收获没有,确实钓到若干"大鱼",逮住若干"毒蛇"。在整风过程中,也确有极少数资产阶级"右派分子"乘机向党进攻,妄图取代共产党的领导。然而,"阳谋"的贯彻,新闻界也付出了巨大的代价。从整个反"右派"斗争来看,新闻工作远离了工作应守的根本准则——实事求是。大部分关于反"右派"的宣传都无限上纲,乱扣帽子,严重混淆了人民内部和敌我两类不同性质的矛盾,严重混淆了思想问题和政治问题、学术问题和政治问题的界限,这些都是"左"的错误,也是违背实事求是原则的。新闻媒介作为"阳谋"的工具,自己也没能逃脱"阳谋"的惩罚。新闻工作者中被划为"右派分子"的,远多于一般党政机关,编写"鸣放"稿件的记者编辑,编辑批评专栏和"小品文"等一类专栏的,相当多的人没有逃脱被划分"右派"的厄运。③ 包括中宣部,也有7个"右派"被揪出。④

"反右"斗争后,"左"倾新闻观得以确立。对于"反右"扩大化的严重错误,新闻界应该

---

① 方汉奇主编.中国新闻事业通史:第三卷.北京:中国人民大学出版社,1999,212
② 方汉奇主编.中国新闻事业通史:第三卷.北京:中国人民大学出版社,1999,213
③ 童兵.主体与喉舌——共和国新闻传播轨迹审视.郑州:河南人民出版社,1994,81
④ 新闻战线,1958,(2)

负一定的责任。但在整个"反右"斗争的过程中,新闻界的情况十分复杂,局势并不是由自己来控制的。因此,新闻界应负的责任是有限的。"阳谋"的实行,实际上是部分领导人"左"倾思潮的产物。不管怎么说,新闻传媒助长了"反右"扩大化之风,其中的教训,对于新闻传媒协调党和人民群众的关系、建立彼此的基本信任,都有着深刻的警示作用。①

第五节 "大跃进":媒体对新闻原则的反叛

1958年及之后的一两年里,是中国"大跃进"的时期,中国新闻传媒的功能,已经完全"政治化",理念上是政治第一、事实第二,事实(造出的"事实")为政治服务,完全失去专业的"自我"。这段时期,传媒实践是对经典新闻理论的反动,是对新闻专业性的反叛。新闻专业的主要原则包括真实、客观、公正,而这些,在"大跃进"时期都被传媒抛弃了。在宣传实现所谓"三面红旗"的运动,即宣传"鼓足干劲,力争上游,多快好省地建设社会主义"的总路线、大跃进、人民公社中,传媒不仅起到了"动员社会"的功能——提出口号、舆论动员,而且直接引导和推进了运动的开展。1958年,《人民日报》充斥了高调的数字:一亩水稻能产130434斤,一亩花生能产26968斤2两。对于这场"大跃进"运动,是"中央领导一半,《人民日报》领导一半",新闻媒体发挥了强势的政治功能。

一、传媒提出"跃进"口号

在经济建设的第一个5年计划(1953—1957)前期,中国的社会发展取得了显著成绩,同时党内也逐渐滋长了一种急躁冒进的情绪,将社会主义建设的任务看得过于简单了。②毛泽东1955年在党的大会上说:"有人问,将来的趋势如何?趋势就是:大约在3个5年计划的时期内,基本上完成社会主义……还可以加一点……大约在50年到75年的时间内……可以建成一个强大的社会主义国家。"③为了加速社会主义建设,全国一片批判"右倾保守思想"之声,报刊、通讯社、广播媒体积极配合党和领导人的号召。《人民日报》在1956年元旦社论中,明确提出了又多、又快、又好、又省的口号。对于毛泽东等倡导的"冒进"带来的一系列问题,周恩来、刘少奇、陈云等提出了一些解决的措施和思路,6月《人民日报》在陆定一安排下又发表了刘少奇等人修改的社论《要反对保守主义,也要反对急躁情绪》,指出:任何人不可以无根据地胡思乱想,不可超越客观的情况所许可的条件去计

---

① 童兵.主体与喉舌——共和国新闻传播轨迹审视.郑州:河南人民出版社,1994,82
② 胡惠强.从批反冒进到大跃进.党史研究资料,1982,(9)
③ 毛泽东选集:第5卷.北京:人民出版社,1977,216

划自己的行动,不要勉强去做那些实在做不到的事情,"急躁冒进所以成为严重的问题,它不但是存在下面的干部中,而且首先存在上面各系统的领导干部中,正面的急躁冒进有很多就是上面逼出来的"。毛泽东多次批评了这篇社论。之后,周恩来主持修订"二五规划"时,删除了"以多、快、好、省的精神"一说,后来受到毛泽东批评。周恩来等改变自己的态度,结束了中央内部关于经济建设方针的意见分歧。①

1957年,我国取得了超额完成第一个"五年计划"的巨大成绩,人民群众在生产建设中发挥了高度的社会主义积极性和创造精神,经济战线的形势一片大好。到了年底,整风反"右派"斗争在政治战线和思想战线也取得了"决定性的胜利"。在这种情况下,党内"左"的思想进一步发展。1957年11月,苏联举行庆祝十月革命40周年的大会,赫鲁晓夫在大会报告中明确指出要在"今后15年内不仅赶上并且超过美国"。这一行动口号提出后,毛泽东在莫斯科向各国公布了中国15年赶上和超过英国的口号。

1957年6月27日,《人民日报》刊载了周恩来在人大会上作的《政府工作报告》全文,报告中说,"1956年,伴随着社会主义改造高潮的到来,我国的社会主义建设有了一个跃进的发展。"这是第一次出现"跃进"一说。同日,《人民日报》发表了记者的文章《大革命和大建设——人代会上听周总理的报告》,说"1956年是我国社会主义建设跃进发展的一年"。此外报纸还编发了画刊《1956年——伟大跃进的一年》,29日又发表了图表《大跃进的一年》。一段时间,"跃进"逐渐成为描述建设成就的一个基本说法,10月27日《人民日报》刊发社论《建设社会主义农村的伟大纲要》,要求"有关农业和农村的各方面的工作在12年内都按照必要和可能,实现一个巨大的跃进"。这是中共中央第一次通过中央媒体的社论正式发出"大跃进"的号召,文中还提出了跃进的具体目标。②

11月13日,《人民日报》发表社论《发动全民,讨论四十条纲要,掀起农业生产的新高潮》,对"右倾"保守作了严厉批评,指出"他们不了解在农业合作化以后,我们就有条件也有必要在生产战线上来一个大跃进,这是符合规律的。1956年的成绩充分反映了这种跃进式发展的正确性。有保守思想的人,因为不懂得这个道理,不了解合作化以后农民群众的伟大的创造性,所以他们认为农业发展纲要草案是'冒进'了。他们把正确的跃进看成了'冒进'"。毛泽东对这篇社论使用了"大跃进"一词非常赞赏,称赞发明者"其功不在禹下",他在对社论的批语中写道:"如果要颁发博士头衔的话,我建议第一号博士赠与发明这个伟大口号的那一位(或者几位)科学家。"③12月12日,《人民日报》又发表了经毛泽东修改和政治局讨论过的社论《必须坚持多快好省的建设方针》。

这样,"大跃进"口号被正式提出,通过新闻媒介广泛深入的宣传,形成舆论气候,成了

---

① 许静.大跃进运动中的政治传播.香港:香港社会科学出版社有限公司,2004,103~110
② 以上两段主要参见许静.大跃进运动中的政治传播.香港:香港社会科学出版社有限公司,2004,103~114
③ 建国以来毛泽东文稿:第七册,北京:中央文献出版社,1992,254

当时中国政治活动和生产活动的主要内容。① 因此新闻传媒以"大跃进"为宣传中心,并在推行"大跃进"中扮演了重要角色。

二、传媒点燃"大跃进"之火

"大跃进"运动轻率登场。高指标、瞎指挥、浮夸风和"共产风"等"左"倾错误也随之严重泛滥开来。新闻界在这次运动中扮演了十分重要的角色,对"大跃进"的发展推波助澜,在其中所起的恶劣作用是不可否认的。②

"大跃进"口号确立后,《人民日报》等不遗余力进行宣传。1957年12月4日,《人民日报》社论提出,"立即用实际行动争取生产建设大跃进"。新闻界的"大跃进"是在比较有计划、有组织的情况下进行的,先是制定了"跃进规划",继而"挑战应战"、"开展评比",以适应全面"大跃进"的潮流。1958年2月27日,《人民日报》举行了"大跃进"动员大会,会上宣布了《苦战三年工作纲要(草案)》,提出"苦战三月,使报纸面貌焕然一新;苦战三年,使报社面貌大大改观"的口号。3月13日,《山西日报》率先向全国省报发出竞赛挑战书。随即,《河北日报》等提出应战条件,同《山西日报》展开革命竞赛。在此之后,全国各类报纸均不同程度加入到各种竞赛之中。

1958年1月12日,毛泽东给刘建勋、韦国清的信,给了全国新闻工作者莫大的鼓舞,也成为新闻界"大跃进"的巨大推动力。毛泽东在信中指出,"省报问题是一个极重要问题","一张省报,对于全省工作,全体人民,有极大的组织、鼓舞、激励、批判、推动的作用"。③

1958年元旦,《人民日报》发表社论《乘风破浪》,指出"我们要在15年左右的时间内,在钢铁和其他重要工业产品产量方面赶上和超过英国……再用20年到30年的时间在经济上赶上并且超过美国",这就在经济方面提出了"超英赶美"的高指标,提出了"大跃进"的战略任务。2月2日,《人民日报》社论又发出号召,"我们国家现在正面临着一个全国大跃进的新形势,工业建设和工业生产要大跃进,农业生产要大跃进,文教、卫生事业也要大跃进"。3月3日,《人民日报》刊载了《中共中央关于开展反浪费、反保守运动的指示》。围绕"15年赶超英国"的目标,《人民日报》做了大量的宣传工作。2月1日发表了赶超英国的资料,对钢、生铁、煤、电力、水泥、硫酸、氮肥等重工业原材料的产量进行具体对比,比较解放前后的增长速度。以后又陆续发表了署名文章如:《钢铁工业15年内一定能赶上并超过英国》、《水泥工业15年能赶上英国》等。5月,中共八大二次会议正式提出"鼓足干劲,力争上游,多快好省地建设社会主义"的总路线之后,新闻界对"大跃进"的宣传也进

---

① 许静.大跃进运动中的政治传播.香港:香港社会科学出版社有限公司,2004,114
② 童兵.主体与喉舌——共和国新闻传播轨迹审视.郑州:河南人民出版社,1994,91
③ 毛泽东新闻工作文选.北京:新华出版社,1983,202

入了高潮,点燃了"大跃进"之火。

三、传媒煽起浮夸风

新闻界宣传的浮夸风突出表现在大放农业高产"卫星"的宣传上。1958年初夏,从中央到地方各报纸、电台争相报道小麦高产"卫星"的情况,报道由亩产几百斤到亩产5000多斤。到7月12日,更是放出河南西平县城关镇和平农业社试验田亩产7320斤的"卫星"。报道早稻高产"卫星"就更为惊人了。7月25日,江西报出早稻亩产7745斤的消息,第二天就传出亩产9195斤的消息。此后亩产量直线上升,9月15日《人民日报》头版放了"大卫星":《广东穷山出奇迹,一亩中稻6万斤》,下面是一张新闻图片,图注为:"这块中稻田里的稻谷像金黄色的地毯一样,13个人站在上面也压不倒。"《人民日报》还刊出湖北的一块"天下第一田",其中有一幅照片上,4个小孩站在生长着的稻穗上,旁边还有一幅照片是科学家正在考察。之后的报道水稻亩产不断突破,超过10万斤,然后《广西日报》立即报出13万斤,然后在《江西日报》的报道中达到22.8万斤!

为了加强其"真实"的效果,新闻媒体上消息、通讯、照片、漫画、社论各种体裁齐上,有的还套红印刷;奇特的是,这种没有事实依据的报道中,不但新闻的5W要素俱全,而且还有立体式的呈现手段:领导参加验收,科学家谈观感,记者亲眼目睹、现场考察。漫画的调子都相当的高,如:"一个米粒煮一锅","一个玉米装一车","高粱竿上安电线","坐着(西)瓜皮过黄河"。《人民日报》还辟有《丰产榜》、《小麦高产纪录统计》等栏目,鼓励"高产"者,鞭策"低产"者,促使虚报产量之风更盛。全国各类媒体,一片浮夸之风。《人民日报》自豪地宣称:中国小麦产量已压倒美国,水稻单位产量已超过日本,棉花总产量和单位面积产量已经超过一切资本主义国家。

新闻工具在宣传推广先进经验时的瞎指挥风,更进一步推进了全国的"大跃进"运动。《人民日报》提出的全党全民大办特办的事情,就达五六十项,如全民办铜、全民办铝、全民办铁路、全民办统计、全民办大学、全民学哲学、全民办文艺、人人当作家、全民办教育,等等。《人民日报》为了宣传第二个"五年计划"中提出的扫除文盲,分别报道了十几个省、自治区已基本扫除了文盲;报道了很多市、县已经除尽了"四害"(苍蝇、蚊子、老鼠、麻雀),实现了"四无";报道了很多省、县、人民公社在几天之内就办起了许多所大学,河南登封县的一个乡就办了12所大学,方城县建立了300多所文艺学院、舞蹈学院、戏剧学院。广东报纸报道称,某工厂写了一万篇论文。①1958年8月8日,《人民日报》发表社论《"土洋并举"是加速发展钢铁工业的捷径》,社论认为我国煤多、铁矿多,可以全党全民办小型钢铁工业,不仅工厂可以办,机关、部队、学校、街道、手工业合作社、农业合作社都可以办。

---

① 孙旭培.新闻学新论.北京:当代中国出版社,1994.298

在此号召下,全国各级报纸、电台都作了充分的宣传,推动了全国"大办钢铁"运动的开展。瞎指挥风一直发展到指挥具体生产,如宣传"深翻土地三尺"、"每亩下麦种200斤"之类的命令式新闻,一些干部群众对此稍有迟疑,就会挨整。

同时,这一时期,报纸在政策理论方面宣传的失误,也对生产造成了严重的破坏。报纸片面宣传了超越社会主义阶段,共产主义就要到来的说法。这种片面性在对人民公社运动的宣传中尤为突出。1958年8月18日,《人民日报》发表题为《人民公社好》的报道。这是第一篇报道人民公社的新闻,其中写道:"在祖国全面"大跃进"的鼓舞下,一个由社会主义迈向共产主义的伟大社会改革——建立人民公社的运动,正在河南信阳地区蓬蓬勃勃地展开",并肯定人民公社有"十大优越性"。10月4日,《人民日报》发表通讯《毛主席在安徽》,报道毛泽东视察舒城县舒荣人民公社时,知道这个公社办公共食堂后吃饭不要钱,就说,吃饭不要钱,既然一个社能办到,其他有条件的社也能办到,既然吃饭可以不要钱,将来穿衣服也就可以不要钱了。于是,全国好些地方开始宣传"吃饭不要钱,不限量制度"。

四、传媒"大跃进":都是为了政治

1. 错误的新闻理念是根源

1958年中国新闻界全面出现的浮夸报道,是中国、也是世界新闻史上绝无仅有的一次程度最烈的对于新闻原则的反叛。这些新闻业务方面的错误,是新闻理论的反动导致的。在经过之前的"反右"、批判了"资产阶级新闻观"之后,我们的新闻理论已经贫瘠到只剩下政治,新闻业务操作,都源于这种"唯政治论"的理念。甚至于一贯鼓吹唯物论的共产党的媒体,为了政治反对条件论,满纸唯心论、唯意志论。《人民日报》就曾刊出"思想解放无边无岸"、"异想就能天开"的口号。比较典型的口号还有:"不怕做不到,只怕想不到,只要能想到,一定能做到"、"人有多大胆,地有多大产"等。1958年6月21日《人民日报》社论《力争高速度》说:"当大家都想快、要快、力争快的时候,事情的进展果然就快了。"7月10日《人民日报》一篇题为《敢想敢做就能出粮食》的文章又说,"'敢想'是建筑在'愿意想'基础上的。……各地试验田的高产,已经充分说明,只要敢想敢做就能出粮食。"①

新闻媒体的浮夸风,主观上是由于对高速度高指标的真诚期望,客观上则是迫于某种政治压力。这一点,毛泽东后来也认识到了,他在写给六级干部的《党内通信》中说:"应该说,有许多假话是上面压出来的。上面'一吹二压三许愿',使下面很难办。"《人民日报》在经济宣传上也曾左右为难。

新闻媒介在"大跃进"时期发挥了恶劣的政治功能。刘少奇后来曾尖锐地批评说,这

---

① 童兵.主体与喉舌——共和国新闻传播轨迹审视.郑州:河南人民出版社,1994,89

一时期的工作,"是中央领导一半,《人民日报》领导一半"。就媒介本身而言,记者思想上的盲目跟风,使新闻的真实性原则完全被破坏,媒介"不仅失之分寸上的夸大,甚至堕入向壁虚造的泥潭"。在总结"大跃进"运动三年中新闻媒介的得失经验时,刘少奇特别指出《人民日报》应好好总结一下三年来的办报经验。他认为"三年来,报纸在宣传生产建设成就方面的浮夸风,在推广先进经验方面的瞎指挥风,在政策宣传和理论宣传方面的片面性,对实际工作造成了很大恶果"。有报纸的害处,比没有报纸的害处还要大,这恐怕是令新闻工作者最以为自责和耻辱的了。历史已经证明,他的这些意见完全是正确的,是对新闻工作者的严肃责备,也是对他们最大的爱护和关心。可惜的是,形势的发展,让刘少奇这些深刻的理论总结被束之高阁,不久又被视为"修正主义黑货"受到了批判。①

也正是从 1957 年开始,毛泽东提出的报纸是阶级斗争的工具的观点开始成为中国新闻学的立论之本,成为中国新闻工作者最基本的指导原则。经过 1958 年"大跃进"运动中的实际运用,特别是在"反冒进"斗争中的"付诸实践","阶级斗争工具论"业已全面形成。从此,报纸、广播和从 1958 年刚刚问世的中国电视,俨然成了党领导下进行"阶级斗争的工具"。而 1958 年中恶性膨胀的"假、大、空"新闻作风则成了这种工具的最基本的一种品质。无疑,这是中国新闻事业的悲哀。②

2. 迟来的"纠左":媒体要有自己的分析和看法

1958 年秋冬,毛泽东巡视农村时,对于看到的混乱现象,有很大的触动。这一年冬天至次年 7 月,毛泽东和党中央采取了一些措施来纠正"大跃进运动"中的错误。1958 年 11 月,毛泽东指出,"做报纸工作的,做记者工作的,对遇到的问题要有分析,要有正确的看法、正确的态度",他还告诫"记者的头脑要冷静,要独立思考,不要人云亦云"。在毛泽东和中央的这种指导思想下,《人民日报》、新华社等新闻单位对于"大跃进"中的高指标、高速度的宣传报道开始降温,头脑也开始冷静了。但是,当时相当多数的领导人并没有从根本上认识指导方针上"左"的错误的严重性,对"大跃进"、人民公社化运动等路线是基本肯定的。所以,这一阶段的"纠偏"、"纠左"是局部的,效果也是轻微的。③

可贵的是,1961 年,中央提出了"调整、巩固、充实、提高"的方针,号召全党发扬实事求是的优良传统,大兴调查研究之风。4 月,刘少奇深入湖南基层进行调查,在此期间对报纸工作做了重要指示。他指出,记者调查要有明确的目的,主要是了解中央已经实行的政策是否正确,过去的政策有哪些不完善等。在 5 月 1 日对《人民日报》的指示中,刘少奇指出新闻工作者"是调查研究的专业工作人员","报上的一切文章都应当是调查研究的结

---

① 童兵.主体与喉舌——共和国新闻传播轨迹审视.郑州:河南人民出版社,1994,91~93
② 童兵.主体与喉舌——共和国新闻传播轨迹审视.郑州:河南人民出版社,1994,93
③ 童兵.主体与喉舌——共和国新闻传播轨迹审视.郑州:河南人民出版社,1994,93~95

果"。在中央的领导下,全国的新闻单位和新闻干部普遍进行学习整风,总结经验教训,加强调查研究。利用这个机会,新闻界也采取了一些改革措施。①

《人民日报》为了倡导和谐的气氛,从1960年底决定每星期日拿出4个版来登"知识性"和"艺术性"的材料,还专门开辟了"知识版"。从1962年5月4日开始,《人民日报》开辟杂文专栏"长短录",这个专栏的编辑方针是表彰先进、匡正时弊、活跃思想、增长知识。邓小平对此很支持,还觉得有些杂文写得"满有味道"。这一时期,各地新闻界都有不同程度的改革。例如《沈阳日报》改为《沈阳晚报》,地方特色鲜明,活泼清新。②

可惜的是,这次新闻改革只是昙花一现,很快就失败了。究其原因,是因为新闻媒介既已成为阶级斗争工具,就缺少宽松与自由了。在"以阶级斗争为纲"的领导人看来,这种关于新闻改革的议论和尝试,就是鼓吹阶级斗争熄灭论,就是冲击新闻媒介的阶级性,就是动摇社会主义新闻事业的政治方向。③

第六节 十年"文革":传媒工具论登峰造极

以1966年5月16日的《中国共产党中央委员会通知》为开始标志,到1976年10月6日"四人帮"被粉碎为止,是"文化大革命"的10年动乱期。这10年间,中国的新闻媒介,成为毛泽东手中最得力、最自如地实施"全面思想专政"的"阶级斗争工具";也是林彪、江青两个反革命集团控制下的煽动"极左"思潮、鼓吹个人崇拜、阴谋篡党夺权的舆论工具。④ 党的新闻工作的优良传统在此期间被肆意践踏,新闻事业遭到了空前的大浩劫。新闻界是"文化大革命"中的重灾区。⑤

在这场浩劫中,政治家利用传媒进行"社会动员",让全国群众处在狂热的政治热情之中;政治家利用传媒取代政治机构,干预国家和社会,发动夺权;政治第一,事实第二,炮制新闻事件为政治服务。

一、传媒点燃"文化大革命"的火把

"文化大革命"这场燃烧了10年的大火,是由上海《文汇报》发表姚文元署名文章《评新编历史剧〈海瑞罢官〉》开始点燃的。

---

① 孙旭培.新闻学新论.北京:当代中国出版社,1994,301~303
② 童兵.主体与喉舌——共和国新闻传播轨迹审视.郑州:河南人民出版社,1994,98~100
③ 童兵.主体与喉舌——共和国新闻传播轨迹审视.郑州:河南人民出版社,1994,100
④ 童兵.主体与喉舌——共和国新闻传播轨迹审视.郑州:河南人民出版社,1994,111
⑤ 童兵.主体与喉舌——共和国新闻传播轨迹审视.郑州:河南人民出版社,1994,122

《海瑞罢官》是北京市副市长、历史学家吴晗根据毛泽东的示意写作的一部京剧,1960年底完成,1961年上演。这部剧作主题是宣传明代廉吏海瑞刚正不阿、不畏强暴、敢于斗争的精神。1962年"左"倾思想抬头,江青向毛泽东提出要批判《海瑞罢官》。1965年,江青瞒着政治局其他常委秘密到上海,与张春桥、姚文元密谋策划,炮制了这篇文章。文章9易其稿,经毛泽东审阅后,这篇文章被交给《文汇报》,并于1965年11月10日发表。文章不折不扣是靠阴谋手段完成的,姚文元完成的每一稿,都是由张春桥夹在《智取威虎山》的录音带内,用飞机送到北京给江青审阅,最后由毛泽东审定的。文章把京剧《海瑞罢官》中的海瑞平冤狱等情节同"单干风"、"翻案风"联系起来,说是当前阶级斗争的反映,是"一株大毒草",矛头暗指彭德怀。①

文章在上海发表两个星期,这篇文章点名批评北京市副市长、著名史学家吴晗,毛泽东便指示上海出小册子。情况的发展,令北京市委感到了压力,于是11月29日、30日和12月1日,《北京日报》、《人民日报》、《光明日报》先后转载了此文。在转载时《北京日报》声明,《海瑞罢官》不能作为政治问题批判,不同意见可以展开讨论。而《人民日报》则将此文刊登在"学术讨论专栏"下,以表示对此文的讨论将是一场学术之争。可是,《解放军报》抢在《人民日报》之前,于11月29日转载了姚文元的文章,并发表"编者按语",指斥《海瑞罢官》为反党反社会主义的"大毒草"。

《评新编历史剧〈海瑞罢官〉》一文,在学术、文化界引起了一定的思想混乱。1966年2月3日,以彭真为组长的中央文化革命五人小组召开扩大会议并起草了《关于当前学术讨论的汇报提纲》(即《二月提纲》),试图限制学术批判中"左"的倾向,提出要坚持实事求是的原则。中央同意并转发了这个"提纲",但不久后这个"提纲"就被毛泽东否定了。

在《二月提纲》酝酿起草的同时,江青与林彪互相勾结,1966年2月2日至22日,召开部队文艺座谈会,向全国抛出"文艺黑线专政论",进一步大造舆论,鼓吹"文化大革命"。会后,江青写出《林彪同志委托江青同志召开的部队文艺工作座谈会纪要》。4月18日,《解放军报》发表《高举毛泽东思想的大红旗,积极参加社会主义文化大革命》一文,将《纪要》精神公诸于众,公开号召开展"文化大革命"。《纪要》中的思想也成为后来作为《五一六通知》的基调。②《五一六通知》宣布撤销彭真具体领导的"文化革命五人小组",重新设立隶属于政治局常委领导下的中央文化革命小组。不久,陈伯达被任命为这个"文革"小组的组长,江青为第一副组长,康生为顾问。这样,就在组织上解决了"文化大革命"的领导权问题,"文化大革命"的中心开始向北京转移。《三家村札记》和《燕山夜话》被点名批判。

---

① 童兵.主体与喉舌——共和国新闻传播轨迹审视.郑州:河南人民出版社,1994,111~114
② 方汉奇主编.中国新闻事业通史:第3卷.北京:中国人民大学出版社,2000,323~324

二、传媒制造了"文化大革命"的第一起特大冤案

"文化大革命"之初开始的对所谓"三家村"的批判,酿成了中国当代新闻界的一个特大冤案。1961年北京市委的理论刊物《前线》约请邓拓开辟一个杂文专栏,由邓拓、吴晗、廖沫沙轮流撰稿,各自选题,文责自负,取名《三家村札记》。这个专栏,与《北京日报》的杂文专栏《燕山夜话》,深受读者欢迎。1966年5月8日,江青一手策划的高炬(江青主持的写作组)的《向反党反社会主义的黑线开火》,何明(关锋)的《擦亮眼睛 辨别真伪》,分别发表于《解放军报》和《光明日报》,上纲上线地批判两个专栏。5月10日,上海《解放日报》、《文汇报》同时刊载姚文元的《评"三家村"——〈燕山夜话〉、〈三家村札记〉的反动本质》,5月11日《红旗》杂志发表戚本禹的《评〈前线〉、〈北京日报〉的资产阶级立场》。

一时间,大批判文章铺天盖地,两个专栏被断章取义、歪曲附会,邓拓等人更成为全国口诛笔伐的"反党反社会主义黑帮"。高炬的文章宣称:"邓拓是他和吴晗、廖沫沙开设'三家村'黑店的掌柜,是这一小撮反党反社会主义分子的一个头目","我们一定不放过你们,一定不会放过一切牛鬼蛇神,一定要向反党反社会主义的黑线开火,把社会主义'文化大革命'进行到底,不获全胜,决不收兵"。1966年5月16日,戚本禹在《人民日报》发表文章,说已查明邓拓是叛徒,不管邓拓背后的支持者是谁,都要一挖到底。①

在这场批判中,邓拓、吴晗被迫害致死,廖沫沙被打入冤狱。邓拓(1912—1966),1930年加入中国共产党,到达解放区后,历任《晋察冀日报》社长,晋察冀新华总分社社长等。解放后先后任《人民日报》社长、总编辑和北京市委文教书记等职。在大跃进时期,邓拓是《人民日报》总编辑,刘少奇要求《人民日报》发表反冒进的社论,而毛主席不同意发表,邓拓决定以比正常小一号的字体发表了那篇社论。结果毛泽东对邓拓很不满意,批评他是"书生办报"。反"右"时期毛泽东还说邓拓主持下的《人民日报》是"死人办报",因对一些尖锐批评党和国家的文章加了按语,不符合"钓大鱼"的思想。最后他的总编辑一职给撤了,他本人也要求辞职。邓拓的杂文重史实、史论,结合现实,旁征博引,雅俗共赏。5月18日,邓拓含冤自尽,以证明自己的清白和忠诚。他是"四人帮"1966年大兴文字狱的第一位牺牲者。

三、《人民日报》左右"文化大革命"舆论

《人民日报》、《北京日报》等新闻单位在批判《海瑞罢官》、"三家村"方面处处被动,没有跟上上海报纸的调子。江青等人借机在改组北京市市委之后,又操控新的市委人马撤

---

① 童兵.主体与喉舌——共和国新闻传播轨迹审视.郑州:河南人民出版社,1994,116~117

销了《北京日报》、《北京晚报》的编委会。1966年5月31日,陈伯达奉命率工作组到人民日报社,夺了社长吴冷西的权,组建了新的领导班子。当天夜里又炮制《横扫一切"牛鬼蛇神"》的社论,次日见报,向全国下达了开展"文化大革命"的动员令。《人民日报》在一夜之间地位大变,成了"中央文革"左右全国舆论的宣传工具。

在康生的授意下,5月25日北京大学聂元梓等7人贴出大字报,攻击北大校长、党委书记陆平的所谓问题,攻击北大党委、北京市委。康生瞒过在北京的政治局委员,把大字报传给了在杭州的毛泽东,毛泽东称之为"全国第一张马列主义大字报",批准由新华社向全国传播。[①] 6月1日晚,中央人民广播电台的各地广播电台联播节目广播了这份大字报的内容;6月2日,《人民日报》在头版以《北京大学七同志一张大字报揭穿了一个大阴谋》的通栏标题,刊登了聂元梓等人的大字报,并配发了评论员文章《欢呼北大的一张大字报》;以后全国各报也转载了这份大字报。这样一来,全国声援聂元梓的信件、电报纷纷飞向北京大学,北京大学一时成为全国"文化大革命"的中心。这张大字报的发表及评论,直接煽动起各地的"文化革命"的势头,并造成了群众意见的对立,造成"文化革命"动乱局面失控。

接着,《人民日报》连续发表了《触及人们灵魂的大革命》、《夺取资产阶级霸占的史学阵地》、《毛泽东思想的新胜利》、《做无产阶级革命派还是做资产阶级保皇派》、《我们是旧世界的批判者》等社论,号召群众起来"横扫盘踞在思想文化阵地上的大量'牛鬼蛇神'",彻底破除"旧思想、旧文化、旧风俗、旧习惯",进行一场"你死我活的阶级搏斗"。全国各报转载了这些社论。在这些言论的鼓动下,年轻的学生首先起来"造反",走上街头"破四旧"、抄家、随意揪斗人,学校以及许多单位都在"造反"风潮中陷于瘫痪。

凡是涉及毛泽东的每一个"伟大战略部署",每一个"最新指示",几乎都通过报刊、广播发表的社论、编辑部文章等形式得以直接传达,昭告天下,新闻媒介成为推动"文化大革命"的直接力量。新闻媒介的力量似乎无比强大:一篇社论,就能调动千军万马抓"军内一小撮";一些平常的消息报道,又能让全国争赶"社会主义大集",全国读《水浒》。但实际上,人们都知道这些社论、按语、消息、文章全是有来头的,媒介只不过是扮演了一个可以被任意使唤的工具罢了。[②]

四、抢夺舆论工具:新闻界的"夺权"斗争

1967年开始的新闻界"夺权"斗争,进一步搞垮了新闻工作者队伍,搞乱了新闻工作者的思想,中国新闻事业出现了大滑坡的局面。

[①] 童兵.主体与喉舌——共和国新闻传播轨迹审视.郑州:河南人民出版社,1994,123
[②] 童兵.主体与喉舌——共和国新闻传播轨迹审视.郑州:河南人民出版社,1994,129~130

1967年,张春桥、姚文元率先在上海刮起"夺权"斗争的"一月风暴"。这次风暴首先是从上海新闻单位的"夺权"开始的。1月3日和4日,上海《文汇报》和《解放日报》先后被造反派夺权接管,为"一月风暴"拉开了序幕。《人民日报》在1月9日发表社论《让毛泽东思想占领报纸阵地》,赞扬《文汇报》和《解放日报》的"夺权"是"文化大革命"史上的"一件大事",是我国无产阶级新闻事业发展史上的"一个创举",并号召全国"向他们学习"。1月6日,在张春桥、姚文元的策划下,以王洪文为首的上海"造反派"又进一步篡夺了上海市的党政大权,《人民日报》、《红旗》杂志等媒体相继发表文章肯定和支持上海的"夺权"斗争。在此情况下,"夺权"之风开始横扫全国,各地党委机关报都成了"夺权"的重点对象之一,一些省、市报社在"夺权"中还发生了流血事件。

自"文化大革命"开始后,全国各级党委机关报的广大新闻工作者就不断受到冲击,很多正直的新闻工作者受到诬陷、揪斗,大多数报纸都无法正常运转。更有许多报刊,被称为"放毒、造谣的旧报纸",因而被造反派"封"了、"冲"了,或者夺了权,报刊邮局发行的报刊数量迅速减少。①

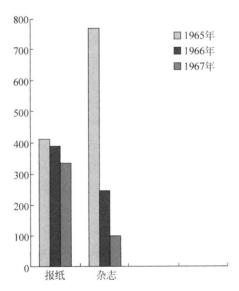

图8-10　1965—1967年报刊数量逐年下降图

1968年9月1日,《人民日报》、《红旗》杂志和《解放军报》以"两报一刊编辑部"的名义,发表《把新闻战线的大革命进行到底》一文。这篇文章又是陈伯达、姚文元的"杰作"。文章把"中国的赫鲁晓夫"(指刘少奇)及思想政治文化界、新闻界的很多领导人,如彭真、

---

① 方汉奇主编.中国新闻事业通史:第3卷.北京:中国人民大学出版社,2000,332

陆定一等诬蔑为"狐群狗党"、"反革命修正主义分子",百般诋毁刘少奇在长期革命斗争中总结出来的宝贵的新闻思想。文章还特别强调刘少奇等人"代表帝国主义、国民党反动派和地富反坏右的利益,疯狂推行反革命的资产阶级新闻路线,把叛徒、特务、走资派安插到各个新闻单位中,妄图使新闻事业变成颠覆无产阶级专政、复辟资本主义的工具"。这就把整个新闻战线建国以来的成绩全部抹煞,并把新闻队伍从整体上彻底否定了。文章还说,"无产阶级同资产阶级争夺报纸领导权的斗争并没有结束",还要对"反革命修正主义新闻战线"进行"彻底的清算"。这篇社论是对"一月风暴"以来,新闻界"夺权"斗争的理论总结和论证,也是继续摧残新闻界的纲领,更是对马克思主义新闻理论的攻击。

五、红卫兵报刊:数以万计,发行量空前

"文革"中,以红卫兵、东方红、造反者等命名的"文革"群众组织自发创办的报刊,遍及全国,其总量至今无法准确统计,大约在1万种以上。这些报刊铅印,署明主办者,有出版期数,公开发行。这是特殊历史条件催生出的媒体,它们不需要新闻专业理论和知识,编排上因政治之严重性而很少有错别字,一般不需办报经费而有一定的卖报盈利,主要以邮购和零售方式发行。报刊发行量有的多达上百万份,其文章言论,《人民日报》等中央"两报一刊"时有转载,影响不可小觑。

1966年8月1日毛泽东致红卫兵的一封信,使"文革"群众组织公开化,报刊也纷纷创办。毛泽东在"文革"初肯定了这些报刊,1967年6月他会见外宾提到北京地质学院的《东方红报》时说:"这些报纸何止几百种,有几千种。我就收到200多种,看不完。"

最早创刊的是1966年9月1日由北京六中红卫兵创办的《红卫兵报》和"首都大专院校红卫兵司令部"创办的《红卫兵》,各出十几、二十几期。随着"造反派"红卫兵的崛起,出现了代表性报刊,如北京地区红卫兵五大造反组织报纸,包括:清华大学"井冈山兵团"的《井冈山》,北京地质学院"东方红公社"的《东方红报》,北京航空学院"红旗战斗队"的《红旗》,北京师范大学"井冈山公社"的《井冈山》,北京大学"新北大公社"的《新北大》(由原北大校刊改名)。因为其组织得到中央"文革"小组的支持,报纸在北京乃至全国有很大影响,发表的社论往往代表了中央"文革"的态度,有指导运动的作用。报纸的出版、印刷、发行比较正规,前期还通过邮局订阅,存在时间也很长,一般都延续到1969年。

1967年"一月风暴"后,报纸成为各群众组织夺权的主要对象,各组织创办报刊也达到高潮。据不完全统计,种数最多的有:北京900多种,上海300多种,江苏、辽宁、四川都在300种以上。不仅跨行业的"文革"群众组织办,一派组织办有多种,甚至连一个小学的几个人组成的组织也能办报。办报者以学生、教师、干部居多,还有军人、工人和农民,甚至从监狱"平反"出来的囚犯也办有《红囚徒》。

红卫兵报刊的主要内容:一是大批判,如批判邓小平"不管黑猫、黄猫,捉到老鼠就是

好猫";二是刊登内部"首长讲话"和文件;三是刊登派性斗争(北京有天派、地派,四川有八二六派、反到底派,江苏有好派、屁派等等)和武斗的消息、文章;四是刊登"路线斗争"的历史资料,清华大学《井冈山》和地质学院《东方红报》分别连载几十期内部档案;五是本派"文革"组织学习毛著、首长讲话、中央文件的心得体会等。这些报刊推动"文革"走向失控,因而领导者的态度从鼓励、限制,到后来禁止。中共中央发出了《关于改进革命群众的报刊的宣传的意见》(1967年5月14日),肯定它们在宣传战线上起到了重要的作用,然后提出7条改进的意见。

影响最大的红卫兵报刊中,择要介绍3张:

《首都红卫兵》,创办于1966年9月13日,"首都大专院校红卫兵革命造反总司令(即'三司')部宣传部"主办,其多篇社论文章曾被中央"两报一刊"转载,"三司"由此在外地成为中央"文革"的代言人,不久就在外地的42个城市设立了联络站。《首都红卫兵》办了上海、重庆、西宁、株洲、长沙、无锡、常州等分刊,在北京办了中学、中专版。其发行总量,在50万～100万份,是全国发行量最大的红卫兵报。1967年2月22日,随其组织而改为"红代会"机关报,又随大学造反派分裂为天派、地派,而分裂为两种,各地分刊也独立行事,出现了分刊批判本刊、本刊宣布分刊非法的混乱状况。

《中学文革报》,1967年1月18日北京四中的一位学生以"首都中学生革命造反司令部宣传部"的名义出版,刊失学青年遇罗克的文章《出身论》,该文称"究竟一个人所受影响是好是坏,只能从实践中检验。这里所说的实践,就是一个人的政治表现",对长期的"阶级斗争为纲"浩成的人与人之间的严重扭曲对立关系进行了尖锐的批判和造反。共出版了6期,每期印数在3万～6万份。载有《出身论》的第一期还重印共发行10万份,引起了极大反响。不久中央"文革"小组的戚本禹点名批判了《出身论》和该报,遇罗克和办报者都受到残酷迫害。1970年3月5日,遇罗克被判处死刑。①

上海《工人造反报》,是出版时间最长的群众组织报刊,是中央"文革"小组的御用工具,由王洪文等人于1966年12月28日创办,受张春桥、康生、姚文元等指挥。与《解放日报》、《文汇报》、《支部生活》合称上海"三报一刊",媲美于北京中央的"两报一刊",大量文章被"两报一刊"转载。发行量初为3万份,1969年增加到平均每期41万份,最多一期达到64万份,远远超过上海市革命委员会机关报《解放日报》。1971年4月,由于形势所迫不得不停刊,前后共出版488期。

美国政府情报机构自1966年便开始搜集"文革"群众组织报刊,途径主要是通过中立国家的外交人员、过境旅客等,采取现金收买的方式,每份高达8美元。这些报刊被制成缩微胶卷,聘用中国问题专家进行仔细的研究分类,最多时达60多人。不久,这批近万张

---

① 1979年11月21日,北京市中级人民法院宣布遇罗克无罪

缩微胶卷作为学术资料赠送给哈佛大学燕京图书馆，1968年起又整批赠送给美国"中国研究资料中心"，并拨款50万美元资助其公开影印出版。从1975年起，出版了20卷《红卫兵资料》，共1064种、10343页，成为20世纪七八十年代西方研究"文革"的原始资料，美国各主要大学东亚图书馆一般都有收藏。自1995年起，由美国狄金森学院、芝加哥大学、明尼苏达大学、斯坦福大学等校的华人学者开始主持，通过网络向全世界的研究者、收藏家征集"文革"报刊，引起了强烈反响。他们计划出版100卷《新编红卫兵资料》。俄罗斯、日本、中国香港、瑞典等都收藏有"红卫兵报刊"。①

六、一种特殊的传播工具：大字报

在大众传播工具出现以前，人类曾经把文字、画图刻划在石壁、揭贴上，以表达自己的意思。但是，人类进入20世纪中叶以后，在中国大地上，竟然又出现了这种"史前"方式的传播工具，这就是滥觞于1957年"反右"运动中的大字报。大字报是人们把自己的想法写在一张白纸上、公开张贴在墙壁等处的一种媒体，作为一种独特的政治工具、传播工具，它对中国社会产生过极大的影响。

1957年5月19日，富有民主传统的北京大学贴出了这场运动中的第一张大字报，然后，一张又一张，北大校园里贴了许多大字报。这所有"中国政治晴雨表"之称的知名学府，搅动了中国的政治空气，也带动了全国各地高校张贴大字报的风潮。很快大字报风靡全国，出现了大字报史上的第一个高潮。不幸的是，这是"阳谋"诱惑出来的"大鸣大放"手段，不久，这些利用大字报提意见、谈看法的人，不少被打成了"右派分子"，大字报被说成是"向党进攻的工具"。具有讽刺意味的是，这个工具在反"右派"的斗争中，又被最高领导人一再肯定，说成是"一种极其有用的新式武器"。

此后，在整风、双反（反浪费、反保守）、"大跃进"运动中，大字报被广泛使用。报刊对大字报的功效一再推崇，其作用被吹得神乎其神，大字报也确实制造出了一件又一件滑稽的事情。大字报被当作公民的权利，写进了宪法。"文革"中，大字报更是发挥了其他大众传播工具无法比拟的作用。从这张被誉为"第一张马列主义的大字报"开始，大字报的狂飙再次席卷中国，制造了一个又一个悲剧、一桩又一桩冤案。包括国家主席在内的许多人，被大字报诬蔑为叛徒、特务、走资派、反动学术权威，写大字报的人，有的飞黄腾达，有的家破人亡。那些反对林彪、江青反革命集团倒行逆施的大字报，招来的是对作者的残酷迫害。大字报带来的，不是民主，而是对民主的反动。

1980年9月，"五届全国人大三次会议"作出决定，取消了宪法中关于公民"有运用大

---

① 本目参见陈东林."文革"群众组织报刊研究.世纪中国（http://www.cc.org.cn/）

鸣、大放、大辩论、大字报的权利",大字报从此失去了合法性,成为历史的陈迹。①

七、事实为政治服务:传媒的"新原则"

"文化大革命"期间,我国新闻事业的大滑坡是全方位的,新闻工作的基本原则也被践踏殆尽。"文化大革命"中有一个"原则",即所谓"事实为政治服务"。江青曾说:"材料要从斗争需要出发,不是从有什么材料出发……应该有什么题目,然后寻找材料,这样材料的运用就活了。这就叫事实为政治服务。"②

在这种观念指导下,"文化大革命"中"万能典型"比比皆是,政治标签到处贴,甚至出现了不少通过新闻造假为政治阴谋服务的恶劣行径。比如这期间由新闻媒介推出的"特大典型报道——"辽宁的"社会主义大集",其实不过是由"四人帮"一手策划、精心排练的闹剧,连赶集的路线都是事先规定好了的。又如,"文革"推出了很多"有路线斗争觉悟"的典型人物,像"毛主席挥手我前进"的战士、"无限忠于毛主席革命路线的好干部"、"拉革命车不松套"的农村基层干部等。在这些典型中,有的是以假充真;也有很多典型人物,本人确是兢兢业业工作的好同志,有的死于事故,可某些领导却以大张旗鼓地宣传、表彰典型来搪塞和逃避追查事故的责任。总之,"文化大革命"期间的新闻报道,与真实性的原则愈行愈远。

在"文革"期间,新闻文风也遭到了很大的破坏。人们用"假、大、空"来形容这一时期的文风。"假话"、"大话"、"空话"随处可见。"文革"期间的新闻和文章,使用的全是高调词,话说得都很绝,人称"文革语言"。这类文章总是大段大段地引用毛泽东、林彪等人的语录,借以代替必要的论证,而文章的结尾,几乎全是以口号或祝词的形式完成,比如《人民日报》、《红旗》杂志、《解放军报》的编辑部文章《无产阶级专政下的"文化大革命"胜利万岁》的结尾是这样的:③

  让那些垂死的苍蝇去嗡嗡叫吧!我们将更加坚定地走自己的路。
  更高地举起毛泽东思想的伟大红旗,坚定不移、信心百倍地去夺取无产阶级"文化大革命"的全面彻底胜利!
  我们伟大的社会主义祖国万岁!
  伟大的、光荣的、正确的中国共产党万岁!
  伟大的马克思列宁主义万岁!
  战无不胜的毛泽东思想万岁!

---

① 本目主要参见罗平汉.墙上春秋 大字报的兴衰.福州:福建人民出版社,2003,1~4
② 童兵.主体与喉舌——共和国新闻传播轨迹审视.郑州:河南人民出版社,1994,145~146
③ 刊于1967年10月1日。

> 我们的伟大导师、伟大领袖、伟大统帅、伟大舵手毛主席万岁！万万岁！

又如,"文革"期间新闻稿的导语,有一种特定的"模式"①:

> ××××(单位)在史无前例的无产阶级"文化大革命"中,高举战无不胜的毛泽东思想伟大红旗,抓革命,促生产(或促科研、促……)

这类导语洋洋几百字,却无一点实质性内容。"文革"时代的文风,是一场拙劣文风大比赛的结果,新闻媒介长期培养起来的马克思主义文风,受到了很大的冲击和破坏。

对于中国新闻界来说,"文化大革命"时期不堪回首,新闻报道"假、大、空",新闻学研究跌入低谷,新闻教育一度被停业取消,新闻工作者受到迫害。更为严重的是,党和人民新闻事业优秀的革命传统以至本质特征都曾一度丧失。这其中用惨痛代价换来的诸多教训,是中国新闻界应当永远铭记的。

---

① 童兵.主体与喉舌——共和国新闻传播轨迹审视.郑州:河南人民出版社,1994,149

第九章

改革开放的新闻传播

　　1976年10月粉碎"四人帮"以后,特别是从1978年12月的十一届三中全会以来,新中国的新闻事业开始飞速发展,新闻传播活动进入黄金时期。在头两年多的时间里,中国新闻媒介与全国各行各业同步进行拨乱反正、重塑形象。之后的改革开放时期,报刊、广播电视的业务及其新闻理念都有了长足进步,新闻改革有所突破,新闻传播对社会各个方面、事业的各个层面,都发挥了重要的功能。确立发展市场经济以后,新闻传播业从体制到业务、经营各个层面,都有突破性发展。

　　"文革"以后,党和国家开始重建新闻业、重塑传媒形象,新闻界重新找回新闻传播的优良传统,理清思路,配合党和政府宣传报道拨乱反正,并发挥了重要的功能。

新闻事业不再是简单的宣传工具,而是顺应社会环境的变化不断地调整自身结构和功能的蓬勃事业。20世纪90年代以前,伴随着电视媒体的兴起,中国的传播媒介已经形成了报纸、广播、电视三足鼎立的架构,而传统的组织网络——中央、省(市)、地(市)的三级传媒网络,也一直发挥着重要的作用。

1992年以后,随着社会主义市场经济体制的确立,新闻界出现了一场"中国新闻事业改革史上最宏伟、最持久、最有声势、最有成效的改革"。① 新闻业注入了无比的活力,新闻体制得到突破性改革,传媒的生产力得以大释放,结构、业务、经营各方面都不断拓展,90年代中期以后,新闻事业几乎是爆发性发展。

这场新闻史上最有成效的改革在促进自身行业进步的同时,也在努力带动社会其他各方面的全面发展。新闻行业在保持自身宣传功能的同时,也极大地丰富了传媒的信息传播功能,对社会各个领域进行干预,推动社会政治、经济、文化的健康前进。

第一节 拨乱反正中,传媒重塑形象

经过10年"文革"浩劫,新闻传媒已是凋敝败落、面目可憎,传媒给人们的印象就是造谣机关,没有真实可言,大家对其造假宣传切齿痛恨。② 因此,党和国家在各行各业拨乱反正的同时,重建新闻业、重塑传媒形象就显得异常迫切和重要。在1976年10月到1978年12月两年多的时间里,新闻界重新找回新闻传播的优良传统,理清思路,配合党和政府宣传报道拨乱反正,发挥了重要的功能。

一、积极揭批"四人帮",新闻界肃流毒

十年动乱期间,林彪等反革命集团完全否定了建国十七年来新闻战线取得的成就,新闻界的许多领导人被打成反革命修正主义分子,诬蔑他们"妄图使新闻事业变成颠覆无产阶级专政,复辟资本主义的工具"。许多著名的无产阶级新闻活动家被迫害致死,许多新闻工作者被迫离开了工作岗位,报纸成了反动统治的工具。"四人帮"垮台后,报刊、通讯社、广播电台在老一辈无产阶级革命家的支持下,顺从民意,揭批"四人帮"利用新闻传媒进行的阴谋活动。中央广播事业局发表《人民广播的政治方向不容篡改》,《红旗》杂志编辑部发表《捣乱、失败、灭亡的记录》,分别清算姚文元利用新闻传媒制造反革命舆论的罪行。新华社记者发表述评,揭露"四人帮"利用新闻照片以售其奸。上海《解放日报》、《文汇报》揭批了"四人帮"及其追随者操纵这两家报纸鼓吹反革命政治纲领的罪恶活动。《人

---

① 童兵,林涵著.20世纪中国新闻学与传播学·理论新闻学卷.上海:复旦大学出版社,2001,364
② 童兵.主体与喉舌——共和国新闻传播轨迹审视.郑州:河南人民出版社,1994,178~179

民日报》揭批被"四人帮"控制时期的反动编排。许多报纸纷纷戳穿曾经刊载的一些起过恶劣影响的假典型,如上海第五钢铁厂、"白卷英雄"、"一个小学生日记"等,这些在当时曾经成为全中国学习的榜样。还有一些文章,揭露了姚文元的《评新编历史剧〈海瑞罢官〉》、高炬的《向反党反社会主义的黑线开火》、"两报一刊"的《把新闻战线的大革命进行到底》等臭名昭著的文章的出笼经过,清算了"梁效"、"罗思鼎"等写作班子犯下的罪行。

在新闻界自身的拨乱反正中,报刊重点批判了"四人帮"的"帮八股"和"假、大、空"文风。《人民日报》文章《打倒帮八股》(1977年2月),指出"帮八股"的主要罪状是:又臭又长,套话连篇,专横武断,帽子乱飞;晦隐曲折,含沙射影;弄虚作假,欺骗群众。《解放军报》1977年10月到1978年10月,曾三论《从"假"字开刀整顿文风》,论述假报道的表现、根源及治理办法。这个时期传媒不遗余力清算了错误的新闻观点、新闻政策,重申了一部分新闻原理。但是,这个时期的新闻理论上的拨乱反正,只是反对林彪、"四人帮"极力主张的事实为路线服务,而且仅仅限于反对编造假的事实为路线服务,没有在更深刻的理论层次上拨乱反正,正本清源。① 文章侧重于揭批,未能全面论证与评析马克思主义新闻理论,有的还存在"左倾"倾向,影响了马克思主义新闻理论的建设。

新闻传媒对"文化大革命"的罪魁祸首进行了批判,引导人们对这场革命做出正确的判断和认识。1980年最高法院特别法庭开始对林彪、江青两个反革命集团进行审判,全国媒体对此事进行了充分的报道,写出了一大批具有影响力和分析力的新闻作品。《解放军报》1980年发表的通讯《迫害狂——江青》,集中揭露了江青的罪恶,揭露其为遮丑迫害旧交的疯狂丑恶行为的总根源,都是源自她的"女皇梦"。1981年1月26日,新华社播发了由穆青、郭超人、陆拂为的长篇通讯《历史的审判》,对江青和林彪两反革命集团的罪行和本质进行了深刻的分析,成为历史性纪录。

在"四人帮"垮台后,中央分管宣传工作的汪东兴并不同意批判"极左"路线,认为批判是因为本质上的"极右"。《人民日报》、新华社等媒体对此提出了"异议",但并未被接受。1977年10月6日,《人民日报》发表的"两报一刊"联合社论《把揭批"四人帮"的斗争进行到底》,进行了巧妙的抗争。社论说:"揭批'四人帮',已经打过了两个战役,现在要乘胜前进,打好第三个战役。我们要响应华主席的号召,在揭批'四人帮'篡党夺权阴谋和反革命罪恶历史的基础上,进一步放手发动群众,大打一场深入揭批'四人帮'反革命修正主义路线的"极右"实质及其在各方面表现的人民战争。我们一定要切切实实地打好这一仗。"虽然媒体刊登的社论不得不引用"极右"实质的提法,但是社论满纸满篇都批的是"极左"路线的危害。

新闻传媒不惜篇幅,推翻林彪、"四人帮"对建国十七年社会主义革命和建设的成就的否

---

① 以上两段主要参见孙旭培.新闻学新论.北京:当代中国出版社,1994,319~320

定和"黑线专政"论,其中重点是批判和否定教育战线的"两个估计"。《人民日报》编辑部邀请文艺界一些人士举行座谈会,邀请作家、诗人、文学评论家举行座谈会,批判"文艺界线专政论"。在教育部组织下,《人民日报》撰写相关社论,由胡乔木修改定稿,发表后影响广泛。

1978年春报纸以刊登邓小平在全国科学大会上的讲话为契机,改进新闻宣传工作。邓小平在其讲话发表时提出,报告里引用毛主席的话,不要排黑体字,从此,报纸才把所有毛主席语录的黑体字改了。报纸还取消了报头的毛主席语录、减少文章中的语录,不再刊登领袖大幅照片、改变对领袖附加的称呼、改变领袖人物活动的新闻编排。①

二、推动平反冤假错案,传媒作贡献

《人民日报》还积极宣传党中央的"摘帽子"的重大政策:摘掉"右派"分子的帽子,摘掉改造好的地主富农分子的帽子。1979年《人民日报》的社论《一项重大的无产阶级政策》,肯定了1957年反"右派"斗争的伟大意义,肯定"右派"分子经过21年的教育改造,绝大多数有了转变,应该摘掉帽子。另一社论《适应情况变化的一项重大决策》,提出恢复地主、富农等等的合理身份。其后占90%以上的"右派"分子经审查属于错划,得到了公正的待遇,这两篇社论功不可没。

《人民日报》、新华社和其他媒体,对于"文革"期间的冤假错案进行了最大限度的还原和批判,不断接受群众的监督,主动澄清一些历史上的错误。《人民日报》在1978年刊登了读者来信《捂盖子的是谁》,直论黄帅的问题何以拖了20个月才解决。这种由群众直接参与的报纸手段,直接推动了北京问题的解决,不久,北京市主要领导人被撤换。《人民日报》的评论员文章《实事求是,有错必纠》(1978年11月15日),特意加上当时中央组织部长胡耀邦的一句话:"凡是不实之处,不管是什么时候,不论是什么情况下,不管是哪一级组织,是什么人定的、批的,都要实事求是地纠正过来。"这就给了媒体较大的舆论空间和信心。

"天安门事件"的平反报道最引人关注。1978年11月15日,新华社向全国、全世界报道中共北京市委做的决定:为人民群众悼念周总理、声讨"四人帮"而引发的所谓的"天安门事件"(1976年4月5日)平反。之后《人民日报》刊登长篇报道,全面揭露"四人帮"害怕人民纪念周总理、镇压革命群众的事实真相。

三、实践是检验真理的唯一标准:传媒寻真理

"文革"后华国锋担任主席,指导思想上继续犯"左"的错误,1977年1月他更提出"两个凡是"的口号:"凡是毛主席作出的决策,我们都坚决维护。凡是毛主席的指示,我们都

---

① 孙旭培.新闻学新论,北京:当代中国出版社,1994,322~323

始终不渝地遵循。""两个凡是"经两报一刊的一致宣传,全国继续弥漫"左倾"主义思想。

邓小平、陈云等具有崇高威望的国家领导人重新走上领导岗位后,领导新闻媒体开始了实事求是、寻求真理的斗争之路。1978年5月11日,《光明日报》在头版显著位置发表了特约评论员文章《实践是检验真理的唯一标准》。这是拨乱反正以来影响最大、反响最强烈的一篇思想解放的宣言。文章由南京大学胡福明执笔,由中央主要新闻单位负责人参与修改和讨论。文章阐述了马克思列宁主义、毛泽东思想关于真理标准的论点,提出要粉碎"四人帮"加在人们身上的精神枷锁,并批判了"两个凡是"的观点,指出:只有勇于研究生动的实际生活,研究现实的确切事实,研究新的实践中提出的新问题,才能逐步由必然王国走向自由王国,顺利地进行新的伟大长征。第二天《人民日报》转载,新华社全文播发,全国大部分日报都转载,全国开始了一场"实践是检验真理的唯一标准"的大讨论。

这篇文章受到了少数中央领导干部的斥责,认为《人民日报》、新华社等"向马列主义开战、向毛泽东思想开战",企图禁止传媒进行真理标准的讨论。邓小平等中央领导人则坚决支持新闻界的讨论和宣传。中央军委扩大会议后,新华社和《人民日报》刊发了消息,突出《邓副主席精辟阐述毛泽东实事求是的光辉思想》,明确了传媒的基本指导思想,更加坚定进行真理标准的讨论。1978年底,华国锋终于在中央工作会议上作了自我批评,党内统一了"实践是检验真理的标准"这一思想。这次《人民日报》、新华社和《解放军报》顶住了一切压力,坚持进行最彻底的斗争,为这一历史性的进步作出了巨大的贡献。

四、宣传十一届三中全会,传媒得风气之先

1978年12月18日起,中国共产党召开了十一届三中全会,这一历史性盛会批判了"两个凡是"的观点,高度评价了关于真理标准问题的讨论,制定了解放思想、实事求是的基本指导方针。大会较系统地纠正了建国以来所犯的"左"的错误,平反了一大批的冤假错案,解决了许多历史遗留问题。全会全面评价了毛泽东的历史地位和功过是非,提出了将党和国家的工作重心转移到经济建设上来。

此时的新闻媒体,为国家和党的建设提供了丰富的精神支持。《人民日报》和新华社为会议提供了大量的参考材料,并对全会充分报道、评论,全中国的新闻传媒都刊发了新华社播发的《中国共产党第十一届第三次全体会议公报》,各媒体将宣传贯彻会议精神作为压倒一切的任务。一大批有影响力的社论、报道、文章,深刻地引导和影响着人们的思想变化。全国的新闻单位都组织记者编辑进行学习,根据公报精神制定报道宣传计划。新闻界也在中央宣传部的领导下召开了为期14天的会议,是建国以后召开时间最长、到会人数最多的新闻界重大会议。新闻界都达成一致认识,遵循十一届三中全会确立的方针路线和政策,充分反映人民群众献身"四化"的社会主义精神,推动社会主义经济建设的不断发展。会议强调新闻宣传的中心也必须调整到以经济建设为中心上来。新闻传媒对

于社会的反映和监督也更加主动和具体,发挥了重要的社会功能。

新闻传媒在十一届三中全会后的平反冤假错案中成了一个个议程的设置者。1979年初,《北京日报》论"三家村冤案",半年后,中共北京市委决定为此冤案彻底平反;新华社记者1979年给中央的关于马寅初的新人口理论及其历史情况的内参,使马寅初彻底平反①;周扬、夏衍、田汉等的平反中,传媒也积极参与。《光明日报》披露了鲜为人知的"文革"惨案,如因反对极"左"路线而惨遭摧残、秘密处死的张志新,被辽宁省委追认为烈士,传媒在各地掀起向张志新学习的运动。

第二节 改革开放后,新闻传播全面变革

十一届三中全会给中国的各项事业带来了生机。1979年3月,中共中央宣传部召开新闻工作座谈会,会议探讨如何将新闻工作的中心转到社会主义经济建设上来,认为党报应该更多地反映人民的意愿,新闻的指导性在于它对社会舆论的作用,能潜移默化地影响人们的思想和感情。1980年2月,北京新闻学会成立,有400人与会,胡乔木在会上发表讲话,阐述了邓小平的要求:报刊要成为巩固安定团结、生动活泼的政治局面的思想中心,促进这个政治局面的发展。在深刻探讨新闻事业的属性的基础上,党的领导和新闻界都认识到,新闻事业不应该只是简单的宣传工具,传媒应该肩负的是一种社会责任和使命。传媒要顺应社会环境的变化不断地调整自身的结构和功能。随着党和政府工作重点向现代化建设的转移和思想的解放,传媒蓬勃发展。20世纪90年代以前,伴随着电视媒体的兴起,中国的传播媒介已经形成了报纸、广播、电视三足鼎立的架构,而传统的组织网络——中央、省(市)、地(市)的三级传媒网络,也一直发挥着重要的作用。改革开放以后新闻界努力创新,在新闻业务方面有较大的拓展,80年代《中国青年报》等中央级媒体,成为新闻改革的先锋。传媒的经营方面也开始从发行入手,有所发展。

一、结构与功能:单一化转向多元

1. 报业数量与结构的变化

改革开放以后,新闻传媒数量剧增。就报纸而言,《科技报》、《经济报》、《农民报》、《青少年报》陆续复刊、创刊,根据1985年3月的数据,1980年以来全国共有1008家报纸创刊,占当时1776家报纸(其中内部报纸约500家)的56.8%,平均不到两天就有一家报纸

---

① 杨建业.新闻采访与写作.北京:北京大学出版社,1989,86~89

创刊。到 1987 年,报纸数量达到 2059 家。从发行量来说,80 年代初主要报纸的发行量达到顶峰。① 1990 年以后的十多年里,报纸数量基本稳定在 2000 家左右。

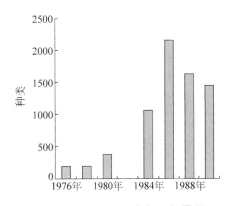

图 9-1　1976—1990 年报纸数量图

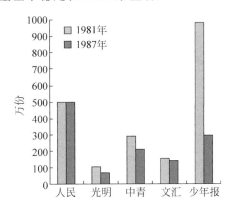

图 9-2　1981 年与 1987 年主要报纸发行量比较图

在计划经济体制下,在新闻为政治服务的时代,中国新闻事业形成了几乎是中共党报一体化的单一结构。党政机关媒体,作为党的喉舌和耳目,反映党的路线、方针、政策。改革开放以后,机关媒体不再一统天下,出现了民主党派报纸、服务于特定对象的报纸、行业性报纸、专业性报纸,以契合经济发展的需要和受众不断提升的信息和娱乐等各方面的需求。新闻传媒形成了以党报和新华社为核心,报刊、广播、电视相互配合,多类型、多样式、多层次的社会主义新闻传播网和报业结构。②

1981 年党报在全国 451 家报纸中约占 50%;在 80 年代前 5 年创刊的 1008 家报纸中,各级中共党委机关报只有 120 多家,仅占 12%。特别是 1992 年市场经济以后,市场化报纸、都市报纷纷创刊,报纸更呈现出多元化趋势,广播电视也相继出现了综合台和专业台之分。进入新的历史时期,各种报纸得以发展:人民政协首次办报,民主党派报纸在中断多年后重现中国;共青团的机关刊物《中国青年》,又得以恢复并指导青年的人生;特定对象的报纸增长很快,品种越来越齐,如妇女报、儿童报、老年报;行业性报纸大发展,国务院各部委几乎都创办了报纸,部委的省市级机构也办了不少报纸。伴随读者对信息的需求,文摘类报纸如《报刊文摘》、《文摘报》迅速发展,《读者文摘》、《青年文献》一类的期刊广受欢迎。

进入 20 世纪 80 年代,专业性报纸迅猛发展,发展最快的有 4 类,即科技报、经济报、政法报、教育报。在 1978 年全国科学大会以后,各地出现科学热,科技报大走俏,《湖南科

---

① 数据参见历年《中国新闻年鉴》,表格自制。
② 顾潜著.中西方新闻传播:冲突・交融・共存.上海:复旦大学出版社,2003,105

技报》发行量最高达177万份。经济类报纸是新时期发展的热点,1983年1月1日,《财贸战线》(创刊于1978年)更名《经济日报》,成为最具权威的经济类报纸,《市场报》《经济参考》《国际商报》《金融时报》《致富报》等经济报纸也应运而生。经济类报纸自成一个多层次的系统,既有宏观上发布信息、解释政策的全国性经济报,又有微观上发布信息、沟通产供销的地方性经济报。

一些非机关性质的报纸也开始出现,如《世界经济导报》《现代人报》《海南开发报》《中国金报》《特区时报》等,这些报纸经济上自负盈亏,人事上有一定的独立性。不过,总体来说,中国报业结构还不尽合理,需要根据社会的需要、社会效益和经济效益而逐步调整。①

2. 传播功能的转变

政党传媒一直都发挥舆论导向和喉舌耳目的功能,这也是中国长期以共产党机关媒体为主流的一大特征。在建国以后、特别是1957年到"文革"结束,新闻传媒唯政治论,一旦政治发生严重错误时,传媒毫无选择地跟风犯错误。新闻本身应有的社会功能未受重视,专业性淡化,产生了很多弊端。改革开放以后,新闻界重新探讨新闻传播的功能问题,探讨新闻与宣传之间并非等同关系的原因,发现了新闻传媒的信息属性,承认了新闻传媒的商品属性。因此,最终确定新闻传播并不仅仅具有单一的宣传的功能,而应该最大限度地发挥信息传播、指导工作、服务于生活、引导舆论、传播新闻、舆论监督、推销商品、提供娱乐等功能。也正因为对新闻传播功能的深刻认识,才使得新闻传媒的改革得以开展。

新时期国家工作中心转移后,新闻传媒牢牢把握以经济建设为中心,从宣传报道农业生产责任制,到报道各条战线的工作,推动了经济的发展。传媒的新闻量大大扩增,中央人民广播电台开设的"正点新闻",仅第一、二套节目每天播出就达23次。80年代中央电视台仅两个频道每天播出新闻节目就有10次,1980年起它还收录英国维斯新闻社和英美的合众独立新闻社的国际新闻,这在以前是无法想象的。新闻的时效性增强了,领域扩展了,突发事件中也有了自己的及时报道。②

改革开放以后广告业务再次成为新闻事业的组成部分,报纸的商品属性逐渐被承认。1979年1月28日(农历正月初一),《解放日报》第二、三版的下端刊登了两条通栏商品广告,同日,上海电视台播出了中国大陆的第一条电视广告。从此我国媒体恢复刊登商品广告,改变了新闻媒介长期以来仅仅作为舆论宣传工具的看法。中国的报纸长期只有4个版面,90年代报纸不断扩版,从8版扩至上百版,广告量也不断增加。随着改革开放的开

---

① 以上两段参见孙旭培.新闻学新论.北京:当代中国出版社,1994,336~337
② 孙旭培.新闻学新论.北京:当代中国出版社,1994,342~353

展,许多新的事物和新经验、新做法出现了,社会风气也开始开放起来,传媒在推动社会变革方面,起到了重要作用。

改革开放以后,传媒的娱乐功能日益凸显。20世纪80年代末90年代初,新闻报道的内容和风格发生了较大的转变。内容上偏向软新闻,严肃新闻的比例减少,涉及生活和社会层面,挖掘其娱乐价值。《广州日报》在1987年就已经提出,报纸要具有发布新闻、宣传政策、传播信息、提供娱乐、陶冶性情、介绍商品等多种功能,实现内容和形式的多样化功能,并通过实践活动进行了尝试。在新的观念的引导下,娱乐新闻进一步得到了发展,报道内容从全面报道文化艺术界的各个环节和类别转变为大众文化为主的影视、歌曲等项目,报道风格也变得轻松、活泼。"文化新闻"概念过渡到"文娱新闻",最终娱乐新闻从文化新闻中独立出来,并逐渐占据较大的版面。1988年元旦,《解放日报》改版后,第8版为娱乐专版,每周5期。

1981年,中共中央作出《关于当前报刊新闻广播宣传方针的决定》,要求新闻媒介切实搞好新闻批评,对社会生活中违反党内民主制度和违反革命道德品质的行为,实事求是地进行批评和揭露。舆论监督的地位重新得以确立,1987年第一次被正式写进了中共十三大报告。媒介仍然主要以批评的方式进行舆论监督。1980年,《工人日报》揭露了渤海2号钻井船翻沉事故,阻止了一些领导干部企图蒙混过关,这次事件造就了新中国成立以来的舆论监督的最顶峰:第一次令一位部长的职位被解除;第一次令一位副总理记大过;第一次令国务院领导向全国人民承认错误。① 这次新闻界的监督突破了自1957年以来"报喜不报忧"、"重大事故一般不见报"的框框,打破了长期以来批评报道不涉及中、高级领导干部的"禁区"。同年,《中国青年报》还批评了商业部长在饭店吃饭不照标准付费,报纸被争相传阅。1987年在大兴安岭火灾的报道中,《中国青年报》等旗帜鲜明揭露官僚主义,火灾事故使林业部长辞职。

1992年初,《人民日报》、新华社、中央电视台等24家新闻单位联合主办,300多名记者和国家技术监督局等机构参加了"中国质量万里行"活动,大胆地揭露了商品生产、经营中的假冒伪劣现象,喊出了保护消费者权益的呼声。社会反响强烈,造假者大呼"不怕上告,就怕上报",最终促成了《产品质量法》的出台。从1993年起,由国家经贸委、中宣部和国家技术监督局牵头,逐步在全国开展"中国质量万里行"活动,以发挥新闻舆论监督作用,发现问题、引导问题、解决问题,借新闻媒体对社会丑恶势力及丑恶现象的曝光与批评,敦促各行政管理部门改进工作。多年来在主管部门支持下,报纸、广播、电视等新闻媒介一起行动,以群众监督的方式,"打假治劣,扶优扬名",以"表扬批评两翼推进"的战略,取得了极大成功。90年代,一些以舆论监督为特色的媒体或栏目出现,如中央电视台的

---

① 童兵.主体与喉舌——共和国新闻传播轨迹审视.郑州:河南人民出版社,1994,183

《焦点访谈》《南方周末》。所有媒体的监督意识都在增强。

80年代传媒在宣扬解放思想的同时,也努力反对资产阶级自由化,引导舆论的正确方向。1981年,《人民日报》率先展开了对文学作品《苦恋》的公开批评,指出其无政府主义、极端个人主义、资产阶级自由化以至否定四项基本原则的错误思潮。《红旗》杂志发表胡乔木的文章《关于资产阶级自由化及其他》,指出必须与资产阶级自由化斗争。1983年,针对人道主义和异化问题,新闻界又一次进行了探讨和批判分析,各大报号召坚定四项基本原则,防止被精神污染毒害。1986年,有人强调报纸的人民性,要求报纸和党分离。在党的领导下媒体又进一步对资产阶级自由化进行斗争和批判。

3. 传播观念的转变

"传播"的提法,是在80年代以后出现的,直到90年代才逐渐被接受。传播工具、传播、传媒这些概念,都曾经被视为资产阶级性质的。80年代以后传播观念的变革,集中体现于"传者本位"观念的改变。80年代我国进行过4次较为大型的权威受众调查,可以视为重视受众的依据。

这4次调查分别是:第一,《人民日报》全国读者调查。1986年7月2日,《人民日报》发表编辑部文章《我们的心愿》,公开向读者表示报纸改革的决心,目标是要使读者感到可读、可信、可亲,为此举办全国读者抽样调查。这年8月12日开始到月底,在全国18个省市自治区的30个市县进行调查,统计样本数为5100,回收有效问卷5061份。第二,上海市媒介阅听人调查。1985年12月,在上海市进行了一项媒介阅听人传播行为调查。样本1500人,回收有效样本1351份,调查内容主要是媒介拥有率、媒介的评价等几项。第三,北京市电视新闻观众调查。1986年7月20日,中央电视台对北京市观众作了一次调查,样本数1000,回收有效问卷804份。这项调查结果反映了有关电视新闻改革与发展的几个问题。第四,北京日报读者调查。1986年7月,中国人民大学舆论研究所受北京市委宣传部委托,在北京举办了一次规模较大的《北京日报》读者调查,总样本数为1552,回收有效问卷1488份,另外还举办了21次座谈会,参加读者150多人。《人民日报》的调查中,读者的意见主要有:报纸应多登读者来信,充分反映人民的声音;应加强对政策执行过程中出现的新情况、新问题的研究和报道;扩大社会新闻的报道面和报道量。北京市电视新闻观众调查中,读者认为电视上的国内新闻报道面窄,信息量小,表现形式呆板,报喜不报忧,国际新闻量少。[①] 这些意见,都直接被吸收到传媒的改革中。

改革开放前的新闻报道,很多都是自上而下的灌输式,忽略自下而上的反馈;传输来自人民、来自实际的信息不及时、不充分;对政策贯彻过程中出现的新情况、新问题研究

---

① 陈崇山,弭秀玲.中国传播效果透视.沈阳:沈阳出版社,1989,309~338

不深,反映不透彻;空泛说教多,唯上是从,很少考虑到受众的需要。改革开放以后,媒体从重视反馈开始,逐渐重视受众的地位。随着传播学在我国的引进、对于受众需求的研究的深入,新闻界开始认识到双向互动的必要性。新闻媒介不仅要为受众提供传播社会事件的信息,而且还要设置受众关心的议题,提供各方对这些事件的意见。媒体应该对受众负责,而不仅仅是对上级负责,由此更要从社会的实际生活中寻求可以采访、编辑和发布的信息,更好引导舆论。过去的"你播我听"、"你写我看"的模式得到了改变,双向交流在媒体和受众之间搭起了一座桥梁,传媒及时获得反馈信息,及时解决受众的困惑和疑虑,促进了信息的有效传播。80年代末,我国广播的热线电话节目日益增多,电视节目中访谈类节目也不断增加,如《东方之子》等栏目受到青睐,纸质媒体开设了读者来信、读者反馈专栏,与读者及时进行沟通。

值得一提的是,80年代以后,传播者个体的主观能动性也得以发挥。80年代出现在《中国青年报》、《光明日报》、《经济日报》等媒体上的"深度报道",突出了记者对新闻事件的解读,写下了一篇篇融激情与思考于一体的报道。1987年《中国青年报》对大兴安岭火灾的"三色"系列报道,记者"以一种深沉的历史感和哲学感去观察和把握种种的复杂现象,去观察一个巨大的历史和社会变革前夜所显现出来的诸多现象"①,报道激起的震撼和思考,已远远超过了森林大火本身,它们鞭挞了社会上种种丑恶现象,提出了许多发人深省的重大问题,形成了对旧体制和官僚主义的巨大冲击。随着经济改革的发展,类似新闻报道日趋增加,对改革中的敏感问题和复杂现象,记者力图去解释、剖析,揭示现行体制、社会与经济运行机制中的种种弊端和心态,推动了新闻业务的改革。

二、电子媒介大发展,电视成主导

中国共产党的广播事业自诞生以来,基本上是报纸的"有声版"。改革开放以后,广播"走自己的路",扬独家优势,经常抢发新闻。广播中的批评稿非常有效地干预了社会,广播评论也发挥了重要的作用。

1983年经中共中央批准,第11次全国广播电视工作会议提出"四级办广电"方针,促进了广播电视事业的发展,90年代提出世纪末实现全国10万个行政村"村村通广电"的规划。1986年底广东人民广播电台率先成立了我国第一家经济电台广东珠江经济广播电台,以"大板块节目、热线电话、主持人直播"为要素,形成了"珠江模式",改变了中国广播的单向传播模式,成为我国新闻传播从单向灌输向双向交流转变的标志性事件,促进了新闻传播的改革。

1980年全国广播平均每天的播音时间是1986小时,1988年达4468小时,1997年达

---

① 樊云芳,丁炳昌.火的思考.新闻文体大趋势.北京:华夏出版社,1989,135

16132小时。全国的收音机拥有量由11910万台增加到35000万台,人口覆盖率由53%增加到70.6%。此外全国还有2546座市县广播台,48900个乡广播放大站,8206万个有线广播喇叭。[①] 中国的广播1996年已覆盖了全国人口的92%,卫星广播和"村村通"工程的成功实施,使中国的大江南北都能听到来自北京的声音。[②] 1999年初全国广播电视播出机构达2216家,包括电台294座,无线电视台343座,有线电视台217座,县级广播电视台1287座。广播节目录制和播出逐渐实现自动化、数字化。中央人民广播电台还采用多媒体音频技术录制、编辑节目,提高了节目质量。广播节目传输技术逐渐从微波技术发展到数字卫星和光缆传输技术。

电视的发展更是异军突起,1958年中国大陆开办北京电视台。1970年恢复了彩色电视研制工作,并于1973年开始试验播出。1978年北京电视台更名为中央电视台。中央台加快建设广播电视专用微波线路和转播设备,并开始采用先进卫星技术传送节目。1984年新疆电视台首次通过我国通信卫星"东方红2号",收到高清晰度的中央台节目,卫星电视从此起步。到1999年10月,所有中央和省级电视台及部分广播电台均已使用通讯卫星传输,形成全国较为完善的广播电视传送网和覆盖网。1978年6月25日中央电视台对第11届世界杯足球赛阿根廷队对荷兰队决赛的直播,是我国第一次通过国际通讯卫视直播节目。到1978年我国共建成32座电视台。

1978年全国拥有电视机150万台,到1996年全国已有29000万台电视机,增长了近200倍,电视台10年间,由1987年的330余座增加到1996年的3280座,电视的人口覆盖率由1980年的30%上升到近90%,中央电视台1998年的收视人数达10.8亿,电视台的数量、电视机的数量和电视人口数均居世界第一位。电视事业是在80年代开始兴旺的。中央电视台从1987年起每天播出3套彩色节目,平均每天播出29小时以上。电视成了受众花时间最多的媒体,除了《新闻联播》等著名栏目外,与当时各类媒体业务改革同步,中央台也开设了一些深度报道栏目或专题节目,如《观察与思考》、《改革——希望之光》、《让历史告诉未来》,深受好评。1987年中共十三大的电视报道,以新的改革姿态,现场直播大会开幕式,播放11次记者招待会的专题新闻,赢得了很高的声誉。电视逐渐成为最具影响力的新闻传媒。

1980年中国第一座省级教育电视台(新疆教育电视台)诞生,1986年中国教育电视台正式对外播出,之后全国各地纷纷创办教育台,到90年代末约有1000座,经过治理整顿1999年全国保留了75座。中国教育电视台采用卫星播出三套节目,形成了世界上最大的远程教育电视网。

---

① 方汉奇,陈业劭.中国当代新闻事业史.北京:新华出版社,1992,264~265
② 黄升民,丁俊杰.国际化背景下的中国媒介产业化透视——中国电视媒介的品牌营销效果研究.北京:企业管理出版社,1999,117

三、对外宣传,从这里起步

改革开放后,我国对外宣传事业有了飞速发展。中国第一家全国性英文报纸 China Daily(《中国日报》)于 1981 年创刊,到 90 年代末发展为拥有 6 份英文报的报系。该报的《中国专稿》1996 年在西方主流社会发行量达 13 万份。《人民日报》于 1985 年创办了海外版,面向海外华人发行。

1978 年中国新闻社恢复原有的建制和业务,事业迅速发展。到 90 年代末中国新闻社已在国内外建立了 27 个分社,创办了两份月刊、两份周刊,在总社和香港设立了两个网站,并建成了高性能的新闻采编作业计算机网络系统。

90 年代末新华社日均发稿总字数超过 200 万字,接近美联社、路透社和法新社等世界性大通讯社的发稿总量,并向境外媒体提供新闻,到 90 年代末每天以 10 种文字向境外通讯社、报纸、电台、电视台等提供服务,海外直接用户达到 1172 家。

1978 年中央人民广播电台对国外广播部正式更名为中华人民共和国国际广播电台。到 90 年代末中国国际广播电台采用数字化技术,用 43 种语言向全世界广播,日播出 211 个小时,还开通了 4 种语言的网站,在国外建立了 29 个记者站。1997 年国际广播电台投入 14 部大功率中短波发射机,发射实力进入世界各国电台先进行列。该台于 1995 年、1998 年两次共将 29 套节目送上卫星,实现了中国国际广播电台节目的全球覆盖。从语种规模、播音时间、听众来信、发射实力和技术水平等方面指标来看,中国国际广播电台已经成为世界最具实力和影响的三大国际广播电台之一。

90 年代末全国 30 多家省市电视台还租用了美洲东方卫星电视时段,每天播出 12 小时,覆盖北美和中美地区。①

四、新闻改革,从业务开始

新闻改革包括宏观的新闻体制改革,但因其与政治体制、经济体制关系密切,牵一发而动全身,因此改革是从微观层面改革新闻业务入手的。早于 1978 年开始,不少新闻传媒就以"短新闻"为突破口,走上了新闻改革之路。到了 90 年代初,新闻界仍大张旗鼓开展短新闻活动,以推动新闻改革。80 年代的改革未触动新闻体制,因此难度较大,领导和决策者的个人随意性,常常决定着改革的成败,致使改革时有反复,新闻"新了一阵又旧了,快了一阵又慢了,短了一阵又长了",让不让新闻变得新、快、短,都由领导决定。②

---

① 本目主要参见孙正一、柳婷婷.新中国新闻事业 50 年概述.http://www.hisnazi.org/show.asp?id=267
② 童兵.主体与喉舌——共和国新闻传播轨迹审视.郑州:河南人民出版社,1994,191

1. 深度报道如火如荼

深度报道,在西方称为"解释性新闻"或者"分析性报道",一般以调查性报道的样式呈现出来,但体裁更加多样,有专题系列报道、长篇通讯、分析性报道、研究性报道,还有和日常新闻组合起来的"捆绑式报道",其核心是顽强地在五个W中探索WHY(原因)的真相。这个"四不像"的体裁,到1988年终于在"全国好新闻奖"中占据了一席之地,《中国青年报》麦天枢的《定远县农村青年恋人私奔采访记》,获得了中国第一个深度报道奖。

深度报道的奠基之作是《大学毕业生成材追踪记》(《中国青年报》1985年12月13日至28日)。系列报道共8篇,其作者是《中国青年报》的记者张建伟。这组报道所引起的冲击波更多来自报道方式和新闻观念上的突破:譬如新闻要求写最近的事,它却往前追几年;新闻理论要求五个W俱全,它的某一篇可能一个W都没有;新闻题材泾渭分明,这组东西则什么都给搅到一起。报道从两极化的典型报道到全方位的透视、从微观的描述到宏观的把握、从简单的陈述事实到提出启蒙性的观点……所有这一切都突破了传统的新闻模式,成为"怪胎",又或称为"全息摄影式报道"、"深度专题系列"。张建伟成为中国深度报道的第一个吃螃蟹的人。《中国青年报》一时洛阳纸贵,成为80年代思想解放的阵地和新闻变革的先锋。

1986年5月,张建伟又发表了《第五代》,报道在时间上纵观五千年,回顾了历代留学生对中华民族的发展所作的巨大贡献,反思"只有开放才能发达";在空间上驰骋数万里,列出欧美各国对委派留学生的截然不同的看法,使其激烈交锋。[①] 1987年12月《中国青年报》又刊出张建伟等6位记者合作的《命运备忘录》,报道了中国首届38位MBA学员在学成归国后几乎一事无成的状况,分析了其原因。MBA们的问题,是旧有的干部人事制度的问题,其未来命运,取决于中国政治体制改革的突破。此时恰逢党的十三大召开,政治体制的改革开始酝酿,这篇火力十足的报道引起了热烈反响,报道的第二天,国家总理李鹏就作了批示;第三天,国家经委主任袁宝华召集国家经委、科委、中组部、劳动人事部的同志开会,商讨解决办法,最后给予这批MBA"特殊政策",允许他们自由流动,38名MBA从此改变了命运。

深度报道在80年代真是"如火如荼",其他著名的还有:大兴安岭的"三色"系列报道(中国青年报1986年6月)、《一个工程师出走的反思》(光明日报1986年6月7日)、《西部贫困探源》系列报道(中国青年报1987年5至6月)、《关广梅现象》(经济日报1987年6月)、《鲁布革冲击》(人民日报1987年8月)、《中国改革的历史方位》(人民日报1987年10月)、《改革阵痛中的觉悟》(人民日报1987年10月)、《关于物价的通信》(新华社1988年1月)

---

① 樊云芳.全息的眼,全息的笔——评中国青年报记者张建伟的几篇新闻作品.新闻记者,1988,(4)

等等。

深度报道是特殊年代催生的。到了90年代,社会更为复杂,对其解读更难,而市场化的结果,已经很难孕育那些深入、仔细解读现实的作品,无论规模上还是影响上,深度报道都大不如前。

2. 会议报道有所改进

在中国的会议报道中,领导出席均为"亲自参加",领导发言均为"重要讲话",会谈均在"热烈友好的气氛中进行",开会均"胜利开幕"、"圆满闭幕"。长期以来,冗长、繁复、沉闷的文山会海充斥着报纸的版面。改革会议报道,成为新闻改革每次必谈的内容。

80年代新华社记者郭玲春采写的会议报道,成为成功的典范。金山追悼会报道是她改进会议报道的开始,导语是这样写的:"新华社北京7月16日电 鲜花、翠柏丛中,安放着中国共产党党员金山同志的遗像。千余名群众默默走进首都剧场,悼念这位人民的艺术家。……"报道以新颖的导语,以形象的语言烘托气氛,将催人泪下的挽联、死者的经历、亲友的怀念融为一体。报道突破追悼会新闻千篇一律的老框框,获得1982年全国好新闻奖。郭玲春对作家沈从文、记者彭子冈、艺术大师李苦禅、国画家刘继卣、诗人萧三的追悼会报道,都是以其独特的风格感动了读者。她强调报道的个性化,强调透过许多共性的东西,找出报道的这个事、这个人的个性来。① 她报道的全国优秀新闻工作者表彰大会、茅盾文学奖的授奖仪式、中国作协开幕大会、中国戏剧家协会迎春会、全国人大六届四次会议,都成为经典的会议报道。

3. 典型报道有所突破

典型报道的历史可以追溯到1942年延安整风运动后,报纸对农村劳动英雄吴满有和模范产业工人赵占魁的报道。这两个典型掀起的学习热潮,演绎成一场七年的劳动竞赛运动。此后,共产党的新闻事业视典型报道为鼓舞群众、宣传政策的法宝。解放后,新闻传媒塑造了一个又一个典型:工业上的孟泰、王崇仑、郝建秀、王进喜、大庆油田,农业上的李顺达、陈永贵、徐建春、邢燕子、大寨大队,军队的黄继光、邱少云、南京路上好八连等,这些人物、团队家喻户晓。60年代的雷锋、焦裕禄的报道,标志着典型报道进入黄金年代,在建国以来的历史上,从未有过任何一个形象像雷锋那样,以其强大的人格魅力和瑰丽的人生持久地温暖着人心。② 虽然那个时代典型报道存在公式化、圣人化、政治化的情形,不过非常适应当时的社会需要。"文革"时期典型报道成为整人的政治武器,"两校"

---

① 郭玲春.新闻采写的探索.合肥:中国科技大学出版社,1987,171
② 方汉奇,陈昌凤主编.正在发生的历史:中国当代新闻事业:上卷.福州:福建人民出版社,2002,207~216

(北大、清华)的教育改革、"风庆轮"、白卷英雄张铁生,都是政治的变形,靠假、大、空手段塑造的高、大、全的典型在"文革"之后臭名昭著,传统的典型报道失去了昔日的光彩。

80年代对步鑫生截然不同的两种报道,是值得反思的最具戏剧性的典型。1983年11月16日《人民日报》刊发了新华社记者采写的通讯《一个有独创精神的厂长——步鑫生》,报道浙江省海盐县衬衫厂步鑫生"在党的十一届三中全会以后,解放思想,大胆改革,在全厂推行了一套独特的经营管理方法,使这个小厂的产品畅销上海、北京、广州等大城市,成为浙江省一流的专业衬衣厂……"当时,城市经济体制改革急需可供借鉴的样板,步鑫生的大胆探索,使人们隐约地看到改革的方向,于是记者们蜂拥海盐县城,连篇累牍加以报道。当步鑫生是正面典型时,他的专横、不守规则、铺张浪费的缺点,在新闻媒体上都成了优点,传媒把步鑫生捧成了新一代的英雄模范、大刀阔斧的改革家、一往无前的勇士。两年后,衬衫厂亏损数百万,传媒又把步鑫生当成反面典型,所有的失败都是因为他个人的缺点造成的,《中国青年报》的《步鑫生沉浮记》列举了他的11条错误。之后,新闻界对"成也步鑫生,败也步鑫生"的现象,作了反思。报道从需要出发,而不是从客观出发,又一次留下教训。

传媒对关广梅的报道是一个新的尝试,突破了高、大、全的模式。这位本溪市37岁的商店女经理,自1985年4月起租赁了全市8家国营和集体制食品商店,形成了一个兼有多种经营机制的租赁企业,改革后使亏损的商店获得了明显的经济效益和社会效益。这位辽宁省优秀共产党员、全国商业战线劳动模范、全国"五一"劳动奖章获得者,却在"关广梅是在搞资产阶级自由化"的指责和各种阻挠中大声疾呼:"我感到改革越来越难了!"《经济日报》敏锐地意识到这是一个有普遍意义和深层价值的题材,1986年6月中旬,在头版头条相继刊出三篇文章:关广梅的来信《租赁企业究竟姓"社"还是姓"资"?》,通讯《关广梅现象》,各方意见"关广梅现象"大对话。文章引发了一场全国性的大讨论,中央人民广播电台3次在清晨的新闻联播节目中摘要播发了《经济日报》的报道;中国新闻社两次对海外综合报道了"关广梅现象"的讨论。美联社为此播发电讯,《纽约时报》、《国际先驱论坛报》、《新闻周刊》等,纷纷报道这场讨论;香港《星岛日报》、《文汇报》、《信报》等也评述这场讨论的"象征性意义"。[①] 这次报道对传统的典型报道形成了冲击,开创了一种新的典型报道——它不同于宣传先进人物、先进思想的传统,而是着重探讨社会上的新矛盾和新事物;它报道的典型人物是有喜怒哀乐的普通人。

4. 灾异报道:丧事不能喜办

灾难是"由自然的或社会的原因造成的妨碍人的生存和社会发展的社会性事件"。大

---

① 杨洁.一场尚未完结的争论——报道"关广梅现象"的前前后后.中国记者,1987,(7)

型水灾、旱灾、风灾、雹灾等自然灾害以及人类自身造成的技术灾害中国年年都有,新中国传媒对一系列灾害的报道,侧重点多放在灾害发生后有关救援、善后等实施的报道上,有些方面更是报道禁区。①

我们的新闻媒体对于灾难事件,传统上有两种处理方式:或反面文章正面作,封锁负面新闻;或反面文章正面作,丧事当作喜事办。20世纪60年代的三年自然灾害时期,因饥饿而死者惨不忍睹,但新闻媒体只字未提,却大力报道全国人民同仇敌忾与天灾、人祸(指苏联撕毁合同)作斗争的"大无畏气概"和"动人事迹",报道社会主义革命与建设事业的"大好形势"和"伟大胜利"。1976年唐山大地震惨绝人寰,城市夷为一片废墟,死亡24.2万多人,重伤16.4万多人,直接经济损失100亿元以上,而《人民日报》的报道是:"在毛主席党中央的亲切关怀和全国军民大力支援下,唐山灾区人民以人定胜天的革命精神英勇抗震救灾。灾区人民含着热泪高呼'天大地大不如党的恩情大,河深海深不如阶级友爱深!'"(1976年8月2日);"别看唐山遭了灾,大庆红花照样开!";"人民自有回天力,泰山压顶不弯腰";"唐山人民正在废墟上建设更加美好的新唐山!"报纸上是一曲曲英雄主义凯歌,对灾难的后果只字不提。

对渤海2号钻井船翻沉事故的报道,是对灾异报道的一次大突破。事故发生于1979年11月25日,8个月以后,1980年7月22日《工人日报》率先冲破了阻力,发表通讯《渤海2号钻井船翻沉事故说明了什么?》,首次披露渤海2号钻井船翻沉事故(船上74人中,死亡72人,直接经济损失3700多万元)是因严重违章造成的。此前,石油工业部已"丧事当作喜事办",隆重召开遇难同志的追悼大会、授予烈士称号,成为一场大表彰。此后《工人日报》还发表数篇评论,《人民日报》、《光明日报》、《解放军报》、《中国青年报》等各大媒体纷纷跟进,报道和评说这次事故。8月25日国务院作出决定处理此事。传媒对事态的发展起了决定性影响,当时仅50种报刊在两个半月的时间里的报道就达2000件左右;29个省市自治区的经济委员会以及国务院所属的各部,还有对国民经济有影响的大型骨干企业,都召开了专门会议,以"渤2"事件为鉴,其意义已远远超出了安全生产的范围,在我国政治生活中产生了重大的影响。②

1987年对大兴安岭火灾的报道,完全突破了灾异报道的传统模式。几位大兴安岭林场的清林人员分别在几个林场里违章作业和吸烟,造成了我国建国以来最大的森林火灾。大火从5月7日燃烧到6月4日全部扑灭,历时整整25天,着火面积101公顷,烧毁了3个林业局址、9处林场、4个半贮木场,烧毁存材95.5万立方米、各种设备2488台、粮食650万公斤、桥梁67座、铁路9.2公里、通讯线路483公里、房屋61.4万平方米,5万多人

---

① 刘扬.论建国以来自然灾害报道的社会功能.北京:北京大学新闻与传播学院2004届硕士学位论文
② 方汉奇,陈昌凤主编.正在发生的历史:中国当代新闻事业:上卷.福州:福建人民出版社,2002,195

无家可归,200多人死亡,200多人重伤,直接经济损失5亿元人民币。新华社于5月8日即发出了消息,中新社、中央人民广播电台、《解放军报》也作了报道。9日,《解放军报》记者已插入漠河,10日,中新社记者也飞到了塔河。这以后,《人民日报》、《经济日报》、《中国青年报》等陆续派出记者奔赴前线,开始了一场新闻大战。新华社的连续报道全面反映了火情变化和扑救过程,中央电视台成功地打造了"大胡子师长"的荧屏形象,《解放军报》以图片报道先声夺人,中新社以短小精悍的通讯吸引了大家的目光。各个传媒展示的,是火后的废墟、森林警察脸上的鲜血、死者腕上手表停下的指针。这次灾异事件的全方位报道,不只呈现了触目惊心的事实,更思考了火灾的原因,拓展了主题。

1987年6至7月,《中国青年报》推出了由叶研等采写的《红色的警告》、《黑色的咏叹》和《绿色的悲哀》系列报道,震撼了全国。《红色的警告》揭示了灾难中人与社会的关系:大兴安岭管理体制中条块分割的部门所有制,早已埋下了灾异的种子;在熊熊大火中,官僚仍然热衷于开会、讨论、扯皮;面对大片焦土满目废墟,"极左"干部尚在唾沫飞溅大唱高调。《黑色的咏叹》解读灾难中人与人的关系:既有以血肉之躯压灭烈火、保住弹药库的战士,也有只顾疏散家人,甚至偷偷溜上汽车逃走的干部;既有不和的邻里互相搭救、小偷与房主共同灭火的故事,也有趁火打劫、哄抢国家财产的丑恶现象。《绿色的悲哀》揭示灾难中人与自然的关系、灾难的生态原因:乱伐森林,造成土地沙化、"盲流"的恶性循环;人们因贫穷困苦、急功近利、无知,不断毁灭大森林;自然界以灾难报复人类。这次灾难报道,是传媒对社会的一次深层干预。

五、传媒经营,从发行开始

建国以来,报纸发行方式大体上经历了三个时期:从建国初期到80年代前期,是"邮发合一"一统天下,至今一些全国性大报依然采用的是邮发;从1985年《洛阳日报》退出"邮发",自己办理发行开始,"邮发"逐渐减少,自办发行越来越走俏,报纸发行进入了新的阶段,最终和"邮发"并存;从90年代中期开始,少数报纸同时采用"邮发"和"自发"两种渠道,双管齐下。

1950年,中央人民政府第15次政务会议正式决定,全国报刊统一交邮局发行,正式开始了"邮发合一"的模式。"邮发合一"就是把报纸发行工作交给邮局来做,过去邮局都只管寄信,不管订报,现在邮局既要寄信,又要订报、发行报纸了。这是工业化时代的专业分工:报社编报印报,邮局订报发报,可省去许多人员开支和事务工作的麻烦,各环节既可专心编投,又合乎经济原则。"邮发合一"是"一分开、四捆起"模式:把报纸的生产(编印)与流通(发行)截然分开,把送信与送报捆在一起,把多家报纸捆在一起,把报纸的征订、运发、投递捆在一起,把批发与零售捆在一起。这种发行体制是一定历史阶段的产物,是和计划经济以及一元化的党报体制相适应的。应该说,在建国初期的历史条件下,"邮发合一"客观上简化了国内众多报刊混乱的发行系统,减少了资源与人力的浪费、多种渠道之间的纠纷,有利地促进了全国报刊统一有序的发展,同时使国家的邮电业务大量增加。

随着我国由计划经济向市场经济的过渡,"邮发合一"的发行模式日益显出其固有的弊端。在过去的 50 年,邮局的报刊发行量增长了 75 倍,而邮路长度只增加了 3 倍,邮政局的数量几乎没有什么增长,在这一背景下,邮政部门的运输力量和投递力量严重不足,导致报刊邮发质量连年滑坡,邮局投递的报纸总是晚于应该送达的时间,使"新闻"变成"旧闻"。一张报纸生产出来要经过邮局、投递所、投递员,转几次手才到达"信息消费者"的手中,在广播电视以及 2000 种左右公开发行的报纸共同构成的媒介市场上,这种带着明显的时代烙印的发行体制就成为一种障碍。改革开放初期,久违的广告出现于报纸上,而与广告息息相关的发行却依然由邮局来代管,新形势与旧体制的矛盾越来越突出。

报纸发行费用是报纸生产成本的重要组成部分,在邮发合一的体制下,邮局的发行费率是相当固定的,最低 25%,最高则达 45%,这就使许多报纸无法降低成本。越来越多的报纸如果都由邮局来发行是不可能的;即使是一张报纸,为增加信息量和广告版面,也不断扩版增期,由一名投递员同时送信、送报,是不堪重负的。邮局也开始考虑突出重点,保证各级党报党刊的发行,对那些发行量小的报刊,就鼓励多渠道发行。在计划经济体制下,报纸和邮局都是国家单位,办报纸与发行报纸都是重要的政治任务,双方没有经济利益的冲突,而现在有了经济上的考虑,情况就大不一样了。

于是自办发行,又在中国的报纸上恢复了。多数地域性很强的城市报纸,如晚报与都市报,大都针对特定的读者群,发行范围局限在本地,完全有能力自己从事发行活动。一些计划单列市的市委机关报,凭着在当地的威信,也可以建立起自己的发行网络,形成报纸的"产供销"和"编印发"的特有优势,邮局的优势就不明显了。这正是自办发行最早在一些中等城市和计划单列市出现的主要原因。

1985 年 1 月 1 日,《洛阳日报》率先宣布脱离邮局,实行自办发行。这是一家 4 开 4 版的地市级报,1983 年的平均期发数为 6 万,年亏损额是 24 万元,不降低发行成本报纸将无法生存。在实行自办发行的头 5 年中,《洛阳日报》的年发行量平均增长率超过 10%。该报发行费在降低,发行量却在上升,与其他报社发行量不断下降形成了明显的反差。一些日报、晚报也纷纷加入到自办发行的行列。1986 年,《太原日报》等 6 家报刊转入"自发";1987 年,又有《武汉晚报》等 11 家转为"自发";1988 年,《天津日报》等 16 家报社"自发";1989 年,《长江日报》等 68 家报社汇入"自发"的大潮,几年间自办发行的报纸就达到了 100 多家,占 280 种地市机关报的 1/3。

进入 90 年代之后,几乎全部的中等以上的城市党报,独立核算自负盈亏的广播电视报,以及文化、生活、消费类报纸,都纷纷加入到"自发"行列,它们成立了以《天津日报》为首的全国报纸自办发行协会,定期讨论有关问题。1990 年《广州日报》等 26 家报社也选择了自办发行,到 1991 年时,全国计划单列市以及宁夏、西藏、云南之外的所有省会城市的党委机关报都实行了自办发行。①

第三节 新中国新闻教育和研究的发展

新中国的新闻教育是在挫折中变迁与发展的,也与中国社会、与新闻事业同呼吸、共命运。新中国建立时,不少解放前的新闻院校或外迁或停办,共产党的各级宣传部门陆续创办了一些短期培训性质的新闻院校,1952—1955 年院系调整中新闻教育出现了一个小高潮。20 世纪 60 年代经济困难时期,一些陆续创办的院系下马,"文革"期间,新闻教育属于"彻底砸烂"之列。50 年代到 70 年代新闻教育基本沿用了苏联模式。改革开放以后,中国新闻教育进入前所未有的黄金时代,恢复了与国际的交流,思路上重新受到美国的影响,传播学也开始引进,新闻学研究有较大拓展。自出现市场经济以来,随着国家各项建设政策的调整、新闻业的革新,新闻教育遇到了前所未有的挑战和机遇。

一、新闻教育基地的形成

新中国建立时,不少解放前的新闻院校或外迁或停办,保留下来的只有 6 所:北京的燕京大学新闻系、上海的暨南大学新闻系、圣约翰大学新闻系、复旦大学新闻系、民治新闻专科学校,苏州的社会教育学院新闻系,其中多数暂停招生。为适应建国后新创办报刊的需要,中国共产党的各级宣传部门,从 1949 年 4 月起,陆续创办了一些短期培训性质的新闻院校,如无锡的苏南专科学校、上海的华东新闻学院、北京的北京新闻学校。

1952 年在全国高等教育的院系调整中,在北方,北京大学中文系创办新闻专业,燕京大学新闻系并入该专业;在南方,复旦大学新闻系得以充实,上海暨南大学和圣约翰大学的新闻系、民治新闻专科学校并入该系。建国初期的短训性新闻院校陆续停办,调整后,南北方各只剩下一个新闻系或专业,虽然数量上减少了,力量上却集中了。南北两大新闻教育基地的格局,初步形成。②

1955 年,中国人民大学新闻系成立,标志着社会主义新闻教育制度在中国的确立。1958 年,北京大学新闻专业并入人大新闻系。1959 年,中国第一所以培养广播电视方面的专门人才为主的北京广播学院成立后,随着 60 年代经济困难时期其他院系的解散,形成了以中国人民大学新闻系、复旦大学新闻系和北京广播学院为主的三个新闻教

---

① 本目参见方汉奇,陈昌凤主编.正在发生的历史:中国当代新闻事业:下卷.福州:福建人民出版社,2002,488~502

② 方汉奇.七十年来的中国新闻教育.北京:华文出版社,2000

育基地。

"文革"期间,人大新闻系因为人大停办而下马,复旦大学新闻系则停课闹革命,之后暂停招生。其他新闻系科也销声匿迹。1966—1970年,国内新闻教育一片空白。教师被下放劳动,大量的新闻研究资料和报刊史料化为灰烬。1970年以后,北大、复旦陆续招收新闻学工农兵学员。

二、改革开放后新闻教育资源的大爆发

改革开放以后,党和政府对新闻教育工作大力扶持,新闻教育资源丰富,师资力量包括了解放前就从事新闻教育、有着丰富经验的老一辈新闻教育工作者,四五十年代培养起来的一批新闻教育工作者,以及新留校任教的年轻学子;新闻学术研究成果最为突出集中,我国新闻学术研究的基本框架开始建立;中国自有新闻事业以来的几十年历史和业务经验在这一时期得到了比较全面的总结;培养的学生进入新闻工作单位的数量最多,成为媒体中坚力量的比例最大;新闻学术界与新闻业界的联系最为密切,很多新闻学研究的最新成果和理论创新都及时推动了中国80年代的新闻改革,形成了相互促进的良性循环局面。新闻教育欣欣向荣。但同时,"跃进"式发展从一开始就以行政力量干预为主导,有计划经济时代的鲜明特征,不是在院系的自然发展中形成的;这种"跃进"是多年来不正常的对新闻教育的人为压制后的反弹,不是正常发展中出现的繁荣,容易形成爆发后的后劲不足。

1977年高考制度恢复,北京大学、复旦大学、北京广播学院和广西大学等新闻专业开始通过高校统考恢复招生,录取本科生。1978年中国人民大学复校,北大新闻专业原人大新闻教师及图书归还人大。北大新闻专业停办,学生并入人大。同年暨南大学恢复新闻系,兼向香港、澳门地区招生。此后,1978年到1982年,增办郑州大学、安徽大学、中国人民警官大学、四川大学、山西大学、河北大学6个新闻系和专业,曾设立过新闻系科的高校,如杭州大学、江西大学等也相继恢复了新闻系或新闻专业;同时,北京国际政治学院(后改为中国人民警官大学)、山西大学等也开设新闻专业。1978年,中国社会科学院成立新闻研究所,其研究生院设立新闻系开始招生,人大、复旦也开始招收新闻学研究生,1979年,广播学院开始招收研究生。到1982年,全国有高等学校新闻专业16个,在校学生1685人,专业教师364人,基本恢复和略超"文革"前的水平。

1983年全国设有新闻专业的院校已达21个。有条件的院校已逐步设置或增设广播电视、新闻摄影、新闻事业管理和广告等专业。为加强外宣工作,北大、复旦、暨大、北外和上外从1983年开始试办第二学士学位制的国际新闻专业和国际文化交流专业。博士研究生教育从1985年开始,设立于人大、复旦。新闻教育已经形成了多种层次(研究生、本科生、专科)、多种形式(普通高校、成人高校、函授、自学考试等)和学科专业门类比较齐全

的新闻教育体系。

新闻学专业得以扩展,除了过去仅有的新闻学专业,一般都增设了广播电视、新闻事业管理、新闻摄影、广告、国际新闻等专业,加上北京广播学院设置的编采、播音、电视、文艺、编辑、无线电广播专业,到 1985 年各类专业设置达到 11 个。[①] 课程内容得以调整,社会科学也逐渐融入中国的新闻教育,各院校新闻系普遍增设了世界政治经济与国际关系、中国经济与市场、城市经济学、统计学、计算机应用、大众传播学、公共关系学等课程,专业方面增设了新闻事业管理、广告学概论。

改革开放时期新闻教育交流带来的最大的影响,是传播学的引入和西方新闻学的引进。1982 年,著名传播学者施拉姆来到中国,之后有多位美国、英国、日本的传播学者来中国传授传播学。80 年代初,张隆栋教授又在复刊后的《国际新闻界》上,连续发表了一组详尽介绍和评析传播学的长文。与此同时,复旦大学新闻系的郑北渭教授也在复旦大学新闻系的内部刊物《外国新闻事业资料》上接连撰文,评述传播学。[②] 社科院新闻所编辑了论文集《传播学(简介)》[③],这是中国第一本介绍传播学的书,收录了 10 篇论文和 3 篇附录,其中有传播学最著名的论文,拉扎斯菲尔德和默顿著的《大众传播的社会作用》、拉斯韦尔的《社会传播的结构与功能》。之后大陆出版了一批传播学译著。1982 年 11 月,在施拉姆访华不久,中国社会科学院新闻研究所随即召开了第一次全国传播学研讨会。1986 年第二次全国传播学研讨会全面推进了我国传播学的研究,一批高水平的传播学译著纷纷出版,各大学纷纷开设传播学的课程。北京、上海、广州、武汉等地的新闻系或新闻单位派人去美国、英国、日本留学、进修、研读传播学的基础课程,加强了中国传播学教学研究的力量。传播学重视实证研究的潮流,催生了中国 80 年代使用实证研究方法进行较大规模的大众传播效果调查、受众调查、舆论调查。

新闻教育的视野开阔了,内容丰富了,也更新了一些旧的理念。一些引进的新闻理论对中国产生了较大影响,比如关于新闻自由、新闻立法问题。到 90 年代初,"新闻学"逐渐被"新闻传播学"取代。新闻业界也受到重要影响,到 80 年代中期,传媒界就开始重视"反馈"、"双向传播"这些内容。

三、市场经济下新闻教育的变革

市场经济条件下,新闻教育遇到了前所未有的挑战和机遇。新闻业的结构和态势都发生了变化,衍生出一批以市场为导向的新生媒体。报纸的版面急速扩增,报纸市场更加

---

① 方汉奇.七十年来的中国新闻教育.新闻史的奇情壮彩.北京:华文出版社,2000
② 李彬.大众传播学·前言.北京:中央广播电视大学出版社,2000
③ 中国社会科学院新闻研究所世界新闻研究室.传播学(简介).北京:人民日报出版社,1983

细分,专业型记者更受欢迎。广播电视业从中央到地方在频道、栏目和节目的数量上都呈几何级数增长,窄化节目和频道成为热潮,人才需求向各专业延伸,新闻专业不再独宠。市场条件下新闻单位自主择用人才,大学生毕业不再包分配。市场利益开始主导传媒的用人标准,从业人员成为一种"人力资源",媒体和从业人员的关系不再是终身制。相比之下,新闻教育体系显得落伍了,需要重新定位。

传播技术飞速发展,中国出现了卫星电视、图文电视、电子报纸、多媒体、移动通信、计算机辅助报道、国际互联网等。报纸的采写编排实现了无纸化,中国的电视使用世界一流的非线性编辑机和电视制播系统,网络技术广泛运用于新闻传播。新闻教育如何跟得上技术发展的步伐?不少新闻院系迅速调整了课程设置,增加了计算机应用、数据分析、运用网络技术搜寻和发布信息、运用排版软件、非线性编辑机进行编辑、数码图片摄影及编辑、图片与图表制作等方面的课程或教学内容,但是大多数新闻院校缺少相应的资金和师资。

90年代传播学在中国已经落地,并逐渐本土化、产生实际影响。"新闻学院"在90年代中后期多向"新闻与传播学院"转变。传播学、广告学和公共关系学的内容、课程、理念被广泛引入所有的大学课程中,硕士、博士研究生教育也新增了这些专业。原来纯粹培养新闻记者的新闻院系,角色变得复杂起来。1993年在厦门召开的第三次全国传播学研讨会确定了传播学本土化的方针,1995年在成都召开的第四次全国传播学研讨会拓宽了传播学的研究领域。

1990年国务院学位委员会第九次会议通过的《授予博士、硕士学位和培养研究生学科、专业目录》中,新闻学列入文学门类一级学科中国语言文学之内,为二级学科。1997年,国家教育部正式将新闻传播学列为国家一级学科,下设新闻学、传播学两个二级学科。1998年以后增设了传播学硕士点、博士点,表明传播学及相关专业方向已经确立了地位。2000年,教育部在人大、复旦、广院设立了三个新闻传播学重点研究基地;到2005年,新闻传播学的一级学科点已达6家,博士学位授予单位达15家;2007年,教育部批准了两家一级学科"新闻传播学"国家重点学科单位。近年,新闻学又被纳入国家重点发展的九大社会科学之一。

传播学以其独有的理论构架,影响了新闻学者和学生对新闻业的认知,新闻被放到信息传播这种更大的背景下。传播学还带来西方众多社会科学的新视角和研究方法,使中国新闻学研究开阔了视野、拓宽了研究范围、规范了研究方法。学生可以进入更广阔的传播领域,更宏观地理解传播与社会的联系。传播学的热潮,也使新闻教育界对新闻学和传播学之间的界限区分不清,有用传播学代替新闻学的倾向。主要来源于美国的传播学实证研究传统,广告学和公共关系学赖以生存的商业社会特征,在中国还未获得清晰认知,新闻教育中的人文理想、参与社会的主动性等内涵受到影响。

1999年,除高等学校外,全国还有200家左右的新闻研究机构和研究社团,40多家公开发行的新闻专业期刊,累计出版的新闻传播学专著达 2000 多种。2000 年新闻学专业教师已超过千人。全国性领导组织如国务院学科新闻传播学评议组、中国新闻史学会、中国新闻学会、教育部高等学校新闻传播与指导委员会纷纷开展活动。学术交流日趋频繁,翻译学术著作、互派访问学者、共同培养研究生、接纳毕业于国外新闻传播院系的中国留学生回国任教,如"西风东渐"。学术研究的国际化直接带动了新闻教育趋向国际化,双语教学已很常见。新闻院系师资队伍"重新洗牌"。

21世纪初新闻院系成立和扩招进一步加剧。教育部把高校成立新闻专业的权限下放到了各省教育厅,所以建立新学科点更容易了。截止 2005 年全国设立新闻院系的大学已经达到 300 多所,在教育部备案的专业点达到 661 家。在校学生达 10 万人以上。

"培养复合型人才"、"宽口径、厚基础"成为许多新闻学院的口号。新闻专业学生知识面狭窄成为关注的焦点,许多院系让学生选修或辅修其他专业知识,或者从一、二年级的其他专业选拔学生来培养。

各院系重视提高学生使用高科技传播工具的能力,以适应新时代新闻与信息传播业的变革,一些有条件的大学建立了电视演播室、电视编辑制作实验室、广播实验室、摄影实验室、电脑编辑室、数码图像处理室、广告策划实验室、多媒体网络实验室。大家都联合社会力量及资金培养学生,许多院系联合国内外媒体提供奖学金,通过社会力量建造学院大楼,通过与管理部门和媒体的"共建"发展新闻教育。[①]

四、新闻传播研究成果丰硕

改革开放以来新闻传播学发展分几个阶段,各阶段自有目标。第一个阶段:拨乱反正(1978—1984 年)。由于在基本的认识上将新闻与宣传的概念等同或混淆,新闻学是从讨论"什么是新闻"重新开始的;而对传播学的研究,首先讨论的是以何种批判的眼光看待的问题。因此,第一个阶段尚谈不上"研究",主要是对"文革"的拨乱反正,新闻传播学终于有了一个相对好的研究起点。第二个阶段:学术研究急速转向探讨新闻改革(1985—1989 年)。第三个阶段:多角度的学术化发展(1992 年以后),经过两年的清查和思想清理运动之后,新闻传播学适应了在中国特色的环境中发展自身,政治上、思想上与党中央自觉地保持一致,同时,在社会主义市场经济的新形势下,社会生活与政治生活拉开了距离,新闻传播学学科研究的广度明显加大,并开始向研究的纵深发展。这个阶段,新闻传播学发展最为稳定、收获丰厚。[②]

---

① 本目主要参见陈昌凤.中美新闻教育传承与流变.北京:中国广播电视出版社,2006,75~95
② 陈力丹.最近几年我国新闻传播学的学科发展.传媒学术网,http://academic.mediachina.net/academic_zjlt_lw_view.jsp? id=1444

第四节　中国共产党领导人的新闻观点

中国共产党领导的新闻事业从诞生之日起,就站在时代和斗争的最前列,在革命、建设和改革的各个历史时期,发挥了巨大的作用。新闻事业不断发展的进程中,以毛泽东、邓小平、江泽民为代表的党的中央领导集体以及党的十六大以来以胡锦涛为总书记的党中央,立足中国国情和时代特点,在继承马克思主义新闻思想的基础上,紧密结合实际大胆创新,在不同的历史时期提出了一系列重要观点,形成了一脉相承而又与时俱进的新闻思想。①

一、毛泽东等党的领导人的新闻观点

毛泽东是中国共产党第一代领导集体的核心,是中国社会主义新闻事业的开创者。他高度重视新闻工作,科学总结阐述了一系列关于新闻事业的地位、性质、功能、原则、方针、方法的重要观点。1920年至1949年,是毛泽东新闻思想形成和发展的时期。特别是在延安整风和党报改造中,毛泽东全面论述了党报工作的性质和作用,党报同党委及同群众的关系,党报工作的群众路线,党报工作者的素质与修养,无产阶级党报的作风与风格等一系列有关党的新闻工作的思想和原则,形成了毛泽东新闻思想的核心,奠定了中国无产阶级新闻学的理论基础。相关内容第七章已经论及,这里仅作简要概括,并对新中国成立以后毛泽东的相关思想作一些补充。

毛泽东的新闻思想主要有以下几方面的内容:

1. 明确无产阶级新闻事业的性质、地位和作用

毛泽东认为,新闻事业具有鲜明的阶级性。1957年他在同新闻出版界代表谈话时说:在阶级消灭之前,不管通讯社或报纸的新闻,都有阶级性,都是为一定阶级服务的。②1957年7月,他在上海的一次讲话中说,至少在帝国主义消灭以前,报纸、各种意识形态的东西,都要反映阶级关系。1957年6月14日,毛泽东在以《人民日报》编辑部名义发表的文章中提出:"在社会主义国家,报纸是社会主义经济即在公有制基础上的计划经济通过新闻手段的反映,和资本主义国家报纸是无政府主义状态和集团竞争的经济通过新闻手段的反映不相同。"③关于新闻事业的作用,毛泽东坚持把实现党的路线作为新闻工作

---

① 本节主要参见邵华泽主持之"马克思主义新闻观"课题第二章,撰稿人唐勇、陈昌凤参与撰稿。
② 同新闻出版界代表的谈话,1957-3-10.毛泽东文集:第7卷.北京:人民出版社,1999,263~264
③ 人民日报,1957-6-14

的第一使命,突出强调其宣传政策、组织群众的作用。毛泽东指出:"一张省报,对于全省工作,全体人民,有极大的组织、鼓舞、激励、批判、推动的作用。"①

2. 党报必须无条件地宣传中央的路线和方针政策

增强报刊宣传的党性原则,宣传贯彻党的路线方针政策,确保新闻宣传坚持正确的政治方向,是毛泽东新闻思想的核心内容。他强调"各地党报必须无条件地宣传中央的路线和政策"。"中央、各级党委,凡是出版报纸的地方,都要把办报看成大事"②。他还对如何具体而有效地加强党委对报纸的领导提出明确意见,提倡党委的主要领导同志亲自审订报纸的大样,党委第一书记亲自抓社论,把握党报宣传的基调。

3. 坚持实事求是的思想路线

尊重事实,坚持新闻真实性,是毛泽东一贯的最基本的新闻思想。1925年12月他在《〈政治周报〉发刊理由》中就说过:"我们反攻敌人的方法,并不多用辩论,只是忠实地报告我们革命工作的事实。"③他多次指出要讲真话,不偷、不装、不吹,严禁撒谎。他认为"红军缴枪一千说一万,白军本有一万说只一千","这种离事实太远的说法,是有害的"④。解放后,他也一再强调新闻报道的真实性问题。1959年广东大雨,他批示"要如实公开报道。全国灾情,照样公开报道,唤起人民全力抗争。一点也不隐瞒"⑤。

为了达到真实客观地认识和反映事物的要求,毛泽东特别强调加强调查研究工作。他指出:"一切实际工作者必须向下调查。对于只懂理论不懂得实际情况的人,这种调查工作尤有必要,否则他们就不能将理论和实际相联系。"⑥

4. 全党办报,群众办报

全党办报,群众办报,是毛泽东一贯倡导的党的群众路线在新闻工作中的具体运用。毛泽东提倡实行"开门办报"的方针,面向群众,依靠群众的支持和帮助办好报纸,他还提出向群众学习、甘当群众小学生。

---

① 给刘建勋、韦国清的信,1958-1-12.毛泽东文集:第7卷.北京:人民出版社,1999,338
② 毛泽东新闻工作文选.北京:新华出版社,1983,156,183~184
③ 《政治周报》发刊理由 1925-12-5.毛泽东文集:第1卷.北京:人民出版社,1993,22~23
④ 普遍地举办《时事简报》,1931-3.毛泽东文集:第1卷.北京:人民出版社,1993,264
⑤ 如实报道灾情.毛泽东新闻工作文选.北京:新华出版社,1983,214
⑥ 《农村调查》的序言和跋.毛泽东选集:第3卷.北京:人民出版社,1991,791

5. "政治家"办报

1957年毛泽东首次提出"要政治家办报,不是书生办报"①。1959年6月,毛泽东在与《人民日报》新领导人吴冷西谈话中,又一次谈到"政治家办报"问题。他说:"新闻工作,要看是政治家办,还是书生办。有些人是书生,最大的缺点是多谋寡断。……要反对多谋寡断,没有要点,言不及义。要一下子看到问题所在。"②"政治家办报"是毛泽东从政治的高度对党的新闻工作者提出的殷切希望。这就要求办报的人,特别是新闻单位的领导者要有政治家的胸襟和见识,能够头脑清楚、胸怀全局,使新闻宣传紧密配合国内外的政治形势,为全党和全国工作的大局服务。

6. 在报纸上开展批评与自我批评

批评与自我批评是党的三大作风之一。毛泽东非常注意利用报纸这个有力工具开展批评,指出"凡典型的官僚主义、命令主义和违法乱纪的事例,应在报纸上广为揭发"③,"在我们的社会里,革命的战斗的批评和反批评,是揭露矛盾,解决矛盾,发展科学、艺术,做好各项工作的好方法"④。在毛泽东的要求和领导下,经毛泽东本人亲自审订,中央于1950年、1954年制订下发了《中共中央关于在报纸刊物上展开批评与自我批评的决定》、《中共中央关于改进报纸工作的决议》,对在报纸上开展批评与自我批评予以强调,做出规定。

毛泽东认为,既要开展批评,又要注意原则和方法。他提出:"报纸上的批评,要实行'开'、'好'、'管'的三字方针。开,就是要开展批评。不要怕批评。不开展批评、害怕批评、压制批评,是不对的。好,就是开展得好。批评要正确,要对人民有利,不能乱批一阵。什么事应指名批评,什么事不应指名,要经过研究。管,就是把这件事管起来。这是根本的关键。党委不管,批评就开展不起来,开也开不好。"⑤毛泽东强调:"……对于人民的缺点是需要批评的,……但必须是真正站在人民的立场上,用保护人民、教育人民的满腔热情来说话"⑥,认为立场正确是党报工作者正确行使批评监督职能的前提和基础。

7. 注重宣传策略和宣传艺术

毛泽东强调从政治的角度和全局的高度,对新闻宣传工作进行谋划部署。他认为新

---

① 吴冷西.忆毛主席.北京:新华出版社,1995,41
② 要政治家办报.1959-6.毛泽东新闻工作文选.北京:新华出版社,1983,215~216
③ 反对官僚主义、命令主义和违法乱纪.1953-1-5.毛泽东文集:第6卷.北京:人民出版社,1999,255
④ 在中国共产党全国宣传工作会议上的讲话.1957-3-12.毛泽东文集:第7卷.北京:人民出版社,1999,278
⑤ 报纸上的批评要实行"开、好、管"的方针.1954-4.毛泽东新闻工作文选.北京:新华出版社,1983,177
⑥ 在延安文艺座谈会上的讲话.1942-5-23.毛泽东选集:第3卷.北京:人民出版社,1991,872

闻宣传要根据时间、空间的不同采取不同的办法。1957年3月,毛泽东在同新闻出版界代表的谈话中,提出了"新闻,旧闻,不闻"的重要思想,从政治角度强调新闻工作要注意对内容和时效的把握:"对具体问题要作具体分析,新闻的快慢问题也是这样。有的消息,我们就不是快登慢登的问题,而是干脆不登。比如土改新闻就是这样,我们在报上不宣传,免得传播一些不成熟的、错误的经验。"北京几天就实现了全行业公私合营,宣布进入社会主义,"本来对这样的消息就要好好考虑,后来一广播,各地不顾本身具体条件,一下子就干起来,就很被动"①。

8. 提倡中国作风、中国气派的文风

毛泽东历来重视新闻报道的文风,他把文风提高到党风学风的高度。他说,文章切忌死板、老套、令人看不懂、没味道、不起劲。再重要的文章,再好的内容,如果没有人看,或令人看不懂,没味道,就不会达到宣传目的。毛泽东所强调的文风就是"……新鲜活泼的、为中国老百姓所喜闻乐见的中国作风和中国气派"②。毛泽东亲自撰写和修改了大量脍炙人口的消息、述评、社论、评论、广播讲话。他强调写文章要讲逻辑,合文法。他曾在一篇按语中批评:"我们的许多同志,在写文章的时候,十分爱好党八股,不生动,不形象,使人看了头痛。也不讲究文法和修辞,爱好一种半文言半白话的体裁,有时废话连篇,有时又尽量简古,好像他们是立志要让读者受苦似的。"③"文章和文件都应当具有这样三种性质:准确性、鲜明性、生动性。准确性属于概念、判断和推理问题,这些都是逻辑问题。鲜明性和生动性,除了逻辑问题以外,还有辞章问题"④。为此,他强调写文章要注意整篇文章的结构,要讲文法,还要讲修辞,认为一个合逻辑,一个合文法,一个较好的修辞,这三点是作文时务必要注意的。

毛泽东新闻思想曾经培育和武装了几代新闻工作者,对中国新闻事业的发展有着重大的指导意义,对党的第二代、第三代领导集体新闻思想的形成和发展有着深远的影响。毛泽东在晚年犯了"全局性的、长时间的'左倾'严重错误"⑤,这不可避免地会影响到他对新闻工作的认识。比如,片面强调报纸是阶级斗争的工具、对新闻功能的认识不够全面等,这些错误或片面的认识在一段历史时期制约了新中国新闻事业的健康成长。

与毛泽东同属第一代党的领导集体的刘少奇和周恩来,在从事新闻工作和参与领导

---

① 同新闻出版界代表的谈话.1957-3-10.毛泽东新闻工作文选.北京:新华出版社,1983,193~194
② 中国共产党在民族战争中的地位.毛泽东选集:第2卷.北京:人民出版社,1991,534
③ 《合作社的政治工作》一文按语.1955-12.毛泽东文集:第6卷.北京:人民出版社,1999,467
④ 工作方法六十条(草案).1958-1.毛泽东文集:第7卷.北京:人民出版社,1999,359
⑤ 关于建国以来党的若干历史问题的决议.1981-6-27.三中全会以来重要文件选编(下).北京:人民出版社,1982,814

党的新闻事业的实践中,也形成了自己关于新闻工作的观点体系,在一定程度上补充丰富了毛泽东的新闻思想。

二、邓小平的新闻观点

无论是戎马倥偬的战争年代,还是改革开放的和平时期,邓小平同志都站在政治家和战略家的高度,密切关注并指导新闻事业。邓小平新闻观点主要包括以下几方面内容:

1. 为经济建设和改革开放创造良好的舆论环境

在邓小平的正确领导下,以党的"十一届三中全会"为标志,中国共产党抛弃了"以阶级斗争为纲"的"左"的错误方针,把党和国家的工作重心转移到经济建设上来,坚持改革开放的基本国策,开创了社会主义事业发展的新时期。邓小平站在党和国家发展全局的高度,对包括新闻宣传战线在内的各条战线明确指出了我们党新时期的中心任务,"要把经济建设当中心","其他一切任务都要服从这个中心,围绕这个中心,决不能干扰它,冲击它"。① 1992年下半年,中央电视台《经济信息联播》开办不久,邓小平通过秘书给中央电视台打电话,认为《经济信息联播》专门谈经济,开办及时,内容丰富,节奏明快,信息量大,对国家的经济发展、社会主义市场经济的发育将会起到积极作用。

2. 报纸要成为全国安定团结的思想中心

进入改革开放和社会主义现代化建设新时期后,邓小平反复强调包括新闻宣传在内的思想战线的工作对整个国家的经济发展和政治稳定的重要作用。他指出:"加强思想政治工作,改进宣传工作,已经作为保证这次调整的顺利实现、巩固安定团结的政治局面的一项极端重要的任务,摆在全党同志面前。"②

最能代表邓小平同志关于新时期新闻工作重要作用的论述,是他1980年在《目前的形势和任务》的讲话中提出的"思想中心"说。他提出,要使我们党的报刊成为全国安定团结的思想上的中心。报刊、广播、电视都要把促进安定团结,提高青年的社会主义觉悟,作为自己的一项经常性的、基本的任务。

3. 新闻宣传必须坚持党性原则

邓小平明确要求党报党刊一定要无条件地宣传党的主张,"所有共产党员都要增强党性,遵守党的章程和纪律。不管是什么专家、学者、作家、艺术家,只要是党员,都不允许自

---

① 目前的形势与任务.1980-1-16.邓小平文选:第2卷.北京:人民出版社,1994,250
② 贯彻调整方针,保证安定团结.北京:新华出版社,1998,132

视特殊,认为自己在政治上比党高明,可以自行其是"①。

20世纪80年代后期对于"人民性高于党性"的主张,邓小平进行了批评,指出有人"在党性和人民性的问题上提出违反马克思主义的说法","这些错误的观点大都写成文章公然在报刊上发表,有些一直没有得到澄清。可见理论界的一部分同志思想混乱到什么程度"。邓小平把依靠群众、全心全意为人民服务视为党性的必然要求,指出党性与人民性是统一的,"党离不开人民,人民也离不开党,这不是任何力量所能够改变的"②。"党性也包括联系群众、艰苦朴素、实事求是等等"③。

他认为坚持党性最重要的是全党服从中央,不允许用任何借口来抵制中央的领导。要"加强党对思想战线的领导,克服软弱涣散的状态"。"各级党委,首先是党委主要负责同志,要密切注视和深入研究思想战线的形势和问题,采取切实有效的办法改进这条战线的工作"④。

4. 解放思想,实事求是,拿事实来说话

实事求是是邓小平理论的精髓。他提出要"根据新的丰富的事实,作出新的有充分说服力的论证"⑤。他坚决反对说空话,反对宣传上的形式主义,对"假、大、空"和形式主义深恶痛绝。80年代他又指出:"宣传好的典型时,一定要讲清楚他们是在什么条件下,怎样根据自己的情况搞起来的,不能把他们说得什么都好……"⑥"追求表面文章,不讲实际效果、实际效率、实际质量、实际成本的形式主义必须制止。说空话、说大话、说假话的恶习必须杜绝"⑦。

5. 新闻宣传要讲大局,以社会效益为最高准则

邓小平强调新闻宣传要以政治大局为重。他希望"文艺界所有同志,以及从事教育、新闻、理论工作和其他意识形态工作的同志,都经常地、自觉地以大局为重,为提高人民和青年的社会主义觉悟奋斗不懈"⑧。把我国建设成为具有现代化农业、现代工业、现代国防和现代科学技术的社会主义强国,这就是大局。

邓小平明确要求新闻宣传要以社会效益为最高准则。他要求"思想文化教育、卫生部

---

① 党在组织战线和思想战线的迫切任务.1983-10-12.邓小平文选:第3卷.北京:人民出版社,1993,46
② 目前的形势和任务.1980-1-16.邓小平文选:第2卷.北京:人民出版社,1994,266
③ 思想路线政治路线的实现要靠组织路线来保证.1979-7-29.邓小平文选:第2卷.北京:人民出版社,1994,192
④ 党在组织战线和思想战线的迫切任务.邓小平论新闻宣传.北京:新华出版社,1998,156
⑤ 坚持四项基本原则.邓小平文选(1975—1982年).北京:人民出版社,1983,166
⑥ 关于农村政策问题.1980-5-31.邓小平文选:第2卷.北京:人民出版社,1994,316~317
⑦ 在全国科学大会开幕式上的讲话.1978-3-18.邓小平文选:第2卷.北京:人民出版社,1994,100
⑧ 目前的形势和任务.1980-1-16.邓小平文选:第2卷.北京:人民出版社,1994,256

门,都要以社会效益为一切活动的唯一准则,它们所属的企业也要以社会效益为最高准则"①。坚决反对"一切向钱看"、把精神产品商品化的倾向。

6. 正确开展报纸批评

邓小平认为,党的组织和共产党员必须接受党的监督和群众监督,报刊监督是其中有效的实施途径。他认为开展批评与自我批评,是好报纸的条件之一,是报纸的力量所在。他说:"领导上、党委和政府,要全力支持通讯员写批评稿,现在敢说话的人太少,要鼓励说话。"邓小平强调要掌握新闻批评的度。

7. 重视新闻的信息沟通作用

邓小平强调新闻媒体要成为传达党的声音、联系广大群众的重要工具。他指出:"报纸真的同实际、同群众联系好了,报纸办好了,对领导是最大的帮助。常常有这样的情况:党和政府听不到的,报纸能听到,它能摸到社会的脉搏。"他要求"把党和政府的声音普遍地传播到各阶层群众中去","报纸要组织学习、讨论,使党内外都知道。'十目所视、十手所指',大家都学习了,了解了,就不容许干部乱干了,对整个领导有好处"②。

在邓小平这些重要思想的指引下,新时期我国涌现了一大批优秀新闻工作者和优秀新闻作品,新闻理论不断创新,新闻报道领域不断拓宽,新闻体裁日趋丰富,报道手法灵活多样,为人民群众提供了丰富的多样化的精神食粮。

三、江泽民的新闻观点

江泽民,担任党的总书记13年。在领导中国人民将现代化建设大业继续往前推进的过程中,江泽民对党和国家的新闻事业和新闻宣传工作十分关心和重视,自1989年以来,他多次就新闻宣传工作发表重要讲话,提出了自己的看法。

1. 社会主义新闻事业应当成为党、政府、人民的耳目喉舌

1989年11月江泽民在新闻工作研讨班上的讲话中指出:"我们国家的报纸、广播、电视等是党、政府和人民的喉舌。这既说明了新闻工作的性质,又说明了它在党和国家工作中的极其重要的地位和作用。"1996年在《视察人民日报社时的讲话》中他又强调:"党的新闻事业与党休戚与共,是党的生命的一部分,可以说,舆论工作就是思想政治工作,是党

---

① 在中国共产党全国代表会议上的讲话.1985-9-23.邓小平文选:第3卷.北京:人民出版社1993,145
② 邓小平文选:第1卷.北京:人民出版社,1994,149~150

和国家的前途和命运所系的工作。"①

2. 坚持为人民服务、为社会主义服务的方向

江泽民指出:"社会主义的新闻事业同社会主义的文学、艺术、出版等事业一样,虽然各有自己的特点和具体发展规律,但是它们作为意识形态领域的组成部分,都要为社会主义服务,为人民服务。尽管服务的形式、内容、方法不尽相同,但都必须遵循这个基本方针。""报社的同志要有大局意识、全局观念,坚持政治家办报,正确处理改革、发展、稳定的关系,登什么,不登什么,怎么登,都要从全局出发,从党和人民的整体利益出发"②。

3. 坚持新闻宣传工作的基本原则

首先,江泽民十分重视新闻工作的党性原则,他指出:"我们的新闻工作是党的整个事业的一个重要组成部分,因此不言而喻,必须坚持党性原则。""新闻宣传在政治上必须同党中央保持一致"。江泽民重申了毛泽东提出的搞新闻工作要政治家办报的著名观点,要求新闻工作者"必须讲政治","必须同人民群众保持最广泛最深刻的联系","必须旗帜鲜明地坚持不懈地反对资产阶级自由化"。③

江泽民强调新闻的真实性原则,指出:"新闻的真实性,就是要在新闻工作中坚持党的一切从实际出发、实事求是的思想路线。我们坦率地指出新闻工作的阶级性与党性原则,因为我们新闻工作的阶级性和党性同新闻的真实性是一致的。"他强调:"我们的新闻工作者要做到真实地反映生活,就要深入进行调查研究,不仅要做到所报道的单个事情的真实、准确,尤其要注意和善于从总体上、本质上以及发展趋势上把握事物的真实性。"④

江泽民认为新闻宣传作为社会的意识形态,其产品是一种精神产品,"精神产品又具有不同于物质产品的特殊属性,它的价值实现形式更重要地表现在社会效益上"。他明确指出要"坚持把社会效益放在首位,在这个基本前提下实现经济效益和社会效益的统一。……在宣传文化工作中要始终把社会效益作为最高准则,当经济效益同社会效益发生矛盾时,自觉服从社会效益"。"精神产品的生产流通同市场运行一般规律的联系愈益紧密,确实也有经济效益的问题"。为此,他要求"在集中精力办好报纸的同时,要努力搞好经营和管理","要进一步研究宣传文化领域的有关政策特别是文化经济政策。要善于运用市场机制增强文化企事业单位的活力,同时形成有利于把社会主义效益放在首位的环境和条

---

① 学习马克思主义新闻观.长春:吉林人民出版社,2001,349、402
② 以正确的舆论引导人——学习江泽民总书记视察人民日报社的重要讲话.北京:人民日报出版社,1996,5
③ 学习马克思主义新闻观.长春:吉林人民出版社,2001,353~355、392
④ 学习马克思主义新闻观.长春:吉林人民出版社,2001,357~358

件"①。

4. 坚持以正确的舆论引导人

舆论导向说,是江泽民关于新闻工作论述的精髓。江泽民认为,"舆论工作就是思想政治工作,是党和国家的前途和命运所系的工作"。"舆论导向正确,是党和人民之福;舆论导向错误,是党和人民之祸"②。

江泽民提出,宣传思想工作的根本任务是"以科学的理论武装人,以正确的舆论引导人,以高尚的精神塑造人,以优秀的作品鼓舞人"③。关于正确舆论导向的标准,他提出了"五个有利于":"要造成有利于进一步改革开放、建立社会主义市场经济体制,发展社会主义生产力的舆论;有利于加强社会主义精神文明建设和民主法制建设的舆论;有利于鼓舞和激励人们为国家富强、人民幸福和社会进步而艰苦创业、开拓创新的舆论;有利于人们分清是非,坚持真善美,抵制假恶丑的舆论;有利于国家统一、民族团结、人民心情舒畅、社会政治稳定的舆论。"

对于如何实现正确的舆论导向,江泽民在2001年1月的全国宣传工作会议上的讲话中指出:要"坚持团结稳定鼓劲、正面宣传为主的方针,深入宣传爱国主义、集体主义、社会主义思想,进一步做好典型宣传、热点引导、舆论监督工作,扶正祛邪、振奋精神、鼓舞人们奋发向上"。要"唱响主旋律,打好主动仗"。④

5. 批判资产阶级新闻自由,坚持社会主义新闻自由

江泽民强调,"任何自由从来都不是抽象的而是具体的,不是绝对的而是相对的。在任何一个国家中,都不存在绝对的毫无限制的'新闻自由'"。"在国际上还存在社会主义和资本主义的对立,在国内阶级斗争还在一定范围内存在的情况下,自由就不能不带有阶级性"。"西方国家标榜的'新闻自由',实质就是资产阶级的新闻自由,是为维护资产阶级利益和资本主义制度服务的"。在谈到我国的新闻自由时,江泽民指出,"在社会主义制度下,新闻不再是私有者的事业,而是党的事业,人民的事业"。"广大人民群众享有依法运用新闻工具充分发表意见、表达自己意志的权利和自由,享有对国家和社会事务实行舆论监督的权利和自由"⑤。

---

① 引自:学习马克思主义新闻观.长春:吉林人民出版社,2001,381、406
② 引自:学习马克思主义新闻观.长春:吉林人民出版社,2001,402
③ 在全国宣传工作会议上的讲话.上海:文汇出版社,2001,61
④ 内部通信,1999,(3):2
⑤ 引自学习马克思主义新闻观.长春:吉林人民出版社,2001,355~356

6. 建设一支政治强、业务精、纪律严、作风正的新闻队伍

江泽民对新闻队伍建设十分重视,认为"新闻事业能不能办好,关键在有没有一支高素质的新闻队伍"。1996年,他在视察《解放军报》的讲话中第一次完整地提出了新时期新闻队伍建设的总目标和总要求,指出:"办好《解放军报》,需要有一支政治强、业务精、纪律严、作风正的新闻队伍。"① 1997年10月19日,在中国记协成立60周年之际,江泽民同志为中国记协题词:"建设一支政治强、业务精、纪律严、作风正的新闻队伍。"

7. 重视做好对外宣传工作

江泽民十分重视对外宣传工作,认为对外宣传工作是党和国家的一项具有重要战略意义的工作。在1999年的全国对外宣传工作会议上的讲话中,他指出:"向世界阐明我们党和国家内政外交的方针政策和对国际重大问题的原则立场,介绍我国历史和现实的情况,有针对性地开展国际舆论斗争,这对于我们加强同各国经济、技术和文化等方面的交流与合作,增进各国人民的友谊,争取更多的国际支持和帮助,维护我国的政治、经济、文化安全,具有十分重要的意义。"

8. 在改革创新中推进新闻事业发展

江泽民认为,进行新闻宣传工作的改革创新,要严格遵循市场经济规律和新闻工作自身的规律。1993年7月,江泽民在与人民日报社社长邵华泽谈话时指出:"政治体制改革要适应建立社会主义市场经济体制的要求,宣传思想工作同样也要适应社会主义市场经济体制的要求。"② 1994年在全国宣传思想工作会议上他又指出:"宣传文化事业的改革要同发展社会主义市场经济、同整个社会主义现代化建设相适应,符合社会主义精神文明建设的要求,符合宣传文化事业自身发展的规律。"

江泽民对做好宣传报道、新闻体制等方面的改革创新提出了具体要求,指出宣传报道要"在内容和形式上积极创新","不断开拓新的报道领域,不断探索新的报道形式,不断采用新的报道手法,不断写出富有新意的优秀作品"。关于新闻体制改革,江泽民提出要"根据社会主义精神文明建设的特点和规律,适应社会主义市场经济的要求,推进文化体制改革"③。他还指出,要通过管理体制的改革,转变职能,理顺关系,精兵简政,提高效率,增强新闻事业发展的活力。

江泽民的新闻观点,是中国共产党中央第三代领导集体和广大新闻工作者集体智慧

---

① 学习马克思主义新闻观.长春:吉林人民出版社,2001,393、404
② 中国新闻年鉴.1994,1
③ 在中国共产党第十六次全国代表大会上的报告.北京:人民出版社,2002-11-8,39~40

的结晶,是对毛泽东新闻思想、邓小平观点的当代化,是"三个代表"思想在新闻理论领域的具体化。

四、十六大以来以胡锦涛为总书记的党中央关于新闻工作的重要观点

中国共产党十六大以来,以胡锦涛为总书记的党中央对新闻宣传工作高度重视,视之为事关人心向背、事业兴衰、党的执政地位的一项重要工作,着力来抓。

1. 以科学发展观统领新闻宣传工作

"科学发展观"是共产党坚持以邓小平理论和"三个代表"重要思想为指导提出的重大战略思想,胡锦涛指出,它"是对经济社会发展一般规律认识的深化,是指导发展的世界观和方法论的集中体现,是推动社会主义经济建设、政治建设、文化建设、社会建设全面发展必须长期坚持的指导方针"①。新一代中央领导集体反复强调,新闻工作作为党的事业的重要组成部分,要充分体现科学发展观、落实科学发展观。

2. 为构建社会主义和谐社会创造良好的舆论环境

胡锦涛指出:"构建社会主义和谐社会,是我们党从全面建设小康社会、开创中国特色社会主义事业新局面的全局出发提出的一项重大任务。"②实现社会的和谐,离不开思想的和谐、舆论的和谐。新一代领导人强调,新闻工作应始终坚持新闻媒体作为党和人民的喉舌的性质和鲜明的党性原则不能变,党管新闻媒体的原则不能变,正确的政治方向不能变,坚持团结稳定鼓劲、正面宣传为主的方针,唱响时代主旋律,在全社会形成和发展积极健康的主流舆论。应注意把好关、把好度,坚定不移地站在党和人民的立场,牢牢把握正确的舆论导向。

3. 贴近实际、贴近生活、贴近群众

"三贴近论",即新闻宣传必须坚持贴近实际、贴近生活、贴近群众,是胡锦涛2003年3月在中央政治局会议上提出的。胡锦涛要求包括新闻工作在内的宣传思想战线要坚持"三贴近","把宣传思想工作做实做深做活,更好地宣传动员群众、引导教育群众、帮助服务群众"③。

---

① 胡锦涛同志在青海考察结束时的讲话,2005-12-15.求是,2006,(1)
② 胡锦涛同志在省部级领导干部提高构建社会主义和谐社会能力专题研讨班上的讲话,2005-2-19.人民日报,2005-6-27
③ 胡锦涛在全国宣传思想工作会议上的讲话.人民日报,2003-12-8

"贴近实际、贴近生活、贴近群众,是新闻宣传工作实践邓小平理论和'三个代表'重要思想、全面落实科学发展观的必然要求,是加强和改进新闻宣传工作的主要着力点"。"新闻宣传是影响社会意识和行为的传播活动,必须以事实为依据,以生活为源泉,以人民群众是否接受和满意为检验标准"①。

4. 加强和改进舆论监督工作

十六大以来,以胡锦涛为总书记的党中央高度重视舆论监督工作,作出了一系列重要指示。2003年12月,中共中央在颁布的"中国共产党党内监督条例"中,将"舆论监督"专设一节,明确规定新闻媒体要正确发挥舆论监督作用。2004年9月"十六届四中全会"通过的《关于加强党的执政能力建设的决定》中,把加强对权力运行的制约和监督提到了党的执政能力建设的高度,更加提升和强化了新闻舆论监督的重要意义和作用。2005年4月,中共中央办公厅印发了《关于进一步加强和改进舆论监督工作的意见》,全面阐述了舆论监督的重要作用、原则要求和具体措施,是我们党为加强舆论监督所制定的一个专门性的重要指导文件。

5. 建设一支素质过硬的新闻工作者队伍

"新闻工作者作为党的宣传思想战线的一支重要生力军,是党和人民利益的坚定维护者,是伟大事业的忠实记录者,是推动历史进步的积极参与者"。

共产党的新一代领导人强调,要毫不放松地加强和改善党对新闻工作的领导,坚持党管干部的原则,确保新闻战线各部门、各单位的领导权牢牢掌握在忠于马克思主义、忠于党和人民的人手里。要切实加强新闻队伍的思想建设、组织建设和作风建设,广泛开展"三个代表"重要思想、马克思主义新闻观和职业精神、职业道德教育,认真贯彻落实《关于新闻采编人员从业管理的规定(试行)》,建设一支政治强、业务精、纪律严、作风正的高素质新闻队伍。

6. 加快新闻事业繁荣发展的步伐

共产党的十六大以来,新闻传播工作正在进行大力的改革和发展,努力做大做强党报、党刊、电台、电视台和通讯社等重要媒体,重点抓好新闻网站等新闻宣传新阵地的建设,加强对都市类报刊的引导和管理,进一步拓展对外宣传阵地。新闻工作积极提倡先进的科技传播手段,传播先进的思想文化,增加新闻事业的科技含量,通过科学技术的研发和运用提高新闻传播的影响力和控制力。在改革中,积极稳妥地推进新闻体制机制改革,

---

① 李长春在全国优秀新闻工作者表彰大会上的讲话.光明日报,2005-11-9

按照中共中央国务院关于深化文化体制改革的意见,不断优化组织结构,整合内部资源,转变经营方式,通过革除新闻事业的体制性障碍,不断增强新闻事业的竞争力和影响力。

十六大以后,中国的新闻业发展迅猛,主要的亮点有:强调新闻工作的"三贴近"原则;改进会议和领导同志活动新闻报道;实行政府工作信息和社会公共信息公开;建立新闻发言人制度;改进国内重大突发事件报道;加强和改进舆论监督工作;治理整顿党政部门报刊;开展"三项学习教育活动";将传媒业列为重点发展的文化产业;把正确引导社会舆论列入提高党的执政能力的重要内容;把构建和谐社会作为新闻工作的重要任务。①

新一代领导人的新闻观点,同前三代领导核心的新闻观点既一脉相承,又自有特色。共产党的四代领导集体始终把新闻工作作为党的整个事业的一个重要组成部分,始终坚持新闻工作的一系列方针、原则、制度和传统,始终紧紧围绕党和国家的中心任务发挥新闻工作的宣传、教育、激励、动员作用。共产党领导的新闻媒体不负重托,在中国革命、建设和改革的伟大进程中发挥了重要作用。

---

① 郑保卫.中共十六大以来新闻传媒的政策调整与改革,暨南大学与香港树仁学院"新世纪中文传播"研讨会,2005-10-29

第十章
生产力大释放的传播媒介

1992年以后,随着社会主义市场经济体制的确立,经济体制的转轨作为一个基础性的和制约性的条件,对20世纪90年代以后的中国社会产生了全方位的深刻影响。市场经济给新闻事业带来了巨大的生机,传媒好像装上了大马力的发动机,久蓄的能量得以大释放,90年代中期以后,新闻事业几乎是爆发性发展。

报纸数量1993年突破2000家,种类不断增多,都市报如雨后春笋般出现;电视进入黄金时代,卫星电视建设全面铺开,有线电视发展走上正轨;广播随着分众化和经济的多形态,也获得了新生;网络媒体在短短十多年里,更是日新月异。

媒体由过去的国家财政拨款转化为事业单位企业化

管理,再到后来逐步向企业过渡。传媒已经渗入市场经济的诸多经济活动中,并成为一支传媒产业大军。传媒的经济地位已经凸显,1998年全国广告收入亿元以上的媒体已经超过20家,全国四大媒体(报纸、电视、广播、杂志)的广告额为537.8亿元,媒体广告额从90年代后期以来增速呈现出高速成长的态势,大大超过了同期国民生产总值的年均增长率。2002年,中国传媒业年利润和上缴税收超过1000亿元,超越烟草业,成为仅次于信息业、制造业、旅游业的中国第四大经济支柱产业。①

新中国的新闻业从未有过如此巨大的变化,市场经济给新闻业注入了无比的活力,新闻体制得以突破性改革。要用几个简单的框架来概括这段巨变,非常困难,十多年来新闻业一直都在全方位地变动着。年年都有若干重大的事件,报刊、广播、电视、网络、新型媒体,都在不停地消长变迁,那些生动的、不断变化的新闻业景象,各项局部的、短期的精彩变化,难以在这里述及。市场经济下传媒的生产力虽未能大解放,但得以大释放,结构、业务、经营各方面都不断拓展,成就了新中国成立以来最辉煌的传媒风景。

综合"九五"、"十五"计划共十年各类媒体的营业额统计数据,可以看出传媒飞速发展的轨迹(见图10-1):②

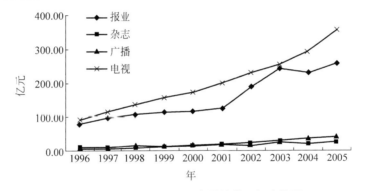

图 10-1　1996—2005年各类媒体营业额走势图

表 10-1　1996—2005年各类媒体营业额统计　　　　　　　　　　单位:亿元

	1996	1997	1998	1999	2000	2001	2002	2003	2004	2005
报业	77.7	96.8	104.4	112	117	122	188	242.9	230.7	256.05
杂志	5.6	5.3	7.1	8.9	12	16	15	24.3	20.3	24.87
广播	9.7	10.6	13.3	12.5	14	16	22	25.6	32.9	38.86
电视	90.8	114.4	135.6	156.1	170	200	231	255	291.5	355.29

---

① 上缴税收超越烟草业　传媒业成为中国第四大产业.联合早报,2002-11-21
② 因综合了多家媒体的历年数据,在此不一一列明出处。表格自制。

第一节　新闻业面临的机遇与挑战

市场经济带来的经济增长,为传媒业的发展提供了必要的资金、市场、技术、新的经营管理机制。2001年,中国推开了世界经济贸易组织的大门,又为新闻传播业带来极大的机遇与挑战。传播技术的突飞猛进,不断推动传媒加速发展。国家文化体制的改革、传媒政策的不断放宽,又为传媒扫清了前进路上的许多障碍。

一、经济发展必然促进传媒业的发展

经济发展为传媒业的发展提供了必须的资金。传媒被推向市场后,各类媒体很快就从巨大的广告市场中找到了新感觉,源源不断的巨额广告收入,为媒体积聚了大笔资金,为90年代后媒体的大规模发展提供了可能。1982年全国报纸广告总额不到5000万元,1988年即达5亿元,1994年突破50亿元大关,1998年突破100亿大关。电视广告收入的增长更快,1983年仅为报纸的22%,从1991年起每年都超过报纸,1996年达90.8亿元,超过报纸13.1亿元。四大传媒广告收入年均增长率90年代均达40%以上,电视更高达50%以上,大大超过了同期国民生产总值的年均增长率。

经济发展为传媒业的发展提供了技术支持。得益于丰厚的广告收入,各类传媒开始大范围升级硬件,广泛采用高新技术设备,迅速追赶着世界新潮流。激光电脑照排、激光彩色印刷、数字摄影摄像、全自动印刷分拣包装、卫星通信、卫星电视等技术很快普及。现代化技术设备,为新闻信息的采制和播送提供了极大的便利,难以数计的新闻信息通过卫星通信、互联网络等高新技术,迅即传遍全球的各个角落。在各种先进设备的武装下,中国记者越来越多地出现在国际新闻事件的现场,各种大型报道、突发报道做得有声有色。20世纪90年代末开始,传统媒体纷纷投巨资办起了互联网站,网络传媒技术迅猛发展。

经济发展为传媒业提供了巨大的新闻信息市场。随着社会主义市场经济的发展,各种生产资料、生活资料、生产要素的市场不断形成和扩大,各种经济主体的经济交往急遽增加,迅速构成了巨大的新闻信息市场。正是这种广阔的新闻信息市场的形成,推动了中国新闻媒介的空前发展,报业也由单一的机关报结构,变为以机关报为主体的多元化结构。[①]

市场经济的逐步发展,给新闻媒体带来了巨大的压力。媒体之间争夺新闻市场、争夺受众和资源的较量愈演愈烈,迫使新闻媒体必须改革旧的经营管理模式和用人机制。媒体转向"事业单位,企业化经营"、"政治家办报,企业家经营",媒介的经营管理观念和机制

---

① 孙旭培.当代中国新闻改革.北京:人民出版社。2004,15

发生了深刻变化,抢抓新闻、争夺读者、注重效益、综合经营的意识普遍增强,广告部、发行部等经营性部门的地位作用越来越重要,目标管理、优稿优酬、自办发行、主持人和主编负责制、末位栏目淘汰制等管理方式纷纷登台亮相,人才的自由流动日益频繁。许多报纸、电台、电视台实行了全员聘任、竞争上岗的灵活用人机制,提高了从业人员准入的门坎,激活了新闻人才资源这个宝库,"能者上、庸者下"、"能上能下、能进能出"成为选拔人才的通用标准。①

二、加入 WTO:传媒的巨大挑战

2001年11月10日世界贸易组织(WTO)第四届部长级会议审议通过了中国加入世界贸易组织的申请,12月11日起中国正式成为世贸组织成员。2002年6月著名新闻史学家方汉奇教授在"世界报业发展论坛"上说:"入世后的中国,意味着已经接受了 WTO 的以下原则,即:无歧视待遇的原则、最惠国待遇的原则、贸易自由化原则、互惠原则、取消数量限制原则、市场准入原则、透明度原则,和国际贸易中公认的其他的一些游戏规则。""中国已经入世,中国报业已经入世。这是中国改革开放的必然趋势。'狼'是我们自己请进来的,我们不但要'引狼入室',而且还要学会'与狼共舞'。"②

入世会使社会的各种因素发生变化,从而影响传媒:政策规则的变化,对社会各方面都会产生深刻的影响;经济基础条件发生变化;技术条件的变化,人们可以汇集很多其他媒介,来促进工作方式的变化,实现多重媒介的无缝链接;传媒本身竞争的条件模式的变化,促进工作方式的变化;整个受众心理、消费方式的变化;整个传媒队伍的知识结构、业务水平较过去也有了很大的不同。③

在入世3年后,专家认为,传媒面临的变化会有几个方面:低关税和减除贸易壁垒的实施,带来的是低成本,进入的国外传媒在中国的报纸发行、书籍出版、广播电视播出、机构设立、员工工资等运作成本都会低于入世以前,以前我国传媒业的成本优势将不复存在,这对国内传媒及其工作人员的人心稳定不能不说是极大挑战;在最惠国待遇问题上,拥有最惠国待遇的双方将在对方国家中拥有同等优惠的权利,中国的传媒业若不能在缓冲期中做大做强,最终的结果将会是被国外传媒强大的实力所冲毁;国民待遇原则,对我们报纸广播电视产业影响极大,如党报的特殊待遇可能持续不了多久,为此政府已开始逐渐退出办报系统,2003年就有677家政府机关报停办,为纳税人节约了18亿元人民币。

入世后,外资传媒对中国新闻业已经起到一定的推动作用。在头3年,进入中国上空

---

① 吴昌德.社会主义市场经济带来中国新闻传播事业的繁荣.新闻与成才,2003,(4)
② 方汉奇.中国加入 WTO 后大陆报业所面临的发展机遇与挑战.联合早报,2002-8-13
③ 胡菡菡.拓展通讯社的发展空间——与陆小华、唐润华的对话.新闻通讯,2002,(7)

的外国广播电视频道有220个,其中有33家电视频道经批准落地,如凤凰、阳光、华娱、星空等卫视,虽然有着在局部、特殊社区播放的限制,但其广告收入已经不容忽视;外国平面传媒也开始进入,如美国IDG公司、德国贝塔斯曼集团、TOM.COM等等。外资传媒虽无法直接进入,但其广告业、零售业、批发业、发行业等已经开始渗透。2004年8月,中央特批上海电视台新设的青少年频道和外国公司合作,在本土生产青少年节目,相对于直接引进外国节目而言,有着便于监管、低成本的优点;后几年传媒业的准入政策将会再次放宽,当外国报业获准出中文版时,国内媒体将面临着全方位的挑战。①

平面媒体面临着挑战。根据《服务贸易总协定》的相关规定,报刊书籍的进口会增加,部分外文报刊的有限输入可能实现,国外资本在中国办媒体、出版社,或者投资、合资办媒体的方式将会渐渐出现,同时,如果我国对国外某些大众传媒开放,这些传媒也将享受与国内传媒相同的待遇。② 入世对中国期刊业的影响,也将集中在发行、印刷等方面,而编辑环节也间接受到知识产权等影响,比如《世界服装之苑》就是法国《ELLE》杂志的中国版。加上我国在高科技、经济管理等领域的原创性研究不足,这些领域的期刊出版物将会很大程度上依赖国外期刊。资本方面,虽然中国明令确保中方在合资中的控股位置,但中国期刊业的经济实力与西方相距甚远,往往出现外资控股的现象,如1995年成立的上海贝塔斯曼文化实业有限公司,1997年由于中方资金短缺,公司股权分配变为德国90%而中国10%。③

广播电视也受到冲击。入世条款并没有关于广播电视的直接规定,但是电影所受的冲击非常大,必然会间接地影响电视的受众市场。在整个娱乐产品市场中,外国的产品多了势必会挤压中国的市场。广告方面的冲击则是最直接的,外国传媒正在抢走一部分广播电视的广告市场份额。5年保护期一过,中国传媒业将被更大程度地拉入世界传媒体系。外国传媒通过多种手段进入我们的市场:通过内容制作,分割广告市场,他们通过资金注入等方式在中国制作视听产品,同时在这些节目中加入贴片广告;通过互联网来争夺电视受众,开辟网络互动式视听传播市场;通过本土化策略,进入中国市场,如Viacom在中国推广其旗下的Nickelodeon儿童节目时,将其换成"尼克知识乐园"并将其嫁接在唐龙发行网上,很快便进入中国的100家电视台。④

与传统媒体相比,网络业受到的冲击要大得多。网络媒体依托互联网,突破政府的限制要比传统媒体容易得多。而入世以后中国将逐渐开放互联网的全部领域,包括对内容

---

① 以上两段参见童兵.入世以来我国新闻传媒业业态嬗变及前瞻(王慧敏根据录音整理).http://www.fudan.edu.cn/fudannews/news_content.php?channel=6&id=6072
② 孙旭培.中国传媒的活动空间.北京:人民出版社,2004,51~52
③ 杨牧之.当前中国出版业改革的探索与思考.新闻出版报,2002-6-7
④ 沈斌昀.外资媒体电视本土化战略.新闻界,2002,(3)

供应商开放①,这种承诺使得中国的网络业并不像报业、广电业市场那样受到保护,相对而言更加开放。冲击主要有以下方面:其一是网络品牌的冲击,像雅虎、美国在线、微软的影响,外资网络经营规模的冲击。一些大型网络经营资产在21世纪初就动辄几千亿美元,年收入几百亿美元,一个公司的规模比中国一个大型城市的所有宣传系统要大好几百倍。其二是人才争夺的冲击。外国网络公司在中国的本土化运作方式,抢走了人才。其三是外国成熟的资本市场运作的冲击。网络是一个高投入的、消耗比较大的行业,需要资本市场的支持。②

一些问题已经显现。中央电视台4频道在台湾已经落地10年,但2003年3月台湾当局却借口大陆没有同意接受台湾几家电视进入大陆的申请,以大陆没有做到让世贸各成员方"利益互惠"为由,禁止台湾有线电视播放中央台4频道节目。这种现象很难说以后就没有了。③ 当然,入世给中国传媒业也带来机遇。传媒的产业化程度、经营管理能力和人力资源结构上有望得到加强,运作体制也会得以改进,新闻理念会得以提升。

三、传播技术:带来新的理念与运作方式

今天传播科技的技术内核是数字化,即信息(计算机)领域的数字技术向所有领域全面推进的过程,包括通信领域、大众传播领域内的传播技术手段以数字制式全面替代传统模拟制式的转变过程。因此数字化就为不同传媒间的整合传播提供了一个广泛的基础平台。也就是说,一种媒体的信息资源可以轻而易举地转换形式再通过其他媒体展现。如近年来报刊、广播、电视媒体纷纷与新兴的电子出版(CD-ROM、VCD、DVD等)及炙手可热的网络媒体相结合,甚至其信息可通过WAP手机、PDA等各类数字化终端接收。

新媒体对传统的媒体带来了新的理念和运作方式。媒体从业者不只是传播者,它同时也是信息的接受和使用者,传播与接受之间的互动将大大增强。新闻的采编业务也会出现新的手段,比如类似于OhmyNews(我的新闻)④这样的网站在世界范围内兴起,使采编的专业性减弱,每个市民都可能是记者,传播流向变成了"自下而上"。

四、经济转型期,传媒"事业单位,企业化管理"

20世纪70年代末,随着思想的解放、经济体制的改革,以及国家财政方面的巨大压力,传媒体制急切需要改革。国家财政已经无力支撑具有强烈发展需求的新闻传媒。面

---

① 孙旭培.中国传媒的活动空间.北京:人民出版社,2004,24
② 丁和根.网络传播:应对入世路迢迢——访东方网总编辑徐世平.新闻通讯,2002,(3)
③ 孙旭培.当代中国新闻改革.北京:人民出版社,2004,411
④ 2000年2月创办,成为韩国最具影响力的网络新闻媒体,2006年每天的访问人数超过200万

对改革需求,新闻传媒的"事业"属性有了进一步的改变。1978年财政部批准《人民日报》等8家新闻单位实行企业化管理的报告,报业"事业单位、企业化管理"政策开始实施,这是报纸从完全的计划经济转向市场运作的重要转折。但是,这个政策直到90年代才真正成为实践的指南。

新闻传媒逐渐走入社会主义市场经济的轨道,提出了新概念"经营",开始实行企业化经营,"传媒经济"也于90年代出现了。新中国的传媒从传统的计划经济模式、经过80年代的改革孕育阶段、90年代转型期,进入21世纪的经营发展期。传媒之间的竞争日渐激烈,并引发了传媒集团化趋势,以及传媒内部管理体制的改革。国家在政策上确立了传媒的市场化、经营化,传媒业进入了发展期。

90年代中期以后,报业经营走在最前端的有《广州日报》、《北京青年报》和新崛起的都市报群体,以及党报兴办的各类子报。这些报纸从实践中总结出了不少新的经营理念,如《北京青年报》的"四轮驱动"运营方式,即产品为王,广告为本,发行为桥,活动为力。①

第二节 传媒体制的困境与变革

新闻体制是社会对媒体实施制约的重要手段,是由社会的政治、经济制度决定的。传媒的所有制性质是传媒体制的核心,它决定了媒介的工作方针、管理方式和运行方式。在我国的新闻理论中,新闻体制被界定为媒体的所有制性质、媒体决策机构的构成、组织体系、干部制度等。② 我国关于传媒机构及运行方面的制度主要是通过政策、文件加以规范的。1987年,我国成立了新闻出版署,这是国务院对报纸进行行政管理的专门机构,它先后颁布了《报纸管理暂行条例》、《出版管理条例》,使报纸的管理逐步纳入规范化的轨道;我国的广播电视总局则负责管理全国的广播电视事业;1998年,我国成立了信息产业部,加强了对媒体、尤其是网络媒体的管理,以保证我国的信息安全和促进信息产业的发展。

国际学界认为,我国实行的是"指令型"(commandism)的新闻体制。③ 这种体制建立在一定的新闻理念上,这些新闻理念,包括统领新闻实践各个方面的基本范式(paradigm),包括新闻工作的性质、原则和规范。在我国的新闻体制下,构成这一范式的基本原则是:新闻事业是党的事业的一部分,是党的喉舌和宣传工具。因此传媒归国家

---

① 崔恩卿:中国报业转型期的基本理念和特征,http://www.sina.com.cn 2003-10-22

② 综合自甘惜分.新闻学大辞典(*A Dictionary Of Modern Journalism*).郑州:河南人民出版社,1993,5;李良荣.新闻学导论.北京:高等教育出版社,1999,73

③ Lee,Chin-Chuan,Mass Media: Of China, About China. Chin-Chuan Lee(Ed), Voices Of China: The Interplay Of Politics And Journalism,pp.3—29. New York: The Guilford Press,1990

所有,并纳入行政级别体系。上级政府和党委对传媒的高层人事和编辑方针拥有决定权。①

一、新闻体制是社会对媒体实施制约的重要手段

新闻传播制度向来都是政治制度的一环。② 中国现有的传媒体制,最初受国际共产主义党报体制的影响(如党报直属党的领导机构),并学习了苏联的模式,加上中国无产阶级革命和当时社会主义建设的需要,形成了"党报体制"。③ 它是由社会主义的政治制度和曾经的计划经济制度确定的,在市场经济形态下有了一定的改革,但体制形态不变,即:新闻媒介属国家所有,是社会主义事业的一部分;传媒接受党的领导,干部由党和政府任命,工作方针由党和政府决定。

新闻体制是传媒业发展水平的决定性条件。传媒制度按照基本功能,可以自上而下大致分成三个层面,即宏观管理制度、采编运作制度和经营分配制度。④ 随着新闻改革的深入,我国的宏观新闻体制已经不适应传媒发展的需要,成为发展的"瓶颈"⑤,即主要障碍。微观方面,传媒的内部管理机制包括采编运作与经营分配制度的改革,已经成为传媒机构发展的决定性因素,局部的体制创新成为传媒发展的突破口,机制胜则传媒胜。⑥ 各个媒体都在致力于微观体制的改革。微观的体制改革归根结底,还是受制于宏观的传媒体制。

二、中国现行传媒体制的确立

我国新闻媒体属国家所有,这种所有制方式确立于1952年"公私合营"之后及1957年开始财政体制改为以政府供给为主导,即确立了新闻媒体的"事业单位"属性。对于事业单位,目前没有一个明确的解释,有英文译为"Public Service Unit"(公共服务机构),但其实这两个概念并不一样。事业单位主要是指由政府拨款维持、由党和政府确定组织及负责人、为党、政府和人民而设的服务性而非盈利性单位。与它相对应的是企业单位,是以生产经营为手段、以盈利为目标、必须向政府交纳税收的单位。

如前所述,新中国成立初期媒体是按企业化管理的。国家确立了计划经济之后,报纸的经营管理也开始按计划经济的模式运作。新闻传媒的属性也由此确定,与其他事业单

---

① 本目参见陈昌凤.中国传媒集团发展的制度障碍分析.新闻与传播评论.武汉:武汉出版社,2004
② 方汉奇.中国新闻传播事业一百年.国际新闻界,2000,(6)
③ 孙旭培.当代中国新闻改革.北京:人民出版社,2004,36
④ 陈怀林.九十年代中国传媒的制度演变.二十一世纪,1999-6
⑤ 中国新闻出版署原报刊司司长(现发行司司长)刘波在北京大学"新闻与传播专家论坛"的演讲,2002年9月
⑥ 北京青年报社社长张延平在北京大学"新闻与传播专家论坛"的演讲.传媒集团的理念与经营实践,2003-10

位一样,经费按主管部门核定的预算,逐月或逐季拨付,统由国库开支。基建和增添设备的费用,另行申报,专款专用。生产资料按计划调拨,生活资料按计划供应,新闻媒体按事业单位运作,基本没有广告,报纸除了发行的收入之外,没有其他收入。① 传媒在经济上依赖国家拨款,按行政级次配备资源,审批制度高度集中。1978年改革开放后,报业"事业单位、企业化管理"政策开始实施,新闻媒体有了一定的经营,比如刊载少量广告,但是其事业性质不变。直到市场经济兴起之后,中国当代新闻传媒才真正具有了双重属性,即事业属性和企业属性,也就是"事业单位,企业化管理",此话题成为近十年学界业界的焦点。

1982年公布的《中华人民共和国宪法》第22条仍确定传媒的"事业性质":国家发展为人民服务、为社会主义服务的文学艺术事业、新闻广播电视事业、出版发行事业、图书馆博物馆文化馆和其他文化事业,开展群众性的文化活动。② 报业集团相继成立后,中央办公厅17号文件把报业集团也明确规定为事业单位。1990年出台的《报纸管理暂行规定》第一章第七条规定:我国的报纸事业是中国共产党领导的社会主义新闻事业的重要组成部分,必须坚持为社会主义服务、为人民服务的基本方针,坚持以社会效益为最高准则,宣传马克思列宁主义、毛泽东思想,宣传中国共产党和中华人民共和国政府的方针和政策;传播信息和科学技术、文化知识,为人民群众提供健康的娱乐;反映人民群众的意见和建议,发挥新闻舆论的监督作用。

三、事业单位、企业化管理:中国现行传媒体制的"改造"

从1978年起,报纸开始酝酿从完全的计划经济转向市场运作。作为独立核算的经济实体,新闻传媒走入市场经济,开始实行企业化经营。传媒之间的竞争日渐激烈,并引发了传媒集团化趋势,以及传媒内部管理体制的改革。

媒体的"事业性质",更多的是政治层面或者意识形态上的界定,在经济方面已经被市场淡化,比如在国家财政支持方面,媒体和博物馆、图书馆以及中小学校等事业单位不再具有相同的权利。③ 不过"事业单位"仍然赋予传媒巨大的"无形资产",如传媒享有的权威性、财政上的优惠、公费订阅的可能、税收上的减、免、返回等形式的优惠。特别是政府可以成为一个强有力的保护伞,给了传媒"专营"权,私营资本和境外财团不能进入传媒行业,其他国有企业也不得经营传媒业,传媒面临的竞争对手的数目和竞争的激烈程度因此低于非传媒行业。

---

① 方汉奇.中国新闻传播事业一百年.国际新闻界,2000,(6)
② 中华人民共和国宪法,1982-12-4 全国人民代表大会公布施行。
③ 杨育才.媒体"双重人格"的困境与出路,大众网—青年记者,2004-3-16

"事业单位,企业化管理"这种二元体制结构是过渡时期的产物,带有浓重的双轨制痕迹,传媒在计划经济体制和市场经济体制间举棋不定。对传媒而言,"事业性质"意味着特权和利益,但束缚很多,而作为企业,它们又显得缩手缩脚。传媒"一个班子,两块牌子"(事业和企业),有的时候可以"左右逢源",哪边有利往哪边靠;有的时候却"左右为难",想靠哪边都靠不上。这种状态,一方面可能造成传媒对党和政府的依赖,"小富即安",缺乏风险意识、危机意识和进取意识;一方面可能造成传媒战略缺失,难以确定终极发展目标。①

要发展传媒,改革传媒体制是根本。改革开放以来,新闻界的改革主要体现在业务领域,新闻体制上的改革进展不大。② 新闻体制方面的改革一直是"摸着石头过河",哪儿出点漏洞,管理部门就想个办法出个文件去堵一堵,多是临时性的解决办法,缺乏长远思路。③ 有学者将体制方面的变化称为"体制改造"。"体制改造"式的变化源自新闻改革大环境的不确定性,其原因是在新闻改革过程中,现行"党的新闻事业"的基本属性不变,而改革缺乏目标体制的完整设计,哪些需要改、应该怎么改等需要实践中的摸索。④

四、文化体制改革中传媒的机遇

从2003年开始,中国文化体制改革试点工作快速发展,国家已经允许民营资本和外资进入演艺、会展、艺术品经营等领域,2005年国务院10号文件甚至允许在某些领域非国有资本对国有文化单位通过参股、控股进行重组,但是在传媒领域,国务院10号文件、中央14号文件都明确党报、党刊、电台、电视台继续保持事业体制。已经组建的几十家传媒产业集团仍按照"事业单位、企业化运营"的二元体制结构运行。文化体制改革中开展的新闻出版体制改革21个试点的新闻出版和发行单位,都创新体制、转换机制,取得了局部的和阶段性的成效,但体制弊端和机制障碍仍然存在。从管理体制上看,一些地方新闻出版管理部门还存在着政企不分、政事不分、管办不分的问题;从微观运行机制上看,事业不像事业,企业不是企业,应由政府主导的公益性新闻出版事业长期投入不足,应由市场主导的出版产业长期发育不够;从组织结构看,既缺乏若干具有较强竞争力和影响力的大型传媒、出版集团,也缺少一大批市场定位准确、运行机制灵活、"专、精、特、新"的中小出版企业;从产品结构看,新闻出版业各种资源的配置效率还不高。解决这些问题的

---

① 王培文.报业集团企业化管理问题探析,http://www.dzwww.com/sdby/bktg/200310210754.htm,2003-10-21
② 柴葳,王永亮.孙旭培:甘为新闻改革铺路奠基.人民网,2003-1
③ 中国新闻出版署原报刊司司长刘波在北京大学"新闻与传播专家论坛"的演讲,2002-9
④ 潘忠党.新闻改革与新闻体制的改造——我国新闻改革实践的传播社会学之探讨.新闻与传播研究,1997,(3)

根本出路在于解放思想、转变观念,按照中央关于文化体制改革的决策部署,坚定不移地深化新闻出版体制改革。①

第三节 新生态下的新旧媒体

从未有哪个时代的传媒,如今天这么日新月异。中国的传统媒体在市场经济下能量大释放之际,几乎毫无准备地就遭遇上了新媒体。每一种新出现的媒体,都曾对原有媒体构成挑战和威胁,但从报刊出现至今,还未有一种媒体消亡。这一次,传媒技术革命如此猛烈,传统媒体将如何生存下去?媒体形态的融汇,会成为一种潮流吗?

一、新生态下的报业:调整策略

1. 报业格局的重新组构

经过多年的演变,全国的报纸结构,已经发生了较大的变化,数量与人均拥有量也有显著提高。根据新闻出版总署的报告,2004年中国日报的千人拥有量达到75.86份,京、沪两地每千人拥有日报数量分别增至274.2份和268.1份,已超过中等发达国家水平;日报普及率上升到0.26份,京(0.85份)、沪(0.83份)已接近发达国家水平(每户居民每天1份日报)。据世界报业协会统计,2004年全球日报出版总量为6580种,我国日报出版955种,已连续第5年位居世界第一,占全球日报出版总量的14.5%。经历了新世纪之交的高速发展,2003年以后,报业进入"冬季",各报正化危机为机遇,努力走出困境。

全国各级党报连同所属系列报总量占全国报纸数量的一半以上,党报的加强是因为建立了强大的系列子报体系。晚报都市报虽然数量不多,但其他出版指标明显高于各类报纸。华东、中南地区报纸的数量占42%,最多的广东省有上百种报纸,而最少的宁夏只有十多种。报纸发展模式由数量规模型向质量效益型转变,2003年报刊治理整顿以后全国共停办报纸282种,发行量减少近12亿份,报刊征订费用减少近5亿元。2005年综合性报纸中《参考消息》平均期印数最高,为314.6万份;《人民日报》平均期印数为192.64万份;印数最低的《中国新闻报》,仅有1000份。下图是截至2005年7月全国1926种报纸的结构分布。②

---

① (新闻出版总署署长)龙新民.积极稳妥推进新闻出版体制改革.人民日报,2006-4-6
② 新闻出版总署报刊司于2005年8月5日首次发布年度报告《中国报业年度发展报告(2005)》,参见新闻出版总署计财司编.《中国新闻出版统计资料汇编2006》。

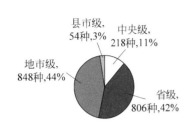
图 10-2　2005 年各级报纸分布图

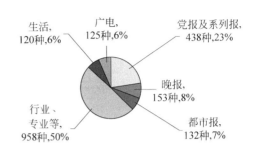
图 10-3　2005 年各类报纸分布图

报业的改变,从 20 世纪 90 年代初的扩版潮、周末版潮开始,到 90 年代中期都市报的涌现,变化开始深入到结构方面。1995 年起出现的"都市报现象",开始改变原有的机关报一统报业的单一格局,它们由党委机关报主办,是介于机关报和晚报之间的新型城市报纸。《华西都市报》《南方都市报》《大河文化报》等几十家都市报纷纷出现,且名目不尽相同,有文化报、早报、生活报、服务报等,业内一般统称为都市报。这是一种城市大众化报纸,在机关报的发行量持续下滑的状态下,都市报却保持着强劲的发展势头,是中国市场化程度最高的报纸,有不少成了机关报业集团的主要盈利子报。相对于机关报的干部报、工作报、政党报性质,都市报是市民报、家庭报、大众化的通俗报。由大众化的报纸占领报业市场,是报业格局的一大变化。

都市类报纸以不同的视角、方式引导社会舆论,以更强的力度干预社会,产生了重大影响。2003 年,《南方都市报》等一批媒体对孙志刚被收容、被害案的报道,使得已经实施了 21 年的收容遣送制度《城市流浪乞讨人员收容遣送办法》被废止。《大河文化报》等对公安干警张金柱因交通肇事逃逸而被判死刑一案,也产生过重要影响,成为舆论监督史上重要的事件。

从 1996 年第一家报业集团广州日报报业集团成立以后,以党报为主体的各级报业集团,如雨后春笋般出现;以《北京青年报》等为代表的城市主流报纸,快速占据了报业运作和经营的制高点,报业经济成为一种重要的经济形态。以意识形态为首要的中国共产党机关报体系,进入了"报业经济"时代,这是报业格局的又一大变化。

报业所有制虽未发生根本性变化,但一些机构创办的媒体如《财经》等成为组构中的又一新鲜亮点。2001 年,国家广电总局、中共中央宣传部、新闻出版总署联合发布《关于深化新闻出版广播影视业务的若干意见的通知》(中办发 17 号文),对组建媒体集团、跨地区、跨媒体经营以及媒体投融资等问题提出了指导性意见。因此,传媒出现了前所未有的宽松局面。一些业外资本通过各种方式渗入报业,如 2001 年中央级《人民日报》与上市公司北大青鸟的子公司北大文化合作,后者投资 5000 万元创办了《京华时报》;2004 年《中国青年报》与北大青鸟合作成立中青传媒,主营《中国青年报》的发行、广告、品牌经营及其他延伸性经营活动,事实上是与《中国青年报》的《青年参考》进行合作。① 北大青鸟还曾参股经营上海《青年报》。上海文汇新民联合报业集团向上市公司春兰(集团)公司转让子报的股权,吸纳业外国有资金。报业资本成为无产阶级党报体系的重大主题,并呈多元的趋势,这也是报业格局的一大变化。

2003年,由光明日报报业集团主管,《光明日报》与南方日报报业集团共同创办了《新京报》,这是我国第一例中央级报业集团与省级党报集团的跨地域合作,是打破地域限制的报业兼并重组的新尝试。同年,南方日报集团与上海文汇新民报业集团合作创办的《东方早报》则拉开了平面媒体跨区域合作的序幕。2004年,深圳报业集团不惜重金杀入东北传媒市场,进入原来由新华社主办的《时代商报》;不久,上海、广州、北京的文广集团、北京青年报、广州日报掀起跨地区合作的高潮,创办《第一财经日报》。解放日报报业集团和成都日报报业集团联合创办了《每日经济新闻》。跨地区经营,对众多报纸充满吸引力。但是,鉴于跨地区办报过程中,属地管理问题尚未得到很好解决,因此2005年春国家暂停审批跨地区办报,已获批跨地区办报可继续试点。② 报刊跨地区经营是改革发展的必然趋势。

一些新型的财经类报纸相继出现,如《中国经营报》、《21世纪经济报道》、《经济观察报》,还有《第一财经日报》等等,这种细分化的以财经新闻为核心的报业潮流,对于原来的综合性为主的报业格局,也是一种改变。

2002年新闻出版总署印发了《关于规范新闻出版业融资活动的实施意见》,从政策上开启了新闻出版业融资的大门。2003年度新闻出版业的融资活动比较活跃,各个领域都有资金进入。但总的来说,与国内其他产业相比,还处于发展的起步阶段,尚未出现大规模的集团并购和跨国投资,融资的范围和规模都不大。

与此同时,国家还出台了治理机关报的政策。2003年中共中央办公厅、国务院办公厅下发《关于进一步治理党政部门报刊散滥和利用职权发行、减轻基层和农民负担的通知》的实施细则后,300多家县级报纸停办;而一些各级党的机关和政府组织部门、直属机构、办事机构、省级和省级以下行业组织等主管、主办的报刊,也被列入治理范围。这次治理中共停办报刊677种,河南停办21种党报党刊,据推算为基层一年就节约订费2亿元。

2. 集团化战略:目标做强做大

中国的新闻界有着强烈的强大起来的愿望,加上申请加入WTO对传媒的压力,于是

---

① 由于种种原因,已于2005年9月宣告中止合作。北大青鸟是北京大学下属的高科技信息企业集团
② 语出中宣部部长刘云山,传媒,2006,(3)

提出了集团化战略,希望把中国的媒体做大做强。1996年以后,国家对报刊进行"控制总量,调整结构,提高质量,增进效益"的战略调整。这一年,新闻出版署批准成立了《广州日报》报业集团,以后又批准成立了《南方日报》、《羊城晚报》、《经济日报》、《光明日报》与上海文汇新民联合报业集团等。各报以本报为核心,创办众多子报,期望从规模入手提升实力。2001年加入世贸组织后,中国政府决定承诺要开放出版物分销市场和分销服务,新闻出版改革加快了步伐,以希望在5年保护期内自强起来。在这种思路下,全国组建了60多个集团,其中有39家报业集团,12家出版集团,9家发行集团,1家期刊集团。到2002年底,按报业集团化的战略,中国共组建了39个报业集团,分布情况如下:

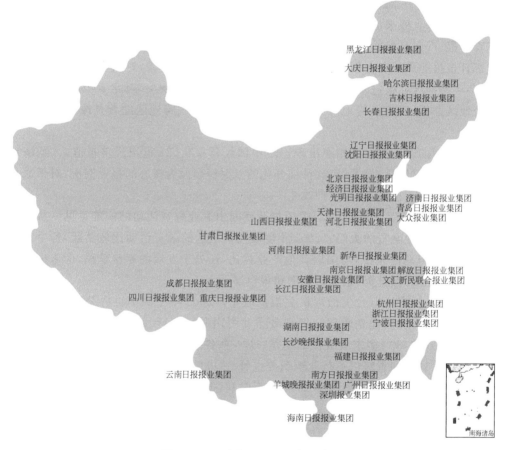

图10-4　39家报业集团分布示意图

在进行集团试点的时候,经济体制改革正处于新旧体制胶着状态的攻坚阶段,还未深入到文化体制的改革,更未提出"文化产业"的概念,因此集团化是在缺乏系统的理论指导和配套政策支持的情况下进行探索的。这些报业集团,不是报纸和报纸的联合,就是主报和子报的组合,一百艘小舢板捆绑在一起不可能成为航空母舰,机械的捆绑很难真正增强报纸的市场竞争力。组建集团是一种"适应性"行为,在管理体制、市场机制方面并未有所突破。在中共"十六大"以后,中央明确了要深化文化体制改革,加快文化产业发展的突破性思路。

3. 报业策略的转变

报业的生态环境发生了前所未有的改变,从飞跃发展进入艰难时期。报业20世纪80年代高速发展,90年代向前跃进,在1993年前后狂飙突进,大幅扩张,多数报纸从4版、8版扩为24版乃至36版。1997年亚洲金融风暴后,报业收入增长有所减缓,1997—2001年,报纸广告收入年增长率降至15.6%。2001年,中国GDP增速在小幅回调至7.3%后继续高速增长,带动了报业的收入激增,报纸广告2002年、2003年也分别增长了37%和23%。① 但报业的分化趋势已经十分明显,90年代后期各类行业报、专业报走向衰落,晚报也开始持续下降。新兴媒体的成长带来的媒体广告市场结构的调整,以及受宏观调控、报业收入规模已经较大等因素影响,报刊广告的平均增幅2004年开始回落。

2005年报业到了一个"拐点",进入改革的阵痛期,报业广告的月增长率从三月开始同比增速呈现下滑趋势,六月份的同比增幅已不到3%,全国报刊广告额平均仅增长7.08%,首次低于中国GDP的增幅;而此前十几年,国内报刊的广告收入平均增速高达30%以上。国家对医疗医药广告的整顿、对房地产业的宏观调控以及汽车、通讯等媒体广告支柱行业产值增长放缓,成为报业广告额增长放缓的重要原因。

以网络为代表的新兴媒体,正在呈爆炸式发展,媒体格局正在发生更大变化。传统报纸的强势地位被动摇了,受众的注意力正在转移。以网络为主力,以户外广告、移动电视、楼宇广告、城市广播、电梯广告等为侧翼的新媒体方阵迅猛崛起,瓜分、蚕食了传统媒体的广告份额,对传统媒体构成了严峻的挑战。② 报业是大投入大产出的产业,创办一家综合性日报投资动辄几千万、上亿元,而培育期一般需要3～5年,以前占据优势的主流大报也越来越注重开源节流,在减版的同时加强了创新,并依托自身优势开展跨媒体经营。

跨媒体经营成为报业的重要发展策略。各地都有报纸与中国移动等电信运营商合推手机报;报业越来越重视其网站,改变网站只是报纸内容翻版的现象,开始以此为基础拓展业务和市场;报业越来越重视进行客户导向和专业服务的活动,开始战略调整。

---

① 2005报业拐点与阵痛, http://www.cjr.com.cn(中国新闻传播学评论)
② 吴海民. 媒体变局:谁动了报业的蛋糕?. 中国报业, 2005, 11

一些报业集团还尝试更广泛的投资领域,如北青传媒、文新集团、解放报业集团进入了影视领域,《杭州日报》参股杭州数字电视产业园,天津日报集团参与创建报业发行管理软件公司,重庆日报集团介入游戏产业,河南日报集团涉足体育产业;海南日报集团、湖南日报集团涉足酒店度假领域,此外,银行、证券业、房地产、医药、保险、石油、化工等行业也有集团涉及。越来越多的报业集团热心资本运作,计划上市融资。这一切,都变革着党报一体化的格局。

二、广播业的第二次复兴

改革开放后,广播经历了三次重大的突破:直播,开设热线,分台——由综合台分化出多个专业台,同时有了两次复兴。第一次复兴,是在20世纪80年代中期以后,中国电视业的快速发展对广播形成了冲击,广播不得不在电视无法代替的方面努力,如及时播报新闻,播放音乐,并向电台专业化方向发展。取代传统综合性电台的,是有明确分工、明确受众的新闻台、生活台、文化台、音乐台、经济台等,21世纪初一批交通电台迅速成长。第二次复兴,就是现在。随着中国私人拥有小汽车的数量的攀升,广播听众又明显增加,而且听众的收入结构也发生了变化,开始面向中等以上收入的人群。相应地,广播经济呈现良好发展势头。

1. 因应时潮,调整定位

20世纪80年代末90年代初,直播、热线为广播第一次复兴作出了贡献;新世纪以来,在分台的基础上,广播以经营求发展,正进入广播的第二次复兴的关键。比如,中央台2004年1月1日推出的"都市之声",定位为"时尚、实用、快捷、快乐",目标是成为最受大众欢迎的服务型商业电台,由广告公司、媒体集团投资,参与其广告运营。

国际广播台开始重视国内的听众市场,1999年中国国际广播电台第二套对内广播正式开播。90年代以来,网上广播(在线广播)给广播业带来新气象,它是数字化的音频视频信息通过国际互联网传播的。国外电台纷纷上网,提供随时点播和实时直播音频服务,为中国广播提供了很好的借鉴。

2003年被称为中国广播的发展年,广播改革取得了明显成效,全国各级电台实行了频率专业化改革,广播重新回到强势媒体的阵营。在2003年年初召开的广播电视工作会议上,时任中宣部副部长、国家广电总局局长徐光春提出广播发展年要达到的目标:广播的收听率要明显提高,广播的创收要明显增加,广播的影响力要明显扩大,广播的地位要明显提升。为此,还确定了中央台、国际电台、北京电台、上海电台等13个台为中国广播发展年试点台。中央台提出的改革思路是"频率专业化、管理频率化",对广播功能链进行深度开发。广播广告的经营强劲增长,近年来年增幅一直超过20%。

北京人民广播电台交通广播2003年广告收入1.5亿元,创造了中国广播单频的收入之最。2004年北京人民广播电台收入达4亿元,名列电台之首。

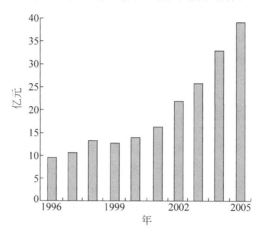

图 10-5　1996—2005 年广播营业额统计图

2. 广播与电视紧密联系

广播与电视的联系紧密了。到2005年底,我国已有广播电台273座,广播节目2396套;电视台302座,电视节目2899套;广播电视台1922座;到2005年底广电总局批准建立了3家付费频道集成运营机构,批准了130套数字付费节目(付费电视112套,付费广播18套),已开播了108套(付费电视95套,付费广播13套),中央数字电视平台集成数字付费频道32个,全国上星频道已达49家,城市居民可收看到50套电视节目。全国有线电视用户1.26亿户,数字电视用户413万户,付费数字电视用户139万户。全国有收音机5亿台、电视机4亿台,电视家庭用户超过3亿户,全国广播人口综合覆盖率达到94.48%,电视人口综合覆盖率达到95.81%。城乡广播听众近12.22亿人,电视观众12.38亿人。截至2005年底,有线电视网已经覆盖全国(除西藏、香港地区、澳门、中国台湾外),总里程4万多公里。[①]

为了更好地发挥优势,全国各地的电台已开始形成各种形式的联合体。由北京、上海、广东等10多家音乐电台联合组成的全国卫星音乐广播协作网,每天同步直播《中国歌曲排行榜》、《校园音乐先锋》、《中国民歌大赛广播打擂台》等多档节目;由大连、上海、广东等20多家电台组成的全国广播体育协作体联手转播各种大型体育比赛,迅捷传播比赛

---

① 孙正一,柳婷婷.2006:中国新闻业回望(上).新闻记者,2006,(12)

实况,尤其是球类联赛的同步消息传递;由上海、北京、香港、广州、深圳等 5 城市组成的电台财经卫星广播网,全方位、大容量、高密度地权威反映国内外财经信息。①

2004 年 11 月 28 日,中央人民广播电台开播有线数字付费电视《家庭健康》频道,改变了传统时代广播和电视阵营之间界限分明、毫无瓜葛的历史。电台和电视台之间的界限开始打破,电台第一次被允许制作电视节目,是一个新的方向,比如北京人民广播电台为北京付费频道制作了一个音乐频道。

三、狂飙突进的电视业

20 世纪 90 年代是中国电视狂飙突进的时期,电视的管理政策、传输技术、传播业务、经营手段、营业收入,都是以跃进的速度发展的。1996—2005 年 10 年间,电视营业额翻了 4 倍,成为利润最好的媒体类型。2005 年中央电视台的总收入达 124 亿元,每年其黄金时段广告拍卖,都会出现"天价",2005 年央视黄金资源招标高达 58.70 亿元。电视在经济领域不断创造着奇迹。

80 年代初确立的"四级办电视"的政策,有利于当时电视的普及。截至 1994 年,经广播电影电视部正式批准建立的县级以上无线电视台 982 家,有线电视台为 1202 家,经国家教委和各地教育部门批准建立的教育电视台有 941 家,电视台总数高达 3125 家(还不包括各地未经批准的数以万计的有线电视台、站),这一数字,超过美国一倍,是日本的 25 倍,是英国的 260 倍;超过了美国、俄罗斯、日本、英国、法国、德国、印度、加拿大、澳大利亚、巴西和巴基斯坦 11 个电视产业大国的总和(2606 座)。1996 年国办发出 37 号文件《关于加强新闻出版广播电视业管理的通知》,之后广播电影电视部成立专门领导小组开始治散治滥,电台、电视台的数量开始逐渐减少。② 到 2005 年年底,电视台 302 座,电视节目 2899 套;广播电视台 1922 座(1922);广电总局批准建立了 3 家付费频道集成运营机构,批准了 130 套数字付费节目(付费电视 112 套,付费广播 18 套),已开播了 108 套(付费电视 95 套,付费广播 13 套),中央数字电视平台集成数字付费频道 32 个,全国上星频道已达 49 家,城市居民可收看到 50 套电视节目。全国有线电视用户 1.26 亿户,数字电视用户 413 万户,付费数字电视用户 139 万户。全国有收音机 5 亿台、电视机 4 亿台,电视家庭用户超过 3 亿户,全国广播人口综合覆盖率达到 94.48%,电视人口综合覆盖率达到 95.81%。城乡广播听众近 12.22 亿人,电视观众 12.38 亿人。

下图是 1980 年以来电视台数量的一个粗线条的走势图:③

---

① 广播发展年:广播强弱之辨,http://cjr.zjol.com.cn/05cjr/system/2004/06/25/002967366.shtml
② 谢耘耕.2005 中国电视媒体竞争报告.现代传播,2005,(6)
③ 目前电视台已经整合了有线台和无线台,但 20 世纪的数据是无线台的,故仍以无线台为准。

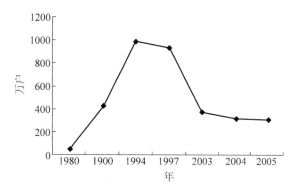

图 10-6　1980—2005 年无线电视台数量走势图

90 年代末电视行业在技术的带动下,进入了黄金时期:各省台纷纷"上星",有线台不断涌现,电视频道激增;经 30 余年的发展,中国成为世界第一大有线电视用户国;卫星电视建设全面铺开,至 1999 年中国各省级电视台全部上星;数字电视呼声越来越高,全面电视数字化时间表推出,并已经初见成效。电视在业务、管理方面也有不少新的改进。

电视体制的改革,最初是从集团化入手,但目前已经进入到更深的层面。早在 1993 年中共中央、国务院发布了《关于加快发展第三产业的决定》,把电视正式列入第三产业。这就从政策上给市场经济条件下的电视业赋予了"产业属性",进一步促进了电视行业经济功能的实现,1993 年,广播电视业总的广告收入加上创收成果,已经基本解决了国家财政投入不足的问题。[①] 新世纪,伴随文化产业化的改革,电视的产业化改革正在走向深入。

1. 热潮一:有线电视

有线电视是通过电缆、光纤等为主要优质传播媒介,向用户传送本地、远地及自办节目的区域性电视广播和分配系统。中国第一个有线电视广播系统是 1976 年由北京东方红炼油厂建立的,80 年代末 90 年代初中国出现了创设有线电视的热潮。有线电视的发展,走的是一条由局部到整体的路线。各地有线电视的发展一般都是由最初的居民楼闭路电视,发展到小区有线电视互联,进而是整个城域(行政区辖)有线电视的互联。

1990 年 11 月 2 日,广播电影电视部颁布《有线电视管理暂行办法》,中国有线电视真正走上规范化和法制化的发展道路。随着 1991 年广播电影电视部陆续批准建立有线电视台,中国的有线电视真正走上正轨。[②] 此后,中国有线电视从各自独立的、分散的小网

---

① 张丹宁.关于广播电视体制深层改革的思考.中国广播电视学刊,1993,(5)
② 孙旭培.当代中国新闻改革.北京:人民出版社,2004,279

络,向以部、省、地市(县)为中心的部级干线、省级干线和城域联网发展。1998年3月,国家信息产业部成立,对包括广播电视传播网在内的信息网络进行统一规划和行业管理,有线电视业开始调整转制。调整中,原先在"四级办电视"政策中出现的各地方重复建设现象得到了扭转,有线台和卫星台盲目拼抢的现象也出现了改变。调整后,有线台数量虽然减少了,但是事实上的用户覆盖率却大大得到提升,同时开始尝试公司化改造,改变原有的管理和经营体制。

有线电缆网已逐步升级为 HFC 网,全国大部分省市区已经建成了自己的有线电视干线网,连接全国各省的广播电视传输网。有线电视也被列为国家信息网络体系的三大组成部分之一,有线电视国家网与电信网、计算机网络互联互通,结合卫星通信,形成"三网融合"的立体网络结构。有线电视网较其他网络的最大优势,是频带宽、传输速度快、信息量大。与电信网相比,有线电视网能以目前电话网 1/10 的价格、10 倍的速度,传送 10 倍的信息量。电信网络使用的双绞线是最后 1 公里的"瓶颈",而有线电视网则具有最后 1 公里的优势,其关键就在于入户使用的是同轴电缆,带宽最高可达 1000 兆赫,这几乎是电信网带宽的 10 万倍。这一优势使有线电视网可以提供宽带功能业务,传输高质量的数字电视、高保真的数字电话及高速率的数据。

数字技术为本来已经很宽的有线电视网增加了更多的服务空间,数据服务使有线电视网真正走进了信息基础设施的行列。随着互联网的高速发展,有线电视网也被赋予了崭新的生命力,有线电视具有频带宽、传输速率高、可开发多功能业务等优势。中国的有线电视正在向数字化、多功能化、产业化和全国联网的方向发展。未来的有线电视作为新兴的网络媒体的支柱,具有巨大的产业开发价值。

2. 热潮二:卫星电视

卫星电视是一种通过通信卫星、广播卫星传送信息的电视形式。电视节目由电视台通过卫星地面发射站,用定向天线向太空中的卫星发射电视信号,卫星转发器接收来自地面的电视信号,经过放大、变换等一系列处理,再用下行频率向地面服务区转发电视信号。这样,服务区内众多的地面卫星接收站便可接收到电视台发出的电视节目。通常一颗卫星上装有 24 个以上转发器,每个转发器可以转发 1 套模拟电视节目或 4~8 套经数字视频压缩的电视节目。

1972 年尼克松访华,中国最早运用通信卫星传送电视新闻。1985 年中国开始利用通信卫星向全国传送中央电视台的节目,打破了过去广播电视节目完全依赖微波、短波等传统地面无线传输的束缚,开创了中国卫星广播电视的新纪元。1995 年 11 月,中央电视台采用数字压缩技术,通过卫星播出 4 套加密收费节目;1996 年到 1998 年,省级电视台陆续试用数字压缩上星播出。另一方面,有关部门论证并通过了中国自己的卫星直播系统建设方案,加紧发展我国的电视直播卫星系统,将建设全球用户最多的卫星直播系统。与传统的地面电视相比,卫星功率利用率高、受干扰小、接收信号质量高、利于直播;与有线电视比较,卫星电视覆盖广、投资少、建设速度快、可靠性高、接收成本低。①

卫星直播的最大优势在于只需用有限的一两颗卫星,就可向世界各地的家庭用户直播上百套电视节目。我国地域辽阔,海岛、山区多,人口众多但分布不均,是最适合发展卫星电视直播的国家,同时也拥有巨大市场。数字卫星直播电视造就了一项新型的产业,市场广阔。卫星电视群雄竞起,各自割据、各省台恶性竞争,耗费了大量资源,加上省台落地难、节目资源匮乏,也存在着不少隐患。

2004年全国已有47家上星频道,2005年又有深圳、厦门、广东南方、金鹰卡通等频道获准正式上星播出。与上星热相矛盾的是各地有线电视网络容量有限,有线网络理论上能够传输80套模拟电视信号的750MHz系统,实际上只能传输50～60套。这就意味着上星频道落地成本增加。比如在杭州,原先每年缴纳30万～50万元即可落地,2004年杭州有线电视网率先对卫星电视频道落地权进行邀标拍卖,落地价格达到220万元。

3. 热潮三:数字电视

数字电视是从电视节目录制、播出到发射、接收,全部采用数字编码与数字传输技术的新一代电视。它具有许多优势,如可实现双向交互业务、抗干扰能力强、频率资源利用率高等,它可提供优质的电视图像和更多的视频服务,如交互电视、远程教育、会议电视、电视商务、影视点播等。随着电视广播的全面数字化,传统的电视媒体将在技术、功能上逐步与信息、通信领域的其他手段相互融合,从而形成全新的、庞大的数字电视产业。

中国在数字电视领域一直追赶着最先进的世界潮流。1995年开始,中央电视台利用数字电视系统播出加密频道,利用卫星向有线电视台传送4套加密电视节目,1996年开始通过卫星传输数字电视信号。卫星既能发送模拟信号也能发送数字信号。目前,几乎所有省市的电视台都上了卫星,发送的都是数字信号。1998年9月,我国研制成功第一套数字高清晰度电视系统,继美国、欧洲和日本之后世界上第4个拥有数字高清晰度电视地面广播传输系统的国家或地区。2003年9月1日,全国联播的有线数字电视节目首次集体亮相。

截至2004年世界电视日(11月21日),我国电视机的社会拥有量超过4亿台,录像机、VCD、DVD等也有近5亿台,已有70多套广播节目和40多套电视节目上了卫星,有线电视用户超过1亿,截至2004年年底,全国数字电视用户为120万。

2000年,国家广电总局制定《广播影视科技"十五"计划和2010年远景规划》,按照

---

① 孙旭培.当代中国新闻改革.北京:人民出版社,2004,276

《中国有线电视向数字化过渡时间表》,中国将分四个阶段即2005、2008、2010、2015年完成模拟电视向数字电视过渡。数字电视发展计划是：2003年,我国启动广播电视数字化的推进,开播10套以上数字电视付费影视频道,发展数字机顶盒用户100万户;2005年开展数字卫星直播业务,有线数字电视用户超过1000万户,在部分地区进行数字电视的商业播出;2008年将用数字电视转播奥运会,全面推广地面数字电视;2010年广播影视节目制作、播出以及卫星、有线传输实现数字化,数字电视接收机得到普及;2015年停止模拟电视播出,全面实现数字化,完成模拟向数字的过渡,实现数字广播电视有线、卫星和无线的全国覆盖。数字化是中国广播电视的第二次创业。通过数字电视实现收费看电视将成为电视台新的创收模式,广告作为电视主要收入来源的生态现状也将得以改变。

广电总局用了4年时间,在2004年年底在全国发展120万数字电视用户,近期已将实现的用户目标下调,因当时制订计划时相关部门"头脑有些发热",加上2003年在推动有线数字电视试点工作中照搬国外的做法——通过付费电视来推销机顶盒、从而推进数字化,但却出现了停滞现象。但更深层的原因,或许还是完全市场化和过度行政化两种倾向对推广数字电视的制约。2004年仍进行了新一轮数字电视的跑马圈地运动,有地区向观众免费赠送"机顶盒",但内容提供上的不足在一定程度上制约了数字电视的发展。2004年6月1日,中央电视台网络电视正式开播。首批开通了影视剧场、纪录时空、娱乐空间、体育传奇、经济、新闻、音乐、法制、人物、教育、财富、动漫、少儿、生活、军事等频道,还将陆续开播历史、证券、时尚、汽车、家装、女性、喜剧、母婴等频道。[①]

国家广电总局已经开始了推动数字电视的整体转换的努力。2004年,相继推出了青岛、佛山、杭州三个典型,北京、上海等省区也纷纷启动有线电视数字化整体平移工程。目前数字电视形成了若干模式：

青岛模式,就是由政府借助频道资源,提供政府的电子政务信息,包括航班、天气、便民服务等,以此来解决数字电视的内容空白问题;由运营商前期垫付很多资金,免费派发机顶盒解决用户数量问题,费用则由"政府补贴点、百姓掏一点"来解决。这一模式以小区为单位,在推行数字节目的同时完全停止输送模拟信号,免费赠送机顶盒,增加电视频道、广播频道以及影视剧、纪录片频道,还开办了电视信息平台与商务平台,然后每月向用户加收10元钱。这还不是真正的商业性运营。太原模式节目定价参考青岛模式。主要依靠自己的力量来解决资金问题,除了来自市政府方面的支持外,有线电视网络公司本身也负担一定的资金。

佛山模式,"一卡一费",逐区域全部关闭模拟电视,按频道销售的节目运营,多元化合作引资。是先找投资商投资,然后进行利益共享的模式。此模式的问题是机顶盒价格高、

---

① 孙正一,柳婷婷.2005：中国新闻业回望(上).新闻记者,2005,(12)

投资回收期长。

杭州模式,最大的特点是增加了新型的交互方式,通过有线电视网与以太网的结合为人们提供交互型增值服务。通过"广播"与"交互"两种方式,很好地把公众服务与市场服务分开,公众服务继续采用一般收费方法,而交互模式则采用市场定价。广播式有56套模拟电视节目可供选择,交互式则有8万多小时的点播节目资源。每户可以免费得到一台基本型交互式机顶盒,最初只要按现有有线电视每月14元的标准付费就可以看到60多套数字电视节目,之后按新标准收费。此模式投资巨大、价格高昂、资源相对匮乏,交互式机顶盒生产也受到芯片供应的制约。

北京的"宣武模式",由歌华有限公司出资2/3,由宣武区政府出资1/3,给用户赠送机顶盒,实现数字电视的整体平行。

2006年11月,广州模式又诞生。网络运营商(广州有线)与设备供应商(四川长虹、九州电器和深圳同洲电子等)携手,设备供应商先提供100万台机顶盒,实现产业链的联动,此后与网络运营商一起共享数字电视整体转换后的收益。2007年底完成广州市区100万用户的转换工作,主要业务有视频点播、网上游戏、证券网上交易、电子商务、阳光政务、数据广播等,趋势也是广电网、电信网、互联网的三网融合。

总之,各地都在结合自己的实际情况寻找合适的推广数字电视的最佳办法。

4. 电视业务和管理的革新

市场经济以来,电视有了多方面的创新。第一,电视在频道形式上有所革新。社会变革的加剧、数字技术的使用,使电视的分众化有了必要性和可能性,原先只能传输一套模拟信号节目的平台,改为数字信号后可以传输6到12个频道的节目,因此电视从结构到内容上,开始了细分化、多频道发展。近年来,各电视台纷纷开办新闻频道、经济频道、电影频道、音乐频道、少儿频道、体育频道、科技频道,呈现受众细分化趋势,频道资源极大丰富。在此基础上,中央电视台等探索频道化改革的最佳模式,尝试节目制播新形态,使频道从现行的行政管理体制向适应市场经营的体制转变。

第二,内容上的革新。电视节目的类型、风格和样式变得更加丰富了。新闻类节目方面,2002年元旦江苏电视台城市频道推出的新闻栏目《南京零距离》,60分钟的直播定位于"民生的内容、民生的习尚、平民的视角",加强了节目与群众的贴近性,提倡电视节目的"民生新闻",引起电视新闻的改进风潮。"新闻立台"逐渐成为一项发展战略,各电视台都加大了新闻节目的投入,许多省市台的新闻节目收视率超过央视新闻节目,成为广告创收的重要平台,改变了电视新闻"央视为主,一家独大"的局面。大众娱乐类节目呈爆炸式增长,形式多样,尤其从英、美和港台引进各类节目模式,带动了电视的娱乐潮。目前娱乐类节目正在克服同质化、雷同化以及品位不高、格调低俗等现象。社会服务类节目开始出现,重视交通、气象、旅游、教育、购物、医疗等多方面的服务,并给电视台带来了可观的效益。有实力的电视台,不断打造特色节目并形成影响力。上海卫视2003年更名为东方卫视,全天候24小时播出,内容定位"新闻见长、影视支撑、娱乐补充、体育特色",有意打破地域界限,与中央电视台竞争。湖南广电集团近年通过新的节目形式制造了一个个亮点,如《快乐大本营》《玫瑰之约》《超级女声》,引起广电界的效仿,"电视湘军"带动了改革,他们把从电视节目、艺人合约到唱片、图书、网络等项目,都纳入整个产业链中。电视节目的打造,冲破了传统电视节目的生产、营销瓶颈,成为产业链中的一部分,其收益超越了传统的单纯广告模式,形成了"广告收益+赞助费+短信收益+衍生收入+品牌"的多营销模式。

电视的娱乐化趋势愈演愈烈,也成为各台竞争的铩手锏。表10-2是近几年最火爆的娱乐节目。[①]

表10-2　2004年人均收视时间排名前10位的娱乐栏目

排名	节目名称	频道	人均收视时间(分钟)
1	幸运52	中央台二套	100
2	开心辞典	中央台二套	88
3	非常6+1	中央台二套	82
4	快乐大本营	湖南卫视	62
5	正大综艺	中央台三套	57
6	曲苑杂坛	中央台一套	57
7	演艺竞技场	中央台三套	56
8	周末喜相逢	中央台三套	45
9	神州大舞台	中央台三套	38
10	天天90分	江苏台新闻综合频道	38

第三,机制上的革新。制播分离成为改革的方向。我国电视长期实行的是制播合一制,节目的制作和播出都是由各级电视台负责,他们既是节目的生产者,也是播出者。制播分离是把电视节目的生产、流通与播出的环节分开,节目的生产制作与播出分别由不同的单位负责。电视台不再负责一般节目的制作,而是把工作的重点放在节目的编排和播出上。在保证自制时事类新闻节目、以维护广播影视业的喉舌性质和宣传舆论阵地的前提下,对体育类、娱乐类、咨询类、影视类等大量节目实行制播分离。电视台可以购买由社会民营资本组建的公司、与外资合作的公司、国有企业公司制作的节目,然后播出。制播分离制带来了科学的节目评估机制、成本核算、企业管理。制播分离的推行,将打破节目的制作垄断,将竞争引入电视节目制作领域。

---

① 谢耘耕.2005中国电视媒体竞争报告.现代传播,2005,(6)

第四,应对网络新媒体的挑战,开发新的产品和产业链。转眼之间,电视作为"新媒体"的地位,迅速被网络等更新的媒体形态所代替,电视也面临着巨大的挑战。电视都围绕内容产业这个核心,形成节目发行、音像出版、广告代理、收视率调查等衍生产品开发和媒体产业链。在有线电视数字化发展的基础上,推进付费电视业务、动画产业,并研究手机电视、网络电视、宽频电视、移动电视、互动电视、楼宇电视等新业务。影视动画产业发展迅速,制作机构已达500家,播出的平台不断扩大,至2004年底,全国有59家省级、副省级和省会城市的电视台共设动画栏目164个,每周播出动画片共时长3.3万分钟。北京、湖南、上海的动画上星频道纷纷开播。动画的衍生产品如文具、玩具、服装、食品、日用品等也得以开发,几乎涉及所有的儿童消费领域。① 此外,广播电视全方位开展多媒体业务。2005年上海文广新闻传媒集团下属上海电视台正式获国家广电总局批准开办以电视机、手持设备为接收终端的视听节目传播业务。

电视业的管理正在加强中。比如人力资源的规范化管理,一直是困扰电视业的一个因素,对电视业的质量和效率造成了影响。央视尝试实行"临时人员公司化"的改革,规范劳务人员审核、派遣、使用和退回程序;开展制片人改革试点。

5.《焦点访谈》:新闻舆论监督的成功典范

实施市场经济以后,电视的理念得以创新,业务不断提高。中央电视台创办的《东方时空》、《焦点访谈》、《新闻调查》、《实话实说》等一系列深度新闻类栏目,引领了中国电视发展的走向。② 在各类传媒对于社会的干预走向深入的过程中,中央电视台发挥了重要的影响。其深度报道栏目《焦点访谈》是成功的典型,它让电视新闻批评成为一种重要力量,推动中国向更加法制化、制度化的方向发展,促进社会更健康、人性更善良。

中国电视上最早的有影响的批评性报道出现于1979年7月,报道的是一些公家小汽车带着一些干部家属到王府井百货大楼购物,透露的是隐性特权问题,播出后反响强烈。之后中央电视台新闻部成立了评论组,并开办了《观察思考》栏目,播出过不少有影响的节目,只是没有形成规模。1993年12月2日,中央电视台新闻评论部正式成立。1994年4月1日,《焦点访谈》开播,是以深度报道为主的新闻评论性节目,每天19时38分播出,时长13分钟。开播两天后,《焦点访谈》播出第一个舆论监督节目《北京郊区:耕地上修建起一座坟茔》,此后,乱收费、乱摊派、占地、造假、欺诈等社会转型时期的问题报道,不断出现在公众面前。其片头语"时事追踪报道,新闻背景分析,社会热点透视,大众话题评说",

---

① 朱虹.中国广电业的发展(2004-12-14),http://www.people.com.cn/GB/14677/35928/37732/3054806.html
② 关于中央电视台在市场经济时代的改革,尤其是《东方时空》、《焦点访谈》、《新闻调查》、《实话实说》等栏目的创办及其理念、思维,可参见孙玉胜.十年——从改变电视的语态开始.北京:三联书店,2003

"用事实说话",成为最响亮的品牌"标识"。至今它仍是中国最有影响的舆论监督品牌,监督的范围之广、力度之大,是前所未有的,产生了广泛的社会效应。《焦点访谈》引起历任国务院总理的重视。

《焦点访谈》生逢盛世,它诞生于新闻深化改革大潮,发展于共产党人"立党为公、执政为民"的理念空前增强的时期。① 在邓小平南巡讲话发表以后,在又一次思想解放的潮流中,中宣部部长在电视宣传工作会议上指示:"在宣传内容上,要面向群众,面向实际,注意回答广大群众最关心的各种热点、难点和疑点问题。在宣传方式上,要改进宣传方法,注意宣传效果,多采取民主讨论相互交流的方法,做到生动活泼、可信可亲。""要努力争取使电视节目有一个较大的改观。要从群众的需要出发,开辟新的栏目。"② 在此背景下,报刊、广播电视媒体大胆改革,加强舆论干预社会的力量。中央电视台加强新闻评论,1993年5月1日开办了第一个早间栏目《东方时空》,这也是其第一个大型杂志类板块栏目,其中有一个小栏目《焦点时刻》,就一些社会热点问题访问专家、学者、干部、工人、农民,开展讨论,引起强烈反响。在此基础上《焦点访谈》创办,评论性节目就进入了晚间黄金时间。

《焦点访谈》以其独特的视角反映大众最为关心的各种热点、难点和疑点问题,选题贴近生活、贴近现实、贴近群众,话题不仅仅停留在基本的生活和社会新闻层面,而且对问题进行背景分析,具有一定深度和强烈的社会责任意识。《焦点访谈》确立了电视新闻的地位,1994年以前,电视新闻从内容到形式都无法与文字报道相媲美,而电视新闻也因此成为新闻发展的突破点。③ 栏目深受大众欢迎,长期居于收视率最高的10个栏目排行榜的第二名(第一名是《新闻联播》,它是各地必须完整转播的)。每晚收看《焦点访谈》的观众达3亿多人,节目播出10周年之际,每天都会接到热心观众的祝福和问候,每天平均接到电话500余个,电邮1000余封,短信500余条,信函300余封④,观众不断地反映情况、提供新闻线索。节目开播后,中央电视台的东门传达室,每天有数百人来找《焦点访谈》反映情况,为此,新闻评论部在这里设了专门的窗口,接收观众送来的材料。⑤

《焦点访谈》舆论监督的性质逐渐鲜明,节目以相当大的比例揭露种种腐败、不法和丑陋行为,抨击那些目无党纪国法的人物和事件,产生了强大的震撼力。栏目领导人的编辑原则是不回避矛盾与问题,也不图一时之快,"对于政府工作,我们是'只帮忙,不添

---

① 语出中央电视台新闻评论部主任、总制片人梁建增,他在《焦点访谈》创办时任记者二组的制片人。见梁建增,关海鹰主编.见证《焦点访谈》.北京:北京出版集团、文津出版社,2004,1~2
② 引自中宣部部长丁关根在全国宣传部长座谈会上的讲话.光明日报,1993-1-18
③ 陈一鸣.《焦点访谈》十年回望.南方周末,2004-5-9
④ 陈一鸣.《焦点访谈》十年回望.南方周末,2004-5-9
⑤ 郭镇之,赵丽芳主编.聚焦《焦点访谈》.北京:清华大学出版社,2004,3~4

乱'——因为舆论监督所及的问题,都是关系到百姓切身利益的问题,也全都是政府急于解决的问题。"①《焦点访谈》监督力度逐渐深入,监督对象从一般人员发展到了司法人员、国家公务人员。1997年10月报道了河南警察张金柱开车撞人后拖人致死的事件,在全国引起巨大轰动。张金柱在被判死刑后曾说,他是被记者整死的;1997年11月《焦点访谈》报道了309国道山西段交警乱收费现象。这些报道将舆论监督引向了更深的层面。栏目在创刊后的相当长的时间里,批评性报道的比例一直在上升状态,1998年时接近半数。这也是应时所需,随着改革的深化,那些一直回避的有关社会制度各方面的诸多深层次的问题已经日益暴露出来,各种矛盾进一步激化,社会问题也在持续加剧;同时,政府也加大了整治力度的决心和措施,舆论监督在各方面的支持下发挥了很好的社会功能。当时中国各类媒体都加强了舆论监督的力度。1998年10月,时任国务院总理朱镕基专程到中央电视台与《焦点访谈》的工作人员座谈,明确表示了对于新闻媒介舆论监督作用的重视和支持。

《焦点访谈》舆论监督类节目播出的比例,因种种原因会有波动。在正常情况下,批评性节目的比例是25%,其他75%左右是新闻性的、中性的及正面表扬的节目。② 但令大家印象深刻的,还是批评性报道。中国媒体上相关报道不断增多,但是受舆论监督机制的影响,舆论监督力度仍然不够。

在中央电视台的带动下,各省市电视台纷纷创办自己的"焦点访谈",到21世纪初中国有六七十个这类以舆论监督报道为主要特色的栏目。《焦点访谈》一度被称为"焦青天"。节目的社会效果超出了一般意义上的传媒效果,经过《焦点访谈》报道的一些不合理的现象和不合法的行为往往很快就能得到相关部门的重视,执法部门和司法部门能够尽快解决问题,被点名的地区和行业等可以迅速得以改进。《焦点访谈》的报道,大多数都引起了中央和省部委领导的重视,不少陈案、积案、疑难案、常见案等等,都在各级领导的重视下得到解决。1997年,李鹏总理给节目题词:"焦点访谈,表扬先进,批评落后,伸张正义";1998年,朱镕基总理视察中央电视台时高度评价《焦点访谈》:"舆论监督,群众喉舌,政府镜鉴,改革尖兵";2003年,温家宝总理也题写了赠言:"与祖国同在,与人民同行,与世界同步,与时代同进。"

6. 从集团化到产业化:广播电视体制改革的深入

2000年11月广电总局下发了《关于广播电影电视集团化发展试行工作的原则意见》,确定电子媒体在以宣传为中心的前提下"可兼营其他相关产业,逐步发展成为多媒

---

① 语出孙玉胜。见陈一鸣.《焦点访谈》十年回望.南方周末,2004-5-9
② 载郭镇之、赵丽芳主编.聚焦《焦点访谈》.北京:清华大学出版社,2004.21

体、多渠道、多品种、多层次、多功能的综合性传媒集团"。在政策的促进下,广播电视体系开始了资源重组和结构调整。2000年12月中国第一家省级广播电视集团——湖南广播影视集团成立,标志着广播影视"体制创新"的开始,行内都看好集团化带来的制度变迁。2001年4月,以广播、电影、电视、传输网络、网站和报刊为主业,兼营其他相关产业的大型广播影视集团——上海文化广播影视集团宣告成立,属下子公司近70个。2001年12月号称"中国传媒航母"的中国广播影视集团成立,包括中央电视台、中央人民广播电台、中国国际广播电台、中国电影集团公司、中国广播电视传输网络有限责任公司和中国广播电视互联网站等中央级广播电视、电影及广电网络公司的资源和力量,固定资产值逾200亿元,集团的目标是要形成拥有广播、电视、电影、传输网络、互联网站、报刊出版、影视艺术、科技开发、广告经营、物业管理的综合性传媒集团。截至2004年年中,全国已批准成立国家级的中国广播电影电视集团,省级的湖南、北京、上海、浙江、江苏、山东、天津、四川、福建、重庆广电集团,市级的杭州、南京、长沙等广电集团,达十多家。

广播电视集团在一定意义上会减少资源的浪费,有的集团也通过整合取得了效益。但是,总体而言,集团是"有规模无效益",有的几乎还是翻牌公司,从根本上说,体制方面的改革力度很小。第一,产权不明晰。广电集团实行的是企业化管理,是独立经营的法人实体,即主管单位广电局和经营单位广电集团应该是两个独立的实体,实际上有些集团的管理层却是职位重叠的。《广播电视管理条例》没有规定广播电台、电视台的法人财产权;中宣部、国家广电总局、新闻出版总署《关于深化新闻出版广播影视业改革的若干意见》也没有规定广电集团的法人财产权。第二,集团内部的资源配置也不合理。电视媒体内部资源配置的方式主要是以频道、栏目为基本单位,将电视资源按频道划分,再划到栏目,形成以栏目为基础,频道资源为主体的设备、人力、内容和制作资源的配置结构,结果造成对有限电视资源的分割,形成了若干"小而全"的经济生产单位,加之栏目设置种类繁多,加剧了资源配置的分散性和小型化。第三,运行方式不合理。由于功能定位和资源使用方式的单一,整体运行仍停留在传统的自制自播、自给自足的阶段,耗费大量资源,社会影响和经济效益都不佳,最终导致粗制滥造应付自播的恶性循环。第四,管理体制不科学、滞后。不少电视台内部没有现代管理必需的专业分工;缺少成本核算,电视资源的使用处于主观、随意状态;产品质量检评仍沿用经验标准和相对标准,没有系统、科学的质量评鉴体系,内部竞争机制尚未真正形成。①

从2004年下半年开始,国家广电总局不再批准组建事业性质的广电集团,只允许组建事业性质的广播电视台或总台。主要因为集团化只是一种形式化的改变,而要让改革

---

① 刘卫国,李亚利.广电集团化:为做强而做大.新闻实践,引自http://www.woxie.com/article/list.asp?id=11948

更加深化,事业、产业分开运营是大趋势。对于已经成立的事业性广电集团,可以继续保留事业性质,但内部一定要剥离经营性资产,组建产业经营公司或集团公司;同时广电总局要求将集团改为总台,在总台内部进行事业、产业分开运营的改革。

从2003年6月开始,广电总局在北京、上海、广东等9个综合试点地区、7个试点单位,推进广播影视系统体制改革,包括集团化改革、事业产业分开、管办分离等。试点单位文化局、广电局、新闻出版局合并,成立文化广电新闻出版局,该局必须同时履行原3个部门的行政管理职能。事业与产业分开的改革,牵涉面广、层面更深,在浙江、江苏等地电视系统的总台制改革中出现了不少困难,广东电视台、南方电视台、广东省电台和广东有线网络技术公司组建的南方广播影视集团正式挂牌后,事业和产业的改革就停滞下来。①

目前的改革主要着眼于体制机制的创新,其中有4个重点:一是要推动产业体制的改革创新,塑造市场主体。国家正在推进广播影视可经营性事业部分转制和企业的改制重组,培育塑造一批真正进入市场规范运作的自主经营、自负盈亏、自我发展、自我约束的影视剧和广播影视节目生产企业。二是推动流通体制的改革创新,完善市场体系。电视剧、动画片和其他广播影视节目要积极开拓播映市场。网络和付费电视市场方面,要积极推进网络整合和网络传输节目分类改革,通过多主体开办、多方式运营、多家网络公司提供服务,建立竞争有序的数字付费电视市场体系,促进网络和付费电视业务健康发展。三是要推动投融资体制的改革创新,放宽市场准入,广泛吸纳各种力量投资参与广播影视产业发展。四是要推动内部机制改革创新,增强内部活力。要进一步推进劳动人事、收入分配和社会保障三项制度改革,加强成本核算和收支管理,实行全员聘用制度,真正建立起竞争、激励和约束机制。在频道(频率)专业化、对象化改革的基础上,积极实行频道(频率)化管理;在实行栏目、节目(电视剧)制片人制的基础上,积极推行频道(频率)总监制。②

7. 境外频道落地,外资准入广电业

广播电视行业在改革中,正采取降低准入门槛,大力促进民营资本进入广播影视业,2003年11月,背靠信息产业部的中国电子信息产业集团和中国广播影视集团签署合作协议,CEC以17.8亿元现金、CMG以国家广电干线网络资产(截至2002年底有3.9万公里)共同投入重组后的中广影视传输网络公司,分别持股45%和55%。这是国家广电系统自组建以来的第一次如此大规模引进集团外资本,是"三网合一"进程的重大举措,标志着封闭了几十年的国家广电传输网络开始向国有法人大规模开放。同时,允许外国资本进入广电发展,并允许部分境外电视频道在中国落地。

---

① 郎朗.广电改制:事业产业分开 运营产权分离 改革提速.南方日报,2005-1-21
② 朱虹.中国广播影视发展的战略思考.光明日报,2005-1-14

2003年广电总局先后批准了若干境外电视频道进入中国。1月,凤凰资讯台、彭博财经在中国落地;3月,星空卫视、欧亚体育落地;4月,华娱电视、新知电视在三星以上涉外宾馆和涉外小区落地;5月,全球最大的传媒娱乐集团之一美国维亚康母公司(Viacom)旗下的 MTV 音乐电视频道正式落地广东。至此,已有 30 多家海外电视在国内有限落地,鑫诺卫星转发器已满。到 2004 年底经政府批准,可以进入三星级以上酒店和涉外小区的境外卫星电视频道达到 31 个。

2004 年新修订的《外商投资产业指导目录》首次将广播电视节目制作、发行和电影制作列为对外开放领域,从 2005 年 1 月 1 日起施行。因此,国际传媒争相进入中国,维亚康母公司与上海文广新闻传媒集团成立合资制作公司;TOM 集团则斥资 30 亿港元进军内地传媒市场,业务范围横跨互联网、户外传媒、出版、体育推广及娱乐、电视传媒五大领域;时代华纳与中国的电影集团公司、横店集团共同组建了一个节目制作公司,可以制作电影、电视剧和其他电视节目;美国的探索频道与上海文广集团合作;澳大利亚第七频道和北京北广传媒集团公司合作;美国的 IDG 和中国广播影视集团合作。美国的新闻集团、德国的贝塔斯曼公司纷纷和中国公司谈判。2004 年新闻集团全资子公司星空传媒集团设立了境外传媒机构在内地的首家独资广告公司——星空传媒(中国)有限公司。2005 年《关于非公有资本进入文化产业的若干决定》的出台,更加大了民营资本和外国资本在广播电视领域的准入力度。

外资进入,对中国广播电视业有何影响?广电总局的人士认为,外资传媒业进入中国并不会使中国广播影视业的收入下降,相反会大大地促进中国广播影视业做大做强,在这个更大的范围之内来共同竞争。美国的时代华纳,一年的总收入是 360 多亿美元,新闻集团 140 多亿美元,而中国广电影视业全部加起来的总收入只有 690 多亿元人民币,不如美国的一个传媒公司。[1]

但是,从操作层面来说,外资媒体对中国广电业的冲击会相当大。仅一家凤凰卫视,就改变了中国电视的格局。从境外频道首先落地的传媒特区广东的情形,可以看到本地频道在境外频道的冲击之下深受困惑。一旦境外电视全面进入中国市场,国内电视媒体可靠的资源就是新闻,可用的策略就是本土化。广东电视珠江频道《630 新闻》是广东省新闻资讯节目中收视率最高的电视栏目,其第一时间报道的新闻是任何境外频道都没有的。2004 年 10 月,南方传媒集团在广东省收视市场份额首次超过了香港无线和亚视两台,第一次位居全省境内外所有频道排名首位。广州地区的电视收视市场,基本上是内地频道与境外频道各占半壁江山。[2] 当然,外资媒体要完全接受中国政府的管理。

---

[1] 朱虹:中国广电业的发展.2004-12-14,http://www.people.com.cn/GB/14677/35928/37732/3054806.html
[2] 谢耘耕.2005 中国电视媒体竞争报告.现代传播,2005,(6)

与此同时,广播电视业也纳入国有企业股份制改造。广电总局将国有企业股份制改造作为改革方向,认为是做强做大的有效方法,要把可以经营的产业从事业中分割出来,把经营权和所有权分开后,成立经营性公司、成立股份制公司。下一步改革是事业和产业分开,频道只管播出,节目制作产业化运作,体制上要相应调整。①

四、新媒体:震撼性的革命

在传媒技术飞速发展的今天,新媒体已经不是一个媒体,而成了一类媒体。迄今为止,语言的产生、文字的出现、印刷术的发明发展、电子传播技术的运用,已经为人类带来了4次信息传播革命,每次信息传播革命均不同程度地推进了社会生产力的发展,并且以加速度迎候下一次革命。现在,我们身边正发生着一场影响最深刻,意义最重大的信息传播革命——第五次信息传播革命。

1. 信息技术革命的历程

这次革命,是由计算机技术的发展和互联网的出现为前奏的。1993年美国政府提出建设"信息高速公路"作为国家信息基础结构(NII,National Information Infrastructure)的计划。信息高速公路是把现代信息技术综合在一起的高速信息网络,由通信网(一系列可互联、互通、互操作的各种通信网络)、信息(各种公用和专用的数据库,各种数字化的影视、报刊、书籍等)、计算机系统和人(建设和经营高速网络的人,基于高速网工作、学习、生活的人)等要素组成。在美国的带动下,全球出现一股罕见一致的"修路"热潮,各国政府为抢占新世纪制高点不惜重金,几乎不约而同地规划到2015年完成国家信息基础结构的建设。同时,全球信息基础结构(GII,Global Information Infrastructure),也在建设中。

中国的信息业基础相当薄弱。当电视机、电话机、电脑已行销国际市场时,新中国只有11家小电子厂,依靠进口配件,装配极为普通的收音机与通讯设备。1965年我国完成了第一块集成电路的研制定型,比集成电路的发明者美国仅晚7年,但由于十年动乱,到20世纪70年代末中国几家集成电路工厂没有一家达到工业化规模。改革开放以来,中国的电子工业逐步形成自己的体系并高速成长,电话、BP机、手机等移动通讯工具先后在中国普及。"八五"期间光纤电缆的铺设掀起高潮,这根"现代化社会的神经"四通八达。1994年8月举世瞩目的世界最长陆地光缆——亚欧通信光缆中国西(安)兰(州)乌(鲁木齐)段全线开通,微波和卫星站建了20座。由光缆、微波、卫星组成的"天地一体化"国家数字骨干通信网,构成了当今中国信息传输的主干,我国电信传输从明线为

---

① 广电总局局长徐光春在中央电视台2004年工作会议上的讲话,电视研究,2004,(5)

主发展到电缆、光缆、微波和卫星综合利用,通信技术也正从模拟为主向数字为主的方向迈进。只有在"天地一体化"通信规模的基础上,新的信息服务形式——网络信息才有可能出现。

第一台现代意义上的电子计算机"埃尼阿克",1945年诞生于美国陆军阿伯丁弹道研究所,这一年成为第5次传播革命的纪元。1947年晶体管时代的到来,为计算机微型化提供了可能。"如果没有晶体管的话,过去50年的人类社会会是这番光景:没有有线电视,没有太空旅行,没有激光唱机或传真机,计算机同冰箱一样大"。最早的微型计算机是美国英特尔公司1971年研制出来的。1981年IBM公司推出第一台PC机。20世纪90年代初,英特尔公司推出了最先进的32位486微处理器,1993年推出了奔腾(586)微处理器,1995年和1997年又分别推出高能奔腾与多能奔腾。微处理器如同以往的蒸汽机、电力和装配线一样,已经成为推动新型经济的先导。①

中国研制计算机始于1956年,从80年代开始建立起以生产微机为主的计算机企业,但微机基本上是以进口散件组装的方式实现的,关键的技术、产品还由外国掌控。90年代国家开放PC市场,国外品牌如康柏、IBM等大举进入,国产机被挤到一隅。1994年以后以联想为代表的国产品牌微机在市场上崛起,1996年联想集团通过了ISO9001国际质量体系认证,获得了进入国际市场的通行证。计算机是20世纪末出现的主要变革源,它越来越快地更新频率促使信息技术系统不断创新产品,但单个的计算机仅是信息处理与存储的工具,并不能传递信息。只有建立计算机的网络连接,信息高速公路才能全线开通。同时,由于信息的流动是世界性的,"信息高速公路"的发展必然具有全球联网的性质。

电脑间的网络应运而生。1968—1986年,美国进行了网络的研究及试用,1986—1995年的网络应用于科研,1995年以后,互联网络从一个学术的、免费的网络完全走向商业化,国际互联网诞生。Internet(因特网,国际互联网),是全球各国网络群所连成的一种计算机网络,它以光导纤维为路,以多媒体为车,运载着信息以电子的速度奔跑。网络传播的实质,就是数字化。网络媒体不仅具有传统媒介的优势,而且拥有传统媒介所不具备的传者与受众"即时交互传播"的特点,突破传统媒介点对面的大众传播方式,实现点对点的小众传播,充分体现出受众的主动性,其服务也具个性化。

中国的网络研究和建设始于1989年,到1995年邮电部开通中国公用Internet,即CHINANET,作为公共商用网向公众提供Internet服务。②

---

① 闵大洪.传播科技纵横.北京:警官教育出版社,1998,144
② 本目主要参见方汉奇、陈昌凤主编.正在发生的历史——中国当代新闻事业:下册.福州:福建人民出版社,2002,758~786

2. 网络成为大众传媒

互联网到20世纪90年代末,在中国已经成为"大众传媒"①。2005年底,中国的互联网用户人数为1.2亿人,在全球仅次于美国的1.978亿人(全球互联网用户人数为10.8亿人)。② 中国互联网络信息中心(CNNIC)发布的"中国互联网络发展状况统计报告"显示,截至2006年底,中国IP地址总数达到9801万个,位居世界第三。国家顶级域名.CN注册量超过180万个。该中心发布的《第十九次中国互联网络发展状况统计报告》数据显示,截至2006年底,中国网民总数突破1.37亿人,手机上网人数已达1700万人。2005年就有2800万人经常使用博客,在全国3600万高中学生中,上网人数超过1800万人。上网计算机数达到5940万台。2005年全国上网费用总规模已经超过1000亿元,每个网民每月实际花费的上网费用为103.6元。我国城乡之间、东西部之间网民数量及网民普及率相差巨大。至2005年底,城市网民大约有9168.8万人,普及率为16.9%,乡村网民约1931.4万人,普及率为2.6%。

图10-7是自1995年中国开通互联网以来用户人数的走势图。③

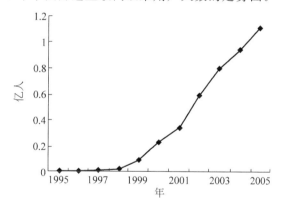

附数据细目 (单位:万人)

1995	1996	1997	1998	1999	2000	2001	2002	2003	2004	2005
8	20	67	210	890	2250	3370	5910	7950	9400	11100

图10-7 1995—2005年中国互联网用户人数走势图

---

① 衡量一种媒体是否大众传媒,曾经有如下标准:大众传媒的接触人口超过5000万;或者传媒的使用人数占全国总人数的20%以上。
② 全球互联网用户人数超过10亿中国紧追美国,http://www.51telecom.com/Get/yidaddnews/0611818274610880.htm
③ 1998年及以后的数据见中国互联网络信息中心历年调查数据。每年数据按当年年底截止的为准。http://www.cnnic.net.cn/index/0E/00/11/index.htm

从 20 世纪 90 年代末开始,传统媒体纷纷开设网站。各大门户网也开设了新闻频道。到 2001 年中国网络新闻媒体总量达 5959 家。① 在 21 世纪初的冰点之后,中国的网络带来了惊人的利润,新浪、搜狐、网易等门户网站纷纷进军纳斯达克股市,催生了一批年轻的富翁。网络的盈利模式也有所发展,从重视无线服务和网上游戏,到更重视网络广告。2005 年中国网站的网络广告收入约为 3.90 亿美元,是 2001 年的 8 倍。网络广告几乎同杂志广告的金额相当,不过目前只占中国广告总支出的 3%(美国是 6%),发展空间还相当大。②

传统媒体利用网络,不仅开设了网络版,还出现了新型的网络电视、网络广播、网络报纸、网络杂志。利用网络媒体拓展业务,是传统媒体正在致力的一个发展方向。重大事件中大量的网络新闻,颠覆了传统媒体的报道,如 2004 年雅典奥运会,刷新了网络访问量的记录。

2006 年 8 月,互联网在上海推出第一份有刊号的《搜搜客》生活周刊报纸,并率先提出纸媒体 web2.0 的概念,对于传统媒体是一大突破。个人广告能在这样的报纸上免费刊登,网民和纸媒体读者还可以在这样的报纸上发布各种城市生活所需的衣食住行等各方面民生信息,希望打造一个"分类广告运营商"品牌,通过网站、DM 杂志、传统报纸、手机短信等方式提供分类广告内容。③

互联网和网络媒体的大发展,给管理带来了难度。2000 年,国务院新闻办作为互联网新闻传播和网络媒体的行政主管部门,与信息产业部共同发布了《互联网站从事登载新闻业务管理暂行规定》。之后互联网领域发生了许多新变化,国务院新闻办对暂行规定又进行了补充和修改,2005 年 9 月再次和信息产业部共同发布《互联网新闻信息服务管理规定》。2005 年 3 月信息产业部发布的《非经营性互联网信息服务备案管理办法》开始实施,此前众多高校 BBS 对外关闭、对内实行实名制。2005 年 5 月,《互联网著作权行政保护办法》开始实施。7 月,腾讯公司发布通告将对 QQ 群创建者和管理员实行实名登记。11 月,新闻出版总署启动"互联网出版违规警告制度"。

3. 日新月异的新媒体

"新媒体"什么样?很难去描述。这里仅述及已经出现和正在出现的一些目前还算得上"新"的媒体,也许不久它们就不再是"新媒体"。

首先值得一说的是"博客",它是 Blog 和 Blogger 的汉语通译,按说 Blog 是"网志",而写 Blog 的 Blogger 才是"博客"。Blogger 是指习惯于日常记录并使用 Weblog 工具的人。博客又是一种表达个人思想和网络链接并且不断更新的出版形式,内容按时间顺序排列,被视为继电子邮件、BBS 和 ICQ 之后的第四种互联网沟通工具,是个人信息的一种网络

---

① 刘学. 中国网络新闻媒体研究. 新闻与传播研究,2002,(1)
② 中国网络广告市场方兴未艾. 华尔街日报,2006-9-8
③ 沪互联网新军创办纸媒体 出版生活周刊类报纸. 新闻晨报,2006-8-14

发布形式。博客网站为注册的用户提供整理个人所感兴趣的话题空间,允许每个人根据自己的兴趣去整理属于自己的日志,每个人又可以分享他人整理的信息或日志。

博客现象1998年出现于美国。2001年11月美国的传播学者丹·吉尔摩(Dan Gillmor)首次在中国的学术会议上提到网络日记,2002年8月有中国学者文中使用"博客"一词,同时"博客中国(Blogchina)"率先将博客理念推向主流媒体。2003年中国博客快速发展,在互联网反黄运动中,博客网站上出现性爱博客事件;2004年12月,微软推出MSN Spaces;2005年4月,MSN Spaces推出中国服务;2005年6月,韩国赛我网进入中国;2005年9月,北京新浪推出Blog公测版。博客的技术基础是web2.0。Web2.0时代网络新闻和网络媒体发生了诸多变化:非专业人员在新闻生产领域的深层渗透;网络新闻内容结构的变革;网络新闻生产专业分工的细化与合作模式的多样化;网络受众新闻消费模式的多元化与社会化。其主要的现象,就是博客的大面积普及。在"博客热"中,一批媒体工作者建立了自己的博客,记者的群博客开始出现,产生了"公民新闻"、"独立媒体"、"公民记者"等博客理念。网络媒体的报道能量达到新的水平,人民网、新华网现场直播了神舟六号发射实况,其间新浪网的访问量在24小时内突破了4.5亿页阅读数。①

博客不同于以往的任何传播模式,与过去的单向传播、双向传播都不同,也不同于传统的人际传播、组织传播和大众传播。博客时代,每个人都可以是信息的传播者、接受者或兼为二者,可以自己决定传播的频率、内容的多少。它正在打破传统的传播模式,改变传统传播过程中的各环节特征,颠覆传统媒体的"把关人"理念,而且冲击大众媒体对信息的垄断,真正实现信息的互动传播。

手机不再只是通讯工具,它已经被称为"第五媒体"。国内市场3G手机方兴未艾,各家企业还在为3G牌照的迟迟不发而争论不休的时候,国外的手机运营商已经开始在讨论4G了。4G将能够为移动中的电子消费产品提供廉价的高速互联网连接。也许不久,我们就可以通过摄像机即时地远程传播比赛节目,或即时地从MP3上下载唱片。

手机短信是最简捷的传播方式。2000年中国手机发送短信10亿条,2001年发送189亿条,2002年上升为900亿条,2003年仅春节期间全国的短信业务量就突破70亿条,全年1000多亿条,短信带来的收入达到150亿元。建立在中国2.6亿手机用户上的网络短信业务和在线游戏,大幅度提高了各网络公司的业绩,如网易在美国纳斯达克的股价就由不足1美元暴涨至60美元以上。

手机不再是人际通讯工具,它已经向大众媒体方向发展。手机报纸、手机电视、手机广播已经出现。2006年11月,"新华手机报"正式开通,为手机用户提供全新服务,"新华手机报"目前已在中国移动上线。

---

① 闵大洪.2005年的中国网络媒体.北京:社会科学文献出版社,2006,379~380

手机广播也成为潮流。数字广播（DAB）移动多媒体广播，是基于数字广播传输平台，传输包括音频、视频和数据等多媒体信息的广播，用户通过手机等移动终端就可以看电视收听广播。北京电台DAB移动多媒体广播于2006年9月试播，并于11月正式开播。它可以提供音频广播、视频多媒体和数据广播3类服务，提供20套音频节目和2套视频节目。其中1套体育频道将专门为2008年奥运会服务，并开通1套奥运文体视频频道，及1套数据广播北京公众信息服务平台。

手机电视最早出现于2004年，广州富年电子科技有限公司与广东联通合作，在雅典奥运会拳击选拔赛事上进行了国内首次手机电视直播。同年，中交星网率先在联通CDMA1X的BREW平台开通了国内最早正式商业运营的手机电视服务。2006年，继上海文广电台获得首张手机电视牌照以后，陆续又有多家电台获得手机电视牌照许可，如中央电视台、中央人民广播电台、中国国际广播电台等。这些电台获得手机电视牌照之后，加紧与各地电视台、电信运营商进行商谈，希望垄断各地资源。

北京地区的手机电视将利用中央电视塔直接发射电视及广播频道信号，用户通过一种装有特殊芯片的手机，便可收看或收听包括北京电视台一套和中央电视台一套的电视节目转播，今后北京地区的手机电视还将转播中央人民广播电台和中国国际广播电台的8套节目。预计手机电视将推出政务、文体、票务、餐饮、医疗、路况、旅游、商务、新闻等多媒体节目。按照北京市政府的规划，奥运会开幕时，北京会有超过100万的手机用户通过带有DAB芯片的移动多媒体服务终端收看奥运节目。

新华手机报

国内首款接收DAB移动多媒体广播
手机终端产品联想ET980

传统报业也在努力向"新媒体化"方向改造自身。新闻出版总署报刊司2006年8月启动"中国数字报业实验室计划"，目的是整合各方力量，推动集成创新，建构统一、开放的技术标准和运营环境,降低投资风险,加快数字报业进程。该计划鼓励报纸出版单位积极开展自主创新,广泛利用各种数字化、网络化内容制作、生产、传播手段和显示终端,积极探索网络报纸、手机报纸、电子报纸等多种数字出版形式和经营模式。以电子报纸为主要实验方向,以无线宽带多媒体技术为主要传播技术,以兼容的信息标准为内容制作和传输标准,建构数字化、网络化、一体化的新型报纸出版形态和运营环境。解放日报报业集团、广州日报报业集团、深圳报业集团、北大方正技术研究院、诺基亚(中国)投资有限公司、中国网通等18家单位成为这一计划的首期加盟成员。

传播新技术给传媒业带来了理念的变革、模式的变革、传播效果的变革。新技术的兼容、开放、共享,将重新改造传播理念、传播方式。

新传媒的出现,给传媒控制带来了新的难题,言论的多元和某种程度的失控,令管理者面临挑战。自BBS实行实名制后,中国互联网协会也努力推进博客实名制。2006年,"博客实名制"的讨论非常热烈。互联网协会认同博客行业一定程度上的自由发展,但是现实却出现无序化,他们认为实名制既保护了博客的言论自由,又能保证在自由基础上的监管。

五、走向数字化的通讯社

中国的国家通讯社经过建国初期的建设、"文革"的浩劫,到改革开放开始发展为世界性通讯社。1983年新华社提出了建设有中国特色社会主义现代化世界性通讯社的报告,并得到了批准,从此进入了一个新的阶段。与此同时,中国新闻社也快速发展。

1. 新华社,走向世界的通讯社

从20世纪50年代开始,新华社逐渐在世界范围内建立起了一个广泛的新闻信息采集网。1983年开始,新华社先后在香港、开罗、内罗毕、墨西哥城、巴黎建立了亚太、中东、非洲、拉美和法语地区5个总分社;在联合国、莫斯科、墨西哥分社分别建立了编辑部,负责发出大多数国际对外稿件。在发稿方面,新华社形成了对外以英文通稿为龙头,法文、西班牙文、阿拉伯文、俄文、葡文和海外中文专线全面发展;对内以中文通稿为依托,专线和专稿多层次延伸,并向全球24小时不间断地对外发稿体制。

新华社的通信技术取得了突破性进展。首先是以新闻大厦技术建设为中心,成功地开发建设了新闻编辑处理系统、通信系统、中文发稿系统、计算机图片处理及其通信系统、单向卫星广播系统、程控电视系统等多项工程,使新华社的新闻采集、处理、传输和发布方式有了飞跃性发展,实现了新闻生产全过程的计算机化和数字化。第二次是以"三网一库"为代表的通信技术建设,基本实现了总社和国内分社与部分国外总分社之间新闻信息的网络化传输,同时建成了国内新闻界第一个大型综合信息数据库。这样,新华社总社和

国内各分社已经全部实现了电脑写稿、编辑和通稿发稿的一体化和网络化。

在用户规模和覆盖区域上，新华社取得了重大的突破，基本建成了世界性通讯社。新华社目前仅在境外就设有 105 个分支机构，拥有一个比较完整的新闻信息采集体系，覆盖了全世界的主要国家和地区，对世界上每时每刻发生的重大事件，基本都能作出迅速的反应。新华社已开始拥有一个发展较快、影响较大、遍及国内外的新闻信息用户网络。到 2004 年 6 月底，新闻信息产品直接用户达到 21368 家，分布在 131 个国家和地区，在国内外新闻信息市场的覆盖面大大拓展，影响力明显增强；此外，新华社在以卫星通信和计算机为主干的通信技术网络的基础上，又在国内建成了光缆宽带网，已与国内各派出机构、部分海外派出机构和用户相连接，基本形成具有现代化技术手段、不间断采集与发布新闻信息的能力。

新华社在发展通讯社原有核心业务的同时，积极发展新形式报道业务。在国内，巩固和发展各类媒体用户的同时，不失时机地开拓非媒体用户市场。在国外，积极发展媒体和非媒体有效用户，特别注重发展有较大社会影响的主流媒体用户。目前，新华社正在通讯社的基础上向跨媒体的大型新闻信息集团的方向努力，以争取更大的市场发展空间。在传统媒体方面，新华社还利用资源优势，创办了一批报刊，到 2000 年新华社总社和分社办的报刊已经有 35 种，其中《参考消息》、《半月谈》长期居全国日报和期刊发行量的首位，《瞭望》周刊是新中国创建的第一家新闻周刊。新华社在世界新闻竞争中逐渐树立了世界通讯社的形象。2003 年 5 月 20 日 10：33′50″，新华社领先世界各大媒体 10 秒，抢先报道伊拉克战争爆发，并提供了视频、音频稿件，成为新华社历史、也是中国新闻报道史上的一次重大突破。

新华社从 1996 年报道亚特兰大奥运会开始涉足互联网，最初是尝试在重大新闻事件中开设临时网站，如在 1997 年共产党"十五大"和香港回归的报道中，临时网站以内容丰富、反应快捷吸引了众多的读者，最高日访问人数达到 30 万人次。1997 年 11 月 7 日在新华社成立 66 周年之际，该社与电信部门合作建立了新华社网站。新华网开始了新闻发布和信息服务的新跨越。

新华社决定把加强网站建设和网络新闻报道作为全社事业发展的战略重点，"举全社之力发展新华网"，把全社所有新闻信息采编力量有效地调动起来，以重大事件、突发事件、热点新闻的互动报道和跨地区联动报道为着力点，充分利用多媒体数据库的采编工作平台，加强网络报道的组织、策划、指挥、协调。新华网按照网络报道的要求，对各方面汇集的新闻信息进行统一分类加工包装，通过多媒体、多语种、立体互动报道的方式上网发布。目前新华网实现了由单媒体向多媒体、单语种向多语种、单一新闻发布向多功能综合性网站进军的跨越式发展。据专门发布世界网站排名的 Alexa 对全球 1200 多万个互联网站的监测，新华网的全球长期排名已进入 50 强。

新华社认识到,过去形成的多分支、多层次组织结构,造成了信息系统分割、隔绝和重复建设,甚至形成内部信息孤岛和资源浪费。为了调整结构、整合资源,积极应对日趋激烈的国际新闻信息市场竞争,几年来新华社利用先进的信息网络技术建设多媒体数据库。新华社未来的发展思路,是建立以多媒体数据库为依托的全社统一的采编工作平台和营销工作平台。新华社要打造这样一个平台。记者每天把从世界各地采写、收集到的文字、图片、图表和音视频等各类数据资料,连同过去的稿件和资料,源源不断地输入采编平台;编辑进行加工、整合和激活各类新闻信息资源,并转变为多种形式的新闻信息产品,然后源源不断地进入营销工作平台;营销人员和技术人员将数据库最终产品源源不断地提供给用户,为海内外广大用户提供全方位、多层次、多品种和个性化的服务;用户传播和使用后,新闻信息产品源源不断地进入市场,呈给最广大的受众。同时,营销人员及时广泛地征求和收集用户、受众的意见,将意见和建议源源不断地反馈到编辑部门,采编人员再根据用户、受众的意见不断改进,提高多媒体数据库产品质量。[1]

新华社还与一些通讯社开展了商业合作,比如分别与路透社和法新社签署了新闻图片代销协议,在中国境内代理销售路透社和法新社的新闻图片。

2006年9月,新华通讯社制定了《外国通讯社在中国境内发布新闻信息管理办法》(简称《办法》),目的是"规范外国通讯社在中国境内发布新闻信息和国内用户订用外国通讯社新闻信息,促进新闻信息健康、有序传播"。《办法》规定了外国通讯社在中国境内发布新闻信息,应当经新华通讯社批准,并由新华通讯社指定的机构代理。外国通讯社不得在中国境内直接发展新闻信息用户。国内用户订用外国通讯社新闻信息,应当与新华社指定的机构签订订用协议,不得以任何方式直接订用、编译和刊用外国通讯社的新闻信息。新华社对外国通讯社在中国境内发布的新闻信息有选择权,发现含有被禁止发布内容的,应当予以删除。对违反规定发布、使用外国通讯社新闻信息以及代理机构违反规定的行为,规定了处罚措施。[2]《办法》实施后,新华社成为中国媒体机构采用外国通讯社信息的唯一渠道,具有完全的垄断地位。

2. 中国新闻社

中国新闻社创办于1952年9月,是以海外华侨、外籍华人和港澳台同胞为主要服务对象的通讯社,是新华社之外仅有的一家中国通讯社,成为中国对外宣传和介绍中国的一个主要渠道和重要窗口。联合国教科文组织1982年对全民办174家通讯社做出的5个级别的统计中,中新社被列为B级。

---

[1] 以上两段参见:网络时代通讯社的作用与发展空间——新华社社长田聪明答俄塔社记者问,http://www.xinwenren.com/cn/Article_Show2.asp? ArticleID=1865

[2] 新华社北京电,2006-9-10

中新社以爱国主义为宣传方针,结合受众的特殊性,形成了自己特有的新闻报道风格,不同于新华社那种官方色彩浓厚的报道内容和方式,颇受海外华文媒体的青睐。报道在"软"性内容上做文章,题材广泛,政治调子较低,形成了"人无我有,人有我新"的特色。中新社新闻业务中最具特色的是专稿,内容针对性强、手法客观、平实,笔调灵活、新颖,体裁活泼、多样,具有很强的可读性。

中新社的技术发展也与时俱进。1987年,该社新的业务技术大楼主楼建成后,建立了以北京——纽约——香港为主干的电讯传真网络,并有印刷照排设备,新闻传递手段逐渐现代化。1995年,中新社又率先在香港上网,并开始通过互联网向海外和港澳台媒体传播新闻。1998年底中新社开通了网站,快速向海外媒体提供新闻图文稿件,并服务于网络用户。目前中新社总社和香港分社都建有独立运行的网络媒体。

中新社还制作音像制品,面向海外华人华侨发行。同时,中新社还办有多种刊物,如《视点》、《中国新闻周刊》、《中华文摘》、《中国经济周刊》等,在平面媒体里占有重要地位。

第四节 传媒产业化:体制性变革

20世纪90年代以来,中国的传媒一直致力于企业化运作,这是传媒在基本保持其原有的所有制、政治立场、编辑方针的前提下以市场经营的方式取得经济自立的过程。[①]

一、传媒业纳入文化体制改革

传媒产业目前明确归类于文化产业门类,是文化产业最重要的组成部分,并逐步确立了统计规范。2003年7月,由中宣部协调,国家统计局牵头,文化部、广电总局、新闻出版总署和国家文物局等部门联合参与,成立了"文化产业统计研究课题组"。2004年,国家统计局印发了《文化及相关产业分类》,第一次对文化产业的概念和范围进行了权威界定。2005年,《文化及相关产业指标体系框架》正式开始实施,从财务状况、业务活动、就业人员、补充指标等四个方面对文化产业作了描述。[②]

传媒业被纳入文化体制改革中。国家新闻出版总署和国务院办公厅相继颁发了《关于印发〈新闻出版改革试点工作实施方案〉的通知》(新出办[2003]1147号)、《国务院办公厅关于印发文化体制改革试点中支持文化产业发展和经营性文化事业单位转制为企业的两个规定的通知》(国办发[2003]105号)。105号文件就全国文化体制改革试点中的有关政策,从财政税收、投资和融资、资产处置、工商管理、价格等方面,作出了适用于文化体制

---

① 陈怀林.论中国报业市场化的非均衡发展.新闻与传播研究,1996,(2)
② 崔保国主编.2004—2005年:中国传媒产业发展报告.北京:社会科学文献出版社,2005,4~5

改革试点单位和试点地区的具体政策规定，还从国有文化资产授权经营、资产处置、收入分配、社会保障、人员分流安置、财政税收、法人登记等方面，作出了适用于转制单位的若干政策规定。2003年6月，中央召开全国文化体制改革试点工作会议，确定9个省市为综合性试点地区，35家新闻出版、公益性文化事业、文艺创作演出、文化企业单位是这次文化体制改革的试点。其中，试点的报纸是8家。

2003年7月15日，中共中央办公厅、国务院办公厅联合发出《关于进一步治理党政部门报刊散滥和利用职权发行、减轻基层和农民负担的通知》（即19号文件），之后新闻出版总署办公厅印发了《实施细则》，此文件主旨是为了治理党政部门报刊散滥、减轻基层负担，但实际上，它的出台向媒体传达了"市场化"的讯息①，标志着新闻出版体制的改革进入实质的市场化操作阶段。中国报刊业展开了一场"最大力度"的报刊改革，一批报刊被关、停、并、转，报刊业的结构调整和体制变革已经开始。

2003年12月31日，国务院颁发《文化体制改革试点中支持文化产业发展的规定》和《文化体制改革试点中经营性文化事业单位转制为企业的规定》，同时由国务院办公厅印发了有关两规定的通知（国办发[2003]105号文件）。文件就全国文化体制改革试点中的有关政策，从财政税收、投资和融资、资产处置、工商管理、价格等方面，做出了适用于文化体制改革试点单位和试点地区的具体规定，还从国有文化资产授权经营、资产处置、收入分配、社会保障、人员分流安置、财政税收、法人登记方面，做出了适用于转制单位的若干规定。其中最大的体制改革表现在：把事业部分留住，剩下部分大胆放开。

2004年2月12日，时任文化部部长孙家正在国务院新闻办公室举行的记者招待会上披露，中国文化事业单位转成文化企业已经开始试点。北京青年报社控股北京儿艺成为北京市文化体制改革试点工作的第一个突破口。2004年4月6日，孙家正部长表示，中国文化事业单位转制为企业的三步战略是：建立现代企业制度、形成良性产业链、股份上市。

2006年初，中共中央、国务院联合发出《关于深化文化体制改革的若干意见》，指出文化体制改革的目标任务是：以发展为主题，以改革为动力，以体制机制创新为重点，以创造更多更好适应人民群众需求的精神文化产品为目标，深入推进文化体制改革，解放和发展文化生产力，促进文化事业全面繁荣和文化产业快速发展，为建设社会主义先进文化做出新贡献。文件特别强调，要形成科学有效的宏观文化管理体制和富有效率的文化生产和服务的微观运行机制，形成以公有制为主体、多种所有制共同发展的文化产业格局和统一、开放、竞争、有序的现代文化市场体系，形成完善的文化创新体系，形成以民族文化为

---

① 中国传媒市场掀起新一波"资本运动"，新华社上海，2003-8-11

主体、吸收外来有益文化、推动中华文化走向世界的文化开放格局。①

二、放宽市场准入标准，民营资本、外国资本进入传媒

传媒的投资融资渠道正在放宽。民营资本、外国资本，过去一直被排斥在传媒之外。1990年国务院《外资企业法实施细则》把新闻、出版、广播、电视、电影列为禁止设立外资企业的行业。1991年新闻出版署发出通知，申明新闻出版行业禁止设立外资企业。《广播电视管理条例》也明文规定国家禁止设立外资经营、中外合资经营和中外合作经营的广播电台、电视台。在此之前，IDG获中国政府批准建立了第一家合资的出版公司，出版《计算机世界》(1980)，但这样的案例极罕见。

外资传媒在中国的运营模式有几种：一种是收购兼并、换股。如Tom.com于2000年与羊城晚报报业集团所属"羊城报业"换股达2亿多港币，进入大陆，之后进行了一连串的收购行动，先后收购了鲨威体坛、美亚在线、风驰广告、《亚洲周刊》以及中国当时最大的电子邮局163.net。二是投资控股。IDG（国际数据集团）是最早进入专业媒体的外资公司，1980年获中国政府批准，建立了第一家合资的出版公司出版了《计算机世界》。三是参股式。美国新闻集团以参股方式大力开拓中国内地市场，如购入网通3%的股份，还与人民日报社合作推出Chinabyte.com和门户网站"搜索客"Cseek.com。另外还拥有网易10%的股份。2001年美国在线（AOL）以投资方式进入FM365。四是品牌合作。如2001年美国迪斯尼互联网集团与海虹控股签定了正式合作协议，共同开发中国互联网市场。五是节目交换。如美国维亚康姆集团早在1995年就通过旗下的MTV全球网，以与中国开展节目交换的形式进入中国，与一些地方电视台合作开办了数档节目，有几十家电视台播放其节目。新闻集团时代华纳与CCTV-4互换节目。CCTV-4在美国上星，允许时代华纳的非新闻中文娱乐节目在珠三角落地。六是直接进入，如2001年新闻集团的全资子公司STAR集团的一个综艺频道获准在广东地区落地。

2005年，新中国历史上第一次对允许或禁止这些非国有资本进入传媒作出了明确规定，将对传统新闻体制产生深刻影响。

2005年8月国务院发布《关于非公有资本进入文化产业的若干决定》，允许非公有资本进入出版物印刷，可参股出版物印刷、发行；可参股传媒广告、发行；可参股广播电台和电视台的音乐、科技、体育、娱乐方面的节目制作；可以建设和经营有线电视接入网，参与有线电视接收端数字化改造。但在这些文化企业中国有资本必须控股51%以上。非公有资本可控股从事有线电视接入网社区部分业务的企业。非公有资本不得投资设立和经营通讯社、报刊社、出版社、广播电台、电视台、广播电视发射台、转播台、广播电视卫星、卫

---

① 新华社北京，2006-1-12

星上行站和收转站、微波站、监测台、有线电视传输骨干网等;不得利用信息网络开展视听服务以及新闻网络等业务;不得经营报刊版面、广播电视频率频道和时段栏目;不得从事书报刊、影视片、音像制品成品等文化产品进口业务。①

同时,文化部、广电总局、新闻出版总署、发改委、商务部联合制定《关于文化领域引进外资的若干意见》,允许外商以独资或合资、合作的方式设立书报刊分销等企业。在中方控股51%以上或中方占有主导地位的条件下,允许外商以合资、合作的方式设立出版物印刷等企业,参与国有书报刊音像制品发行企业股份制改造。禁止外商投资设立和经营新闻机构、广播电台、电视台、广播电视传输覆盖网、广播电视节目制作及播放公司、互联网文化经营机构和互联网上网服务营业场所、文艺表演团体、电影进口和发行及录像放映公司。禁止外商投资从事书报刊的出版、总发行和进口业务,音像制品和电子出版物的出版等业务,以及利用信息网络开展视听节目服务、新闻网站和互联网出版等业务。外商不得进行出版物分销、印刷、广告、文化设施改造等经营活动,不得变相进入频道、频率、版面、编辑和出版等宣传业务领域。②

三、国有传媒积极"转制"

2003年传媒开始试点改革后,国家和有关部门针对反映强烈的关键性问题,出台了一批相关配套政策。国务院为支持文化产业发展和经营性文化事业单位转制向企业下发的文件,包括了财政税收、投融资、资产处置、工商管理、收入分配、社会保障、人员分流安置等各个方面,为改革的顺利推进,提供政策性保障。

2004年被称为文化体制改革的"破题之年",其间新闻出版界战报频传:中国出版集团经国务院批准更名为中国出版集团公司,成为中国第一家具有企业身份的出版单位;《北京青年报》的北青传媒股份有限公司在香港联交所挂牌上市,成为内地传媒企业海外首发上市"第一股";上海、辽宁、吉林、广东、重庆、云南等出版集团整体转制为企业。2004年以来,北京、上海、重庆、广东、浙江、深圳、沈阳、西安、丽江等9个省市试点地区的新闻出版系统已实现"局社分开",广电系统完成了"局台分开",初步实现了由"办"向"管"、由管微观向管宏观、由主要管理直属单位向管理全社会的三个转变。

文化体制改革推动了文化生产力的解放。在影视制作、出版、发行、印刷、广告、娱乐、演艺、会展等重点产业,一批产业基地和大型文化产业集团开始崭露头角;数字电视、数字电影、网络出版、网络游戏和动漫等新兴产业得到迅速发展。当然,改革中许多深层次问题仍有待解决。2005年底,中共中央、国务院颁布了《关于深化文化体制改革的若干意

---

① 见中央台网站:http://www.cnradio.com/wcm/gt/sy/t20050921_175806.html
② 见新华网:http://news.xinhuanet.com/newscenter/2005-08/04/content_3309000.htm

见》,文化体制改革将按照"区别对待、分类指导、循序渐进、逐步推开"的原则,在全国积极稳妥地推进。①

四、传媒的资本运作

随着传媒竞争的加强、规模的发展,原先依靠自身的资金积累来扩大规模的方式,已经跟不上企业化的形势。传媒的融资显得十分迫切。融资最好的方式就是资本运营和上市,它能使媒体在较短时间内聚集起大量资金,实现规模的迅速扩张。资本运营能够将传媒集团创造利润的主营业务同非主营业务的资产有效结合起来,盘活不良资产,从整体上提升集团资产的运作效率。通过股票上市、溢价发行等方式,不但能够募集大量资金,而且还可以使集团的资产能够迅速增值,可以把传媒集团重要的无形资产变成有形的资源。传媒靠的是社会影响,其无形资产十分巨大,甚至超过有形资产。按照《公司法》的规定,公司上市无形资产可占总资产的20%,在高新技术等特定行业可以占到50%。只有极少数传媒集团进行了无形资产评估,还很少有传媒集团对无形资产进行有效运作。2001年中国证监会已将传媒与文化产业定为上市公司13个基本产业门类之一,其下含出版、声像、广播电影电视、艺术、信息传播服务业5个大类。这种分类对我国的传播文化业究竟能不能上市已经给了明确的答复,对推动我国传媒业进入资本市场将具有十分深远的影响。

20世纪90年代中期以后,借助资本市场来实现媒介资源的合理配置成为传媒投融资的主要选择。中国第一家成功利用大笔业外资本扩张的传媒是东方明珠。1994年,上海市广电局全额投资的上海广电发展实业公司、上海电视台、上海人民广播电台、《每周广播电视报》4家单位共投资3.7亿元为发起人股,向社会募集新股4000万股,每股溢价5.1元,当年就集资2.4亿元。自上海东方明珠股份有限公司挂牌上市以后,沪、深股市已有40多家媒介类上市公司,涉及印刷发行、广告代理、内容制作、有线网络传输等。到2001年,报纸、广播、电视、通讯社等四大传统媒体已经全部涉足资本市场,如中国国际电视总公司等单位发起设立的中视股份、湖南电视台等单位发起设立的电广传媒、成都商报社等单位发起设立的博瑞传媒、人民日报社等单位发起设立的华文集团、北京有线广播电视网络中心等发起设立的歌华有线等。这些传媒集团通过股票上市募集资金,大大提高了经济实力。

上市的一种形式,就是进行业务分拆。媒体与资本的结合一般都是悬挂所有权问题,让渡经营权的"权利分拆"模式。具体形态是将发行与广告部门承包给外部资本,保留采

---

① 以上两段参见新华社记者周玮、曲志红.我国文化体制改革不断推进成效显著.人民日报,2006-3-28

编、广告、发行部门资产中存量部分国有资产的性质,对增量资产采取分成方式进行划分。另一种情况是将整个广告和发行部门的业务和资产全部剥离出去,媒体只保留采编业务及与此相关的资产,即所谓"业务分拆"。这种业务分拆的方式也是目前媒体上市融资的主要方式之一。如1999年上市的电广传媒,是我国1000多家上市公司中最典型的传媒产业公司。电广传媒统一经营七大省级媒体的广告业务,重组后,七大媒体不再从事广告业务,统一由股份公司支付刊播费。在这种形式下,媒体的产权仍由主管部门控制,只不过广告发行部分被剥离了,投资者通过出资获得了对广告、发行业务的股权。北京歌华有线也是这样成立的,其第一步是北京有线广播电视网络中心的网络部分、播出部分、网络广告制作经营部分的资产划转至北京广告艺术集团,成立北京市文化发展集团(后来的歌华集团),然后成立股份公司,之后上市。湖南电广传媒也是这样运作的。目前面临的问题是,剥离出来的业务与保留给媒体的业务同属一个生产流程的上下游,在双方业务协调上需要做大量工作。

传媒业通过上市,建立了现代产业组织和制度。其产业性特征和运营通过其现代化组织机制可见一斑。

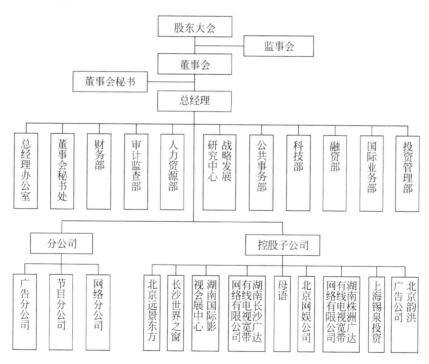

图 10-8 湖南电广传媒的组织结构图

上市的另一种形式,是传媒利用成立的合资或全资的子公司,买壳(借壳)上市。如《成都商报》下属的博瑞传播有限公司,《中国计算机报》下属的赛迪传媒投资股份有限公司,陕西广电局下属的广电网络公司等投资购得上市公司的股份,媒体间接控股,通过配股或增发的方式进行再融资,并将上市公司原来的资产和业务卖出,改营媒体相关的业务,改变上市公司主营业务,从而完成买壳上市的运作。

表10-3　几家大型传媒上市公司情况

公司名称	上市方式	主营业务	上市时间
东方明珠	业务分拆	旅游观光、广告代理、有线网络传输	1994
长丰通信	借壳	宽频网络运营及提供增值服务	1997
中视传媒	业务分拆	影视节目制作、广告代理、基地旅游经营	1997
博瑞传播	借壳	印刷发行、广告	1999
电广传媒	分拆	广告代理、有线网络、节目制作	1999
歌华有线	分拆	网络部分、播出部分、网络广告制作经营	2001
赛迪传媒	借壳	印刷发行、广告代理、IT信息服务	2001
广电网络	业务分拆	广告代理、有线网络、节目制作	2002

五、传媒股境外上市:文化体制改革的成果

在文化体制改革的大背景下,大陆传媒境外上市引起了极大的关注。2004年12月22日,北青传媒股份有限公司在香港联合交易所正式挂牌上市,成为内地传媒公司境外上市的第一只股票,首日交易额5.9亿港元。①

《北京青年报》是共青团北京市委机关报,20世纪90年代之后,敏锐地抓住了历史机遇,将一张四开周报打造成一种大型日报,并取得了优异的经济效益。报社已拥有8报1刊1网,2003年,《北京青年报》单是广告收入就达9亿元,在全国仅次于《广州日报》。2004年,《北京青年报》控股北京市儿童艺术剧院,收购原《北京法制报》改版而成《法制晚报》,与上海文广新闻传媒集团、广州日报报业集团联手推出《第一财经日报》。报社在具备成立"报业集团"条件下,却不想做单纯的报业集团,而要做跨媒体的传媒集团,使报纸与网络、电视、户外等多种形态的媒体有机结合。但打造这样的跨媒体平台,需要较大的资金投入,于是,他们想通过上市的方式快速融资。

2001年5月经过艰难的筹备,北青传媒股份有限公司正式成立,进入上市前的辅导期。公司是由北京青年报社作为主要发起人,联合中国通信广播卫星公司、北京知金科技

---

① 崔保国主编.2004—2005年:中国传媒产业发展报告.北京:社会科学文献出版社,2005,16

投资有限公司、北京经开投资开发股份有限公司、神州电视有限公司四家发起人共同成立的,注册资金1.01亿元。其中北京青年报社将广告、发行、印务等主要经营性资产注入,占有87.9%的股份。但是上市之路一波三折,在大陆股市已经很难进展。2003年6月全国文化体制改革试点工作会议召开,北京青年报社被中央确定为35个全国文化体制改革试点单位之一。作为北京市文化体制改革试点工作的第一个突破口,2004年北京青年报社投资1500万元控股北京儿童艺术剧院股份有限公司,完成公司化改制,从而进入了文化艺术产业,儿童艺术剧院股份有限公司的成立被称作"北京市文化体制改革试点工作进入实质性操作阶段"的标志,是体制性的突破,受到了中央的重视,北青传媒也终于有机会转道香港,由汇丰银行承担主承销商,成功上市。

12月22日上午10时,作为中国大陆传媒企业境外上市第一股,北青传媒在香港联交所正式挂牌交易,当日涨幅为19.8%,成交股数超过2560万股,总成交金额约为5.917亿港元。作为先行者,北青传媒深切感受到国际性规范与中国的社会生态之间的矛盾。虽然上市以后经历了各种困难,但公司认定,只有上市,才能帮助北青传媒搭建跨媒体、跨地区、跨行业的平台,进而成长为一个大型文化企业。[①] 北青传媒的上市,在中国传媒业内具有里程碑意义。这是首家在中国内地之外市场上市的国有媒体公司。它不仅可以通过直接融资壮大自己,更重要的是通过资本市场走向海外,创出一条中国传媒业的发展之路。前路虽然并不平坦,但发展是硬道理。

2006年3月,在全国文化体制改革工作会议上,中央领导充分肯定了改革试点三年来取得的成绩。新华社在报道中特别强调2004年是"我国文化体制改革历程中值得记住的一年"。[②] 2006年12月,中央领导在强调进一步深化文化体制改革的同时,要求北京文化体制改革2007年全面铺开。[③]

在1000多年的中国新闻事业的历史长卷中,在100多年的中国近现代化新闻业的进程中,从来没有哪个时代的传媒,如今天这般生机勃勃、突飞猛进。它们是中国的政治、经济、文化和社会发展的产物,也是不断繁荣富强、正在融入世界发展潮流的中国当代历史的见证。

[①] 本目参见张延平.传媒战略管理个案研究:北青战略.北京:清华大学高级管理人员工商管理硕士2006届学位论文

[②] 新华社记者周玮,曲志红.我国文化体制改革不断推进成效显著.人民日报,2006-3-28

[③] 北京文化体制改革 明年要全面铺开.北京青年报,2006-12-12